我
思

敢于运用你的理智

荀子增注校正

〔唐〕楊倞 注 〔日〕久保愛 增注

〔日〕豬飼彥博 補遺 張覺 校正

長江出版傳媒

崇文書局

图书在版编目（CIP）数据

荀子增注校正 /（唐）杨倞注；（日）久保爱增注；（日）猪饲彦博补遗；张觉校正. -- 武汉：崇文书局，2024. 12. --（中国古代哲学典籍丛刊）. -- ISBN 978-7-5403-8096-0

Ⅰ．B222.62

中国国家版本馆 CIP 数据核字第 2025Z7T714 号

2023 年度湖北省公益学术著作出版专项资金项目

荀 子 增 注 校 正
XUNZI ZENG ZHU JIAO ZHENG

出 版 人　韩　敏

出　品　崇文书局人文学术编辑部・我思

策 划 人　梅文辉(mwh902@163.com)

责任编辑　许　双(xushuang997@126.com)

责任校对　郭晓敏

封面设计　甘淑媛

出版发行　长江出版传媒　崇文书局

地　　址　武汉市雄楚大街 268 号 C 座 11 层

电　　话　（027）87677133　　邮政编码　430070

印　　刷　湖北新华印务有限公司

开　　本　880mm×1230mm　1/32

印　　张　20

字　　数　468 千

版　　次　2024 年 12 月第 1 版

印　　次　2024 年 12 月第 1 次印刷

定　　价　128.00 元

ISBN 978-7-5403-8096-0

9 787540 380960 >

（读者服务电话：027—87679738）

前 言

　　《荀子》是我國古代第一流的哲學名著，故流傳兩千餘年而不衰。

　　今存最古之《荀子》善本爲北京國家圖書館所藏南宋浙刻本（稍有抄補），次則清光緒甲申（1884 年）黎庶昌、楊守敬所刻《古逸叢書》本亦可利用❶，然皆只有唐代楊倞注。若論近世校注本之可觀者，則前有清乾隆丙午（1786 年）嘉善安雅堂所刻之盧文弨、謝墉校注本，次有日本文政八年（1825 年）平安書肆所刊久保愛《荀子增注》，後有清光緒辛卯（1891 年）長沙思賢講舍所刊王先謙《荀子集解》。

　　應該説，《荀子增注》和《荀子集解》乃《荀子》詮釋史上之雙璧，是研究《荀子》者所必閲之校注本。儘管當代出版了多種校釋譯注之作，但仍然不能取代其學

---

　　❶《古逸叢書》本係據日本島田篁村所藏南宋權發遣台州軍州事唐仲友刻本之影摹本重刊，有人稱之爲"宋台州本"，實不當。

術地位。尤其是《荀子增注》，我三十年前爲上海古籍出版社撰寫《荀子譯注》時就用過復旦大學圖書館所藏的日本平安書肆水玉堂文政八年刊本（1 函 11 册，索書号：600007），並在附録中寫道："此本實爲校釋《荀子》者所必閱。該書所謂宋本，即狩谷望之所藏台州本，故其校記所録之宋本文字，多與《古逸叢書》本合；然亦稍有異者，蓋《古逸叢書》本因影摹、重刊而致誤邪？抑《增注》之校刊有誤邪？然今台州原刻無以見，故其校記所録之宋本文字足可珍貴。"

　　誠然，該書學術價值之高不僅體現在校録了今已失傳的具有珍貴資料價值的宋台州原刻本之文字以及韓本、元本、小字元本、標注本、孫鑛本、世德堂本等諸多版本之異文，而且體現在校釋方面。作者憑其深厚的漢學功底直解《荀子》之文的地方固然不在少數，而他徵引《周易》《詩經》《尚書》《周禮》《儀禮》《禮記》《春秋》《左傳》《孝經》《論語》《孟子》《大戴禮記》《韓詩外傳》《爾雅》《方言》《説文》《釋名》《玉篇》《康熙字典》《竹書紀年》《國語》《戰國策》《史記》《漢書》《三國志》《晉書》《隋書》《老子》《墨子》《晏子春秋》《管子》《六韜》《莊子》《列子》《尹文子》《文子》《尉繚子》《慎子》《韓非子》《呂氏春秋》《楚辭》《淮南子》《説苑》《新序》《列女傳》《論衡》《白虎通》《風俗通》《孔子家語》《羣書治要》《藝文類聚》《諸子匯函》《通雅》和陸機《文賦》、王褒《洞簫賦》、歐陽脩《集古録》等文獻以及諸多古注來完成對《荀子》的校釋與音注，更足見其用功之勤。至於他常常用《荀子》前後之文互證以闡明其義，則可見其對《荀子》一書的諳熟與融會貫通；而援引物茂卿、古屋鬲、桃源藏、冢田虎、岡白駒、太宰純、豐島幹、宇惠、黑川好祖、黑瀧僚師、徐鉉、劉辰翁、朱熹、李周韓、楊慎、孫鑛、謝墉、方苞等人的校説，又見其集思廣益之良苦用心。所有這一切，無疑都提高了其學術價值。常言道："功夫不負有心人。"《荀子增注》正是靠了作者的辛勞付出而一直受到學術界的青睞。

對於學術價值如此高的文獻，我們理應進行認真細緻的整理與研究，使它在我國古代哲學研究中發揮更大的積極作用，但國內至今尚無該書之點校排印本問世，此則不免爲學術界之一大憾事。2022 年 8 月 15 日，崇文書局學術文化編輯部許雙女士約我整理此書，我爲其深邃的學術眼光以及爲學術事業作無私奉獻的精神所動而欣然應命。此書原擬於今年 8 月交稿，然爲了進一步增強本書的學術價值，我没有採取簡單的古籍點校之法，而與許雙女士商定了整理此書的體例：既繼承《荀子增注》必録"宋本異同"的做法，又對其疏誤進行校正。如此一來，其工作量大增，加之其他種種雜事，所以至今始得完稿。不過，交稿時間雖然拖了，但這樣做，無疑更有利于廣大讀者對該書的利用，同時也有利於對《荀子》的研究，所以我堅信我的辛勞付出一定會得到學術界的認可。

古人云："校書如掃落葉，旋掃旋生。"鑒於中華書局 1988 年版《荀子集解》之點校錯誤百出，我點校本書時真是如履薄冰，故覆覈再三，然疏誤猶恐難免。誠如清代校勘大家顧廣圻所説："向聞人説：'校書何難？'無以應之。今已得一語曰：'所謂何難者，只是未校；若真校，便難。'"❶ 校書之繁難與艱辛，非局中人實難體會。學術乃天下之公器，爲了使本書發揮應有的學術價值，敬祈讀者多加指正，以便再版時修正。

張　覺

2023 年 12 月 5 日初稿於密雲區溪翁山莊

2024 年 5 月 31 日修改於南翔鎮白金院邸

---

❶ 此爲顧廣圻寫在《韓非子》末葉上之題識，國家圖書館藏本，索書號：6830。

凡　例

一、本書據日本大阪市青木嵩山堂印製的文政八年乙酉（1825年）平安書肆水玉堂刊本《荀子增注》二十卷點校，有不當處則改之，所改之處均出校記。

二、《荀子增注》扉頁刊有"筑水先生增注""荀子全書""平安書肆　水玉堂梓"三行文字，今刪之。次爲久保愛《荀子增注序》、楊倞《荀子注序》（末附久保謙識）、飯山義方《凡例》、《荀子新目録》，今一仍其舊。原書二十卷每卷卷題下有"唐虢州楊倞注，日本上州山世璠正編，信州久保愛增注，遠州土屋型重訂"，今亦刪之而不出校記。

三、《荀子增注》中之《荀子》正文今用五號宋體以求醒目，注文則用小五號宋體夾注以節約篇幅。其中楊倞注按原書徑接正文，久保愛之增注按原書冠以 增。

四、《荀子增注》上欄久保愛之標注今改爲脚注而不冠以 增，我的按語列於脚注而冠以"覺按"。

五、青木嵩山堂印製的《荀子增注》十冊後附〔近江〕

豬飼彥博所著《荀子補遺》一册，其書成於文政丁亥年（1827 年）。今將其補遺散入書中而冠以 補遺 。

六、《荀子增注》之《凡例》云："故今所挍，雖因世德堂本，其後人私改之者，據宋本改之，宋本不是者，據元本改之，要期復古。""至於宋本異同，如'藏'作'臧'，'彊'作'強'，'勢'作'埶'，'一'作'壹'之類，雖則同字，必録異同。"其言雖如此，但其用字也有不從宋本而不録異同者。其録異同者，今遵其意而不加改易。其未録異同者，今或據宋本改之，或録其異同，然皆出校記，既期復古，又欲補正其疏誤也。至於所謂"因世德堂本"，實亦粗略之言，以其校記中"舊作××"之語覈之，其實並非全因世德堂本。考《增注》每卷之首明題"上州山世璠正編"。其《凡例》之首又云："山夫子閲世德堂刊《荀子》，正文誤脱，或注文編次錯亂，頗有難讀者，扵是兩漢以上之書，苟有解《荀子》書若辨誤者，盡集之，正其編次，辨其難讀者，當時既有一適作，未全備而卒。筑水先生據其説以作《增注》，二十年前授于平安葛西氏，近日將上木，開而閲之，有未安者，得宋本、元本、小字元本、韓本、孫鑛評本、標注本、謝墉本，加以享保以來諸家之説，而再挍之。"久保愛《荀子增注序》云："吾山夫子，既挍正經藝，以其餘力施及諸子。觀先時葛西應禎所翻刻《荀子》，比之諸家，似有所長，猶尚正文誤脱，注文錯亂，頗有難讀者，扵是博考羣書而明辨之。愛壯年日據其説以作《增注》，近日將上木，開而閲之，猶有未安者，扵是再挍以諸家木。"由此可知，《增注》之底本爲山世璠所校訂之葛西應禎翻刻世德堂本，其校記中所謂"舊作××"云云，實指此本而言，故有異於世德堂本者。葛西應禎翻刻本雖以世德堂本爲底本，但經翻刻與校訂，顯然已不同於世德堂本，故所謂"因世德堂本"，不過是明其遠源之言而已。

七、本書按照當今規範使用新字形以及將俗字改爲規範字之處，不出校記。其餘文字（包括異體字），一仍其舊。

八、本書原文據拙著《荀子譯注》分段，並加了篇章號，以便對照閱讀。

九、《荀子增注》有句讀，今根據我的理解易之以標點符號。

十、本書校點時爲減少失誤，故參閱典籍不少，但引用者則不多。爲方便讀者查考，今將我在按語中所引文獻簡稱之所指詳情列於下：

1．宋浙本：北京圖書館出版社 2002 年 10 月影印出版的中國國家圖書館所藏的宋刻本《荀子》（《中華再造善本》唐宋編·子部）。

2．宋刻遞修本：北京圖書館出版社 2006 年 7 月影印出版的中國國家圖書館所藏的宋刻元明遞修本《纂圖互註荀子》（《中華再造善本》唐宋編·子部）。

3．古逸叢書本：商務印書館 1936 年縮印之《古逸叢書》本《荀子二十卷》（《四部叢刊》初編·子部）。

4．世德堂本：明嘉靖十二年（1533 年）世德堂所刊《六子全書》本《荀子》。

5．《周易》，據中華書局 1980 年影印的〔清〕阮元校刻本《十三經注疏》。

6.《尚書》及〔唐〕孔穎達疏，據《十三經注疏》，版本同上。

7.《詩經》及〔漢〕毛公傳、〔漢〕鄭玄箋、〔唐〕孔穎達疏，據《十三經注疏》，版本同上。

8.《周禮》及〔漢〕鄭玄注，據《十三經注疏》，版本同上。

9.《儀禮》及〔漢〕鄭玄注、〔唐〕賈公彥疏、〔清〕阮元挍勘記，據《十三經注疏》，版本同上。

10.《禮記》及〔漢〕鄭玄注，據《十三經注疏》，版本同上。

11.《春秋》《左傳》及〔晉〕杜預注，據《十三經注疏》，版本同上。

12.《公羊傳》及〔漢〕何休注，據《十三經注疏》，版本同上。

13.《孝經》及〔宋〕邢昺疏，據《十三經注疏》，版本同上。

14.《爾雅》，據《十三經注疏》，版本同上。

15.《孟子》，據《十三經注疏》，版本同上。

16.《國語》及〔三國·吳〕韋昭注，據上海古籍出版社 1978 年版點校本。

17.《管子》，據上海古籍出版社 1989 年影印浙江書局本。

18.《晏子春秋》，據中華書局 1962 年版《晏子春秋集釋》。

19.《墨子》，據中華書局 1986 年版《墨子閒詁》。

20.《列子》，據中華書局 1979 年版《列子集釋》。

21.《莊子》，據中華書局 1961 年版《莊子集釋》。

22.《戰國策》，據江蘇古籍出版社 1985 年版《戰國策集注彙考》。

23.《韓非子》，據上海古籍出版社 2010 年版《韓非子校疏》。

24.《吕氏春秋》，據學林出版社 1984 年版《吕氏春秋校釋》。

25.《孔子家語》，據中華書局 2021 年版《孔子家語校注》。

26.《大戴禮記》，據中華書局 1983 年版《大戴禮記解詁》。

27.〔漢〕劉安等《淮南子》，據中華書局 1989 年版《淮南鴻烈集解》。

28.〔漢〕韓嬰《韓詩外傳》，據中華書局 1980 年版《韓詩外傳集釋》。

29.〔漢〕司馬遷《史記》及〔唐〕司馬貞《索隱》，據世界書局 1935 年影印本《四史》。

30.〔漢〕桓寬《鹽鐵論》，據中華書局 1992 年版《鹽鐵論校注》。

31.〔漢〕劉向《說苑》，據中華書局 1987 年版《說苑校證》。

32.〔漢〕揚雄《方言》，據上海古籍出版社 1984 年影印之紅蝠山房刻本《方言箋疏》。

33.〔漢〕班固《漢書》及〔唐〕顏師古注，據中華書局 1983 年影印本《漢書補注》。

34.〔漢〕許慎《説文解字》，據中華書局 1963 年影印陳昌治同治刻本。

35.〔南朝·梁〕蕭統《文選》，據中華書局 1977 年影印胡克家重刻宋淳熙本。

36.〔唐〕魏徵等《羣書治要》，據上海古籍出版社 2002 年版《續修四庫全書》第 1187 册所影印之日本天明（1781—1788 年）刻本。

37.〔宋〕鄭樵《通志》，據商務印書館 1935 年版（《萬有文庫》第二集）。

38.〔清〕張玉書等《康熙字典》，據上海中央書店 1936 年影印本。

39.〔清〕梁玉繩《人表考》，據中華書局 1982 年版《史記漢書諸表訂補十種》。

目　录

荀子增注

荀子增注序

　　觀秦漢諸儒之所録，荀子之德隆矣哉！至乃當時之人，以成湯、文王、伊尹、管仲比之孟子，聒而語之，議其好辯者有之，不聞其許之者，亦唯自以聖賢居而已。豈況學在行事，而軻才止口舌也？夫遊其門、受其業者，亦皆則效其師之所行，或為一時奪席之言，或述軍國經畧之言。萬章、公都子輩所争辯，李斯、韓非子等所筆記，章章于殺青之餘，如觀二叟家學之風也。若夫性善、性惡之殊異，稱堯舜、順後王之不同，非有優劣。道術為天下裂，有以"虛無"者，有以"恬憺"者，有以"非鬭""非樂"者，有以"堅白""同異"者，學士各據其所見以立流派，互相競争，則孟、荀亦以此與當世之人辯而已。

　　《孟子》書七篇，追琢既盡，斐然成章，蓋欲傳天下後世而著之者也。《荀子》書三百二十二篇，有重複者、有驕駁者，雖除二百九十篇，猶尚有不焕乎者，蓋雜記而特示門人，無傳天下後世之志者也。唯其言，入肓之上、膏之下。有土之君，輔國之臣，聞其一言有足興邦家者，則天下之大，不能無一人尊信之者。《孟子》雖精撰，動輒有言行相反而難委任大事者，則海內之廣，不能不有一人窺其短者。是以弈世提衡，聲譽相發。唯是《孟子》書，夷其誦之者，皆疏明章句，善正誤脫者也。《荀子》文奇，其閱之者皆有大晷而取樞要，非拘攣扵章句、善辨錯亂者也。乃一登仕郎注之，其寡儔焉，淂盡其義乎？

吾山夫子，既挍正經蓺，以其餘力施及諸子，觀先時葛西應禎所翻刻《荀子》，比之諸家，似有所長，猶尚正文誤脫，注文錯亂，頗有難讀者，扵是博考羣書而明辨之。愛壯年日據其説以作《增注》，近日將上木，開而閲之，猶有未安者，扵是再挍以諸家本，而後物子、山子以來所疑者，渙然一時冰釋。唯未見宋刻原本，是以猶豫，未正誤補脫。俄而友人狩谷卿雲得宋本，就而挍之，雲霧始開，白日再明，乃據宋本善者正之，間亦有以元刻改之者。何則？二本者，原也。又享保以來，諸儒先之所論，苟有可補正者，盡取之，必録其姓名以分之，而後增益師説者，不止十之三四。

夫荀卿業已不遇，其書亦不大行，楊倞注之而世亦知之者少，則先師雖精之，愛雖增益之，豈必期使海內之紙貴矣哉！雖然，世有欲沂洙泗流，從政而取之者，未嘗無少裨益矣。

文政庚辰冬十一月信州久保愛撰 ❶

---

❶ 覺按：此後有"久保愛印"陰文印，"筑水"陽文印。文政庚辰爲公元 1820 年。

荀子注序

增舊本無"注"字❶，今觀其文，非《荀子》序，楊倞注《荀子》之序也。故據宋本、韓本補❷。

上州山世璠正編

唐虢州楊倞撰　日本信州久保愛　注

遠州土屋型重訂

昔周公稽古三五之道，增三五，三皇五帝也。損益夏、殷之典，增夏，户雅反。制禮作樂，增事見于《禮記·明堂位》。以仁義理天下，增理，讀爲"治"。避高宗諱。下"理要""興理"同。其德化刑政存乎《詩》。至于幽、厲失道，始變《風》、變《雅》作矣。增幽王，名宫涅，殺於西戎。厲王，名胡，流於彘。平王東遷，諸侯力政❸，增平王，名宜臼，幽王太子，此時東遷于洛邑。補遺《晏子春秋》曰："禽獸以力爲政，强者犯弱。"逮五霸之後❹，則王道不絶如綫，故仲尼定《禮》《樂》，作《春秋》，然後三代遺風弛而復張，增復，扶又反。而無時無位，功烈不得

---

❶ 覺按：本篇及"荀子新目録"之增注前原無增，今依其正文之例冠以增。其所謂"舊本"，當指山世璠所校訂之葛西應禎翻刻世德堂本（參見本書"凡例"）。

❷ 覺按：其所謂"宋本"，當指台州本，今古逸叢書本有"注"字亦可爲佐證。宋浙本此半頁爲補板，無"注"字。

❸ 宋本、韓本"力"作"分"。覺按：宋浙本此半頁爲補板，作"力"。

❹ 覺按：原書"霸"作"覇"，今據宋浙本、古逸叢書本改。

被于天下，增被，皮義反。但門人傳述而已 ❶。陵夷至于戰國，於是申、商苛虐，孫、吳變詐，增申，申不害。商，商鞅。孫，孫武、孫臏。吳，吳起。○詐，側嫁反。以族論罪，殺人盈城，談説者又以慎、墨、蘇、張爲宗，增慎，慎到。墨，墨翟。蘇，蘇秦。張，張儀。○説，音税。則孔氏之道幾乎息矣。增幾 ❷，音祈。有志之士所爲痛心疾首也，增爲，于僞反。故孟軻闡其前，荀卿振其後。增闡，昌善反。觀其立言指事，根極理要，敷陳往昔，掎挈當世，增掎，音几。❸撥亂興理，易於反掌，增易，以豉反。真名世之士、王者之師。又其書，亦所以羽翼六經，增光孔氏，非徒諸子之言也。蓋周公制作之，仲尼祖述之，荀、孟贊成之，補遺荀子後孟子，而稱"荀、孟"者，言之便也。猶稱"韓、白""班、馬""操、莽""孫、劉"，不拘前後也。所以膠固王道至深至備，雖春秋之四夷交侵，戰國之三綱弛絶，斯道竟不墜矣。增三綱，君者爲臣之綱，父者爲子之綱，夫者爲妻之綱。倞以末宦之暇 ❹，頗窺篇籍，竊感炎黄之風未洽於聖代，增炎、黄，神農、黄帝。謂荀、孟有功於時政，尤所耽慕。而《孟子》有趙氏《章句》，漢代亦嘗立博士，增代，舊作"氏"，今據宋本、韓本改之。傳習不絶，增習，舊作"誓"，今據宋本、韓本改之。故今之君子多好其書。增好，呼報反；下同。獨《荀子》未有注解，亦復編簡爛脱，傳寫謬誤 ❺，增復，舊作"獲"，今據宋本、

---

❶ 覺按：原書"但"作"伹"，今據宋浙本、古逸叢書本改，后不再出校。

❷ 覺按：原書"幾"作"機"，今據被釋字改。

❸ 覺按：宋浙本、古逸叢書本均有此音注。

❹ 覺按：原書"宦"作"官"，今據宋浙本、古逸叢書本改，后不再出校。

❺ 覺按：原書"寫"多作"寫"，今據宋浙本、古逸叢書本改。爲

韓本改之。〇復，扶又反。雖好事者時亦覽之，至於文義不通，屢掩卷焉。夫理曉則愜心，文舛則忤意，增夫，音扶。未知者謂異端不覽，覽者以脱誤不終，增脱，舊作"説"，今據宋本、韓本改之。所以荀氏之書千載而未光焉。輒用申抒鄙思❶，敷尋義理，增抒，當作"舒"。〇思，息吏反。其所徵據，則博求諸書。但以古今字殊，齊、楚言異，事資參考不得不廣，增"齊、楚言異"出于《孟子》。或取偏傍相近、聲類相通，或字少增加、文重刊削，增重，直龍反。或求之古字，或徵之《方言》。增之，舊作"諸"，今據宋本、韓本改之。加以孤陋寡儔，愚昧多蔽，穿鑿之責，於何可逃？曾未足粗明先賢之旨，增曾，則登反。適增其蕪穢耳。蓋以自備省覽，非敢傳之將來。增省，悉井反。以文字煩多，故分舊十二卷三十二篇爲二十卷❷，又改《孫卿新書》爲《荀子》，增"荀"下舊有"卿"字，今據宋本、韓除之。其篇第亦頗有移易，使以類相從云。增舊篇第載舊目録，移易者，載新目録。時歲在戊戌，大唐睿聖文武皇帝元和十三年十二月也❸。

謙問家翁曰："唱洙泗之道者，前有孟子，後有荀子，故稱'孟荀'。獨楊評事《序》稱'荀孟'者，何也？豈以己所尊信而更其昭穆乎？"

節約篇幅，以下不再出校。

❶ 宋本"抒"作"杼"。閩本"思"作"意"。

❷ 元本無"三十二篇"四字，閩本同。

❸ 標注本"歲在戊戌"四字在"年"字下，"唐"作"曆"，末有"大理評事楊倞謹序"八字。韓本無"也"字，有"大理評事楊倞謹序"八字。覺按：元和十三年爲公元818年。

家翁曰："否否。評事貞士，不必至阿其所好，抑秦漢之人。貴荀子甚，或比殷湯，或方周文，或以伊尹、管仲當之，以其所居，爲國家之存亡、輕重。孟子以聖自居，議其好辯者有之，未聞許之者。以是觀之，評事所稱，特本於古人之言而已，不必至阿其所好。"曰："然則後來道子弟者，七經已通，則授《荀子》，而後施及孟子之書，可乎？"家翁曰："噫！以余膚淺，豈可定二大賢之月旦乎❶？唯是以其弟子之所稱、《國策》之所載、劉光禄之所録觀之，似當然矣。且魏鄭公之論政事，髣髴於益、稷、皋陶之議虞廷矣，然而其集《群書治要》，多取《荀子》，至若《孟子》，僅僅二三條而已。然則評事所稱，其有據哉！"謙曰："唯唯。"於是識其言，以辨後之疑楊《序》者之惑云。

男東都久保謙識

---

❶ 覺按：原書"旦"作"且"，今據文義改。

凡 例

　　山夫子閲世德堂刊《荀子》，正文誤脱，或注文編次錯亂，頗有難讀者，扵是兩漢以上之書，苟有解《荀子》書若辨誤者，盡集之，正其編次，辨其難讀者，當時既有一適作，未全備而卒。筑水先生據其説以作《增注》，二十年前授于平安葛西氏，近日將上木，開而閲之，有未安者，得宋本、元本、小字元本、韓本、孫鑛評本、標注本、謝墉本，加以享保以來諸家之説，而再校之。至如正文本孟荀合刻本、《諸子品節》，非無異同，其鹵莽反足生疑惑，是以先生不必取之。

　　《荀子》有二原，宋本、元本是也。宋本者，先是未有見之者，享保中葛西應禎頗購求之不得，乃校世德堂本而梓之。其子豐書得抄宋本異同者，至孫豐章始見宋本，揭其異同而藏之。其書非不善也，而未可遽從者，先生不見其原也。丙子春，先生友人狩谷氏得之，文字大，剞劂巧，楷法遒美，可以法則。天壤一物，可以珍重，就而校之，舊來物子、山子所疑誤字脱文，十之七八既復其正。

元本者，非因宋本，或寫本，或印本，自別有一本而刻者
也。蓋其時既後，則其誤謬錯脫亦多，雖然，可以次宋本
取正者，元本也。且其稱互注、重意、重言者，要非杜撰
也。其非宋與元者，後人私補削者也。譬如宋本“青取之
於藍”，元本作“青出之藍”，雖有得失長短，皆李唐以來
傳習之異同而足徵者也。明刻諸本作“青出之於藍”者，
其義則未有優劣，不因宋、元二原，則私改之，不足徵者
也。故今所挍，雖因世德堂本，其後人私改之者，據宋本
改之，宋本不是者，據元本改之，要期復古。二原無異同者，
雖他書有之，不敢妄改之。如“王良”，諸家皆作“王梁”，
孫鑛本獨作“王良”之類，孫氏以《荀子》中例改之者也。
然“王良”作“王梁”，“季梁”作“季良”，“梁鞟”作“良鞟”
者，古書中往往有之，以古音通也，方知孫氏陋。《天論篇》
二“飢渴”，宋、元二本上有“渴”，下無“渴”，是上“渴”
字衍也。《羣書治要》上下皆無“渴”字，是爲正。然宋、
元有“渴”字，難妄改之，不改之，則其文例不可無“渴”
字也，故從世德堂本而不改之，非以爲正也。

　　韓本異同，多與宋本合，自卷首題名，以至注文盡然，
唯有一二不同而已，全據宋本而刻之者也。始有金澤文庫
藏書印，惜未見其原本而已。

　　世德堂本、孫鑛本、標注本頗相似，而世德堂本稍勝
矣。其原則皆除元本互注、重意、重言，而以宋本取舍之
者也。且宋、韓二本注文多正，而明時諸本多誤，則未見
宋本全書者乎？抑亦孤陋閭師，爲書賈倩者，固不解事，
則糅雜米鹽而刻之乎？蓋明人挍書之粗不特《荀子》，往

往皆然，則或其類矣。

宋本、元本是者，從而改之，《增注》必録其事，不敢私損益一字。其兩可難裁者，入于標注；他書異同是者，入于增注；兩可者復入于標注。元本異同，其非者不録之；其他諸本亦復如之。何則？世間其書多也。至宋本異同，如"藏"作"臧"、"彊"作"強"、"勢"作"埶"、"一"作"壹"之類，雖則同字，必録異同。其非者，加"非"字以分之。蓋其書無傅也❶，學者就此書而集之，雖歷百世，宋本完然，可備具于掌中矣。世必有嘲其迂者，然非好古如此，則千歲之後，舊章盡殘闕而已。

元本有可疑者，宋本《勸學篇》"智明"，元本作"知明"，而注"知，讀爲智"。《榮辱篇》"政令法"作"政法令"，而注"當爲政令法。或曰：政當爲正"之類是也。蓋其人未見宋本，其所藏本"智"作"知"、"政令法"作"政法令"，則補楊注而刻者也。至如世德堂本作"政令法"而傅會元板所補注，則不成文義，皆不得不從宋本而改之。

宋本雖古且善，其校閱則粗也。始録"登仕郎守大理評事"，似唐時舊也。"楊倞"作"揚倞"者，誤也。"木""易"者，弘農楊族；"手""易"者，自別一族。子雲已有其辨，而倞則弘農楊族也，可從"手"乎？如"磬筦將將"作"管磬瑲瑲"，則古書異同，固可有之。如注引毛傳"將將"而作"瑲瑲"，則全後人改之者也。既改注文，則其改正文，亦未可知也。且觀倞不注《詩經》異同，非無可疑之端。

❶ 覺按："傅"當作"傳"。

今先生取宋、元二本之長而定之，雖未全復古，其去古不亦遠矣❶。

　　近年渡來有謝墉本，其人尊信宋本是也，然未見原本，其所爲正，傳寫之餘，其誤亦多。宋本、韓本始録“登仕郎守大理評事揚倞注”，謝本則上贅“唐”字，“揚”作“楊”。夫“揚”作“楊”者固是也，而謝墉非正其是非而作“楊”者，承誤而已。卷首既已如是，書中繆妄可以知矣。然至其説之是者，先生猶尚拾以明正文。

　　注文異同，多從宋本改之，不必録其事。至其義難通者，非此例也。

　　　　　　　　　　　　　　　　　武州飯山義方識

---

❶ 覺按：“不亦遠矣”當作“亦不遠矣”。

荀子新目録 增楊倞改篇次，故曰"新目録"。舊目録附載卷末。

---

❶ 覺按：原書"效"作"効"，今據宋浙本、古逸叢書本改。

---

❶ 覺按：原書“霸”作“覇”，今據宋浙本、古逸叢書本改。

---

❶ 覺按：原書"略"作"畧"，今據宋浙本、古逸叢書本改。

荀子卷第一

勸學篇第一 增以勸學發端者，本于《論語》，唱洙泗道者之冠也。

1.1　君子曰：學不可以已❶。青，取之於藍而青於藍❷；冰，水爲之而寒於水。以喻學則才過其本性也。增已，止也。取，舊作"出"，今據宋本、韓本、《羣書治要》《大戴禮》《困學紀聞》所引改之。蓋後人私改之，無所據者也。木直中繩，輮以爲輪，其曲中規，雖有槁暴不復挺者❸，輮使之然也❹。輮，屈。槁，枯。暴，乾。挺，直也。《晏子春秋》作"不復贏矣"❺。增本注"贏"字，諸本皆作"贏"，

---

❶《大戴禮》"已"下有"矣"字。

❷ 元本"之於"作"之"字，《史記·三王世家》作"於"字。覺按：《史記·三王世家》作"青采出於藍"。

❸《大戴禮》"槁"作"枯"。覺按：原書"暴"大都作"暴"，今據宋浙本、古逸叢書本改。爲節約篇幅，以下不再出校。

❹《晏子春秋》"輮"作"揉"。《考工記》義疏所引同。覺按：《周禮·考工記·輪人》注疏用"揉"字，但未引《荀子》之文。

❺ 覺按：原書"亡"字以及以"亡"爲部件的字，如"妄""忘""氓""望""盲""虻""芒""荒""贏""贏""贏"等，其中的"亡"皆作"亾"，而宋浙本、古逸叢書本皆作"亡"，今皆據宋浙本、古逸叢書本之用字改用"亡"。爲節約篇幅，以下不逐一出校。又，《晏子春秋·內篇雜上·曾子將行晏

字似而誤也。今據謝說改之。〇中，陟仲反。輮，與"揉"通，忍九反。暴，音"曝"。復，扶又反。**故木受繩則直，金就礪則利，君子博學而日參省乎己，則智明而行無過矣**。參，三也。曾子曰："吾日三省吾身。"行，下孟反。⬜增智，舊作"知"，有音注，今據宋本改之。〇參，息暫反，與"三"通。省，悉井反。己，音紀。

　　1.2 故不登高山，不知天之高也；不臨深谿，不知地之厚也❶；不聞先王之遺言❷，不知學問之大也。大，謂有益於人。⬜增大，廣大也。**于、越、夷、貉之子❸，生而同聲，長而異俗，教使之然也**。于、越，猶言"吳、越"。《呂氏春秋》"荆有次非得寶劍於于、越"，高誘曰："吳邑也。"貉，東北夷。同聲，謂啼聲同。貉，莫革反。⬜增《春秋·定公五年》"於越入吳"，杜預曰："於，發聲也。"本注非。夷，《王制》所謂"東方曰夷"是也。此言性相近也。其異俗者在習也。〇長，竹丈反。《詩》曰："嗟爾君子，無恒安息。靖共爾位，好是正直。神之聽之，介爾景福。"《詩》，《小雅·小明》之篇。靖，謀。介，助。景，大也。無恒安息，戒之不使懷安也。言能謀恭其位，好正直之道，則神聽而助之福。引此詩以喻勤學也。⬜增朱熹曰："靖，與'静'同。"愛曰：好是正直，好學嗜道之意。〇共，音恭。好，呼報反。介，音界。⬜補遺神，如"神而明之"之"神"。神之，謂化於道也。聽之，謂

子送之而贈以善言第二十三》作"不復贏矣"，"贏"通"贏"。

　　❶ 覺按：原書"厚"皆作"厚"，今據宋浙本改。爲節約篇幅，以下不再出校。

　　❷《大戴禮》"遺言"作"遺道"。

　　❸《大戴禮》"于越夷貉"作"於越戎貉"，《漢·賈誼傳》"于越"作"胡粤"。宋本"貉"作"貉"，注同。覺按：宋浙本、古逸叢書本"于"作"干"，注同，當從之。"干"爲國名，增注非。

聽而從之也。**神莫大於化道，福莫長於無禍。**爲學則自化道，故神莫大焉。脩身則自無禍，故福莫長焉。増爲學化道，與鬼神合其德。故神之聽之，介爾景福，即自求多福者也，不必別有神也。

1.3 吾嘗終日而思矣❶，不如須臾之所學也；吾嘗跂而望矣，不如登高之博見也。跂，舉足也。増跂，音器。**登高而招，臂非加長也，而見者遠；順風而呼，聲非加疾也，而聞者彰❷。假輿馬者，非利足也，而致千里；假舟檝者❸，非能水也，而絕江河。**能，善。絕，過。増直度曰絕。○見，賢遍反。聞，音問。**君子生非異也❹，善假於物也。**皆以喻脩身在假於學。生非異，言與衆人同也。増《呂氏春秋》曰："善學者，假人之長以補其短。"

1.4 南方有鳥焉，名曰蒙鳩❺，以羽爲巢，而編之以髮，繫之葦苕❻，風至苕折，卵破子死❼。巢非不完也，所繫者然也。蒙鳩，鷦鷯也。苕，葦之秀也。今巧婦鳥之巢至精密，多繫於葦竹之上是也。蒙，當爲"莣"。《方言》云："鷦鷯，自關而西謂之桑飛，或謂之莣雀。"或曰：一名蒙鳩，亦以其愚也。言人不知學問，其所置身亦猶

---

❶《大戴禮》"吾嘗"上有"孔子曰"三字。覺按：原書之"嘗"，宋浙本、古逸叢書本皆作"嘗"。爲節約篇幅，以下不再出校。

❷《大戴禮》"彰"作"著"。

❸ 宋本"檝"作"楫"。

❹《大戴禮》"生"作"性"。

❺ 覺按：原書"蒙"皆作"蒙"或"蒙"，今據宋浙本、古逸叢書本改。爲節約篇幅，以下不再出校。

❻《韓詩外傳》"葦苕"作"葭葦"。

❼ 覺按：原書"死"字多作"歾"，今據宋浙本、古逸叢書本改。爲節約篇幅，以下不再出校。凡其增注中之"歾"字，今也一律改用"死"字。

繫葦之危也。《説苑》:"客謂孟嘗君曰:'鴟鵋巢於葦苕,著之以髮,可謂完堅矣。大風至,則苕折卵破者,何也? 所託者然也。'"增謝墉曰:"案蒙鳩,《大戴禮》作'蝦鳩'。《方言》作'蔑雀'。蝦,讀如'芒'。'蒙''蝦''蔑'一聲之轉,皆謂細也。'蒙'與'蟻''蠓'音義近。楊云'當作蔑',似非。"○繫,音計。苕,田聊反。卵,盧管反。**西方有木焉,名曰射干,莖長四寸,生於高山之上,而臨百仞之淵。木莖非能長也,所立者然也。**《本草》藥名有射干,一名烏扇。陶弘景云:"花白莖長,如射人之執竿。"又引阮公詩云:"射干臨層城。"是生於高處也。據《本草》,在草部中,又生南陽川谷❶。此云"西方有木",未詳。或曰"長四寸",即是草,云"木",誤也。蓋生南陽,亦生西方也。射,音夜。增"木"當作"草"。案篆文"木"作"𣕕",草作"丫"。其形相似,故誤耳。○莖,渠更反。莖長,直亮反;下如字。**蓬生麻中,不扶而直❷**。增《洪範正義》引此,"直"下有"白沙在涅,與之俱黑"八字,《大戴禮》《三王世家》《説苑》皆同。此蓋脱文。**蘭槐之根是爲芷,其漸之滫,君子不近,庶人不服,其質非不美也,所漸者然也。**蘭槐,香草也,其根是爲芷也。《本草》:"白芷,一名白茝。"陶弘景云:"即《離騷》所謂蘭茝也。"蓋苗名蘭茝,根名芷也。蘭槐當是蘭茝別名,故云"蘭槐之根是爲芷"也。漸,漬也,染也。滫,溺也。言雖香草,浸漬於溺中,則可惡也。漸,子廉反。滫,思酒反。增蘭、槐,必二物。《大戴禮》作"蘭氏之根,懷氏之苞",可以見。古屋鬲曰:"槐,通作'懷',蓋懷香也。《本草》曰:'根如枸杞根而大,煨之甚香。'"或曰:芷,蓋香草根通名。**故君子**

---

❶ 覺按:原書"川"作"山",今據宋浙本、古逸叢書本改。

❷ 《洪範正義》所引,"而"作"自",《大戴禮》《三王世家》同。

居必擇鄉 ❶，遊必就士，所以防邪僻而近中正也。增擇鄉，擇鄉之類也。就士，友其士之仁者也。

1.5　物類之起，必有所始 ❷。榮辱之來，必象其德。肉腐出蟲，魚枯生蠹。怠慢忘身，禍災乃作。彊自取柱 ❸，柔自取束。凡物，彊則以爲柱而任勞，柔則見束而約急，皆其自取也。增柱，當作"折"，《大戴禮》作"折"。又案《六韜》云："大彊必折。"《列子》引《老子》云："木强則折。"《淮南子》云："大剛則折，大柔則卷。"○出，尺類反。蠹，都故反。邪穢在身，怨之所構。構，結也。言亦所自取也。增構，舊作"搆"，今據宋本改之。施薪若一 ❹，火就燥也；布薪於地均若一，火就燥而焚之矣。平地若一，水就濕也 ❺。草木疇生，禽獸羣焉，物各從其類也。疇，與"儔"同，類也。增疇，如《國語》"人與人相疇，家與家相疇"之"疇"。《大戴禮》"羣焉"作"羣居"，似是。是故質的張而弓矢至焉 ❻，林木茂而斧斤至焉，所謂"召禍"也。質，射侯。的，正鵠也。增的，丁歷反。樹成蔭而眾鳥息焉，醯酸而蚋聚焉 ❼。喻有德則慕之者眾。增"質的"以下四句，皆喻自取之，不必分析。故言有召禍也，行有招辱也，君子慎其所立

---

❶《大戴禮》"君子"下有"靖居恭學，脩身致志"八字。覺按：原書"鄉"字，宋浙本、古逸叢書本皆作"鄉"（宋浙本卷十四第一頁係抄補，除外）。爲節約篇幅，以下不再出校。

❷《大戴禮》"起"作"從"，"始"作"由"。

❸ 宋本"出"作"生"，"彊"作"强"，注同。

❹《大戴禮》"施薪若一"作"布薪如一"。

❺ 宋本"濕"作"淫"。

❻《大戴禮》"質的"作"正鵠"。

❼ 宋本"蚋"作"蜹"。覺按：宋浙本、古逸叢書本"醯"作"醯"。

乎❶！禍福如此，不可不慎所立。所立，即謂學也。增《易》曰："言行，君子之樞機。樞機之發，榮辱之主也。"故君子慎之。所立，謂禮也。○行，下孟反。補遺《大戴記》"乎"作"焉"。

1.6 積土成山，風雨興焉；積水成淵，蛟龍生焉；積善成德，而神明自得，聖心備焉。神明自得，謂自通於神明。增而，猶"則"也。備，舊作"循"，今據宋本、韓本、《羣書治要》《大戴禮》改之。故不積蹞步，無以至千里❷；半步曰蹞。"蹞"與"跬"同。增蹞，音頍。不積小流，無以成江河❸。騏驥一躍，不能十步；駑馬十駕❹，言駑馬十度引車，則亦及騏驥之一躍，據下云"駑馬十駕，則亦及之"，此亦當同，疑脫一句。增騏，音奇。驥，音冀。功在不舍。鍥而舍之❺，朽木不折；鍥而不舍，金石可鏤。言立功在於不舍。"舍"與"捨"同。鍥，刻也，苦結反。《春秋傳》曰："陽虎借邑人之車，鍥其軸❻。"增朽，香久反。鏤，力于反。螾無爪牙之利、筋骨之彊，上食埃土❼，下飲黃泉，用心一也；螾，與"蚓"同，蚯蚓也。增筋，

---

❶ 元本"慎其"作"其慎"。

❷《大戴禮》"至"作"致"。

❸ 宋本、韓本"江河"作"江海"，《大戴禮》《羣書治要》作"河海"。覺按：《大戴禮記·勸學》作"江海"，《羣書治要》作"河海"。

❹《大戴禮》"十步"作"千里"，"十駕"作"無極"。《淮南子》云："騏驥千里，一日而通；駑馬十舍，旬亦至之。"

❺《淮南子》"鍥"作"刻"。

❻ 覺按：原書"軸"下有"也"字，今據宋浙本、古逸叢書本刪。

❼ 宋本、韓本"螾"上有"蚯"字，無注"蚯蚓也"三字，"彊"作"强"。《大戴禮》"筋骨"作"筋脈"，"埃土"作"晞土"，《孟子》作"槁壤"，《淮南子》《文子》作"晞堁"。

音斤。**蟹六跪而二螯，非虵、蟺之穴無所寄託者❶**，用心躁**也**。跪，足也。《韓子》以刖足爲刖跪。螯，蟹首上如鉞者。許叔重《說文》云“蟹六足二螯”也。增謝墉曰：“案《說文》：‘蝤有二敖八足。’《大戴禮》亦同。此正文及注‘六’字疑皆‘八’字之訛。”愛曰：《大戴禮》“蟺”作“䱉”❷，今案“蟺”與“鱓”“䱉”“鱣”通❸，鱣，魚似蛇者也。《後漢書·楊震傳》曰：“蛇鱣者，卿大夫服之象也。”○蟹，諧買反。跪，渠委反。螯，五刀反。虵，與“蛇”同，食遮反。蟺，上演反。**是故無冥冥之志者，無昭昭之明；無惛惛之事者❹，無赫赫之功**。冥冥、惛惛，皆專默精誠之謂也。增物茂卿疑“明”爲“名”。愛案：《說苑》云：“有隱行者必有昭名。”《文子》亦有此語。○冥，莫庭反。惛，音昏。**行衢道者不至❺，事兩君者不容**。《爾雅》云：“四達謂之衢。”孫炎云：“衢，交道四出也。”或曰：衢道，兩道也。不至，不能有所至。下篇有“楊朱哭衢塗”。今秦俗猶以兩爲衢，古之遺言歟？增衢，其俱反。**目不兩視而明，耳不兩聽而聰❻**。**螣蛇無足而飛**，《爾雅》云：“螣，螣蛇。”郭璞云：“龍類，能興雲霧而遊其中也。”增螣，直錦反，又徒登反。**梧鼠五技而窮❼**。梧鼠，當爲“鼫鼠”，蓋本誤爲“鼯”字，傳寫又誤

---

❶ 宋本“所”作“可”。覺按：宋浙本、古逸叢書本“虵”作“蛇”，當據改。

❷ 覺按：原書“䱉”作“䱉”，今據《大戴禮記·勸學》改。

❸ 覺按：原書“䱉”作“䱉”，今改。

❹ 覺按：宋浙本、古逸叢書本“冥冥”作“宨宨”，“惛惛”作“惽惽”，注同。

❺ 《大戴禮》“衢道”作“跂塗”。

❻ 宋本、韓本、《大戴禮》兩“不”字下有“能”字。

❼ 《大戴禮》“梧鼠”作“鼯鼠”。覺按：今本《大戴禮記·勸學》

爲“梧”耳。技，才能也。言技能雖多❶，而不能如螣蛇專一，故窮。五技，謂能飛不能上屋，能緣不能窮木，能游不能渡谷，能穴不能掩身，能走不能先人。補遺梧，當作“鼯”。《爾雅·釋鳥》：“鼯鼠，夷由。”郭注：“狀似蝙蝠，肉翅。亦曰飛生。”《正韻》：“五技鼠也。”《説文》以鼫鼠爲五技鼠，揚注從之。今按：鼫鼠見《爾雅·釋獸》，郭注：“形大，頭似兔，好在田中食粟米。”其非五技鼠明矣。《詩》曰：“鳲鳩在桑❷，其子七兮。淑人君子，其儀一兮。其儀一兮，心如結兮。”故君子結於一也。《詩》，《曹風·鳲鳩》之篇。毛云：“鳲鳩，鴶鞠也。鳲鳩之養七子，旦從上而下❸，暮從下而上，平均如一。善人君子，其執義亦當如鳲鳩之一。執義一則用心堅固。”故曰“心如結”也。增儀，威儀也。○鳲，音尸。

1.7 **昔者瓠巴鼓瑟，而流魚出聽❹**；瓠巴，古之善鼓瑟者，不知何代人也。流魚，中流之魚也。《列子》云：“瓠巴鼓琴❺，鳥舞魚躍❻。”增《淮南子》“流魚”作“游魚”。今案：“流”“游”互通。《左氏傳》“游纜”，《漢書·韋玄成傳》“德盛而游廣”，皆與“流”通。**伯牙鼓琴，而六馬仰秣❼**。伯牙，古之善鼓琴者，亦不知何代人也。六馬，天子路

作“鼫鼠”。

❶ 覺按：原書“技”作“伎”，今據宋浙本、古逸叢書本改。

❷ 宋本“鳲”作“尸”。

❸ 覺按：原書“旦”作“且”，今據宋浙本、古逸叢書本改。

❹ 《大戴禮》“流魚”作“沈魚”，《韓詩外傳》作“潛魚”。《論衡》作“鱏魚”。

❺ 覺按：原書“琴”作“瑟”，今據宋浙本、古逸叢書本改。

❻ 覺按：原書“躍”下有“也”，今據宋浙本、古逸叢書本刪。

❼ 《淮南子》“六馬”作“駟馬”。

車之馬也。《漢書》曰："乾六車，坤六馬。"《白虎通》曰："天子之馬六者，示有事於天地四方也。"張衡《西京賦》曰："天子駕雕軫，六駿駮。"又曰："六玄虯之奕奕，齊騰驤而沛艾❶。"仰秣，仰首而秣，聽其聲也。增《韓詩外傳》曰："蕤賓有聲，鵠震馬鳴，及保介之蟲無不延頸以聽。"謂感之甚也。○秣，莫葛反。補遺六馬仰秣，李周翰曰："食草之際，仰首而聽，餘草在口也。"注"乾六車"，"六"當作"文"❷。故聲無小而不聞，行無隱而不形。形，謂有形可見。增《禮記》曰："莫見乎隱，莫顯乎微。"○聞，音問，下同。行，下孟反。玉在山而草木潤❸，淵生珠而崖不枯❹。爲善不積邪❺，安有不聞者乎？崖，岸。枯，燥。增草木，舊作"木草"，今據宋本、標注本、正文本、韓本改之。"不"字，《羣書治要》無，此蓋衍。或曰："不"當作"而"。○枯，讀爲"涸"，戶各反。邪，音"耶"。

1.8　學惡乎始？惡乎終？假設問也。增惡，音烏。曰：其數則始乎誦經，終乎讀《禮》；數，術也。經，謂《詩》《書》。《禮》，謂典禮之屬也。增數，即下"誦數以貫之"之"數"。其義則始乎爲士，終乎爲聖人。義，謂學之意，言在乎脩身也。真積力久則入，真，誠也。力，力行也。誠積力久，則能入於學也。增入，《國語》"非學不入"之"入"，謂得于身也。學至乎没而後止也。生則不可怠惰❻增《禮記》曰"俛焉日有孳孳，斃而后已"是也。故學數有終，若其義，則不可須臾舍也。爲之，人也；舍之，禽獸也。增舍，音"捨"。

---

❶ 覺按：原書"驤"作"驍"，今據宋浙本、古逸叢書本改。

❷ 覺按：文見《漢書·王莽傳中》。

❸ 元本無"草"字。

❹《大戴禮》"崖"作"岸"，《淮南子》《文子》同。

❺《羣書治要》"邪"作"也"。

❻ 覺按：原書"惰"作"隋也"，今據宋浙本、古逸叢書本改。

故《書》者，政事之紀也；《書》，所以紀政事。此説六經之意。《詩》者，中聲之所止也；《詩》，謂樂章，所以節聲音，至乎中而止，不使流淫也。《春秋傳》曰："中聲以降，五降之後，不容彈矣。" 增《詩》，謂《詩經》。物茂卿曰："止，猶'存'也。" 補遺下云："《樂》之中和也，《詩》《書》之博也。" 中聲，即"中和"，可以言《樂》，不可以言《詩》。疑"《詩》者"下脱論詩之文，"中聲"上脱"樂者"二字。《禮》者，法之大分，羣類之綱紀也 ❶，《禮》，所以爲典法之大分，統類之綱紀。類，謂禮法所無，觸類而長者，猶律條之比附。《方言》云"齊謂法爲類"也。增羣類，謂衆類也。○分，扶問反。故學至乎《禮》而止矣，夫是之謂道德之極。增夫，音扶。《禮》之敬文也，《禮》有周旋揖讓之敬、車服等級之文也。《樂》之中和也，中和，謂使人得中，和悦也。增《周官·大司樂職》曰："以樂德教國子：中、和、祇、庸、孝、友 ❷。"《詩》《書》之博也，博，謂廣記土風、鳥獸、草木及政事也。《春秋》之微也，微，謂褒貶沮勸微而顯、志而晦之類也。在天地之間者畢矣 ❸。

1.9　君子之學也，入乎耳，著乎心 ❹，布乎四體，形乎動静，所謂"古之學者爲己"。入乎耳，著乎心 ❺，謂聞則志而不忘也。布乎四體，謂有威儀潤身也。形乎動静，謂知所措履也。增著，直略反。端而言，蝡而動 ❻，一可以爲法則。端，讀爲"喘"。喘，微言也。

---

❶ 元本無"羣"字。

❷ 覺按：原書"祇"作"祇"，今據《周禮·春官宗伯·大司樂》之文改。

❸ 覺按：宋浙本、古逸叢書本"間"作"閒"。

❹ 宋本"著"作"箸"。

❺ 覺按：宋浙本、古逸叢書本"著"作"箸"。

❻《臣道篇》"端"作"喘"，"蝡"作"臑"。標注本"蝡"作"蝡"，元本、孫鑛本同。

蝡，微動也。一，皆也。或喘息微言，或蝡蠢微動，皆可以爲法則。蝡，人允反❶。或曰：端而言，謂端莊而言也。增《禮記》曰："行而世爲天下法，言而世爲天下則。"**小人之學也，入乎耳，出乎口**，所謂"今之學者爲人"，"道聽涂説"也❷。**口耳之間則四寸耳**❸，**曷足以美七尺之軀哉**？韓侍郎云："則，當爲'財'，與'纔'同。"增軀，音區。

1.10 古之學者爲己，今之學者爲人。增此語出于《論語》。〇爲，于僞反。己，音紀。**君子之學也，以美其身；小人之學也，以爲禽犢**。禽犢，饋獻之物也。**故不問而告謂之傲**，傲，喧噪也。言與戲傲無異。或曰：讀爲"嗷"，聲口嗷嗷然也❹。"嗷"與"傲"通❺。增本注"聲"字衍。**問一而告二謂之讚**。讚，即"讚"字也，謂以言彊讚助之，今贊禮謂之讚唱❻。古字"口"與"言"多通。增《集韻》曰："讚，聲多也。"爰曰：陸機《文賦》"務嘈讚而妖冶"是也。〇讚，才曷反，楊音則旰反。**傲，非也；讚，非也**❼。**君子如響矣**。如響應聲。增《學記》曰"善待問者如撞鐘，叩之以小者則小鳴，叩之以大者則大鳴"是也。響，舊作"嚮"。有"'嚮'與'響'同"注，今據宋本、韓本改之。

1.11 學莫便乎近其人❽。謂賢師也。增近，巨靳反；下同。**《禮》《樂》法而不説**，有大法而不曲説也。**《詩》《書》故而不**

---

❶ 覺按：原書"人"上有"音"字，今據宋浙本、古逸叢書本刪。

❷ 覺按：原書"涂"作"塗"，今據宋浙本、古逸叢書本改。

❸ 宋本無"寸耳"之"耳"。覺按：宋浙本、古逸叢書本"間"作"聞"。

❹ 覺按：宋浙本、古逸叢書本"聲口"作"聲曰"。

❺ 覺按：宋浙本、古逸叢書本"傲"作"敖"。

❻ 覺按：宋浙本、古逸叢書本"讚"作"贊"。

❼ 宋本無上"非也"二字。

❽ 覺按：原書"便"作"傻"，今據宋浙本、古逸叢書本改。

切，《詩》《書》但論先王故事而不委曲切近於人，故曰"學《詩》三百，使於四方，不能專對"也。⬜增本注"故曰"以下，失《論語》之意。**《春秋》約而不速。**文義隱約，襃貶難明，不能使人速曉其意也。**方其人之習君子之說，則尊以徧矣，**⬜補遺方，猶"至"也。言至賢師之習熟君子之說者，則無所不通而可尊信也。以文理推之，此句全屬"其人"。**周於世矣。**當其人習說之時，則尊高而徧周於世事矣，六經則不能然矣。⬜增《集韻》曰："方，效也。"愛案："方""放""倣"通，與《禮記》"哲人其萎，則吾將安放"之"放"同。之，與"而"通。《禮記》"惡夫涕之無從"，《家語》"之"作"而"；《論語》"恥其言而過其行"，皇侃本"而"作"之"之類是也。"徧矣"之"矣"衍❶。⬜補遺此四字贅，疑是後人因注文加之。**故曰：學莫便乎近其人❷。**

1.12　**學之經莫速乎好其人，隆禮次之。**學之大經，莫速於好近賢人❸。若無其人，則隆禮爲次。⬜增《成相篇》有"聽之經"及"治之經"，與"學之經"同句法。〇好，呼報反；下同。**上不能好其人，下不能隆禮，安特將學雜識志、順《詩》《書》而已耳❹，則末世窮年，不免爲陋儒而已。**安，語助，猶言"抑"也，或作"安"，或作"案"，《荀子》多用此字。《禮記・三年問》作"焉"。《戰國策》："謂趙王曰：'秦與韓爲上交，秦禍案移於梁矣。秦與梁爲上交，秦禍案攘於趙矣。'"《吕氏春秋》："吴起謂商文曰：'今置質爲臣，其主安重；釋璽辭官，其主安輕。'"蓋當時人通以"安"爲語助，或方言耳。特，猶言"直"也。雜識志，謂雜志記之書，百家之説也。言既不能好其人，又不能隆禮，直

❶　覺按：原書"徧"作"偏"，今據被釋字改。
❷　覺按：原書"便"作"偄"，今據宋浙本、古逸叢書本改。
❸　覺按：宋浙本、古逸叢書本"莫"作"無"。
❹　宋本、韓本"耳"作"爾"。

學雜説，順《詩》《書》而已，豈免爲陋儒乎？言不知通變也。增物茂卿曰：
"'志'字衍。"愛曰：《解蔽篇》"末世"作"没世"，蓋古音通。識，音志。

將原先王，本仁義，則禮正其經緯蹊徑也。所成所出皆在於禮也。
增"正其心""正其口腹也"之"正"。**若挈裘領❶，詘五指而頓之，**
順者不可勝數也。言禮亦爲人之綱領。挈，舉也。詘，與"屈"同。頓，
挈也。順者不可勝數，言禮皆順也❷。增古屋鬲曰："頓，與'抽'通。《博雅》
曰：'抽，引也。'"愛曰：本注下"禮"字衍。〇勝，音升。數，所矩反。
補遺頓，置也。言如挈裘領而全衣順之，屈五指而置之，則仁義群類順而
得之者不可勝數也。注"禮皆順也"當作"皆順禮也"。**不道禮憲，以《詩》**
《書》爲之，道，言説也。憲，標表也。增物茂卿曰："道，猶'由'也。"
愛曰：憲，法也。**譬之，猶以指測河也，以戈舂黍也❸，以錐**
飧壺也❹，不可以得之矣。故隆禮，雖未明，法士也；不隆
禮，雖察辯，散儒也。散，謂不自檢束。《莊子》以不材木爲散木也。
增舂，書容反。飧，音孫。散，音繳。

1.13 問楛者，勿告也；楛，與"苦"同，惡也。問楛，謂
所問非禮義也。凡器物堅好者謂之功，濫惡者謂之楛。《國語》曰"辨其
功苦"，韋昭曰："堅曰功，脆曰苦。"故《西京賦》曰"鬻良雜苦"，《史記》

---

❶ 覺按：宋浙本、古逸叢書本"裘"作"裘"。

❷ 覺按：宋浙本、古逸叢書本"也"作"矣"。

❸ 覺按：原書"黍"皆作"黍"，今據宋浙本、古逸叢書本改。爲
節約篇幅，以下不再出校。又，古逸叢書本"舂"作"春"，蓋其所據影
摹本或重刊時因形近而誤。

❹ 元本"以戈""以錐"上皆有"猶"字。覺按：宋浙本、古逸叢書本"飧"
作"飡"，當據改。

曰“器不苦窳”。或曰：楛，讀爲“沽”。《儀禮》有“沽功”，鄭云❶：“沽，麤也。”增楛，讀爲“鹽”，下同，謂不堅固也。言問不堅固者，告之無益；必俳俳愼愼者，而後爲有益也。告楛者❷，勿問也；説楛者，勿聽也；有争氣者，勿與辨也。故必由其道至，然後接之；非其道，則避之。道不至，則不接。增不由其道至，則不接也。故禮恭，而後可與言道之方；辭順，而後可與言道之理；色從，而後可與言道之致。致，極也。此謂道至而後接之也。故未可與言而言謂之傲，傲，亦戲傲也。《論語》曰：“言未及之而言謂之躁❸。”可與言而不言謂之隱，不觀顔色而言謂之瞽❹。故君子不傲、不隱、不瞽，謹愼其身。瞽者，不識人之顔色。增愼，舊作“順”，今據宋本、韓本改之。《詩》曰：“匪交匪紓❺，天子所予。”此之謂也。《詩》，《小雅·采菽》之篇。匪交，當爲“彼交”。言彼與人交接，不敢紓緩❻，故受天子之賜予也。增匪，上與“彼”通；下非鬼反，不也。紓，式居反。予，音與。

1.14 百發一失❼，不足謂善射；千里蹞步不至，不足謂善御；未能全盡。增蹞，音頍。倫類不通，仁義不一，不足謂善學。通倫類，謂雖禮法所未該，以其等倫比類而通之。謂一以貫之，觸類而長也。一仁義，謂造次不離，他術不能亂也。增古屋昴曰：“本注‘謂

---

❶ 覺按：原書“云”作“曰”，今據宋浙本、古逸叢書本改。
❷ 覺按：原書“楛”作“楛”，今據宋浙本、古逸叢書本改。
❸ 覺按：宋浙本、古逸叢書本“及之”作“及”，非。
❹ 《論語》“觀”作“見”。宋本、韓本“顔”作“氣”。
❺ 宋本、韓本“紓”作“舒”，《讀詩記》所引同。
❻ 覺按：宋浙本、古逸叢書本“紓”作“舒”。
❼ 宋本“一失”作“失一”。

一'上脫'所'字。"**學也者，固學一之也**。增謂一於道也。**一出焉，一入焉，塗巷之人也**❶；或善或否。增子張所謂"執德不弘，信道不篤"者也。**其善者少，不善者多，桀、紂、盜跖也**❷；盜跖，柳下季之弟，聚徒九千人於太山之傍，侵諸侯，孔子說之而不入者也。增謝墉曰："按柳下季在魯僖公時，與孔子年數懸遠。《莊子》所載，亦寓言耳。"**全之盡之，然後學者也**。學，然後全盡。增二"之"字指善。《儒效篇》曰："塗之人百姓積善而全盡謂之聖人。"○盡，津忍反。

1.15 **君子知夫不全不粹之不足以爲美也**❸，**故誦數以貫之**，使習《禮》《樂》《詩》《書》之數以貫穿❹。增夫，音扶；下同。粹，雖遂反。**思索以通之**，思求其意也❺。增索，色白反。**爲其人以處之**，爲擇賢人與之處。增本注"爲"字當作"謂"，音之誤也。○處，昌呂反。**除其害者以持養之，使目非是無欲見也，使耳非是無欲聞也，使口非是無欲言也，使心非是無欲慮也**。是，猶"此"也，謂學也。或曰：是，謂正道也。增《論語》曰："非禮勿視，非禮勿聽，非禮勿言，非禮勿動。"**及至其致好之也，目好之五色，耳好之五聲，口好之五味，心利之有天下**，致，極也。謂不學，極恣其性，欲不可禁也，心利之有天下之富也。或曰：學成之後，必受榮貴，故能盡其欲也。增四"之"字猶"於"也，古此例多矣。言其好禮義甚於

---

❶ 宋本"塗"作"涂"。

❷ 覺按：原書"盜"作"盜"，今據宋浙本、古逸叢書本改。其下文雖然也有作"盜"者，但由於"盜""盜"之異同無關大局，爲節約篇幅，故以下不再出校。

❸ 元本"粹"下無"之"字。

❹ 覺按：原書"貫穿之"下有"也"字，今據宋浙本、古逸叢書本刪。

❺ 覺按：原書"求"作"索"，今據宋浙本、古逸叢書本改。

聲色貴富也。○好，呼報反。**是故權利不能傾也，羣衆不能移也，天下不能蕩也**。蕩，動也。覆説爲學則物不能傾移矣。**生乎由是，死乎由是，夫是之謂德操**。死生必由於學，是乃德之操行。增由是，由禮也。○操，如字；下同。**德操然後能定，能定然後能應**。我能定，故能應物也。增應，《禮記》所謂“方物出謀發慮”是也。**能定能應，夫是之謂成人**。內自定而外應物，乃爲成就之人也。**天見其明，地見其光，君子貴其全也**。見，顯也。明，謂日月。光，謂水火金玉。天顯其日月之明，地顯其水火金玉之光，君子則貴其德之全也。增全，謂全禮義也。《天論篇》曰：“在人者莫明於禮義。”○見，賢遍反。

脩身篇第二

2.1　見善，脩然必以自存也●；脩然，整飭貌。言見善必自整飭，使存於身也。增《論語》"見賢思齊焉"之意。見不善，愀然必以自省也。愀然，憂懼貌。自省其過也。增《論語》"見不賢而內自省也"之意。○愀，子了反。省，悉井反。善在身，介然必以自好也；介然，堅固貌。《易》曰："介如石焉。"自好，自樂其善也。增好，呼報反；下同。不善在身，菑然必以自惡也。菑，讀爲"災"。災然，災害在身之貌。增物茂卿曰："'菑''緇'音同通用。蓋如泥滓污身然。"愨曰：舊本"身"下有"也"字，今據宋本除之。○惡，烏路反；下同。故非我而當者，吾師也；是我而當者，吾友也；諂諛我者，吾賊也。故君子隆師而親友，以致惡其賊，致，極也；下同。增諂，敕檢反；下同。諛，音臾；下同。好善無猒❷，受諫而能誡❸，雖欲無進，得乎哉？小人反是，致亂而惡人之非己也，致

---

❶ 宋本、韓本上"必"下有"有"字，非。

❷ 覺按：原書"猒"作"厭"，今據宋淅本、古逸叢書本改。

❸ 宋本"誡"作"戒"。

不肖而欲人之賢己也，心如虎狼、行如禽獸而又怨人之賊己也 ❶，諂諛者親，諫諍者疏 ❷，脩正爲笑，至忠爲賊，雖欲無滅亡，得乎哉？至忠反以爲賊。增物茂卿曰：“爲笑，謂以爲笑具也。”○己，音紀。行，下孟反。《詩》曰：“潝潝訿訿 ❸，亦孔之哀。謀之其臧，則具是違；謀之不臧，則具是依。”此之謂也。《詩》，《小雅·小旻》之篇。毛云：“潝潝然患其上，訿訿然不思稱乎上。”鄭云：“臣不事君，亂之階也，故甚可哀。”潝，許急反。訿，音紫。補遺朱傳云：“潝潝，相和也。訿訿，相詆也。”

　　2.2　扁善之度，以治氣養生，則後彭祖；以脩身自名，則配堯、禹。扁，讀爲“辨”。《韓詩外傳》曰“君子有辨善之度”，言君子有辨別善之法，即謂禮也。言若用禮治氣養生，則壽不及於彭祖 ❹；若以脩身自爲名號，則配堯、禹不朽矣 ❺。言禮雖不能治氣養生，而長於脩身自爲名號 ❻，以此辨之，則善可知也 ❼。彭祖，堯臣，名鏗，封於彭城，經虞、夏至商，壽七百歲也。增謝墉曰：“案《外傳》‘扁’作‘辨’，則‘扁’當訓平。《尚書》‘平章’‘平秩’，古作‘辨章’‘辨秩’。此謂隆禮之人有平善之度。”桃源藏曰：“後，如‘松柏後凋’之‘後’。”愛曰：後彭祖，謂壽於彭祖也。又案《韓詩外傳》“後”上有“身”字，“自名”作“自强”，“配”上有“名”字，似是。○扁，音平。宜於時通，利以

---

❶ 宋本、韓本“怨”作“惡”。

❷ 宋本“靜”作“爭”。

❸ 元本“諭諭訿訿”作“噏噏呰呰”。

❹ 覺按：宋浙本、古逸叢書本“則壽”作“壽則”。

❺ 覺按：宋浙本、古逸叢書本“配”作“壽配”。

❻ 覺按：宋浙本、古逸叢書本“自爲名號”作“自名”。

❼ 覺按：原書“也”作“矣”，今據宋浙本、古逸叢書本改。

處窮❶，禮信是也。信，誠也。言所用脩身及時通、處窮，禮誠是也。《孟子》曰："君子窮則獨善其身，達則兼善天下。"⊞處，昌呂反。凡用血氣、志意、知慮，由禮則治通，不由禮則勃亂提僈❷；提，舒緩也。《爾雅》云❸："媞媞，安也。"《詩》曰："好人提提。"皆舒緩之義也。⊞知，音智。治，直吏反。勃，與"悖"通，《韓詩外傳》作"悖"。提，音題。僈，與"漫"同。⊞遺提僈，與"媞嫚"通。《方言》："姣嫚，欺嫚也。"提僈，蓋輕慢之意。食飲、衣服、居處、動靜，由禮則和節，不由禮則觸陷生疾❹；容貌、態度、進退、趨行，由禮則雅，不由禮則夷固辟違❺，庸眾而野。夷，倨也。《論語》曰："原壤夷俟。"固，陋也。庸，凡庸。眾，眾人。野，郊野之人。⊞觸陷，謂居處動靜無禮，觸物陷禍也。生疾，謂食飲衣服無禮，生疾病也。野，不中禮之謂也。《禮記》曰："敬而不中禮謂之野。"○處，昌呂反。辟，音僻。故人無禮則不生，事無禮則不成，國家無禮則不寧。《詩》曰："禮儀卒度，笑語卒獲。"此之謂也。《詩》，《小雅·楚茨》之篇。卒，盡也。獲，得也。⊞卒，遵聿反。

2.3 以善先人者謂之教，以善和人者謂之順；先，謂首唱也。和，胡臥反；下同。⊞先，悉薦反；下同。以不善先人者謂之諂，以不善和人者謂之諛。諂之言陷也，謂以佞言陷之。諛，

---

❶《韓詩外傳》"宜於時通，利以處窮"作"宜於時則達，厄於時則處"。覺按：今本《韓詩外傳》卷一第六章作"宜於時則達，厄於窮則處"。

❷《韓詩外傳》無"提僈"字。

❸ 覺按：宋浙本、古逸叢書本無"云"字。

❹《韓詩外傳》"觸陷"作"墊陷"，"和節"作"知節"，"夷固辟違"作"夷"一字。

❺ 覺按：宋浙本、古逸叢書本"辟"作"僻"。

與"俞"義同,故爲不善和人也。增本注"詔""諛"解似附會。補遺注"'諛'與'俞'同義","義"當作"音"。是是、非非謂之智,能辨是爲是、非爲非,謂之智也。增智,舊作"知",今據宋本改之。非是、是非謂之愚。以是爲非,以非爲是,謂之愚也❶。傷良曰讒,害良曰賊。是謂是、非謂非曰直。竊貨曰盜,匿行曰詐,易言曰誕。趣舍無定謂之無常。不恒之人。增《榮辱篇》曰"定取舍栝俵",蓋"趣舍""取舍",其義兩通。○行,下孟反。詐,側嫁反。易,如字,又以豉反。舍,音捨。保利弃義謂之至賊❷。保,安。增保,保有也。多聞曰博,少聞曰淺。多見曰閑,閑,習也。能習其事,則不迫遽也。少見曰陋。難進曰偍,偍,與"提""媞"皆同,謂弛緩也❸。增偍,音題。易忘曰漏。少而理曰治,多而亂曰秏❹。少,謂舉其要。而有條理謂之治。秏,虛竭也。凡物多而易盡曰秏也❺。增顏師古曰:"秏,亂也。"愛曰:本注"少謂"之"謂"疑衍。○易,以豉反。治,直吏反。秏,虛到反。

2.4 治氣養心之術:言以禮脩身,是亦治氣養心之術,不必如彭祖也。血氣剛彊❻,則柔之以調和;智慮漸深,則一之以易良;漸,進也。或曰:漸,浸也,子廉反。《詩》曰:"漸車帷裳。"言

---

❶ 覺按:宋浙本、古逸叢書本此注作"以非爲是,以是爲非,則謂之愚"。

❷ 謝墉本"弃"作"非"。標注本"弃"作"棄","賊"作"賤"。

❸ 覺按:原書"弛緩"作"舒緩",今據宋浙本、古逸叢書本改。

❹ 覺按:宋浙本"秏"皆作"耗",古逸叢書本則或作"秏",或作"耗"。爲節約篇幅,以下不再出校。

❺ 覺按:宋浙本、古逸叢書本無"也"字。

❻ 宋本"彊"作"强"。

智慮深則近險詐，故一之以易良也。增智，舊作"知"，今據宋本改之。《韓詩外傳》"漸深"作"潛深"。《標注》曰："漸，與'潛'同。《書》'沈潛剛克'，亦作'沈漸'。"物茂卿曰："漸深，即'沈潛'，有潛藏深阻內含機械意，故下曰'易良'。"○漸，音潛。易，以豉反。**勇膽猛戾，則輔之以道順** [1]；膽，有膽氣。戾，忿惡也。此性多不順，故以道順輔之也。**齊給便利** [2]，**則節之以動止** [3]；《爾雅》云："齊，疾也。"齊給便利，皆捷速也。懼其太陵遽，故節之使安徐也 [4]。**狹隘褊小，則廓之以廣大；卑濕、重遲、貪利** [5]，**則抗之以高志**；卑，謂謙下。濕，亦謂自卑下，如地之下濕然也。《方言》："濕，憂也。自關而西，凡志而不得，欲而不獲，高而有墜，行而中止，皆謂之濕。"亦謂之過謙恭而無禮者。重遲，寬緩也。夫過恭則無威儀，寬緩常不及機事 [6]，貪利則苟得 [7]，故皆抗之高志也。或曰：卑濕，亦謂遲緩也 [8]，言遲緩之人如有卑濕之疾，不能運動也。增古屋鬲曰："本注'亦謂之'，'之'字衍。"愛曰：本注"高志"上脫"以"字。補遺"濕""隰"通。下濕曰"隰"。卑隰，謂心志污下也。《韓詩外傳》無"重遲"二字，此蓋衍。**庸眾駑散，則刮之以師友**；庸眾，已解上。駑，謂材下如駑馬者也。散，不拘檢者也 [9]。刮，奪去也。言以師

---

❶《韓詩外傳》"道順"作"道術"。

❷ 覺按：原書"便"作"偄"，今據宋浙本、古逸叢書本改。

❸《韓詩外傳》"便利"作"便捷"，"節"作"安"，"動止"作"静退"。

❹ 覺按：原書"徐"作"除"，今據宋浙本、古逸叢書本改。

❺ 宋本"濕"作"湮"。

❻ 覺按：原書"常"作"恒"，今據宋浙本、古逸叢書本改。

❼ 覺按：原書"得"作"得也"，今據宋浙本、古逸叢書本改。

❽ 覺按：宋浙本、古逸叢書本"謂"作"爲"。

❾ 覺按：宋浙本、古逸叢書本"檢"作"撿"。

友去其舊性也。增刦，與"劫"通，从"去"从"力"。孫鑛本既作"劫"。《説文》："欲去以力脅止曰劫。"物茂卿曰："刦之者❶，學用榎楚之類。"○散，音繳。怠慢僄弃❷，則炤之以禍災；僄，輕也，謂自輕其身也，音匹妙反。《方言》："楚謂相輕薄爲僄。"炤之以禍災，謂以禍災照燭之，使知懼也。炤，與"照"同。增《不苟篇》本注云："弃，自弃也。"補遺《韓詩外傳》"僄"作"摽"。《爾雅》："摽，落也。"愚款端慤❸，則合之以禮樂，通之以思索。款，誠款也。《説文》云："款，意有所欲也。"愚款端慤，多無潤色，故合之以禮樂。此皆言脩身之術在攻其所短也。增款，苦管反。索，色白反。凡治氣養心之術，莫徑由禮，莫要得師，莫神一好。徑，捷速也。神，神明也。一好，謂好善不好惡也❹。增好，呼報反。夫是之謂治氣養心之術也。增夫，音扶。

2.5　志意脩則驕富貴矣，道義重則輕王公矣，内省則外物輕矣❺。傳曰："君子役物，小人役於物。"此之謂矣。君子能役物，小人爲物所役。凡言"傳曰"，皆舊所傳聞之言也。增輕，上牽政反，下如字。省，悉井反。傳，直戀反。身勞而心安，爲之；利少而義多，爲之；事亂君而通，不如事窮君而順焉。窮君，小國迫脅之君也。言事大國暴亂之君違道而通，不如事小國之君順行其道也。故良農不爲水旱不耕，良賈不爲折閱不市，折，損也。閱，

---

❶ 覺按：原書"刦之"作"刦云"，今據被釋字改。

❷ 標注本"弃"作"棄"。

❸《韓詩外傳》"愚款"作"愿婉"。覺按：宋浙本、古逸叢書本"慤"作"愨"；注同。

❹ 覺按：宋浙本、古逸叢書本"好惡"作"怒惡"，非。

❺ 宋本無"貴"下、"公"下兩"矣"字，"省"下"則"字作"而"。《彙函·文中子》注所引"省"作"重"。

賈也。謂損所閲賣之物價也。賈，音古。增閲，謂不急賣而積日月也。○
爲，于僞反；下同。**士君子不爲貧窮怠乎道。**

2.6 體恭敬而心忠信，術禮義而情愛人，術，法也。增術，
道術也。**橫行天下，雖困四夷，人莫不貴**。橫行，不順理而行也。困，
窮也。言所至皆貴也。增謝墉曰："橫行天下，猶《書》所謂'方行天下'，
言周流之廣。"補遺言君子雖困窮，人皆貴之也。**勞苦之事則爭先，
饒樂之事則能讓，端愨誠信，拘守而詳**，拘守，謂守而勿失。詳，
謂審於事也。增樂，音洛；下同。**橫行天下，雖困四夷，人莫不
任。體倨固而心埶詐，術順墨而精雜汙**，倨，傲也。固，鄙固。
順墨，當爲"慎墨"。慎，謂齊宣王時處士慎到也。其術本黃老，歸刑名，
先申、韓，其意相似，多明不尚賢、不使能之道，著書四十一篇❶。墨翟，
宋人，號墨子。墨子著書三十五篇，其術多務儉嗇。精，當爲"情"。雜汙，
謂非禮義之言也。增觀《呂子》所載，墨子似魯人。本注"三十五"當爲
"五十三"，互誤也。蓋《墨子》七十一篇，闕其十八篇。今家藏本明板《墨
子》存五十三篇，與《漢書·藝文志》所載篇數異。○詐，側嫁反。順，
與"慎"通。**橫行天下，雖達四方，人莫不賤**。補遺言小人雖顯達，
人皆賤之也。**勞苦之事則偷儒轉脫**，偷，謂苟避於事；儒，亦謂懦
弱畏事：皆怠惰之義❷。或曰：偷，當爲"輸"。揚子雲《方言》云"儒輸，愚"❸，
郭璞注謂"儒儒也"；又云"解輸"。儒❹，謂懦之人苟求免於事之義。增

---

❶ 覺按：宋浙本、古逸叢書本"著"作"箸"。下"著"字同。

❷ 覺按：宋浙本、古逸叢書本"怠"作"嬾"。

❸ 覺按：原書"揚子雲"作"楊子"，今據宋浙本、古逸叢書本改。
《方言》卷十二："儒輸，愚也。"

❹ 覺按：原書"儒"作"懦"，今據宋浙本、古逸叢書本改。

物茂卿曰:"轉脱,宛轉苟脱也。"愛曰:本注"解輪懦"❶,今《方言》作"解輪帨"❷,郭璞注"帨,猶'脱'也。"○懦,與"懦"通,汝朱反,又乃个反。**饒樂之事則佞兑而不曲**,兑,悦也。言佞悦於人以求饒樂之事。不曲,謂直取之也。[增]兑,音悦。**辟違而不愨**❸,乖僻違背❹,不能端愨誠信。辟,讀爲"僻"。**程役而不録**,程,功程。役,勞役。録,檢束也。於功程及勞役之事怠惰而不檢束❺,言不能拘守而詳之也❻。[增]物茂卿曰:"程役,謂立程就役,不敢盡力也。"愛曰:録,拘録之"録",勉強之意也,詳注于《榮辱篇》。**横行天下,雖達四方,人莫不弃。**

2.7 **行而供冀,非漬淖也**;供,恭也。冀,當爲"翼"。凡行,自當恭敬,非謂漬於泥淖也。人在泥淖中,則兢兢然。或曰:李巡注《爾雅》"冀州"曰:"冀,近也。"恭近,謂不敢放誕也。[增]供,與"拱"通。古屋鬲曰:"拱翼,謂拱手翼如也。"[補遺]《字林》:"濡甚曰淖。"言拱手翼如者,非爲衣袖漬濡而斂其容。**行而俯項**❼**,非擊戾也**;擊戾,謂項曲戾不能仰者也。擊戾,猶言"了戾"也。[增]方苞曰:"俯項,猶'俯首'。"愛曰:本注"了戾"字出于《方言》郭注,猶言"屈曲"也。世德堂本作"乖戾"者❽,不解其義而私改之者也。元本作"子戾"者,誤加一點者也。今據宋

---

❶ 覺按:久保愛之句讀及引文有誤。楊注"懦"當作"儒",爲被釋字,應屬下讀。

❷ 覺按:久保愛之説誤。《方言》卷十二:"解輪,帨也。"不應連讀。

❸ 覺按:宋浙本、古逸叢書本"愨"作"愨";注同。

❹ 覺按:原書"僻"作"辟",今據宋浙本、古逸叢書本改。

❺ 覺按:宋浙本、古逸叢書本"惰"作"隋",非。

❻ 覺按:宋浙本、古逸叢書本無"之"字。

❼ 宋本"項"作"頂"。

❽ 覺按:世德堂本作"了戾"而不作"乖戾"。久保愛所謂"世德堂本",當爲葛西應禎翻刻本(參見本書《凡例》)。

本、韓本改之。**偶視而先俯，非恐懼也**。偶視，對視也。增恐，丘
隴反。**然夫士欲獨脩其身，不以得罪於比俗之人也❶**。增古屋
鬲曰：“‘然’‘焉’‘安’同，發聲。”○夫，音扶。補遺比俗，猶“里俗”
也。《周官》：“五家爲比，五比爲里❷。”

2.8　**夫驥一日而千里，駑馬十駕則亦及之矣**。增夫，
音扶；下同。驥，音冀；下同。**將以窮無窮、逐無極與？其折骨
絶筋❸，終身不可以相及也**。**將有所止之**，增止，止極也。**則
千里雖遠，亦或遲、或速、或先、或後，胡爲乎其不可以
相及也？不識步道者將以窮無窮、逐無極與？意亦有所止
之與？**步，行。增不識，謂不知逐無極乎，有所止乎也。○與，音餘。
筋，音斤。意，讀爲“抑”。**夫“堅白”“同異”“有厚無厚”之
察，非不察也**，此言公孫龍、惠施之曲説異理不可爲法也。堅白，謂
離堅白也。公孫《堅白論》曰：“‘堅、白、石三，可乎？’曰：‘不可。’‘二，
可乎？’曰：‘可。’”謂目視石，但見白，不知其堅，則謂之白石；手觸石，
則知其堅而不知其白，則謂之堅石。是堅、白終不可合爲一也。司馬彪曰：“堅
白，謂堅石非石、白馬非馬也。同異，謂使異者同、同者異。”或曰：即
《莊子》所謂“大同而與小同異，此之謂小同異”，言同在天地之間，故謂
之大同；物各有種類所同，故謂之小同。是大同與小同異也。此略舉同異，
故曰：“此之謂小同異。”《莊子》又曰：“萬物畢同畢異，此之謂大同異。”
言萬物揔謂之物❹，莫不皆同，是萬物畢同。若分而別之，則人耳目鼻口百

---

❶ 宋本“比”作“此”。

❷ 覺按：《周禮·地官·大司徒》作“五家爲比”“五比爲閭”，不作“五
比爲里”。

❸ 元本“其”作“則”。

❹ 覺按：宋浙本、古逸叢書本“揔”作“總”。

體，草木枝葉花實，無不皆異，是物畢異也。此具舉同異，故曰："此之謂大同異。"《莊子》又曰："無厚不可積也，其大千里。"無厚，謂厚之極，不可爲厚薄也。不可積，言其委積至多，不可復積也。凡無厚不可積，因於有厚可積，故得其大千里。千里者，舉大之極也。增《莊子·秋水篇》："公孫龍問於魏牟曰：'龍少學先生之道，長而明仁義之行；合同異，離堅白；然不然，可不可；困百家之知，窮衆口之辯。'"是則荀卿所非也。**然而君子不辯 ❶，止之也**。止而不爲。增《標注》曰："止之也，道無取于過中也。"**倚魁之行，非不難也，然而君子不行，止之也**。倚，奇也。奇，讀爲奇偶之"奇"。《方言》云："秦、晉之間 ❷，凡物體全而不具謂之倚。"魁，大也。倚、魁，皆謂偏僻狂怪之行。《莊子》曰"南方有倚人焉 ❸，曰黄繚"也。增倚魁，讀爲"奇傀"。《周禮》"大傀異烖"注云："傀，猶'怪'也。"〇魁，五每反。行，下孟反，下如字。**故學曰："遲，彼止而待我，我行而就之**，學曰，謂爲學者傳此言也。遲，待也。直吏反。增桃源藏曰："'學'當移'曰'下。'學遲'當是古語。《解蔽篇》'故曰：心容'，文法合符。"補遺"曰遲"疑是"日進"誤。**則亦或遲、或速、或先、或後，胡爲乎其不可以同至也？"**增胡，何也。**故頤步不休，跛鼈千里；累土不輟 ❹，丘山崇成；**[重意]《老》六十四章："九層之臺，起於累土；千里之行，始於足下。"增《淮南子》作："跬步不休，跛鼈千里；累土不輟，可成丘阜。"宋本、韓本無"重意"以下二十三字。今案元本有互注、重意、重言，世德堂本除之，蓋非楊倞注

---

❶ 覺按：原書"辯"作"辨"，今據宋浙本、古逸叢書本改。久保愛於此無校語，若非其失校，則古逸叢書本已與宋本有異矣。

❷ 覺按：宋浙本、古逸叢書本"間"作"閒"。

❸ 覺按：宋浙本、古逸叢書本無"焉"字。

❹ 宋本、韓本"頤步""累土"下共有"而"字。

也。而此獨存者，有益于正文，不可去也。○頯，音頄。跛，補火反；下同。鼈，必列反；下同。累，力軌反。輆，張列反。**厭其源，開其瀆，江河可竭；**厭，塞也，音一涉反。瀆，水竇也。增瀆，音豆。**一進一退，一左一右，六驥不致。**言不齊，故不能致道路也。**彼人之才性之相懸也❶，豈若跛鼈之與六驥足哉？**增懸，懸隔也。足，當作"矣"，字之誤也。補遺足，當作"爾"。**然而跛鼈致之，六驥不致，是無他故焉，或爲之，或不爲之耳❷！**

2.9 **道雖邇，不行不至；事雖小，不爲不成。其爲人也多暇日者，其出入不遠矣。**多暇日，謂怠惰❸。出入，謂道路所至也。增出入，當作"出人"，謂秀出於衆也。《韓詩外傳》作"出人不遠矣"。方苞《刪定荀子》亦同。

2.10 **好法而行，士也；**好法而能行，則謂之士。士，事也，謂能治其事也。增好，呼報反。**篤志而體，君子也；**厚其志而知大體者也。增體，體於法也。**齊明而不竭，聖人也。**齊，謂無偏無頗也❹。不竭，不窮也。《書》曰："成湯克齊聖廣淵。"補遺齊，側皆反，肅也。**人無法，則倀倀然；**倀倀，無所適貌❺，言不知所措履。《禮記》曰："倀倀乎，其何之？"增倀，敕良反。**有法而無志其義，則渠渠然；**渠，讀爲"遽"。古字"渠""遽"通。渠渠，不寬泰之貌❻。志，識也。不識其義，

---

❶ 宋本"懸"作"縣"。

❷ 宋本、韓本無"不爲之"之"之"，"耳"作"爾"。

❸ 覺按：原書"惰"作"隋"，今據宋浙本、古逸叢書本改。

❹ 覺按：原書"無偏無頗"作"無偏頗"，今據宋浙本、古逸叢書本改。

❺ 覺按：原書"貌"作"貌也"，今據宋浙本、古逸叢書本改。

❻ 覺按：原書"泰"皆作"泰"，今據宋浙本、古逸叢書本改。爲節約篇幅，以下不再出校。

謂但拘守文字而已 ❶。增 "志" "識" 古音互通。依乎法而又深其類，然後溫溫然。深其類，謂深知統類。溫溫，有潤澤之貌。舉類，君子所難，故屢言之也。增類，以其本知其末、以其左知其右之謂也。詳見乎《大略篇》。

2.11 禮者，所以正身也；師者，所以正禮也。無禮，何以正身？無師，吾安知禮之爲是也？禮然而然，則是情安禮也；師云而云，則是知若師也。情安禮，知若師，則是聖人也。情安禮，謂若天性所安，不以學也。行不違禮，言不違師，則與聖人無異，言師法之效如此也 ❷。增知若，音 "智"。故非禮，是無法也；非師，是無師也。無師，謂不以師爲師。不是師法而好自用，譬之，是猶以盲辨色、以聾辨聲也，舍亂妄無爲也。舍，除也。除亂妄之人，孰肯爲此也？增好，呼報反。舍，音 "捨"。故學也者，法禮也；夫師，以身爲正儀而貴自安者也。效師之禮法以爲正儀，如性之所安，斯爲貴也。禮，或爲 "體"。增法禮，舊作 "禮法"，今據宋本、韓本改之。言學者效師之禮也。師者，躬親行禮以爲正儀而貴弟子自安之也。○夫，音扶。補遺師自安於禮也。《詩》云 ❸："不識不知，順帝之則。" 此之謂也。《詩》，《大雅·皇矣》之篇。引此以喻師法暗合天道，如文王雖未知，己順天之法則也。增引此詩以喻師順禮儀者，宜則效之也。

2.12 端愨順弟 ❹，則可謂善少者矣；弟，與 "悌" 同。增少，

---

❶ 覺按：原書 "而已" 作 "而已矣"，今據宋浙本、古逸叢書本改。
❷ 覺按：原書無 "也"，今據宋浙本、古逸叢書本補。
❸ 覺按：原書 "云" 作 "曰"，今據宋浙本、古逸叢書本改。
❹ 覺按：宋浙本、古逸叢書本 "愨" 作 "愨"。

詩照反；下同。**加好學遜敏焉，則有鈞無上，可以爲君子者矣。**既好學遜敏，又有鈞平之心，而無上人之意，則可以爲君子矣。或曰："有鈞無上"四字衍耳。增本注或説爲是。〇好，呼報反。**偷儒憚事，無廉恥而嗜乎飲食，則可謂惡少者矣**；偷儒憚事，皆謂懦弱怠惰、畏勞苦之人也。增儒，與"懦"通，汝朱反，又乃个反。**加惕悍而不順，險賊而不弟焉，**韓侍郎云："'惕'與'蕩'同，字作'心'邊'易'。謂放蕩兇悍也。"增本注"謂"上當有"惕悍"二字。**則可謂不詳少者矣，雖陷刑戮可也。**詳，當爲"祥"。增詳，與"祥"通。

2.13 **老老，而壯者歸焉**；老老，謂以老爲老而尊敬之也。《孟子》曰："伯夷、太公二老者，天下之大老也❶，是天下之父也。其父歸之，其子焉往❷？"**不窮窮，而通者積焉**；窮者，則寬而容之，不迫蹙以苛政，謂惠卹鰥寡❸。窮，匱也。積，填委也。既然，則通者歸亦多矣。覆巢毀卵則鳳凰不至❹，竭澤涸魚則蛟龍不遊，義與此同❺。增《吕氏春秋》曰："賢主不窮窮。"補遺桃白鹿曰："'不'字衍。"窮窮，與"老老"同意。**行乎冥冥❻，施乎無報，而賢、不肖一焉。**行乎冥冥，謂行事不務求人之知。施乎無報，謂施不務報。如此，賢、不肖同慕而歸之❼。增本注"務報"疑"望報"誤。〇施，始豉反。**人有此三行，雖有大過，**

❶ 覺按：宋浙本、古逸叢書本"大老也"作"達老"。

❷ 覺按：宋浙本"往"作"往矣"，古逸叢書本作"住矣"。

❸ 覺按：原書"卹"作"恤"，今據宋浙本改。古逸叢書本作"邺"。

❹ 覺按：宋浙本、古逸叢書本"鳳"作"皇"。

❺ 覺按：原書"同"作"同也"，今據宋浙本、古逸叢書本改。

❻ 宋本"冥冥"下有"而"字，非。覺按：宋浙本、古逸叢書本"冥冥"作"宾宾"；注同。

❼ 覺按：原書"之"作"之也"，今據宋浙本、古逸叢書本改。

天其不遂乎！若不幸而有過，天亦祐之矣 ❶，此固不宜有大災也。增古屋㒧曰："據注考之，'過'恐'禍'誤，注同。"〇行，下孟反。

2.14 君子之求利也略，其遠害也早，其避辱也懼，其行道理也勇。增害，舊作"思"，今據宋本、韓本改之。〇遠，于願反。

2.15 君子貧窮而志廣，富貴而體恭，安燕而血氣不惰，勞勤而容貌不枯，怒不過奪，喜不過予。予，賜也。《周禮》"八柄"，三曰"予以馭其幸"。增勑，與"倦"同。予，音"與"；下同。君子貧窮而志廣，隆仁也；仁愛之心厚，故所思者廣。言務於遠大濟物也。富貴而體恭，殺勢也 ❷；減權勢之威，故形體恭謹。殺，所介反。安燕而血氣不惰，束理也；束，與"簡"同 ❸。言束擇其事理所宜而不務驕逸 ❹，故雖安燕而不至怠惰。增束理，未詳。方苞曰："束，與'檢'同，謂檢束於義理也。"勞勤而容貌不枯，好交也；以和好交接於物，志意常泰也。增好交，未詳。黑川好祖曰："交，疑當作'文'。"〇好，呼報反；下同。怒不過奪，喜不過予，法勝私也 ❺。以公滅私，故賞罰得中也。《書》曰："無有作好，遵王之道。無有作惡，遵王之路。"此言君子之能以公義勝私欲也。《書》，《洪範》之辭也。增惡，烏路反。

荀子卷第一

---

❶ 覺按：原書"祐"作"佑"，今據宋浙本、古逸叢書本改。

❷ 宋本"勢"作"埶"。

❸ 覺按：宋浙本、古逸叢書本"簡"作"簡"。

❹ 覺按：原書"其事理"作"事理"，今據宋浙本、古逸叢書本改。

❺ 宋本、韓本"法"上有"是"字。

荀子卷第二

不苟篇第三

3.1　君子行不貴苟難，説不貴苟察，行，如字。察，聰察。增察，精察也。○行，下孟反；下同。名不貴苟傳，唯其當之爲貴。當，謂合禮義也。當，丁浪反。負石而赴河❶，是行之難爲者也，而申徒狄能之，申徒狄恨道不行，發憤而負石自沈於河。《莊子音義》曰："殷時人。"《韓詩外傳》曰："申徒狄將自投於河，崔嘉聞而止之，不從❷。"增申徒，即"司徒"。《史記》曰："項梁使良求韓成，立以爲韓王，以良爲韓申徒。"徐廣曰："即司徒耳，但語音訛轉，故字亦隨改。"然而君子不貴者，非禮義之中也。禮義之中，時止則止，時行則行，不必枯槁赴淵也。楊子雲非屈原曰："君子遭時則大行，不遇則龍蛇，何必沈身❸？""山淵平，天地比"，比，謂齊等也。《莊子》曰："天與地卑，山與澤平。"《音義》曰："以地比天❹，則地卑於天；若以宇宙之高，則似天地皆卑。天地皆卑，則山與澤平矣。"或曰：天無實形，地之

---

❶ 宋本、韓本"負石"上有"故懷"二字。

❷ 覺按：原書"從"作"從也"，今據宋浙本、古逸叢書本改。

❸ 覺按：原書"沈身"作"沈身也"，今據宋浙本、古逸叢書本改。

❹ 覺按：宋浙本、古逸叢書本"地"作"平地"，非。

上空虚者盡皆天也，是天地長親比相隨，無天高地下之殊也。在高山則天
亦高，在深淵則天亦下❶，故曰"天地比"。地去天遠近皆相似❷，是山澤平也。
"齊、秦襲"，襲，合也。齊在東，秦在西，相去甚遠。若以天地之大
包之，則曾無隔異，亦可合爲一國也。增襲，猶"鄰"也。補遺襲，因也。
言以輿地之大勢觀之，則如齊、秦相因也。"入乎耳，出乎口"，未
詳所明之意。或曰：即山出口也，言山有耳口也。凡呼於一山，衆山皆應，
是山聞人聲而應之，故曰"入乎耳，出乎口"。或曰：山能吐納雲霧，是
以有口❸。增此六字，《勸學篇》之語，錯亂入此而已，今爲衍文。"鉤有
須"❹，未詳。自"齊、秦襲""入乎耳，出乎口""鉤有須"，皆淺學所未見。
或曰：鉤有須，即"丁""子"有尾也。"丁"之曲者爲鉤，須與尾皆毛類，
是同也。《莊子音義》云："夫萬物無定形，形無定稱，在上爲首，在下爲尾。
世人謂右行曲波爲尾，今'丁''子'二字，雖左行曲波，亦是尾也。"增須，
讀爲"鬚"。補遺物徂徠曰："須，魚須也。魚上鉤則鉤有須，亦'卵有毛'
之類。""卵有毛"，司馬彪曰："胎卵之生，必有毛羽。鷄伏鵠卵❺，卵
不爲鷄，則生類於鵠也。毛氣成毛，羽氣成羽，雖胎卵未生而毛羽之性已
著矣❻。"故曰"卵有毛"。增卵，盧管反。是説之難持者也，而惠
施、鄧析能之，皆異端曲説，故曰難持。惠施，梁相，與莊子同時，
其書五車，其道舛駁。鄧析，鄭大夫。劉向云："鄧析好刑名，操兩可之説，

---

❶ 覺按：宋浙本、古逸叢書本"淵"作"泉"。

❷ 覺按：宋浙本、古逸叢書本"天"作"夫天"。

❸ 覺按：原書"是以有口"作"是似有口也"，今據宋浙本、古逸
叢書本改。

❹ 覺按：原書"鉤"作"鉤"，今據宋浙本、古逸叢書本改；注同。

❺ 覺按：原書"鷄"作"雞"，今據宋浙本、古逸叢書本改；下同。

❻ 覺按：宋浙本、古逸叢書本"著"作"箸"。

設無窮之辭，數難子產爲政，子產執而戮之。”按《左氏傳》“鄭駟歂殺鄧析而用其竹刑”❶，而云“子產戮之”，恐誤也。增舊本“能”下有“精”字，今據宋本除之。以不平爲平，以不比爲比，以不襲爲襲，以無須爲有須，以無毛爲有毛，故荀子以爲難，而諸家强解之者，非也。○析，星歷反。

然而君子不貴者，非禮義之中也。盜跖吟口，名聲若日月，與舜、禹俱傳而不息❷，然而君子不貴者，非禮義之中也。吟口，吟咏長在人口也。《説苑》作“盜跖凶貪❸”。**故曰：君子行不貴苟難，說不貴苟察，名不貴苟傳❹，唯其當之爲貴。**增舊本“故”下無“曰”字，今據宋本、韓本補之。傳，舊作“得”。謝墉曰：“‘苟傳’與上文同，俗間本作‘苟得’，非。案《外傳》亦作‘苟傳’。”愛今從之。**《詩》曰：“物其有矣，維其時矣❺。”此之謂也。**《詩》，《小雅·魚麗》之篇。言雖有物，亦須得其時，以喻當之爲貴也❻。增舊本“維”作“唯”，今據元本改之。《詩經》亦同。

3.2 **君子易知而難狎，**坦蕩蕩，故易知。不比黨，故難狎。增《韓詩外傳》“知”作“和”，是也。○易，以豉反；下同。**易懼而難脅，**小心而志不可奪也。**畏患而不避義死，欲利而不爲所非，**心以

---

❶ 覺按：原書“按”作“案”，“歂”作“顓”，今據宋浙本、古逸叢書本改。

❷ 宋本“舜禹”作“禹舜”。

❸ 覺按：原書“貪”下有“也”字，今據宋浙本、古逸叢書本刪。又，宋浙本、古逸叢書本“凶”作“匈”。

❹ 元本無“曰”字，無“說不貴苟察，名不貴苟傳”十字。覺按：宋浙本、古逸叢書本“傳”作“得”。

❺ 覺按：宋浙本、古逸叢書本“維”作“唯”。

❻ 覺按：原書無“也”字，今據宋浙本、古逸叢書本補。

爲非則捨之。增《禮記》曰："委之以貨財，淹之以樂好，見利不虧其義；劫之以衆，沮之以兵，見死不更其守。"**交親而不比**，親，謂仁恩。比，謂暱狎。增親，親昵也。比，阿黨也。《論語》曰："君子周而不比。"○比，毗志反。**言辯而不辭**。辯足以明事，不至於騁辭。增《易》曰："吉人辭寡。"**蕩蕩乎，其有以殊於世也**！與俗人有異❶。

3.3 **君子能亦好，不能亦好；小人能亦醜，不能亦醜。君子能，則寬容易直以開道人**；道，與"導"同。增易，以豉反。**不能，則恭敬縛絀以畏事人**。縛，與"搏"同。絀，與"黜"同。謂自搏節貶損❷。**小人能，則倨傲僻違以驕溢人**；溢，滿。增僻違，注見于《脩身篇》。**不能，則妬嫉怨誹以傾覆人**。增妬，丹故反，與"妒"同。嫉，音疾。**故曰：君子能，則人榮學焉；不能，則人樂告之。小人能，則人賤學焉；不能，則人羞告之。是君子、小人之分也**。分，異也，如字。增樂，音洛。分，扶問反。補遺分，辨別也。《莊子》曰："大小之辨也。"語意正同。

3.4 **君子寬而不僈**，僈，與"慢"同，怠惰也。**廉而不劌**，廉，棱也。《說文》云："劌，利傷也。"但有廉隅，不至於刅傷也。增本注"刅"字舊作"兩"，宋本作"刃"，今據韓本改之。○劌，九衛反。**辯而不爭，察而不激**，但明察而不激切也。增激，當作"徼"，字似而誤也。《論語》曰："惡徼以爲知者。"**寡立而不勝，堅彊而不暴**，雖寡立，人不能勝❸；雖堅強❹，而不兇暴。增物茂卿曰："不勝，言不求勝也。即《榮辱篇》'直立而不見知者，勝也'，意義相關。"愛曰："寡"字疑"直"誤。蓋"寡"

---

❶ 覺按：原書"異"下有"也"字，今據宋浙本、古逸叢書本刪。

❷ 覺按：原書"損"下有"也"字，今據宋浙本、古逸叢書本刪。

❸ 覺按：宋浙本"人"作"而"，古逸叢書本作"人"。

❹ 覺按：原書"強"作"彊"，今據宋浙本改。古逸叢書本作"強"。

或作"寡"，與"直"字似。**柔從而不流，**增禮記曰："君子和而不流。"**恭敬謹慎而容。**不至於孤介也❶。**夫是之謂至文。**言德備❷。增夫，音扶。《詩》曰："溫溫恭人，惟德之基❸。"此之謂也。《詩》，《大雅·抑》之篇。溫溫，寬柔貌。增溫溫，義見前。也，舊作"矣"，今據宋本、韓本改之。

3.5 君子崇人之德，揚人之美，非諂諛也；正義直指，舉人之過惡❹，非毀疵也；疵，病也。或曰：讀爲"眥"。增指，與"旨"同。**言己之光美，擬於禹、舜❺，參於天地，非夸誕也；與時屈伸，柔從若蒲葦，非懾怯也；**蒲葦，所以爲席，可卷者也。增華言無實曰夸。○己，音紀。夸，苦華反。怯，去業反。**剛彊猛毅，靡所不信，非驕暴也；**信，讀爲"伸"；下同。古字通用。**以義變應，知當曲直故也。**以義隨變而應，其所知當於曲直也。增義之與比，故其智當曲直也。○知，音"智"。當，丁浪反。**《詩》曰："左之左之，君子宜之；右之右之，君子有之。"此言君子之能以義屈信變應也❻。**《詩》，《小雅·裳裳者華》之篇。以能應變，故左右無不得其宜也❼。

3.6 君子，小人之反也。與小人相反。**君子大心則天而道，**

---

❶ 覺按：原書"介"作"个"，今據宋浙本、古逸叢書本改。

❷ 覺按：原書"備"下有"也"字，今據宋浙本、古逸叢書本刪。

❸ 覺按：原書"惟"作"維"，今據宋浙本、古逸叢書本改。

❹ 元本"美"作"善"，無"惡"字。

❺ 標注本"禹舜"作"舜禹"。

❻ 宋本無"能"上之"之"字。宋本、韓本"應"下有"故"字，非。覺按：原書"信"作"伸"，與上楊倞注不合，今據宋浙本、古逸叢書本改。

❼ 覺按：宋浙本、古逸叢書本無"其"字。

小心則畏義而節；天而道，謂合於天而順道。增《韓詩外傳》"天而道"作"敬天而道"，是也。知則明通而類，類，謂知統類❶。增知，音"智"；下同。補遺類，謂推義類也。愚則端愨而法❷；愚，謂無機智也。法，謂守法度也。見由則恭而止❸，由，用也。止，謂不放縱也。或曰：止，禮也，言恭而有禮也。補遺《老子》曰："知止不殆。"見閉則敬而齊；謂閉塞，道不行也。敬而齊，謂自齊整而不怨也。補遺齊，側皆反，肅也。喜則和而理，憂則靜而理❹；皆當其理。增《仲尼篇》曰："福事至則和而理，禍事至則靜而理。"通則文而明，有文而彰明也。窮則約而詳。隱約而詳明其道也。補遺約，如"約禮"之"約"，守其要而詳審之。小人則不然，大心則慢而暴，小心則淫而傾❺；以邪諂事人也。補遺淫，不正也。傾，不平也。知則攫盜而漸❻，漸，進也。謂貪利不知止也。增"漸"字解于《脩身篇》"知慮漸深"下。○漸，音"潛"。愚則毒賊而亂；毒，害也。愚而無畏忌也。見由則兌而倨，兌，悅也。言喜於徼幸而倨傲也。增兌，音"悅"。見閉則怨而險❼；怨上而險賊也。增《論語》曰："女子與小人爲難養也，近之則不孫，遠之則怨。"喜則輕而翾❽，輕，謂輕佻失據。翾，小飛也。言小人之喜輕佻如小鳥

---

❶ 覺按：原書"類"下有"也"字，今據宋浙本、古逸叢書本刪。

❷ 覺按：宋浙本、古逸叢書本"愨"作"愨"。

❸ 標注本"止"作"正"，注同。

❹《韓詩外傳》上"理"作"治"，下"理"作"違"。

❺ 宋本、韓本"淫"上有"流"字。

❻《韓詩外傳》"漸"作"微"。

❼ 覺按：宋浙本、古逸叢書本"閉"作"閟"。

❽ 宋木"翾"作"瓁"，注同。

之翾然。音許緣反❶。或曰：與“懁”同。《説文》云：“懁，急也。”**憂則挫而懾；通則驕而偏**，偏，頗也❷。增挫，自屈節也。**窮則弃而儑**。弃，自弃也。儑，當爲“濕”❸。《方言》云：“濕，憂也。”字書無“儑”字。《韓詩外傳》作“弃而累”也。增“儑”字，《玉篇》《字彙》皆訓不慧也。〇儑，五甘反。補遺《集韻》：“儑，鄂合切。偘儑，不著事也。”**傳曰：“君子兩進，小人兩廢。”此之謂也**。增傳，直戀反。

3.7 **君子治治，非治亂也。曷謂耶**？增治治，上如字，下直吏反。下“謂治”“以治”“治之”“爲治”同。**曰：禮義之謂治，非禮義之謂亂也。故君子者，治禮義者也，非治非禮義者也**❹。**然則國亂將弗治與**❺？**曰：國亂而治之者，非案亂而治之之謂也，去亂而被之以治**。案，據也。據舊亂而治之也❻。《荀子》“安”“案”多爲語助，與此不同也❼。增案，抑案也。〇與，音餘。去，起吕反；下同。被，皮義反。**人汙而脩之者**，人有汙穢之行，將脩爲善。增脩，脩潔也。**非案汙而脩之之謂也，去汙而易之以脩。故去亂而非治亂也，去汙而非脩汙也。治之爲名，猶曰君子爲治而不爲亂、爲脩而不爲汙矣**❽。治之名號如此。

3.8 **君子絜其辯而同焉者合矣**，絜，脩整也，謂不煩雜。

---

❶ 覺按：宋浙本、古逸叢書本無“音”字。

❷ 覺按：原書無“也”字，今據宋浙本、古逸叢書本補。

❸ 覺按：宋浙本、古逸叢書本“濕”作“淫”，下“濕”字同。

❹ 元本“非”上無“也”字。

❺ 元本“然則”作“然而”。

❻ 覺按：宋浙本、古逸叢書本無“據”字，非。

❼ 覺按：原書無“也”字，今據宋浙本、古逸叢書本補。

❽ 宋本“矣”作“也”。

增絜，舊作"挈"，宋本作"絜"，元本、韓本、標注本作"潔"。蓋"絜""潔"同，而經典皆用"絜"，故從宋本。《韓詩外傳》作"君子潔其身而同者合焉"。**善其言而類焉者應矣。** 出其言善，千里之外應之。**故馬鳴而馬應之** ❶，**非知也，其勢然也。** 知，音智。**故新浴者振其衣，新沐者彈其冠，人之情也。** 言潔其身者，懼外物之汙也。**猶賢者必不受不善人之汙者也。其誰能以己之潐潐受人之捦捦者哉？** 潐潐，明察之貌。潐，盡，謂窮盡明於事。《易》曰："窮理盡性。" 捦，當爲"惑"。捦捦，昏也。《楚辭》曰 ❷："安能以身之察察，受物之昏昏者乎？" 潐，子誚反。增潐潐，舊作"僬僬"。觀訓"盡"，則誤也，故據宋本、韓本改之。本注"昏昏"，今《楚辭》作"汶汶"。○己，音紀。捦，音或。補遺潐，當作"燋"，明貌。

3.9 君子養心莫善於誠， 無姦詐，則心常安也。**致誠，則無他事矣** ❸，致，極也。極其誠，則外物不能害。增無他事，言別無方法也。**唯仁之爲守，唯義之爲行。** 致其誠，在仁義。**誠心守仁則形，形則神，神則能化矣**；誠心守於仁愛，則必形見於外，則下尊之如神，能化育之矣。化，謂遷善也。增守仁而身化焉，故如神。唯其如神，故下化順之也。補遺《孟子》曰："君子所過者化，所存者神。" **誠心行義則理，理則明，明則能變矣。** 義行則事有條理，明而易，人不敢欺，故能變改其惡。增誠心行義，《王霸篇》所謂"誠義乎志意，加義乎身行"也。案本注"易"下脫"知"字。**變化代興，謂之天德。** 既能變化，則德同於天。馴致於善謂之化，改其舊質謂之變。言始於化，終於變也，猶

---

❶《韓詩外傳》"應之"下有"牛鳴而牛應之"六字。

❷ 覺按：宋浙本、古逸叢書本"辭"作"詞"，非。

❸ 宋本"他"作"它"。

天道陰陽運行則爲化 ❶，春生冬落則爲變也。增《禮記》曰："唯天下至誠爲能盡其性。能盡其性，則能盡人之性。能盡人之性，則能盡物之性。能盡物之性，則可以贊天地之化育。可以贊天地之化育，則可以與天地參矣。"與此相類。天不言而人推高焉，地不言而人推厚焉，四時不言而百姓期焉：期，謂知其時候。增期其時氣來謝也。〇推，它雷反。夫此有常以至其誠者也。至，極也。天地四時所以有常如此者，由極其誠所致。增言天地四時有常致誠，故百姓期也。"至""致"，古字通。〇夫，音扶；下同。君子至德，嘿然而喻，未施而親，不怒而威：君子有至德，所以嘿然不言而人自喻其意也。增嘿，與"默"同。施，始豉反。夫此順命以慎其獨者也。人所以順命如此者 ❷，由慎其獨所致也。慎其獨，謂戒慎乎其所不睹，恐懼乎其所不聞。至誠不欺，故人亦不違之也。增言君子則效天之明命，以篤身行，故有此威親。善之爲道者：不誠，則不獨；無至誠，則不能慎其獨也。不獨，則不形；不能慎其獨，故其德亦不能形見於外。不形，則雖作於心，見於色，出於言，民猶若未從也，雖從必疑。若，如也。無至誠，故雖出令，民猶如未從者，雖彊使之從，亦必疑之也。增若，語助。古文多有此例。〇見，賢遍反。天地爲大矣，不誠則不能化萬物；聖人爲知矣，不誠則不能化萬民；父子爲親矣，不誠則疏；君上爲尊矣，不誠則卑。卑，謂不爲在下所尊。增謂不誠無物也。〇知，音"智"。夫誠者，君子之所守也，而政事之本也。唯所居，以其類至；所居，所止也。唯其所止至誠，則以類自至。謂天地誠，

---

❶ 覺按：宋浙本、古逸叢書本"陰"皆作"隂"。爲節約篇幅，以下不再出校。

❷ 覺按：原書"如"作"加"，今據宋浙本、古逸叢書本改。

則能化萬物；聖人誠，則能化萬民；父子誠，則親；君上誠，則尊也。增所居，君子所居也。"德不孤，必有鄰"之意。〇夫，音扶。**操之，則得之；舍之，則失之**。操，持。增操，七刀反；下同。舍，音"捨"；下同。**操而得之，則輕**；持至誠也而得之，則易舉也。《詩》曰"德輶如毛"是也❶。**輕，則獨行**；舉至誠而不難，則慎獨之事自行矣。**獨行而不舍，則濟矣**。至誠在乎不已。**濟而材盡，長遷而不反其初，則化矣**。既濟，則材性自盡。長遷不反其初，謂中道不廢也。增不反其初，"雖有槁暴不復挺"之意。

3.10 **君子位尊而志恭，心小而道大；所聽視者近**❷，**而所聞見者遠。是何邪？是操術然也**。謂以近知遠，以今知古，所持之術如此也。增元本下"是"字作"則"，似是。〇邪，音"耶"。**故千人萬人之情，一人之情是也**；人情不相遠。**天地始者，今日是也；百王之道，後王是也**。後王，當今之王。言後王之道與百王不殊。行堯、舜，則是亦堯、舜也。增謂古今一度也。補遺後王之道，謂文、武之道也。戰國之王，豈有道乎？**君子審後王之道，而論於百王之前，若端拜而議**。端，玄端，朝服也。端拜，猶言"端拱"。言君子審後王所宜施行之道，而以百王之前比之，若服玄端拜揖而議。言其從容不勞也。時人多言後世澆醨，難以爲治，故荀卿明之。補遺言試使君子審後王之道，而陳於古昔百王之前，則論議從容，無所愧怍，即《中庸》"考諸三王而不繆"之意。**推禮義之統，分是非之分**，上"分"，如字；下，扶問反。分之，使當其分。**摠天下之要**❸，**治海內之衆，若使**

---

❶ 覺按：宋浙本、古逸叢書本無"是也"二字。

❷ 孫鑛本"聽視"作"視聽"。

❸ 宋本"摠"作"總"。

一人。故操彌約，而事彌大；約，少也。得其宗主也。五寸之矩，盡天下之方也。矩，正方之器也。增盡，津忍反。故君子不下堂而海内之情舉積此者❶，則操術然也。舉，皆也。增舊本"堂"上有"室"字，今據元本、標注本除之，於文義爲平。○下，遐嫁反。

3.11 有通士者，有公士者，有直士者，有慤士者❷，有小人者。上則能尊君，下則能愛民，物至而應，事起而辨，若是，則可謂通士矣。物有至則能應之，事有疑則能辨之。通者，不滯之謂也。補遺辨，如"多多益辨"之"辨"，謂善治事也。不下比以闇上，不上同以疾下，闇上，掩上之明也。疾，與"嫉"同。增岡白駒曰："疾下，謂瘝下民也。訓'嫉'，非也。"○比，毗至反。分争於中，不以私害之，若是，則可謂公士矣。謂於事之中有分争者，不以私害之，則可謂公正之士也。增分争於中，謂争訟之事，比中而斷之也。補遺上非則諫上，下非則諭下，分争於上下之中，不循阿比之私而害義理之正也。身之所長，上雖不知，不以悖君；不怨君而違悖也。增長，如字；下同。悖，步没反，又補對反。身之所短，上雖不知，不以取賞；受禄不誣。長短不飾，以情自竭；若是，則可謂直士矣。不矜其長，不掩其短，但任直道而竭盡其情也。補遺情，實也。庸言必信之，庸行必慎之，庸，常也。謂言常信，行常慎。增行，下孟反；下同。畏法流俗，而不敢以其所獨甚，法，效也。畏效流移之俗，又不敢以其所獨善而甚過人，謂不敢獨爲君子也。增所謂和而不流也。補遺或曰：法，當作"拂"，聲之誤也。言恐違拂流俗，而不敢爲獨立之行，唯慎庸言庸行耳，故曰"慤士"也。慤，謹愿也。若是，

---

❶ 覺按：宋浙本、古逸叢書本"堂"上有"室"字。

❷ 覺按：宋浙本、古逸叢書本"慤"作"愨"。

則可謂愨士矣❶。端愨不回。言無常信,行無常貞❷,唯利所在,無所不傾, 利之所在,皆傾意求之。若是,則可謂小人矣。

3.12 公生明,偏生闇;端愨生通❸,詐僞生塞;多窮塞也。增詐,側嫁反。塞,悉則反。誠信生神, 誠信至,則通於神明。《中庸》曰:"至誠如神。" 夸誕生惑。矜夸妄誕,則貪惑於物也。增夸,苦華反。此六生者,君子慎之,而禹、桀所以分也。所以分賢愚也。

3.13 欲惡取舍之權: 舉下事也。增惡,烏路反;下同。舍,音"捨";下同。見其可欲也,則必前後慮其可惡也者;見其可利也,則必前後慮其可害也者;增恐禍之託于福故也。而兼權之,熟計之❹, 權,所以平輕重者。熟,甚也,猶"成熟"也。然後定其欲惡取舍。如是,則常不失陷矣❺。凡人之患,偏傷之也。偏,謂見其一隅。見其可欲也,則不慮其可惡也者;見其可利也,則不顧其可害也者。是以動則必陷,爲則必辱,是偏傷之患也。

3.14 人之所惡者,吾亦惡之。賢人欲惡之不必異於衆人矣。增謝墉曰:"'人'上當有'人之所欲者,吾亦欲之'九字。" 愛曰:好惡與人同,仁人之情也,荀卿之所取也。本注"之"字當在"欲"上。夫富貴者則類傲之,富貴之類,不論是非,皆傲之也。增古屋鬲曰:"類,率也。"○夫,音扶;下同。夫貧賤者則求柔之,見貧賤者,皆柔屈就之也。增柔,懷柔也。案《史記·灌夫傳》曰:"貴戚諸有勢在己之右,

---

❶ 覺按:宋浙本、古逸叢書本"愨"作"愨";注同。

❷ 標注本"貞"作"慎"。

❸ 《說苑》"通"作"達"。覺按:宋浙本、古逸叢書本"愨"作"愨"。

❹ 宋本"熟"作"孰"。

❺ 宋本"失"作"大"。

不欲加禮，必陵之；諸士在己之左，愈貧賤，尤益敬，與鈞。稠人廣衆，薦寵下輩。"蓋亦此之流也。補遺"求""述"通，等也。**是非仁人之情也，是姦人將以盜名於晻世者也** ❶，**險莫大焉**。姦人盜富貴貧賤之名於昏闇之世。晻，與"暗"同。增求傲富貴、柔貧賤之名也。險，"以險徼幸"之"險"。補遺險，姦邪也。**故曰："盜名不如盜貨。"田仲、史鰌不如盜也**。田仲，齊人，處於陵，不食兄祿，辭富貴，爲人灌園，號曰於陵仲子。史鰌，衞大夫，字子魚，賣直也。增田仲、史鰌之行，見于《非十二子篇》。○田，與"陳"通。《非十二子篇》作"陳"。鰌，七由反。

---

❶ 標注本"將"作"時"。

榮辱篇第四

4.1 憍泄者，人之殃也；泄，與“媟”同，嬻也，慢也❶。殃，或爲“祑”。增憍，舊作“橋”，今據宋本、元本改之。憍，通作“驕”。泄，當作“溢”。如《王制篇》注“漏溢”，諸本誤作“漏泄”，皆以音誤者也。《不苟篇》曰：“小人能，則倨傲僻違以驕溢人。”○殃，於良反。恭儉者，偋五兵也，偋，當爲“屏”，却也。《說文》有“偋”字，僻寠也，與此義不同。偋，防正反。增兵，舊作“六”，今據宋本、韓本改之。雖有戈矛之刺，不如恭儉之利也。言入人深。故與人善言，煖於布帛；增煖於布帛，言其利於人勝於布帛之煖也。《非相篇》曰：“贈人以言，重於金石珠玉；觀人以言，美於黼黻文章。”傷人之言，深於矛戟。增其害人深於矛戟❷，故譖言害人者，終至於危足無所履。故薄薄之地，不得履之，非地不安也，危足無所履者❸，凡在言也。薄薄，謂旁薄廣大之貌。危足，側足也。凡，皆也。所以廣大之地，

---

❶ 覺按：原書“慢”作“嫚”，今據宋浙本、古逸叢書本改。
❷ 覺按：原書“矛”作“予”，今據被釋字改。
❸ 覺按：宋浙本、古逸叢書本“者”下有“也”字。

側足無所容者，皆由以言害身也。增舊本"者"下有"也"字，今據元本除之。補遺薄薄，當作"溥博"。**巨塗則讓❶，小塗則殆，雖欲不謹，若云不使。**殆，近也。凡行，前遠而後近，故近者亦後之義。謂行於道塗，大道並行則讓之，小道可單行則後之，若能用意如此，雖欲爲不謹敬，若有物制而不使之者❷。《儒行》曰："道塗不爭險易之利。"增本文"巨塗"以下十六字必有脱誤。案《諸子品節》無此十六字，然則陳深亦疑而省之乎？

4.2 **快快而亡者，怒也；**肆其快意而亡，由於忿怒也。**察察而殘者，忮也；**至明察而見傷殘者，由於有忮害之心也。**博而窮者❸，訾也；**言辭辯博而見窮蹙者❹，由於好毀訾也。**清之而俞濁者，口也；**欲求其清而俞濁者，在口說之過，謂言過其實也。或曰：絜其身則自清矣❺，但能口說，斯俞濁也。俞，讀爲"愈"。**豢之而俞瘠者，交也；**所交接非其道，則必有患難，雖食芻豢而更瘠也。故上篇云："勞倦而容貌不枯，好交也。"增豢，養也。言與暴國結交，則求無厭，邦國愈益顦顇也。"養交"之語見於《臣道篇》。〇豢，胡慣反。**辯而不說者，爭也；**不說，不爲人所稱說。或讀爲"悦"。增辯者宜爲説，今不能然者，與人爭故也。〇說，音稅。補遺江田子錦曰："'説'上脱'見'字。"

---

❶ 宋本"塗"作"涂"。

❷ 覺按：宋浙本、古逸叢書本"物制"作"制物"。

❸ 宋本"博"下有"之"字。

❹ 覺按：宋浙本、古逸叢書本"辭"作"詞"。原書"蹙"作"感"，今據宋浙本、古逸叢書本改。

❺ 覺按：原書"絜"作"潔"，"矣"作"也"，今據宋浙本、古逸叢書本改。

直立而不見知者，勝也；直立，謂己直人曲。勝，謂好勝人也 ❶。
廉而不見貴者，劌也；劌，傷也。刻己太過，不得中道，故不見貴
也。增劌，九衛反。勇而不見憚者，貪也；貪利則委曲求人，故雖
勇而不見憚。信而不見敬者，好剸行也。剸，與“專”同。專行，
謂不度是非，好復言如白公者也。增好，呼報反。補遺剸行，謂獨專行之
也。此小人之所務，而君子之所不爲也。

4.3　鬭者，忘其身者也，忘其親者也，忘其君者也。
增鬭，都豆反；下同。行其少頃之怒，而喪終身之軀 ❷，然且爲
之，是忘其身也；增《論語》所謂“一朝之怒，忘其身，以及其親”也。
○喪，息浪反。室家立殘 ❸，親戚不免乎刑戮，然且爲之，是
忘其親也；蓋當時禁鬭殺人之法戮及親戚。《尸子》曰：“非人君之用兵也，
以爲民傷鬭，則以親戚徇一言而不顧之也 ❹。”君上之所惡也 ❺，刑法
之所大禁也，然且爲之，是忘其君也。增舊本“惡”下無“也”
字，今據宋本補之。○惡，烏路反；下同。憂忘其身，遭憂患刑戮而
不能保其身，是憂忘其身也。或曰：當爲“下忘其身”，誤爲“夏”，又
“夏”轉誤爲“憂”字耳。內忘其親，上忘其君，是刑法之所不
赦也 ❻，聖王之所不畜也。乳彘不觸虎，乳狗不遠遊，不忘
其親也。補遺乳彘、乳狗，母也。親，當作“子”。小人憂忘其身，

---

❶ 覺按：原書無“也”字，今據宋浙本、古逸叢書本補。

❷ 標注本“而”作“即”。

❸ 宋本、韓本“室家”作“家室”。

❹ 覺按：原書“徇”作“殉”，今據宋浙本、古逸叢書本改。

❺ 元本無“惡也”之“也”。

❻ 宋本“赦”作“舍”。

內忘其親，上忘其君，則是人也，而曾狗彘之不若也❶。增舊本"觸"上無"不"字，今據宋本、韓本、標注本補之。乳彘、乳狗，謂彘子、狗子也，與《漢書•窨成傳》"乳虎"之"乳"不同。〇乳，如遇反。曾，則登反。

4.4 凡鬬者，必自以爲是而以人爲非也。己誠是也，人誠非也，則是己君子而人小人也。增己，音紀。以君子與小人相賊害也，憂以忘其身，內以忘其親，上以忘其君❷，豈不過甚矣哉？是人也，所謂以狐父之戈钃牛矢也。時人舊有此語，喻以貴而用於賤也。狐父，地名。《史記》伍被曰："吳王兵敗於狐父。"徐廣曰"梁、碭之間"也❸。蓋其地出名戈❹，其說未聞。《管子》曰"蚩尤爲雍狐之戟、狐父之戈"，豈近此耶？钃，刺也，之欲反。故良劍謂之屬鏤❺，亦取其刺也。或讀"钃"爲"斫"❻。增矢，與"屎"通。父，音甫。補遺钃，鉏而除之也。將以爲智耶❼？則愚莫大焉。將以爲利耶？則害莫大焉。將以爲榮耶？則辱莫大焉。將以爲安耶？則危莫大焉。人之有鬬，何哉？我欲屬之狂惑疾病耶？則不可，聖王又誅之。屬，託也，之欲反。增"病耶"舊作"病也"，今據韓本、元本改之❽。補遺屬，謂附其屬也。我欲屬之鳥鼠禽

❶ 宋本、韓本"小人"作"人也"，"狗"作"猗"。

❷ 元本無"其身""其親""其君"之"其"，標注本同。

❸ 覺按：宋浙本、古逸叢書本"間"作"閒"。

❹ 覺按：宋浙本、古逸叢書本"出"作"山"，非。

❺ 覺按：原書"故"作"古"，今據宋浙本、古逸叢書本改。

❻ 覺按：宋浙本、古逸叢書本"钃"作"斸"，非。

❼ 宋本"耶"作"邪"，下同。

❽ 覺按：宋浙本、古逸叢書本作"病邪"。

獸耶？則不可，其形體又人，而好惡多同。視其形體，則又人也，其好惡多與賢人同，但好鬭爲異耳。增多，與"祇"同。好，呼報反。惡，烏路反。補遺注"賢"字宜除。人之有鬭，何哉？我甚醜之。其禍如此，何爲鬭也？

4.5 有狗彘之勇者❶，有賈盜之勇者，狗彘勇於求食，賈盜勇於求財❷。賈，音古。補遺盜，疑當作"豎"。有小人之勇者，有士君子之勇者。小人勇於暴，士君子勇於義。言人有此數勇也。爭飲食，無廉恥，不知是非，不辟死傷，不畏衆彊，恈恈然唯利飲食之見❸，是狗彘之勇也❹。辟，讀爲"避"。恈恈，愛欲之貌。《方言》云："牟，愛也。宋、魯之間曰牟❺。"增"利"字衍。○恈，莫侯反；下同。爲事利，爲事及利也。爲，于偽反。爭貨財，無辭讓，果敢而振，猛貪而戾，恈恈然唯利之見，是賈盜之勇也。振，動也。戾，乖背也。《春秋公羊傳》曰："葵丘之會，桓公振而矜之。"何休云"亢陽之貌"也。增古屋鬲曰："振，奮也。"輕死而暴，是小人之勇也。增或曰：據前後文例，"輕死"上有脫文。○輕，牽政反。義之所在，不傾於權，不顧其利，舉國而與之不爲改視，重死、持義而不撓❻，是士君子之勇也。雖重愛其死，而執節持義，不撓曲以苟生也。《儒行》曰："愛其死以有待也。"增重，直用反。撓，乃教反。

4.6 鯈鮴者，浮陽之魚也，鯈鮴，魚名。浮陽，謂此魚好浮

---

❶ 宋本"狗"作"猗"。
❷ 覺按：原書"財"作"利"，今據宋浙本、古逸叢書本改。
❸ 覺按：宋浙本、古逸叢書本"唯"作"惟"。
❹ 覺按：宋浙本、古逸叢書本"勇"作"勇者"。
❺ 覺按：宋浙本、古逸叢書本"間"作"閒"。
❻ 覺按：宋浙本、古逸叢書本"撓"作"橈"；注同。

於水上就陽也。今字書無"鮋"字，蓋當爲"魶"。《説文》云即"鱸鮪魰魶"字，蓋鰷魚一名鰷魶。莊子與惠子遊於濠梁之上，鰷魚出遊，是亦浮陽之義。或曰：浮陽，渤海縣名也。鰷，音稠。魶，布末反。增《字彙》"鮋"作"鮋"，音喬。《轉注古音》以作"魶"音鉢者爲非。蓋皆後世之音，雖不足徵古書，録以備一考。"陽""揚"互通。"君子陽陽"與"晏御揚揚"之"揚"同。《戰國·韓策》"揚言救韓而陰善楚"❶，"揚"與"陽"同。然則此"陽"字當與"揚"字通而讀之矣。**胠於沙而思水，則無逮矣**。胠，與"祛"同❷。揚子雲《方言》云❸："祛，去也。齊、趙之總語。"去於沙，謂失水去在沙上也。《莊子》有《胠篋篇》，亦取"去"之義也。增胠，與"呿"通。呿，張口貌。《呂氏春秋》曰："呿而不唫❹。"《莊子》亦云："口呿而不合。"可以見矣。**拄於患而欲謹，則無益矣**。人亦猶魚也。增拄，古買反。**自知者不怨人，知命者不怨天**❺；**怨人者窮**，徒怨憤於人❻，不自修者❼，則窮迫無所出。**怨天者無志**。有志之人❽，但自修身❾，遇與不遇，皆歸於命，故不怨天。增《法行篇》"志"作"識"。此當讀爲"識"。**失之己，反之人，豈不亦迂哉**❿？迂，失也。反，責人也。增迂，

---

❶ 覺按：原書無"韓"字，今據《戰國策·韓二》補。

❷ 覺按：原書"祛"作"祛"，今據宋浙本改。下"祛"字同。

❸ 覺按：原書"揚子雲"作"楊子"，今據宋浙本、古逸叢書本改。

❹ 覺按："唫"或當作"唫"，參見《呂氏春秋·重言》。

❺ 《説苑》："知命者不怨天，知己者不怨人。"

❻ 覺按：原書"怨憤"作"憤怨"，今據宋浙本、古逸叢書本改。

❼ 覺按：原書"修"作"脩"，今據宋浙本、古逸叢書本改。

❽ 覺按：原書"人"作"士"，今據宋浙本、古逸叢書本改。

❾ 覺按：原書"修"作"脩"，今據宋浙本、古逸叢書本改。

❿ 宋本、韓本"亦迂"作"迂乎"。一本"哉"上有"乎"字。

迂遠也。○己，音紀。

4.7 榮辱之大分，安危利害之常體。⬚增分，扶問反；下同。先義而後利者榮，先利而後義者辱；榮者常通，辱者常窮；通者常制人，窮者常制於人：受制於人。是榮辱之大分也。其中雖未必皆然，然其大分如此矣。材愨者常安利❶，蕩悍者常危害；材愨，謂材性愿愨也。蕩悍，已解於《脩身篇》。安利者常樂易，危害者常憂險；樂易，歡樂平易也，《詩》所謂"愷悌"者也。⬚增樂，音洛；下同。易，以豉反；下同。樂易者常壽長，憂險者常夭折：是安危利害之常體也。亦大率如此。⬚增夭，於表反。

4.8 夫天生蒸民❷，有所以取之。言天生衆民，其君臣上下職業皆有取之道，非其道，所以敗之也。⬚增本注"敗之"，"之"字當在"取之"下，謝墉亦有此考。○夫，音扶。志意致脩，德行致厚，智慮致明，是天子之所以取天下也。致，極也。言如此，是乃天子之所以取天下之道也。⬚增行，下孟反；下同。政令法❸，舉措時，聽斷公，舉措時，謂興力役不奪農時也。⬚增斷，丁亂反。⬚補遺舉措時，言凡事之舉措皆得其時宜也。上則能順天子之命，下則能保百姓，是諸侯之所以取國家也。志行脩，臨官治，上則能順上，下則能保職❹，是士大夫之所以取田邑也。⬚增治，直吏反。脩法則、度量、刑辟、圖籍❺，度，尺丈❻。量，斗斛。刑辟，刑法之書。《左氏傳》曰：

---

❶ 覺按：宋浙本、古逸叢書本"愨"作"愿"；注同。

❷ 覺按：原書"蒸"作"烝"，今據宋浙本、古逸叢書本改。

❸ 元本"政令法"作"政法令"，非。

❹ 宋本"職"上有"其"字。

❺ 宋本"脩"作"循"。

❻ 覺按：原書"尺丈"作"丈尺"，今據宋浙本、古逸叢書本改。

"先王議事以制，不爲刑辟。"圖，謂模寫土地之形 **❶**。籍，謂書其戶口之數也。 增量，力讓反。辟，必亦反。**不知其義，謹守其數，慎不敢損益 也，**若制所然。**父子相傳，以持王公，**世傳法則，所以保持王公， 言王公賴之以爲治者也 **❷**。增持，扶持也。**是故三代雖亡，治法猶 存，是官人百吏之所以取禄秩也 **❸**。孝悌原愨 **❹**，軥錄疾力， 以敦比其事業而不敢怠傲，是庶人之所以取煖衣飽食、長 生久視以免於刑戮也。**軥，與"拘"同。拘錄，謂自檢束也。疾力， 謂速力而作也。敦，厚也。比，親也。言不敢怠惰也。增軥錄，勉强之意。 如《列子》"拘此廢虐之主，錄而不舍"，《淮南子》"察慧捷巧，劬錄疾力" 是也。比，"君子比義，農夫比穀"之"比"，事見《説苑》。〇原，與"愿"同。比， 毗志反。**飾邪説，文姦言，爲倚事，**倚，已解上。倚事，怪異之事。 增文，音問。倚，音奇。**陶誕突盗，**陶，當爲檮杌之"檮"，頑嚚之貌。 突，凌突不順也。或曰：陶，當爲"逃"，隱匿其情也。增陶，疑當爲"啕"。 《廣韻》曰："多言也。"**愓悍憍暴，**愓，與"蕩"同。增憍，通作"驕"。 **以偷生反側於亂世之間 **❺**，是姦人之所以取危辱死刑也。增 反側，輾轉居住不定貌。**其慮之不深，其擇之不謹，其定取舍 楛僈，是其所以危也。**小人所以危亡，由於計慮之失也。楛，惡也， 謂不堅固也。增舍，音"捨"。楛，讀爲"鹽"。僈，與"漫"同。

4.9 材性知能，君子、小人一也。好榮惡辱，好利惡害，

---

❶ 覺按：原書"模"作"摸"，今據宋浙本、古逸叢書本改。

❷ 覺按：原書"賴"作"頼"，今據宋浙本、古逸叢書本改。

❸ 元本"禄秩"作"秩禄"。

❹ 宋本"悌"作"弟"。覺按：宋浙本、古逸叢書本"原"作"愿"，"愨"作"愨"。

❺ 覺按：宋浙本、古逸叢書本"間"作"閒"。

是君子、小人之所同也，增知，音"智"。下"知慮""知能"同。好，呼報反；下同。惡，烏路反；下同。**若其所以求之之道則異矣。小人也者，疾爲誕而欲人之信己也，疾爲詐而欲人之親己也，禽獸之行而欲人之善己也；**增己，音紀；下同。詐，側嫁反。行，下孟反。**慮之難知也，行之難安也，持之難立也，**慮之難知，謂人難測其姦詐。行之難安，言易顛覆也。持之難立，謂難扶持之也。增慮之難知，謂用智慮於所難知也。**成則必不得其所好，必遇其所惡焉。**雖使姦詐得成，亦必有禍無福。**故君子者，信矣，而亦欲人之信己也；忠矣，而亦欲人之親己也；脩正治辨矣，而亦欲人之善己也；**增脩正，以身言。治辨，以事言。○治，直吏反。**慮之易知也，行之易安也，持之易立也，成則必得其所好，必不遇其所惡焉；是故窮則不隱，通則大明，**不隱，謂人不能隱蔽。增易，以豉反。**身死而名彌白。**白，彰明也。**小人莫不延頸舉踵而願曰："知慮材性，固有以賢人矣。"**願，猶"慕"也。賢人，謂賢過於人也。增舊本"以"作"似"，"矣"作"也"，今據宋本、韓本改之。補遺賢人，即君子。言小人羨願有似君子，而不知君子本與己無異也。宋本"似"作"以"，與注意合，然不與下文應，不可從。**夫不知其與己無以異也**❶**，則君子注錯之當，而小人注錯之過也。**注錯，謂所注意錯履也，亦與"措置"義同也。增夫，音扶。錯，七路反；下同。當，丁浪反。**故熟察小人之知能**❷**，足以知其有餘可以爲君子之所爲也。**增十五字一句。**譬之，越人安越，楚人安楚，君子安雅，**雅，正也。正而有美德者謂之雅。《詩》曰："弁

---

❶ 標注本"夫"下有"人"字。
❷ 宋本"熟"作"孰"。

彼鷁斯，歸飛提提。"鷁斯，雅烏也❶。增本注"詩曰"以下可刪。補遺"君子安雅"下疑脫"小人安□"一句。是非知能材性然也，是注錯習俗之節異也。習俗，謂所習風俗。節，限制之也。

4.10 仁義德行，常安之術也❷，然而未必不危也；汙僈突盜，常危之術也，然而未必不安也。僈，當爲"漫"。漫，亦汙也。水冒物謂之漫。《莊子》云："北人無擇曰：'舜以其辱行漫我❸。'"漫，莫半反。《莊子》又曰"澶漫爲樂"，崔云"淫衍也"，李云"縱逸也"。一曰：漫，欺詆之也。增行，下孟反。僈，與"漫"同。故君子道其常，而小人道其怪❹。道，語也。怪，謂非常之事，取以自比也。增舊本"故"下有"曰"字，今據宋本、韓本除之。補遺道，由也。

4.11 凡人有所一同：飢而欲食，寒而欲煖，勞而欲息，好利而惡害，是人之所生而有也，是無待而然者也，是禹、桀之所同也。目辨白黑美惡❺，耳辨音聲清濁，口辨鹹酸甘苦❻，鼻辨芬芳腥臊，骨體膚理辨寒暑疾養，膚理，肌膚之文理。養，與"癢"同。增好，呼報反。惡害，烏路反。鹹，户緘反。酸，先丸反。是又人之所常生而有也，是無待而然者也，是禹、桀之所

❶ 覺按：原書"烏"作"鳥"，今據宋浙本、古逸叢書本改。

❷ 元本無二"之"字。覺按：《荀子增注》此文標注在"錯習俗之節異也……仁義德行，常安之"一行之上，所謂第二個"之"字，指"常安之"之"之"。

❸ 覺按：宋浙本、古逸叢書本"漫"作"汙漫"，非。

❹ 宋本、韓本"怪"下有"也"字。

❺ 宋本"惡"下有"而"字。

❻ 宋本"鹹酸"作"酸鹹"，韓本作"酸鹹"。

同也。增"常"字衍。可以爲堯、禹❶，可以爲桀、跖，可以爲工匠，可以爲農賈，在勢注錯習俗之所積耳❷。在所積習。增堯禹，舊作"堯舜"，今據宋本改之。"勢"字衍。○賈，音古；下同。錯，七路反。是又人之所生而有也，是無待而然者也，是禹、桀之所同也。爲堯、禹則常安榮，爲桀、跖則常危辱；爲堯、禹則常愉佚，爲工匠農賈則常煩勞。然而人力爲此而寡爲彼，何也？曰：陋也❸。言人不爲彼堯、禹而爲此桀、跖，由於性之固陋也❹。增佚，與"逸"同。補遺力，當作"多"，古字相似。堯、禹者，非生而具者也，夫起於變故，成乎脩❺，脩之爲，增句。補遺白鹿曰："'脩之'二字衍。"待盡而後備者也。變故，患難事故也。言堯、禹起於憂患，成於脩飾，由於待盡物理，然後乃能備之。《孟子》曰："天將降大任於是人也，必先苦其心志，勞其筋骨，餓其體膚❻，空乏其身行，拂亂其所爲。所以動心忍性❼，增益其所不能也❽，然後知生於憂患而死於安樂❾。"爲，于僞反。增古屋鬲曰："變故，謂變化其性質也。"○夫，音扶。爲，如字。盡，津忍反。

---

❶ 韓本"堯禹"作"禹舜"。

❷ 宋本"耳"作"爾"。

❸ 覺按：宋浙本、古逸叢書本"陋"作"陋"；注同。

❹ 覺按：原書"也"上有"者"，今據宋浙本、古逸叢書本刪。

❺ 元本無一"脩"字。

❻ 覺按：宋浙本、古逸叢書本"餓"作"窮餓"，非。

❼ 覺按：宋浙本、古逸叢書本"所以"作"不能"，非。

❽ 覺按：宋浙本、古逸叢書本"能"作"爲"，非。

❾ 覺按：宋浙本、古逸叢書本"然後知"作"智"，非。

4.12 人之生，固小人，無師無法，則惟利之見耳 ❶。人之生，固小人，又以遇亂世，得亂俗，是以小重小也，以亂得亂也。君子非得勢以臨之，則無由得開內焉。開小人之心而內善道也。增重，直用反。內，音納。今是人之口腹，安知禮義？安知辭讓？安知廉恥、隅積？言口腹無所知。隅，一隅，謂其分也。積，積習。增廉、隅各一德。如砥厲廉、隅，是也。此分以爲文。亦呥呥而噍、鄉鄉而飽已矣 ❷。呥呥，噍貌，汝鹽反 ❸。噍，嚼也，才笑反。鄉鄉，趨飲食貌，許諒反 ❹。人無師無法，則其心正其口腹也。人不學，則心正如口腹之欲也。補遺正，如“以順爲正”之“正”。其心以口腹之欲爲主也。今使人生而未嘗睹芻豢稻粱也 ❺，惟菽藿糟糠之爲睹 ❻，則以至足爲在此也，俄而粲然有秉芻豢稻粱而至者 ❼，則瞲然視之曰：“此何怪也？”粲然，精絜貌 ❽。牛羊曰芻，犬豕曰豢。豢，圈也，以穀食於圈中。瞲然，驚視貌，與“獝”同 ❾。《禮記》曰“故鳥不獝 ❿”，許聿反 ⓫。增豢，胡慣反。睹，東魯反。彼臭之而無嗛於鼻，臭，許又反。嗛，當爲“慊”，厭也，苦廉反，

---

❶ 宋本“惟”作“唯”，“耳”作“爾”。韓本亦“耳”作“爾”。

❷ 覺按：宋浙本、古逸叢書本“呥呥”作“呷呷”；注同。

❸ 覺按：宋浙本、古逸叢書本“汝”作“如”。

❹ 覺按：宋浙本、古逸叢書本“諒”作“亮”。

❺ 覺按：原書“粱”作“梁”，今據宋浙本、古逸叢書本改。

❻ 宋本“惟”作“唯”。

❼ 宋本無下“稻粱”，非。

❽ 覺按：原書“絜”作“潔”，今據宋浙本、古逸叢書本改。

❾ 覺按：宋浙本、古逸叢書本“獝”作“賊狖”。

❿ 覺按：宋浙本、古逸叢書本“獝”作“狖”。

⓫ 覺按：宋浙本、古逸叢書本“反”下有“賊或爲俄”四字。

71

或下忝反。補遺嗛，當作"嫌"，惡也。嘗之而甘於口，食之而安於體，則莫不弃此而取彼矣。今以夫先王之道、仁義之統，以相羣居，以相持養，以相藩飾，以相安固邪？持養，保養也。藩飾，藩蔽文飾也。增夫，音扶；下同。邪，音耶。以夫桀、跖之道？是其爲相縣也，幾直夫芻豢之縣糟糠爾哉❶？言以先王之道與桀、跖相縣，豈止糟糠比芻豢哉！幾，讀爲"豈"；下同。增"以""與"古通用。縣，縣隔也。○縣，胡涓反。補遺縣糟糠爾哉，"縣"當作"與"。然而人力爲此而寡爲彼，何也？曰：陋也❷。陋也者，天下之公患也，公共有此患也。人之大殃大害也。故曰：仁者好告示人。告之示之，靡之儇之，鉛之重之，靡，順從也。儇，疾也，火緣反。靡之儇之，猶言"緩之急之"也。鉛，與"沿"同❸，循也。撫循之、申重之也。增仁者，舊作"人者"，今據宋本、韓本改之。○殃，於良反。好，呼報反。重，直用反。補遺靡，磨切也。儇，慧利也。沿，因循也，亦申重之意。則夫塞者俄且通也，陋者俄且僩也❹，愚者俄且知也。僩，與"擱"同❺，猛也。《方言》云："晉、魏之間謂猛爲擱❻。"陋者俄且僩，言鄙陋之人俄且矜莊有威儀也❼。《詩》云"瑟兮僩兮"❽，毛

---

❶ 宋本、韓本"豢"下有"稻粱"二字。

❷ 覺按：宋浙本、古逸叢書本"陋"作"陋"；下同。

❸ 覺按：原書"沿"作"泑"，今據宋浙本、古逸叢書本改。

❹ 覺按：宋浙本、古逸叢書本"僩"作"僩"；注同。

❺ 覺按：宋浙本、古逸叢書本"擱"作"憪"，非。

❻ 覺按：宋浙本、古逸叢書本"擱"作"僩"，非。

❼ 覺按：宋浙本、古逸叢書本無"威"字，非。

❽ 覺按：原書"云"作"曰"，今據宋浙本、古逸叢書本改。

云❶"倜，寬大也"。下板反。增倜，讀爲閑習之"閑"，謂知禮義閑習於威儀也。○塞，悉則反。知，音"智"。**是若不行，則湯、武在上曷益？桀、紂在上曷損？**若不行告示之道，則湯、武何益於天下？桀、紂何損於百姓？所以貴湯、武，賤桀、紂，以行與不行耳。**湯、武存，則天下從而治；桀、紂存，則天下從而亂。如是者，豈非人之情固可與如此、可與如彼也哉？**增"與""以"古通用。○治。直吏反。

4.13 **人之情，食欲有芻豢，衣欲有文繡，行欲有輿馬，又欲夫餘財蓄積之富也，**皆人之所貴也。增豢，胡慣反。繡，思又反；下同。夫音扶；下同。積，子賜反。**然而窮年累世不知不足，是人之情也。**不知不足，當爲"不知足"，剩"不"字耳。或曰：不足，猶"不得"也。增累，力軌反。**今人之生也，方多畜雞狗豬彘❷，又畜牛羊，然而食不敢有酒肉；餘刀布，有囷窌，**刀、布，皆錢也。刀，取其利；布，取其廣。囷，廩也。圓曰囷，方曰廩。窌，窖也。地藏曰窖。窌，匹貌反。增畜，舊作"蓄"，今據宋本、韓本改之。○囷，去筠反。補遺餘刀布，有囷窌，此句當移下文"然而行不敢有輿馬"上。**然而衣不敢有絲帛；約者有筐篋之藏，**補遺此句當移上文"然而衣不敢有絲帛"上。"絲帛"宜承"筐篋"。刀布囷窌，富於筐篋❸。**然而行不敢有輿馬。**約，儉嗇也。筐篋，藏布帛者也。言又富於餘刀、布也。增藏，才浪反。**是何也？非不欲也，幾不長慮顧後而恐無以繼之故也？於是又節用御欲，**御，制也。或作"禦"，止也。

---

❶ 覺按：宋浙本、古逸叢書本"毛"作"鄭"，非。

❷ 宋本"多"作"知"，"豬"作"豬"。

❸ 覺按："刀布囷窌，富於筐篋"八字似衍。

73

收斂蓄藏以繼之也❶。是於己長慮顧後，幾不甚善矣哉？幾，
亦讀爲"豈"。增觀本注，上"幾"字下亦當有注，蓋脱耳。○己，音紀。
今夫偷生淺知之屬，曾此而不知也，偷❷，苟且也。增而，與"之"通，
語助也。○夫，音扶。知之，音智。曾，則登反。糧食太侈❸，不顧其後，
俄則屈安窮矣。屈，竭也。安，語助也。猶言"屈然窮矣"。安，已
解上也❹。增則，猶"而"也。屈窮，言屈竭窮困也。太，舊作"大"，有
"'大'讀爲'太'"注，今據宋本、韓本改之。是其所以不免於凍餓、
操瓢囊爲溝壑中瘠者也。乞食羸瘦於溝壑者，言不知久遠生業，故
至於此也。增瓢，所以盛飲；囊，所以盛食：共乞匄者所操也。《莊子》曰："操
瓢而乞者，皆離名輕死。"○操，七刀反。況夫先王之道❺，仁義之統，
《詩》《書》《禮》《樂》之分乎！爲生業尚不能知，況能知其遠大
者？分，制也，扶問反。彼固天下之大慮也，將爲天下生民之屬，
長慮顧後而保萬世也。其汸長矣，其溫厚矣，其功盛姚遠矣。
汸，古"流"字。溫，猶"足"也。言先王之道於生人，其爲溫足亦厚矣。姚，
與"遥"同。言功業之盛甚長遠也。增溫，當爲"澤"字之誤也。《王霸篇》曰：
"利澤誠厚❻。"○爲，于僞反。非熟脩爲之君子❼，莫之能知也。熟，
甚也。甚脩飾作爲之君子也。增熟，成熟也。故曰：短綆不可以汲

❶ 宋本"御"作"禦"，"蓄"作"畜"。覺按：原書"斂"作"歛"，
今據宋浙本、古逸叢書本改。

❷ 覺按：宋浙本"偷"作"偷生"，古逸叢書本作"偷者"。

❸ 宋、韓二本無"糧"字。

❹ 覺按：原書"上也"作"前"，今據宋浙本、古逸叢書本改。

❺ 覺按：原書"況"作"况"，今據宋浙本、古逸叢書本改；注同。

❻ 覺按：原書"利"上有"其"字，今據《王霸篇》刪。

❼ 宋本"熟"作"孰"。

深井之泉，知不幾者不可與及聖人之言。綆，索也。幾，近也。謂不近於習也。增冢田虎曰："幾，多也。《韻會》：'物無多曰無幾。'《管子》曰：'夫短綆不可以汲深井，知鮮不可以與聖人之言。'"愛曰：《戰國策》"羣臣之知無幾於王之明者"，亦與此"幾"同。〇知，音"智"。補遺幾，將及也。夫《詩》《書》《禮》《樂》之分，固非庸人之所知也。故曰：一之而可再也**❶**，既知一，則務知二。補遺一爲之，而可再復也。有之而可久也，不可中道而廢。廣之而可通也，知《禮》《樂》廣博，則於事可通。慮之而可安也，思慮《禮》《樂》，則無危懼。反鉛察之而俞可好也**❷**。鉛，與"沿"同**❸**，循也。既知《禮》《樂》之後，却循察之，愈可好而不厭。俞，音"愈"。增好，呼報反。以治情則利，利，益也。《禮記》曰："聖人之所以治人七情**❹**，脩十義，捨禮何以治之？"增利，通利之謂。以爲名則榮，以羣則和，以獨則足，知《詩》《書》《禮》《樂》，羣居則和同，獨處則自足也**❺**。樂意者其是耶**❻**！樂意莫過於此。增《子道篇》曰："君子，其未得也，則樂其意。"《呂氏春秋》曰："高節厲行，獨樂其意。"皆謂不達之君子獨樂其道也。〇樂，音洛。補遺"以獨則足樂意者"七字句。

4.14　夫貴爲天子，富有天下，是人情之所同欲也，然則從人之欲，則勢不能容，物不能贍也。故先王案爲之

---

❶ 元本"再"作"載"。

❷ 覺按：原書"鉛"作"鈆"，今據宋浙本、古逸叢書本改；注同。

❸ 覺按：原書"沿"作"泦"，今據宋浙本、古逸叢書本改。

❹ 覺按：原書"聖人之所以治人"作"故聖王所以治人之"，今據宋浙本改。古逸叢書本作"聖王所以治人之"。

❺ 覺按：原書無"也"字，今據宋浙本、古逸叢書本補。

❻ 宋本"耶"作"邪"。

制禮義以分之，以禮義分别上下也。增古屋鬲曰："然則，猶'然而'也。"愛曰：案，語助。○夫，音扶；下"是夫""夫是"同。爲，于僞反。**使有貴賤之等**❶**、長幼之差，知賢愚、能不能之分**❷**，皆使人載其事而各得其宜，**載，行也，任之也。增長，竹丈反。差，楚宜反。分，扶問反。**然後使慤禄多少厚薄之稱**❸**，**慤，實也。謂實其禄，使當其才。稱，尺證反。增慤，當作"穀"，字之誤也。《王霸篇》云："穀禄莫厚焉。"**是夫羣居和一之道也。**

4.15　故仁人在上，則農以力盡田，賈以察盡財，百工以巧盡械器，盡，謂精於事。察，謂明其盈虚。《説文》云："有盛爲械，無盛爲器。"增盡，津忍反；下同。賈，音古。補遺察，謂察物之功苦。**士大夫以上至於公侯莫不以仁厚知能盡官職**❹**，夫是之謂至平。**各當其分，雖貴賤不同，然謂之至平也。增知，音"智"。**故或禄天下而不自以爲多，**謂爲天子，以天下爲禄也。**或監門御旅、抱關擊柝而不自以爲寡。**監門，主門也。御，讀爲"迓"。迓旅，逆旅也。抱關，門卒也。擊柝，擊木所以警夜者。皆知其分，故雖賤而不以爲寡也。增監，古銜反。柝，敕宅反。補遺"御""禦"同。禦旅，謂止行旅以察姦人，即監門之職也。《史記》云："監門之養，不觳於此。"蓋監門者，禄寡之極也，故舉之以對"禄天下"也。**故曰："斬而齊，枉而順，不同而一。"夫是之謂人倫。**舊有此語，引以喻貴賤雖不同，不以齊一，然而要歸於治也。斬而齊，謂彊斬之使齊，若《漢書》之"一切"者。枉而順，雖枉曲不直，然而歸於順也。不同而一，謂殊途

---

❶ 宋本無"有"字。

❷ 元本無"賢"字。

❸ 覺按：宋浙本、古逸叢書本"慤"作"愨"；注同。

❹ 宋本、韓本"仁"上有"其"字。

同歸也❶。夫如此，是人之倫理也。增荀卿主意在"不同而一"之一句。《王制篇》曰："勢齊則不一。"與此相反。《詩》曰："受小共大共，爲下國駿蒙。"此之謂也。《詩》，《殷頌·長發》之篇。共，執也。駿，大也。蒙，讀爲"庬"❷，厚也。今《詩》作"駿庬"。言湯執小玉大玉❸，大厚於下國。言下皆賴其德也❹。增"共""珙"通。珙，璧也，小國、大國諸侯執以爲贄者，天子受之。駿蒙，《齊詩》作"駿駹"，蓋馬英儁者，以比强力奔走，帥治下國也。《正論篇》曰："天下者，至重也，非至彊莫之能任。"補遺受小共大共，此喻貴賤各盡其職也。

荀子卷第二

---

❶ 覺按：原書"途"作"塗"，今據宋浙本、古逸叢書本改。

❷ 覺按：原書"庬"作"厖"，今據宋浙本、古逸叢書本改，下同。

❸ 覺按：宋浙本、古逸叢書本"小玉大玉"作"大玉小玉"。

❹ 覺按：原書"賴"作"頼"，今據宋浙本、古逸叢書本改。

荀子卷第三

非相篇第五 相，視也，視其骨狀以知吉凶貴賤也。妄誕者多以此惑世，時人或矜其狀貌而忽於務實，故荀卿作此篇非之。《漢書》形法家有《相人》二十四篇❶。增相，息亮反。篇內"相人""形相"並同。

5.1 相❷，古之人無有也，學者不道也。道，説。增舊本"相"下有"人"字，今據元本除之。錢櫝曰："首句去上'人'字爲是。"補遺相人，視人之形骨也，《漢·志》云"相人"是也。元本無"人"字，非也。

5.2 古者有姑布子卿，姑布，姓；子卿，名；相趙襄子者。或本無"姑"字。增姑布子卿，相孔子者也，事見于《韓詩外傳》。今之世，梁有唐舉，相李兑、蔡澤者。增唐舉事見于《史記·蔡澤傳》及《戰國策》。相人之形狀、顏色而知其吉凶、妖祥，世俗稱之。古之人無有也，學者不道也。

5.3 故相形不如論心，論心不如擇術。術，道術也。形不勝心，心不勝術。術正而心順，則形相雖惡而心術善，無害爲君子也；形相雖善而心術惡，無害爲小人也。君子

---

❶ 覺按：宋浙本、古逸叢書本"形"作"刑"，非。

❷ 覺按：宋浙本、古逸叢書本"相"下有"人"字。

之謂吉，小人之謂凶。故長短、小大、善惡形相，非吉凶也。古之人無有也，學者不道也。再三言者，深非之也。⟦增⟧舊本"順"下有"之"字，今據宋本除之。本注舊誤在上"不道也"下，今移之。

5.4 蓋帝堯長，帝舜短；文王長，周公短；仲尼長，子弓短。子弓，蓋仲弓也。言"子"者，著其爲師也。《漢書·儒林傳》馯臂，字子弓，江東人，受《易》者也。然馯臂傳《易》之外，更無所聞。荀卿論説❶，常與仲尼相配，必非馯臂也。馯，音寒。⟦增⟧朱熹曰："荀卿，趙人，名況，學於孔氏門人馯臂子弓者。"未知其所據。又《論語》皇侃《義疏》："王弼曰：'朱張，字子弓，荀卿以比孔子。'"俱録以備一考。⟦補遺⟧子路，又曰"季路"。仲弓，亦或曰"子弓"。仲弓先荀子遠矣，何得師之？昔者，衞靈公有臣曰公孫呂，身長七尺，面長三尺，焉廣三寸，鼻、目、耳具，而名動天下。面長三尺，廣三寸，言其狹而長甚也。鼻、目、耳雖皆具而相去踈遠❷，所以爲異。名動天下，言天下皆知其賢。或曰：狹長如此，不近人情，恐文句誤脱也。⟦增⟧焉，與"案""安"同，助聲也。廣，《文選》作"眉"，《事文類聚》作"額"，皆私改者，不可從也。○長，直亮反。廣，古曠反。楚之孫叔敖❸，期思之鄙人也，杜元凱云："期思，楚邑名，今弋陽期思縣。"鄙人，郊野之人也。⟦增⟧孫叔敖，名饒，見歐陽公《集古録》。《吕子》："沈尹莖辭曰：'期思之鄙人有孫叔敖者，聖人也。王必用之，臣不若也。'荆王於是使人以王輿迎叔敖以爲令尹，十二年而莊王霸。"期思縣，《漢書·地理志》屬南陽郡。突秃長左，

---

❶ 覺按：原書"荀卿"作"荀卿子"，今據宋浙本、古逸叢書本改。

❷ 覺按：原書"踈"作"疏"，今據宋浙本、古逸叢書本改。

❸ 再考：孫叔，字；敖，名；蔿，姓。見《左傳·宣十二年》。覺按：孫叔敖爲蔿章之孫，故原姓蔿，又因是蔿章之孫而別爲孫氏，名敖，字叔，非字孫叔也。

軒較之下，而以楚霸。突，謂髮短可陵突人者❶，故《莊子》説趙劍士"蓬頭突鬢❷"。長左，左腳長也。軒較之下而以楚霸，言脩文德，不勞甲兵遠征伐也。《説文》云："軒，曲輈也。"鄭注《考工記》云："較，兩輈上出式者。"《詩》曰："猗重較兮❸。"增物茂卿曰："突禿，蓋謂頭禿無髮如突出然。"愛曰：軒較之下，未詳。或"長"爲去聲，"左"爲"在"誤，亦未穩，暫從舊注。○禿，他谷反。較，古岳反。葉公子高，微小短瘠，行若將不勝其衣，葉公，楚大夫沈尹戍之子❹，食邑於葉，名諸梁，字子高。楚僭稱王，其大夫稱公，白公亦是也。微，細也。葉，音攝。增勝，音升。然白公之亂也，令尹子西、司馬子期皆死焉，白公，楚太子建之子，平王之孫。子西，楚平王長庶子公子申。子期，亦平王子，公子結。增白公之亂，見于《左氏・哀公十六年傳》。葉公子高入據楚，誅白公，定楚國，如反手耳❺，仁義功名善於後世❻。增古屋鬲曰："善，賞譽也。《易》曰：'善世而不伐。'"故士不揣長，不揳大，不權輕重，亦將志乎心耳。揳，與"絜"同，約也，謂約計其大小也。絜，户結反。《莊子》："匠石見櫟社樹❼，絜之百圍。"權，稱也。輕重，體之輕重也。言不論形狀長短、大小、肥瘠，唯在志意脩飭

---

❶ 覺按：原書"髮短可陵"作"短髮可凌"，今據宋浙本、古逸叢書本改。

❷ 覺按：本書之"賓"字以及"濱""殯""臏""鬢"等字中的"賓"字旁，宋浙本、古逸叢書本皆作"宲"。爲節約篇幅，以下不再逐一出校。

❸ 覺按：原書"猗重"作"倚車"，今據宋浙本、古逸叢書本改。

❹ 覺按：原書"戍"作"戊"，今據宋浙本、古逸叢書本改。

❺ 宋本"耳"作"爾"，下同。

❻ 標注本"後"作"后"。

❼ 覺按：宋浙本、古逸叢書本無"櫟"字，非。

耳❶。增士，舊作"事"，今據宋本改之。揣，與《左氏·昭公三十二年傳》"計丈數，揣高卑"之"揣"同，度也。挈，與《過秦論》"度長絜大"之"絜"同，又度也。志，讀爲"識"，言不謀長大、輕重，唯識其心耳。謝埔以"心"字爲衍，於文似穩，然觀上文論心術，則難從也。○揣，初委、丁果二反。長短、小大、美惡形相，豈論也哉？

5.5　且徐偃王之狀，目可瞻馬。徐，國名，僭稱王，其狀偃仰而不能俯，故謂之偃王。周穆王使楚誅之。瞻馬，言不能俯視細物，遠望纔見馬。《尸子》曰："徐偃王有筋而無骨❷。"增《史記·秦本紀》曰："繆王西巡狩，樂而忘歸。徐偃王作亂，造父爲繆王御，長驅歸周以救亂。"《韓非子》曰："徐偃王處漢東，地方五百里，行仁義，割地而朝者三十有六國。"馬，舊作"焉"，今據宋本改之。蓋考本注意，古作"馬"必矣。且"焉""馬"易誤。《君道篇》"有數十焉"，元本作"有數士馬"之類，皆以字形似誤也。補遺《史記》注："《尸子》曰：'徐偃王有筋而無骨。'騶謂號'偃'者蓋由此。"此説不經，猶勝楊注。仲尼之狀，面如蒙俱。俱，方相也，其首蒙茸然，故曰蒙俱。《子虛賦》曰："蒙公先驅。"韓侍郎云："四目爲方相，兩目爲俱。"俱，音欺。《慎子》曰："毛嬙、西施❸，天下之至姣也，衣之以皮俱，則見之者皆走❹。"增物茂卿曰："蒙，如《左傳》'蒙皋比'之'蒙'。俱爲假面，故曰'蒙'。"補遺注"子虛"當作"羽獵"。周公之狀，身如斷菑。《爾雅》云："木立死曰椔。"與"菑"同。皋陶

---

❶ 覺按：原書"飭"作"飾"，今據宋浙本、古逸叢書本改。

❷ 覺按：宋浙本、古逸叢書本"骨"下有"也"字。

❸ 覺按：宋浙本、古逸叢書本"嬙"作"廧"。

❹ 覺按：宋浙本、古逸叢書本"走"下有"也"字。

之狀❶，色如削瓜。如削皮之瓜❷，青綠色。增陶，音遙。閎夭之狀，面無見膚。閎夭，文王臣，在十亂之中。言多鬢髯蔽其膚也❸。增夭，於驕反。見，賢遍反。傅說之狀，身如植鰭。植，立也。如魚脊之立❹。增說，音悅。植，時吏反。伊尹之狀，面無須麋。麋，與"眉"同。增須，讀爲"鬚"。禹跳，湯偏，《尸子》曰❺："禹之勞，十年不窺其家，手不爪，脛不生毛。偏枯之病，步不相過❻，人曰禹步。"鄭注《尚書大傳》云："湯半體枯。"《呂氏春秋》曰："禹通水濬川，顏色黎黑，步不相過❼。"堯、舜參牟子。牟，與"眸"同。參牟子，謂有二瞳之相參也。《史記》曰："舜目重瞳。"重瞳，蓋堯亦然。《尸子》曰："舜兩眸子，是謂重明。作事成法，出言成章。"當時傳聞，今書傳亦難盡詳究所出也❽。增今世閒有三瞳子者，愛得見之，然則重瞳、三瞳，傳聞之異也。堯之重瞳，見于《淮南子》。從者將論志意、比類文學邪❾？直將差長短、辨美惡而相欺傲邪？從者，荀卿門人。問將論志意、文學邪❿？但以好醜相欺傲也？增差，擇也。〇從，才用反；下同。邪，音"耶"。差，音叉。

5.6 古者桀、紂長巨姣美，天下之傑也，筋力越勁，

---

❶ 覺按：原書"皁"作"皀"，今據宋浙本、古逸叢書本改。
❷ 覺按：原書"皮"作"去皮"，今據宋浙本、古逸叢書本改。
❸ 覺按：原書無"也"字，今據宋浙本、古逸叢書本補。
❹ 覺按：宋浙本、古逸叢書本無"脊"字。
❺ 覺按：宋浙本、古逸叢書本"尸"作"尹"，非。
❻ 覺按：宋浙本、古逸叢書本"步"作"多步"。
❼ 覺按：原書"過"下有"也"字，今據宋浙本、古逸叢書本刪。
❽ 覺按：原書"也"作"矣"字，今據宋浙本、古逸叢書本改。
❾ 元本"邪"作"耶"，下同。
❿ 覺按：原書"邪"作"耶"，今據宋浙本、古逸叢書本改。

百人之敵也，姣，好也。倍萬人曰傑。越，過人也。勁，勇也。增越勁，其強勁超越于衆也。《史記·殷本紀》曰："帝紂資辨捷疾，聞見甚敏；材力過人，手格猛獸；知足以距諫，言足以飾非。"〇筋，音斤。然而身死國亡，爲天下大僇，後世言惡，則必稽焉。僇，與"戮"同。稽，考也。後世言惡，必考桀、紂爲證也❶。是非容貌之患也。聞見之不衆，論議之卑爾！亦非以容貌害身，言美惡皆非所患，但以聞見不廣，議論不高❷，故致禍耳。

5.7 今世俗之亂君，鄉曲之儇子，《方言》云："儇，疾也，慧也。"與"喜而翾"義同，輕薄巧慧之子也。儇，火玄反。莫不美麗姚冶，奇衣婦飾，血氣態度擬於女子，《說文》云❸："姚，美好貌。"冶，妖。奇衣，珍異之衣。婦飾，謂如婦人之飾❹，言輕細也。擬於女子，言柔弱便辟也。增姚冶，亦妖冶之意，女態也。〇冶，音也。婦人莫不願得以爲夫，處女莫不願得以爲士，士者，未娶妻之稱。《易》曰："老婦得其士夫。"增士，蓋少年之稱，毛萇《詩傳》訓"子弟"。〇處，昌吕反。弃其親家而欲奔之者，比肩並起，然而中君羞以爲臣，中父羞以爲子，中兄羞以爲弟，中人羞以爲友，不必上智，皆知惡也。俄則束乎有司而戮乎大市❺，犯刑法，爲有司所束縛也。增則，猶"而"也。莫不呼天啼哭，苦傷其今而後悔其始❻。苦傷今之刑戮，悔其始之所爲。增《既夕記》曰："主人啼，兄弟哭。"鄭玄曰：

❶ 覺按：原書無"也"字，今據宋浙本、古逸叢書本補。

❷ 覺按：宋浙本、古逸叢書本"議論"作"論議"。

❸ 覺按：原書"云"作"曰"，今據宋浙本、古逸叢書本改。

❹ 覺按：原書無"如"字，今據宋浙本、古逸叢書本補。

❺ 元本無"而"字。

❻ 標注本"後"作"后"。

"啼、哭，哀有甚有否。"〇呼，火故反。**是非容貌之患也。聞見之不衆，論議之卑爾❶。然則從者將孰可也？** 問從者形相與志意孰爲益乎？增謝墉曰："《非相篇》當止於此。下文所論較大，並與相人無與，疑是《榮辱篇》錯簡於此。"

5.8　人有三不祥：幼而不肯事長❷，賤而不肯事貴，不肖而不肯事賢，是人之三不祥也。言必有禍災也。增《禮記》曰："愚而好自用，賤而好自專，生乎今之世，反古之道，如此者，栽及其身者也。"〇長，竹丈反。**人有三必窮：爲上則不能愛下，爲下則好非其上，是人之一必窮也；**增好，呼報反。**鄉則不若，偕則謾之，是人之二必窮也；**鄉，讀爲"向"。若，如也。謾，欺毁也，莫干反。增偕，或作"背"，音倍。謾，與"慢"同。**知行淺薄❸，曲直有以縣矣❹，然而仁人不能推，知士不能明❺，是人之三必窮也。**曲直，猶"能否"也。言智慮德行至淺薄，其能否與人又相縣遠，不能推讓明白之。言不知己之不及也。知，音"智"。行，下孟反。縣，讀爲"懸"。增推，它雷反。**人有此三數行者，以爲上則必危，爲下則必滅。**增數，所矩反。《詩》曰："雨雪瀌瀌，見晛聿消。莫肯下遺，式居婁驕。"**此之謂也。**《詩》，《小雅·角弓》之篇。今《詩》作"見晛曰消"，蓋聲之誤耳。晛，日氣也。遺，讀爲"隨"。婁，

---

❶ 宋本"論"上有"而"字，非。

❷ 覺按：原書"幼"作"幻"，今據宋浙本改。古逸叢書本作"幻"，蓋宋本作"幻"。

❸ 宋本"知"作"智"，而有音注，非。

❹ 韓本"縣"上有"相"字，宋本同。

❺ 元本"仁人"作"仁"，"知士"作"知"。

斂也❶。言雨雪瀌瀌然，見日氣而自消❷，喻欲爲善則惡自消矣。幽王曾莫肯下隨於人，用此居處斂其驕慢之過也。增宋本"見晛"作"宴然"；"遺"作"隧"，注"遺"同；"婁"作"屢"；注"曰消"下有"作宴然"三字；"爲隨"下有"屢讀爲婁"四字。不然本注，不解。且案《詩》意，以雪比當時之小人。莫肯下遺，謂消盡也。婁，宋本作"屢"，是也，不必讀爲"婁"。言雨雪瀌瀌然，見日氣遂消，無有遺者，而不知之，居常屢驕傲而已。○雨，羊遇反。瀌，符嬌反。晛，乃見反。聿，與"曰"通。婁，與"屢"通。

5.9 人之所以爲人者，何已也？已，與"以"同。問何以謂之人而貴於禽獸也❸。增已，與"居"同❹，語助也，本注非。曰：以其有辨也。辨，別也。飢而欲食，寒而欲煖，勞而欲息，好利而惡害，是人之所生而有也，是無待而然者也，不待學而知也❺。增飢，舊作"饑"，今據宋本改之。○好，呼報反。惡，烏路反。是禹、桀之所同也。然則人之所以爲人者，非特以二足而無毛也，以其有辨也。增舊本"特"下無"以"字，"足"下無"而"字，今據宋本補之。今夫猩猩形笑❻，亦二足而毛也，猩猩，獸，似人而能言，出交阯❼。形笑者，能言笑也。增《本草》注"形笑"作"言笑"。《藝文類聚》引此文曰："猩猩能言笑，亦二足無尾，而君子啜其羹，食其胾。故人非二足無尾，以知禮也。"今案：《藝文類聚》大異同而難爲徵，然"形

---

❶ 覺按：原書"斂"作"歛"，今據宋浙本改；下同。古逸叢書本作"歛"。

❷ 覺按：原書無"而"字，今據宋浙本、古逸叢書本補。

❸ 覺按：原書無"也"字，今據宋浙本、古逸叢書本補。

❹ 覺按：原書"與"作"其"，今據文義改。

❺ 覺按：原書無"也"字，今據宋浙本、古逸叢書本補。

❻ 宋本"猩猩"作"狌狌"，注同。

❼ 覺按：原書"阯"作"趾"，今據宋浙本、古逸叢書本改。

笑"則古當是"言笑","毛"上亦當有"無"字。物氏亦爲脫"無"字。○夫，音扶；下同。**然而君子啜其羹，食其胾。**胾，臠也。禽獸無辨，故賤而食之。胾**❶**，側吏反。增啜，昌悦反。**故人之所以爲人者，非特以其二足而無毛也❷，以其有辨也。夫禽獸有父子而無父子之親，有牝牡而無男女之別，**增"有父子"舊作"爲父子"，今據宋本改之。《禮記》曰："鸚鵡能言，不離飛鳥；猩猩能言，不離禽獸。今人而無禮，雖能言，不亦禽獸之心乎？夫唯禽獸無禮，故父子聚麀。是故聖人作爲禮以教人，使人以有禮，知自別於禽獸。"○別，彼列反。**故人道莫不有辨。**

　　5.10　**辨莫大於分，**有上下親疎之分也**❸**。增分，扶問反；下同。**分莫大於禮，**分，生於有禮也。**禮莫大於聖王。**聖王，制禮者**❹**。言其人存，其政舉。**聖王有百，吾孰法焉？**問聖王至多，誰可爲法**❺**？**故曰：文久而息，節族久而絶，**文，禮文。節，制度也。言禮文久則制度滅息，宗族久則廢也。增孫鑛曰："節族，即節奏。註誤。"今案《前漢·嚴安傳》"調五聲使有節族"，蘇林曰："族，音'奏'。"師古曰："節，止也。奏，進也。"然則"族""奏"古通用。且《荀子》中"節奏"，或以禮言之，或以樂言之，其義皆可以"止進"解之。"故"字恐衍。**守法數之有司極禮而褫❻。**褫，解也。有司世世相承，守禮之法數，至於極久，亦下脫也。《易》曰："或錫之鞶帶，終朝三褫之。"言此者，以

---

❶ 覺按：宋浙本、古逸叢書本無此"胾"字。

❷ 元本無"故"字，"足"下無"而"字。

❸ 覺按：原書"疎"作"疏"，今據宋浙本、古逸叢書本改。

❹ 覺按：原書"制"上有"則"字，今據宋浙本、古逸叢書本刪。

❺ 覺按：宋浙本、古逸叢書本"法"下有"也"字。

❻ 覺按：原書"褫"作"裭"，今據宋浙本、古逸叢書本改；注同。

喻久遠難詳，不如隨時興治。裩，直吏反。⬚增極禮而裩，未詳。桃源藏曰：
"本注'下脱'當作'必脱'。"⬚補遺裩，當作"摵"。摵，離析也。言有司
窮禮文，遺本逐末，而大經大法分裂以滅也。**故曰：欲觀聖王之跡，
則於其粲然者矣，後王是也** ❶。後王，近時之王。粲然，明白之
貌。言近世明王之法，則是聖王之跡也。夫禮法所興，以救當世之急，故
隨時設教，不必拘於舊聞，而時人以爲君必用堯、舜之道，臣必行禹、稷
之術 ❷，然後可，斯惑也 ❸。孔子曰："殷因於夏禮，所損益可知也。"故荀卿
深陳以後王爲法 ❹，審其所貴君子焉 ❺。司馬遷曰："法後王者，以其近己而
俗相類，議卑而易行也 ❻。"⬚增觀下文，"後王"則謂周王也。《荀子》中
稱"後王"者倣此。**彼後王者，天下之君也；舍後王而道上古，
譬之，是猶舍己之君而事人之君也。**⬚增舍，音"捨"。己，音紀。
故曰：欲觀千歲，則審今日 ❼；**欲知億萬，則審一二；欲知
上世，則審周道；欲知周道，則審其人所貴君子。**謂己之君
也。審，謂詳觀其道也。⬚增其人，謂如仲尼、子弓者也。《勸學篇》曰："學
莫便乎近其人。"又案："所"下似脱"以"字。○億，於力反。⬚補遺審其
人所貴君子，言詳審其人之所貴君子之説也。其人，荀子自謂也。**故曰：
"以近知遠，以一知萬，以微知明。"此之謂也。**

---

❶ 標注本"後"作"后"，下"後王"同。
❷ 覺按：原書"稷"皆作"稜"，今據宋浙本、古逸叢書本改。爲
節約篇幅，以下不再出校。
❸ 覺按：原書"也"作"矣"，今據宋浙本、古逸叢書本改。
❹ 覺按：原書"深"作"渂"，今據宋浙本、古逸叢書本改。
❺ 覺按：原書"審"上有"而"字，今據宋浙本、古逸叢書本刪。
❻ 覺按：原書無"也"字，今據宋浙本、古逸叢書本補。
❼ 宋本"審今"作"數今"，非。

5.11 夫妄人曰："古今異情，以其治亂者異道❶。"而衆人惑焉。彼衆人者，愚而無説、陋而無度者也❷。言其愚陋而不能辨説測度。度，徒洛反❸；下同。增《韓詩外傳》無"亂者"之"者"，"無説"作"無知"，是也。此衍一"者"字。○夫，音扶。治，直吏反。度，如字，下一"度"同；餘皆徒洛反。其所見焉，猶可欺也，而況於千世之傳也！傳，傳聞也。增"焉""案"同，助聲也。○傳，直戀反。補遺《韓詩外傳》"也"作"乎"。妄人者，門庭之間❹，猶可誣欺焉❺，而況於千世之上乎！增《韓詩外傳》無"猶可"之"可"，此蓋衍。

5.12 聖人何以不欺？曰：聖人者，以己度者也。以己意度古人之意，故人不能欺，亦不欺人也。增聖人何以不欺，《韓詩外傳》作"然則聖人何以不可欺"，是也。○己，音紀。補遺"以己度"，同上，"度"下有"人"字❻。故以人度人，以情度情，以今之人情度古之人情。既云欲惡皆同，豈其治亂有異❼？補遺"以人度人"，同上，作"以心度心"。以類度類，類，種類，謂若牛馬也。以説度功，以言説度其功業也。以道觀盡，以道觀盡物之理。《儒效篇》曰"涂之人百

---

❶ 宋本"以其"作"其以"。

❷ 覺按：宋浙本、古逸叢書本"陋"作"陋"；注同。

❸ 覺按：宋浙本、古逸叢書本"徒洛"作"大各"。

❹ 覺按：宋浙本、古逸叢書本"間"作"閒"。

❺ 宋本"焉"作"也"。

❻ 覺按："上"指上一條按語中的《韓詩外傳》，故此條按語意爲：《韓詩外傳》"度"下有"人"字。

❼ 覺按：原書"異"下有"也"字，今據宋浙本、古逸叢書本刪。

姓積善而全盡謂之聖人"也 ❶。增盡，津忍反。古今一度也。古今不殊，盡可以此度彼，安在其古今異情乎？類不悖，雖久同理，言種類不乖悖，雖久而理同。今之牛馬與古不殊，何至人而獨異哉？增悖，步没反，又補對反。故鄉于邪曲而不迷 ❷，觀乎雜物而不惑，以此度之。以測度之道明之，故向於邪曲不正之道而不迷，雜物炫燿而不惑。鄉，讀爲"向"。五帝之外無傳人，外，謂已前也。無傳人，謂其人事跡後世無傳者。非無賢人也，久故也；五帝之中無傳政，非無善政也，久故也；中，間也 ❸。五帝，少昊、顓頊、高辛、唐、虞也。增"五帝"以下十五字，舊誤入注文，今據宋本及《韓詩外傳》而改之。禹、湯有傳政而不若周之察也，補遺察，著明也。非無善政也，久故也。傳者久則論略，近則論詳。補遺《韓詩外傳》"論"作"愈"。略則舉大，詳則舉小。略，謂舉其大綱。詳，周備也。增論，盧困反。愚者聞其略而不知其詳，補遺《韓詩外傳》"小"作"細"，"略"作"大"；"其詳"作"其細"，下同。聞其詳而不知其大也。唯聖賢乃能以略知詳、以小知大也 ❹。是以文久而滅，節族久而絕。

5.13 凡言不合先王，不順禮義，謂之姦言，雖辨 ❺，君子不聽。公孫龍、惠施、鄧析之屬也。法先王，順禮義，黨學者，黨，親比也。增《禮記》曰："言必則古昔，稱先王。"黨，猶"類"也。然而不好言，不樂言，則必非誠士也。言，講説也。誠士，謂

❶ 覺按：原書"涂"作"塗"，今據宋浙本、古逸叢書本改。
❷ 宋本"于"作"乎"。
❸ 覺按：宋浙本、古逸叢書本"間"作"閒"。
❹ 覺按：原書"唯"作"惟"，今據宋浙本、古逸叢書本改。
❺ 覺按：原書"辨"作"辯"，今據宋浙本、古逸叢書本改。久保愛於此無校語，若非其失校，則古逸叢書本已與宋本有異矣。

至誠好善之士。<u>增</u>誠，《孟子》“誠大丈夫”之“誠”。〇好，呼報反；下同。樂，音洛；下同。**故君子之於言也**❶，**志好之，行安之，樂言之，故君子必辯。**辯，謂能談説也。<u>增</u>行，下孟反。**凡人莫不好言其所善，而君子爲甚。**所善，謂己所好尚也。**故贈人以言，重於金石珠玉；觀人以言，美於黼黻文章；**觀人以言，謂使人觀其言❷。黼黻文章，皆色之美者。白與黑謂之黼，黑與青謂之黻，青與赤謂之文，赤與白謂之章。<u>增</u>觀，古亂反。黼，音甫。黻，音弗。**聽人以言，樂於鐘鼓琴瑟**❸；使人聽其言。<u>增</u>以，舊作“之”今據宋本改之。**故君子之於言無厭。**無厭倦也❹。**鄙夫反是，好其實，不恤其文**❺，但好其質而不知文飾，若墨子之屬也❻。<u>補遺</u>不恤其文，即不好言也。**是以終身不免埤汙、傭俗。**埤、汙，皆下也，謂鄙陋也❼。埤，與“庫”同。豬水處謂之汙❽，亦地之下者也。庫，音婢。汙，一孤反。<u>增</u>傭，讀爲“庸”。庸，凡庸也。**故《易》曰：“括囊，無咎無譽。”腐儒之謂也。**腐儒，如朽腐之物，無所用也。引《易》以喻不談説者。<u>增</u>《易・坤卦》六四爻之言也。

5.14 **凡説之難：以至高遇至卑，以至治接至亂，**以先王之至高至治之道，説末世至卑至亂之君，所以爲難也。説，音税。<u>增</u>

---

❶ 標注本“於”作“于”，下同。

❷ 覺按：宋浙本、古逸叢書本“觀”作“歡”，非。

❸ 宋本“鐘”作“鍾”。

❹ 覺按：原書無“也”字，今據宋浙本、古逸叢書本補。

❺ 宋本“恤”作“邺”。

❻ 覺按：原書無“也”字，今據宋浙本、古逸叢書本補。

❼ 覺按：宋浙本、古逸叢書本“陋”作“陋”。

❽ 覺按：“豬”通“瀦”。

卑，議論卑也。○治，直吏反。**未可直至也。遠舉則病繆，近世則病傭**。未可直至，言必在援引古今也。遠舉上世之事則患繆妄，下舉近世之事則患傭鄙也。增未可直至，謂難遽喻也。《禮記》曰："上焉者，雖善無徵；無徵，不信；不信，民弗從。下焉者，雖善不尊；不尊，不信；不信，民弗從。"《韓子》曰："言而近世，辭不悖逆，則見以爲貪生而諛上。言而遠俗，詭躁人間，則見以爲誕。"**善者於是間也**❶，**亦必遠舉而不繆，近世而不傭；與時遷徙，與世偃仰；緩急、嬴絀**，嬴，餘也。嬴絀，猶言"伸屈"也。增嬴，當作"贏"。絀，讀爲"屈"。**府然若渠堰、隱栝之於己也**❷，府，與"俯"同，就物之貌，或讀爲"附"。渠堰所以制水，隱栝所以制木，君子制人亦猶此也。增府然，猶"偃然"也。○隱，音隱。己，音紀；下同。**曲得所謂焉，然而不折傷**。言談說委曲皆得其意之所謂，然而不折傷其道也。增不折傷，言不以辯言折傷人也。本注非。○折，食列反。補遺或曰：雖說至亂之君，不折傷其身也。

5.15　**故君子之度己則以繩，接人則用抴**❸。抴，牽引也。度己，猶"正己"也。君子正己則以繩墨，接人則牽引而致之，言正己而馴致人也。或曰：抴，當爲"枻"❹。枻，楫也。言如以楫櫂進舟船也❺。度，

---

❶ 標注本"於"作"于"，下同。覺按：宋浙本、古逸叢書本"間"作"閒"。

❷ 宋本"堰"作"匽"。覺按：原書"隱"作"隱"、"栝"作"括"，今據宋浙本、古逸叢書本改；注同。久保愛於此無校語，若非其失校，則古逸叢書本已與宋本有異矣。

❸ 宋本"抴"作"枻"，注同，非。

❹ 覺按：宋浙本、古逸叢書本"枻"作"拽"。

❺ 覺按：原書"船"作"舡"，今據宋浙本、古逸叢書本改。

大各反。抴，以世反。韓侍郎云：“枻者，檠枻也，正弓弩之器也❶。”度己以繩，故足以爲天下法則矣❷；接人用抴，故能寬容，因求以成天下之大事矣❸。成事在衆。故君子賢而能容罷，罷，弱不任事者，音疲。補遺罷，謂不賢無行者。知而能容愚，博而能容淺，粹而能容雜，夫是之謂兼術。粹，專一也。兼術，兼容之法。增知，音“智”。夫，音扶。《詩》曰：“徐方既同，天子之功。”此之謂也。《詩》，《大雅・常武》之篇。言君子容物，亦猶天子之同徐方也。

5.16 談説之術：齊莊以涖之❹，端誠以處之，堅彊以持之，分別以喻之❺，譬稱以明之，欣驩芬薌以送之，寶之珍之，貴之神之。如是，則説常無不受，言談説之法如此，人乃信之。芬薌，言至芳絜也❻。神之，謂自神異其説，不敢慢也。説，並音税。稱，尺證反。薌，與“香”同。增《説苑》作“譬稱以諭之，分別以明之”，似是。○齊，側皆反。涖，音利，又音類。處，昌呂反。別，彼列反。驩，與“歡”同。雖不説人，人莫不貴。不説猶貴，況其説之！增如孟子於齊宣、梁惠是也。○説，音“悦”。補遺雖，當作“無”。此二句連上文“説常無不受”成義。夫是之謂爲能貴其所貴。不使人賤之也。增夫，音扶。傳曰：“唯君子爲能貴其所貴。”此之謂也。增傳，直戀反。

---

❶ 覺按：原書“正”作“匡”，今據宋浙本、古逸叢書本改。

❷ 元本“足”上無“故”字。

❸ 元本無“矣”字。

❹ 宋本“齊”作“矜”。覺按：宋浙本、古逸叢書本“涖”作“莅”。

❺ 宋本“喻”作“諭”。元本“喻”作“論”。

❻ 覺按：原書“絜”作“潔”，今據宋浙本、古逸叢書本改。

5.17 君子必辯。凡人莫不好言其所善，所善，謂所好也。增好，呼報反；下同。而君子爲甚焉。是以小人辯，言險；君子辯，言仁也。仁，謂忠愛之道。增“險”下舊有“而”字，今據宋本除之。言而非仁之中也，則其言不若其默也，其辯不若其吶也；吶，與“訥”同。或引《禮記》“其言吶吶然”，非。增非仁之中，即非先王之法言也。言君子言有壇宇宮庭，不出其中。舊本“吶”上無“其”字，今據宋本、韓本補之。言而仁之中也，則好言者上矣，不好言者下也，故仁言大矣。起於上所以導於下，政令是也；增“導”舊作“道”，“政”作“正”，有“‘道’與‘導’同，‘正’或爲‘政’”注，今據宋本改之。韓本亦作“政”。起於下所以忠於上[1]，謀救是也。謀救，謂嘉謀匡救。此言談説之益不可以已也如是[2]。故君子之行仁也無厭，無厭倦時。志好之，行安之，樂言之，故言。所以好言説，由此三者也。行，如字。增行，下孟反。樂，音落。君子必辯。小辯不如見端，端，首。增見，賢遍反；下同。見端不如見本分。分，上下貴賤之分。小辯，謂辯説小事，則不如見端首，見端首則不如見本分。言辯説止於知本分而已。增分，扶問反；下同。小辯而察，見端而明，本分而理，聖人士君子之分具矣。此言能辯説，然後聖賢之分具。

5.18 有小人之辯者，有士君子之辯者，有聖人之辯者。不先慮，不早謀，發之而當，成文而類，言闇與理會[3]，成文理而不失其類。謂不乖悖也。增《非十二子篇》所謂“多言而類”者也。〇當，丁浪反。居錯遷徙，應變不窮，錯，置也。居錯，安居也。錯，

---

❶ 標注本“於”作“于”，下同。

❷ 覺按：原書“也如是”作“如是也”，今據宋浙本、古逸叢書本改之。

❸ 覺按：原書“闇”作“暗”，今據宋浙本、古逸叢書本改之。

千故反❶。增居，當作"舉"，音之誤也。《王制篇》曰："舉錯應變而不窮。" 是聖人之辯者也。先慮之，早謀之，斯須之言而足聽，斯須發言，已可聽也。文而致實❷，博而黨正，是士君子之辯者也。文，謂辯說之辭❸。致，至也。黨，與"讜"同，謂直言。凡辯則失於虛詐，博則失於流蕩，故致實黨正爲重❹。增《非十二子篇》所謂"少言而法"者也。致，如字。黨，猶"類"也，本注非。舊本無"者"字，今據宋本、韓本補之❺。聽其言則辭辨而無統❻，無根本也。增《非十二子篇》所謂"多少無法而流"是也。用其身則多詐而無功，上不足以順明王，補遺"順""訓"通。或曰："王"下脫"公"字。下不足以和齊百姓，然而口舌之均嚅唯則節❼，蓋謂騁口舌之辯也❽。"嚅唯則節"四字未詳，或剩少錯誤耳。增嚅，言語。唯，"男唯女俞"之"唯"。嚅唯則節，或言語、或唯俞皆合節也。○唯，維癸反。足以爲奇偉偃却之屬，奇偉，誇大也。偃却，猶"偃仰"，即"偃蹇"也。言姦雄口辯，適足以自誇大偃蹇而已。增奇偉偃仰，謂違拂於世以求名聲者也。補遺均，音調也。嚅，多言也。唯，應聲也。《列女傳》曰："夏桀收倡優、侏儒、

---

❶ 覺按：原書"故"作"古"，今據宋浙本、古逸叢書本改。

❷ 元本"文"下有"辯"字。

❸ 覺按：宋浙本、古逸叢書本"辭"作"詞也"。

❹ 覺按：原書"重"下有"也"字，今據宋浙本、古逸叢書本刪。原書本注在"黨正"之下，今據宋浙本、古逸叢書本移正。

❺ 覺按：原書"舊本無者字，今據宋本、韓本補之"在下條注"《非十二子篇》所謂多少無法而流是也"之下，今據文義移正。

❻ 覺按：原書"辨"作"辯"，今據宋浙本、古逸叢書本改。久保愛於此無校語，若非其失校，則古逸叢書本已與宋本有異矣。

❼ 宋本、韓本"均"作"於"。

❽ 覺按：原書"騁"下有"其"字，今據宋浙本、古逸叢書本刪。

狎徒能爲奇偉戲者。"却，疑當作"師"。《列子》曰：偃師造倡者，"歌合律"，"舞應節"。言小人之辯，聲音如有調，言語如有節，徒足以樂人耳，可以比聲伎之屬也。**夫是之謂姦人之雄。聖王起，所以先誅也，然後盜賊次之。盜賊得變，此不得變也。**變，謂教之使自新也。增姦人之雄，如少正卯是也。

非十二子篇第六

6.1 **假今之世**，假如今之世也。或曰：假，借也。今之世，謂戰國昏亂之世❶。治世，則姦言無所容，故十二子借亂世以惑衆也。⊞假，至也。本注"如今"上疑脱"今之世"三字。○假，音格。**飾邪説，文姦言，以澆亂天下** ❷，澆，與"僥"同。⊞澆，舊作"梟"，注同，今皆據宋本改之。澆，與"澆"同。《莊子・繕性篇》："澆淳散朴。"《釋文》："澆，古堯反，本亦作'澆'。"《淮南・俶真訓》《後漢・循吏傳》皆作"澆淳散樸"，可見。澆，《類篇》云："水迥洑貌。"王逸《楚辭》注云："回波爲澆。"可以見澆亂之形矣。○文，音問。**欺惑愚衆** ❸，喬宇嵬瑣，喬，與"譑"同，詭詐也，又余律反。宇，未詳。或曰：宇，大也，放蕩恢大也。嵬，謂爲狂險之行者也 ❹。瑣者，謂爲姦細之行者也。《説文》云："嵬，高不平也。"今此言"嵬"者，其行狂險，亦猶山之高不平也。《周禮・大

---

❶ 覺按：原書"昏"作"昏"，今據宋浙本、古逸叢書本改。

❷ 覺按：宋浙本、古逸叢書本"澆"作"澆"；注同。

❸ 元本無"欺惑愚衆"四字。

❹ 覺按：原書"行者"作"行"，今據宋浙本、古逸叢書本改。下"行者"同此。

司樂》云："大傀裁則去樂。"鄭云："傀，猶'怪'也。"《晏子春秋》曰："不以上爲本，不以民爲憂，内不恤其家，外不顧其游，夸言傀行，自勤於飢寒，命之曰狂僻之民，明上之所禁也❶。"嵬，當與"傀"義同，音五每反，又牛彼反。增宇，與"迂"同。《史記·孟子傳》曰："騶衍淡觀陰陽消息而作怪迂之變、終始、大聖之篇十餘萬言。"又《漢書·楊雄傳》云："詆訾聖人，即爲怪迂。"或曰：本注"明上"當作"明主"。補遺注"大傀"，《周官》"傀"下有"異"字。**使天下混然不知是非治亂之所存者，有人矣。**混然，無分別之貌。存，在也。增治，直吏反。

6.2 **縱情性，安恣睢，禽獸之行❷**，恣睢，矜放之貌。言任情性所爲而不知禮義，則與禽獸無異，故曰"禽獸之行"。睢，香萃反❸。增《性惡篇》曰："縱性情、安恣睢而違禮義者爲小人❹。"○行，下孟反。下"言行"同。**不足以合文通治。**不足合於古之文義、通於治道。增《禮記》所謂"車同軌，書同文，行同倫"是也。**然而其持之有故，其言之成理，足以欺惑愚衆，**妄稱古人亦有如此者❺，故曰"持之有故"。又其言論能成文理，故曰"言之成理"。足欺惑愚人衆人矣❻。**是它囂、魏牟也❼**。它囂，未詳何代人。《世本》楚平王孫有田公它成，豈同族乎？

---

❶ 覺按：宋浙本"上"作"王"，古逸叢書本作"上"。

❷ 宋本無"之"字。

❸ 覺按：宋浙本、古逸叢書本"香萃"作"許季"。

❹ 覺按：原書"性情"作"情性"，今據《性惡篇》之文改。

❺ 覺按：原書"古人"作"古之人"，今據宋浙本、古逸叢書本改。

❻ 覺按：原書"足欺惑愚人衆人矣"作"足以欺惑愚衆也"，今據宋浙本、古逸叢書本改。

❼ 覺按：原書"囂"作"嚚"，今據宋浙本、古逸叢書本改；注同。

《韓詩外傳》作"范睢、魏牟"❶。牟，魏公子，封於中山。《漢書·藝文志》道家有《公子牟》四篇❷。班固曰："先莊子，莊子稱之。"今《莊子》有公子牟稱莊子之言以折公孫龍，據即與莊子同時也。又《列子》稱公子牟解公孫龍之言。公孫龍，平原君之客，而張湛以爲文侯子，據年代，非也。《説苑》曰："公子牟東行，穰侯送之。"未知何者爲定也。增本注"范睢魏牟"，舊作"范魏牟"，今就本書改之。

6.3　**忍情性，綦谿利跂**，忍，謂違矯其性也。綦谿，未詳，蓋與"跂"義同。利，與"離"同。離跂，違俗自絜之貌，謂離於物而跂足也。《莊子》曰："楊、墨乃始離跂，自以爲得。"離，力智反。跂，丘氏反。增"綦谿"難讀，《淮南子》有"憛悇離跂"之語，"憛"訓"忘"，"悇"訓"徯徑"，"徯徑"即"蹊徑"，謂細小狹路也。仍案：此"綦"當訓"極"，"谿"當讀爲"蹊"。蓋僅極狹路以爲己道貌。本注"跂義"上疑脱"利"字。**苟以分異人爲高**❸。苟求分異，不同於人，以爲高行也。**不足以合大衆、明大分**。既求分異，則不足合大衆。苟立小節，故不足明大分。大分，謂忠孝之大義也。增大分，謂禮也。《非相篇》曰："分莫大於禮。"○分，扶問反；下同。**然而其持之有故，其言之成理，足以欺惑愚衆，是陳仲、史鰌也**。已解上。增鰌，七由反。

6.4　**不知壹天下、建國家之權稱**❹，不知齊一天下，建立國家之權稱，言不知輕重。稱，尺證反。**上功用，大儉約而僈差等**，功用，功力也。大，讀曰"太"❺。言以功力爲上而過儉約也。僈，輕也。輕僈差

---

❶ 覺按：原書"睢"作"雎"，今據《韓詩外傳》卷四第二十二章改。
❷ 覺按：原書"藝"作"蓺"，今據宋浙本、古逸叢書本改。
❸ 元本"苟"上有"若"字。
❹ 宋本"壹"作"一"。
❺ 覺按：原書"曰"作"爲"，今據宋浙本、古逸叢書本改。

等,謂欲使君臣上下同勞苦也。增大,謂以此爲大也。僈,無差別貌。○僈,
與“漫”同。差,楚宜反。**曾不足以容辨異、縣君臣。**上下同等,
則其中不容分別而懸隔君臣也❶。增辨異,謂上下等差辨別殊異也。○曾,
則登反。縣,胡涓反。**然而其持之有故,其言之成理,足以欺
惑愚衆,是墨翟、宋鈃也。**宋鈃,宋人,與孟子、尹文子、彭蒙、
慎到同時。《孟子》作“宋牼”。牼,與“鈃”同,音口莖反。

6.5 **尚法而無法,下脩而好作,**尚,上也。言所著書,雖
以法爲上,而自無法;以脩立爲下,而好作爲。言自相矛盾也❷。增脩,脩
古也。作,自作也。○好,呼報反;下同。**上則取聽於上,下則取
從於俗❸,**言苟順上下意也。**終日言成文典,及紃察之,則偶
然無所歸宿❹,**紃,與“循”同。偶然,疏遠貌❺。宿,止也。雖言成文典,
若循察❻,則疏遠無所指歸也❼。增偶,偶儻之“偶”。○偶,他激反。補遺紃,
當作“糾”。《彊國篇》云:“天下偶然舉去桀、紂而犇湯、武。”偶然❽,蓋
離散分析之貌。**不可以經國定分。**取聽於上,取從於俗,故法度不立也。
**然而其持之有故,其言之成理,足以欺惑愚衆,是慎到、
田駢也。**田駢,齊人❾,遊稷下,著書十五篇,其學本黄老,大歸名法。

---

❶ 覺按:宋浙本、古逸叢書本“懸”作“縣”。

❷ 覺按:原書“也”作“矣”,今據宋浙本、古逸叢書本改。

❸ 標注本“於”作“于”,下同。

❹ 覺按:原書“宿”作“宿”,今據宋浙本、古逸叢書本改;注同。

❺ 覺按:原書“疏”作“疎”,今據宋浙本、古逸叢書本改;下同。

❻ 覺按:原書“循察”作“反覆循察”,今據宋浙本、古逸叢書本改。

❼ 覺按:原書“指歸”作“歸”,今據宋浙本、古逸叢書本改。

❽ 覺按:原書“偶”作“綢”,今據被釋之文改。

❾ 覺按:原書“人”下有“也”字,今據宋浙本、古逸叢書本刪。

慎到，已解上。增駢，薄田、薄亭二反。

6.6 不法先王，不是禮義，不以禮義爲是。而好治怪説，玩琦辭，玩，與"翫"同。琦，讀爲奇異之"奇"。增辭，舊作"辯"，今據宋本、韓本改之。《解蔽篇》云："治怪説，玩奇辭。"甚察而不惠，惠，順。辯而無用，多事而寡功，不可以爲治綱紀。然而其持之有故，其言之成理，足以欺惑愚衆，是惠施、鄧析也。

6.7 略法先王而不知其統，言其大略雖法先王，而不知體統。統，謂綱紀也❶。猶然而材劇志大，聞見雜博❷。猶然，舒遲貌。《禮記》曰："君子蓋猶猶爾。"劇，繁多也。補遺"猶"字恐衍。案往舊造説❸，謂之"五行"，案前古之事而自造其説，謂之五行。五行，五常，仁、義、禮、智、信也❹。增豐島幹曰："五行，《中庸》'天下達道五'及《孟子》'親''義''別''序''信'也。"甚僻違而無類，幽隱而無説，閉約而無解，約，結也。解，説也。僻違無類，謂乖僻違戾而不知善類也。幽隱無説，閉約無解，謂其言幽隱閉結而不能自解説，謂但言堯、舜之道而不知其興作方略也。荀卿常言法後王，治當世，而孟軻、子思以爲必行堯、舜、文、武之道，然後爲治，不知隨時設教救當世之弊，故言"僻違""無類"。《孟子》曰："管仲，曾西之所不爲。"解，佳買反。補遺五行，即《洪範》五行也，言五行生、克、旺、相之説，偏僻乖違而不合義類，幽隱閉結而不可解説也❺。或曰：五行，《中庸》五交、《孟子》五倫。若然，人道之綱紀，不可斯須離者也。荀卿議論，雖不免偏駁，豈如是非毀乎？《漢·志》云："《子

---

❶ 覺按：原書"綱紀"作"紀綱"，今據宋浙本、古逸叢書本改。

❷ 宋本"猶"字在"材"字上，無本注"猶然"以下十八字。

❸ 覺按：宋浙本、古逸叢書本"往"作"徃"。

❹ 覺按：原書"信"作"信是"，今據宋浙本改；古逸叢書本作"者"。

❺ 覺按：原書"結"作"結"，今據文義改。

思子》二十三篇,《孟子》十一篇。"今所存子思書,《中庸》《表記》《坊記》《緇衣》四篇;《孟子》七篇而已。其逸篇中豈有言五行者而致此譏耶?**案飾其辭而祗敬之曰:"此真先君子之言也。"**言自敬其辭説。先君子,孔子也。增案,語助。〇祗,旨而反。**子思唱之,孟軻和之,**子思,孔子之孫,名伋,字子思;孟軻,鄒人,字子輿:皆著書七篇。增《隋·經籍志》曰:"《子思子》七卷,《孟子》七卷。"〇和,胡臥反。**世俗之溝猶瞀儒嚾嚾然不知其所非也,**溝,讀爲"怐"❶。怐,愚也。猶,猶豫不定也❷。瞀,闇也❸。《漢書·五行志》作"區瞀",與此義同。嚾嚾,喧嚚之貌❹,謂争辯也❺。怐,音寇。猶,音柚。增溝,當作"傋"。"猶"字未詳。《儒效篇》有"愚陋溝瞀"語,《字典》作"傋",而曰:"俗本《荀子》譌作'溝'。"《集韻》曰:"與'怐'同❻。"《楚辭》"怐愗以自苦",亦與此同。〇瞀,音茂。**遂受而傳之,以爲仲尼、子游爲兹厚於後世,**仲尼、子游爲此言,垂德厚於後世也❼。增子游,當作"子弓",注同。**是則子思、孟軻之罪也。**

---

❶ 覺按:宋浙本、古逸叢書本"怐"作"拘",非,下同。

❷ 覺按:原書"也"作"之貌",今據宋浙本、古逸叢書本改。

❸ 覺按:原書"闇"作"暗",今據宋浙本、古逸叢書本改。

❹ 覺按:原書"嚚"作"聰",今據宋浙本、古逸叢書本改。

❺ 覺按:宋浙本、古逸叢書本"辯"作"辨"。

❻ 覺按:《字典》,指《康熙字典》。此《集韻》之文,亦當引自《康熙字典》。

❼ 覺按:原書"垂"皆作"乖",今皆據宋浙本、古逸叢書本改。又,原書"倕""埀""捶""棰""菙""陲""錘"等以"垂"爲偏旁的字,其"垂"字旁皆作"乖",今皆據宋浙本、古逸叢書本將其"乖"字旁改作"垂"。爲節約篇幅,以下不逐一出校。

6.8　若夫總方略❶，齊言行，壹統類，而羣天下之英傑，而告之以太古❷，教之以至順；總，領也。統，謂綱紀。類，謂比類。大謂之統，分別謂之類。羣，會合也❸。增太古，《韓詩外傳》作"大道"，似是。○夫，音扶。奧窔之間❹，簟席之上，斂然聖王之文章具焉❺，佛然平世之俗起焉，西南隅謂之奧，東南隅謂之窔。言不出室堂之内也❻。斂然❼，聚集之貌。佛，讀爲"勃"。勃然，興起貌。窔，一弔反❽。則六説者不能入也❾，十二子者不能親也；增親，猶"近"也。○説，音税；下同。無置錐之地，而王公不能與之爭名；在一大夫之位，則一君不能獨畜，一國不能獨容，言王者之佐，雖在下位，非諸侯所能畜，一國所能容。或曰：時君不知其賢，無一君一國能畜者，故仲尼所至輕去也。增置，與"植"通，《荀子》中"置錐"倣此。畜，許六反。成名況乎諸侯，莫不願以爲臣❿。況，比也。言其所成之名，比況於人，莫與爲偶，故諸侯莫不願得以爲臣。或曰：既成名之後，則王者之輔佐也，況諸侯莫不願得以爲臣乎？未知其賢，則無國能容也。或曰：況，猶"益"也。《國語》："驪姬曰：'衆況厚之。'"增"一大夫"以下難解。《韓詩外傳》亦以臆意私改之，不可爲徵，暫從舊説，

---

❶　覺按：宋浙本、古逸叢書本"總"作"緫"；注同。

❷　宋本"太"作"大"。

❸　覺按：宋浙本、古逸叢書本此下有注："大，讀曰太。"

❹　覺按：宋浙本、古逸叢書本"間"作"閒"。

❺　覺按：原書"斂"作"歛"，今據宋浙本、古逸叢書本改；注同。

❻　覺按：原書"室堂"作"堂室"，今據宋浙本、古逸叢書本改。

❼　覺按：宋浙本、古逸叢書本無"然"字，非。

❽　覺按：原書"弔"作"吊"，今據宋浙本、古逸叢書本改。

❾　元本無"則"字。

❿　《儒效篇》"願"下有"得"字。

以待知者。《儒效篇》同。是聖人之不得勢者也❶，仲尼、子弓是也。

6.9　一天下，財萬物，財，與"裁"同。養長生民，兼利天下，通達之屬莫不服從❷，通達之屬，謂舟車所至、人力所通者也。增長，竹丈反。六說者立息，十二子者遷化，遷而從化。則聖人之得勢者❸，舜、禹是也。

6.10　今夫仁人也❹，將何務哉？上則法舜、禹之制，下則法仲尼、子弓之義，以務息十二子之說。如是，則天下之害除，仁人之事畢，聖王之跡著矣❺。增夫，音扶。

6.11　信信，信也；疑疑，亦信也。信可信者，疑可疑者，意雖不同，皆歸於信也❻。貴賢，仁也；賤不肖，亦仁也。言而當，知也；默而當，亦知也，故知默猶知言也❼。《論語》曰："知之爲知之，不知爲不知，是知也。"當，丁浪反。增"當知""亦知"音"智"，下同。補遺知可默而默，猶知可言而言也。是所以語、默兩爲智也。故多言而類，聖人也；少言而法，君子也；言雖多而不流湎❽，皆類於禮義，是聖人之制作者也❾。少言而法，謂不敢自造言說，所言皆守典法也。增《性惡篇》曰："千舉萬變，其統類一也。"是謂"多

❶ 宋本"勢"作"埶"。
❷ 宋本、韓本"養長生民"作"長養人民"，"服從"作"從服"。
❸ 韓本"則"下有"是"字，宋本同。
❹ 元本無"人也"之"也"。
❺ 覺按：宋浙本、古逸叢書本"著"作"箸"。
❻ 覺按：原書無"也"字，今據宋浙本、古逸叢書本補。
❼ 宋本"猶"作"由"。
❽ 覺按：原書"湎"作"渢"，今據宋浙本、古逸叢書本改；下同。
❾ 覺按：原書無"之"字，今據宋浙本、古逸叢書本補。

言而類"。**多少無法而流湎然，雖辯，小人也**。湎，沈也。流者，不復反❶；沈者，不復出也。增"流"字絕句。湎然，《大略篇》作"喆然"。今案："喆"以音誤爲"覘"，復以形誤爲"湎"也，當以《大略篇》爲正也。**故勞力而不當民務，謂之姦事**；民務，四民之務。**勞知而不律先王，謂之姦心**；律，法。**辯說譬諭齊給便利而不順禮義，謂之姦說**。齊，疾也。給，急也。便利，亦謂言辭敏捷也。增辯說，音稅。**此三姦者，聖王之所禁也**。**知而險，賊而神**，用智於險，又賊害不測如神也。**爲詐而巧**，巧於爲詐。增詐，側嫁反。**言無用而辯**，言辯而無用。**辯不惠而察**❷，惠，順也。辭辯不順道理而聰察也❸。**治之大殃也**。**行辟而堅**，辟，讀爲"僻"。增行，下孟反。**飾非而好**，好飾非也。增好，如字。本注讀呼報反。**玩姦而澤**，玩，與"貦"同。習姦而使有潤澤也。增本注"習姦"疑當爲"貦姦"。**言辯而逆，古之大禁也**。逆者，乖於常理。**知而無法**，騁其異見也。知，如字。增本注"知如字"三字可刪。**勇而無憚**，輕死。**察辯而操僻淫**，爲察察之辯，而操持僻淫之事❹。操，七刀反。增"僻"字句。桃源藏曰："《大略篇》：'疏知而不法，察辯而操僻，勇果而亡禮❺，君子之所憎惡也。'"○操，如字。**大而用之**，以前數事爲大而用之也。增桃源藏曰："《仲尼篇》：'其行事也，若是其險汙淫汰。'"○大，音汰。**好姦而與衆**，好姦而與衆人共之，謂使人同之也。增好，呼報反。**利足而迷**，苟求利足，而迷惑不顧禍患也。**負石而墜**，謂申徒狄負石投河。言好名以至此也，

---

❶ 覺按：原書"反"作"返"，今據宋浙本、古逸叢書本改。
❷ 宋本"惠"上有"給"字。
❸ 覺按：宋浙本、古逸叢書本"聰"作"聰"。
❹ 覺按：原書"淫"作"滛"，今據宋浙本、古逸叢書本改。
❺ 覺按：原書此句無"而"字，今據《大略篇》之文補。

亦利足而迷者之類也。增利足而迷者，失途愈遠；負石而墜者，沒水愈深也。"利足"見于《勸學篇》，本注非。是天下之所弃也。

6.12 兼服天下之心：高上尊貴，不以驕人；在貴位，不驕人。聰明聖智❶，不以窮人；齊給速通，不爭先人；剛毅勇敢，不以傷人。不知則問，不能則學，雖能必讓，然後爲德。然後爲聖賢之德也。增窮人，謂困苦人也。○先，悉薦反。毅，魚氣反。遇君則脩臣下之義，遇鄉則脩長幼之義❷，在鄉黨之中也。增長，竹丈反；下同。遇長則脩子弟之義，遇友則脩禮節辭讓之義，遇賤而少者則脩告導寬容之義。增少，詩照反。無不愛也❸，無不敬也，無與人爭也，恢然如天地之苞萬物。增恢，古回反。苞，與"包"通。如是，則賢者貴之，不肖者親之。如是而不服者，則可謂訞怪狡猾之人矣，訞，與"妖"同。增狡猾，狡獪猾賊也。○猾，戶八反。雖則子弟之中，刑及之而宜。妖怪狡猾之人，雖在家人子弟之中，亦宜刑戮及之，況公法乎？增宜，猶"可"也，是也。《詩》云："匪上帝不時，殷不用舊。雖無老成人，尚有典刑。曾是莫聽，大命以傾。"此之謂也。《詩》，《大雅·蕩》之篇。鄭云："老成人，伊尹、伊陟、臣扈之屬也。典刑，常事故法也。"增時，是也。○曾，則登反。

6.13 古之所謂士仕者，敦厚者也，合羣者也，士仕，謂士之入仕。合，謂和合。羣，衆也。增士仕，疑當作"仕士"，下同，對下文"處士"。敦厚，舊作"厚敦"，今據元本改之。樂富貴者也，

---

❶ 宋本"智"作"知"。覺按：宋浙本、古逸叢書本"聰"作"聦"。

❷ 覺按：原書"幼"作"㓜"，今據宋浙本、古逸叢書本改。

❸ 元本"無不愛"上有"故"字。

樂其道也。增樂，音洛；下同。**樂分施者也**，施，或所宜反。增施，始豉反。**遠罪過者也**，遠，于願反。**務事理者也**，務使事有條理。**羞獨富者也**。使家給人足也。增《家語》曰："獨貴獨富，君子羞之。"**今之所謂士仕者，汙漫者也，賊亂者也**，汙漫，已解在《榮辱篇》。**恣睢者也**，恣睢，已解於上。增睢，香萃反。**貪利者也，觸抵者也**，恃權勢而忤人❶。**無禮義而唯權勢之嗜者也**❷。

6.14　古之所謂處士者，德盛者也，能静者也，處士，不仕者也。《易》曰："或出或處。"能静，謂安時處順也。增處，昌呂反；下同。**脩正者也，知命者也，著是者也**❸。明著其時是之事，不使人疑其姦詐也。增標注本"是"作"時"，觀本注意，似是。本注"是"字疑衍。補遺著，與"貯"同。《史記·貨殖傳》子貢"廢著鬻財"。言藏貯所是之道以待善賈者也。**今之所謂處士者，無能而云能者也**，云能，自言其能也。《慎子》曰："勁而害能，則亂也；云能而害無能，則亂也。"蓋戰國時以"言能"爲"云能"，當時之語也。**無知而云知者也，利心無足而佯無欲者也**，好利不知足而詐爲無欲者也。增知，音"智"。**行僞險穢而彊高言謹愨者也**❹，增行僞，當作"行爲"，音之誤也。如《詩·采苓篇》"人之爲言"或作"僞言"，音近故也。《賦篇》曰："行爲動静待之而後適者耶？"○行，下孟反。彊，巨兩反。**以不俗爲俗**、以不合俗人自爲其俗也。**離蹤而跂訾者也**❺。訾，讀爲"恣"。離蹤，謂離於俗而放蹤；跂恣，謂跂足違俗而恣其志意：皆違俗自

---

❶ 覺按：宋浙本、古逸叢書本"勢"作"執"。
❷ 覺按：宋浙本、古逸叢書本"勢"作"執"。
❸ 宋本"著"作"箸"。
❹ 覺按：宋浙本、古逸叢書本"愨"作"慤"。
❺ 宋本"蹤"作"縱"，注同。

高之貌。或曰：蹤，當爲"縱"❶，傳寫誤耳。縱❷，與"躡"同❸，步也。離
縱，謂離於俗而步去。跂訾，亦謂跂足自高而訾毀於人❹。離，力智反。跂，
丘弭反。訾，將此反❺。[補遺]蹤，當作"縱"，注同。跂，當作"毀"。毀訾，
謂毀訾世人以自高也。

6.15 士君子之所不能爲：[增]舊本"所"下有"能"字，今
據元本除之。[補遺]士君子之所能不能爲，"爲"當移"不"上，下文言能
爲與不能之事。元本無上"能"字，非也。**君子能爲可貴，不能使
人必貴己**；可貴，謂道德也。[增]己，音紀；下同。**能爲可信，不
能使人必信己**；**能爲可用，不能使人必用己**。可用，謂才能也。
故君子恥不脩，不恥見汙；見汙，爲人所汙穢也。[增]脩，脩潔也。
**恥不信，不恥不見信；恥不能，不恥不見用。是以不誘於
譽，不恐於誹**，虛譽不能誘，誹謗不能動。**率道而行，端然正己，
不爲物傾側，夫是之謂誠君子**。誠，實也，謂無虛僞也。[增]"誠"
字解前。○夫，音扶。**《詩》云："温温恭人，維德之基。"此之
謂也**。已解在《不苟篇》。

6.16 士君子之容：**其冠進，其衣逢，其容良**，進，謂
冠在前也。逢，大也，謂逢掖也。良，謂樂易也。[增]自此以下説形容者，
其字義不可詳辨，暫從舊説。後世諸家巧説者，皆以己意私作者也，且不

---

❶ 覺按：宋浙本、古逸叢書本"縱"作"縱"。

❷ 覺按：原書"縱"作"蹤"，今據文義改；宋浙本、古逸叢書本作"縱"。
下"縱"字同。

❸ 覺按：宋浙本、古逸叢書本作"躡"作"纚"。

❹ 覺按：原書無"亦"字，今據宋浙本、古逸叢書本補。

❺ 覺按：宋浙本、古逸叢書本"跂，丘弭反。訾，將此反"作"跂，
丘氏反。纚，所綺反"。

知無妨於義者也。**儼然，壯然，祺然，蕼然，恢恢然，廣廣然，昭昭然，蕩蕩然，是父兄之容也**。儼然，矜莊之貌。壯然，不可犯之貌，或當爲"莊"。祺然、蕼然，未詳。或曰：祺，祥也，吉也，謂安泰不憂懼之貌。蕼，當爲"肆"，謂寬舒之貌。恢恢、廣廣，皆容衆之貌 ❶。昭昭，明顯之貌。蕩蕩，恢夷之貌。增恢，枯回反。**其冠進，其衣逢，其容慤 ❷**，謹敬。**儉然，侇然，輔然，端然，訾然 ❸，洞然，綴綴然，瞀瞀然，是子弟之容也**。儉然，自謙卑之貌 ❹。侇然，恃尊長之貌。《爾雅》曰："侇，恃也。"郭云："江東呼母爲侇，音紙。"輔然，相親附之貌。端然，不傾倚之貌。訾然，未詳。或曰：與"孳"同，柔弱之貌。洞然，恭敬之貌。《禮記》曰："洞洞乎其敬也。"綴綴然，不乖離之貌，謂相連綴也。瞀瞀然，不敢正視之貌。增瞀，音茂。

6.17 **吾語汝學者之嵬 ❺**：説學者爲嵬行之形狀。嵬，已解於上。增語，魚據反。嵬，五每反；下同。**其冠絻，其纓禁緩，其容簡連 ❻**，絻，當爲"俛"，謂太向前而低俯也 ❼。纓，冠之繫也。禁緩，未詳。或曰：讀爲"紟"。紟，帶也，言其纓大如帶而緩也。簡連，傲慢不前之貌。紟，其禁反。連，讀如"往蹇來連"之"連" ❽。**填填然，狄狄然，**

---

❶ 覺按：宋浙本、古逸叢書本無"之"字，非。

❷ 覺按：宋浙本、古逸叢書本"慤"作"愨"。

❸ 宋本"訾"作"訿"，注"訾然"以下十三字無。

❹ 覺按：宋浙本、古逸叢書本"謙卑"作"卑謙"。

❺ 宋本"嵬"下有"容"字。

❻ 覺按：宋浙本、古逸叢書本"簡"作"簡"；注同。

❼ 覺按：原書"太"作"大"，今據宋浙本、古逸叢書本改。

❽ 覺按：宋浙本、古逸叢書本"往"作"徃"。

莫莫然，瞡瞡然，瞿瞿然，盡盡然，盱盱然；填填[1]，滿足之貌[2]。狄，讀爲“趯”，跳躍之貌。莫，讀爲“貊”。貊，静也，不言之貌。或動而跳躍，或静而不言，皆謂舉止無恒也[3]。瞡瞡，未詳。或曰：瞡，與“規”同。規規，小見之貌；瞿瞿，瞪視之貌；盡盡，極視盡物之貌；盱盱，張目之貌：皆謂視瞻不平或太察也[4]。盱，許于反。增瞡瞡，自得貌，見《正韻》。○盡，津忍反。**酒食聲色之中，則瞞瞞然[5]，瞑瞑然；**瞞瞞，閉目之貌[6]。瞑瞑，視不審之貌[7]。謂好悦之甚，佯若不視也。瞞，莫干反。瞑，母丁反。**禮節之中，則疾疾然，訾訾然；**謂憎嫉毁訾也。**勞苦事業之中，則儢儢然，離離然，偷儒而罔，無廉恥而忍謑**音傒**詢[8]。是學者之嵬也。**事業，謂作業也。儢儢，不勉强之貌[9]。離離，不親事之貌。陸法言云：“儢，心不力也，音吕。”偷儒，謂苟避事之勞苦也[10]。罔，謂罔冒不畏人之言也。謑詢，謂詈辱也。此一章，皆明視其狀貌而辨善惡也。今之所解，或取聲韻假借，或推傳寫錯誤[11]，因隨所見而通之也。增離，力智反。儒，與“懦”通，汝朱反，又乃个反；下同。詢，與“詬”通。

[1] 覺按：原書作“填填然”，今据宋浙本、古逸叢書本改。
[2] 覺按：宋浙本、古逸叢書本無“之”字，非。
[3] 覺按：宋浙本、古逸叢書本“止”作“指”，非。
[4] 覺按：宋浙本、古逸叢書本“太”作“大”。
[5] 覺按：宋浙本、古逸叢書本無“則”字，非。
[6] 覺按：宋浙本、古逸叢書本“閉”作“閇”。
[7] 覺按：宋浙本、古逸叢書本無“之”字，非。
[8] 宋本“謑”作“謨”。
[9] 覺按：宋浙本、古逸叢書本“强”作“彊”。
[10] 覺按：宋浙本、古逸叢書本“避”作“辟”。
[11] 覺按：原書“誤”作“語”，今據宋浙本、古逸叢書本改。

6.18 第佗其冠❶，神禫其辭，第佗其冠，未詳。神禫，當爲"沖
澹"，謂其言淡泊也❷。禹行而舜趨，是子張氏之賤儒也。但宗聖
人之威儀而已矣。增謂唱子張氏學者之弊也。下文"子夏氏""子游氏"倣此。

正其衣冠，齊其顔色，嗛然而終日不言，是子夏氏之賤儒
也。嗛，與"慊"同，快也，謂自得之貌。終日不言，謂務於沈默。《史
記》樂毅與燕惠王書曰"先王以爲嗛於志"也。增案字書，"嗛"訓口有
所銜，然則默而不言貌。○夏，户雅反。偷儒憚事，無廉恥而耆飲食，
必曰"君子固不用力"，是子游氏之賤儒也。偷儒，已解上。耆，
與"嗜"同。此皆言先儒性有所偏，愚者效而慕之，故有此敝也。

6.19 彼君子則不然❸。佚而不惰❹，勞而不慢❺，雖逸而
不懈惰，雖勞而不弛慢。增慢，舊作"僈"，今據元本改之。○佚，與"逸"
同。宗原應變，曲得其宜，如是，然後聖人也。宗原，根本也。
言根本及應變皆曲得其宜也。增宗原應變，本其原應其變也。

---

❶ 宋本"第"作"弟"，注同。
❷ 覺按：原書"泊"作"薄"，今據宋浙本、古逸叢書本改。
❸ 元本無"則"字。
❹ 覺按：原書"惰"作"隋"，今據宋浙本、古逸叢書本改；注同。
❺ 覺按：宋浙本、古逸叢書本"慢"作"僈"。

仲尼篇第七

7.1 "仲尼之門人，五尺之豎子❶，言羞稱乎五伯。是何也？"

曰："然，彼誠可羞稱也。齊桓，五伯之盛者也，言盛者猶如此，況其下乎？伯，讀爲"霸"。或曰：伯，長也，爲諸侯之長。《春秋傳》曰"王命內史叔興父策命晉侯爲侯伯"也❷，補遺諸侯之長曰"伯"。據其臨天下而言則曰"霸"，《左傳》云"五伯之霸也"是已。霸，即"伯"去聲，猶"王天下"之"王"讀去聲也。"五伯"與"三王"同，讀如字。前事則殺兄而爭國；兄，子糾也。增《莊子》曰："桓公小白殺兄入嫂。"內行則姑、姊、妹之不嫁者七人，閨門之內，般樂奢汰，般，亦樂也。汰，侈也，音太；下同。增行，下孟反。般，音盤。樂，音洛。以齊之分，奉之而不足；分，半也，用稅賦之半也❸。《公羊傳》曰："師喪分焉。"外事則詐邾，襲莒，并國三十五。詐邾，未聞。襲莒，

---

❶ 覺按：原書"豎"作"豎"，今據宋浙本、古逸叢書本改。

❷ 覺按：宋浙本、古逸叢書本"晉侯"作"晉"，非。

❸ 覺按：宋浙本、古逸叢書本"稅賦"作"賦稅"。

謂桓公與管仲謀伐莒，未發，爲東郭牙先知之，是也。并國三十五，謂滅譚、滅遂、滅項之類，其餘所未盡聞也。增詐，側嫁反。邾，陟輪反。莒，居呂反。并，與"併"同。**其行事也若是其險汙淫汰也，**事險而行汙也❶。行，下孟反❷。**彼固曷足稱乎大君子之門哉❸？"**

7.2 **"若是而不亡，乃霸❹，何也？"**

曰："**於乎！夫齊桓公有天下之大節焉，夫孰能亡之？**於乎，讀爲"鳴呼"，歎美之聲❺。大節，謂大節義也。增大節，"大節是也小節是也"之"大節"。○夫，音扶。**俄然見管仲之能足以託國也，是天下之大知也。**俄，安也，安然不疑也。大知，謂知人之大也。俄，他坎反。增能，才能也。○知，音"智"。**安忘其怒，出忘其讎，遂立以爲仲父，是天下之大決也。**安，猶"內"也。出，猶"外"也。言內忘忿恚之怒，外忘射鉤之讎。仲者，夷吾之字；父者❻，事之如父：故號爲仲父。大決，謂斷決之大也。增安，語助也。"出"字衍。仲父，猶言"伯父""叔父"也，本注非。**立以爲仲父，而貴戚莫之敢妬也；**不敢妬其親密。增妬，丹故反，與"妒"同。**與之高、國之位❼，而本朝之臣莫之敢惡也；**高子、國子，世爲齊上卿，今以其位與之。本朝之臣，謂舊臣也。《春秋傳》："管仲曰：'有天子之二守國、高在。'"增

---

❶ 覺按：原書"汙"作"污"，今據宋浙本、古逸叢書本改。

❷ 覺按：宋浙本、古逸叢書本此注在"彼"字下。

❸ 韓本"行事"作"事行"，宋本同。元本無"事也"之"也"，"是"字重。宋本"彼"上有"如"字，"如彼"屬上句。

❹ 標注本"霸"作"伯"，下同。

❺ 覺按：原書"歎"作"嘆"，今據宋浙本、古逸叢書本改。

❻ 覺按：原書無"者"字，今據宋浙本、古逸叢書本補。

❼ 元本"高"上無"之"字。

本者，對末之言。天下以天子之朝爲本朝，以諸侯之朝爲末。一國以公朝爲本朝，以都邑之朝爲末。《漢書・蕭望之傳》云："以望之爲平原太守。望之雅意在本朝，遠爲郡守，內不自得。"又見《李尋》及《匡衡傳》。○朝，直遥反。惡，烏路反。**與之書社三百，而富人莫之敢距也**；書社，謂以社之戶口書於版圖。《周禮》："二十五家爲社。"距，與"拒"同，敵也。言齊之富人莫有敢敵管仲者也。⬚增《論語》所謂"伯氏駢邑三百"是也。富人，謂大家也。謝墉曰："案注所引《周禮》出《説文》，乃古《周禮》説也。"⬚補遺距，謂禦而止之。**貴賤長少，莫不秩秩焉從桓公而貴敬之❶**；**是天下之大節也**。秩秩，順序之貌❷。⬚增長，竹丈反。少，詩照反。**諸侯有一節如是，則莫之能亡也**；**桓公兼此數節者而盡有之，夫又何可亡也？其霸也，宜哉！非幸也，數也。**"其術數可霸，非爲幸遇也。⬚增數節，所矩反。盡，津忍反。夫，音扶。

7.3 "**仲尼之門人❸，五尺之豎子❹，言羞稱乎五伯，是何也？**"

曰："**然，彼非本政教也，非致隆高也**，致，至極也。⬚增隆高，謂禮也。本注"至"字似剩。**非綦文理也**，非極有文章條理也。**非服人之心也**。非以義服之也。⬚增舊本無"之"字，今據宋本補之。《王霸篇》亦有。**鄉方略，審勞佚**，鄉，讀爲"向"，趨也。審勞佚，謂審知使人之勞佚也。⬚增佚，與"逸"同。**畜積脩鬥，而能顛倒其敵者也**，畜積倉廩，脩戰鬥之術❺，而能傾覆其敵也。⬚增《王霸篇》作"謹畜積，脩

---

❶ 宋本"秩秩焉"三字在"莫"字上。

❷ 覺按：宋浙本、古逸叢書本"序"作"敘"。

❸ 宋本、韓本"仲尼"上有"然而"二字。

❹ 覺按：原書"豎"作"豎"，今據宋浙本、古逸叢書本改。

❺ 覺按：原書"脩"作"修"，今據宋浙本、古逸叢書本改。

戰備"。○畜，敕六反。積，子賜反。鬭，都豆反；下同。**詐心以勝矣。**
彼以讓飾争，依乎仁而蹈利者也，爲讓所以飾争，非真讓也。行
仁所以蹈利，非真仁也。[增]詐，側嫁反。**小人之傑也，彼固曷足稱**
乎大君子之門哉？"前章言五霸救時，故褒美之；此章明王者之政，
故言其失。《孟子》曰："五霸者，三王之罪人也。"[補遺]上節但言其所以
成功耳，非美救時也。

7.4 **"彼王者則不然❶。致賢而能以救不肖❷，致彊而能**
以寛弱，戰必能殆之而羞與之鬭，必以義服，不力服也。**委然**
成文以示之天下，委然，俯就之貌。言俯就人，使成文理，以示天
下❸。[增]徐鉉曰："委，曲也。从禾垂穗，委曲之貌。"**而暴國安自化矣。**
有災繆者，然後誅之。有災怪繆戾者，然後誅之，非顛倒其敵也。
[增]安，語助也。下"則安"同。災，籀災也。**故聖王之誅也，綦省矣。**
省，少也，所景反。**文王誅四，**四，謂密也，阮也，共也，崇也。《詩》曰：
"密人不恭，敢距大邦❹，侵阮徂共。"《春秋傳》曰："文王聞崇德亂而伐之，
因壘而降。"《史記》亦説文王征伐，與此小異。誅者，討伐殺戮之通名。
[增]古屋鬲曰："誅四，本注以密、阮、共、崇當之，然阮與共是密人之所
侵，非文王所誅。案《竹書紀年》：殷紂十七年，西伯伐翟。三十二年伐
密。三十四年伐崇。三十六年伐昆夷。"**武王誅二，**《史記》云："武王
斬紂與妲己。"《尸子》曰："武王親射惡來之口，親斫殷紂之頸，手汗於血，
不温而食。當此之時，猶猛獸者也。"[增]古屋鬲曰："誅二，謂伐黎、伐紂

---

❶ 元本無"則"字。標注本無"彼"字。

❷ 宋本作"賢能而"，非。

❸ 覺按：原書"天下"下有"也"，今據宋浙本、古逸叢書本刪。

❹ 覺按：宋浙本、古逸叢書本"距"作"拒"。

也。"本注"温"字當作"盥"。**周公卒業，**周公終王業，亦時有小征伐，謂三監、淮夷、商奄也。⬜增《吕氏春秋》曰："文王造之而未遂，武王遂之而未成，周公旦抱少主而成之，故曰成王。"○卒，遵聿反。**至於成王，則安以無誅矣。**言其化行、刑措也。**故道豈不行矣哉？**以此言之，道豈不行？人自不行耳，故又以下事明之❶。**文王載百里地而天下一❷，**所載之地不過百里而天下一，以有道也。⬜增載，始也，與"哉"通。**桀、紂舍之，厚於有天下之勢而不得以匹夫老。**桀、紂舍道，雖有天下厚重之勢而不得如庶人壽終。⬜增舍，音"捨"。**故善用之，則百里之國足以獨立矣；不善用之，則楚六千里而爲讎人役❸。**善用，謂善用道也。讎人，秦也。楚懷王死於秦，其子襄王又爲秦所制而役使之也❹。**故人主不務得道而廣有其勢❺，是其所以危也。"**⬜增"廣"字未詳。

7.5　持寵、處位、終身不厭之術：論人臣處位，可終身行之之術。⬜增處，昌呂反；下同。**主尊貴之，則恭敬而傅；**傅，與"搏"同，卑退也。**主信愛之，則謹慎而嗛；**嗛，與"歉"同，不足也，言不敢自滿也。按《春秋穀梁傳》曰❻："一穀不升謂之嗛。"⬜增嗛，與"謙"同。**主專任之，則拘守而詳；**謹守職事，詳明法度。⬜增拘守而詳，《脩身篇》所解是也。**主安近之，則慎比而不邪；**謹慎親比於上，而不同邪諂佞。⬜增慎，讀爲"順"。《大雅·皇矣》詩曰："克順克比。"○近，巨靳反。比，

---

❶ 覺按：原書"之"下有"也"字，今據宋浙本、古逸叢書本删。

❷ 覺按：原書"地"上有"之"字，今據宋浙本、古逸叢書本删。

❸ 覺按：原書"讎"作"讐"，今據宋浙本、古逸叢書本改；注同。

❹ 覺按：原書無"又"字，今據宋浙本、古逸叢書本補。

❺ 宋本"勢"作"埶"。

❻ 覺按：原書無"按"字，今據宋浙本、古逸叢書本補。

毗志反。**主疏遠之，則全一而不倍；**不以疏遠而懷離二之心❶。增"全""純"互通用。《投壺禮》"二算爲純。"純，音"全"。注："純，全也。"○遠，于願反。倍，蒲悔反。**主損絀之，則恐懼而不怨；**增絀，讀爲"黜"。○恐，丘隴反。**貴而不爲夸，**夸，奢侈也。增夸，苦華反。**信而不處謙❷，**謙，讀爲"嫌"。得信於主，不處嫌疑間，使人疑其作威福也。**任重而不敢專；財利至，則言善而不及也，必將盡辭讓之義然後受；**善而不及，而，如也。言己之善寡，如不合當此財利也。增善，疑當作"義"。《論語》曰："義然後取。"○盡，津忍反。**福事至則和而理，禍事至則靜而理；**理，謂不失其道。和而理，謂不充屈。靜而理，謂不隕獲也❸。增謂不以憂喜害其理也。本注非。**富則施廣，貧則用節；可貴可賤也，可富可貧也，可殺而不可使爲姦也。**君雖寵榮屈辱之，終不可使爲姦也。增施，始豉反。**是持寵、處位、終身不厭之術也。雖在貧窮徒處之勢❹，亦取象於是矣，夫是之謂吉人。**徒處，徒行。或曰：獨處也。雖貧賤，其所立志亦取法於此也。增徒，徒行之"徒"。處，處士也。○夫，音扶。

《詩》曰："媚茲一人，應侯順德。永言孝思，昭哉嗣服！"此之謂也。《詩》，《大雅·下武》之篇。一人，謂君也。應，當。侯，維。服，事也。鄭云："媚，愛。茲，此也。可愛乎武王，能當此順德，謂能成其祖考之功也。""服，事也。明哉，武王之嗣行祖考之事，謂伐紂定天下。"引此者，明臣事君，亦猶武王之繼祖考也。

---

❶ 覺按：宋浙本"二"作"貳"，古逸叢書本作"二"。

❷ 韓本"處"上有"忘"字。覺按：宋浙本、古逸叢書本"處"上有"忘"字。

❸ 覺按：宋浙本、古逸叢書本"獲"作"穫"。

❹ 宋本無"位終"二字，"勢"作"執"。

7.6 **求善處大重、理任大事**、大重，謂大位也。增處，昌呂反；下同。**擅寵於萬乘之國、必無後患之術：**增物茂卿曰："二十二字長句。"○乘，繩證反。**莫若好同之，**好賢人，與之同者也。增好同之，謂好與人同也。○好，呼報反；下同。**援賢博施，除怨而無妨害之 ❶**。除怨，不念舊惡。增施，始豉反。下"施道"同。**能耐任之，則慎行此道 ❷**；耐，忍也。慎，讀爲"順"。言人有賢能者，雖不欲用，必忍而用之，則順己所行之道。耐，乃代反。增耐，猶"堪"也。言己之才能堪任大事也。慎，如字。**能不耐任，**有能者不忍急用之。增言己之才能不堪任大事也。舊本"能"下有"而"字，今據元本除之。**且恐失寵，則莫若早同之，推賢讓能，而安隨其後。如是，有寵則必榮，失寵則必無罪，是事君者之寶而必無後患之術也 ❸**。或曰：《荀子》，非王道之書，其言駁雜，今此又言以術事君。曰：不然。夫荀卿生於衰世，意在濟時，故或論王道，或論霸道，或論彊國，在時君所擇，同歸於治者也。若高言堯、舜，則道必不合 ❹，何以拯斯民於塗炭乎 ❺？故反經合義，曲成其道。若得行其志，治平之後，則亦堯、舜之道也。又荀卿門人多仕於大國，故戒以保身推賢之術 ❻，與《大雅》"既明且哲"豈云異哉？增安隨其後，隨賢者之後也。安，語助。○推，它雷反。**故知者之舉事也 ❼，滿則慮嗛，**嗛，不足也。當其盈滿，則

---

❶ 韓本"害之"作"害人"，宋本同。

❷ 宋本"道"下有"也"字。

❸ 元本"寶"下有"也"字，"術"下無"也"字。

❹ 覺按：宋浙本、古逸叢書本"必不合"作"不必合"。

❺ 覺按：原書"斯"作"此"，今據宋浙本、古逸叢書本改。

❻ 覺按：宋浙本、古逸叢書本"以"作"其"。

❼ 宋本"知"下有"兵"字。

思其後不足之時而先防之。增知，音“智”。**平則慮險，安則慮危，曲重其豫，猶恐及其旤，是以百舉而不陷也**。委曲重多而備豫之，猶恐其及旤。旤，與“禍”同。增重，直用反。**孔子曰：“巧而好度，必節；勇而好同，必勝；知而好謙，必賢。”此之謂也**。巧者多作淫靡[1]，故好法度者必得其節。勇者多陵物[2]，故好與人同者必勝之也。**愚者反是，處重擅權，則好專事而妬賢能，抑有功而擠有罪，志驕盈而輕舊怨**，擠，排也，言重傷之也。輕舊怨，謂輕報舊怨。增宇惠曰：“舊怨，蓋謂有舊怨於我者。”〇妬，與“妒”同，丹故反。輕，牽政反。**以吝嗇而不行施道乎上[3]，爲重招權於下以妨害人。雖欲無危，得乎哉**？施道，施惠之道。欲重其威福，故招權使歸於己。增吝，與“吝”同。重，如字。補遺“乎上爲重”當作“爲重乎上”。**是以位尊則必危，任重則必廢，擅寵則必辱，可立而待也，可炊而僨也**。炊，與“吹”同。僨，當爲“僵”。言可以氣吹之而僵仆。僨，音竟。**是何也[4]？則墮之者衆而持之者寡矣**。墮，許窺反[5]。增持，扶持也。

7.7　天下之行術，可以行於天下之術。增桃源藏曰：“所爲必行之術也。”**以事君則必通，以爲仁則必聖。立隆而勿貳也**，仁，謂仁人。聖，亦通也。以事君則必通達，以爲仁則必有聖知之名者，在於所立敦厚而專一也。此謂可行天下之術也。增欲事君而必通、爲仁而必聖，則立隆而勿貳也。隆，謂禮也。**然後恭敬以先之，忠信以統之，**

---

[1] 覺按：原書“淫”作“滛”，今據宋浙本、古逸叢書本改。

[2] 覺按：原書“陵”作“凌”，今據宋浙本、古逸叢書本改。

[3] 宋本“吝”作“吝”。

[4] 宋本“何”作“行”。

[5] 覺按：宋浙本、古逸叢書本“窺”作“規”。

慎謹以行之，端愨以守之❶，頓窮則疾力以申重之；以敦厚不貳爲本，然後輔之以恭敬之屬。頓，謂困躓也。疾力，勤力也。困厄之時，則尤加勤力而不敢怠惰。申重，猶"再三"也。增舊本"則"下有"從之"二字❷，今據元本、孫鑛本、標注本除之。蓋考本注，古無之必矣。○先，悉薦反。重，直用反。補遺頓窮，未詳。白鹿曰："頓窮，竭力之意。"則，當作"以"。"從之"與"先之"相應，當以有"從之"二字爲正。君雖不知，無怨疾之心；功雖甚大，無伐德之色；省求多功，愛敬不勌❸。如是，則常無不順矣。省，少也。少所求，即多立功勞。省，所景反。增"勌""倦"同。以事君則必通，以爲仁則必聖，夫是之謂天下之行術。增舊本無"行"字，今據宋本、韓本補之。○夫，音扶。

7.8　少事長，賤事貴，不肖事賢，是天下之通義也。有人也，勢不在人上❹，而羞爲人下❺，是姦人之心也。志不免乎姦心，行不免乎姦道，而求有君子、聖人之名，辟之，是猶伏而咶天、救經而引其足也❻，辟，讀爲"譬"。咶，與"舐"同❼。經，縊也。伏而舐天❽，愈益遠也。救經而引其足，愈益急也。經，音徑。增少，詩照反。長，竹丈反。行，下孟反。咶，音士。説必不行

---

❶ 覺按：宋浙本、古逸叢書本"愨"作"愙"。

❷ 覺按：宋浙本、古逸叢書本"則"下有"從之"二字。

❸ 宋本、韓本"勌"作"倦"。元本"敬"下有"如"字。

❹ 覺按：宋浙本、古逸叢書本"勢"作"埶"。

❺ 元本"下"上有"之"字。

❻《淮南子》"足"作"索"。

❼ 覺按：原書"舐"作"舓"，今據宋浙本、古逸叢書本改。

❽ 覺按：原書"舐"作"咶"，今據宋浙本、古逸叢書本改。

矣，俞務而俞遠。俞，讀爲"愈"。故君子時屈則屈 ^❶，時伸則伸也 ^❷。勢在上則爲上 ^❸，在下則爲下，必當其分，安有勢不在上而羞爲下之心哉？

荀子卷第三

---

❶ 宋本"屈"作"詘"。

❷ 元本無"也"字。

❸ 覺按：宋浙本、古逸叢書本"勢"作"埶"，下同。

荀子卷第四

儒效篇第八 效，功也。增效，驗也。

    8.1　大儒之效：武王崩，成王幼，周公屏成王而及武王以屬天下，惡天下之倍周也。屏，蔽。及，繼。屬，續也。屬，之欲反。增屏，《左傳》"屏余一人"之"屏"。及，顏師古注《漢書》曰："弟代兄位謂之及。"愛曰：屬，會也。《禮記》曰："武王崩，成王幼弱，周公踐天子之位以治天下。六年，朝諸侯於明堂。"蓋謂朝會也。周公之踐位，猶若魯隱之踐位乎？雖以成王爲主，數年之間，己有之而已。○屏，必郢反；下同。惡，烏路反；下同。倍，蒲悔反。補遺屏，退也。言成王當立，而周公退之，身繼武王，踐天子之位，以服屬天下也。此言固誤矣，然文意如此。**履天下之籍**，籍，謂天下之圖籍也。補遺下，當作"子"。下文云"履天子之籍，負扆而坐"❶。"籍""藉"通，疑謂天子所藉之席。《淮南子》云："周公繼文王之業，履天子之籍。"高誘注："籍，或作'阼'。"《明堂位》曰："踐天子之位。"正與此同。**聽天下之斷**❷，偃然如固有之，

---

  ❶ 覺按：原書"坐"作"立"，今據下正文改。

  ❷《淮南子》"天下"作"天子"，"斷"作"政"。覺按：《淮南子·要略》作"持天子之政"，不當與此文類比。

而天下不稱貪焉 ❶；偃然，猶"安然"。固有之，謂如固合有此位也。
增斷，丁亂反。殺管叔，虛殷國，而天下不稱戾焉；虛，讀爲"墟"。
戾，暴也。墟殷國，謂殺武庚，遷殷頑民于洛邑，朝歌爲墟也。兼制天
下，立七十一國，姬姓獨居五十三人，而天下不稱偏焉。《左
氏傳》成鱄對魏獻子曰："昔武王克商，光有天下，其兄弟之國者十有五人，
姬姓之國者四十人，皆舉親也。"與此數略同，言四十人，蓋舉成數。又曰：
"昔周公弔二叔之不咸，故封建親戚以蕃周室。管、蔡、郕、霍、魯、衞、毛、
聃 ❷、郜、雍、曹、滕、畢、原、酆、郇，文之昭也。邘、晉、應、韓，武
之穆也。凡、蔣、邢、茅、胙、祭，周公之胤也。"餘國名，淺學難盡詳究。
增《史記》曰："武王、成、康所封數百，而同姓五十五。"《呂氏春秋》曰：
"周之所封四百餘，服國八百餘。"蓋各傳聞之異而已。教誨開導成王，
使諭於道，而能揜迹於文、武。開導，謂開通導達 ❸。揜，襲也。
增"揜""掩"同。周公歸周，周公所封畿內之國亦名周，《春秋》"周
公黑肩"蓋其後也。言周公自歸其國也。補遺周，即岐周之地，爲周公采邑。
文王自岐周起，有西都八百里。至武王，并有東都六百里，而國號仍曰"周"。
周公之"周"，與周王之"周"不同。反籍於成王，而天下不輟事周，
然而周公北面而朝之 ❹。待其固安之後，北面爲臣，明攝政非爲己
也。增朝，直遙反。天子也者，不可以少當也，不可少頃當此位
也。增物茂卿曰："少，幼少也。當，猶'當國'之'當'。"愛曰：亂世
之餘，民心未全定，故不可以少主當之。○少，詩照反。不可以假攝

----

❶ 元本"貪"作"戾"。覺按：宋刻遞修本作"貪"不作"戾"。久
保愛所云"元本"文字，多與宋刻遞修本合，此或爲誤校邪？

❷ 覺按：宋浙本、古逸叢書本"聃"作"冉"。

❸ 覺按：原書"導"作"道"，今據宋浙本、古逸叢書本改。

❹ 覺按：原書"面"作"靣"，今據宋浙本、古逸叢書本改；注同。

爲也❶，周公所以少頃假攝天子之位，蓋權宜以安周室也。補遺此言所以即真位也。古書言"攝"不言"假"，"假"字疑是後人因注誤加者，宜除之。元本刪"攝"字，恐非。**能則天下歸之，不能則天下去之。**是以周公屏成王而及武王以屬天下，惡天下之離周也。增離，力智反。**成王冠，成人，周公歸周反籍焉，明不滅主之義也。**增滅，讀爲"蔑"。冠，古亂反。**周公無天下矣，**補遺"無天下矣"四字衍。**鄉有天下，今無天下，非擅也；**鄉，讀爲"向"；下同。擅，與"禪"同。言非禪讓與成王也。**成王鄉無天下，今有天下，非奪也；變勢次序節然也。**節，期也。權變次序之期如此也。增節，與《天論篇》"是節然也"之"節"同。**故以枝代主而非越也，**枝，枝子。周公，武王之弟，故曰"枝"。主，成王也。增越，僭越也。**以弟誅兄而非暴也，**謂殺管叔。管叔，周公之兄也。**君臣易位而非不順也。**時不得不然，故易位非爲不順。**因天下之和，遂文、武之業，明枝、主之義，抑亦變化矣❷，天下厭然猶一也。**厭然，順從之貌，一涉反。**非聖人莫之能爲。夫是之謂大儒之效❸。**增夫，音扶。

8.2　**秦昭王問孫卿曰❹："儒無益於人之國❺？"**漢宣帝名詢，劉向編録，故以荀卿爲孫卿也❻。補遺揚既改《孫卿新書》爲《荀卿子》，篇中亦宜復舊爲"荀卿"。

---

❶ 元本無"攝"字。

❷ 元本"抑亦"作"仰易"，注云："仰易，反易也。"無"矣"字。

❸ 宋本"是"下無"之"字。

❹ 宋本"卿"下有"子"字。

❺ 元本"人"上無"於"字。

❻ 覺按：原書無"也"字，今據宋浙本、古逸叢書本補。

孫卿子曰❶："儒者，法先王、隆禮義、謹乎臣子而致貴其上者也❷。謹乎臣子，謂使不敢爲非。致，極也。人主用之，則勢在本朝而宜；言儒者得權勢在本朝，則事皆合宜也❸。增劉向《新序》"勢"作"進"。本朝，已解《仲尼篇》。〇朝，直遥反；下"本朝""乎朝"同。不用，則退編百姓而慤；必爲順下矣。必不爲悖亂也❹。增編，編戶之"編"。雖窮困凍餧❺，必不以邪道爲貪❻；補遺《新序》"貪"作"食"。無置錐之地，而明於持社稷之大義❼；嗚呼而莫之能應，然而通乎財萬物、養百姓之經紀。嗚呼，歎辭也❽。財，與"裁"同。雖歎其莫己知、無應之者，而亦不怠惰困棄❾，常通於裁萬物、養百姓之綱紀也。補遺《新序》"嗚"作"叫"。勢在人上，則王公之材也；在人之上，謂爲人君也。在人下❿，則社稷之臣、國君之寶也；雖隱於窮閻漏屋⓫，人莫不貴之，道誠存也。窮閻，

---

❶ 元本"卿"下無"子"字，《羣書治要》同。

❷《新序》"致"上有"能"字。元本無"者也"之"也"。覺按：宋刻遞修本有"者也"之"也"。

❸ 覺按：原書無"也"字，今據宋浙本、古逸叢書本補。

❹ 覺按：宋浙本、古逸叢書本"悖"作"勃"。

❺ 宋本"餧"作"餒"。

❻《新序》"貪"作"食"。

❼ 宋本"稷"作"禝"，下同。元本"持"作"爲"。覺按：古逸叢書本"稷"作"禝"，而宋浙本作"稷"。

❽ 覺按：宋浙本、古逸叢書本"歎"作"嘆"，下同。

❾ 覺按：宋浙本、古逸叢書本"棄"作"弃"，下同。

❿ 元本"人"上皆有"一"字。

⓫ 覺按：宋浙本、古逸叢書本"閻"作"閭"；注同。

窮僻之處。閻，里門也。漏屋，敝屋漏雨者也❶。增閻，余廉反。仲尼將為司寇❷，魯司寇也。增《家語》曰："孔子為魯司冦，攝行相事。"《史記》云："由大司寇行攝相事。"沈猶氏不敢朝飲其羊，公慎氏出其妻，慎潰氏踰境而徙，皆魯人。《家語》曰："沈猶氏常朝飲其羊以詐市人，公慎氏妻淫不制，慎潰氏奢侈踰法，魯之鬻六畜者飾之以儲價❸。"增沈，式枕反。飲，於鴆反。出，尺類反。魯之粥牛馬者不豫賈，必蚤正以待之也。豫賈，定為高價也。粥牛馬者不敢高價，言仲尼必先正其身以待物，故得從化如此。賈，讀為"價"。增豫價，豫言高價。如有請減之者，則計利減直，否則取貴直也。舊本"也"上有"者"字，今據宋本除之。○粥，音"鬻"。補遺必蚤正以待之者也，《新序》作"布正以待之也"。居於闕黨，闕黨之子弟罔不分❹，有親者取多，居，謂孔子閑居❺。闕黨之子弟罔不分，均有無於分均之中，有父母者取其多也❻。增《禮記》曰："古之道，五十不為甸徒，頒禽隆諸長者。"蓋此意也。罔，無也。補遺罔不分，《新序》作"罔咎分"。孝悌以化之也❼。由孔子以孝悌化之❽。儒者在本朝則美政，在下位則美俗❾。儒之為人

---

❶ 覺按：原書"敝"作"弊"，今據宋浙本、古逸叢書本改。

❷ 宋本"司"上有"魯"字，非。覺按：原書"冦"作"冠"，今據宋浙本、古逸叢書本改；注同。

❸ 覺按：宋浙本、古逸叢書本"鬻"作"粥"，"價"作"賈"。

❹ 元本"分"上有"必"字。

❺ 覺按：宋浙本、古逸叢書本"閑"作"閒"。

❻ 覺按：原書無"其"字，今據宋浙本、古逸叢書本補。

❼ 宋本"悌"作"弟"。

❽ 覺按：宋浙本、古逸叢書本"悌"作"弟"。

❾ 元本"下"作"其"。

下如是矣。”

8.3　王曰：“然則其爲人上何如？”

孫卿曰：“其爲人上也，廣大矣。志意定乎內，禮節脩乎朝，法則、度量正乎官，忠、信、愛、利形乎下。官，百官。形，見也。增量，力讓反。行一不義、殺一無罪而得天下，不爲也。此君義信乎人矣❶，通於四海，則天下應之如讙。以君義通於四海，故應之如讙。讙，喧也，言聲齊應之也。補遺《新序》“君”作“若”。“此君”疑當作“若此”。是何也？則貴名白而天下治也。貴名，謂儒名可貴。白，明顯。增治，直吏反。故近者歌謳而樂之，遠者竭蹙而趨之❷，竭蹙，顛倒也。遠者顛倒趨之，如不及然。增竭蹙，勞苦不休，以來至之貌。《淮南子》曰：“形勞而不休則蹙，精用而已則竭。”○樂，音洛。趨，七住反。四海之內若一家，通達之屬，莫不從服❸。夫是之謂人師。通達之屬，謂舟車所至、人力所通之處也。師，長也。言儒者之功如此，故可以爲人師長也。增夫，音扶；下同。《詩》曰：‘自西自東，自南自北，無思不服。’此之謂也。《詩》，《大雅·文王有聲》之篇。引此以明天下皆歸之也❹。夫其爲人下也如彼，其爲人上也如此，何謂其無益於人之國也？”增《羣書治要》“謂”作“爲”，似是。

昭王曰：“善。”

8.4　先王之道，仁之隆也，比中而行之。先王之道，謂儒學，仁人之所崇高也，以其比類中道而行之，不爲詭異之説，不高不下，使賢

❶　宋本、韓本“君”下有“子”字。《新序》“君”作“若”。

❷　《新序》“蹙”作“走”。

❸　元本“從服”作“服從”。

❹　覺按：原書無“也”字，今據宋浙本、古逸叢書本補。

不肖皆可及之也❶。增舊本"仁之"作"仁人"，今據宋本、韓本改之。仁之隆，謂隆仁也。雖違本注意，舊來所考，闇與宋、韓二本合，則不得不從而改之。或疑刻宋本時，以文義不明改之乎？曷謂中？曰：禮義是也。增《禮記》曰："夫禮，所以制中也。"道者，非天之道，非地之道，人之所以道也❷，重說先王之道非陰陽、山川、怪異之事，是人所行之道也。增《禮記》曰："非從天降也，非從地出也，人情而已矣。"桃源藏曰："'所以'二字衍。"君子之所道也。

8.5 君子之所謂賢者，非能徧能人之所能之謂也；君子之所謂知者，非能徧知人之所知之謂也；君子之所謂辨者，非能徧辨人之所辨之謂也；君子之所謂察者，非能徧察人之所察之謂也：有所正矣。苟得其正，不必徧能。或曰：正，當爲"止"，言止於禮義也❸。增《羣書治要》"正"作"止"，然則唐初未誤也。○知者，音"智"。相高下，視墝肥❹，序五種，君子不如農人；相，視也。高下，原隰也。墝，薄田也。五種，黍、稷、豆、麥、麻。序，謂不失次序，各當土宜也。增相，息亮反。下"相美""相雞"同。種，主隴反。通財貨❺，相美惡，辨貴賤，君子不如賈人；視貨物之美惡，辨其貴賤也。賈，與"估"同。設規矩，陳繩墨，便備用❻，君子不如工人；便備用，謂精巧便於備用。增傻備用，謂傻備具器用也。《左

❶ 覺按：宋浙本、古逸叢書本無"之"字。

❷ 元本無"以"字。

❸ 覺按：原書無"也"字，今據宋浙本、古逸叢書本補。

❹ 元本"墝肥"作"肥墝"。

❺ 元本無"通貨財"三字。

❻ 覺按：原書"便"作"傻"，今據宋浙本、古逸叢書本改；注同。

氏傳》曰："其材不足以備器用。"**不恤是非、然不然之情** ❶，**以相薦撙，以相恥怍，君子不若惠施、鄧析也** ❷。薦，藉也。謂相蹈藉撙抑，皆謂相陵駕也。怍，慙也。增薦撙，未詳。古屋鬲曰："薦，進也。撙，當作'尊'。"○怍，才洛反。**若夫謫德而定次** ❸，謫，與"商"同，古字。商度其德而定位次。本或亦多作"謫"，"謫"與"決"同，謂斷決其德，故下亦有"決德而定次"也。增謫德，《羣書治要》及《王霸》《君道篇》作"論德"，《正論篇》作"圖德"，下文作"謫德"。今案《禮記》云："司馬辨論官材，論進士之賢者，以告于王，而定其論。論定，然後官之。"是則作"論德"者固是也。雖然，"謫德""圖德"義亦通，則不必改之。唯下文"謫德"當作"謫德"，字似有誤。○夫，音扶；下同。**量能而授官，使賢不肖皆得其位，能不能皆得其官**，任使各當其才。增所謂"器人"也。**萬物得其宜，事變得其應，慎、墨不得進其談，惠施、鄧析不敢竄其察**，竄，隱匿也。言二子之察無所逃匿，君子皆識也。增王褒《洞簫賦》"師襄、嚴春不敢竄其巧兮"，亦與此同意。補遺竄，容也。《大畧篇》曰："貧寠者有所竄其手。"**言必當理** ❹，**事必當務，是然後君子之所長也** ❺。增當，丁浪反。長，竹丈反。補遺白鹿曰："'然後'二字衍。"

8.6 **凡事行，有益於理者立之** ❻，行，下孟反。增理，音"治"；下同。避諱改之者也。**無益於理者廢之，夫是之謂中事**。增中，

❶ 宋本"恤"作"邮"。覺按：古逸叢書本作"邮"，宋浙本作"卹"。

❷ 元本無"也"字。

❸ 覺按：宋浙本、古逸叢書本"謫"作"謫"，非；注同。

❹ 宋本"當理"作"治當"。

❺ 《羣書治要》無"是"字。

❻ 宋本上"理"作"治"。

謂禮義之中也。凡知說，有益於理者爲之，無益於理者舍之，夫是之謂中說。事行失中謂之姦事❶，知說失中謂之姦道。姦事、姦道❷，治世之所棄而亂世之所從服也❸。若夫充虛之相施易也，充，實也。施，讀曰"移"。移易❹，謂使實者虛、虛者實。增知，音"智"，下"之知"同。說，音"稅"；下同。"中說"如字。舍，音"捨"。治，直吏反；下同。"堅白""同異"之分隔也❺，以"堅白""同異"之言相分別隔異。同異，已解上也。是聰耳之所不能聽也❻，明目之所不能見也，辯士之所不能言也，雖有聖人之知，未能僂指也。僂，疾也。言雖聖人亦不可疾速指陳。僂，力主反。《公羊傳》曰："夫人不僂。"何休曰："僂，疾也，齊人言也。"不知，無害爲君子；知之，無損爲小人。工匠不知，無害爲巧；君子不知，無害爲治。君子，卿大夫也。王公好之，則亂法；百姓好之，則亂事。事，謂作業。增好，呼報反。而狂惑、戇陋之人，乃始率其羣徒，辨其談說，明其辟稱，老身長子，不知惡也。戇，愚也。辟，音"譬"。稱，尺證反。身老子長，言終身不知惡之也。增戇，陟降反。長，竹丈反。惡，烏路反。夫是之謂上愚，有偏僻之見，非昧然無知，然亦不免於愚，故曰"上愚"。補遺上愚，徂徠曰："猶'至愚'

---

❶ 宋本"事行"作"行事"。

❷ 元本"道"下有"者"字。

❸ 宋本"棄"作"弃"。

❹ 覺按：宋浙本、古逸叢書本"移易"作"易"，非。

❺ 宋本"同異"作"異同"。覺按：宋浙本、古逸叢書本均作"同異"，此蓋久保愛之誤校，故此條標注墨色較淡，或爲其刊削未盡之校語。

❻ 覺按：宋浙本、古逸叢書本"聰"作"聰"。

也。"**曾不如好相鷄狗之可以爲名也** ❶。有惠施、鄧析之名，尚不如相鷄狗之名也。增古有相雞狗之術，故《吕氏春秋》曰"齊有善相狗者"。又《周禮·犬人》："凡相犬、牽犬者屬焉。"蓋末技也。○曾，則登反。

《詩》曰："爲鬼爲蜮，則不可得；有覥面目 ❷，**視人罔極？作此好歌，以極反側。"此之謂也。**《詩》,《小雅·何人斯》之篇。毛云："蜮，短狐也。覥，姡也。"鄭云："使汝爲鬼爲蜮也 ❸，則汝誠不可得見也。姡然有面目，女乃人也 ❹，人相視無有極時，終必與女相見也。"引此以喻狂惑之人也。增韋昭注《國語》曰："覥，面目貌。"○蜮，音域。覥，土典反。

8.7 "我欲賤而貴，愚而智 ❺，貧而富，可乎？"

曰：其唯學乎！彼學者：行之，曰士也；彼爲儒學者，能行則爲士也。士者，脩立之稱。增"曰士"之"曰"衍。**敦慕焉，君子也；**敦厚慕之。**知之，聖人也**。知之，謂通於學也。於事皆通，則與聖人無異也。增知之，學而知禮也。《法行篇》曰："公輸不能加於繩，聖人莫能加於禮。禮者，衆人法而不知，聖人法而知之。"**上爲聖人，下爲士君子，孰禁我哉？**爲學之後，則誰能禁我使不爲聖人、士君子也？**鄉也，混然塗之人也 ❻，俄而並乎堯、禹，豈不賤而**

---

❶ 元本無"好"字。覺按：原書"鷄"作"雞"，今據宋浙本、古逸叢書本改；注同。

❷ 覺按：原書"覥面"作"靦面"，今據宋浙本、古逸叢書本改；注同。

❸ 覺按：原書無"也"字，今據宋浙本、古逸叢書本補。

❹ 覺按：原書"女"作"汝"，今據宋浙本、古逸叢書本改。下"女"字同。

❺ 宋本"智"作"知"。

❻ 宋本"塗"作"涂"。

貴矣哉？混然，無所知之貌。並，比也。鄉，音"向"。塗，與"途"同。

增混然，不分明貌。**鄉也，效門室之辨，混然曾不能決也**，效，白。

辨，別也。向者，明白門室之別異猶不能決，言所知淺也。增曾，則登反。

補遺效，致也。室，謂門側之塾。《考工記》曰："門堂，三之二；室，三

之一。"鄭注云："兩室與門，各居一分。"言未學者，門室之別，猶不能

決也。**俄而原仁義，分是非，圖廻天下於掌上而辨白黑❶，**

豈不愚而知矣哉？原，本也，謂知仁義之本。圖，謀也。廻，轉也。

言圖謀運轉天下之事如在掌上也。增原仁義，本於仁義也。而辨，如辨也。

○知，音"智"。**鄉也，胥靡之人，俄而治天下之大器舉在此，**

豈不貧而富矣哉？胥靡，刑徒人也。胥，相。靡，繫也。謂鑡相聯

相繫❷，《漢書》所謂"銀鐺"者也。舉，皆也。顏師古曰："聯

繫使相隨而服役之，猶今囚徒以鑡連柳也。"增今《漢書》"銀鐺"作"琅當"，師古曰："長

鎖也。"補遺治天下之大器，冢田大峰曰："禮樂刑政也。"**今有人於此，**

胥然藏千溢之寶❸，雖行貸而食❹，人謂之富矣。胥然，雜碎衆

多之貌。行貸，行乞也。貸，土得反❺。增胥然，尊重之貌。○溢，讀爲"鎰"。

彼寶也者，衣之不可衣也，下"衣"，於既反。言以爲衣則不可衣

著❻。增上"衣"亦去聲，本注非。**食之不可食也，賣之不可僂售也，**

僂，疾。增《說文》曰："售，賣去手也。"○售，承臭反。**然而人謂之富，**

何也？豈不大富之器誠在此也？喻學者雖未得衣食，亦猶藏千金

---

❶ 宋本"廻"作"回"。

❷ 覺按：原書"鑡"作"鑕"，今據宋浙本、古逸叢書本改，下同。

❸ 覺按：宋浙本、古逸叢書本"胥"作"屑"；注同。

❹ 宋本、韓本"貸"作"貣"，注同。

❺ 覺按：古逸叢書本"土"作"士"，非。宋浙本作"土"，與此同。

❻ 覺按：宋浙本、古逸叢書本"著"作"箸"。

之寶也。**是杅杅亦富人已❶,豈不貧而富矣哉?** 杅杅,即"于于"
也,自足之貌。《莊子》曰"聽居居,視于于"也。增本注所引,今《莊子》
不見❷。《應帝王篇》曰:"其臥徐徐,其覺于于。"

8.8 **故君子無爵而貴,無禄而富,不言而信,不怒而
威,窮處而榮,獨居而樂,豈不至尊、至富、至重、至嚴
之情舉積此哉?** 舉,皆也。此,此儒學也。其情皆在此,故人尊貴敬之。
增本注"儒學"二字,當作"身"字,與下文注互誤。○處,昌呂反;下
同。樂,音洛。**故曰:貴名不可以比周爭也,不可以夸誕有也,
不可以勢重脅也,必將誠此然後就也。** 貴名,人所貴儒學之名。
此,身也。增本注"身"字,當作"儒學"二字。○比,毗志反;下同。夸,
苦華反;下同。**爭之則失,讓之則至;遵道則積,夸誕則虛。**
遵道則自委積,夸誕則尤益空虛也❸。**故君子務脩其内而讓之於外,
務積德於身而處之以遵道,如是,則貴名起之如日月❹,天
下應之如雷霆。** 衆應之聲如雷。**故曰:君子隱而顯,微而明,
辭讓而勝。《詩》曰:"鶴鳴于九皋,聲聞于天。"此之謂也。**
《詩》,《小雅·鶴鳴》之篇。毛云:"皋,澤也。言身隱而名著也❺。"鄭云:
"皋澤中水溢出所爲坎,自外數至九,喻深遠也❻。"增聞,音問。

---

❶ 宋本"富人"作"當人",非。

❷ 覺按:《莊子·盜跖》曰:"臥則居居,起則于于。"本注所引,蓋
此文之誤。

❸ 覺按:原書無"也"字,今據宋浙本、古逸叢書本補。

❹ 宋本"起"下無"之"字。

❺ 覺按:宋浙本、古逸叢書本"著"作"箸"。

❻ 覺按:原書"深"作"濚",今據宋浙本、古逸叢書木改。

8.9 鄙夫反是。比周而譽俞少❶，鄙爭而名俞辱，煩勞以求安利，其身俞危❷。俞，讀爲“愈”。《詩》曰：“民之無良，相怨一方。受爵不讓，至于己斯亡。”此之謂也。《詩》，《小雅·角弓》之篇。引此以明不責己而怨人。增鄭玄曰：“良，善也。民之意不獲，當反責之于身，思彼所以然者而怨之。無善心之人，則徙居一處❸，怨恚之。”○己，音紀。

8.10 故能小而事大❹，辟之，是猶力之少而任重也，舍粹折無適也。舍，除也。粹，讀爲“碎”。除碎折之外，無所之適，言必碎折。增能，才能也。《易大傳》曰：“子曰：‘德薄而位尊，知小而謀大，力少而任重，鮮不及矣。《易》曰：“鼎折足，覆公餗，其形渥，凶。”言不勝其任也。’”○辟，音“譬”。舍，音“捨”。身不肖而誣賢，是猶傴身而好升高也，指其頂者愈衆。傴，傴僂也❺。傴身之人而強昇高❻，則頭頂尤低屈，故指而笑之者愈衆❼。增“傴身”舊作“傴伸”，注云：“伸，讀爲‘身’，字之誤也。”今據宋本改之。○好，呼報反。故明主譎德而序位，所以爲不亂也；忠臣誠能，然後敢受職，所以爲不窮也。分不亂於上，能不窮於下，治辨之極也。不亂，謂皆當其序。不窮，謂通於其職列也。言儒爲治辨之極也。增“譎德”解在上。○分，扶問反。治，直吏反。《詩》曰：“平平左右，亦是

---

❶ 元本“譽”作“與”，《小雅·角弓》毛傳“譽”作“黨”。

❷ 宋本“身”下有“而”字。

❸ 覺按：原書“徙”作“徒”，今據《詩經·小雅·角弓》鄭箋改。

❹ 覺按：宋浙本、古逸叢書本“能”上有“不”字，非。

❺ 覺按：原書“傴僂”作“僂”，今據宋浙本、古逸叢書本改。

❻ 覺按：原書“強昇”作“彊升”，今據宋浙本、古逸叢書本改。

❼ 覺按：宋浙本、古逸叢書本無“之”字。

率從。”是言上下之交不相亂也。《詩》,《小雅·采菽》之篇。毛云:“平平,辯治也❶。”交,謂上下相交接也。增平平,《韓詩》作“便便”,婢綿反。

8.11 以容俗爲善,以貨財爲寶,以養生爲己至道❷,是民德也。養生爲己至道,謂莊生之徒。民德,言不知禮義也。增己,音紀;下同。補遺養生,謂厚奉其身。民德,猶“民行”也。行法至堅,不以私欲亂所聞,如是,則可謂勁士矣。行法至堅,好脩正其所聞以撟飾其情性❸;行法,謂行有法度。行,下孟反。撟,與“矯”同。增行法,身行法度也。《韓詩外傳》作“行法而志堅”。○行,如字。好,呼報反。其言多當矣,而未諭也;其行多當矣,而未安也;其知慮多當矣,而未周密也;未喻,謂未盡曉其義。未安,謂未得如天性安行之也。周密,謂盡善也。增當,丁浪反;下“不當”同。行,下孟反;下“其行”同。知,音“智”;下“用知”同。上則能大其所隆,下則能開道不己若者;如是,則可謂篤厚君子矣。增大,猶“尊”也。隆,言己所尊之人也。○道,音“導”。己,音紀;下同。脩百王之法,若辨白黑;應當時之變❹,若數一二;如數一二之易。增數,所矩反。行禮要節而安之,若生四枝;要,邀也。節,節文也。言安於禮節,若身之生四枝,不以造作爲也。要,一遥反,下“要時”同❺。增《韓詩外傳》“生”作“運”,是也。要時立功之巧,若詔四時;邀時立功之巧,謂不失機權,若天告四時使成萬物也。增《韓詩外

---

❶ 覺按:原書“辯”作“辨”,今據宋浙本、古逸叢書本改。
❷ 宋本“容”作“從”。《韓詩外傳》“容”作“從”,“生”作“性”。
❸ 宋本“撟”作“橋”,注同。
❹ 宋本“時”作“世”。
❺ 覺按:宋浙本、古逸叢書本“下”上有“及”字,非。

傳》"詔"作"推"，是也。**平正和民之善，**增正，讀爲"政"。**億萬之衆而博若一人；如是，則可謂聖人矣。**雖博雜衆多，如理一人之少也❶。增謝墉改"聖人"作"賢人"，是也。

8.12　**井井兮其有理也，**井井兮，良易之貌。理，有條理也。增井井，經畫端正之貌。舊本"理"上有"條"字，本注"有"上無"理"字。案：有"條"字者似是，然如此注文不成語，則楊倞時無"條"字明也，故據宋本改之。**嚴嚴兮其能敬己也，**嚴嚴兮，有威重之貌。能敬己，不可干以非禮也❷。嚴，或爲"儼"。**分分兮其有終始也，**事各當其分，即無雜亂，故能有終始。分，扶問反。**厭厭兮其能長久也❸，**厭，足也。亂生於不足，故知足然後能長久也。增厭厭，"厭厭夜飲"之"厭厭"，毛萇訓"安"。○厭，於鹽反。**樂樂兮其執道不殆也，**殆，危也。增殆，與"怠"通。○樂，音洛；下"樂人"同。**炤炤兮其用知之明也，**炤炤，明見之貌。炤，與"照"同。**脩脩兮其用統類之行也，**脩脩，整齊之貌。統類，綱紀也。言事不乖悖也。**綏綏兮其有文章也，**綏綏，安泰之貌。綏，或爲葳蕤之貌❹。**熙熙兮其樂人之臧也，**熙熙，和樂之貌。**隱隱兮其恐人之不當也❺，**隱隱，憂戚貌。恐人之行事不當理。此以上皆論大儒之德也❻。**如是，則可謂聖人矣。**

8.13　**此其道出乎一。曷謂一？曰：執神而固。**執持

---

❶ 覺按：原書無"也"字，今據宋浙本、古逸叢書本補。

❷ 覺按：宋浙本、古逸叢書本"干以"作"以干"。

❸ 覺按：宋浙本、古逸叢書本"厭厭"作"猒猒"，楊倞注同。

❹ 覺按：原書"貌"作"蕤"，今據宋浙本、古逸叢書本改。

❺ 元本無"之"字。

❻ 覺按：原書"以"作"已"，今據宋浙本、古逸叢書本改。

精神堅固。曷謂神？曰：盡善挾洽之謂神❶，萬物莫足以傾之之謂固，挾，讀爲"浹"。浹，周治也。圖盡，津忍反。神固之謂聖人。

8.14　聖人也者，道之管也。天下之道管是矣，百王之道一是矣，管，樞要也。是，是儒學。圖《標注》云："上下十六'是'字，皆指聖人。"古屋昴曰："管，管籥也。《樂記》云：'禮樂之説，管乎人情矣❷。'"故《詩》《書》《禮》《樂》之歸是矣。圖桃源藏曰："'之'下疑脱'道'字。"圖以下文推之，"之"下疑脱"言"字。《詩》言是其志也，是儒之志。《書》言是其事也，《禮》言是其行也，圖行，下孟反。《樂》言是其和也，《春秋》言是其微也。微，謂儒之微旨，一字爲褒貶。微其文、隱其義之類是也。故《風》之所以爲不逐者，取是以節之也；《風》，《國風》。逐，流蕩也。《國風》所以不隨荒暴之君而流蕩者，取聖人之儒道以節之也。《詩序》曰："變風發乎情，止乎禮義。發乎情，民之性也❸；止乎禮義，先王之澤也。"《小雅》之所以爲小雅者，取是而文之也❹；雅，正也。文，飾也。圖文，音問。《大雅》之所以爲大雅者，取是而光之也❺；圖光，大也。《頌》之所以爲至者，取是而通之也。至，謂盛德之極。天下之道畢是矣，鄉是者臧，倍是者亡。鄉是如不臧，倍是如

❶　覺按：宋浙本"洽"作"治"，當據改。古逸叢書本、宋刻遞修本作"洽"。

❷　覺按：原書"乎"作"於"，今據《禮記·樂記》之文改。

❸　覺按：宋浙本、古逸叢書本"民"作"人"，蓋唐諱之殘留者。

❹　元本"而"作"以"；下同。宋本下"小雅"作"小"字，下"大雅"作"大"字。

❺　覺按：此下宋浙本有注文"雅，止也。文，飾也"，乃涉上而衍，非。

不亡者，自古及今，未嘗有也 **❶**。是，皆謂儒也。鄉，讀曰"向"。[增]舊本"畢"下無"是"字，今據宋本補之。觀上文例，不可無也。臧，當作"存"，音之誤也。如，而也。〇倍，蒲悔反。[補遺]"臧""亡"協韻。

8.15 客有道曰："孔子曰：'周公其盛乎！言其德盛。[增]道，言也。此章蓋詭激之論也，豈荀卿之本意哉？身貴而愈恭，家富而愈儉，勝敵而愈戒。'"戒，備也。言勝敵而益戒備。荀卿之時，有客說孔子之言如此。

應之曰："是殆非周公之行，非孔子之言 **❷**。[增]行，下孟反。武王崩，成王幼 **❸**，周公屏成王而及武王，履天下之籍，負扆而坐，戶牖之間謂之扆。[增]舊本"天下"作"天子"，今據元本改之。上文亦作"天下"。〇屏，必郢反。扆，隱綺反。諸侯趨走堂下。當是時也，夫又誰爲恭矣哉？[增]夫，音扶；下同。兼制天下，立七十一國，姬姓獨居五十三人焉；周之子孫，苟不狂惑者，莫不爲天下之顯諸侯。孰謂周公儉哉？[增]孰，猶"何"也。武王之誅紂也，行之日以兵忌，武王發兵 **❹**，以兵家所忌之日。東面而迎太歲 **❺**，迎，謂逆太歲 **❻**。《尸子》曰："武王伐紂，魚辛諫曰：'歲在北方，不北征。'武王不從。"[增]迎歲星而伐之，必受其凶。事見于《左氏·昭公三十二年傳》。至汜而汜，至懷而壞，汜，水名。懷，地名。

---

❶ 元本"有"作"聞"。

❷ 宋本"言"下有"也"字。

❸ 覺按：原書"幼"作"㓜"，今據宋浙本、古逸叢書本改。

❹ 覺按：原書"兵"下有"日"字，今據宋本、古逸叢書本刪。

❺ 覺按：原書"面"作"靣"，今據宋浙本、古逸叢書本改。

❻ 覺按：原書"歲"下有"也"字，今據宋浙本、古逸叢書本刪。

《書》曰：“覃懷厎績❶。”孔安國曰：“覃懷，近河地名。”謂至汜而適遇水汎漲，而至懷又河水汎溢也。《呂氏春秋》曰：“武王伐紂，天雨，日夜不休。”汜，音祀。增謝墉曰：“按正文‘至汜’當作‘至汜’。《左傳》‘鄔在鄭地汜’，《釋文》音凡，字從巳，不從巳，其地在成皋之閒。‘汜’‘汜’、‘懷’‘壞’以音成義。楊氏不知‘汜’當爲‘汜’，而即音爲‘祀’，誤矣。又，注‘河水汎溢’下疑當有‘壞道’二字。”愛曰：舊本“汎”作“汜”，“壞”作“懷”，今據宋本改之。**至共頭而山隧**。共，河內縣名。共頭，蓋共縣之山名。隧，謂山石崩摧也。隧，讀爲“墜”。共，音恭。增古屋鬲曰：“共頭，即共首也。《莊子》曰：‘許由娛於穎陽而共伯得乎共首❷。’《音義》云：‘共丘山，今在河內。’”**霍叔懼曰：‘出三日而五災至，無乃不可乎？’**霍叔，武王弟也。出，行也。周居豐、鎬，軍出三日，未當至共，蓋文王三分天下有其二，境土已近於洛矣。或曰：至汜之後三日也。**周公曰：‘刳比干而囚箕子，飛廉、惡來知政，夫又惡有不可焉？’**比干，紂賢臣。箕子，紂諸父。箕，國名。子，爵也。飛廉、惡來，皆紂之嬖臣。飛廉善走，惡來有力也。增知，猶“主”也。○又惡，音烏。**遂選馬而進**，選，揀擇也❸。增《呂氏春秋》曰：“武王即位，以六師伐殷。六師未至，以銳兵克之於牧野。”蓋“選馬”，則是“銳兵”也。**朝食於戚，暮宿於百泉**，杜元凱云：“戚，衛邑，在頓丘衛縣西。”百泉，蓋近朝歌地名。《左氏傳》曰：“晉人敗范氏于百泉。”**厭旦於牧之野❹。**厭，掩也。夜掩於旦，謂未明已前也。厭，於甲反。增厭旦，字倒。旦厭，猶《左氏‧成公十六年傳》“楚晨壓晉軍而陳”，謂昧旦壓笮紂軍未備而陳。且“朝食”“暮宿”

---

❶ 覺按：原書“厎”作“底”，今據宋浙本、古逸叢書本改。

❷ 覺按：原書“穎”作“穎”，今據《莊子‧讓王》之文改。

❸ 覺按：宋浙本、古逸叢書本“揀”作“簡”。

❹ 覺按：原書“旦”作“且”，今據宋浙本改；注同。

"旦厭"，於文爲順。鼓之而紂卒易鄉，倒戈而攻後也。鄉，讀曰"向"。遂乘殷人而進❶，誅紂。乘其倒戈之勢❷。蓋殺者非周人，因殷人也，非周人殺之，因殷人倒戈之勢自殺之也❸。故無首虜之獲，無蹈難之賞。周人無立功受賞者。增難，乃旦反。反而定三革，偃五兵，定，息；偃，仆也；皆不用之義。三革：犀也，兕也，牛也。《考工記》曰❹："函人爲甲，犀甲七屬，兕甲六屬，合甲五屬。"《穀梁傳》曰："天子救日，置五麾，陳五兵。"范甯云❺："五兵，矛、戟、鉞、楯、弓矢。"《國語》說齊桓"定三革，偃五刃❻"，韋昭云："三革，甲、冑、盾也。五刃，刀、劍、矛、戟、矢也。"合天下，立聲樂，合天下，謂合會天下諸侯歸一統也。於是《武》《象》起而《韶》《濩》廢矣❼。《武》《象》，周武王克殷之後樂名。《武》，亦《周頌》篇名。《詩序》曰❽："《武》，奏《大武》也。"《禮記》曰："下管《象》，朱干玉戚，冕而舞《大武》❾。"《韶》《濩》，殷樂名。《左氏傳》曰"吳季札見舞《韶》《濩》"者，蓋殷時兼用舜樂，武王廢之也。增因《左氏・襄二十九年傳》，《韶濩》，殷之樂名；而《韶簫》，舜之樂名。是則自二物，非兼用舜樂也。補遺周兼用六代之樂，此言新樂起而

---

❶ 宋本無"進"字。

❷ 覺按：宋浙本、古逸叢書本"乘"上重"乘"字。

❸ 覺按：宋浙本、古逸叢書本無"人""也"二字。

❹ 覺按：宋浙本、古逸叢書本"工"作"功"，非。

❺ 覺按：原書"甯"作"窜"，今據宋浙本改。

❻ 覺按：原書"刃"作"刄"，今據宋浙本、古逸叢書本改。下一"刃"字同。

❼ 宋本"濩"作"護"，注同。

❽ 覺按：原書"曰"作"云"，今據宋浙本、古逸叢書本改。

❾ 覺按：宋浙本、古逸叢書本"冕"上有"以"字。

古樂自廢也。**四海之內，莫不變心易慮，以化順之，故外闔不閉** ❶，闔，門扇也。增舊本"閉"作"閑"，今據元本改之。○闔，戶臘反。**跨天下而無斳**。跨，越也。斳，求也。越天下而無求，言自足也。亦人皆與之，不待求也 ❷。增跨，猶"跨馬"之"跨"也。《國語》"跨其國"之"跨"同于此。斳，舊作"靳"，今據宋本改之。《字彙》《正字通》亦"斳"字注引此文。○斳，渠宜反。**當是時也，夫又誰爲戒矣哉？**"太平如此，復誰備戒 ❸？

8.16 **造父者，天下之善御者也，無輿馬則無所見其能**；造父，周穆王之御者。增造，七到反；下同。父，音甫；下同。見，賢遍反；下同。**羿者，天下之善射者也，無弓矢則無所見其巧** ❹；羿，有窮之君，逐夏太康而遂篡位者。**大儒者，善調一天下者也，無百里之地則無所見其功。輿固馬選矣，而不能以至遠、一日而千里，則非造父也**；增至，讀爲"致"。**弓調矢直矣，而不能以射遠、中微，則非羿也**；善射者既能及遠，又中細微之物也 ❺。增射，食亦反。中，陟仲反。**用百里之地，而不能以調一天下、制彊暴** ❻，**則非大儒也**。

8.17 **彼大儒者，雖隱於窮閻漏屋** ❼，**無置錐之地，而王公不能與之爭名；在一大夫之位，則一君不能獨畜，一**

---

❶ 宋本"閉"作"閈"。

❷ 覺按：原書無"也"字，今據宋浙本、古逸叢書本補。

❸ 覺按：原書"復誰"作"誰復"，今據宋浙本、古逸叢書本改。

❹ 宋本"弓"作"弧"。

❺ 覺按：原書無"也"字，今據宋浙本、古逸叢書本補。

❻ 宋本"彊"作"强"。

❼ 覺按：宋浙本、古逸叢書本"閻"作"閆"；注同。

國不能獨容，成名況乎諸侯，莫不願得以爲臣❶；已解《非十二子篇》。增闆，余廉反。畜，許六反。用百里之地，而千里之國莫能與之爭勝；笞棰暴國❷，齊一天下，而莫能傾也：是大儒之徵也。傾，危也。徵，驗也。增笞，音痴。棰，主蘂反。其言有類，其行有禮，類，善也。謂比類於善，不爲狂妄之言。增類，統類也。○行，下孟反；下"言行"同。其舉事無悔，其持險、應變曲當；險，危也。其持危應變皆曲得其宜❸。當，丁浪反。與時遷徙，與世偃仰，隨時設教。增《離騷》所謂"能與世推移"也。千舉萬變，其道一也：是大儒之稽也。其道一，謂皆歸於治也。故禹、湯、文、武事跡不同，其於爲治一也。稽，考也。考❹，成也。補遺此節論應變之妙，"稽"蓋應變不窮之意歟？《史記·樗里子傳》云："滑稽多智❺，秦人號曰'智囊'。"滑稽，應物不窮之義，亦與此類。其窮也，俗儒笑之；其通也，英傑化之，嵬瑣逃之，倍千人曰英，倍萬人曰傑。言英傑之士則慕而化之，狂怪之人則畏而逃去之也❻。增嵬，五每反。邪説畏之，衆人愧之；衆人初皆非其所爲，成功之後，故自愧也❼。愧，或爲"貴"❽。通則一天下，窮則獨立貴名；儒名。天不能死，增死，猶"殺"也。

---

❶《非十二子篇》無"得"字。

❷ 覺按：宋浙本、古逸叢書本"棰"作"捶"。

❸ 覺按：原書無"其"字，今據宋浙本、古逸叢書本補。

❹ 覺按：原書無"考"字，今據宋浙本、古逸叢書本補。

❺ 覺按：原書"智"作"知"，今據《史記·樗里子甘茂列傳》之文改；下一"智"字同。

❻ 覺按：原書無"也"字，今據宋浙本、古逸叢書本補。

❼ 覺按：宋浙本、古逸叢書本"愧"作"媿"，下一"愧"字同。

❽ 覺按：原書"貴"下有"也"字，今據宋浙本、古逸叢書本刪。

地不能埋[1]，增名不朽也。桀、跖之世不能汙；非大儒莫之能立，仲尼、子弓是也。

8.18 故有俗人者，有俗儒者，有雅儒者，有大儒者。辨儒者之異也。不學問[2]，無正義，以富利爲隆，是俗人者也。增舊本無“也”字，今據宋本補之。逢衣淺帶，解果其冠，逢，大也。淺帶，博帶也。《韓詩外傳》作“逢衣博帶”。言帶博則約束衣服者淺，故曰“淺帶”。解果，未詳。或曰：解果，陿隘也。左思《魏都賦》曰：“風俗以韰倮爲嫿。”韰，音下介反[3]。倮，音果。嫿，音獲，静好也。或曰，《説苑》淳于髡謂齊王曰：“臣笑鄰圃之祠田[4]，以一壺酒、三鮒魚祝曰：‘蟹螺者宜禾，汙邪者百車。’”蟹螺，蓋高地也，今冠蓋亦比之，謂強爲儒服而無其實也[5]。增淺帶，薄帶也。本注拘矣。解果，《非十二子篇》作“第佗”，未詳孰是。略法先王而足亂世補遺句。術，略，粗也。粗法先王之遺言，不知大體，故足以亂世法。《韓詩外傳》作“略法先王而不足於亂世”。繆學雜舉，補遺《韓詩外傳》無“舉”字，此恐衍。注“不足”之“不”衍。不知法後王而壹制度[6]，不知隆禮義而殺《詩》《書》；後王，後世之王。夫隨當時之政而平制度[7]，是壹也。若妄引上古，不合於時，制度亂矣。故仲尼脩《春秋》，盡用周法。《韓詩外傳》作“不知法先

---

[1] 元本“埋”作“理”。

[2] 宋本“不”上有“有”字。

[3] 覺按：原書無“音”字、“介”作“界”，今據宋浙本、古逸叢書本改。

[4] 覺按：宋浙本、古逸叢書本“圃”作“國”，非。

[5] 覺按：原書“強”作“彊”，無“也”字，今據宋浙本、古逸叢書本改補。

[6] 宋本“壹”作“一”。

[7] 覺按：宋浙本、古逸叢書本“平”作“立”。

王也"。增繆,《非相篇》"遠舉則病繆"之"繆"。○殺,所界反;下同。

其衣冠行僞已同於世俗矣,然而不知惡者;衣冠,即上所云"逢衣淺帶"之比。行僞,謂行僞而堅。行,下孟反。增行僞,當作"行爲",義解《非十二子篇》。"者"字衍。○惡,烏路反。補遺不知惡者,《韓詩外傳》作"不知其惡"。其言議談説已無異於墨子矣❶,然而明不能分別❷;補遺"明"字恐衍。《韓詩外傳》作"不知分"。呼先王以欺愚者而求衣食焉,呼,謂稱舉。增説,音税。別,彼列反;下同。得委積足以揜其口,則揚揚如也;揚揚,得意之貌。增積,子賜反。隨其長子,事其便辟,舉其上客,儜然若終身之虜而不敢有他志:是俗儒者也。長子,謂君之世子也。便辟,謂左右小臣親信者也。便,婢延反。辟,讀曰"嬖"。舉其上客,謂褒美其上客,冀得其助也。儜,字書無所見,蓋環繞囚拘之貌。《莊子》曰:"睆然在纆繳之中❸。"增《吕氏春秋》曰"及有富厚者,不論其材,不察其行,歐而教之,阿而諂之"是也。物茂卿曰:"舉,當是'譽'字。"○長,竹丈反。法後王,補遺《韓詩外傳》"後"作"先"。一制度❹,隆禮義而殺《詩》《書》;其言行已有大法矣❺,然而明不能齊雖有大體,其所見之明猶未能齊言行,使無纖介之差。增已,舊作"以",今據宋本改之。法教之所不及、聞見之所未至,補遺"明不能齊法教之所不及、聞見之所未至"十六字句。《韓詩外傳》"齊"作"濟"。則

❶ 宋本"無"下有"所以"二字。

❷ 元本無"分"字。

❸ 覺按:原書"中"下有"矣"字,今據宋浙本、古逸叢書本刪。宋浙本、古逸叢書本無"繳"字。

❹ 元本"一"下有"天下"二字。

❺ 元本無"言"字。

知不能類也；有所未知，則不能取比類而通之也。《禮記》：“雖先王未之有，可以義起。”是能類者矣。增知，音“智”。補遺知不能類，故明不能濟。知之曰知之，不知曰不知，內不自以誣，外不自以欺❶，不自欺人。以是尊賢畏法而不敢怠傲：是雅儒者也。有雅德之儒也。法先王，統禮義，一制度；以淺持博，以古持今，以一持萬❷；以淺持博，謂見其淺則可以執持博也。“先王”當爲“後王”，“以古持今”當爲“以今持古”，皆傳寫誤也。增以淺持博，以一持萬之意。上文云：“儒者，法先王、隆禮義、謹乎臣子而致貴其上者也。”蓋荀卿雖説後王，非廢先王之道而貴後王。世人貴先王，而不知後王之道有合先王之道者，故貴後王而導子弟而已。其意擇先王、後王之善者而立制度也，故此以法後王論雅儒，以法先王論大儒也。本注拘。苟仁義之類也，雖在鳥獸之中，若別白黑；善類在鳥獸之中猶別，況在人矣？增仁義之類，比類仁義而行也。補遺《韓詩外傳》“苟”下有“有”字。倚物怪變，所未嘗聞也，所未嘗見也，卒然起一方，則舉統類而應之，無所儗怎，倚，奇也。《韓詩外傳》作“奇物怪變”。卒，千忽反。儗，讀爲“疑”❸。怎，與“作”同。奇物怪變卒然而起，人所難處者，大儒知其統類，故舉以應之，無所疑滯慙怍也。增怎，當作“懘”，字之誤也。懘，與“滯”同。張法而度之，則晻然若合符節：是大儒者也。既無所疑作❹，故開張其法以測度之，則晻然如合符節，言不差錯也。度，大各反。晻，與“暗”同。符節，相合之物也。《周禮》

---

❶ 宋本“誣”下有“外”字，“欺”下有“內”字。

❷ 元本“持”作“行”。

❸ 覺按：原書“疑”作“凝”，今據宋浙本、古逸叢書本改。下“疑”字同。

❹ 覺按：原書“疑”作“凝”，今據宋浙本、古逸叢書本改。

"門關用符節"，蓋以全竹爲之，剖之爲兩 ❶，各執其一，合之以爲驗也 ❷。

故人主用俗人，則萬乘之國亡；不義而好利，故亡也。增乘，繩證反；下同。用俗儒，則萬乘之國存；僅存。用雅儒，則千乘之國安；用大儒，則百里之地久，小國多患難，用大儒，然後可以長久也。而後三年，天下爲一，補遺此上疑有脱文。當言"用千乘之國，則三年而後天下爲一"。諸侯爲臣，長久之業既成，又三年脩德化，則可以一天下，臣諸侯。蓋殷湯、周文皆化行之後三年而王也 ❸。增以殷湯、周文充之，拘矣。用萬乘之國，則舉錯而定，一朝而伯。錯，讀爲"措"。伯，讀爲"霸"，言一朝而霸也。增舉錯而定，謂其速也。

8.19 不聞不若聞之，聞之不若見之，見之不若知之，知之不若行之，學至於行之而止矣。行之，明也；行之，則通明於事也。增《説苑》曰："夫耳聞之，不如目視之；目視之，不如足踐之；足踐之，不如手辨之。人始入官，如入晦室，久而愈明。"明之，謂聖人 ❹。通明於事，則爲聖人。聖人也者，本仁義，當是非，齊言行，不失毫釐 ❺，無他道焉，已乎行之矣。當，丁浪反。已，止也。言聖人無他 ❻，在止於行其所學者也。故聞之而不見，雖博必謬；雖博聞，必有謬誤也。見之而不知，雖識必妄；見而不知，雖能記識，必昧於指意，謂若制氏然也。增謝墉曰："《漢書·禮樂志》云：'漢興，樂家有制氏，但能紀其鏗鏘鼓舞，而不能言其義。'此注蓋本此。"知之而

---

❶ 覺按：宋浙本、古逸叢書本"剖"作"割"，非。

❷ 覺按：宋浙本、古逸叢書本無"以"字。

❸ 覺按：原書無"也"字，今據宋浙本、古逸叢書本補。

❹ 宋本"謂"作"爲"。

❺ 宋本"毫"作"豪"。

❻ 覺按：原書"他"作"它"，今據宋浙本、古逸叢書本改。

不行，雖敦必困。苟不能行，雖所知多厚，必至困躓也。增敦，"敦《詩》《書》"之"敦"。不聞不見，則雖當，非仁也，雖偶有所當，非仁人君子之通明者也。其道百舉而百陷也。言偶中之道，百舉而百陷，無一可免也。

8.20 故人無師無法而知，則必爲盜；勇，則必爲賊❶；云能，則必爲亂；云能，自言其能。增元本無"云"字，是也。此蓋衍，不與《非十二子篇》"云能"同也。考本注意，亦非楊倞以後誤也。《哀公篇》曰："士不信愨而有多知能，譬之，其豺狼也，不可以身爾也。"○知，音"智"；下"知則"同。察，則必爲怪；惠施、鄧析之比。辯❷，則必爲誕。人有師有法而知，則速通；勇，則速威；云能，則速成；察，則速盡；辯，則速論。察則速盡，謂有聰察之性❸，則能速盡物理。速論，謂能速論是非也。增誕，如蘇秦、張儀是也。○盡，津忍反；下同。故有師法者，人之大寶也；無師法者，人之大殃也。

8.21 人無師法，則隆性矣；有師法，則隆積矣。隆，厚也。積，習也。厚性，謂恣其本性之所欲。厚於積習，謂化爲善也。增舊本"性"作"情"，"積"作"性"。注云："厚於情，謂恣其情之所欲❹。厚於性，謂本於善也。"宋本亦同，非荀卿唱性惡之意。蓋正文及注，好事者改之也。今正文及注，據元本改之。近來觀謝墉説，亦與余符。而師法者，所得乎情，非所受乎性，不足以獨立而治。情，謂喜、怒、愛、惡，

---

❶ 元本"賊"作"敗"。

❷ 覺按：宋浙本、古逸叢書本"辯"作"辨"。久保愛於此無校語，若非其失校，則古逸叢書本已與宋本有異矣；下同。

❸ 覺按：原書無"所"字，今據宋浙本、古逸叢書本補。

❹ 覺按：原書"聰"作"聽"，今據宋浙本、古逸叢書本改。

外物所感者也。言師法之於人，得於外情，非天性所受，故性不足獨立而治，必在因外情而化之。或曰：情，當爲"積"。所得乎積習，非受於天性。既非天性，則不可獨立而治，必在化之也。增 "情"字爲"積"爲是，下"情"字同。補遺 "治"下蓋脱"乎"字。此設疑之辭。**性也者，吾所不能爲也，然而可化也**；言天性非吾自能爲也，必在化而爲之也。增 天命之謂性，非人爲也。**情也者，非吾所有也，然而可爲乎**。言情非吾天性所有，然可以外物誘而爲之。或曰：情，亦當爲"積"。積習與天然有殊，故曰"非吾所有"，雖非所有，然而可爲之也。增 乎，猶"也"也。補遺 "乎"當作"也"。**注錯習俗，所以化性也**；注錯，猶"措置"也。錯，千故反。**并一而不貳❶，所以成積也**。并，讀爲"併"。一，謂師法。貳，謂異端。**習俗移志，安久移質**。習以爲俗，則移其志；安之既久，則移本質。增 《晏子春秋》曰："汩常移質❷，習俗移性。"愛曰：及既化而移性質，則足獨立而治也。**并一而不貳，則通於神明，參於天地矣**。

8.22　**故積土謂之山，積水謂之海，旦暮積謂之歲，至高謂之天，至下謂之地，宇中六指謂之極**，六指，上下四方也。盡六指之遠則爲六極，言積近以成遠。增 舊本、宋本作"積土而爲山，積水而爲海"，今據元本改之。**塗之人百姓積善而全盡謂之聖人❸。彼求之而後得，爲之而後成，積之而後高，盡之而後聖，故聖人也者，人之所積也**。言其德行委積。**人積耨耕而**

---

❶ 宋本"貳"作"二"，下同。

❷ 覺按：原書"汩"作"汩"，今據《晏子春秋·內篇雜上·曾子將行晏子送之而贈以善言第二十三》之文改。

❸ 宋本"塗"作"涂"。

爲農夫，積斲削而爲工匠，積反貨而爲商賈，反，讀爲“販”。
增耨，乃豆反。賈，音古。積禮義而爲君子。工匠之子莫不繼事，
而都國之民安習其服，安習其土風之衣服。居楚而楚，居越而
越，居夏而夏，謂中夏❶。增夏，戶雅反。是非天性也，積靡使
然也。靡，順也。順其積習，故能然。補遺靡，磨切也。積靡，猶“積習”也。

8.23　故人知謹注錯，慎習俗，大積靡，則爲君子矣；
大積靡，謂以順積習爲也。增謹注錯習俗，謂由良朋也。《性惡篇》曰：“‘不
知其子視其友，不知其君視其左右。’靡而已矣！靡而已矣！”補遺注“爲”
下脫“大”字。縱情性而不足問學，則爲小人矣。爲君子，
則常安榮矣；爲小人，則常危辱矣。凡人莫不欲安榮而惡
危辱，故唯君子爲能得其所好，小人則日徼其所惡❷。徼，
與“邀”同，招也，於宵反❸。增惡，烏路反。好，呼報反。補遺徼，古堯反，
求也。《詩》曰：“維此良人，弗求弗迪；維彼忍心，是顧是復。
民之貪亂，寧爲荼毒。”此之謂也。《詩》，《大雅·桑柔》之篇。迪，
進也。言厲王有此善人，不求而進用之；忍害爲惡之人，反顧念而重復之。
故天下之民貪亂，安然爲荼毒之行，由王使之然也。增民，猶“人”也。

8.24　人論。論人之善惡。論，慮困反❹。增論人品也。志不免
於曲私，而冀人之以己爲公也；行不免於汙漫，而冀人之
以己爲脩也；汙，穢也。漫，欺誣也。漫，莫叛反。增漫，無差別貌。

---

❶ 覺按：宋浙本、古逸叢書本“謂”作“夏”。

❷ 元本“日”作“曰”。覺按：原書標注作“宋‘日’作‘曰’”，
今宋浙本、古逸叢書本均作“日”而不作“曰”，宋刻遞修本（其文字多
與久保愛校出之元本文字相同）作“曰”，故此文當爲久保愛誤校，今改正。

❸ 覺按：宋浙本、古逸叢書本“於宵”作“一堯”。

❹ 覺按：宋浙本、古逸叢書本“慮”作“盧”。

〇己，音紀；下同。行，下孟反；下同。**其愚陋溝瞀❶，而冀人之以己爲知也：是衆人也**。溝，音寇，愚也。溝瞀，無知也。衆人，謂衆庶人也❷。增溝瞀，解前。瞀，音茂。知，音"智"；下同。**志忍私，然後能公；行忍情性，然後能脩；**忍，謂矯其性。行，下孟反。**知而好問，然後能才：**其智慮不及，常好問，然後能有才藝。增好，呼報反。**公、脩而才，可謂小儒矣**。皆矯其不及，故爲小儒也。**志安公，行安脩，知通統類，如是，則可謂大儒矣。大儒者，天子三公也；**其才堪王者之佐也。增"天子"下舊有"之"字，今據宋本除之。上文云："勢在人上，則王公之材也；在人下，則社稷之臣、國君之寶也。"**小儒者，諸侯、大夫、士也；衆人者，工、農、商賈也**。增賈，音古。**禮者，人主之所以爲羣臣寸尺尋丈檢式也，人倫盡矣**。檢，束也。式，法也，度也。寸尺尋丈❸，所以知長短也。檢束，所以制放佚。大儒可爲天子、三公，小儒可爲諸侯、大夫，禮可以總統羣臣❹，人主之柄也。倫，當爲"論"❺。或曰：倫，等也，言人道差盡於禮也❻。增倫，盧困反。

8.25 君子言有壇宇，行有防表，道有一隆。累土爲壇。宇，屋邊也。防，堤❼。表，標也。言有壇宇，謂有所尊高也。行有防表，

---

❶ 宋本"其"作"甚"。

❷ 覺按：原書無"人"字，今據宋浙本、古逸叢書本補。

❸ 覺按：宋浙本、古逸叢書本"寸尺"作"尺寸"。

❹ 覺按：原書"總"作"揔"，今據宋浙本、古逸叢書本改。

❺ 覺按：原書"當"作"讀"，今據宋浙本、古逸叢書本改。

❻ 覺按：原書"差"作"蓋"，今據宋浙本、古逸叢書本改。

❼ 覺按：宋浙本、古逸叢書本"堤"作"隄防"。

謂有標準也 ❶。一隆，謂厚於一，不以異端亂之也。⬚增言有壇宇，非法不言也。防表，謂禮也。○行，下孟反；下同。**言道德之求，不下於安存；**此"道德"或當爲"政治"，以下有"道德之求"，故誤重寫耳。故下云："諸侯問政，不及安存，則不告也。"謂人以政治來求，則以安存國家已上之事語之也 ❷。⬚增下，遐嫁反；下同。**言志意之求，不下於士；**以脩其志意來求，則語爲士已上之事。⬚增舊本"士"作"事"，今據宋本改之。**言道德之求，不二後王。**道德，教化也。人以教化來求，則言當時之切、所宜施行之事。不二後王，即告不以遠古也 ❸。舍後王而言遠古，是二也。**道過三代謂之蕩，**道過三代已前，事已久遠，則爲浩蕩難信也。**法二後王謂之不雅。**雅，正也。其治法不論當時之事而廣說遠古，則爲不正也。**高之下之，小之臣之，不外是矣，**臣，當爲"巨"。雖高下小大，不出此壇宇、防表也。**是君子之所以騁志意於壇宇、宮庭也 ❹。**宮，謂之室。庭，門屏之內也。君子雖騁志意論說，不出此壇宇、宮庭之內也。是時百家異說，多妄引前古以亂當世，故荀卿屢有此言也。**故諸侯問政，不及安存，則不告也；匹夫問學，不及爲士，則不教也；百家之説，不及先王，則不聽也。**百家雜說，不及先王之道，妄起異端，則君子不聽之也。**夫是之謂君子言有壇宇、行有防表 ❺。**⬚增夫，音扶。

荀子卷第四

❶ 覺按：宋浙本、古逸叢書本"準"作"准"。
❷ 覺按：原書無"也"字，今據宋浙本、古逸叢書本補。
❸ 覺按：宋浙本、古逸叢書本"即告"作"師告而"。
❹ 元本無"以"字。
❺ 宋本"表"下有"也"字。

荀子卷第五

王制篇第九

9.1　請問爲政？曰：賢能不待次而舉，不以官之次序，若傅説起於版築爲相也❶。罷不能不待須而廢，須，須臾也。增《國語》曰："罷士無伍，罷女無家。"韋昭云："罷，病也。無行曰罷。"須，舊本、宋本作"頃"，今據元本改之。〇罷，音"疲"。元惡不待教而誅，不教而殺謂之虐。唯元惡，不待教而誅之也❷。增元，猶"大"也。大惡者，謂若《禮記》所謂"析言破律"之類也。中庸民不待政而化❸。中庸民易與爲善，故教則化之，不待政成之後也。增中庸民，猶"中人"也。賈子《過秦論》"材能不及中庸"，《史記》作"中人"。分未定也，則有昭繆也。繆，讀爲"穆"。父昭子穆，言爲政當分未定之時，則爲之分別，使賢者居上，不肖者居下，如昭穆之分別然，不問其世族也。增分，謂貴賤上下之分也。《富國篇》云："古者先王分割而等異之也。"下文亦云："制禮義以分之。"〇分，扶問反。昭，常遥反。補遺此二句不與上下相接，

---

❶ 覺按：宋浙本、古逸叢書本無"於"字，"版"作"板"。

❷ 覺按：原書無"待"字，今據古逸叢書本補。

❸ 宋本"民"上有"雜"字，非。

疑是錯簡，不可強解。**雖王公士大夫之子孫也**❶，**不能屬於禮義，則歸之庶人。雖庶人之子孫也，積文學，正身行，能屬於禮義，則歸之卿相士大夫。**屬，繫也，之欲反。增屬，當作"屬"，字似而誤。《禮記·聘義》曰："相屬以禮。"《富國篇》"勤屬"或作"勤屬"，《羣書治要》作"勤勵"之類可證矣❷。○行，下孟反；下同。相，息亮反。

故姦言、姦説、姦事、姦能、遁逃反側之民，職而教之，須而待之；反側，不安之民也。職而教之，謂使各當教其本事也。須而待之，謂須暇之而待其遷善也。增職，《周禮》"以九職任萬民"，及"頒職事十有二于邦國都鄙"之類是也。或曰：本注"當教"不穩，疑當作"掌教"。補遺白鹿曰："注'各當'下脱'其職'二字。"**勉之以慶賞，懲之以刑罰；安職則畜，不安職則弃**❸。畜，養也。弃，謂投四裔之比也。增《禮記》"不變，屏之遠方，終身不齒"是也。**五疾，上收而養之，材而事之**，五疾，瘖、聾、跛躄、斷者、侏儒❹。各當其材使之，謂若矇瞽脩聲、聾聵司火之屬也❺。增古屋鬲曰："收，收卹也。如下文'收孤寡'之'收'。"愛曰：《漢書·溝洫志》"可且事諸浮食無産業民"，顏師古曰"事，謂役使也"。**官施而衣食之，兼覆無遺。**官爲之施設所職而與之衣食。增施，讀如字。衣，於既反。食，祥吏反。覆，扶又反。**才行反時者，死無赦。夫是之謂天德，王者之政也。**天德，天覆之德。增死，猶"殺"也。○夫，音扶。

---

❶《韓詩外傳》"王公士大夫"作"公卿大夫"。

❷ 覺按：原書"勵"作"礪"，今據《羣書治要》卷三十八所引《孫卿子》之文改。

❸ 宋本"弃"作"棄"。

❹ 覺按：原書"斷"作"斷"，今據古逸叢書本改。

❺ 覺按：原書無"也"字，今據古逸叢書本補。

9.2 聽政之大分：⬚增分，扶問反。以善至者，待之以禮；以不善至者，待之以刑。兩者分別，則賢不肖不雜，是非不亂。賢不肖不雜，則英傑至；是非不亂，則國家治。若是，名聲日聞，天下願，令行禁止 ❶，王者之事畢矣。願，謂人人皆願矣。⬚增願，願立於其朝、藏於其市、耕於其野也。○別，彼列反。治，直吏反。聞，音問。

凡聽，論聽政也。威嚴猛厲而不好假道人 ❷，厲，剛烈也。假道，謂以寬和假借道引人也。⬚增好，呼報反；下同。道，音“導”；下同。則下畏恐而不親，周閉而不竭，隱閉其情而不竭盡也。⬚增恐，丘隴反。若是，則大事殆乎弛，小事殆乎遂。弛，廢也。遂，因循也。《春秋傳》曰：“遂，繼事也。”下既隱情不敢論説，則大事近於弛廢，小事近於因循。言不肯革弊也。⬚增殆，近也。遂，據下文當作“隊”，與“墜”同。且案《史記·扁鵲傳》“陽脈下遂”，徐廣曰：“一作‘隊’。”然則古音通耶？和解調通，好假道人，而無所凝止之 ❸，和解調通，謂寬和不拒下也。凝，定也。凝止，謂定止其不可也。則姦言並至，嘗試之説鋒起，嘗試之説，謂假借他事 ❹，試爲之也。《莊子》曰：“嘗試論之。”鋒起，謂如鋒刃齊起 ❺，言鋭而難拒也。⬚增嘗試之説，商鞅説秦孝公以帝、王、霸三道試之，不從，乃以彊國之道説之之比，詳見《商君

---

❶ 宋本“止”下有“則”字。

❷ 宋本“道”作“導”，下同。

❸ 元本、標注本“之”作“也”。

❹ 覺按：古逸叢書本“他”作“以”，宋刻遞修本作“也”，宋浙本作“也以”（係抄補）。

❺ 覺按：原書“刃”作“刄”，今據宋浙本、古逸叢書本改。下一“刃”字同。

傳》。鋒，與"蜂"通。蜂起，喻多。**若是，則聽大事煩**，⬚補遺⬚上云"大事殆乎弛，小事殆乎遂"，此亦宜言大事、小事之失也。蓋有脫誤，故不成言。**是又傷之也**。聽大，謂所聽之事多也。傷，傷政也。⬚增⬚杜效曰："上言威猛之失，此言寬和之失，故曰'是又傷之也'。"

故法而不議，則法之所不至者必廢；議，謂講論也。雖有法度而不能講論，則不周洽，故法所不至者必廢也。**職而不通，則職之所不及者必隊**。雖舉當其職，而不能通明其類，則職所不及者必隊。隊，與"墜"同。**故法而議，職而通，無隱謀，無遺善，而百事無過，非君子莫能。故公平者，職之衡也；中和者，聽之繩也**。聽，聽政也。衡，所以知輕重。繩，所以辨曲直。言君子用公平、中和之道，故能百事無過。中和，謂寬猛得中也。⬚增⬚《禮記》云："喜怒哀樂之未發謂之中，發而皆中節謂之和。"⬚補遺⬚中和，謂中正和易也。**其有法者以法行，無法者以類舉❶，聽之盡也**。類，謂比類。⬚增⬚以其本知其末、以其左知其右謂之類。**偏黨而無經，聽之辟也**。無經，謂無常法也。辟，讀曰"僻"。**故有良法而亂者，有之矣；有君子而亂者，自古及今，未嘗聞也。傳曰："治生乎君子，亂生乎小人。"此之謂也**。其人存，則其政舉❷；其人亡，則其政息。⬚增⬚傳，直戀反。治，直吏反。

9.3 分均則不偏，分均，謂貴賤敵也。分，扶問反。⬚增⬚物茂卿曰："偏，當作'徧'。"**勢齊則不一❸，衆齊則不使**。此皆名無差等，則不可相制也。⬚增⬚《榮辱篇》曰："斬而齊，枉而順，不同而一。"與此相

---

❶ 元本"無法"上有"其"字，《羣書治要》同。

❷ 覺按：宋浙本、古逸叢書本無"則"字，下句同。

❸ 宋本"勢"作"埶"，下同。宋本"一"作"壹"。

發。有天有地而上下有差，明王始立而處國有制。制，亦謂差等也❶。增處，處置也。○差，楚宜反。處，昌呂反。夫兩貴之不能相事，兩賤之不能相使，是天數也。天之數也。增數，猶“道”也。○夫，音扶。勢位齊，而欲惡同，物不能澹，則必爭；澹，讀爲“贍”。既無等級，則皆不知紀極，故物不能足也。增惡，烏路反；下同。爭則亂❷，亂則窮矣。物窮竭也。先王惡其亂也，故制禮義以分之，使有貧富、貴賤之等，足以相兼臨者，是養天下之本也。使物有餘而不窮竭。《書》曰：“維齊非齊。”此之謂也。《書》，《呂刑》。言維齊一者乃在不齊，以諭有差等然後可以爲治也。

9.4　馬駭輿，則君子不安輿；馬駭於車中也。增駭輿，馬不安輿而駭也。庶人駭政，則君子不安位。駭政，不安上之政也。馬駭輿，則莫若靜之；庶人駭政，則莫若惠之。惠，惠恩也。選賢良，舉篤敬，興孝悌，收孤寡，補貧窮，增少而無父者謂之孤，老而無夫者謂之寡。收，謂有常餼。補，《孟子》所謂“春省耕而補不足”之意。如是，則庶人安政矣。庶人安政，然後君子安位❸。傳曰：“君者，舟也；庶人者，水也。水則載舟，水則覆舟。”此之謂也。增傳，直戀反。故君人者，欲安，則莫若平政愛民矣；欲榮，則莫若隆禮敬士矣；欲立功名，則莫若尚賢使能矣：是君人者之大節也。三節者當，則其餘莫不當矣；三節者不當，則其餘雖曲當，猶將無益也。曲當，謂委曲皆當。當，丁浪反。增猶，舊作“由”，今據宋本、韓本改之。

---

❶ 覺按：原書無“也”字，今據宋浙本、古逸叢書本補。

❷ 宋本“亂”上有“必”字。

❸ 宋本“後”作“后”。

155

孔子曰：“大節是也，小節是也，上君也。大節是也，小節一出焉 ❶，一入焉，中君也。謂一得一失也。大節非也，小節雖是也，吾無觀其餘矣。”

9.5　成侯、嗣公，聚斂計數之君也，成侯、嗣公，皆衛君也。《史記》：“衛聲公卒，子成侯立。成侯卒，子平侯立。平侯卒，子嗣公立。”《韓子》曰：“衛嗣公重如耳，愛泄姬，而恐其皆因其愛重以雍己也 ❷，乃貴薄疑以敵如耳，尊魏姬以耦泄姬 ❸，曰：‘以是相參也。’”又：使客過關市 ❹，賂之以金。後召關市，問其“有客過，與汝金，汝因遣之 ❺”，“關市大恐，以嗣公爲明察”。此皆計數之類也。增數，猶“術”也。《呂氏春秋》曰：“衛嗣君欲重稅以聚粟，民弗安。”未及取民也；未及，謂其才未及也。取民 ❻，謂得民心。增“民”下當有“者”字。鄭子產 ❼，取民者也，未及爲政者也 ❽；《禮記》曰：“子產，猶衆人之母，能食之，不能教之也。”增《孟子》曰：“子產聽鄭國之政，以其乘輿濟人於溱洧。孟子曰：‘惠而不知爲政。歲十一月徒杠成，十二月輿梁成，民未病涉也。’”“取”上舊有“不”字，今據宋本、元本、《韓詩外傳》《羣書治要》除之。管仲，

❶ 宋本中“小節”下有“非也”二字，非。

❷ 覺按：原書“其愛”作“愛”，今據宋浙本、古逸叢書本改。

❸ 覺按：原書“耦”作“偶”，今據宋浙本、古逸叢書本改。宋浙本、古逸叢書本“魏姬”作“魏妃”。

❹ 覺按：宋浙本、古逸叢書本“客過”作“過客”。

❺ 覺按：原書“因”作“廻”，今據《韓非子·內儲説上》改。蓋“因”字俗書作“囙”，宋代刊刻時訛爲“回”（宋浙本、古逸叢書本皆作“回”），宋刻遞修本擅改爲“廻”，世德堂本等因之而誤耳。

❻ 覺按：宋浙本、古逸叢書本“也取”作“取也”。

❼ 覺按：原書無“鄭”字，今據宋浙本、古逸叢書本補。

❽《羣書治要》無“爲政者”之“者”。

爲政者也，未及脩禮者也❶。言未及教化也。故脩禮者王，爲政者彊，取民者安，聚斂者亡❷。增王，于況反。故王者富民，霸者富士，士，卒伍也。僅存之國富大夫，亡國富筐篋、實府庫。筐篋已富，府庫已實，而百姓貧，夫是之謂上溢而下漏，如器之上溢下漏，空虛可立而待也。增夫是，音扶。入不可以守，出不可以戰，則傾覆滅亡可立而待也。故我聚之以亡，敵得之以彊。聚斂者，召寇、肥敵、亡國、危身之道也，故明君不蹈也。增《韓詩外傳》曰："聚斂以招穀，積財以肥國，危身亡國之道也。"

9.6 王奪之人，霸奪之與，彊奪之地。人，謂賢人。與，謂與國也❸。彊國之術，則奪人地也。增奪人，謂得人心也。如太王在邠是也。與，舊作"輿"，今據宋本改之；注同。奪之人者臣諸侯，奪之與者友諸侯，奪之地者敵諸侯。臣諸侯者王，友諸侯者霸，敵諸侯者危。增王，于況反。

9.7 用彊者，用彊力勝人，非知彊道者。人之城守，人之出戰，而我以力勝之也，則傷人之民必甚矣；傷人之民甚，則人之民惡我必甚矣；人之民惡我甚，則日欲與我鬬。增惡，烏路反；下同。鬬，都豆反；下同。人之城守，人之出戰，而我以力勝之，則傷吾民必甚矣；傷吾民甚，則吾民之惡我必甚矣；吾民之惡我甚，則日不欲爲我鬬。人之民日欲與我鬬，吾民日不欲爲我鬬，是彊者之所以反弱也。增爲，于僞反。

❶ 《羣書治要》無"脩禮者"之"者"。
❷ 覺按：宋浙本、古逸叢書本無"謂"字。
❸ 覺按：宋浙本、古逸叢書本"也取"作"取也"。

地來而民去，累多而功少。累，憂累也。雖守者益，所以守者損，是<u>以</u>大者之所以反削也。守者，謂地也。守國以地爲本，故曰"守者"。所以守者，謂所以守地之人也。<u>增</u>物茂卿曰："'是以'之'以'衍。"諸侯莫不懷交接怨而不忘其敵。交接，連結也。既以力勝而不義，故諸侯皆欲相連結怨國，而不忘與之爲敵。本多作"壞交接"，言壞其與己交接之道也。<u>增</u>"懷"字雖不穩，作"壞"者似是。<u>補遺</u>此疑有錯誤。當作"諸侯交接，莫不懷怨。而其敵不忘"，上八字句，下五字連下十字讀成句，言與國離乎內、敵國伺乎外也。伺彊大之間❶，承彊大之敝也。<u>知彊大之敝</u>，此彊大之殆時也。殆，危也。<u>增</u>承敝，爲欲乘敝也。元本"敝"作"弊"，無"也知彊大之敝"六字，此蓋衍文。○間，古晏反。

9.8 知彊大者不務彊也。知彊大之術者，不務以力勝也。<u>補遺</u>"大"下疑脫"之敝"二字。慮以王命全其力、凝其德。慮，計也。以，用也。其計慮常用王命，謂不敢擅侵暴也。凝，定也。定其德，謂不輕舉也。力全，則諸侯不能弱也；德凝，則諸侯不能削也；天下無王、霸主，則常勝矣：是知彊道者也。無王霸之主，則彊國常勝。"主"或衍字。<u>增</u>古屋鬲曰："本注'主或'之'主'疑'王'誤。"

9.9 彼霸者不然。辟田野，實倉廩，便備用。備用，足用也。《左傳》曰："無重器備。"<u>增</u>備用，謂武備之器用也。《左氏傳》曰："其材不足以備器用。"杜預曰："器用，軍國之器。"○辟，步亦反。<u>補遺</u>注"足"當是"器"字誤，觀引《左傳》可見。案謹募選閱材伎之士❷。案，發聲。謹，嚴也。募，招也。謹募，猶"重募"也。選閱，揀擇也。材伎，

---

❶ 覺按：宋浙本、古逸叢書本"間"作"閒"。

❷ 宋本"伎"作"技"。

武藝過人者，猶漢之"材官"也。⬜增"選"字絕句。《議兵篇》有"招近募選"之語。材伎，材能伎藝也。**然後漸慶賞以先之，**漸，進也。言進勉以慶賞也。**嚴刑罰以糾之；存亡繼絕，衞弱禁暴，而無兼并之心，則諸侯親之矣。**并，讀曰"併"；下同。⬜增存亡，狄人滅衞，齊桓公城楚丘以封之是也。繼絕，魯絕無嗣，桓公使高子存之是也。**脩友敵之道以敬接諸侯，則諸侯説之矣。**説，讀爲"悦"；下同。⬜增冢田虎曰："脩友敵之道，言爲朋友匹敵之交也。"**所以親之者，以不并也；并之見，則諸侯疏之矣。**見，賢遍反。**所以説之者，以友敵也；臣之見，則諸侯離矣。故明其不并之行，信其友敵之道，**行，下孟反。信，謂使人不疑。**天下無王，霸主則常勝矣。是知霸道者也。**無王者，則霸主常勝也。⬜增物茂卿曰："'王霸'之'霸'衍。"

9.10 **閔王毀於五國，**《史記》：齊閔王四十年，樂毅以燕、趙、楚、魏、秦破齊，閔王出奔莒也。⬜增《史記•田敬仲完世家》曰："燕、秦、楚、三晉合謀，各出鋭師以伐。"此曰"五國"，蓋傳聞之異也。**桓公劫於魯莊，**《公羊傳》：柯之盟，齊桓公爲魯莊公之臣曹劌所劫也[1]。**無它故焉[2]，非其道而慮之以王也。**不行其道而以計慮爲王，所以危亡也。⬜增以王，以王禮遇之也。

9.11 **彼王者不然。仁眇天下，義眇天下，威眇天下。**眇，盡也。盡天下皆懷其仁，感其義，畏其威也[3]。⬜增物茂卿曰："'眇''妙'通。"冢田虎曰："案：猶《易》所謂'妙萬物而爲言'之'妙'，王肅本作'眇'。

---

❶ 覺按：原書"劌"作"沬"，今據宋浙本、古逸叢書本改。
❷ 覺按：原書"它"作"他"，今據宋浙本、古逸叢書本改。
❸ 覺按：原書無"也"字，今據宋浙本、古逸叢書本補。

'眇'是深妙之意也。"世璠曰："眇，當作'縣'，字似而誤。《正論篇》'聖人，備道全美者也，是縣天下之權稱也'之'縣'。"**仁眇天下，故天下莫不親也；義眇天下，故天下莫不貴也；威眇天下，故天下莫敢敵也。以不敵之威輔服人之道，**其道可以服人。**故不戰而勝，不攻而得，甲兵不勞而天下服，是知王道者也。**

9.12 **知此三具者，欲王而王，欲霸而霸，欲彊而彊矣。** 增而王，于況反。

9.13 **王者之人：** 王者之佐。**飾動以禮義，** 所脩飾及舉動，必以禮義❶。**聽斷以類，** 所聽斷之事，皆得其善類，謂輕重得中也。 增有法者以法行之，無法者以類行之。○斷，丁亂反。**明振毫末，** 振，舉也。言細微必見❷。 補遺振，當作"眂"，視也。**舉錯應變而不窮**❸。**夫是之謂有原。是王者之人也。** 原，本也。知爲政之本。 增夫，音扶。

9.14 **王者之制：** 說王者制度也。**道不過三代，法不貳後王。** 論王道不過夏、殷、周之事，過則久遠難信。法不貳後王，言以當世之王爲法，不離貳而遠取之。**道過三代謂之蕩，法貳後王謂之不雅。** 並已解上。**衣服有制，宮室有度，人徒有數，** 人徒，謂士卒、胥徒也。**喪祭械用皆有等宜。** 械，器也。皆有等級，各當其宜也。**聲，則凡非雅聲者舉廢；** 舉，皆。 增雅聲，正聲也。**色，則凡非舊文者舉息；** 謂染采畫繢之事也❹。 增舊文，謂五色也。《禮記》曰："姦色亂正色，不粥於市。"與此相發。**械用，則凡非舊器者舉毀。**

---

❶ 覺按：原書"義"下有"也"字，今據宋浙本、古逸叢書本刪。

❷ 覺按：原書"見"下有"也"字，今據宋浙本、古逸叢書本刪。

❸ 覺按：原書"錯"作"措"，今據宋浙本、古逸叢書本改。

❹ 覺按：原書"采"作"綵"，"繢"作"繪"，今據宋浙本、古逸叢書本改。

舊，謂三代故事。增所毀者，《禮記》所謂"奇技、奇器"之類。**夫是**
之謂復古。是王者之制也。復三代故事，則是復古，不必遠舉也。
增夫，音扶。

9.15　**王者之論**：論，謂論説賞罰也，盧困反。增古屋昴曰："論，
即下文'定論'。"**無德不貴，無能不官，無功不賞，無罪不罰。**
朝無幸位，民無幸生。幸，僥幸也❶。增朝，直遥反；下同。**尚賢**
使能，而等位不遺，不遺，言各當其材。等位，等級之位也。增《韓
詩外傳》作"上賢使能，而等級不踰"，是也。**析愿禁悍，而刑罰不過**。
析，分異也。分其愿愨之民❷，使與凶悍之民異也❸。悍，凶暴也。刑罰不
過，言但禁之而已❹，不刻深也。增《韓詩外傳》"析愿"作"折暴"。今案：
析愿禁悍，《尚書》所謂"旌別淑慝"之意。桃源藏曰："刑罰不過，言不
過輕重也。"補遺析愿，《韓詩外傳》作"折暴"爲是。上言賞賢能，此言
罰不善。**百姓曉然皆知夫爲善於家而取賞於朝也，爲不善於**
幽而蒙刑於顯也。夫是之謂定論。是王者之論也。定論，不
易之論。論不易，則人知沮勸也。增夫，音扶。

9.16　**王者之等賦、政事、財萬物，所以養萬民也**。等賦，
賦稅有等。所以爲等賦及政事、裁制萬物，皆爲養人，非貪利也。財，與"裁"
同。增《韓詩外傳》"政事"作"正事"，是也。此當讀爲"正事"。桃源
藏曰："'之'下當有'法'字而絶句，下文曰'是王者之法也'，可以證焉。"
田野，什一；什稅一也。**關市，幾而不征**；幾，呵察也。但呵察
姦人而不征稅也。《禮記》"幾"作"譏"。增幾，《禮記》"禁異服，識異言"

---

❶　覺按：原書"僥幸"作"徼倖"，今據宋浙本、古逸叢書本改。
❷　覺按：宋浙本、古逸叢書本"愨"作"愨"。
❸　覺按：宋浙本、古逸叢書本"之民"作"者"。
❹　覺按：原書無"言"字，今據宋浙本、古逸叢書本補。

是也。○幾，居希反。**山林澤梁，以時禁發而不稅**。石絕水爲梁，所以取魚也。非時則禁，及時則發。《禮記》曰“獺祭魚，然後虞人入澤梁❶；草木零落，然後入山林”也。增發，舊作“法”，蓋以音誤，今據宋本、韓本、孫鑛本改之。**相地而衰政**，相，視也。衰，差也。政爲之輕重。政，或讀爲“征”。衰，初危反。增《齊語》曰：“相地而衰征，則民不移。”韋昭曰：“視土地之美惡及所生出，以差征賦之輕重也。”○相，息亮反。**理道之遠近而致貢**。理，條理也。貢，任土所貢也。謂若“百里賦納總❷，二百里納銍”之類也。**通流財物粟米，無有滯留**；貿遷有無化居❸，不使有滯積也。增《孟子》所謂“無遏糴”是也。**使相歸移也，四海之内若一家**。歸，讀爲“饋”。移，轉也。言通商及轉輸相救無不豐足，雖四海之廣若一家也。**故近者不隱其能，遠者不疾其勞**，不隱其能，謂竭其才力也。不疾苦其勞❹，謂奔走來王也。**無幽間隱僻之國❺，莫不趨使而安樂之**。幽，深也。間，隔也。言無有深隔之國不爲王者趨使而安樂政教也❻。增豕田虎曰：“幽間隱僻，謂遠境邊國也。”○間，古晏反。樂，音洛。補遺無，《王霸篇》作“雖”，《韓詩外傳》同。**夫是之爲人師**。**是王者之法也**。師，長也。言爲政如此，乃可以長久也❼。師者，亦使人法效之者也。增夫，音扶。

9.17 北海則有走馬、吠犬焉，然而中國得而畜使之。

---

❶ 覺按：宋浙本、古逸叢書本“虞”作“漁”。
❷ 覺按：宋浙本、古逸叢書本“總”作“總”。
❸ 覺按：宋浙本、古逸叢書本“貿”作“賀”。
❹ 覺按：原書無“苦”字，今據宋浙本、古逸叢書本補。
❺ 覺按：宋浙本、古逸叢書本“間”作“閒”；注同。
❻ 覺按：原書“不”上有“莫”字，今據宋浙本、古逸叢書本刪。
❼ 覺按：原書“久”作“人”字，今據宋浙本、古逸叢書本改。

海，謂荒晦絕遠之地，不必至海水也。走馬吠犬，今北地之大犬也。增謝墉曰：“注‘走馬’下當有脱文。”○畜，勅六反。**南海則有羽翮、齒革、曾青、丹干焉，然而中國得而財之。**翮，大鳥羽。齒，象齒。革，犀兕之革。曾青，銅之精，可繢畫及化黃金者，出蜀山、越巂。丹干，丹砂也，蓋一名丹干。干，讀爲“矸”，胡旦反。或曰：丹，丹砂也。干，當爲“玕”。《尚書·禹貢》雍州“球、琳、琅玕”，孔云：“石而似珠者❶。”《爾雅》亦云：“西北方之美者，有球、琳、琅玕焉。”皆出西方，此云南方者，蓋南方亦有也。增丹干，本注前説是也。《正論篇》曰：“加之以丹矸，重之以曾青。”**東海則有紫紶、魚、鹽焉，然而中國得而衣食之。**紫，紫貝也。紶，未詳，字書亦無“紶”字，當爲“蚼”❷。郭璞《江賦》曰：“石蚼應節而揚葩。”注云：“石蚼，龜形，春則生花。”蓋亦蚌蛤之屬。今案《本草》謂之石決明，陶云：“俗傳是紫貝，定小異❸，附石生，大者如手，明耀五色，内亦含珠。”古以龜貝爲貨，故曰“衣食之”。蚼，居業反。增紫、紶，二物。紫，謂染紫草也。桓公曾好服之，則東國之産乎？紶，疑當作“紈”。《列子》曰：周穆王“衣阿錫，曳齊紈”。注云：“齊，名紈所出。”班婕妤《怨歌行》亦云“新裂齊紈素”是也。古屋鬲曰：“《禹貢》：青州，‘厥貢鹽、絺’。紶，恐是‘絺’誤。”暫記兩説，以待知者。○衣，於既反。**西海則有皮革、文旄焉，然而中國得而用之。**《禹貢》梁州貢“熊、羆、狐、狸織皮”❹，孔云：“貢四獸之皮。織皮，今之罽也。”旄，旄牛尾。文旄，謂染之爲文彩者也❺。**故澤人足乎木，山人足乎魚；農夫不斲削、**

---

❶ 覺按：原書“珠”作“玉”，今據宋浙本改。

❷ 覺按：原書“蚼”作“蚨”，今據宋浙本、古逸叢書本改。

❸ 覺按：原書無“定小異”三字，今據宋浙本、古逸叢書本補。

❹ 覺按：宋浙本、古逸叢書本無“狐狸”二字，非。

❺ 覺按：宋浙本、古逸叢書本“彩者”作“綵”。

不陶冶而足械用，工賈不耕田而足菽粟。增冶，音也。賈，音古。故虎豹爲猛矣，然君子剥而用之。故天之所覆，地之所載，莫不盡其美、致其用，物皆盡其美，而來爲人用也。增覆，扶又反。盡，津忍反。上以飾賢良、下以養百姓而安樂之。飾，謂車服。養，謂衣食。增樂，音洛。夫是之謂大神。能變通裁制萬物，故曰"大神"也。增與天地合其德，故曰"大神"。○夫，音扶。《詩》曰："天作高山，大王荒之；彼作矣，文王康之。"此之謂也。《詩》，《周頌·天作》之篇。荒，大也。康，安也。言天作此高山，使興雲雨，大王自幽遷焉❶，則能尊大之。彼大王作此都，文王又能安之也❷。增毛萇曰："作，生也。"鄭玄曰："高山，謂岐山也。"○大，音泰。

9.18　以類行雜，得其統類，則不患於雜也。以一行萬；行於一人，則萬人可治也。皆謂得其樞要也❸。增既得其一，則萬可治也。始則終，終則始，若環之無端也。舍是❹，天下以衰矣。始，謂"類"與"一"也。終，謂"雜"與"萬"也。言以此道爲治，終始不窮無休息，則天下得其次序，舍此則亂也。衰，初危反。增冢田虎曰："萬事萬物，與日月運行、四時代謝俱，而始終循環乃是天下之治也已。"○舍，音"捨"。衰，如字。天地者，生之始也；禮義者，治之始也；君子者，禮義之始也。始，猶"本"也。言禮義本於君子也。增治，直吏反。爲之，貫之，積重之，致好之者，君子之始也。言禮義以君子爲本，君子以習學爲本。貫，習也。積重之，謂學使委積重多也。致，極也。好之，言不倦也。增物茂卿曰："爲，學也。積重，積累申重也。"

---

❶ 覺按：宋浙本"大王"作"太王"，古逸叢書本作"大王"；下同。

❷ 覺按：原書無"也"字，今據宋浙本、古逸叢書本補。

❸ 覺按：原書無"也"字，今據宋浙本、古逸叢書本補。

❹ 宋本"是"下有"而"字。

愛曰：本注"好"上疑脱"極"字。○貫，與"慣"同。重，直用反。好，呼報反。**故天地生君子，君子理天地。君子者，天地之參也，萬物之揔也❶，民之父母也。**參，謂與之相參，共成化育也。揔，領也，要也❷。補遺參，猶言"參佐"也。揔，猶言"總管"也。**無君子，則天地不理，禮義無統，上無君師，下無父子，夫是之謂至亂❸。**增夫，音扶；下"夫是"同。**君臣、父子、兄弟、夫婦，始則終，終則始，與天地同理，與萬世同久，夫是之謂大本。**始則終，終則始，謂一世始。言上下尊卑，人之大本，有君子然後可以長久也。增本注"一世"下疑當有"終"字。**故喪祭、朝聘、師旅，一也。**此已下，明君子禮義之治，爲之制喪祭、朝聘之禮，所以齊一民，各當其道，不使淫放也❹。下"一"之義皆同。增一者，謂事異而義同；下同。本注"治"字舊作"始"，今從謝墉説改之❺。○朝，直遥反。**貴賤、殺生、與奪，一也。**使民一於沮勸。**君君、臣臣、父父、子子、兄兄、弟弟，一也。**使人一於恩義。**農農、士士、工工、商商，一也。**使人一於職業。

9.19 **水火有氣而無生，草木有生而無知，**生，謂滋長。知，謂性識。**禽獸有知而無義；人有氣、有生、有知，亦且**

---

❶ 宋本"揔"作"總"。

❷ 覺按：宋浙本、古逸叢書本無"要也"二字。

❸ 宋本"夫"下有"婦"字。

❹ 覺按：原書"淫"作"滛"，今據宋浙本、古逸叢書本改。

❺ 覺按："始"不當改爲"治"。本注所謂"此已下，明君子禮義之始"，意爲：此下之文，在詳明上文所説的"君子者，禮義之始也"。盧文弨未得其意，以爲"始"乃"治"字之譌而擅改之，不足爲據。宋浙本、古逸叢書本、宋刻遞修本、世德堂本等均作"始"，是也。

有義，故最爲天下貴也。亦且者，言其中亦有無義者也。增《尚書》曰"惟天地，萬物父母；惟人，萬物之靈"是也。亦且有義，謂加之以義也。力不若牛，走不若馬，而牛馬爲用，何也？曰：人能羣，彼不能羣也。人何以能羣？曰：分。無分則爭，爭則不能羣也。增分，扶問反；下"分何""分義""無分"同。分何以能行？曰：以義❶。故義以分則和，言分、義相須也。義，謂裁斷也。補遺知義則不犯分，故和恊。和則一，一則多力，多力則彊，彊則勝物，故宮室可得而居也。物不能害，所以安居。增物，謂禽獸也。故序四時，裁萬物，兼利天下，無他故焉❷，得之分義也。以有分義，故能治天下也。

9.20　故人生不能無羣，羣而無分則爭，爭則亂，亂則離，離則弱，弱則不能勝物，故宮室不可得而居也，不可少頃舍禮義之謂也。增《禮記》曰："禮樂不可斯須去身。"亦此意。○舍，音"捨"。

9.21　能以事親謂之孝，能以事兄謂之悌❸，能以事上謂之順，能以使下謂之君。能以，皆謂能以禮義也。君者，善羣也。善能使人爲羣也。增本注"善"下似脫"羣"字。補遺依音述義，猶"天下歸往謂之王"也。羣道當，則萬物皆得其宜，六畜皆得其長，羣生皆得其命。安其性命。增當，丁浪反。畜，許又反；下同。長，竹丈反；下同。故養長時，則六畜育；殺生時，則草木殖；殺生，斬伐。增養長時，謂"不麛，不卵"之類。殺生時，謂草木零落入山林，

❶ 元本、標注本無"以義"之"以"。

❷ 宋本"他"作"它"。

❸ 宋本"悌"作"弟"。

榮華滋碩時不入也。**政令時，則百姓一，賢良服**。時，謂有常。服，謂爲之任使也❶。增令，舊作"命"，今據宋本、韓本改之。

9.22 **聖王之制也**❷：**草木榮華滋碩之時，則斧斤不入山林，不夭其生，不絕其長也**；增夭，音"妖"，短折也；下同。**黿鼉、魚鱉、鰌鱣孕別之時**，別，謂生育，與母分別也。《國語》里革諫魯宣公曰"魚方別孕"，韋昭曰："自別於雄而懷子也。"增黿，音元。鼉，大多反。鰌，七由反。鱣，上演反。別，彼列反。**罔罟、毒藥不入澤，不夭其生，不絕其長也**。毒藥，毒魚之藥。《周禮·雍氏》"禁澤之沈者"也❸。增《月令》：季春，"田獵罝罘、羅罔、畢翳、餧獸之藥，毋出九門"。〇罔，與"網"同。罟，音古。**春耕、夏耘、秋收、冬藏，四者不失時，故五穀不絕而百姓有餘食也**；**汙池、淵沼、川澤，謹其時禁**，汙，停水之處。謹，嚴也。增汙，音烏。**故魚鱉優多而百姓有餘用也**；用，謂食足之外可用貿易也❹。增本注"用謂"上當有"餘"字。**斬伐養長不失其時，故山林不童而百姓有餘材也**。山無草木曰童。

9.23 **聖王之用也**：用，財用也。補遺用，功用也。下文言功用之盛。**上察於天，下錯於地**；順天時以養地財也。錯，千故反。增"上察"以下，論聖人之德也。察，明也。〇錯，如字。**塞備天地**

---

❶ 覺按：此注原在下句"聖王之制也"之下，楊倞之句讀不可取，故今移於此。

❷ 宋本"王"作"主"。

❸ 覺按：原書"沈者也"作"酖者"，今據宋浙本、古逸叢書本改。今本《周禮·雍氏》作"沈"而不作"酖"。

❹ 覺按：宋浙本、古逸叢書本"貿易也"作"貿易"。

之間 ❶，加施萬物之上；言聖王之用，使天地萬物皆得其所。🉂塞，悉則反。微而明，短而長，狹而廣；言用禮義，故所守者近，所及者遠也。神明博大以至約。言用禮義治化，雖神明博大，原其本，至簡約也 ❷。🉂《王霸篇》曰 ❸："守至約而詳。"亦此意。故曰：一與一，是爲人者，謂之聖人 ❹。一與一，動皆一也。是，此也。以此爲人者，則謂之聖人也。🉂此，謂純一於禮義爲人也。《君道篇》曰："行義塞於天地之間，仁知之極也。夫是之謂聖人，審之禮也。"補遺諸說不妥。竊疑"是"當作"奪"。奪，古文作"㪺"，訛缺誤寫爲"是"字歟？爲，去聲。

9.24 序官：謂王者序官之法也。

宰爵知賓客祭祀饗食犧牲牢之數 ❺。宰，膳宰。爵，主掌也。饗食，饗宴也。《周禮》膳夫之屬有庖人、獸人，皆掌犧牲。一曰：爵，官爵也。言膳宰之官爵掌犧牲之事者也。🉂宰爵，大宰爵，在《周官》六命者也。其不稱"大宰"者，下文"司徒""司馬"亦不稱"大"也。稱大宰爲"宰"者，如"家伯維宰"是也。何以大宰獨加"爵"字？下文舉冢宰帶三公八命者，故此加"爵"字以示六卿六命者。案《周禮•宰夫職》曰："以式灋掌祭祀之戒具與其薦羞，從大宰而眂滌濯。"又曰："凡朝覲、會同、賓客，以牢禮之灋掌其牢禮、委積、膳獻、飲食、賓賜之飧牽，與其陳數。"然則其實宰夫之職掌，而大宰長官，則與聞之，故曰"知"之也。知，猶"主"也。又《呂子•十二月紀》："令宰歷卿大夫至於庶民土田之數，而賦之犧牲，以供山林名川之祀。"是大宰掌祭祀犧牲明也。抑以《周禮•宰夫職》

---

❶ 覺按：宋浙本、古逸叢書本"間"作"聞"。

❷ 覺按：宋浙本、古逸叢書本"簡"作"簡"。

❸ 覺按：原書"王霸篇"作"家語"，誤，今改正。

❹ 宋本"聖人"下有"也"字。

❺ 覺按：宋浙本、古逸叢書本"牢之"作"之牢"。

載之，世人多疑之。今考雖"序官"次第不詳，豈以宰夫發端哉？宋本"牢之"作"之牢"，似是。○食，祥吏反。補遺 "爵"字不可解，疑當作"宰夫"。饗食，《禮》疏云："饗有酒，食無酒❶。"

司徒知百宗、城郭、立器之數。百宗，百族也。城郭，謂其小大也。立器，所立之器用也。《周禮》："大司徒之職，掌建邦土地之圖，與其人民之數。"立器，言五方器械異制，皆知其數，不使作奇伎奇器也。增 古屋鬲曰："小司徒職曰'孜夫屋及其衆寡、六畜、兵器，以待政令'是也。"補遺 宗，疑當作"縣"。王畿千里曰"百縣"，縣方百里。

司馬知師旅、甲兵、乘白之數。《周禮》："二千五百人爲師，五百人爲旅。""四井爲邑，四邑爲丘，四丘爲甸"，亦謂之乘。以其治田，則謂之甸；出長轂一乘，則謂之乘。每乘又有甲士三人，步卒七十二人。白，謂甸徒，猶今之白丁也。或曰：白，當爲"百"，百人也。增 古屋鬲曰："白，當作'馬'，音之誤也。如'禡'通作'伯'，音近故也。"○乘，實證反。補遺 注"甸徒"當作"白徒"。《管子·乘馬篇》云"白徒三十人奉車兩"，蓋據此。傳寫者因上有"甸"字而誤耳。

脩憲命，脩憲法之命，所以表示人也。謂若以樂德教國子中和、祗庸、孝友之類也。增 憲命，猶"憲令"也，謂學宮之法令也。《周禮》："樂師掌國學之政。" **審詩商，**詩商，當爲"誅賞"，字體及聲之誤。故《樂論篇》曰："其在序官也，脩憲命，審誅賞。"其所屬之功過者❷。或曰：詩，謂四方之歌謠；商，謂商聲哀思之音，如甯戚之悲歌也。增 《禮記》曰："樂師辨乎聲詩。"又曰："《商》者，五帝之遺聲也。商人識之，故謂之'商'。"

---

❶ 覺按：《儀禮·聘禮》"壹食再饗"，賈公彥疏作"食禮無酒，饗禮有酒"。

❷ 覺按：宋浙本、古逸叢書本"所"作"徒"，當從之。"其徒屬之功過者"之上涉上脫"誅賞"二字。

由是觀之，"詩商"則聲音之名，而大師之職掌也，故荀卿云爾。《樂論篇》作"誅賞"者，非也。謝墉曰："注'其所'上，'謂誅賞'三字脫。"[補遺]或曰：商，當作"音"，古字相似。然賈誼《新書》亦云"審詩商"，似非誤。**禁淫聲**，《周禮·大司樂》"禁其淫聲、慢聲"，鄭云："淫聲，鄭、衞之音也。"**以時順脩**，謂不失其時而順之、脩之。**使夷俗邪音不敢亂雅，大師之事也**。夷俗，謂蠻夷之樂。雅，正聲也。大師，樂官之長。大，讀曰"太"❶。

　　脩堤梁❷，堤，所以防水。梁，橋也。**通溝澮**，溝、澮，皆所以通水。《周禮》："十夫之田有溝，溝上有畛；千夫有澮，澮上有道。"鄭云"溝，廣、深各四尺；澮，廣二尋，深二仞"也。**行水潦**，行，巡行也，下孟反。[增]行，如字，通之也。○潦，音老。**安水藏**❸，使水歸其壑。安，謂不使漏溢。藏，才浪反。**以時決塞**；旱則決之，水則塞之，不使失其時也❹。[增]塞，悉則反。[補遺]冬安水藏，夏注稻田，不止水旱時也。**歲雖凶敗水旱，使民有所耘艾，司空之事也**。艾，讀爲"刈"。[補遺]《管子·立政篇》作"秒穫"，劉績注："'秒'亦'穫'也。"耘，當是"秒"字誤。

　　相高下，視肥墝，序五種，高下，原隰也❺。五穀❻，黍、稷、豆、麻、麥。觀其地所宜而種之。墝，苦交反。[增]相，息亮反。種，主隴反。

---

❶ 覺按：原書"曰"作"爲"，今據宋浙本、古逸叢書本改。

❷ 宋本"堤"作"隄"。

❸ 宋本"藏"作"臧"，下同。

❹ 覺按：宋浙本、古逸叢書本無"其"字。

❺ 覺按：原書"隰"作"濕"，今據宋浙本、古逸叢書本改。

❻ 覺按：原書"穀"作"種"，今據宋浙本、古逸叢書本改。

省農功，省，觀也。觀其勤惰而勸之。增省，悉井反。謹畜藏❶，謹，嚴。增畜，勅六反。以時順脩，使農夫樸力而寡能，治田之事也。使農夫敦樸於力穡，禁其他能也❷。治田，田畯也。增樸，舊作"僕"，今據宋本、韓本改之，《王霸篇》作"朴"。

脩火憲，不使非時焚山澤。《月令》：二月"無焚山林"。鄭注《周禮》"憲，表也。主表其刑禁"也。增憲，法也。養山林藪澤草木、魚鼈，百索，百索，上所索百物也。增百索，猶"百求"也。《禮論篇》曰："百求可以得矣。"○索，色白反。以時禁發，禁，謂爲之屬禁。發，謂許民采取❸。使國家足用而財物不屈，虞師之事也。屈，竭也。虞師，《周禮》"山虞""澤虞"也。增屈，求勿反。

順州里，使之和順。補遺順，古文作"巡"。"順""巡"蓋通用。《管子》作"行鄉里"。定廛宅，廛，謂市內百姓之居。宅，謂邑內居也。定其分界，不使相侵奪也。養六畜，勸人養之也。增畜，許又反。間樹藝❹，樹藝，種樹及桑柘也。間之使疏密得宜也。增樹，臣庚反。補遺《管子》作"觀樹藝，簡六畜"。間，當作"簡"，閱也。勸教化，趨孝悌❺，勸之使從教化，趨之使敦孝悌。趨，讀爲"促"。以時順脩，使百姓順命，安樂處鄉，鄉師之事也。鄉師，公卿也。《周禮》："鄉老，二鄉公一人；鄉大夫，每鄉卿一人。"增《周禮》別有鄉師之職，其爵下大夫，掌其所治鄉之教而聽其治。本注以鄉老當之，非也。○樂，音洛。處，昌呂反。

---

❶ 覺按：宋浙本、古逸叢書本"畜"作"蓄"。

❷ 覺按：宋浙本、古逸叢書本"他"作"佗"。

❸ 覺按：原書"采"作"採"，今據宋浙本、古逸叢書本改。

❹ 覺按：宋浙本、古逸叢書本"間"作"閒"；注同。

❺ 宋本"悌"作"弟"。

論百工，論其巧拙。《月令》曰"物勒工名，以考其誠，功有不當❶，必行其罪"也。⬚《周禮·槀人職❷》"書其等以饗工。乘其事，試其弓弩，以下上其食而誅賞"是也。審時事，《考工記》曰："天有時，地有氣，材有美，工有巧，合此四者，然後可以爲良。"《月令》曰："監工日號：'毋悖於時❸。'"皆審其時之事也。⬚《周禮·染人職》"春暴練，夏纁玄，秋染夏，冬獻功"及《考工記》"爲弓，冬析幹而春液角，夏治筋，秋合三材"是也。辨功苦，功，謂器之精好者。苦，謂濫惡者。韋昭曰："功，堅。苦，脆也。"⬚苦，音"鹽"。尚完利，完，堅。利，謂便於用，若車之利轉之類也。便備用，使彫琢文采不敢專造於家❹，工師之事也。專造，私造也。

相陰陽，相，視也。陰陽，謂數也。⬚相，息亮反。占祲兆，占，占候也。祲，陰陽相侵之氣，赤黑之祲，是其類也。兆，謂龜兆。或曰：兆，萌兆❺。謂望其雲物，知歲之吉凶也。⬚"祲"謂"十煇"之屬，"兆"謂"四兆"之類，詳見于《周禮》"卜師職"及"眡祲職"。鑽龜陳卦❻，鑽龜，謂以火爇荆菙灼之也。陳卦，謂撲著布卦也。主禳擇五卜❼，禳擇，禳除不祥，擇取吉事也。五卜，《洪範》所謂"曰雨、曰霽、曰蒙、曰驛、曰克"❽，言兆之形也。知其吉凶妖祥，傴巫、跛擊之事也。擊，

---

❶ 覺按：宋浙本、古逸叢書本"功"作"工"，非。

❷ 覺按：原書"槀"作"槀"，今據《周禮》改。

❸ 覺按：宋浙本、古逸叢書本"毋"作"無"，"於"作"于"。

❹ 覺按：原書"彫"作"雕"，今據宋浙本、古逸叢書本改。

❺ 覺按：原書"萌"作"萠"，今據宋浙本、古逸叢書本改。

❻ 覺按：宋浙本、古逸叢書本"鑽"作"鑽"；注同。

❼ 宋本"禳"作"攘"。

❽ 覺按：宋浙本、古逸叢書本"克"作"剋"。

讀爲"覡"，男巫也。古者以廢疾之人主卜筮巫祝之事，故曰"傴巫、跛覡"。覡，胡狄反。增傴，傴僂也。巫，女巫也。〇傴，郁禹反。跛，補火反。

脩採清，脩其採清之事。採謂採去其穢，清謂使之清潔，皆謂除道路穢惡也。《周禮》"蜡氏掌除骴，凡國之大祭祀，令州里除不蠲"也。**易道路**，脩而平之。增易，謂芟治草萊也。〇易，以豉反。**謹盜賊**，謹，嚴禁也。《周禮•野廬氏職》曰："有相翔者誅之❶。" **平室律**，平，均布也。室，逆旅之室。平其室之法，皆不使容姦人，若今五家爲保也。增室，當作"質"，音之誤也。《王霸篇》曰："質律禁止而不偏。"注云："《周禮•小宰》：'聽賣買以質劑。'" **以時順脩，使賓旅安而貨財通❷，治市之事也**。此於《周禮》❸，野廬氏之職。今云"治市"，蓋七國時設官不同，治市之官兼掌道路，不必全依周禮制，據當時職事言之也。

抃急禁悍，"抃"當爲"析"，"急"當爲"愿"，已解上也。補遺抃急，亦當作"折暴"，下云"使暴悍以變"亦可證也。**防淫除邪，戮之以五刑，使暴悍以變，姦邪不作，司寇之事也**。

本政教，正法則，兼聽而時稽之，稽，計也，考也。《周禮》太宰"歲終，則令百官府各正其治，受其會，而詔王廢置。三歲，則大計"也。**度其功勞，論其慶賞，以時順脩，使百吏免盡，而衆庶不偷，冢宰之事也**。增順，舊作"慎"，今據宋本、韓本改之。免，讀爲"勉"。偷，薄也。前載宰、司徒、司馬職掌，此復載冢宰職掌者，案《周禮》，六卿皆六命，三公八命而不必別置之，六卿中有德者帶之。如周公冢宰而帶三公是也。然則前載者，六卿職掌；此載者，三公職掌而已，非重複也。

---

❶ 覺按：宋浙本、古逸叢書本無"之"字，非。

❷ 宋本"貨"作"賀"，非。

❸ 覺按：原書"於"作"皆"，今據宋浙本、古逸叢書本改。

〇度，待洛反。盡，津忍反。補遺盡，當作"藎"。《詩》曰："王之藎臣，無念爾祖。"藎，進也。

論禮樂，正身行，廣教化，美風俗，兼覆而調一之，辟公之事也。增行，下孟反。覆，扶又反。

全道德，致隆高，綦文理，一天下，振毫末，使天下莫不順比從服，天王之事也。增綦，猶"極"也。"致隆高，綦文理"已見《仲尼篇》。〇比，毗志反。

故政事亂，則冢宰之罪也；國家失俗，則辟公之過也；天下不一，諸侯俗反，則天王非其人也。增"俗反"之"俗"當作"倍"，字之誤也。

9.25　具具而王，具具而霸，具具而存，具具而亡。增具具，上謂器也，下猶"備"也。言治國者宜擇用也，不可使亡國之器具也。〇王，于況反；下"亦王"同。用萬乘之國者，威彊之所以立也，名聲之所以美也，敵人之所以屈也，國之所以安危、臧否也，制與在此亡乎人。王、霸、安存、危殆、滅亡，制與在我亡乎人。增用，爲也。物茂卿曰："'否也'之'也'衍。"〇乘，實證反。"國之所以安危臧否也制與在此"十三字一句，"王霸安存危殆滅亡制與在我"十二字一句。否，補美反。亡乎，音"無"。補遺與，當作"舉"。《儒効篇》："治天下之大器舉在此。"亡，如字，不在也。夫威彊未足以殆鄰敵也，名聲未足以懸天下也，則是國未能獨立也，豈渠得免夫累乎？天下增"懸天下"義，見于《正論篇》本注。渠，與"詎"同。詎，亦"豈"也。蓋以"豈詎"二字爲一"豈"字義。《家語•三恕篇》"奚詎"，《史記•張儀傳》"寧渠"及《陸賈傳》"何渠"同此。〇夫，音扶；下同。❶ 脅於暴國，匡遺累，苦也。脅，劫也。而黨爲吾所不欲，於是者，增十字一句。日與桀同事同行，無害爲堯，增行，下孟反。補遺此二十一字不可解，疑是他篇之錯簡。是非功名之所就也，非存亡安危之所墮也。功名之所就，存亡安危之所墮，必將於愉殷赤心之所。增就，成也。物茂卿曰："墮，迺'隨'之誤。"愛曰：言不得已而與惡人同事行者，非成功名，亦非存亡安危所隨來也。殷，讀爲"安"，以音誤。《鹽鐵論》有"安愉"之語。言功名所成，存亡安危所隨來者，在中心所愉安之善不善也。補遺愉殷赤心，未詳。蓋謂威彊立、名聲美也。誠以其國爲王者之所，亦王；以其國爲危殆滅亡之所❷，亦危殆滅亡。增所，猶言"所爲"也。

　9.26　殷之日，案以中立，無有所偏增殷之日，猶言"殷之時"也。案以中立，無有所偏，即與《禮記》"中立而不倚"同義。案，語助；下同。補遺殷之日，即"愉殷"之所，謂國勢殷盛之時也。而爲縱橫之事，增謂能經緯邦國也。○縱，將容反。補遺合從連衡，則有所偏，非中立也。偃然案兵無動，以觀夫暴國之相卒也。增卒，疑當作"捽"。捽，捽搏也。《國語》曰："戎夏交捽。"補遺案，抑也。"卒""瘁"通。暴國相伐而共弊也。或曰：此句下疑脫"爲是之日，而權剸天下之重矣"十二字。案平政教，審節奏，砥礪百姓，爲是之日，而兵剸天下勁矣。案脩仁義❸，伉隆高，正法則，選賢良，養百姓，爲是之日，而名聲剸天下之美矣。增剸，讀爲"專"。據下文例，"勁"上脫"之"字。伉，猶"極"也。權者，重之；兵者，勁之；名

---

❶ 覺按：此注當移於"天下"前。

❷ 元本無下"以其國"三字。

❸ 宋本"脩仁義"上有"然"字，非。

聲者，美之。增三“者”字帶“則”義。夫堯、舜者，一天下也，不能加毫末於是矣。增雖堯舜，不能出其上也。

　　故權謀傾覆之人退❶，則賢良知聖之士案自進矣。刑政平，百姓和，國俗節，則兵勁城固，敵國案自屈矣❷。務本事，積財物，而勿忘棲遲薛越也，增案，語助也；下同。本事，農事也。棲遲，貨財費散，猶人之棲息自廢於中野也。薛越，讀爲“屑越”。《通雅》：“賈閏甫謂李密曰：‘民以食爲天，而有司屑越如此。’”注曰：“狼戾也。”○知，音“智”。是使羣臣百姓皆以制度行，則財物積，國家案自富矣。三者體此而天下服，暴國之君案自不能用其兵矣。何則？彼無與至也。彼其所與至者，必其民也。增彼，皆指暴國君。其民之親我❸，歡若父母；好我，芳若芝蘭；反顧其上，則若灼黥，若仇讎。增其民，謂暴國之民也。若灼黥，謂畏怖之也。○好，呼報反；下同。彼人之情性也雖桀、跖，豈有肯爲其所惡賊其所好者哉？增爲，于僞反。惡，烏路反。彼以奪矣。增此四字衍文。補遺“以”“已”通。彼既失其民，國非其國也。故古之人，有以一國取天下者，非往行之也❹，脩政其所，莫不願，如是而可以誅暴禁悍矣。增《吳語》曰“施民所欲，去民所惡”是也。往，舊作“性”。今據宋本、元本、孫鑛本改之。補遺言脩仁政於其國，而天下之人莫不願爲其民也。“莫不願”上下疑有脫文。故周公南征而北國怨，曰：“何獨不來也？”東征

---

❶ 覺按：原書無“故”字，今據宋浙本、古逸叢書本補。

❷ 宋本“屈”作“詘”。

❸ 宋本“親我”下有“也”字，非。

❹ 覺按：宋浙本、古逸叢書本“往”作“徍”。

而西國怨，曰：“何獨後我也？”［重意］《書·仲虺之誥》：“初征自葛，東征西夷怨，南征北狄怨。曰：‘奚獨後予？’”增《尚書》以此事爲湯之事，而此以爲周公之事者，周公亦有此事。《詩》曰“周公東征，四國是皇”是也。宋本無本注。“重意”以下二十六字，皆非楊注也。雖然，有益于正文，不可刪也。**孰能有與是鬭者與**？增鬭，都豆反。者與，音餘。**安以其國爲是者王**。增安，語助；下同。“安存”，如字。○王，于況反；下“者王”同。

9.27　**殷之日，安以静兵息民，慈愛百姓，辟田野，實倉廩，便備用，安謹募選閲材伎之士❶**，增“以”字衍。○辟，步亦反。補遺“以”字承上，與“案以中立”同。**然後漸賞慶以先之，嚴刑罰以防之，擇士之知事者使相率貫也，是以厭然畜積脩飾❷，而物用之足也**。增厭然，足貌。厭，於艷反。畜，勑六反；下同。積，如字；下同。**兵革器械者，彼將日日暴露毀折之中原❸，我今將脩飾之，拊循之，掩蓋之於府庫**。增暴，音“曝”。拊，與“撫”同。**貨財粟米者，彼將日日棲遲薛越之中野，我今將畜積并聚之於倉廩**。補遺《十九子》“積”下有“之”字。**材伎股肱、健勇爪牙之士，彼將日日挫頓竭之於仇敵，我今將來致之、并閲之、砥礪之於朝廷**。增挫頓，猶“摧折”也。閲，閲實也。○并，與“併”同。朝，直遥反。補遺“竭”上蓋脱一字。**如是，則彼日積弊❹，我日積完；彼日積貧，我日積富；彼日積勞，**

---

❶ 宋本“伎”作“技”，下同。
❷ 宋本“是以”作“以是”。
❸ 元本“日日”作“日月”，小字元本同。
❹ 宋本“弊”作“敝”，下同。

我日積佚。增弊，罷弊。完，完脩。○佚，與"逸"同。君臣上下之間者❶，彼將屬屬焉日日相離疾也，我今將頓頓焉日日相親愛也，增屬屬，犯政爲惡貌。頓頓，頓首從服貌。○離，力智反，或如字。以是待其弊。安以其國爲是者霸。

9.28　立身則從傭俗，事行則遵傭故，補遺遵傭故，循平常之故事。進退貴賤則舉傭士，增句。之所以接下之人百姓者則庸寬惠❷，如是者則安存。增傭，讀爲"庸"。庸，中庸也。言雖不甚善，猶不至暴惡也。故，事也。之，於也。物茂卿曰："庸，用也。"○行，下孟反；下同。補遺之，猶"其"也。《莊子》曰："之人也，之德也，將滂礴萬物。"

9.29　立身則輕楛，事行則蠲疑，進退貴賤則舉佞悅❸，增句。之所以接下之人百姓者則好取侵奪，如是者危殆。增楛，讀爲"盬"，不堅固也。蠲，當作"嫌"，音之誤也。○輕，牽政反。

9.30　立身則憍暴，事行則傾覆，進退貴賤則舉幽險詐故，增句。之所以接下之人百姓者，則好用其死力矣而慢其功勞，好用其藉斂矣而忘其本務❹，如是者滅亡。增幽險，幽深巇險也。詐故，姦詐事故也。"故"下舊本、宋本有"人"字，今據元本、標注本、孫鑛本除之。死力，謂必死之力也。藉斂，猶言"稅斂"也。《詩》曰："實畝實藉。"鄭玄曰："藉，稅也。"又《鹽鐵論》曰"藉斂不過

---

❶ 覺按：宋浙本、古逸叢書本"間"作"閒"。

❷ 宋本無"人"字。

❸ 宋本"悅"作"侻"，非。

❹ 宋本"藉"作"籍"。覺按：原書"斂"作"歛"，今據宋浙本、古逸叢書木改。

十一”是也 ❶。本務，謂農桑也。○憍，通作“驕”。詐，側嫁反。慢，與“漫”同。藉，慈夜反，或如字。補遺故，巧也。《莊子》曰：“去知與故。”藉歛，謂非正税而取於民也。《管子》曰“藉於室屋”❷，“藉於六畜”。

9.31　此五等者，不可不善擇也，增五等者，謂上文所論政事善惡，其等差凡有五也。王、霸、安存、危殆、滅亡之具也。善擇者制人，不善擇者人制之；善擇之者王，不善擇之者亡 ❸。夫王者之與亡者、制人之與人制之也，是其爲相懸也亦遠矣。增懸，懸隔也。○夫，音扶。

荀子卷第五

---

❶ 覺按：今本《鹽鐵論・取下》“藉”作“籍”。

❷ 覺按：原書“屋”作“廡”，今據《管子・輕重甲》之文改。

❸ 宋本“者亡”上無“之”字。

荀子卷第六

富國篇第十

10.1 **萬物同宇而異體，**同生宇內，形體有異。 ⟨補遺⟩宇，疑是"生"字誤，古字相似，即"艸木有生"之"生"也。**無宜而有用**雖於人無常定之宜，皆有可用人之理，必在理得其道，使之不爭，然後可以富國也。 ⟨補遺⟩"宜""義"通，即"禽獸無義"之"義"也。用，謂其材可用也。**爲人，數也。人倫並處，同求而異道，同欲而異知，**倫，類也。並處，羣居也。其在人之法數，則以類羣居也。同求異道，謂或求爲善，或求爲惡。此人之性也。 ⟨增⟩人數，猶言"人道"也。蓋人心不同如其面，故雖同其求欲，如其求之之方則異也。〇處，昌呂反。知，音"智"；下同。 ⟨補遺⟩數，疑當作"役"，言爲人所使用也。**生也。皆有可也，知愚同；所可異也，知愚分。**可者，遂其意之謂也。 ⟨增⟩可者，意以爲善也。有可，謂有所可也。**勢同而知異❶，行私而無禍，縱欲而不窮，則民心奮而不可説也。**禍，患也。窮，極也。奮，謂起而爭競也。説，讀爲"悦"。若縱其情性而無分❷，則民心奮起爭競而

---

❶ 宋本"勢"作"埶"。

❷ 覺按：原書無"其"字，今據宋浙本、古逸叢書本補。

不可悦服也。增古屋㝢曰："勢同，謂無尊卑之等也。"説，音税。補遺窮，困也。言行私縱欲而無禍咎困窮，則民無所忌憚也。**如是，則知者未得治也；知者未得治，則功名未成也**；功名之立，由於任智。增功名必成於治。**功名未成，則羣衆未懸也** ❶；有功名者居上，無功名者居下，然後羣衆懸隔。若未有功名，則羣衆齊等也 ❷。**羣衆未懸，則君臣未立也**。既無懸隔，則未有君臣之位也。**無君以制臣，無上以制下，天下害生縱欲**。無上下相制，則天下之害生於各縱其欲也。增此節暗指墨子。**欲惡同物，欲多而物寡，寡則必爭矣**。同物，謂飲食、男女，人之大欲存焉；死亡、貧苦，人之大惡存焉：是賢愚同有此情也。無君上之制，各恣其欲，則物不能贍，故必爭之也。增惡，烏路反；下同。**故百技所成，所以養一人也**。技，工也。一人，君上也。言百工所成之衆物以養一人，是物多而所奉者寡，故能治也。增言人不能獨立而贍也。百技互通其功，而後各相養。蓋説以羣成也。《孟子》曰："一人之身，而百工之所爲備。"亦此意也。**而能不能兼技**，雖能者亦不兼其技功，使有分也。謂梓匠、輪輿各安其業則治，雜之則亂也 ❸。增本注"技功"當作"技工"。**人不能兼官**，皆使專一於分，不二事也。謂若夔典樂、稷播種之類也 ❹。補遺人之才能不能兼衆技、多官，故離居不相資，則所以養者不足而窮困也。**離居不相待則窮，羣而無分則爭**。不相待，遺棄也 ❺。窮，謂爲物所困也。此言不羣則不可，羣而無分亦不可也。增相待，通功易事也。窮，困窮也。○離，力智反。分，扶問反；下

---

❶ 宋本"懸"作"縣"，下同。

❷ 覺按：原書無"也"字，今據宋浙本、古逸叢書本補。

❸ 覺按：原書無"也"字，今據宋浙本、古逸叢書本補。

❹ 覺按：原書無"也"字，今據宋浙本、古逸叢書本補。

❺ 覺按：宋浙本、古逸叢書本"棄"作"弃"。

同。窮者，患也；爭者，禍也。救患除禍，則莫若明分使羣矣。此已上皆明有分則能羣，然後可以富國也❶。彊脅弱也❷，知懼愚也，民下違上，少陵長，不以德爲政，德，謂教化，使知分義也❸。增"民"字衍。○少，詩照反。長，竹丈反。如是，則老弱有失養之憂，而壯者有分爭之禍矣。老弱不能自存，故憂失養；壯者以力相勝，故有分爭也。增古屋鬲曰："'分爭'疑倒，與下文'爭功''爭色'對。"事業所惡也，功利所好也，職業無分，事業，謂勞役之事，人之所惡。職業，謂官職及四人之業。必使各供其職，各從所務。若無分，則莫不惡勞而好逸也。增好，呼報反。分，扶問反；下同。

如是，則人有樹事之患，而有爭功之禍矣。樹，立也。若無分，則人人患於樹立己事而爭人之功，以此爲禍也。增樹，臣庾反。男女之合、夫婦之分、合，配也。分，謂人各有偶也。增分，猶"別"也。婚姻、聘內、送逆無禮❹，婦之父爲婚，壻之父爲姻。言婚姻者，明皆以二人之命也❺。聘，問名也。內，讀曰"納"❻，納幣也。送，致女。逆，親迎也。增送，《左氏傳》所謂"姊妹則上卿送之""公子則下卿送之"之類是也。

如是，則人有失合之憂，而有爭色之禍矣。失合，謂喪其配偶也。故知者爲之分也。知，如字。知者，謂知治道者。又讀爲"智"，皆通。

10.2　足國之道：明富國之術也。節用裕民，而善藏其

---

❶ 覺按：宋浙本、古逸叢書本無"也"字。

❷ 宋本"彊"作"强"。

❸ 覺按：原書無"也"字，今據宋浙本、古逸叢書本補。

❹ 覺按：宋浙本、古逸叢書本"婚"作"婚"，注同；正文"聘"作"娉"，其注作"聘"。

❺ 覺按：原書無"明"字，今據宋浙本、古逸叢書本補。

❻ 覺按：原書"曰"作"爲"，今據宋浙本、古逸叢書本改。

餘❶。裕，謂優饒也。善藏其餘，謂雖有餘，不耗損而善藏之。**節用以禮，裕民以政**。以禮，謂用不過度。以政，謂取之有道也。**彼裕民，故多餘**；人得優饒，務於力作，故多餘也。⬚增"彼"字不穩，疑"夫"字誤。**裕民，則民富。民富，則田肥以易**；易，謂耕墾平易。⬚增易，與"穢"字對，蓋謂芟夷草萊也。○易，以豉反；下同。**田肥以易，則出實百倍**。所出穀實多也。**上以法取焉，而下以禮節用之**。法取，謂什一也❷。以禮節用，謂不妄耗費也。**餘若丘山，不時焚燒，無所藏之**。以言多之極也。**夫君子奚患乎無餘**？以墨子憂不足。⬚增夫，音扶。**故知節用裕民，則必有仁義聖良之名，而且有富厚丘山之積矣**。名實皆美。⬚增積，子賜反。**此無他故焉❸，生於節用裕民也。不知節用裕民，則民貧；民貧，則田瘠以穢**；貧則力不足，耕耨失時也。⬚增穢，草萊不易也。**田瘠以穢，則出實不半**。不得其半。**上雖好取侵奪，猶將寡獲也**；⬚增好，呼報反。**而或以無禮節用之❹，則必有貪利糾譑之名，而且有空虛窮乏之實矣**。糾，察也。譑，發人罪也。譑，音矯。⬚增"以無"疑字倒。《標注》曰："糾譑，賦斂刻急之意。"**此無他故焉，不知節用裕民也。《康誥》曰："弘覆乎天，若德裕乃身。"此之謂也**。弘覆如天，又順於德，是乃所以寬裕汝身。言"百姓足，君孰與不足"也。⬚增宋本"身"下有"不廢在王庭"五字。今《康誥》作："弘于天，若德裕乃身，不廢在王命。"謝墉曰："宋本正文并引'不廢在王庭'句，注無解，今依

---

❶ 宋本"藏"作"臧"；下同。

❷ 覺按：原書"什"作"十"，今據宋浙本、古逸叢書本改。

❸ 元本"他"作"它"，下同。覺按：宋浙本、古逸叢書本"他"作"佗"，下同。

❹ 謝墉本"節"作"而"。

元刻去之。"○覆，扶又反。

10.3　禮者，貴賤有等，長幼有差❶，貧富輕重皆有稱者也。稱，尺證反。增長，竹丈反。差，楚宜反。故天子裷裷衣、冕，裷，古"朱"字。裷，與"袞"同。畫龍於衣謂之袞。朱袞，以朱爲質也。衣冕，猶"服冕"也。增案《周禮•司服職》，裷裷即大裘而已。物茂卿曰："'衣'當屬上，注非。"諸侯玄裷衣、冕，謂上公也。《周禮》"公之服，自袞冕而下，如王之服"也。大夫裨、冕，衣裨衣而服冕，謂祭服也。天子六服，大裘爲上，其餘爲裨。裨之言卑也。以事尊，卑服之，諸侯以下亦服焉❷，鷩冕、絺冕皆是也。增案《司服職》，卿大夫得服玄冕而下，則此裨冕者，玄冕而已，非鷩冕、絺冕之類也。補遺天子朱袞衣，經無明文。《周官•司服》曰："侯伯之服，自鷩冕而下；子男之服，自毳冕而下。"鄭注云："凡冕服，玄衣纁裳。"此書所言，往往與三《禮》不符。士皮弁、服。皮弁，謂以白鹿皮爲冠，象上古也。素積爲裳，用十五升布爲之。積，猶"辟"也。辟蹙其腰中❸，故謂之素積也。增案《司服職》，士之服，自皮弁而下，如大夫之服。德必稱位，增論德而序位，所以稱位也。位必稱禄，增《國語》曰："禄以食爵。"故必稱禄。禄必稱用。增用，讀爲"庸"，勳也。《國語》曰："功庸以稱之。"由士以上則必以禮樂節之，衆庶百姓則必以法數制之。君子用德，小人用刑。增《禮記》曰："禮不下庶人，刑不上大夫。"與此相發。數，條目也。○上，時掌反。量地而立國，謂若《王制》天子之縣内九十三國也。計利而畜民，謂若周制計一鄉地利所出，畜萬二千五百家。度人力而授事；謂若一夫受

❶　覺按：原書"幼"作"刧"，今據宋浙本、古逸叢書本改。
❷　覺按：原書"以"作"已"，今據宋浙本、古逸叢書本改。
❸　覺按：宋浙本、古逸叢書本"腰"作"膌"。

田百畝❶。增度，待洛反。使民必勝事，事必出利，利足以生民，皆使衣食百用出入相揜，百用，雜用，養生送死之類。出，出財也。入，入利也。揜，覆蓋也。出入相揜，謂量入爲出，使覆蓋不乏絕也。增勝，音升。出，尺類反。揜，與"掩"同。必時藏餘❷，謂之稱數。足用有餘，則以時藏之，此之謂有稱之術數也。增數，員也，非術數之"數"也。故自天子通於庶人，事無大小多少，由是推之。故曰："朝無幸位，民無幸生。"此之謂也。上下所爲之事，皆以稱數推之，故無徼幸之徒。無德而祿謂之"幸位"，惰游而食謂之"幸生"也。增朝，直遙反。

10.4 輕田野之稅，平關市之征，平，猶"除"也。謂幾而不征也。增平，均齊之謂也。蓋苟卿別有制，以從時宜，不可以禮典之義強解此文也。省商賈之數，省，減也❸。謂使農夫衆也。增賈，音古。罕興力役，無奪農時，如是，則國富矣。夫是之謂以政裕民。此以政優饒民之術也。增夫，音扶。

10.5 人之生，不能無羣，羣而無分則争，争則亂，亂則窮矣。窮，困。增分，扶問反；下同。故無分者，人之大害也；有分者，天下之本利也；本，當爲"大"。增本利，對"樞要"，宜如字。而人君者，所以管分之樞要也。樞，户樞也。增管，主領也。○樞，尺朱反。故美之者，是美天下之本也；美，謂美其有分。增美之，謂美人君之宮室、衣服、飲食也。下文"安之""貴之"皆指人君。安之者，是安天下之本也；貴之者，是貴天下之本也。古

---

❶ 覺按：宋浙本、古逸叢書本"畝"作"畒"。
❷ 宋本"藏"作"臧"。
❸ 覺按：原書"減"作"減"，今據宋浙本、古逸叢書本改。

者先王分割而等異之也，<small>以分割制之，以等差異之。</small>補遺<small>分別貴賤而等差之也。</small>故使或美或惡、或厚或薄、或佚或樂、或劬或勞，<small>美，謂襃寵。惡，謂刑戮。厚薄，貴賤也。在位則佚樂，百姓則劬勞也。</small>增<small>美惡，謂宮室、衣服。厚薄，謂穀禄多少。〇佚，與"逸"同；下同。樂，音洛。</small>非特以爲淫泰、夸麗之聲，將以明仁之文，通仁之順也。<small>仁，謂仁人也❶。言爲此上事不唯使人瞻望，自爲夸大之聲，將以明仁人乃得此文飾，言至貴也；通仁人乃得此順從，言不違其志也。</small>增<small>冢田虎曰："聲，名聞也。"《標注》曰："上下有章謂之文，不敢凌越謂之順。"愛曰：謂仁者政事之文章及其順序如此也。</small>補遺<small>仁，疑當作"人"。</small>故爲之彫琢刻鏤、黼黻文章❷，<small>玉謂之彫，亦謂之琢。木謂之刻，金謂之鏤。白與黑謂之黼，黑與青謂之黻，青與赤謂之文，赤與白謂之章。</small>使足以辨貴賤而已，不求其觀；<small>不求使人觀望也。觀❸，古亂反。</small>補遺<small>不求外觀之美。</small>爲之鐘鼓、管磬、琴瑟、竽笙❹，使足以辨吉凶、合歡定和而已，不求其餘；<small>和，謂和氣。餘，謂過度而作鄭、衞者也❺。</small>增<small>和，和樂之"和"。</small>補遺<small>定和，晏子所謂"君子聽之，以平其心❻，心平德和"也。不求其餘，不求悦耳之音。</small>爲之宮室臺榭，使足以避燥溼、養德、辨輕重而已，不求其外。<small>德，</small>

---

❶ 覺按：宋浙本、古逸叢書本"仁人"作"人"。原注"仁，謂人也"意爲"仁，指人而言"，故不必作"仁人"。

❷ 宋本"彫"作"雕"；下同。

❸ 覺按：宋浙本、古逸叢書本無此"觀"字。

❹ 宋本"鐘"作"鍾"，非。

❺ 覺按：原書"者"作"音"，今據宋浙本、古逸叢書本改。

❻ 覺按：原書無"以"字，今據《晏子春秋・外篇第七・景公謂梁丘據與己和晏子諫第五》之文補。

謂君上之德。輕重，尊卑也。外，謂峻宇彫牆之類也。增《爾雅》曰："四方而高曰臺，無室曰榭。"《詩》曰："彫琢其章，金玉其相。亹亹我王，綱紀四方。"此之謂也。《詩》，《大雅·棫樸》之篇。相，質也。亹亹，勤勉之貌。言彫琢爲文章，又以金玉爲質，勉力爲善，所以綱紀四方也❶。與《詩》義小異也。增今《詩》"彫"作"追"，"亹亹"作"勉勉"，古音通也。○相，息亮反。

10.6 若夫重色而衣之，重味而食之，重財物而制之，合天下而君之，重，多也，直用反。增夫，音扶；下同。衣，於既反。非特以爲淫泰也，固以爲王天下❷、治萬變、材萬物、材，與"裁"同。增"特"下舊本有"所"字，今據宋本、元本、韓本、《羣書治要》除之。○王，于況反。養萬民、兼制天下者爲莫若仁人之善也夫。增"爲"字衍。故其知慮足以治之，其仁厚足以安之，其德音足以化之。增德音，有令聞之謂也。他篇不引《詩》中語者倣此。得之，則治；失之，則亂。百姓誠賴其知也❸，故相率而爲之勞苦以務佚之，以養其知也；知，讀爲"智"。增治，直吏反。爲，于僞反；下"爲之"同。誠美其厚也，補遺厚，即仁厚。故爲之出死斷亡以覆救之，以養其厚❹；厚，恩厚也❺。出死，謂出身致死。斷，猶"判"也，言判其死亡也。覆，蓋蔽也。斷，丁亂反。增斷亡，如《韓非子》"犯白刃，蹈爐炭，斷死於前"之"斷"，亦謂決死也。○出，尺類反；下同。覆，扶又反。誠美其德也，故

---

❶ 覺按：原書"綱紀"作"紀綱"，今據宋浙本、古逸叢書本改。

❷ 元本、《羣書治要》無"固"字。

❸ 覺按：原書"賴"作"頼"，今據宋浙本、古逸叢書本改。

❹ 宋本"厚"下有"也"字。

❺ 覺按：原書"恩"上有"謂"字，今據宋浙本、古逸叢書本刪。

爲之彫琢刻鏤、黼黻文章以藩飾之❶，以養其德❷。有德者宜備藩衞文飾也。故仁人在上，百姓貴之如帝，天帝也。親之如父母，爲之出死斷亡而愉者，愉，歡。無他故焉❸，其所是焉誠美，其所得焉誠大，其所利焉誠多。是，謂可其意也。言百姓所得者多，故親愛之也。補遺所是，謂知仁德也。《詩》曰：“我任我輦，我車我牛，我行既集，蓋云歸哉！”此之謂也。《詩》，《小雅·黍苗》之篇。引此以明百姓不憚勤勞以奉上也❹。鄭云：“集，猶‘成’也。蓋，猶‘皆’也。轉餫之役，有負任者，有輓輦者，有將車者，有牽傍牛者❺。事既成，召伯則皆告之云‘可歸哉’。”增言我行裝已成，當往而歸于此君，謂負任擔荷以來歸也。“蓋”“云”皆語辭。補遺“蓋”“盍”通。引《詩》以證其“所得焉”。“誠多”，故民歸之也。

10.7　故曰：“君子以德，小人以力。君子以德撫下，故百姓以力事上也❻。力者，德之役也。”力爲德所使役。百姓之力，待之而後功；百姓雖有力，待君上所使，然後有功也。百姓之羣，待之而後和；百姓之財，待之而後聚；百姓之勢❼，待之而

---

❶ 宋本“彫”作“雕”。

❷ 宋本“德”下有“也”字。

❸ 宋本“他”作“它”，下同。

❹ 覺按：原書無“也”字，今據宋浙本、古逸叢書本補。

❺ 覺按：原書“傍”作“傍”，今據宋浙本、古逸叢書本改。今本《詩經》鄭箋作“傍”，非。《周禮·地官·牛人》：“凡會同、軍旅、行役，共其兵軍之牛與其牽傍。”鄭玄注：“牽傍，在轅外輓牛也。人御之，居其前曰牽，居其旁曰傍。”

❻ 覺按：原書“百姓”作“小人”，今據宋浙本、古逸叢書本改。

❼ 宋本“勢”作“埶”。

後安；百姓之壽，待之而後長。皆明待君上之德化，然後無爭奪相殺也❶。父子不得不親，兄弟不得不順，男女不得不歡。少者以長，老者以養。故曰："天地生之，聖人成之。"此之謂也。古者有此語，引以明之也。增少，詩照反。長，竹丈反。養，羊尚反。

10.8　今之世而不然❷。增而，猶"則"也。厚刀布之斂以奪之財❸，補遺刀布，錢也。蓋謂口率出錢也。重田野之稅以奪之食，苛關市之征以難其事。苛，暴也。征，亦稅也。苛關市之征，出入賣買皆有稅也。使貨財不得通流，故曰"難其事"也❹。不然而已矣，不唯如此而已。有掎挈伺詐、權謀傾覆，以相顛倒，以靡弊之❺。有，讀爲"又"。掎，摭其事。挈，舉其過。伺，候其罪。詐，僞其辭。顛倒，反覆也。靡，盡也。弊，敗也。或曰：靡，讀爲"糜"。糜，散也。弊，盡也。增《左氏傳》曰："晉人角之，諸戎掎之。"杜預曰："掎其足也。"挈，提也。蓋掎者自後引之也，挈者在前提之也。○詐，側嫁反。補遺靡，損也。《越語》："靡王躬身。"百姓曉然皆知其汙漫暴亂而將大危亡也。汙、漫，皆穢行也。漫，莫半反。是以臣或弒其君，下或殺其上，粥其城、倍其節而不死其事者，無他故焉❻，人主自取之。粥其城，謂以城降人，以爲己利。節，忠節也。此皆由上無恩德，故下亦傾覆之。增上，長上也。粥，讀爲"鬻"。○倍，蒲悔反。《詩》曰："無

---

❶ 覺按：原書無"也"字，今據宋浙本、古逸叢書本補。

❷ 《羣書治要》無"而"字。

❸ 覺按：原書"斂"作"歛"，今據宋浙本、古逸叢書本改。

❹ 覺按：宋浙本、古逸叢書本無"也"字。

❺ 宋本"弊"作"敝"。

❻ 宋本"他"作"它"。

言不讎，無德不報。"此之謂也。《詩》，《大雅·抑》之篇。增讎，亦報也。

10.9　兼足天下之道在明分。掩地表畝❶，掩地，謂耕田使土相掩。表，明也。謂明其經界，使有畔也。增分，扶問反。補遺表，猶"高"也。言覆土爲畝。刺中殖穀，刺，絶也。中，古"草"字❷。增刺，七亦反。多糞肥田，是農夫衆庶之事也。守時力民，守時，敬授人時。力民，使之疾力。進事長功，進其事業，長其功利。增長，竹丈反。和齊百姓，使民不偷❸，增偷，薄也。○齊，如字。是將率之事也。將率，猶"主領"也，若今宰守。增將率，未詳，疑當作"農率"。《夏小正》曰："農率均田。"農率，田畯也。高者不旱，下者不水，寒暑和節，而五穀以時熟❹，是天下之事也。是天下豐穰之事，非由人力也。增天下，疑當作"天地"，字之誤也。若夫兼而覆之，兼而愛之，兼而制之，歲雖凶敗水旱，使百姓無凍餒之患❺，則是聖君、賢相之事也。增夫，音扶。覆，扶又反。相，息亮反。

10.10　墨子之言，昭昭然爲天下憂不足。補遺昭昭然，白鹿曰："當作'怊怊然'，憂貌。"夫不足，非天下之公患也，非公共之患也。增爲，于僞反。夫，音扶；下同。特墨子之私憂過計也。今是土之生五穀也，人善治之，則畝數盆❻，一歲而再獲之；

---

❶ 覺按：宋浙本、古逸叢書本"畝"作"畞"。

❷ 覺按：原書"字"下有"也"字，今據宋浙本、古逸叢書本刪。

❸ 宋本、韓本"民"作"人"。

❹ 宋本"熟"作"孰"。

❺ 謝墉本"餒"作"餧"。

❻ 覺按：宋浙本、古逸叢書本"畝"作"畞"。

蓋當時以盆爲量。《考工記》曰：“盆實二鬴。”《墨子》曰：“子墨子弟子仕於衞而反，子曰：‘何故反？’曰：‘與我言而不當。曰“待汝以千盆”，授我五百盆，故去之。’”獲，讀爲“穫”。⬜增數，所矩反；下同。**然後瓜桃棗李一本數以盆鼓；**一本，一株也。鼓，量也。《禮記》曰：“獻米者操量鼓。”數以盆鼓，謂數度以盆量之也。言“然後”者，謂除五穀之外更有此果實。⬜增謝墉曰：“注‘數度以盆’下當有‘鼓’。”⬜補遺然後，猶“而又”也。**然後葷菜百疏以澤量；**葷，辛菜也。疏，與“蔬”同。以澤量，言滿澤也，猶谷量牛馬。然後，義與上同❶。⬜增葷，音熏。**然後六畜禽獸一而剸車；**剸，與“專”同。言一獸滿一車❷。⬜增“一”下舊有“切”字，今據宋本除之。○畜，許又反。**黿、鼉、魚、鼈、鰌、鱣以時別，一而成羣；**別，謂生育，與母分別也。以時別，謂不夭其生，使得成遂也。一而成羣，言每一類皆得成羣❸。⬜增別，孕別也，已見于《王制篇》。○黿，音元。鼉，大多反。鰌，七由反。鱣，上演反。別，彼列反。⬜補遺“黿鼉”上脫“然後”二字。**然後飛鳥、鳧、鴈若煙海；**遠望如煙之覆海，皆言多也❹。**然後昆蟲萬物生其間❺：**昆蟲，蚑蟯、蜩、范之屬也。除大物之外，其間又有昆蟲萬物。鄭云：“昆，明也。得陽而出、得陰而藏之蟲也。”**可以相食養者不可勝數也。**⬜增勝，音升。**夫天地之生萬物也，固有餘，足以食人矣；**⬜增食，祥吏反。**麻葛、繭絲、鳥獸之羽毛齒革也，固有餘，足以衣人矣。**衣，去聲。⬜增繭，古典反。**夫有餘，不足非天下之公患也，特墨子**

---

❶ 覺按：原書“同”下有“也”字，今據宋浙本、古逸叢書本刪。

❷ 覺按：原書“車”下有“也”字，今據宋浙本、古逸叢書本刪。

❸ 覺按：原書“羣”下有“也”字，今據宋浙本、古逸叢書本刪。

❹ 覺按：宋浙本、古逸叢書本無“也”字。

❺ 覺按：宋浙本、古逸叢書本“間”作“閒”；注同。

之私憂過計也。

10.11　天下之公患，亂傷之也。胡不嘗試相與求亂之者誰也？我以墨子之"非樂"也，則使天下亂；墨子之"節用"也，則使天下貧。非將墮之也❶，說不免焉。非將墮毀墨子，論說不免如此。增胡，何也。○墮，許規反。補遺言墨子非將欲墮毀天下也，然其說之不善，不免如此。墨子大有天下，小有一國，天子、諸侯。將蹙然衣麤食惡，憂戚而非樂。墨子言樂無益於人，故作《非樂篇》。無樂，則人情憂戚，故曰"憂戚而非樂"也。增蹙，子六反。若是，則瘠；瘠，則不足欲；不足欲，則賞不行。瘠，奉養薄也。奉養既薄，則不能足其欲；欲既不足，則賞何能行乎？言皆由不顧賞也。夫賞以富厚，故人勸勉。有功勞者而與之麤衣惡食，是賞道廢也。《莊子》説墨子曰："其生也勤，其死也薄，其道大觳❷。"郭云："觳，無潤也。"義與"瘠"同。觳，苦角反。墨子大有天下，小有一國，將少人徒，省官職，省，所景反。上功勞苦，補遺功，事也。君上以勞苦爲事也。與百姓均事業、齊功勞。謂君臣"並耕而食，饔飧而治"❸。若是，則不威；不威，則賞罰不行。上下懸隔，故得以法臨馭。若君臣齊等，則威不立矣。增"賞"字衍。賞不行，則賢者不可得而進也；罰不行，則不肖者不可得而退也。賞罰，所以進賢而退不肖。賢者不可得而進也，不肖者不可得而退也❹，則能不能不可得而官也。不可置於列位而廢置也。補遺言能否混同，庶官無所

---

❶　宋本、韓本"墮"作"墮"。

❷　覺按：宋浙本、古逸叢書本"道"下有"也"字。

❸　覺按：宋浙本、古逸叢書本"飧"作"飱"，"治"下有"也"字。

❹　宋本無"進也""退也"之兩"也"字。

勉勵，不可官使也。**若是，則萬物失宜，事變失應，上失天時，下失地利，中失人和，**賞罰不行，賢愚一貫，故有斯弊❶。**天下敖然，若燒若焦，**敖，讀爲"熬"。若燒若焦，言萬物寡少，如被焚燒然❷。**墨子雖爲之衣褐帶索，嚽菽飲水，惡能足之乎？**嚽，與"啜"同。惡，音烏。增爲，于僞反。**既以伐其本，竭其原，而焦天下矣。**

10.12　**故先王聖人爲之不然，知爲人主上者不美不飾之不足以一民也❸，不富不厚之不足以管下也，**管，猶"包"也。增管，主領也。**不威不彊之不足以禁暴勝悍也❹，故必將撞大鐘、擊鳴鼓、吹笙竽、彈琴瑟以塞其耳❺，**塞，猶"充"也❻。增塞，悉則反；下同。**必將錭琢刻鏤、黼黻文章以塞其目，**錭，與"彫"同❼。**必將芻豢稻粱、五味芬芳以塞其口❽；**增豢，胡慣反。**然後衆人徒、備官職、漸慶賞、**漸，進。**嚴刑罰以戒其心，使天下生民之屬皆知己之所願欲之舉在于是也，故其賞行；**舉，皆也。于是，猶言"是于"。言生民所願欲皆在是于也。《說苑》亦作"是于"也。增于是，謝墉本作"是于"，下同。注"于是"作"是于"，"是于"作"于是"，"以正文注語互易，誤甚，改之"云，今當從

---

❶ 覺按：宋浙本、古逸叢書本"弊"作"敝也"。

❷ 覺按：原書"焚燒"作"燒焚"，今據宋浙本、古逸叢書本改。

❸ 宋本"知"下有"夫"字。

❹ 宋本"彊"作"强"。

❺ 宋本"笙竽"作"竽笙"。

❻ "塞"字注舊誤在"口"下。

❼ 覺按：宋浙本、古逸叢書本"彫"作"雕"。

❽ 宋本"粱"作"梁"，非。覺按：宋浙本作"粱"，古逸叢書本作"梁"。

之。○己，音紀；下同。皆知己之所畏恐之舉在于是也，故其
罰威。其罰可畏。增恐，丘隴反。賞行罰威，則賢者可得而進
也，不肖者可得而退也，能不能可得而官也。若是，則萬
物得宜，事變得應❶，上得天時，下得地利，中得人和，則
財貨渾渾如泉源❷，渾渾，水流貌。如泉源，言不絕也。渾，户本反。
汸汸如河海，汸，讀爲"滂"，水多貌也。暴暴如丘山，暴暴，卒
起之貌。言物多委積，高大如丘山也。增物茂卿曰："暴暴，竊疑是多貌，
如暴露然。"不時焚燒，無所藏之❸，夫天下何患乎不足也❹？
故儒術誠行，則天下大而富，使有功，大，讀爲"泰"，優泰也。使，
謂爲上之使也。可使，則有功也。增宋本、韓本"有"作"而"。古屋鬲曰：
"使，恐'佚'誤。"愛曰：《王霸篇》云"事至佚而功"。補遺以"墨術誠
行"之節推之，此當有脱文。使有功，當作"愈有功"，與"愈無功"對。
宋本"有"作"而"，非也。撞鐘擊鼓而和。《詩》曰："鐘鼓喤喤，
磬筦將將❺，降福穰穰。降福簡簡❻，威儀反反。既醉既飽，
福祿來反。"此之謂也。《詩》，《周頌・執競》之篇。毛云："喤喤、
將將，皆聲和貌。穰穰，衆也。簡簡，大也。"鄭云："反反，順習之貌。反，
復也。"增喤，華彭反。將，七羊反。

10.13 故墨術誠行，則天下尚儉而彌貧，非鬭而日爭，

---

❶ 宋本、韓本"宜"字、"應"字上皆有"其"字。
❷ 宋本無下"則"字。
❸ 宋本"藏"作"臧"。
❹ 元本無"乎"字。
❺ 宋本"磬筦將將"作"管磬瑝瑝"，注"將將"亦作"瑝瑝"。
❻ 覺按：宋浙本、古逸叢書本"簡簡"作"簡簡"；注同。

《墨子》有《非攻篇》❶。非攻，即非鬭也。既上失天時，下失地利，則物出必寡，雖尚儉而民彌貧。物不能贍，雖以鬭爲非，而日日争競也❷。增鬭，都豆反。**勞苦頓萃而愈無功，愀然憂戚非樂而日不和**。《説文》云：“頓，下首也。”萃，與“顇”同。上下不能相制，雖勞苦頓頓，猶將無益也。鄭注《禮記》云：“愀然，變動貌也❸。”增頓，僵也。○愀，子了反。**《詩》曰：“天方薦瘥，喪亂弘多。民言無嘉，憯莫懲嗟。”此之謂也**。《詩》，《小雅·節南山》之篇❹。薦，重也。瘥，病也。憯，曾也。懲，止也。嗟，奈何。薦，或爲“荐”❺。增嗟，嘆也。○喪，息浪反。

　　10.14　垂事養民，垂，下也。以上所操持之事，下就於民而養之，謂施小惠也❻。增垂事，施事業之謂也。補遺此下文“進事”“務民”之反，謂緩事務而姑息民也。**拊循之，呴嘔之**，拊，與“撫”同。撫循，慰悦之也。呴嘔，嬰兒語聲也。呴，於佳反。嘔，與“謳”同。增呴嘔，本注及《玉篇》訓“嬰兒語”，則知憐愍之意發於聲音矣。**冬日則爲之饘粥，夏日則與之瓜麩**，麩，煮麥飯也，丘舉反❼。增麩，疑當作“瓝”，字之誤也。劉向《新序》曰：“進糗餐之食、瓜瓝之羹。”又案《字典》注引“瓜”作“麥”❽，然諸本皆作“瓜”，則疑《字典》誤寫者乎？**以偷取少頃之譽焉，是偷道也，可以少頃得姦民之譽，然而非長久之道**

----

❶　覺按：宋浙本、古逸叢書本“非攻”作“非政”。

❷　覺按：原書無“而”字，今據宋浙本、古逸叢書本補。

❸　覺按：原書無“也”字，今據宋浙本、古逸叢書本補。

❹　覺按：宋浙本、古逸叢書本無“之”字。

❺　覺按：原書“爲”作“作”，今據宋浙本、古逸叢書本改。

❻　覺按：原書無“也”字，今據宋浙本、古逸叢書本補。

❼　覺按：宋浙本、古逸叢書本“舉”作“與”。

❽　覺按：指《康熙字典》“麩”字條所引。

也；事必不就，功必不立，是姦治者也。姦人爲治，偷取名譽。
增物茂卿曰："姦治，不正之治也。"偨然要時務民，偨然，盡人力貌。《説
文》云："偨，終也。"要時，趨時也。務，勉强也，謂以勞役强民也❶。偨，
子牢反。要，一饒反。補遺偨然，進趨貌。或曰：動衆貌。進事長功，
益上之功利也。增長，竹丈反；下同。輕非譽而恬失民，恬，安也。
言不顧下之毁譽，而安然忘於失民也。增非，誹也。恬失民，安於失民心
也。○輕，牽政反。事進矣而百姓疾之，事雖長進而百姓怨。是又
不可偷偏者也❷；言亦不可苟且偏爲此勞民之事也。補遺"不可"二字
衍。偏，當作"褊"。徒壞墮落❸，必反無功。雖苟求功利，旋即毁
壞墮落，必反無成功也。增太宰純曰："'徒'下似脱'毁'字。"今考本注，
太宰氏説似是。補遺依注，"徒"當是"毁"字誤。故垂事養譽不可，
以遂功而忘民亦不可，皆姦道也。以，用。

10.15 故古人爲之不然❹，使民夏不宛暍，使民，謂役使
民也。宛，讀爲"蘊"❺，暑氣也。《詩》曰："蘊隆蟲蟲。"暍，傷暑也。或曰：宛，
當爲"奥"。篆文"宛"字與"奥"字略相似，遂誤耳。奥，於六反，熱也。
增使，"令使"之"使"。○"宛""蘊"通，或與"菀"通。暍，於歇反。
冬不凍寒，急不傷力，緩不後時，皆謂量民之力，不使有所傷害。
增後，胡豆反。事成功立，上下俱富，而百姓皆愛其上，人
歸之如流水，親之歡如父母，爲之出死斷亡而愉者，無他

---

❶ 覺按：原書"强"作"彊"，今據宋浙本改。古逸叢書本作"強"。
❷ 元本無"者"字。
❸ 元本"徒"作"徙"。
❹ 宋本、韓本"古"下有"之"字。
❺ 覺按：原書"爲"作"曰"，今據宋浙本、古逸叢書本改。

故焉**❶**，忠信、調和、均辨之至也。均，平均。辨，明察也**❷**。增辨，與"徧"通。《君道篇》有"均徧而不偏"之語。○焉，于僞反。出，尺類反。斷，丁亂反。故君國長民者**❸**，欲趨時遂功，則和調累解，速乎急疾；忠信均辨，說乎賞慶矣；必先脩正其在我者，然後徐責其在人者，威乎刑罰。自"故君國長民"以下**❹**，其義未詳，亦恐脫誤。或曰：累解，嬰累解釋也。言君國長人**❺**，欲趨時遂功者，若和調而使嬰累解釋，則民速乎急疾。言效上之急，不後時也。若忠信均辨，則民悅乎慶賞；若先責己而後責人，則民畏乎刑罰。累，音類。解，佳買反。說，讀爲"悅"。增《韓子》曰："若天若地，是謂累解。"物茂卿曰："急疾，如《國語》'急病讓夷'也。"愛曰：速乎急疾，謂民應之速於趨急病也。○長，竹丈反。趨，七住反。三德者誠乎上，則下應之如影嚮，三德，謂調和累解、忠信均辨、正己而後責人也。誠乎上，謂上誠意行之也。嚮，讀爲"響"。或曰：三德，即忠信、調和、均辨也。雖欲無明達，得乎哉？《書》曰："乃大明服，惟民其勑懋**❻**，增句。和若有疾**❼**。"此之謂也。《書》，《康誥》。懋，勉也。言君大明以服下，則民勉力爲調和而疾速**❽**，以明效上之急也。增勑，與"飭"同，勤也。宋本、韓本作"力"可以見矣。若，語助，古文多有此例，蓋"和若有疾"謂其

---

❶ 宋本"他"作"它"。

❷ 覺按：原書無"也"字，今據宋浙本、古逸叢書本補。

❸ 元本無"國"字，注同。

❹ 覺按：宋浙本、古逸叢書本"民以"作"人已"。

❺ 覺按：宋浙本、古逸叢書本無"國"字。

❻ 覺按：宋浙本、古逸叢書本"勑"作"力"。

❼ 宋本、韓本"若"作"而"。

❽ 覺按：宋浙本、古逸叢書本"調和"作"和調"。

應上之速也。《議兵篇》曰："下之和上也如影嚮。"○和，胡臥反。補遺和若有疾，言民趨事如急疾病也。

10.16 故不教而誅，則刑繁而邪不勝；增猶言"不勝邪"。○勝，音升。教而不誅，則姦民不懲；誅而不賞，則勤屬之民不勸；屬也者，謂著於事業也。屬，之欲反。屬，或爲"厲"。增屬，《羣書治要》作"勵"，則古作"厲"必矣，當從"厲"。誅賞而不類，補遺"誅"字恐衍。則下疑俗儉而百姓不一❶。不類，不以其類。謂賞不當功，罰不當罪。儉，當爲"險"。險，謂徼幸免罪，苟且求賞也。補遺險，如"怨而險"之"險"。言下懷疑心，俗不平易，而民德不一也。故先王明禮義以一之❷，致忠信以愛之，尚賢使能以次之，爵服慶賞以申重之，申，亦重也。再令曰"申"。增次，次序也。○重，直用反。時其事、輕其任以調齊之，時其事，謂使人趨時，不奪之也。輕其任，謂量力而使也。潢然兼覆之，養長之，如保赤子。潢，與"滉"同。潢然，水大至之貌也。增覆，扶又反。若是，故姦邪不作，盜賊不起，而化善者勸勉矣。化善，化而爲善者也。是何邪？則其道易，平易可行。增邪，音"耶"。易，以豉反。其塞固，其所充塞民心者固❸。增塞，悉則反。補遺塞，音賽。徂徠曰："其道易，即'其政令一'也。其塞固，即'其防表明'也。"其政令一，其防表明。隄防標表，明白易識。增《天論篇》曰："禮者，表也。"《儒效篇》"行有防表"，亦指禮也。故曰："上一則下一矣，上二則下二矣。辟之若中木，枝葉必類本。"此之謂也。辟，讀爲"譬"。中，

---

❶《羣書治要》"儉"作"險"。

❷ 宋本"一"作"壹"。

❸ "塞"字注舊誤在"令一"下。

古"草"字。

10.17 不利而利之，補遺祖徠曰："不利民而吾取其利也。"
不如利而後利之之利也；增先利民，而後用之也。不愛而用之，
不如愛而後用之之功也。利而後利之，不如利而不利者之
利也；愛而後用之，不如愛而不用者之功也。利而不利也、
愛而不用也者，取天下矣。利而後利之、愛而後用之者，
保社稷也❶。不利而利之、不愛而用之者，危國家也。

10.18 觀國之治亂臧否，至於疆易而端已見矣。易，
與"場"同。端，首也。見，賢遍反。增治，直吏反；下"治國"同。否，
補美反。

其候徼支繚，候，斥候。徼，巡也。支繚，支分繚繞，言委曲
巡警也❷。其竟關之政盡察：竟，與"境"同。盡察，極察，言無不察也。
增盡，津忍反；下同。是亂國已。亂國多盜賊姦人，故用苛察之政也。

入其境，其田疇穢，都邑露：是貪主已。露，謂無城郭墻垣。
主貪財，民貧，力不足，故露也。增露，舊作"路"，今據宋本、韓本改之。

觀其朝廷，則其貴者不賢；觀其官職，則其治者不能；
觀其便嬖，則其信者不愨❸：是闇主已❹。便嬖，左右小臣寵幸者
也。信者不愨，所親信者不愿愨也。主闇，故姦人多容也。增朝，直遙反；
下同。便，婢綿反；下同。

凡主相臣下百吏之俗，其於貨財取與計數也，須熟盡

---

❶ 宋本"也"作"矣"。

❷ 覺按：原書"巡"作"廵"，今據宋浙本、古逸叢書本改。

❸ 覺按：宋浙本、古逸叢書本"愨"作"愨"，注及下文同。

❹ 覺按：古逸叢書本"主"作"王"，久保愛於此無校語，則宋本
當作"主"，可見古逸叢書本已與宋本有異矣。宋浙本作"主"。

察 ❶；俗，謂風俗。取，謂賦斂 ❷。與，謂賜與 ❸。計數，計筭也 ❹。須，待也。熟，精熟也。盡察，極察也。其於計數貨財，必待精熟極察然後行，言不簡易 ❺，急於貪利者也。⬚增須，當作"順"，字之誤也。《禮論篇》有"順熟脩爲"之語。○相，息亮反；下同。**其禮義節奏也，芒軔僈楛 ❻：是辱國已。** 禮義節奏，謂行禮義之節文。芒，昧也，或讀爲"荒"，言不習熟也。軔，柔也，亦怠惰之義。僈，與"慢"同。楛，不堅固也。辱國，言必見陵辱也 ❼。⬚增軔，音與"軔"通，故本注訓"柔"。僈，與"漫"同。楛，與"鹽"同。

其耕者樂田，其戰士安難，其百吏好法，其朝廷隆禮，其卿相調議：是治國已。安難，不逃難也。⬚增樂，音洛。難，乃旦反。好，呼報反。

觀其朝廷，則其貴者賢；觀其官職，則其治者能；觀其便嬖，則其信者慤：是明主已。

凡主相臣下百吏之俗 ❽，其於貨財取與計數也，寬饒簡易；不汲汲於貨財也。⬚增易，以豉反。其於禮義節奏也，陵謹盡察：是榮國已。陵，侵陵，言深於禮義也。謹，嚴也，言不敢慢

---

❶ 宋本"熟"作"孰"。

❷ 覺按：原書"斂"作"歛"，今據宋浙本、古逸叢書本改。

❸ 覺按：原書"與"作"予"，今據宋浙本、古逸叢書本改。

❹ 覺按：原書"筭"作"算"，今據宋浙本、古逸叢書本改。

❺ 覺按：宋浙本、古逸叢書本"簡"作"簡"，下正文同。

❻ 覺按：原書"軔"作"軔"，今據宋浙本、古逸叢書本改；注同。其增注中"軔"字之偏旁"刃"也作"刅"，今亦隨改。

❼ 覺按：原書"陵"作"凌"，今據宋浙本、古逸叢書本改。

❽ 宋本、韓本"俗"作"屬"。

易也。增物茂卿曰:"'陵''稜'通,言有廉隅也。又案,《致仕篇》'節奏欲陵'亦此意。"補遺《致士篇》云:"凡節奏欲陵,而生民欲寬❶。"注:"陵,峻也。""陵"與"寬"對,蓋嚴密之意。

賢齊,則其親者先貴;能齊,則其故者先官;雖舉在至公,而必先親、故,所謂"故舊不遺,則民不偷"。其臣下百吏,汙者皆化而脩,悍者皆化而愿,躁者皆化而慤:是明主之功已。躁,暴急之人也。

10.19 觀國之彊弱貧富有徵驗❷:徵,驗。言其驗先見也。上不隆禮,則兵弱;上不愛民,則兵弱;已諾不信,則兵弱;增已,謂其難諾者止而不應也。《禮記》曰"君子與其有諾責也,寧有已怨"是也。慶賞不漸,則兵弱;漸,進。將率不能,則兵弱。率,與"帥"同。增將,子匠反。率,所類反。上好攻取功❸,則國貧;民不得安業也。增好,呼報反;下同。上好利,則國貧;賦斂重也❹。士大夫衆,則國貧;所謂"三百赤芾"❺。工商衆,則國貧;農桑者少也❻。無制數度量,則國貧。不爲限量,則物耗費。增量,力讓反。下貧,則上貧;下富,則上富。百姓足,君孰與不足❼?故田野縣鄙者,財之本也;垣窌倉廩者,財之末也。

---

❶ 覺按:原書無"生"字,今據《致士篇》之文補。

❷ 宋本"彊"作"强"。宋本、韓本無"驗"字。

❸ 元本無"攻取"二字。

❹ 覺按:原書"斂"作"歛",今據宋浙本、古逸叢書本改;下同。

❺ 覺按:宋浙本、古逸叢書本"芾"作"茀"。今本《詩經·曹風·候人》作"芾"。

❻ 覺按:宋浙本、古逸叢書本無"也"字。

❼ 覺按:宋浙本、古逸叢書本"百姓足,君孰與不足"作"百姓與足,

垣，築牆四周❶，以藏穀也。窌，窖也，掘地藏穀也。穀藏曰倉，米藏曰廩。窌，匹教反。增四甸爲縣，五鄙爲鄙。縣，二千五百家。鄙，五百家。○廩，力錦反；下同。補遺田野縣鄙，謂四鄙之縣邑。**百姓時和、事業得叙者，貨之源也；等賦府庫者，貨之流也。**時和，得天之和氣，謂歲豐也。事業得叙，耕稼得其次序，上不奪農時也。等賦，以差等制賦。貨、財，皆錢穀通名。別而言之，則粟米布帛曰"財"，錢布龜貝曰"貨"也。增《書·堯典》曰："黎民於變時雍。"孔傳曰："時，是也。"本注非。補遺事業，謂萬民之事業。《周官·冢宰》云"以九職任萬民"是也。貨，謂凡百貨財也。等賦，謂等差土地以斂財賦。《司徒》云"辨五物九等，制天下之地征"是也。上主米穀，故曰"倉廩"；此主百貨，故曰"府庫"也。**故明主必謹養其和，節其流，開其源，而時斟酌焉，**節，謂薄斂。開，謂勸課。時斟酌，謂賦斂、賑卹，豐荒有制也。增節，節用也。開，謂開事業，以叙授民也。**潢然使天下必有餘，而上不憂不足。如是，則上下俱富，交無所藏之，是知國計之極也。**交無所藏，言上下不相隱。增"潢"字已見，交無所藏，即"不時焚燒，無所藏之"也。**故禹十年水，湯七年旱，而天下無菜色者；十年之後，年穀復熟❷，而陳積有餘。**無食菜之色也。增陳，謂舊穀也。《漢書·食貨志》曰："大倉之粟，陳陳相因，充溢露積於外。"○復，扶又反。積，子賜反。**是無他故焉❸，知本末源流之謂也。故田野荒而倉廩實，百姓虛而府庫滿，夫是之謂國蹷。**蹷，傾倒也。增夫，

君孰不足"。

❶ 覺按：宋浙本、古逸叢書本"牆"作"墻"。

❷ 宋本"熟"作"孰"。

❸ 宋本"他"作"它"，下同。

音扶；下同。壓，音厭。**伐其本，竭其源，而并之其末，然而主相不知惡也，則其傾覆滅亡可立而待也❶。以國持之，而不足以容其身，夫是之謂至貪，是愚主之極也**。以一國扶持之，至堅固也，而無所容其身者，貪也。增并，與"併"同。相，息浪反❷。惡，烏路反。補遺白鹿曰："貪，當作'貧'。"**將以求富而喪其國**，增喪，息浪反。**將以求利而危其身，古有萬國，今有十數焉**，補遺《韓詩外傳》作"今無數十"爲是。**是無他故焉，其所以失之一也❸。**皆以貪失之矣❹。增哀公七年《左氏傳》曰："禹合諸侯於塗山，執玉帛者萬國。"〇數，所矩反。**君人者，亦可以覺矣**。以此自覺悟也。**百里之國，足以獨立矣**。此言無道則雖大必至滅亡，有道則雖小足以獨立也❺。

10.20　**凡攻人者，非以爲名，則案以爲利也；不然，則忿之也**。凡攻伐者，不求討亂征暴之名，則求貨財土地之利，不然，則以忿怒，不出此三事也。爲，于僞反。增案，語助。

仁人之用國，將脩志意，正身行，用，爲也。行，下孟反。**伉隆高**，伉，舉也。舉崇高遠大之事。增伉隆高，見于《王制篇》。**致忠信，期文理**。期，當爲"綦"。極文理，謂其有條貫也。**布衣紃**

---

❶ 覺按：宋浙本、古逸叢書本"可"上皆有"則"字，則宋本也當有"則"字，久保愛此處無校語，蓋失校。

❷ 覺按："息浪反"當作"息亮反"，涉下注而誤。

❸ 宋本"也"作"矣"。覺按：宋浙本、古逸叢書本皆作"也"，若非久保愛誤校，則古逸叢書本已與宋本有異矣。又，古逸叢書本"失"作"夫"，非，此亦足見其不可與宋本等而視之矣。

❹ 覺按：原書"矣"作"也"，今據宋浙本、古逸叢書本改。

❺ 覺按：宋浙本、古逸叢書本無"也"字。

屨之士誠是❶,則雖在窮閻漏屋❷,而王公不能與之爭名;紃,條也,謂編麻爲之麤繩之屨也。或讀爲"穿"。王公不能與之爭名,言名過王公也。增誠是,誠行此數事也。○紃,似倫反。閻,余廉反。補遺"是"上恐脱"若"字。以國載之,則天下莫之能隱匿也。載,猶"任"也。以國委任賢士,則天下莫能隱匿。言其國聲光大也。增國,國君也。載,行也,行此數事也。本注非。若是,則爲名者不攻也。伐有道,祗成惡名❸,故不攻❹。

將辟田野,實倉廩,便備用,上下一心,三軍同力。與之遠舉極戰,則不可。遠舉,縣軍於遠也。極戰,苦戰也。彼暴國欲與我如此,則不可也。增上下和同,而糧食不乏,故不可當也。○辟,步亦反。補遺言用國之初,未可舉兵遠出以伐他國也。境內之聚也保固,視可,其境內屯聚,則保其險固,視其可進。謂觀釁而動也。午其軍,取其將若撥麷;午,讀曰"迕",遇也。《周禮·籩人職》云:"朝事之籩,其實麷、蕡。"鄭云:"麷,熬麥。今河間已北煮種麥賣之❺,名曰'麷'。"據鄭之説,麷,麥之牙蘖也,至脆弱,故以喻之。若撥麷,如以手撥麷也。麷,音豐❻。增午,逆也,迎也。○將,子匠反。補遺聚,會也。

---

❶ 標注本"屨"作"履"。

❷ 覺按:古逸叢書本"閻"作"闇"。

❸ 覺按:原書"祗"作"祇",今據宋浙本、古逸叢書本改。

❹ 覺按:原書"攻"下有"也"字,今據宋浙本、古逸叢書本刪。

❺ 覺按:宋浙本、古逸叢書本"間"作"閒"。又,原書"已"作"以"、"種"作"穜",今據宋浙本、古逸叢書本改。

❻ 覺按:宋浙本、古逸叢書本"麷,音豐"作"音豐同",宋刻遞修本作"麷与豐同",其古本當作"音與'豐'同",蓋或脱"與"字,或脱"音"字耳。

午，午割也。矇，當作"蒙"，聲之誤也。言若敵來攻，會戰於境內，則保守險固，視可而動，縱橫衝突，擊敗其軍，擒斬其將，如撥去蒙首之物也。**彼得之不足以藥傷補敗**。藥，猶"醫"也。彼縱有所得，不足以藥其所傷、補其所敗。言所獲不如所亡也❶。**彼愛其爪牙，畏其仇敵。若是，則爲利者不攻也**。愛己之爪牙，畏與我爲仇敵。爲，于僞反。

將脩小大、彊弱之義以持慎之❷，慎，讀曰"順"❸。脩小事大、弱事強之義❹，守持此道以順大國也❺。**禮節將甚文，珪璧將甚碩，貨賂將甚厚**，文，謂敬事之威儀也。珪璧，所用聘好之物。碩，大也。**所以說之者必將雅文辯慧之君子也**❻。所使行人往說之者，則用文雅禮讓之士。說，音稅。**彼苟有人意焉，夫誰能忿之？**［增］夫，音扶。**若是，則忿之者不攻也**。

爲名者否，爲利者否，爲忿者否，否，不攻也。爲，于僞反。**則國安于盤石，壽於旗、翼**。盤石，盤薄大石也。旗，讀爲"箕"。箕、翼，二十八宿名。言壽比於星也。《莊子》曰："傅說得之，乘東維，騎箕、尾而比於列宿。"亦其類也。或曰：《禮記》"百年曰期頤"，鄭云"期，要也。頤，養也"。［增］謝墉曰："盤石，即'磐石'。旗、翼，以其行度之多。《天官書》亦有旗星。"**人皆亂，我獨治；人皆危，我獨安；人皆失喪之，**

---

❶ 覺按：原書"獲"作"得"，今據宋浙本、古逸叢書本改。

❷ 宋本"彊"作"强"。

❸ 覺按：原書"曰"作"爲"，今據宋浙本、古逸叢書本改。

❹ 覺按：原書"强"作"彊"，今據宋浙本、古逸叢書本改。

❺ 覺按：原書無"也"字，今據宋浙本、古逸叢書本補。

❻ 覺按：宋浙本、古逸叢書本"辯"作"辨"。久保愛於此無校語，若非其失校，則古逸叢書本已與宋本有異矣。

我獨按起而制之 ❶。或曰：按，然後也。增按，語助。〇治，直吏反。喪，息浪反。故仁人之用國，非特將持其有而已也 ❷，又將兼人。不唯持其所有而已。《詩》曰："淑人君子，其儀不忒。其儀不忒，正是四國。"此之謂也。《曹風‧鳲鳩》之篇 ❸。

10.21　持國之難易：論守國難易之法也。增易，以豉反；下同。事彊暴之國難 ❹，使彊暴之國事我易。事之以貨寶，則貨寶單而交不結；約信盟誓，則約定而畔無日；約已定，隨即畔之。無日，言不過一日。《文子》作"約定而反無日" ❺。割國之錙銖以賂之，則割定而欲無猒 ❻。十黍之重爲銖，八兩爲錙。此謂以地賂彊國，割地必不多與，故以錙銖言之。猒，一占反。《韓詩外傳》作"割國之疆垂以賂之" ❼。增應劭《漢書》注："十黍爲絫，十絫爲銖。"仍案：本注"黍"當作"絫"。〇錙，側其反。事之彌煩，補遺《韓詩外傳》"煩"作"順"。其侵人愈甚，必至於資單、國舉然後已。單，盡也。國舉，謂盡舉其國與人也。雖左堯而右舜，未有能以此道得免焉者也。辟之，是猶使處女嬰寶珠、珮寶玉 ❽、嬰，繫於頸也。寶，謂珠玉中可寶者也 ❾。增辟，音"譬"。處，昌

---

❶ 覺按：宋浙本、古逸叢書本無"獨"字。
❷ 宋本"也"作"矣"。
❸ 覺按：宋浙本、古逸叢書本"鳲"作"尸"。
❹ 宋本"彊"作"强"，下同。
❺ 覺按：宋浙本、古逸叢書本"日"下有"也"字。
❻ 覺按：原書"猒"作"厭"，今據宋浙本、古逸叢書本改；注同。
❼ 覺按：宋浙本、古逸叢書本"賂之"下有"也"字。
❽ 宋本"珮"作"佩"。
❾ 覺按：宋浙本、古逸叢書本無"也"字。

呂反。**負戴黄金，而遇中山之盗❶，雖爲之逢蒙視，詘要、撓膕❷，君盧屋妾，由將不足以免之❸**。逢蒙，古之善射者。詘，與“屈”同。要，讀爲“腰”❹。撓，曲也。膕，曲脚中，古獲反。盧，當爲“廬”。由，與“猶”同。言處女如善射者之視物，謂微眇不敢正視也。既微視，又屈腰撓膕，言俯伏畏懼之甚也。君盧屋妾，謂處女自稱是君廬屋之妾，猶言“箕箒妾”，卑下之辭也。雖畏懼卑辭如此，猶不免劫奪之也。增《淮南子》有“籠蒙目視”，高誘注曰：“籠蒙，猶‘眇’也，暗目視也。”此所謂“逢蒙視”，蓋一類已。謝墉説亦同。君盧屋妾，猶謂欲爲君盧屋妾。謝墉曰：“‘君盧’句疑有訛字。”○爲，于僞反。撓，乃教反。

故非有一人之道也，謂不能齊一其人，同力以拒大國也。**直將巧繁拜請而畏事之**，但巧爲繁多拜請以畏事之也。**則不足以持國安身❺**。**故明君不道也**，恥辱如此，雖得免禍，亦不足以爲持國安身之術，故明君不言也。增道，由也。**必將脩禮以齊朝，正法以齊官，平政以齊民，然後節奏齊於朝**，齊，整也。節奏，禮之節文也。謂上下皆有禮也❻。增朝，直遥反。**百事齊於官**，百事皆有法度。**衆庶齊於下**。上政平均❼，故民齊一。**如是，則近者競親，遠方致願**；致，極也。極願來附也。增《韓詩外傳》“致願”作“願至”，是也。

---

❶ 宋本“盗”下有“也”字。
❷ 宋本“撓”作“橈”。
❸ 宋本、韓本“之”作“也”。
❹ 覺按：宋浙本、古逸叢書本“腰”作“胻”。
❺ 宋本“以”下有“爲”字。
❻ 覺按：原書無“也”字，今據宋浙本、古逸叢書本補。
❼ 覺按：原書“平均”作“均平”，今據宋浙本、古逸叢書本改。

上下一心，三軍同力；名聲足以暴炙之 ❶，名聲如日暴、火炙、炎赫也。增暴，音"曝"。威彊足以捶笞之 ❷；拱揖指麾，而彊暴之國莫不趨使；譬之，是猶烏獲與焦僥搏也。烏獲，秦之力人，舉千鈞者。焦僥，短人，長三尺者。搏，鬪也。故曰："事彊暴之國難，使彊暴之國事我易。"此之謂也。

荀子卷第六

---

❶ 覺按：原書"炙"作"炙"，今據宋浙本、古逸叢書本改；注同。
❷ 宋本"彊"作"强"，下同。

荀子卷第七

王霸篇第十一

11.1 國者，天下之⬚制⬚利用也；天下用之利者，無過於國。制，衍字耳。⬚增⬚用，器用也。下文云："國者，天下之大器也。"人主者，天下之利勢也。勢之最利者也。⬚增⬚《吕氏春秋》曰："君，利勢也，次官也。處次官，執勢利❶，不可不察於此。"得道以持之，則大安也，大榮也，積美之源也❷；不得道以持之，則大危也，大累也，有之不如無之，有國不如無國。及其綦也，索爲匹夫不可得也，綦，謂窮極之時。⬚增⬚舊本"及"上有"有也"二字，今據宋本、韓本除之。古屋鬲曰："綦，謂極其大危大累也。下文'綦之而亡'是也。"〇索，色白反。齊湣、宋獻是也。湣，與"閔"同。齊閔王爲淖齒所殺。宋獻，宋君偃也，爲齊閔王所滅。《吕氏春秋》云"宋康王"，此云"獻"，國滅之後，其臣子各私爲謚，故與此不同❸。故人主，天下之利勢也，然而不能自安也，安之者必將道也。必將以道守之。⬚增⬚物茂卿曰："必將

---

❶ 覺按："勢利"當作"利勢"，見《吕氏春秋·用民》。

❷ 宋本"源"作"原"。

❸ 覺按：原書"同"下有"也"字，今據宋浙本、古逸叢書本刪。

道也，猶言‘必其道乎’。將，語辭。”

11.2 故用國者，義立而王，信立而霸，權謀立而亡。⓪用，猶“爲”也。王，于況反；下同。“王者”如字。三者，明主之所謹擇也，所宜謹慎擇之。仁人之所務白也。白，明白也。

11.3 挈國以呼禮義而無以害之 ❶，挈，提舉也。言提挈一國之人 ❷，皆使呼召禮義。言所務皆禮義也。無以害之，謂不以他事害禮義也。⓪呼，猶“唱”也。行一不義、殺一無罪而得天下，仁者不爲也，櫟然扶持心國 ❸，且若是其固也！櫟，讀爲“落”，石貌也 ❹。其所持心持國，不行不義，不殺無罪，落然如石之固。⓪心國，當作“身國”。“身”“國”古對言，如下文“身死國亡”是也。补遺國，疑當作“志”。所與爲之者之人，則舉義士也；舉，皆也。所與爲政之人，則皆用義士，謂若伊、呂之比者也 ❺。⓪舊本“所”上有“之”字，今據宋本除之。“之人”二字衍文。所以爲布陳於國家刑法者，則舉義法也；謂若周穆王訓夏贖刑之類也。⓪舊本“所”上有“之”字，今據宋本除之。主之所極然帥羣臣而首嚮之者 ❻，則舉義志也。志，意也。主所極信率羣臣歸嚮之者 ❼，則皆義之志意 ❽，謂不懷不義之意也。

---

❶ 元本“挈”上有“故”字。

❷ 覺按：原書“提挈”作“挈提”，今據宋浙本、古逸叢書本改。

❸ 宋本“櫟”作“擽”，注同。

❹ 覺按：原書無“也”字，今據宋浙本、古逸叢書本補。

❺ 覺按：宋浙本、古逸叢書本無“也”字。

❻ 宋本“嚮”作“鄉”。覺按：宋浙本、古逸叢書本作“鄉”。

❼ 覺按：宋浙本、古逸叢書本“嚮”作“向”。

❽ 覺按：宋浙本、古逸叢書本無“意”字。

一曰❶：志，記也。舊典之有義者，謂若六經也。增首，手又反。補遺"主"字衍。不然，上文"之所與爲""之所以爲布陳"兩"之"上皆當加"主"字。宋本無上兩"之"字，非也。**如是，則下仰上以義矣，是綦定也。**綦，當爲"基"。基，本也。言以義爲本。仰，魚亮反。補遺大峰曰："綦，極也。《書》曰：'作汝民極。'綦定者，所以爲表極者定也。"**綦定而國定，國定而天下定。仲尼無置錐之地，誠義乎志意，加義乎身行，**仲尼誠能義乎志意，又加之以義乎身行，言志意及立身立行皆以義。行，下孟反。增誠義乎志意，所謂誠心行義也。《呂氏春秋》曰："君子之自行也，動必緣義，行必誠義，俗雖謂之窮，通也。"**著之言語❷，**以義著於言語，謂所論說皆明義也。**濟之日，不隱乎天下，名垂乎後世。**以義得濟之日，成功之後也，言仲尼行義既成之後。不隱乎天下，謂極昭明天下，莫能隱匿之。**今亦以天下之顯諸侯誠義乎志意，加義乎法則度量，著之以政事，案申重之以貴賤殺生，使襲然終始猶一也。**申，亦重也。既爲政皆以義，又申重以賞罰，使相掩襲無間隙❸，終始如一也。增案，語助。○量，力讓反。重，直用反。補遺襲然，重因繼續之意。**如是，則夫名聲之部發於天地之間也❹，豈不如日月雷霆然矣哉？**部，當爲"剖"，謂開發也。仲尼，匹夫，但著空言，猶得不隱乎天下，今若以顯諸侯行義，必如日月雷霆也❺。增夫，音扶。**故曰：以國齊義，一日而白，湯、武是也。**齊，當爲"濟"。以一國皆取濟於義，一朝而名聲明白，湯、武是也。增本注"取"字可疑。

---

❶ 覺按：原書"一"作"或"，今據宋浙本、古逸叢書本改。

❷ 宋本"著"作"箸"，下同。

❸ 覺按：宋浙本、古逸叢書本"間"作"閒"。

❹ 覺按：宋浙本、古逸叢書本"間"作"閒"。

❺ 覺按：原書無"也"字，今據宋浙本、古逸叢書本補。

湯以亳，武王以鄗，皆百里之地也，亳，湯國都。鄗，與"鎬"同，武王所都京也。《詩》曰："考卜維王，宅是鎬京。維龜正之，武王成之。"增舊本無"王"字、"也"字，今據宋本、《羣書治要》補之。天下爲一，諸侯爲臣，通達之屬，莫不從服，無他故焉❶，以濟義矣。是所謂義立而王也。非有他故，但取濟於義也。

11.4　德雖未至也，義雖未濟也，霸者亦有德義，但未能至極盡濟也。然而天下之理略奏矣，天下之謂條理者，略有節奏也。增奏，進也。又與"湊"同。刑賞已諾信乎天下矣，諾，許也。已，不許也。《禮記》曰："與其有諾責，寧有已怨。"信乎天下，謂若齊桓不背柯盟之比也。臣下曉然皆知其可要也。要，約也。皆知其可與要約不欺也。要，一堯反。政令已陳，雖覩利敗，不欺其民；謂若伐原，命三日之糧，不降而退之比也。約結已定，雖覩利敗，不欺其與。與，相親與之國，謂若齊桓許赦魯、衛❷，不遂滅之爲己利之比也。如是，則兵勁城固，敵國畏之；國一綦明，與國信之；綦，亦當爲"基"也。雖在僻陋之國❸，威動天下，五伯是也。伯，讀曰"霸"❹，又如字。爲諸侯之長曰"伯"❺。《春秋左氏傳》曰："策命晉侯爲伯❻。"補遺以下文觀之，所謂五伯者，齊桓、晉文、楚莊、吳闔閭、越

---

❶ 覺按：宋浙本、古逸叢書本"他"作"它"；注同。

❷ 覺按：原書"赦"作"救"，今據宋浙本、古逸叢書本改。

❸ 宋本"在"上有"末"字。覺按：宋浙本、古逸叢書本"陋"作"陋"，注及下文同。

❹ 覺按：原書"曰"作"爲"，今據宋浙本、古逸叢書本改。

❺ 覺按：原書"爲諸侯之長曰"作"諸侯之長爲"，今據宋浙本、古逸叢書本改。

❻ 覺按：宋浙本、古逸叢書本"伯"下有"也"字。

勾踐也。然《成相》云穆公配五霸，未知然否。**非本政教也**，雖有政教，未盡脩其本也。**非致隆高也**，致，極也。不如堯、舜、禹、湯之極崇高也。**非綦文理也**，言其駁雜，未極條貫。**非服人之心也**；未得天下歸心如文王。此皆言雖未能備行王道，以略信之，故猶能致霸也。增"非本"以下解于《仲尼篇》，本注非。**鄉方略**，所向唯在方略，不在用仁義也。增鄉，許亮反。**審勞佚**，審以佚待勞之術也。增審勞佚，《仲尼篇》本注是也。○佚，與"逸"同。**謹畜積**，謹嚴畜積，不妄耗費。增畜，敕六反。積，子賜反。**脩戰備**，齴然上下相信，而天下莫之敢當也。齴，齒相迎也[1]。齴然，上下相向之貌。齴，士角反。增舊本無"也"字，今據宋本補之。**故齊桓、晉文、楚莊、吳闔閭、越句踐，是皆僻陋之國也，威動天下，彊殆中國**，其彊能危中國。增闔，戶臘反。句，古侯反。**無他故焉[2]，略信也[3]。是所謂信立而霸也**。雖未能濟義，略取信而行之，故能致霸也。

11.5 挈國以呼功利，此論權謀者也。提挈一國之人，以呼召功利。言所務唯功利也。功役使利，貪求之也。**不務張其義、齊其信，唯利之求**，張，開。齊，當作"濟"，《羣書治要》作"濟"。**內則不憚詐其民而求小利焉**，謂若梁伯好土功，詐其民曰"寇將至"之比[4]。增詐，側嫁反；下同。**外則不憚詐其與而求大利焉**，謂若楚靈王以義討陳、蔡，因遂滅之之比也。**內不脩正其所以有**，補遺"以""己"通。**然常欲人之有**。有土地貨財也。補遺"然"上脱"唉

---

❶ 覺按：原書"迎"作"逆"，今據宋浙本、古逸叢書本改。

❷ 宋本"他"作"它"。

❸《羣書治要》無"略"字。

❹ 覺按：原書"寇"作"冠"，"比"下有"也"字，今據宋浙本、古逸叢書本改。

唊”二字。下云“唊唊常欲人之有”，彼脱“然”字。**如是，則臣下百姓莫不以詐心待其上矣。上詐其下，下詐其上，則是上下析也。** 離析。**如是，則敵國輕之，** 不得人心，故輕之也。增輕，牽政反。**與國疑之，權謀日行，而國不免危削，綦之而亡。** 其極者則滅亡。**齊閔、薛公是也。** 薛公，孟嘗君田文，齊閔王之相也。齊閔王爲五國所伐，皆薛公使然，故同言之也。增孟嘗君雖未至仁賢，當時之聞人，荀卿不可有此言。案《新序》曰：“齊閔王、靖郭君，雖至死亡，終身不諭。”疑謂此人也。靖郭君田嬰，始封於薛者，見于《戰國策》。**故用彊齊，非以脩禮義也，非以本政教也，非以一天下也，縣縣常以結引馳外爲務** ❶。 縣縣，不絶貌。引，讀爲“靷”。靷，引軸之物。結引，謂繫於軸，所以引車也。齊閔、薛公不脩德政，但使説客引軸馳騖於他國，以權詐爲務也。**故彊，南足以破楚，**《史記》：齊閔王二十三年，與秦敗楚於重丘南，割楚之淮北也。**西足以詘秦，北足以敗燕** ❷，《史記》：閔王“二十六年 ❸，與韓、魏共攻秦，至函谷軍焉”。增詘，與“屈”同。敗，必邁反。燕，於賢反；下同。**中足以舉宋；** 閔王三十八年，伐宋。宋王死於温。舉，謂舉其國而滅之也 ❹。**及以燕、趙起而攻之，若振槁然，** 閔王四十年，燕、秦、楚、三晉敗我於濟西。振，擊也。槁，枯葉也。言當權謀彊盛之時 ❺，雖破敵滅國，及樂毅以

---

❶ 覺按：原書“縣縣”作“綿綿”，今據宋浙本、古逸叢書本改；注同。

❷ 謝云：“敗燕當在齊閔王十年，《燕世家》載之。”

❸ 覺按：原書無“史記”二字，今據宋浙本、古逸叢書本補。宋浙本、古逸叢書本“二十六”作“三十六”，非。

❹ 覺按：宋浙本無“也”字，古逸叢書本有“也”字。

❺ 覺按：原書“彊”作“强”，今據宋浙本、古逸叢書本改。

諸國攻之，若擊枯葉之易也。增物茂卿曰："'及以'二字，只是'及'字意，佛經多有之，此其始。"愛曰：振，動搖之也。**而身死國亡，爲天下大戮**，爲天下大戮辱也。《春秋傳》曰："古者明王伐不敬，取其鯨鯢而封之，以爲大戮❶。"**後世言惡，則必稽焉**。後世稽考，閔王爲龜鏡也。**是無他故焉❷，唯其不由禮義而由權謀也。**

11.6 三者，明主之所謹擇也，而仁人之所務白也❸。善擇者制人，不善擇者人制之。善擇者用霸王，不善擇者用權謀也。增舊本"主"作"王"，"仁"上無"而"字，與下文不同，今據宋本、韓本改之補之。

11.7 國者，天下之大器也，重任也，不可不善爲擇所而後錯之，錯險則危❹；所，處也。錯，讀爲"措"。增《漢書·賈誼傳》云："今人之置器，置諸安處則安，置諸危處則危。天下之情與器亡目異，在天子之所置之。湯武置天下於仁義禮樂，而德澤洽，禽獸草木廣裕，德被蠻貊四夷，累子孫數十世，此天下所共聞也。秦王置天下於法令刑罰，德澤亡一有，而怨毒盈於世，下憎惡之如仇讎，既幾及身，子孫誅絕。"○爲，于僞反；下同。錯，七路反；下同。**不可不善爲擇道然後道之，塗薉則塞❺**；不可不善爲擇道路而導達之❻。薉，與"穢"同。塞，謂行不通也。增下"道"音"導"。塞，悉則反；下同。補遺然後道之。道，由也。下四"道"字同。**危、塞，則亡。**所以爲之善擇。**彼國錯者，**

---

❶ 覺按：宋浙本、古逸叢書本"戮"下有"也"字。

❷ 宋本"他"作"它"。

❸ 宋本二"所"下皆有"以"。

❹ 宋本"險"上有"之"字，韓本同。

❺ 宋本"塗"作"涂"。

❻ 覺按：原書"導"作"道"，今據宋浙本、古逸叢書本改。

非封焉之謂也，非受之茅土然後爲安。一曰❶:脩封疆、立城郭之謂也。
補遺非封焉之謂也，非謂擇土地而建邦國也。**何法之道、誰子之與**
也。設問之辭。既非封焉之謂，問以何法導達之❷，求誰人付與之。誰子，
猶“誰人”也。《慎子》曰:“弃道術❸，舍度量，求以一人之識識天下，誰
子之識能足焉❹?”增道，由也。與，共爲之也。本注“求以”舊作“以求”❺，
今改之。**故道王者之法，與王者之人爲之，則亦王;道霸者**
之法，與霸者之人爲之，則亦霸;道亡國之法，與亡國之
人爲之，則亦亡。答辭也❻。道，皆與“導”同。增《韓非子》曰:“與
死人同病者不可生也，與亡國同事者不可存也。”道，由也。〇道，如字。
三者，明主之所謹擇也，而仁人之所務白也❼。《荀子》多重
叙前語者，叮嚀之也❽。

　11.8　**故國者，重任也，不以積持之則不立。**不以積久
之法持之，則傾覆也。**故國者，世所以新者也❾，是憚;憚，非**
變也，憚，與“坦”同。言國者但繼世之主自新耳，此積久之法，坦坦
然無變也。《隨巢子》曰:“有陰而遠者，有憚明而功者。杜伯射宣王於畝
田❿，是憚明而功者。”據古，“憚”與“坦”通。增湯之《盤銘》曰:“苟日新。”

---

❶　覺按:原書“一”作“或”，今據宋浙本、古逸叢書本改。

❷　覺按:原書“導”作“道”，今據宋浙本、古逸叢書本改。

❸　覺按:原書“弃”作“棄”，今據宋浙本、古逸叢書本改。

❹　覺按:宋浙本、古逸叢書本“焉”下有“也”。

❺　覺按:宋浙本、古逸叢書本作“以求”。

❻　覺按:宋浙本、古逸叢書本“答”作“荅”。

❼　宋本二“所”下皆有“以”。

❽　覺按:宋浙本、古逸叢書本“叮嚀”作“丁寧”。

❾　《羣書治要》無“所”字。

❿　覺按:宋浙本、古逸叢書本“畝”作“畞”。

蓋非變舊法如張湯之言，變弊俗違舊法者之謂也。戰國之時，不知此義，拘者泥其弊，商鞅之徒變舊法，故荀卿論之。謝墉曰：“按注引《隨巢子》，‘憚明’以爲即‘坦明’之證，則本作‘憚’字無疑，而俗間本兩‘憚明’字俱作‘坦明’，非也。今竝改正。”愛亦從之。**改玉改行也❶**。自是改一玉，則改其所行之事，非法變也。或曰《國語》襄王謂晉文公曰：“先民有言曰：‘改玉改行。’”玉，佩玉。行，步也。增定公五年《左氏傳》曰：“改步改玉。”補遺憚憚，勞也。言國法者，人君世世所以新之者也。是憚憚勞心力者，非好變舊法也，亦唯改玉改行之義耳。此亦設問之辭也。**故一朝之日也，一日之人也，然而厭焉有千歲之固，何也**？設問之辭。一朝之日，謂今日之事，明朝不同，言易變也。一日之人，謂今日之生，未保明日，言壽促也。厭，讀爲“壓”。《禮記》曰：“見君子而後厭然掩其不善❷。”鄭注云：“閉藏貌。”言事之易變、人之壽促如此，何故有壓然深藏、千歲不變改之法乎❸？增厭焉，不動貌。標注本“固”作“國”，《群書治要》同，似是。〇厭，益涉反。補遺厭，安靜也。固，《群書治要》作“國”爲是。**曰：援夫千歲之信法以持之也，安與夫千歲之信士爲之也**。謂使百世不易可信之士爲政。增安，語助。〇夫，音扶；下同。**人無百歲之壽，而有千歲之信士，何也**？又問之。**曰：以夫千歲之法自持者，是乃千歲之信士矣**。以禮義自持者，則是千歲之士，不必壽千歲也❹，能自持則能持國也❺。**故與積禮義之君子爲之，則王；與端誠信全之士爲之，則霸；與權謀傾覆之人爲之，則亡。**

❶ 宋本“玉”作“王”，孫鑛本同，非。
❷ 覺按：原書“掩”作“擗”，今據宋浙本、古逸叢書本改。
❸ 覺按：原書“何故”上有“此”字，今據宋浙本、古逸叢書本刪。
❹ 覺按：原書“必”作“以”，今據宋浙本、古逸叢書本改。
❺ 覺按：原書無“也”，今據宋浙本、古逸叢書本補。

增《彊國篇》注曰："全，謂全德。"三者，明主之所謹擇也，而仁人之所務白也❶。善擇之者，制人；不善擇之者，人制之。增舊本"主"作"王"，"仁"上無"而"字，今據宋本、元本、韓本改之補之❷。

11.9　彼持國者，必不可以獨也，君不可獨治也。然則彊固榮辱在於取相矣。增固，舊作"國"，今據宋本、韓本改之。○相，息亮反；下同。身能，相能，如是者王。謂若湯、伊尹、文王、太公也。身不能，知恐懼而求能者，如是者彊。若燕昭、樂毅也。增恐，丘隴反；下同。身不能，不知恐懼而求能者，安唯便僻左右親比己者之用，如是者危削，謂若楚襄王左州侯、右夏侯之比也。增安，語助；下同。《君道篇》曰："案唯便嬖親比己者之用也。"僻，讀爲"嬖"，下同。便嬖，注見于《富國篇》。○便，婢綿反；下同。比，毗志反；下同。綦之而亡。宋獻之比。國者，巨用之則大，小用之則小；巨者，大之極也。補遺巨，大也。綦大而王，綦小而亡，小巨分流者存。小巨各半，如水之分流也。巨用之者，先義而後利，安不恤親疏❸，不恤貴賤，唯誠能之求，夫是之謂巨用之。小用之者，先利而後義，安不恤是非，不治曲直，唯便僻親比己者之用，夫是之謂小用之。增恤，猶"思念"也。○夫，音扶。巨用之者若彼，小用之者若此；小巨分流者，亦一若彼也，亦一若此也❹。或誠能之求，或親比己者之用。故曰：

---

❶ 宋本二"所"下皆有"以"字。

❷ 覺按：此條增注，原書在下一條楊注"君不可獨治也"之下，今據其內容移於此。

❸ 宋本"恤"作"卹"，下同。覺按：宋浙本、古逸叢書本作"衂"。

❹ 宋本無"也亦"二字。

"粹而王，駁而霸❶，無一焉而亡。"此之謂也。粹，全也。若舜舉皋陶，不仁者遠，即巨用之，綦大而王者也。駁，雜也。若齊桓外任管仲，內任豎貂❷，即小巨分流者❸。無一焉而亡，無一賢人，若屬王專任皇甫、尹氏，即綦小而亡者也。增駁，伯各反。

11.10　國無禮則不正。禮之所以正國也，譬之❹，猶衡之於輕重也，猶繩墨之於曲直也，猶規矩之於方圓也，禮能正國，譬衡所以辨輕重，繩墨所以辨曲直，規矩所以定方圓也。故錯之而人莫能誣也❺。錯，置也。《禮記》曰"衡誠懸，不可欺以輕重；繩墨誠陳，不可欺以曲直；規矩誠設，不可欺以方圓"也。增錯，七路反。《詩》云❻："如霜雪之將將，如日月之光明；爲之則存，不爲之則亡❼。"逸詩。爲，爲禮也❽。增霜雪、日月，皆比禮也。"將""章"音通，明貌。補遺如霜雪之將將，白鹿曰："威嚴之意。《詩・大雅》：'應門將將。'"此之謂也。

11.11　國危則無樂君，國安則無憂民。亂則國危，治則國安。增樂，音洛；下同。治，直吏反。今君人者❾，急逐

---

❶ 覺按：宋浙本、古逸叢書本"駁"作"駮"；注同。

❷ 覺按：原書"豎"作"豎"，今據宋浙本、古逸叢書本改。

❸ 覺按：原書"即"作"則"，今據宋浙本、古逸叢書本改。

❹《禮記》"所以"二字作"於"字，無"譬之"二字。

❺ 宋本"故"作"既"，"莫"下有"之"字；韓本同。

❻ 宋本"云"作"曰"。

❼ 宋本無"不爲之"之"之"，韓本同。

❽ 舊本本注"逸詩"二字在"明"字下，"爲，爲禮也"在"也"字下。今正。

❾ 小字元本"今"作"令"。

樂而緩治國 ❶，增治，如字。豈不過甚矣哉？譬之，是猶好聲色而恬無耳目也 ❷，豈不哀哉？恬，安也。安然無耳目，雖好聲色，將何用哉？增恬無耳目，安於無耳目也。○好，呼報反。恬，徒廉反。夫人之情，目欲綦色，耳欲綦聲，口欲綦味，鼻欲綦臭，心欲綦佚。臭，氣也。凡氣香亦謂之臭，《禮記》曰“佩容臭” ❸。綦，極也。“綦”或爲“甚” ❹，傳寫誤耳。佚，安樂也 ❺。增夫，音扶；下同。“匹夫”“役夫”如字。佚，與“逸”同。補遺心，當作“身”。下云“形體好佚”。此五綦者，人情之所必不免也。養五綦者有具，具，謂廣大、富厚、治辨、彊固之道也 ❻。無具 ❼，則五綦者不可得而致也。萬乘之國可謂廣大富厚矣，加有治辨彊固之道焉，有，讀爲“又”。辨，分別事。增有，如字。乘，繩證反。治，直吏反。若是，則恬愉無患難矣 ❽，然後養五綦之具具也。增具具，已解于《王制篇》。○難，乃旦反。故百樂者，生於治國者也；增治，直吏反。憂患者 ❾，生於亂國者也。急逐樂而緩治國者，非知樂者也。

---

❶《羣書治要》“逐”作“遂”。覺按：《羣書治要》卷三十八所引《孫卿子》之文作“逐”而不作“遂”。

❷ 宋本“猶”作“由”。

❸ 覺按：原書“佩”上有“皆”字，今據宋浙本、古逸叢書本刪。宋刻遞修本也無“皆”字，此“皆”字當爲世德堂本據《禮記》私加者，非古本原有也。

❹ 覺按：原書“甚”作“其”，今據宋浙本、古逸叢書本改。

❺ 覺按：原書“也”上有“之”字，今據宋浙本、古逸叢書本刪。

❻ 覺按：原書無“也”字，今據宋浙本、古逸叢書本補。

❼ 宋本“無”下有“其”字。

❽ 宋本“恬”作“怡”。

❾ 元本無“患者”之“者”。

增治，如字；下同。**故明君者，必將先治其國，然後百樂得其中**。得於治國之中。樂，並音洛。**闇君者，必將急逐樂而緩治國，故憂患不可勝校也**，計校。增急，舊作"荒"，今據宋本、韓本改之。○勝，音升。**必至於身死國亡然後止也，豈不哀哉？將以爲樂，乃得憂焉；將以爲安，乃得危焉；將以爲福，乃得死亡焉；豈不哀哉？於乎！君人者，亦可以察若言矣！**於乎，讀爲"嗚呼"。若言，如此之言，謂以上之說。

11.12　故治國有道，人主有職。在知其道，守其職也。增有道，有方法也。有職，有職分也。**若夫貫日而治詳，一日而曲列之**，貫日，積日也。積日而使條理詳備，一日而委曲列之，無差錯也。補遺詳，如"闇主好詳"之"詳"，謂細目也。**是所使夫百吏官人爲也，不足以是傷游玩安燕之樂**。煩碎之事既使百吏官人爲之，則不足以此害人君游燕之樂也。增舊本"所"上有"以"字，今據宋本、韓本除之。○玩，五亂反。樂，音洛；下同。**若夫論一相以兼率之，使臣下百吏莫不宿道鄉方而務**，論，謂討論選擇之也。率，領也。宿道，止於道也。鄉方❶，不迷亂也。臣下皆以宿道鄉方爲務，不敢姦詐也。增相，息亮反。鄉，許亮反。**是夫人主之職也**。論相乃是人主之職，不在躬親小事也❷。**若是，則一天下，名配堯、禹。人主者，**增人，舊作"之"，今據宋本及《羣書治要》改之。**守至約而詳，事至佚而功**，事，任。增守，舒救反；下同。**垂衣裳，不下簟席之上，而海內之民莫不願得以爲帝王**❸。**夫是之謂至約，樂莫大**

---

❶ 覺按：宋浙本、古逸叢書本"鄉"作"向"。下一"鄉"字同。

❷ 覺按：原書無"也"字，今據宋浙本、古逸叢書本補。

❸ 宋本"民"作"人"。

焉。⬚增⬚《易》曰：“黃帝、堯、舜垂衣裳而天下治。”○下，假嫁反。簟，徒點反。

11.13　人主者，以官人爲能者也；匹夫者，以自能爲能者也。人主得使人爲之，匹夫則無所移之。百畝一守❶，事業窮，無所移之也。百畝，一夫之守。事業，耕稼也。耕稼窮於此，無所移於人。若人主必躬治小事，則與匹夫何異也？今以一人兼聽天下，日有餘而治不足者，使人爲之也。今以一人兼聽天下之大，自稱日有餘，言兼聽之日有餘也。而治不足，謂所治之事少而不足，言不足治也。使人爲之，故得如此。《尸子》曰：“堯南撫交趾❷，北懷幽都，東西至日之所出入，有餘日而不足於治者，恕也。”《韓子》曰：“夫爲人主而身察百官，則日不足，力不給也。故先王舍己能，而因法數，審賞罰，故治不足而日有餘，上之任勢使然也。”日，而實反。大有天下，小有一國，天子，諸侯。必自爲之然後可，則勞苦耗悴莫甚焉，耗，謂精神竭。悴❸，顇悴也。如是，則雖臧獲不肯與天子易勢業❹。臧獲，奴婢也。《方言》云：“荆、淮、海、岱之間罵奴曰臧❺，罵婢曰獲。燕、齊亡奴謂之臧，亡婢謂之獲。”或曰：取貨謂之臧，擒得謂之獲，皆謂有罪爲奴婢者，故《周禮》“其奴❻，男子入于罪隸，女子入于舂藁”。勢業，權勢事業也。以是縣天下，一四海，何故必自爲之？以

---

❶ 覺按：宋浙本、古逸叢書本“畝”作“畞”；注同。

❷ 覺按：宋浙本、古逸叢書本“撫”作“橈”，非；“趾”作“阯”。《墨子·節用中》亦云：“古者堯治天下，南撫交阯。”

❸ 覺按：原書“悴”上有“耗”字，今據宋浙本、古逸叢書本刪。

❹ 宋本“悴”作“顇”，“勢”作“埶”。

❺ 覺按：宋浙本、古逸叢書本“間”作“閒”。

❻ 覺按：宋浙本、古逸叢書本“奴”作“奴婢”。

是一人之寡，懸天下之重❶，一四海之大，何故必自爲之？言力不任之也。增縣，胡涓反。爲之者，役夫之道也，墨子之説也。墨子之説，必自勞苦❷。論德使能而官施之者，聖王之道也，儒之所謹守也。官施，謂建百官，施布職事。增《禮記》曰："司馬辨論官材，論進士之賢者以告于王，而定其論。論定，然後官之。"傳曰："農分田而耕，賈分貨而販，百工分事而勸，士大夫分職而聽，聽其政治。增傳，直戀反。賈，音古。建國諸侯之君分土而守，三公揔方而議❸，揔，領也。議其所揔統之政❹。自陝以東周公主之，自陝以西邵公主之❺，一相處於内，是揔方而議也❻。增方，庶方，乃謂揔百官所掌之政事，而議之以裁斷也。則天子共己而已矣❼。"共，讀爲"恭"，或讀爲"拱"。垂拱而已也❽。增共己，音紀。出若入若，天下莫不平均，莫不治辨，若，如此也。出若入若，謂内外皆如此也，謂如論德、使能、官施之事。或曰：若，順也。增出若入若，據下文及《羣書治要》，當作"若出若入"❾，謂雖有一出一入，其大要莫不平均也。〇治，直吏反。是百王之所同也，

---

❶ 覺按：原書"懸"作"縣"，今據宋浙本、古逸叢書本改。

❷ 覺按：宋浙本、古逸叢書本"苦"下有"矣"字。

❸ 宋本"揔"作"總"。

❹ 覺按：宋浙本、古逸叢書本無"揔"字。

❺ 覺按：原書"邵"作"召"，今據宋浙本、古逸叢書本改。

❻ 覺按：宋浙本、古逸叢書本"議"下有"之"字。

❼ 《羣書治要》"而已"作"而止"。覺按：《羣書治要》卷三十八所引《孫卿子》之文"而已"作"止"而不作"而止"。又，宋浙本無"矣"字，古逸叢書本有"矣"字。

❽ 覺按：原書無"也"字，今據宋浙本、古逸叢書本補。

❾ 覺按：《羣書治要》卷三十八所引《孫卿子》之文，"則天子共己止矣"下緊接"故人主欲得善射，射遠中微"，無"若出若入"之句。

而禮法之大分也。禮法大分，在任人各使當其職分也。增分，扶問反。

11.14 百里之地可以取天下，是不虛，其難者在人主之知之也❶。所患人主不知小國可以取天下之道也。取天下者，非負其土地而從之之謂也，非謂他國負荷其土地❷，來而從我之謂也。道足以一人而已矣。其道足以齊一人，故天下歸之也。彼其人苟一，則其土地且奚去我而適他❸？彼國之人，苟一於我，則其土地奚往哉❹？故百里之地，其等位爵服，足以容天下之賢士矣；此論百里國取天下之道。賢士，有道德者也。其官職事業，足以容天下之能士矣；能士者，才藝也。增本注"者"當作"有"，"也"上當有"者"字。循其舊法❺，擇其善者而明用之，足以順服好利之人矣❻。擇舊法之善者而明用之，謂擇務本厚生之法而用之，則民衣食足而好利之人順服也❼。增好，呼報反；下同。賢士一焉，能士官焉，好利之人服焉❽，三者具而天下盡，無有是其外矣。具，謂俱爲用也。增一，謂盡來仕也。具，具備也。桃源藏曰："天下盡，猶言'天下事畢'。"故百里之地，足以竭勢矣❾；竭，盡也。有等位、爵服、

---

❶ 宋本"人"上有"於"字。

❷ 覺按：原書"他"作"它"，今據宋浙本、古逸叢書本改。

❸ 宋本"一"作"壹"，下同；"他"作"它"。

❹ 覺按：宋浙本、古逸叢書本"往"作"徃"。

❺ 元本"循"作"脩"。

❻ 元本"人"作"民"。

❼ 覺按：原書"人"作"民"，今據宋浙本、古逸叢書本改。

❽ 元本"人"作"民"。

❾ 宋本"勢"作"埶"。

官職、事業，是天下之勢盡於此矣❶。**致忠信，著仁義**❷，**足以竭人矣**。致，極也。著，明也。言極忠信，明仁義，足以盡天下之人，謂皆來歸也。**兩者合而天下取，諸侯後同者先危**。兩者合，謂能盡勢、盡人也。增《周易》所謂"後夫凶"是也。在春秋世，則如曹、衛、鄭之於晉文公，似之者乎？《詩》曰："**自西自東，自南自北，無思不服。**"**一人之謂也**。其道足以齊一人，故四方皆歸之。增《詩》，《大雅·文王有聲》篇。

11.15 **羿、蠭門者，善服射者也**；蠭門，即蠭蒙，學射於羿。羿、蠭蒙善射，故射者服之。蠭，音逢❸。增"門""蒙"古音通。**王良、造父者，善服馭者也**；王良，趙簡子之御❹，《韓子》曰"字伯樂"；造父，周穆王之御：皆善御者也。馭，與"御"同❺。增今《韓非子》無王良"字伯樂"之文，有"伯樂教二人相踶馬，相與之簡子廐觀馬"之語。案《晉語》有"郵無正"者，韋昭曰："無正，晉大夫郵良伯樂。"郵良，即王良御簡子者也。〇造，七到反；下同。父，音甫；下同。**聰明君子者，善服人者也。人服而勢從之，人不服而勢去之，故王者已於服人矣**。王者之功盡此也。增已，止也。**故人主欲得善射，射遠中微，則莫若羿、蠭門矣**；射及遠，中細微之物。增下"射"，食亦反。中，陟仲反。**欲得善馭，及速致遠**❻，**則莫若王良、造**

---

❶ 覺按：宋浙本、古逸叢書本"勢"作"人埶"。

❷ 宋本"著"作"箸"。

❸ 覺按：原書"逢"作"逢"，今據宋浙本、古逸叢書本改。

❹ 覺按：宋浙本、古逸叢書本"簡"作"簡"。下正文同。

❺ 覺按：宋浙本、古逸叢書本"同"下有"也"字。

❻ 小字元本"致"作"至"。

父矣；增《淮南子》"及"作"追"，似是。**欲得調一天下 ❶，制秦、楚，則莫若聰明君子矣。** 荀卿在齊。楚、秦，天下彊國，故制之者也。增舊本無"得"字，今據宋本補之。本注"故"下疑脫"欲"字。**其用知甚簡，** 用智慮至少也。增知，音"智"。**其爲事不勞而功名致大，甚易處而綦可樂也 ❷。故明君以爲寶，而愚者以爲難。** 明君以任賢爲寶，愚者以任賢爲難也。增致，猶"極"也；下同。○易，以豉反。處，昌呂反。樂，音洛。

11.16 **夫貴爲天子，富有天下，名爲聖王，兼制人，人莫得而制也，是人情之所同欲也，而王者兼而有是者也。重色而衣之，重味而食之，重財物而制之 ❸，** 重，多也，直用反。增夫，音扶；下同。衣，於既反。**合天下而君之，飲食甚厚，聲樂甚大，臺謝甚高，** 謝，與"榭"同。**園囿甚廣，** 增如"文王之囿方七十里"是也。**臣使諸侯，一天下，是又人情之所同欲也，而天子之禮制如是者也。** 禮之所與制 ❹，如此其盛，言盡人情之所欲也。**制度以陳，政令以挾，** 挾，讀爲"浹"，洽也。增以，與"己"同。**官人失要則死，公侯失禮則幽，** 要，政令之要約也。《禮記》曰："各揚其職，百官廢職，服大刑。"幽，囚也。《春秋傳》曰"晉侯執衞侯，歸之于京師，寘諸深室"也。增幽，《孟子》所謂"貴戚之卿""易位"之類是也。**四方之國有侈離之德則必滅，** 侈，奢侈；離，乖離：皆謂不遵法度。增離，讀爲"麗"。侈麗，《富國篇》所謂"淫泰夸麗"是也。

---

❶ 宋本"王"上有"使"字，"一"作"壹"。

❷《羣書治要》"綦"作"甚"，韓本同。

❸ 元本無"物"字。

❹ 覺按：原書無"所"字，今據宋浙本、古逸叢書本補。

《周禮·形方氏職》"華麗"亦作"華離","離""麗"古字通故也。**名聲若日月，功績如天地，天下之人應之如影響，是又人情之所同欲也，而王者兼而有是者也。**增舊本"績"作"積"，"響"作"嚮"，今據宋本改之。**故人之情，口好味，而臭味莫美焉；耳好聲，而聲樂莫大焉；目好色，而文章致繁、婦女莫衆焉；形體好佚，而安重間静莫愉焉**❶；間，隙也，或讀爲"閑"。愉，樂也。增間，或説爲是。○好，呼報反；下同。佚，與"逸"同。**心好利，而穀禄莫厚焉。合天下之所同願兼而有之，睪牢天下而制之若制子孫**❷，睪牢，未詳。睪，或作"畢"，言盡牢籠天下也。《新序》作"宰牢"。《戰國策》燕太子丹謂荆軻曰："秦有貪功之心，非盡天下之地，牢海内之王，其意不厭。"或曰："睪"讀如"以薅荼蓼"之"薅"，"牢"與《漢書》丘嫂"轑釜"之"轑"義同，皆脩理斡運之意也❸。增睪，與"睪"同。馬融《廣成頌》"睪牢陵山"註："睪牢，猶'牢籠'也。孫卿子曰：'睪牢天下而制之，若制子孫也。'""睪"本作"罜"，今改之。**人苟不狂惑戇陋者**❹，**其誰能睹是而不樂也哉**？增戇，戇愚也。陋，固陋也。○戇，直降反。樂，音洛；下同。**欲是之主並肩而存，能建是之士不世絶，千歲而不合，何也？曰：人主不公，人臣不忠也。人主則外賢而偏舉，人臣則争職而妬賢**❺，**是其所以不合之故也。**外賢，疏賢也。偏舉，偏黨而舉所愛也。增妬，丹故反。補遺外賢而偏舉，言任親貴，棄疏賤，舉用偏頗也。**人主胡不廣焉、無恤**

---

❶ 覺按：宋浙本、古逸叢書本"間"作"閒"；注同。

❷ 覺按：宋浙本、古逸叢書本"睪"作"罜"；注同。

❸ 覺按：宋浙本、古逸叢書本"脩"作"修"。

❹ 覺按：宋浙本、古逸叢書本"陋"作"陋"；注同。

❺ 宋本"妬"作"妒"。

親疏、無偏貴賤、唯誠能之求❶？廣焉，開泰貌。或曰：讀爲“曠”。
誠能，實能也。增十九字一句。若是，則人臣輕職業讓賢，而安
隨其後；增職業，謂官職事業。輕，謂不惜也。安，語助也。○輕，牽
政反。如是，則禹、舜還至，王業還起。還，復。功一天下，
名配禹、舜❷，物由有可樂如是其美焉者乎❸？嗚呼！君人
者亦可以察若言矣！可以察如此之言也。增由，與“猶”同。楊朱
哭衢塗❹，曰：“此夫過舉蹞步而覺跌千里者夫！”哀哭之。
楊朱，戰國時人，後於墨子，與墨子弟子禽滑釐辯論❺。其說在愛己❻，不
拔一毛以利天下，與墨子相反❼。衢塗，歧路也❽。秦俗以兩爲衢。或曰：
四達謂之衢。覺，知也。半步曰蹞。跌，差也。言此歧路第過舉半步，則
知差而哭，況跌千里者乎？故甚哀而哭之。《易》曰“差以毫釐，謬以千里”
也。增而，當作“不”，篆文相似，故誤。或曰：“而”下脱“不”字。《韻會》
“衢”字注引此注，“以兩”下有“衝”字。○衢，其俱反；下同。蹞，與“跬”
同，音頍。跌，音經。補遺覺，疑當作“竟”。此亦榮辱、安危、存
亡之衢已，此其爲可哀，甚於衢塗。此，謂求誠能之士也。不
求則滅亡，故可哀甚於衢塗也。嗚呼！哀哉！君人者千歲而不覺
也。嘆君人者千歲而不知求誠能之士。

---

❶ 宋本“恤”作“邮”。覺按：古逸叢書本作“邮”，宋浙本作“卹”。

❷ 宋本“一”作“壹”，“禹舜”作“舜禹”。

❸ 元本無“焉”字。

❹ 宋本“塗”作“涂”，下同。

❺ 覺按：宋浙本、古逸叢書本“辯”作“辨”。

❻ 覺按：原書“己”作“已”，今據宋浙本改。古逸叢書本作“已”。

❼ 覺按：原書無“子”字，今據宋浙本、古逸叢書本補。

❽ 覺按：原書“歧”作“岐”，今據宋浙本、古逸叢書本改；下同。

11.17 無國而不有治法，無國而不有亂法；無國而不有賢士，無國而不有罷士；《國語》曰："罷士無伍，罷女無家。"韋昭曰："病也。無行曰罷❶。"《周禮》"以嘉石平罷民"，謂平之使善者也。□增□治，直吏反，或如字。罷，音皮。無國而不有愿民，無國而不有悍民；無國而不有美俗，無國而不有惡俗。兩者並行而國在，上偏而國安，在下偏而國危；上偏，偏行上事也，謂治法多，亂法少，賢士多，罷士少，愿民多，悍民少之類。下偏，反是。□增□"兩者並行而國"下疑有脫文。或曰：當補"存"字。□補遺□以下文推之，上"在"字當屬上句，即"存"字誤。下"在"字衍。上一而王，下一而亡。一，謂令行也。□增□上一，一于治法而無亂法也。下一，反是。〇王，于況反，下"以王"同。故其法治，其佐賢，其民愿，其俗美，而四者齊，夫是之謂上一。□增□法治，舊作"治法"，今據宋本改之。"而"字可疑。〇治，直吏反。夫，音扶；下同。如是，則不戰而勝，不攻而得，甲兵不勞而天下服。故湯以亳，武王以鄗，鄗，與"鎬"同。□增□舊本"甲"作"用"，今據宋本、元本改之。皆百里之地也，天下爲一，諸侯爲臣，通達之屬，莫不服從，無他故焉❷，四者齊也。齊，謂無所闕也。桀、紂即序於有天下之勢，索爲匹夫而不可得也❸，即序於有天下之勢，謂就王者之次序爲天子也❹。□增□即，猶"則"也。物茂卿曰："序，當作'厚'。'厚於有天下之勢'見上。"愛曰：見上，則《仲尼篇》是也。又案《彊國篇》云："厚於有天

---

❶ 覺按：宋浙本、古逸叢書本"曰"作"而"，非。

❷ 宋本"服從"作"從服"；"他"作"它"，下同。

❸ 元本無"而"字。

❹ 覺按：原書無"也"字，今據宋浙本、古逸叢書本補。

下之勢，索爲匹天不可得也，桀、紂是也。"○索，色白反。**是無他故焉，四者並亡也。故百王之法不同若是，所歸者一也。**增 "若是" 二字衍。

11.18　上莫不致愛其下，而制之以禮。上之於下，如保赤子。政令制度，所以接下之人百姓❶，有不理者如豪末，則雖孤獨鰥寡必不加焉❷。不以豪末不理加於孤獨鰥寡也。四者，人所輕賤，故聖王尤愛之。《孝經》曰："不敢侮於鰥寡，而況於士民乎？"增《禮記》曰："少而無父者謂之孤，老而無子者謂之獨，老而無妻者謂之矜，老而無夫者謂之寡。"○豪，與 "毫" 通。**故下之親上，歡如父母，可殺而不可使不順。君臣上下，貴賤長幼，至于庶人，莫不以是爲隆正，**是，謂親上也。皆以親上爲隆正也。增《正論篇》說 "隆正" 之義曰："天下之大隆也，是非之封界，分職名象之所起，王制是也。"○長，竹丈反。補遺是，謂愛下親上也。**然後皆內自省以謹於分，**愛敬其上，故不敢踰越也。增省，悉井反。分，扶問反。**是百王之所以同也，而禮法之樞要也。**是百王之同用愛民之道而得民也。增 "以" 字衍。○樞，尺朱反；下同。**然後農分田而耕，賈分貨而販，百工分事而勸，士大夫分職而聽，建國諸侯之君分土而守，三公揔方而議❸，則天子共己而止矣❹。**增賈，音古。共，音恭。己，音紀。止，與 "己" 通。**若出若入❺，天下莫不平均，莫不治辨，是**

---

❶ 元本 "百姓" 下有 "者" 字。

❷ 小字元本 "加" 作 "以"。

❸ 宋本 "揔" 作 "總"。

❹ 元本、標注本 "止" 作 "正"。覺按：宋浙本、古逸叢書本 "己" 作 "已"，非。

❺ 宋本 "若出若入" 作 "出若入若"。

百王之所同，而禮法之大分也。亦謂致愛其下，故皆勸勉。餘並已解上也。增治，直吏反，下"國治"同。分，扶問反；下同。

11.19　若夫貫日而治平，權物而稱用，貫日，積日也。使條理平正，權制物使稱於用。稱，尺證反。增上文"平"作"詳"。使衣服有制、宮室有度、人徒有數、喪祭械用皆有等宜，以是用挾於萬物，人徒，謂胥徒，給徭役者也❶。械用，器用也。皆有等宜，言等差皆得其宜也。挾，讀爲"浹"。尺寸尋丈，莫得不循乎制數度量然後行❷，則是官人使吏之事也，不足數於大君子之前。官人，列官之人。使吏，所使役之吏。數，閱數也。大君子，謂人君也。增使吏，《君道篇》作"吏吏"❸，是也。○量，力讓反。數於，所矩反。故君人者，立隆政本朝而當，隆政，所隆之政也。當，丁浪反。增政，據上下文，當作"正"。朝，直遙反；下同。所使要百事者誠仁人也，主百事之要約綱紀者，謂相也。增古屋鬲曰："要，猶'總會'也。"○要，於遙反；下同。則身佚而國治，功大而名美，上可以王，下可以霸；增佚，與"逸"同。立隆正本朝而不當❹，所使要百事者非仁人也，則身勞而國亂，功廢而名辱，社稷必危❺：是人君者之樞機也❻。樞機在得賢相。人君，當爲"君人"也。

---

❶ 覺按：宋浙本、古逸叢書本"徭役"作"傜伇"。

❷ 元本"循"作"脩"。宋本"制數度量"作"制度數量"。

❸ 覺按：《君道篇》末節作"吏吏"者今見於古逸叢書本，宋浙本、宋刻遞修本皆作"使吏"。

❹ 宋本"正"作"政"，標注本同。

❺ 宋本"稷"作"禝"，下同。覺按：古逸叢書本"稷"作"禝"，而宋浙本此字作"禝"，下一字作"稷"。

❻ 標注本"君"下無"者"字，孫鑛本同。

增舊本"機"下有"者"字，今據宋本除之。**故能當一人而天下取，失當一人而社稷危。不能當一人而能當千人、百人者，説無之有也。**説論之中無此事❶。能當，謂能用人之當也。當，皆丁浪反。增一人，謂所使要百事者。**既能當一人，則身有何勞而爲**❷？而、爲，皆語助也❸。增有，讀爲"又"。而，讀爲"之"。**垂衣裳而天下定。故湯用伊尹，文王用呂尚，武王用召公，成王用周公旦。卑者五伯，**卑，言功業卑於王者。伯，讀爲"霸"。增召，音"邵"。**齊桓公闈門之内，懸樂、奢泰、游抏之脩，**懸，簨簴也❹。泰，與"汰"同。抏，與"玩"同。言齊桓唯此是脩也。**於天下不見謂脩，**天下不謂之脩飾也。**然九合諸侯，一匡天下，爲五伯長，**增長，竹丈反。**是亦無他故焉**❺，知一政於管仲也，是君人者之要守也。要守在任賢也。增守，舒救反。**知者易爲之，興力而功名綦大，**智者，知任賢之君也。增桃源藏曰："之，指'知者'。"○知，音智。下同。易，以豉反。爲，于僞反。補遺此"知者"，謂賢臣也。言君能任賢，則知者爲之立功易也。舊説拘下文所引孔子之語而失之。**舍是而孰足爲也？**舍是任賢之事，何足爲之？言其餘皆不足爲也。增舍，音"捨"。**故古之人**❻，**有大功名者，必道是者也；**道，行也。必行此任賢之事。增道，由也。**喪其國、危其身者，必反是者也。**增喪，息浪反。**故孔子曰："知者之知，固以多矣，**補遺"以""已"通。

---

❶ 覺按：原書"説論"作"論説"，今據宋浙本、古逸叢書本改。

❷ 孫鑛本、標注本"勞"作"熒"。

❸ 覺按：原書"語助"作"助語"，今據宋浙本、古逸叢書本改。

❹ 覺按：原書"簨"作"簾"，今據宋浙本、古逸叢書本改。

❺ 宋本"他"作"它"。

❻ 元本無"人"字。

有以守少，能無察乎？上"知"音"智"，下如字。有，讀爲"又"；下同。守少，謂任賢，恭己而已也。增知，皆音"智"。**愚者之知，固以少矣，有以守多，能無狂乎？"此之謂也。**守多，謂自任，主百事者也。事煩則狂亂也。

11.20 **治國者，分已定，則主相臣下百吏各謹其所聞，不務聽其所不聞；**謹，謂守行，無越思。增《論語》所謂"不在其位，不謀其政"是也。〇相，息亮反。**各謹其所見，不務視其所不見。所聞所見，誠以齊矣，**齊，謂各當其事，不侵越也。**則雖幽間隱辟❶，百姓莫敢不敬分安制以化其上，是治國之徵也。**間，讀爲"閑"。辟，讀爲"僻"。安制，謂安於國之制度，不敢踰分。徵，驗也。治國之徵驗在分定。增"化"上舊有"禮"字，今據元本除之❷。〇治，直吏反。

11.21 **主道：治近不治遠，**人主之道如此。**治明不治幽，治一不治二。**補遺大峰曰："依下文，似當作'當一不正百'。"**主能治近，則遠者理；**增《書》曰："陟遐必自邇。"理，亦治也。**主能治明，則幽者化；主能當一，則百事正。夫兼聽天下，日有餘而治不足者如此也，是治之極也。**增夫，音扶。是治，直吏反。**既能治近，又務治遠；既能治明，又務見幽❸；既能當一，又務正百：**當，丁浪反。**是過者也，猶不及也，**增《羣書治要》"猶"上有"過"字，是也。**辟之，是猶立直木而求其影之枉也。不能治近，又務治遠；不能察明，又務見幽；不**

---

❶ 覺按：宋浙本、古逸叢書本"間"作"閒"；注同。

❷《羣書治要》同元本。

❸《羣書治要》"見"作"治"。

能當一，又務正百：是悖者也，悖，惑。增悖，步没反，又補對反；下同。辟之，是猶立枉木而求其影之直也。故明主好要，而闇主好詳。任一相而委之，是好要；不委人而自治百事，是好詳也。增《始皇本紀》曰：三十五年，"天下之事，無小大皆決於上，上至以衡石量書，日夜有呈，不中呈不得休息"是也。○好，呼報反；下同。主好要，則百事詳；主好詳，則百事荒。力不及，故荒也。君者，論一相，陳一法，明一指，以兼覆之、兼炤之，以觀其盛者也。論，選擇也。指，指歸也。一法、一指，皆謂綱紀也❶。盛，讀爲"成"。觀其成功也。增相，息亮反；下同。覆，扶又反；下同。炤，與"照"同。相者，論列百官之長，要百事之聽，列，置於列位也。聽，治也。要取百事之治，考其得失也。要，一堯反。增長，竹丈反；下同。以飾朝廷臣下百吏之分，脩飾使各當分。增朝，直遥反。度其功勞，論其慶賞，歲終奉其成功以效於君，當則可，不當則廢。效，致也。《周禮·大宰》❷："歲終，則令百官府各正其治，受其會，聽其政事而詔王廢置"也。增可，許可也。○度，待洛反。當，丁浪反。故君人勞於索之，而休於使之。索，求也。休，息也。增《呂氏春秋》曰："賢主勞於求人，而佚於治事。"《君道篇》"人"下有"者"字，是也。○索，色白反。

11.22　用國者，得百姓之力者富，得百姓之死者彊，得百姓之譽者榮。增用，舊作"周"，今據宋本、元本改之。三得者具而天下歸之❸，三得者亡而天下去之。天下歸之之謂

---

❶ 覺按：宋浙本、古逸叢書本"綱紀"作"紀綱"。

❷ 覺按：原書"大"作"太"，今據宋浙本、古逸叢書本改。

❸ 宋本"三得"作"三德"。

王，天下去之之謂亡。湯、武者，脩其道❶，行其義，興天下同利，除天下同害，天下歸之。故厚德音以先之，明禮義以道之，致忠信以愛之，賞賢使能以次之，賞，讀爲"尚"。增道，音"導"。爵服賞慶以申重之，時其事、輕其任以調齊之❷，增《禮記》曰："使之雖病也，任之雖重也。"鄭玄曰："謂時賦稅。"○重，直用反。潢然兼覆之，養長之，如保赤子。潢，與"滉"同，大水貌也。增覆，扶又反。長，竹丈反。生民則致寬，生民，生活民，謂衣食也。使民則綦理。辨政令制度，所以接天下之人百姓，有非理者如毫末❸，則雖孤獨鰥寡必不加焉。增據上文例，"天"字似衍。是故百姓貴之如帝，親之如父母，爲之出死斷亡而[不]愉者，無他故焉❹，不愉，"不"字剩耳。增已見于《王制篇》。○爲，于僞反；下同。出，尺類反。斷，丁亂反。道德誠明，利澤誠厚也。

11.23 亂世不然。汙漫、突盜以先之，突，凌觸❺。盜，竊也。權謀傾覆以示之，俳優、侏儒、婦女之請謁以悖之❻，俳優，倡優。侏儒，短人可戲弄者。悖，亂也。增俳，音排。悖，步沒反，又補對反。使愚詔知，使不肖臨賢。生民則致貧隘，使民則綦勞苦❼。是故百姓賤之如㑩，惡之如鬼，字書無"㑩"字，蓋當

---

❶ 宋本"脩"作"循"。

❷ 宋本"輕"作"經"，非。

❸ 宋本"毫"作"豪"，非。

❹ 宋本"他"作"它"。

❺ 覺按：宋浙本、古逸叢書本"凌觸"作"陵，突觸"。

❻ 元本"女"下無"之"字。

❼ 元本"綦"作"致"。

爲"尫"❶，病人也。《禮記》曰："吾欲暴尫而奚若？"《新序》作"賤之如尫豕"。增知，音"智"。惡，烏路反。日欲司間而相與投籍之，去逐之❷。司間，伺其間隙❸。投，擿也❹。籍，踐也。一作"投錯之"。增司，音"伺"。間，古晏反。去，起吕反。卒有寇難之事，又望百姓之爲己死，不可得也。説無以取之焉。論説之中，無以此事爲得也。卒，千忽反。增難，乃旦反。孔子曰："審吾所以適人，適人之所以來我也。"此之謂也。適人，往與人也。審慎其與人之道，爲其復來報我也。增《羣書治要》無後"適"字，是也。此蓋衍。

　11.24　傷國者何也？曰：以小人尚民而威，尚，上也。使小人在上位而作威也。以非所取於民而巧，若丘甲、田賦之類也。增非所，謂非所可取于民也。如《君道篇》"以無度取於民"是也。是傷國之大災也。大國之主也，而好見小利，是傷國；其於聲色、臺榭、園囿也，愈厭而好新，是傷國；厭，足也，一占反。增好，呼報反；下同。不好循政其所以有，唊唊常欲人之有，是傷國。唊唊，并吞之貌。增元本"循"作"脩"，宋本"政"作"正"。上文亦云"内不脩正其所以有"，其義似穩。三邪者在匈中，而又好以權謀傾覆之人斷事其外，事，任也。謂斷決任事於外也。增三邪，謂"見小利""好新""欲人之有"也。匈，與"胸"同。以，用也。事，國事也，不可訓"任"也。○斷，丁亂反。若是，則權輕名辱，社稷必危，

---

❶ 覺按：宋浙本"尫"作"尩"，古逸叢書本作"尪"；下同。

❷ 宋本"籍"作"藉"，"逐"作"遂"，非。覺按：宋浙本、古逸叢書本"間"作"閒"；注同。古逸叢書本"逐"作"遂"，宋浙本則作"逐"而不作"遂"，由此也可見宋浙本之珍貴。

❸ 覺按：宋浙本、古逸叢書本"隙"作"隟"。

❹ 覺按：原書"擿"作"擲"，今據宋浙本、古逸叢書本改。

是傷國者也。大國之主也，不隆本行，不敬舊法，而好詐故，故，事變也。增詐故，已解于《王制篇》。〇行，下孟反。好，呼報反。詐，側嫁反；下同。若是，則夫朝廷羣臣亦從而成俗於不隆禮義而好傾覆也❶。以不隆禮義爲成俗。增二十字一句。舊本無"於"字，今據宋本補之。〇夫，音扶；下同。朝，直遥反；下同。朝廷羣臣之俗若是，則夫衆庶百姓亦從而成俗於不隆禮義而好貪利矣。君臣上下之俗莫不若是，則地雖廣，權必輕；人雖衆，兵必弱；刑罰雖繁，令不下通。夫是之謂危國，是傷國者也。

11.25 儒者爲之不然，必將曲辨。辨，理也。委曲使歸於理也。增辨，"治辨"之"辨"。補遺言一一辯之，下文是也。朝廷必將隆禮義而審貴賤，若是，則士大夫莫不敬節死制者矣❷。節，忠義。制，職分。增節，節義也。百官則將齊其制度，重其官秩，若是，則百吏莫不畏法而遵繩矣。秩，禄也。其制馭百官，必將齊一其制度，使有守也；厚重其秩禄，使不貪也。增重，直用反。關市幾而不征，質律禁止而不偏，質律，質劑也，可以爲法，故言"質律"也。禁止而不偏，謂禁止姦人，不偏聽也。《周禮·小宰》"聽賣買以質劑"，鄭司農云："質劑，平市價，今之月平是也。"鄭康成云："兩書一札，同而別之，長曰質，短曰劑，皆今之券書也。"《左氏傳》曰："趙盾爲政，董逋逃，由質要。"或曰：質，正也。增幾，居希反。補遺"幾"上脱"將"字。如是，則商賈莫不敦愨而無詐矣❸。增賈，音古；下同。百

---

❶ 覺按：原書"羣"作"群"，今據宋浙本、古逸叢書本改。下一"羣"字同。

❷ 元本"敬"作"貴"。

❸ 覺按：宋浙本、古逸叢書本"愨"作"慤"；下同。

工將時斬伐，佻其期日而利其巧任，如是，則百工莫不忠信而不楛矣。時斬伐，即《周禮》"仲冬斬陽木，仲夏斬陰木"是也。佻，與"徭"同❶，緩也，謂不迫促也。巧任，巧者之任。不迫促，則百工自利矣。楛，謂器惡不牢固也。《晏子春秋》曰："景公之時，晏子請發粟，公許，當爲路寢之臺，令吏重其繢，遠其涂，佻其日而不趨。三年臺成，而民振，故上悦乎遊❷，民足乎食。"彼"佻"亦與此同也。⟨增⟩本注"徭"當作"遥"。"故"舊作"欲"，"遊"上有"君"字，今據《晏子》改之。○楛，音"鹽"；下同。縣鄙將輕田野之稅，省刀布之斂❸，罕舉力役，無奪農時，如是，則農夫莫不朴力而寡能矣。但質朴而力作，不務他能也。⟨增⟩《富國篇》"舉"作"興"，是也。○朴，與"樸"同。士大夫務節死制，然而兵勁。然而，當爲"然後"。百吏畏法循繩，然後國常不亂。商賈敦愨無詐，則商旅安，貨通財，而國求給矣。所求之物皆給足也。⟨增⟩"通財"倒。《王制篇》曰："以時順脩，使賓旅安而貨財通。"百工忠信而不楛，則器用巧便而財不匱矣❹。農夫朴力而寡能，則上不失天時，下不失地利，中得人和，而百事不廢。是之謂政令行，風俗美，以守則固，以征則彊，居則有名，動則有功。此儒之所謂曲辨也。

荀子卷第七

---

❶ 覺按：宋浙本、古逸叢書本"徭"作"傜"。

❷ 覺按：宋浙本、古逸叢書本"遊"作"游"，"游"前有"君"字。

❸ 覺按：原書"斂"作"歛"，今據宋浙本、古逸叢書本改。

❹ 元本無"巧"字。覺按：宋刻遞修本有"巧"字。

荀子卷第八

君道篇第十二 增此篇楊倞注亡，今全補之。

12.1 有亂君，無亂國；有治人，無治法。增《王制篇》曰："法而不議，則法之所不至者必廢。"故苟非有其人，則雖有法，與無法同。○治，如字。羿之法非亡也，而羿不世中；增孔穎達曰："《説文》云：'羿，帝嚳射官也。'賈逵云：'羿之先祖，世爲先王射官，故帝賜羿弓矢使司射。'《淮南子》云：'堯時十日並出，堯使羿射九日而落之。'《楚辭•天問》云：'羿焉彈日烏解羽❶？'《歸藏易》亦云：'羿彈十日。'《説文》云：'彈者，射也。'此三者言雖不經以取信，要言帝嚳時有羿，堯時亦有羿，則羿是善射之號。"愛曰：羿射法雖存，守其法者不世中也。○中，陟仲反。禹之法猶存，而夏不世王。增至桀而失王位。○夏，户雅反。王，于況反；下同。故法不能獨立，類不能自行；得其人則存，失其人則亡。增《禮記》曰："文、武之政，布在方策，其人存則其政舉，其人亡則其政息。"法者，治之端也；君子者，法之原也。故有君子，則法雖省，

---

❶ 覺按：原書"彈"作"彈"，今據《尚書•五子之歌》"有窮后羿"孔穎達疏改；下同。

足以偏矣；無君子，則法雖具，失先後之施矣 ❶，增謂用其終爲始也。《致士篇》曰："用其終爲始，則政令不行而上下怨疾。"不能應事之變，增言雖有法，不能應時而差用之也。足以亂矣。不知法之義，而正法之數者，雖博，臨事必亂。增執拘其法，不知從時宜而權也。舊本"博"下有"傳"字，今據元本、標注本除之。孫鑛本亦以爲衍。故明主急得其人，而闇主急得其勢 ❷。急得其人，則身佚而國治，功大而名美，上可以王，下可以霸；增佚，與"逸"同。治，直吏反；下"事治"同。不急得其人，而急得其勢，則身勞而國亂，功廢而名辱，社稷必危。增如秦始皇是也。故君人者，勞於索之，而休於使之。增索，色白反。《書》曰："惟文王敬忌 ❸，一人以擇。"此之謂也。增《書》，《周書·康誥篇》，文大有異同 ❹。忌，亦敬也。

12.2　合符節、別契券者，所以爲信也；上好權謀，則臣下百吏誕詐之人乘是而後欺。增符節，分六寸竹，各自持之，及後來，以其相合爲證也。契、券，皆約信之書。別之者，又以相合爲證故也。乘是而欺者，莊周所謂"并與符璽而竊之"也。下"偏""險"皆同意。〇別，彼列反；下同。好，呼報反；下同。詐，側嫁反。補遺後，猶"又"也。探籌、投鉤者，所以爲公也；上好曲私，則臣下百吏乘是而後偏。增籌，算也，所以計數要之器。鉤，《正韻》曰："與'鬮'同。《荀子·君道篇》：'探籌投鉤。'"鬮，音鳩。補遺《文子》曰：

---

❶ 宋本無"矣"字。

❷ 宋本"勢"作"埶"，下同。

❸ 宋本"惟"作"唯"。

❹ 覺按：今《尚書·康誥》作："惟文王之敬忌，乃裕民，曰：'我惟有及。'則予一人以懌。"

"使信士分財，不如探籌。"《北史·王勇傳》："王勇與王文達、耿令貴皆有殊功。拜上州刺史，州有優劣，令探籌取之。"投鉤，蓋擲錢投筊之類。

衡石稱縣者，所以爲平也；上好傾覆，則臣下百吏乘是而後險。 增衡，秤也。古者有五權：銖、兩、斤、鈞、石。以此與物對稱，知其輕重，猶五量之量物。蓋石，重百二十斤之錘也。稱縣者，稱權之重而懸物也。○稱，尺證反。縣，胡涓反。**斗斛敦槩者❶，所以爲嘖也；上好貪利，則臣下百吏乘是而後鄙。** 增斗斛，量器也。敦，《集韻》音準。桃源藏云："《管子》曰：'準者，五量之宗也。'蓋亦槩類。"愛曰：槩者，平量之器也。嘖，亦必平正之義矣。雖有諸説未詳，故不載其字義。"鄙"字舊本無，今據元本、孫鑛本、標注本補之。補遺敦，疑當作"牧"，摩也。"敦"與"頓"通，"牧"亦作"頓"，或假借通用。言以斗斛盛穀而摩槩以平之也。徂徠曰："敦，音準，槩類。"證以《管子》"準者，五量之宗也"。按《管子》所謂"準"，即"準繩"之"準"，言五量以平爲宗也，非槩類明矣。**豐取刻與，以無度取於民❷。** 增冢田虎曰："此二句，繫乎上'欺''偏''險''鄙'四件也。"**故械數者，治之流也，** 增械，械器也。數，法數也。**非治之源也❸；君子者，治之源也。** 增君子制法度，故云。**官人守數，君子養源；源清則流清，源濁則流濁。故上好禮義，尚賢使能，無貪利之心，則下亦將綦辭讓，致忠信，而謹於臣子矣。** 增綦，極也。**如是，則雖在小民，不待合符節、別契券而信，不待探籌、投鉤而公，不待衡石稱縣而平，不待斗斛敦槩而嘖。故賞不用而民勸，**

---

❶ 元本"斗"作"勝"，與"升"通。

❷ 元本"民"作"人"。

❸ 宋本"源"作"原"，下同。

罰不用而民服，有司不勞而事治❶，政令不煩而俗美；百姓莫敢不順上之法，象上之志而勸上之事❷，而安樂之矣。增治，直吏反。樂，音洛。故籍斂忘費❸，事業忘勞，寇難忘死❹，增籍歛，已解于《王制篇》。○籍，慈夜反，或如字。難，乃旦反。城郭不待飾而固，兵刃不待陵而勁❺，敵國不待服而詘，四海之民不待令而一。增飾，讀爲"飭"。《正字通》引此曰："陵，淬也。"○詘，與"屈"同。夫是之謂至平。《詩》曰："王猶允塞❻，徐方既來。"此之謂也。增《詩》，《大雅·常武》篇。毛萇曰："猶，謀也。"鄭玄曰："允，信也。"愛曰：既，盡也。言王之嘉猶，信充塞上下，則雖不征伐，徐方自來服也。○夫，音扶。塞，悉則反。

12.3　請問爲人君？曰：以禮分施，均徧而不偏。增以禮分施，施有節也。偏，偏頗也。○施，始豉反。請問爲人臣？曰：以禮侍君❼，忠順而不懈。增侍，舊作"待"，今據元本改之。請問爲人父？曰：寬惠而有禮。請問爲人子？曰：敬愛而致文。增《韓詩外傳》"文"作"恭"，似是。請問爲人兄？曰：慈愛而見友。請問爲人弟？曰：敬詘而不苟。增元本"不苟"作"不悖"，與《左氏傳》"兄愛而友，弟敬而順"意合。○見，賢徧反。詘，與"屈"同。請問爲人夫？曰：致功而不流，增不流，無流滛之行

---

❶ 元本"民"皆作"人"，"治"作"理"，評註本同。
❷ 元本"而勸"作"勤"，評註本同。
❸ 宋本"籍"作"藉"。
❹ 覺按：原書"寇"作"冦"，今據宋浙本、古逸叢書本改。
❺ 覺按：原書"刃"作"刄"，今據宋浙本、古逸叢書本改。
❻ 宋本"猶"作"猷"。
❼ 《韓詩外傳》"侍"作"事"，宋本"侍"作"待"。

也。致臨而有辨❶。請問爲人妻？曰：夫有禮則柔從聽侍❷，夫無禮則恐懼而自竦也。增竦，畏敬貌。○恐，丘隴反。竦，息勇反。此道也，偏立而亂，俱立而治❸，其足以稽矣❹。增此道，指上事也。稽，考也。○治，直吏反。

請問兼能之奈何？曰：審之禮也。古者先王審禮以方皇周浹於天下，動無不當也。增方皇，讀爲"彷徨"，猶言"徘徊"。周浹，謂無所不至也。○當，丁浪反。故君子恭而不難，增難，讀爲"戁"。《商頌·長發》詩曰："不震不動，不戁不竦。"《爾雅》曰："戁，懼也。"敬而不鞏，增鞏，讀爲"恐"。貧窮而不約，富貴而不驕，增約，屈約也。《曲禮》曰："富貴而知好禮，則不驕不淫；貧賤而知好禮，則志不懾。"與此相發。並遇變、應而不窮，審之禮也。增並遇變應，《臣道篇》"應卒遇變，齊給如響"之意也。補遺《大戴記》作"應變而不窮"。故君子之於禮，敬而安之；其於事也，徑而不失；增徑，徑直也。言雖徑行，不失也。其於人也，寡怨寬裕而無阿❺；增阿，阿從也。其爲身也，謹脩勅而不危❻；增舊本"其"下有"所"字❼，今據元本除之。"謹"下疑脫"慎"字。其應變也，齊給便捷而不惑；增齊給便捷，謂敏疾也。舊本"變"下有"故"字，今據元本

---

❶《韓詩外傳》"致"作"照"，"辨"作"別"。

❷ 宋本"侍"作"待"，韓本同。

❸《韓詩外傳》"俱"作"具"。

❹ 元本無"其"字。

❺《韓詩外傳》作"寬裕寡怨而弗阿"。

❻ 宋本"勅"作"飭"，韓本同。覺按：宋浙本、古逸叢書本作"飾"。

❼ 覺按：宋浙本、古逸叢書本"其"下有"所"字。

除之。其於天地萬物也 ❶，不務說其所以然而致善用其材 ❷；
增天地萬物，造化之事，非人之所知也，故不務說之。其於百官之事、
伎藝之人也 ❸，不與之爭能而致善用其功；其侍上也 ❹，忠
順而不懈；其使下也，均徧而不偏；其交遊也 ❺，緣義而有
類 ❻；增所謂"方以類聚"。其居鄉里也，容而不亂。增"容"上
疑脫"寬"字。《臣道篇》曰："調而不流，柔而不屈，寬容而不亂。"是
故窮則必有名，達則必有功；增窮達，謂用舍也。仁厚兼覆天
下而不閔，增《韓詩外傳》"閔"作"窮"，是也。○覆，扶又反。明
達用天地、理萬變而不疑 ❼；增用，當作"周"，字之誤也。血氣
和平，志意廣大，行義塞於天地之間 ❽，增行，下孟反。塞，悉
則反。仁智之極也。夫是之謂聖人，審之禮也 ❾。增智，舊作"知"，
今據宋本改之。○夫，音扶。

12.4 請問爲國？曰：聞脩身 ❿，未嘗聞爲國也。增《禮
記》曰："身修而后家齊，家齊而后國治，國治而后天下平。"君者，儀也，

---

❶ 元本無"其於"之"其"。

❷ 元本無"不"字，"材"作"成"。

❸ 元本無"於"字。宋本"伎"作"技"。

❹ 宋本"侍"作"待"，韓本同。

❺ 宋本"遊"作"游"。

❻ 元本"義""類"易地，《韓詩外傳》同。

❼ 《韓詩外傳》"達"作"通"，無"用"字。元本"變"上有"物"
字，"疑"作"凝"。

❽ 覺按：宋浙本、古逸叢書本"間"作"閒"。

❾ 元本"審"下無"之"字。

❿ 覺按：原書"脩"作"修"，今據宋浙本、古逸叢書本改，下一"脩"
字同。

儀正而景正。增儀，儀表也。〇景，音"影"。**君者，槃也❶，槃圓而水圓**。增槃，與"盤"同，沐浴器也。**君者，盂也，盂方而水方**。增鄭玄曰："杅，浴器也。"蓋"杅""盂"同耳。**君射則臣決**。增決，猶"闓"也，以象骨爲之，著右大擘指，以鉤絃闓體也。《戰國策》曰："其君好發者，其臣決拾。"**楚莊王好細腰❷，故朝有餓人**。增《戰國策》曰："昔者先君靈王好小腰，楚士約食，馮而能立，式而能起。"蓋傳聞之異耳。〇好，呼報反。朝，直遥反。補遺莊，當從《戰國策》作"靈"。

故曰：聞脩身，未嘗聞爲國也。

12.5 **君者，民之源也❸；源清則流清，源濁則流濁。故有社稷者而不能愛民❹，不能利民，而求民之親愛己，不可得也。民之不親不愛，而求其爲己用、爲己死，不可得也**。增己，音紀；下同。爲，于僞反；下同。**人不爲己用❺，不爲己死，而求兵之勁、城之固，不可得也。兵不勁，城不固，而求敵之不至，不可得也。敵至而求無危削、不滅亡❻，不可得也。危削、滅亡之情舉積此矣，而求安樂，是狂生者也**。增舉，皆也。〇樂，音洛；下同。補遺《韓詩外傳》"狂"作"枉"。

---

❶ 謝墉曰："《帝範》注引'君者儀也'下有'民者景也'句，'槃也'下有'民者水也'句，無'君者盂也'以下二句。"宋本亦有"民者水也"句。

❷ 宋本"腰"作"要"。

❸ 宋本"源"作"原"。

❹ 元本"者"下有"也"字，"民"皆作"人"。下"民之"作"民"一字。覺按：下"而求民之親愛己"，宋刻遞修本作"而求之親愛己"，故久保愛之校語末句當作"下'民之'作'之'一字"。

❺ 宋本"人"作"民"，《羣書治要》同。

❻ 元本無"不滅"之"不"。

狂生者，不胥時而落❶。增胥，須也。《韓詩外傳》作"枉生者不須時而滅亡矣"❷。落，"殂落"之"落"。故人主欲彊固安樂，則莫若反之民；增反而先親愛其民，則四者自得也。欲附下一民，則莫若反之政；欲脩政美國，則莫若求其人。增其人存，則其政舉。彼或積蓄❸，而得之者不世絕。增積，積學也。蓄，蓄德也。《禮記》曰"夙夜強學以待問，懷忠信以待舉"是也。宜舉此人以任政。得之，自得之也。或疑"得"，"待"誤。補遺或曰：得，當作"待"。彼其人者，生乎今之世而志乎古之道。以天下之王公莫好之也，然而于是獨好之；以天下之民莫欲之也，然而于是獨爲之。增好之、爲之，謂好爲古之道也。○好，呼報反；下同。補遺于是，《韓詩外傳》作"是子"。好之者貧，爲之者窮，然而于是獨猶將爲之也，不爲少頃輟焉。增輟，息也，言不須臾離道也。曉然獨明於先王之所以得之、所以失之，增得之、失之，皆指天下。知國之安危、臧否若別白黑。增否，不臧也。○否，補美反。別，彼列反。是其人者也，大用之，則天下爲一，諸侯爲臣；小用之，則威行鄰敵；縱不能用，使無去其疆域，則國終身無故。增故，事變也。魏有段干木而秦不攻、衛孔子客而趙簡子不攻之類。故君人者，愛民而安❹，好士而榮，兩者無一焉而亡。《詩》曰："介人維藩❺，太師維垣❻。"此之謂也。增《詩》，《大雅·板》篇。介，大，

---

❶ 宋本"落"作"樂"，韓本同。

❷ 覺按：原書"枉"作"狂"，今据《韓詩外傳》卷五第四章之文改。

❸ "積蓄"，韓本作"蓄積"，宋本同。

❹ 元本"民"作"人"。

❺ 宋本"介"作"价"。

❻ 覺按：原書"太"作"大"，今據宋浙本、古逸叢書本改。

谓大德之人也。藩，藩衛也。垣，垣牆也。大師，大眾也。

12.6 道者，何也？曰：君道也。君者，何也？曰：能羣也。能羣也者❶，何也？曰：善生養人者也，增生養，興其利，除其害，使民衣食給足也。善班治人者也，增班治，各分其職以治之也。善顯設人者也，增量其才能而陳設之朝廷也。善藩飾人者也。增稱其位，班而加文飾，使上下有別也。善生養人者，人親之；善班治人者，人安之；善顯設人者，人樂之；增樂，音洛；下同。善藩飾人者，人榮之。四統者俱而天下歸之，夫是之謂能羣。增俱，當作"具"。○夫，音扶；下同。"匹夫""農夫""大夫"如字。補遺《韓詩外傳》"俱"作"具"。不能生養人者，人不親也；不能班治人者，人不安也；不能顯設人者，人不樂也；不能藩飾人者，人不榮也。四統者亡而天下去之，夫是之謂匹夫。故曰：道存則國存，道亡則國亡。省工賈，衆農夫，禁盜賊，除姦邪，是所以生養之也。增舊本"生養"作"養生"，今據宋本、韓本改之。○賈，音古。天子三公，諸侯一相，大夫擅官，士保職，莫不法度而公，是所以班治之也。增擅，專也。專官，專力于官而無私也。言天子、諸侯以輔相得其人爲己任，大夫、士以專力于官事、保職業爲己任。○相，息亮反。補遺三公、一相無所不總，大夫專領一官之事，士謹守其職也。論德而定次，量能而授官，增論德，《禮記》所謂"大樂正論造士之秀者"是也。量能，乃"司馬辨論官材"是也。皆使其人載其事，而各得其所宜，增載，行也。補遺載，任也。上賢使之爲三公，次賢使之爲諸侯，下賢使之爲士大夫，是所以顯設之也。脩冠弁衣裳、黼黻文

---

❶ 元本無"也者"之"也"。

章、雕琢刻鏤皆有等差 ❶，增黼黻文章，雕琢刻鏤，詳見于《富國篇》本註。○差，楚宜反。是所以藩飾之也。

12.7　故由天子至於庶人也，莫不騁其能、得其志、安樂其事 ❷，是所同也；衣煖而食充，居安而遊樂 ❸，事時制明而用足，是又所同也。若夫重色而成文章，重味而成珍備，是所衍也。增衍，餘也。言天子至於庶人，衣食居處既充足，加之以文章珍備，其所有餘。○重，直用反。聖王財衍以明辨異 ❹，增財，讀爲“裁”，裁制其所餘，以明上下之別。言貴者文飾珍異備具，其次以班降之也。上以飾賢良而明貴賤，下以飾長幼而明親疏 ❺。上在王公之朝，下在百姓之家，天下曉然皆知其所 ❻ 增人人知己之位極也。《左氏·隱公元年傳》曰：“不如早爲之所。”與此“所”字同。○長，竹丈反。朝，直遙反。非以爲異也，將以明分達治而保萬世也。增分，扶問反。補遺“知”字管下十八字。其所，謂聖王之所行也。《王制篇》云：“誠以其國爲王者之所，亦王。”即是此“所”字。故天子諸侯無靡費之用，士大夫無流淫之行，百吏官人無怠慢之事，衆庶百姓無姦怪之俗、無盜賊之罪，其能以稱義徧矣。增靡，侈靡也。流，流涵也。淫，淫溺也。○行，下孟反。稱，尺證反。故曰：“治則衍及百姓，亂則不足及王公。”此之謂也。

---

❶ 宋本“雕”作“琱”，非。

❷ 元本“騁”作“躬”。

❸ 宋本“遊”作“游”。

❹ 元本無“成珍”之“成”，“所衍”作“術”一字，“財衍”作“則術”。孫鑛本、標注本“所衍”作“所術”，“財衍”作“則術”。

❺ 覺按：原書“幼”作“㓜”，今據宋浙本、古逸叢書本改。

❻ 元本無“所”字，連下爲一句。

增治，直吏反。

12.8 至道大形：增自此以下論道之大形也。隆禮至法，則國有常；增至，讀爲"致"。尚賢使能，則民知方；增知方，知所趣向也。纂論公察，則民不疑；增纂，集也。公察，無私也。補遺纂，當作"篹"，與"撰"通。言上之所撰擇論定者，公正明察也。賞克罰偷，則民不怠；增《韓詩外傳》"克"作"勉"，是也。偷，怠慢也。言賞勉力者而罰怠慢者，則民不怠。兼聽齊明，補遺齊，等也。言視聽不偏也。則天下歸之。然後明分職，序事業，材技官能，莫不治理，則公道達而私門塞矣，公義明而私事息矣。增《羣書治要》"材技"作"拔材"，是也。息，止也。〇分，扶問反。塞，悉則反。如是，則德厚者進而佞説者止，貪利者退而廉節者起。增説，音"悦"。補遺《韓詩外傳》"説"作"諂"❶。《書》曰："先時者，殺無赦；不逮時者，殺無赦。"增《書》，《夏書·胤征篇》。此引之以明人君刑罰之正。先時者，謂不待命而私爲事者。不逮時者，謂不用命而怠事者。〇先，悉薦反。人習其事而固。增《國語》所謂"少而習焉，其心安焉，不見異物而遷焉"之意。人之百事，如耳目鼻口之不可以相借官也。增借，子夜反。職分而民不探❷，增謂職分既定，不待探索也。《韓詩外傳》"探"作"慢"，謂怠慢也。次定而序不亂，兼聽齊明而百事不留。增言時達也。如是，則臣下百吏至于庶人，莫不脩己而後敢安止❸，誠能而後敢受職；增止，謂己所立之位也。《益稷》云"安汝止"，亦與此"止"同。百姓易俗，

---

❶ 覺按："諂"爲"諂"之俗字。

❷ 宋本、韓本"職"上有"故"字。

❸ 宋本"止"作"正"。

小人變心，姦怪之屬莫不反愨 ❶；補遺《韓詩外傳》"怪"作"宄"。夫是之謂政教之極。增夫，音扶；下同。故天子不視而見，不聽而聰 ❷，不慮而知，不動而功，增言其不躬親之，待官人而後視聽也。塊然獨坐而天下從之如一體，如四肢之從心 ❸，增塊然，無爲貌。補遺塊然，正坐無爲之貌。夫是之謂大形。《詩》曰："溫溫恭人 ❹，維德之基。"此之謂也。增《詩》，《大雅•抑》篇。基，基趾也。言有此恭人，而後德化可大行也。

12.9　爲人主者，莫不欲彊而惡弱，欲安而惡危，欲榮而惡辱，是禹、桀之所同也。增惡，烏路反；下同。要此三欲，辟此三惡，果何道而便？增要，求也。○要，於遥反。辟，音"避"。曰：在慎取相，道莫徑是矣。增相佐良，則國安榮也。徑，捷徑也。○相，息亮反。故智而不仁，不可；仁而不智，不可；既智且仁，是人主之寶也，而王霸之佐也。增"智"舊作"知"，今據宋本改之 ❺。不急得，不智；得而不用，不仁。增得，謂得賢佐也。無其人而幸有其功，愚莫大焉。增幸，冀也。

12.10　今人主有六患：增標注曰："六患，宜作'大患'。"補遺大峰曰："六，當作'三'。"使賢者爲之，則與不肖者規之；使智者慮之，則與愚者論之；使脩士行之，則與汙邪之人

---

❶ 覺按：宋浙本、古逸叢書本"愨"作"愨"。

❷ 覺按：宋浙本、古逸叢書本"聰"作"聰"。

❸ 宋本"肞"作"支"。

❹ 覺按：原書"恭"作"恭"，今據宋浙本、古逸叢書本改。

❺ 覺按：宋浙本、古逸叢書本此上三"智"字皆作"知"，若非久保愛誤校，則古逸叢書本已與宋本有異矣。

疑之❶。雖欲成立，得乎哉？⎡增⎦則，猶“而”也。規，規度之也。脩士，案《韓非子》謂“精潔之士”。汙，《羣書治要》作“奸”，下同。立，宋本、《羣書治要》共作“功”，皆似有味。譬之，是猶立直木而恐其景之枉也，惑莫大焉。⎡增⎦直木影無可枉之理，而猶恐之，故曰“惑”。或曰：“恐”當作“求”，《王霸篇》可徵。○景，音“影”；下同。語曰：“好女之色，惡者之孽也；公正之士，衆人之痤也；⎡增⎦好，美也。惡，醜也。孽，妖孽也。痤，妨害之意，言正士之妨于衆人，猶痤疽之害于手足也。循乎道之人❷，汙邪之賊也。”今使汙邪之人論其怨賊而求其無偏，得乎哉？譬之，是猶立枉木而求其景之直也，亂莫大焉。

12.11　故古之人爲之不然。其取人有道，其用人有法。取人之道，參之以禮；⎡增⎦以禮參考之，而其中之者賢。用人之法，禁之以等。⎡增⎦不敢越等而非議之。行義動靜，度之以禮；⎡增⎦義字未穩。○行，下孟反。度，待洛反。知慮取舍❸，稽之以成；⎡增⎦稽，考也。成，如《周禮》“獻素”“獻成”之“成”，言素所計事之成也。○舍，音“捨”。⎡補遺⎦成，如《周官‧大宰》“官成”，謂“成事品式”也。日月積久，校之以功。⎡增⎦校，考校也。自“禁之”至此，皆用人之法。故卑不得以臨尊，輕不得以縣重，愚不得以謀知，⎡增⎦輕，權輕人也。重，貴重人也。權輕而懸貴重之人，議輕重者，多在闇主之朝也。○縣，胡涓反。是以萬舉不過也。故校之以禮，而觀其能

---

❶ 覺按：《羣書治要》“汙”作“奸”，下同。

❷ 元本“循”作“脩”。

❸ 覺按：原書“知”作“智”，今據宋浙本、古逸叢書本改。下一“知”字同。

安敬也；與之舉措遷移 ❶，而觀其能應變也；增所謂"方物出謀"是也。與之安燕，而觀其能無流慆也；增舊本"流慆"作"陷"一字，今據宋本改之。接之以聲色、權利、忿怒、患險，而觀其能無離守也。增如《禮記》所謂"見利，不虧其義；見死，不更其守"也。言其能守道，不爲利害變也。○離，力智反。守，舒救反。彼誠有之者與誠無之者若白黑然，可詘邪哉？增詘，疑當作"誣"，字之誤也。言視人如此，則其賢愚甚易知，豈可誣哉？○邪，音"耶"。故伯樂不可欺以馬，而君子不可欺以人。此明王之道也 ❷。增伯樂，善相馬者，已見于前篇。○樂，音洛。

12.12　人主欲得善射，射遠中微者 ❸，縣貴爵重賞以招致之，增射射，上如字，下食亦反。中，陟仲反；下同。縣，胡涓反 ❹。內不可以阿子弟，外不可以隱遠人，能中是者取之，是豈不必得之之道也哉？雖聖人不能易也。欲得善馭，及速致遠者 ❺，一日而千里，縣貴爵重賞以招致之，增"者"字疑當在"千里"下。○馭，與"御"同；下同。內不可以阿子弟，外不可以隱遠人，能致是者取之，是豈不必得之之道也哉？雖聖人不能易也。

欲治國馭民，補遺《韓詩外傳》"欲"上有"今"字。調壹上

---

❶ 宋本"措"作"錯"。

❷ 元本"王"作"主"。

❸ 宋本無一"射"字，元本、韓本同。《韓詩外傳》"射遠"作"及遠"。

❹ 覺按：原書"胡"作"故"，今據其別處注音改。

❺ 宋本無"及"字，韓本同。

下❶，將內以固城❷，補遺“將”字管下四句。外以拒難。治，則制人，人不能制也；亂，則危辱滅亡可立而待也。增非得其人，欲以法數驅使其民，以固城拒難，治世則能制人，人不能制己，卒然有不虞之事，則不可支也。〇難，乃旦反。治則，直吏反。補遺此句不與上下連屬，恐有衍脫。宜言“亂則無危辱滅亡之禍也”。然而求卿相輔佐，則獨不若是其公也，案唯便嬖親比己者之用也，增案，語助。〇相，息亮反。便，婢緜反；下同。比，毗志反。己，音紀。豈不過甚矣哉？故有社稷者，莫不欲彊，俄則弱矣；莫不欲安，俄則危矣；莫不欲存，俄則亡矣。增則，猶“而”也。古有萬國，今有數十焉❸，增《富國篇》“數十”作“十數”，是也。荀卿時已無數十國。〇數，所矩反；下同。補遺《韓詩外傳》“有”作“無”。是無他故❹，莫不失之是也。增失，言其求輔佐不公也❺。故明主有私人以金石珠玉，無私人以官職事業，是何也？曰：本不利於所私也❻。增賊夫人之子，故曰“不利”。彼不能而主使之，則是主闇也；臣不能而誣能，則是臣詐也。主闇於上，臣詐於下，滅亡無日，俱害之道也。增一國滅亡，則君臣皆喪，故曰“俱害”。〇詐，側嫁反。

夫文王，非無貴戚也，非無子弟也，非無便嬖也，增嬖，

---

❶ 宋本“壹”作“一”。

❷ 宋本、韓本“城”作“誠”。覺按：宋浙本作“城”，古逸叢書本作“誠”，由此也可見宋浙本之可貴。

❸ 宋本“十”作“千”，非。

❹ 宋本“他”作“它”。

❺ 覺按：原書“言”作“亡”，今據文義改。

❻ 《羣書治要》“本”作“率”。覺按：《羣書治要》作“本”而不作“率”。

舊作"辟"，今據宋本改之。〇夫，音扶；下同。**偶然乃舉太公於**
州人而用之，豈私之也哉？ 增偶然，注見于《非十二子篇》。《韓
詩外傳》"偶然乃舉太公於州人"作"超然乃舉太公於舟人"，乃知太公
釣渭濱時或乘小舟，以漁獵於其間也。此作"州人"，蓋以音誤耳。〇偶，
他激反。**以爲親邪？則周，姬姓也；而彼，姜姓也。** 增《史記·世
家》曰："太公望呂尚者，東海上人。其先祖嘗爲四嶽❶，佐禹平水土，甚
有功。虞夏之際封於呂，或封於申，姓姜氏。"〇邪，音耶；下同。**以**
爲故邪❷？則未嘗相識也。以爲好麗邪？則夫人行年七十
有二，齫然而齒墜矣❸。 增行年，歷年也。齫，《韓詩外傳》作"齳"。
按："齫"當作"齫"，魚吻反，與"齳"同，無齒貌。齫，苦本反，齒
起貌，非齒墜貌也。**然而用之者，夫文王欲立貴道❹，** 欲白貴
名，以惠天下，增下"欲"字衍。**而不可以獨也，非于是子**
莫足以舉之❺， 補遺《十九子》無"于"字，下"舉于是"作"舉是子"。
故舉于是而用之❻。 增是子，即是人也。《王霸篇》"誰子"之"子"
同此。**於是乎貴道果立，貴名果明，兼制天下，立七十一國，**
姬姓獨居五十三人， 增五十三人，詳見于《儒效篇》本註。**周之**
子孫，苟不狂惑者，莫不爲天下之顯諸侯。如是者，能
愛人也。故舉天下之大道，立天下之大功，然後隱其所憐、

❶ 覺按：原書"嶽"作"獄"，今據《史記·齊太公世家》改。
❷ 宋本"邪"作"也"，非。覺按：宋浙本作"邪"，不誤；古逸叢
書本作"也"。
❸ 宋本"而"作"兩"，"墜"作"墮"。
❹ 元本無"夫"字。
❺ 宋本無"子"字。
❻ 標注本"于是而"作"是子而"、元本作"是子"，孫鑛本作"是子而"。

所愛 **❶**，增隱，蔽也，猶“庇廕”也。其下猶足以爲天下之顯諸侯。故曰：“唯明主爲能愛其所愛，闇主則必危其所愛。”此之謂也。增所愛，謂子孫也。

12.13　牆之外，目不見也；增隔牆則不能見也。里之前，耳不聞也；增里之前，猶言“里之外”也，言一里以外也。案《呂氏春秋》曰：“十里之間而耳不能聞，帷牆之外而目不能見。”而人主之守司，遠者天下，近者境內，不可不略知也。增守司，謂所守所司也。言人之所聞見不過步武尺寸之間，而其所可見如是廣也。天下之變，境內之事，有弛易齟差者矣，增元本“弛”作“施”。《儒效篇》有“施易”之語，楊倞訓“移”。今按“弛”“施”“移”古字通。《論語》“君子不施其親”，陸本作“弛”。《史記‧衞綰傳》：“劍，人之所施易，獨至今乎？”如淳曰：“施，讀曰‘移’。”是其徵也。齟，齒差錯不齊貌。○易，如字。齟，五溝反。而人主無由知之，則是拘脅蔽塞之端也。增拘脅，陽虎於季氏之類。蔽塞，豎牛之於叔孫是也。言境內有所差錯弛易而不知之，則爲邪臣所脅蔽之本也。○塞，悉則反。耳目之明，如是其狹也；人主之守司，如是其廣也；其不可以不知也 **❷**，如是其危也。增言其所移易，不可不知也。不知，則危也。然則人主將何以知之？

曰：便嬖左右者，人主之所以窺遠收衆之門戶牖嚮也，不可不早具也。增“嚮”“鄉”“向”同。《士虞禮》曰：“主人入，祝從，啟牖鄉，如初。”鄭玄曰：“鄉，牖一名也 **❸**。”又《七月》詩曰：“塞向墐户。”

---

❶　元本無“所憐”二字。

❷　宋本“不可”上有“中”字，韓本同。覺按：“其不可以不知也”當作“其中之不知”。

❸　覺按：原書無“一”字，今據《儀禮‧士虞禮》鄭玄注補。

毛萇云："向，北出牖也。"○便，婢縣反；下同。牖，由久反。**故人主
必將有便嬖左右足信者，然後可；其知慧足使規物，其端
誠足使定物，然後可**。増慧，舊作"惠"，今據宋本改之。規，規度也。
○知，音"智"；下同。**夫是之謂國具。**増國具，猶言"國器"也。《大
畧篇》曰："口不能言，身能行之，國器也。"○夫，音扶；下同。

　　**人主不能不有遊觀安燕之時 ❶，則不得不有疾病物故
之變焉。**増則，猶"而"也。按《漢書·蘇武傳》注："顏師古曰：'物
故，謂死也。'"《三國志》高堂隆曰 ❷："聞之先師：物，無也；故，事也。
言無復所能於事也。"愛曰：漢以來謂死爲"物故"，蓋本于此。**如是國者，**
補遺疑有脫誤。**事物之至也如泉源 ❸，**増如泉源，言無舍時也。《孟子》
曰："原泉混混，不舍晝夜。"**一物不應，亂之端也**。増不應，謂失
理也。《家語》曰："一物失理，亂亡之端。"**故曰：人主不可以獨
也**。増無曠庶官而後可。**卿相輔佐，人主之基杖也，**増基，疑當
作"几"，篆文頗似，音亦相近。几杖，人主之所倚者也。○相，息亮反；
下同。**不可不早具也。故人主必將有卿相輔佐足任者 ❹，然
後可；其德音足以鎮撫百姓 ❺，其知慮足以應待萬變，然後
可。夫是之謂國具。**増任，委任國事也。

　　四鄰諸侯之相與，不可以不相接也，増《左氏傳》所謂"結
其四援"也。**然而不必相親也，故人主必將有足使喻志決疑
於遠方者，然後可；**増管仲執齊政，爲游士八十人而使周游於四方

---

❶ 宋本"遊"作"游"。

❷ 覺按：《三國志》高堂隆曰"當作"《三國志》注引高堂隆曰"。

❸ 宋本"源"作"原"。

❹ 宋本無"故"字。

❺ 宋本"鎮"作"填"。

256

之類是也,詳見于《齊語》。補遺"決疑"二字疑衍。**其辨説足以解煩,其智慮足以決疑❶,其齊斷足以距難❷,不還秩,不反君,**補遺俎僚曰:"未詳。蓋不還舍與其屬謀,不待反命而獨斷也。"**然而應薄扞患足以持社稷,然後可。**增煩,國之所煩苦,如子産争貢是也。齊,與"劑"通。劑,翦截也。秩,當作"私",字之誤也。《戰國策》應侯答蔡澤曰:"公孫鞅事孝公,極身毋二,盡公不還私。"注曰:"還,反顧也。"反,叛也。薄,急迫也。扞,扞格也。言事急迫,則知慮難出也,而今此人又能之,未嘗失其應也。○説,音税。齊,才細反。斷,丁亂反。難,乃旦反。還,音"旋"。薄,音"迫"。**夫是之謂國具。**

　　故人主無便嬖左右足信者謂之闇❸,無卿相輔佐足任者謂之獨,所使於四鄰諸侯者非其人謂之孤❹,孤獨而晻謂之危。增使,所吏反。晻,與"闇"同。**國雖若存,古之人曰亡矣。《詩》曰:"濟濟多士,文王以寧。"此之謂也。**增《詩》,《大雅・文王》篇。毛萇曰:"濟濟,多威儀也。"○濟,子禮反。

　　12.14 材人:增材人,論因人材施官之道也。**愿愨拘録❺,計數纖嗇而無敢遺喪,**增拘録,已注於《榮辱篇》。計數,猶"計算"也,"言利事、析秋毫"如孔僅、桑弘羊是也。纖,細也。嗇,吝嗇也。言細密其出納,不妄出也。○喪,息浪反。**是官人史吏之材也❻。脩飾**

---

❶ 覺按:原書"智"作"知",今據宋浙本、古逸叢書本改。

❷ 宋本"距"作"拒"。

❸ 宋本"謂之"作"之謂",下"獨"上、"孤"上並同。

❹ 宋本無"其人"之"其"。

❺ 覺按:宋浙本、古逸叢書本"愨"作"慤"。

❻ 元本"史"作"使"。覺按:宋浙本作"使",古逸叢書本作"史"。11.19也有"官人使吏"之語,則古本當作"使"。作"史"者,蓋台州

端正❶，尊法敬分，而無傾側之心，⟨增⟩舊本"材"作"才"，今據宋本、元本改之。○分，扶問反。守職循業❷，不敢損益，可傳世也，⟨增⟩舊本"損益"作"益損"，今據宋本、韓本改之。"傳世"，疑當作"世傳"。言謹守其法而不損益，可永世相傳也。而不可使侵奪，是士大夫官師之材也。知隆禮義之爲尊君也❸，⟨增⟩爲，于僞反；下同。知好士之爲美名也，⟨增⟩好，呼報反。知愛民之爲安國也❹，知有常法之爲一俗也，知尚賢使能之爲長功也，⟨增⟩長，竹丈反。知務本禁末之爲多材也，⟨增⟩本，言農也。末，言商賈也。○材，與"財"通。知無與下爭小利之爲便於事也，⟨增⟩見小利，則大事不成，故無爭之爲便。知明制度、權物稱用之爲不泥也，⟨增⟩權物、稱用，楊注已見于《王霸篇》。○稱，尺證反。泥，乃細反。是卿相輔佐之材也，⟨增⟩舊本無"也"字，今據宋本補之。○相，息亮反。未及君道也。能論官此三材者而無失其次，是謂人主之道也❺。若是，則身佚而國治，功大而名美，上可以王，下可以霸，是人主之要守也❻。⟨增⟩佚，與"逸"同。治，直吏反。王，于況反。守，舒救反。人主不能論此三材者，不知道此道，安值將卑埶出勞，⟨增⟩上"道"，由也。安，語助也。值，讀爲"犆"，與"特""獨""直"同。埶，舊作"執"，今據宋本改之。出勞，物茂卿曰："自出力以就勞疲

本翻刻時所據底本有壞字所致。

❶ 宋本"飾"作"飭"。
❷ 元本"循"作"脩"。
❸ 元本無"義"字。
❹ 元本"民"作"人"。
❺ 舊本"謂"作"爲"，元本作"然後"二字，今从宋本。
❻ 元本無下"人"字，無自"不知"至"慮"三十二字。

之事也。"〇出，尺類反。**併耳目之樂，而親自貫日而治詳，一日而曲辨之** ❶，增併，讀爲"屏"。〇樂，音洛。**慮與臣下争小察而綦偏能，**增綦，極也。偏能，一偏之能也。言人君當知大體也。**自古及今，未有如此而不亂者也。是所謂"視乎不可見，聽乎不可聞，爲乎不可成"。此之謂也。**增古語。

荀子卷第八

---

❶ 宋本"一日"作"一内"，標注本同。《王霸篇》"曲辨"作"曲列"。

荀子卷第九

臣道篇第十三

13.1 人臣之論：論人臣之善惡。增論，盧困反；下同。有態臣者，補遺謂以佞媚之態事其君也。有篡臣者，有功臣者，有聖臣者。解並在下。內不足使一民，外不足使距難❶；增難，乃旦反；下同。百姓不親，諸侯不信；補遺下說功臣云"士信之"，"諸侯"當作"諸士"。然而巧敏佞說，說❷，音"悅"，或作"悅"。善取寵乎上：是態臣者也。以佞媚爲容態。上不忠乎君，下善取譽乎民；不恤公道通義❸，朋黨比周，以環主圖私爲務：是篡臣者也。環主，環繞其主，不使賢者得用。圖，謀也。篡臣者，篡奪君政也。增恤，猶"思念"也。比，阿黨也。周，密也。冢田虎曰："篡臣者，篡奪君之威權之謂也。"○比，毗志反。內足使一民❹，外足使距難；民親之，士信之；上忠乎君，下愛百姓而不倦：是功臣者也。

---

❶ 宋本"距"作"拒"，下同。

❷ 覺按：宋浙本、古逸叢書本無此"說"字。

❸ 宋本"恤"作"邮"。覺按：古逸叢書本作"邮"，宋浙本作"卹"。

❹ 宋本"使"下皆有"以"字。

民親士信，然後立功也。**上則能尊君，下則能愛民；政令教化，形下如影❶**；形，制也。言施政令教化以制其下，如影之隨形，動而輒隨，不使違越也。增形下，形於下也。《富國篇》曰："三德者誠乎上，則下應之如影嚮。"**應卒遇變，齊給如響；**齊，疾也。給，供給也，應事而至謂之給。夫卒變，人所遲疑，今聖臣應之疾速，如響之應聲。卒，蒼忽反。增本注"應事而至"疑當作"事至而應"。**推類接譽，以待無方，曲成制象：是聖臣者也。**此明"應卒遇變"之意。無方，無常也。推其比類，接其聲譽，言見其本而知其末也。待之無常，謂不滯於一隅也。委曲皆成制度法象，言物至而應，無非由法❷，不苟而行之也。聖者，無所不通之謂也。增物茂卿曰："接譽，即'接豫'。"愛曰："譽"與"豫"通。《大略篇》曰："先事慮事謂之接，先患慮患謂之豫。"**故用聖臣者王，用功臣者彊，用篡臣者危，用態臣者亡。**增王，于況反。**態臣用，則必死；篡臣用，則必危；**此言態臣甚於篡臣者，蓋當時多用佞媚變詐之人❸，深欲戒之，故極言之也❹。增死、危，言其臣死或危也，非論君也。下"榮""尊"並同。**功臣用，則必榮；聖臣用，則必尊。故齊之蘇秦**、蘇秦初相趙，後仕燕，終死於齊，故曰"齊之蘇秦"。**楚之州侯**、楚襄王佞臣也。《戰國策》莊辛諫襄王曰："君王左州侯，右夏侯，輦從鄢陵君與壽陵君，載方府之金，與之馳騁乎雲夢之中，不知穰侯方受令乎秦王❺，填黽塞之內而投己乎黽塞之外。"《韓子》曰：

---

❶ 宋本"形"作"刑"，注同；"影"作"景"。
❷ 覺按：宋浙本、古逸叢書本"由"作"曲"，非。
❸ 覺按：宋浙本、古逸叢書本"當時"下有"之"字。
❹ 覺按：宋浙本、古逸叢書本無"之"字。
❺ 覺按：原書"方受令乎"作"受令於"，今據宋浙本、古逸叢書本改。

"州侯相荆，貴而主斷 **❶**，荆王疑之，因問左右，對曰'無有'，如出一口也。"**秦之張儀，可謂態臣者也**。皆變態佞媚之臣。儀，或作"禄"。增對蘇秦言之，則作"儀"爲優。"者"字衍。**韓之張去疾**、蓋張良之祖。《漢書》："良，其先韓人。大父開地，相韓昭侯、宣惠王、襄哀王。父平，相釐王、悼惠王。五世事韓。"《戰國策》韓有張翠，納賂於宣太后 **❷**。增本注"襄哀王"三字，從謝墉意，因《良傳》補正。○去，起呂反。**趙之奉陽**、《後語》："蘇秦説趙肅侯，肅侯之弟奉陽君爲相，不悦蘇秦，蘇秦乃去之。"又《戰國策》蘇秦説趙王曰："天下之卿相人君，及至布衣之士，莫不高大王之行義，皆願奉教陳忠於前之日久矣。雖然，奉陽君妬 **❸**，大王不得任事，是以外賓客游談之士無敢盡忠於前。"盧藏用云："奉陽君名成。"又案《後語》，奉陽君卒，蘇秦乃從燕而來，説肅侯合從之事。而公子成，武靈王時猶不肯胡服，即公子成非奉陽君也。**齊之孟嘗，可謂篡臣也**。《史記》曰："齊閔王既滅宋，益驕，欲盡滅孟嘗。孟嘗君恐，乃如魏。魏昭王以爲相，西合於秦、趙，與燕共伐破齊。後齊襄王立，孟嘗中立爲諸侯，無所屬。襄王新立，畏孟嘗而與連和。"是篡臣也。增本注"欲盡滅孟嘗"，《史記》作"欲去孟嘗君"。**齊之管仲、晉之咎犯 ❹**、咎，與"舅"同。晉文公之舅狐偃 **❺**。犯 **❻**，其字也。**楚之孫叔敖，可謂功臣矣**。增孫叔敖，

---

❶ 覺按：宋浙本、古逸叢書本無"主斷"二字。

❷ 覺按：原書"太后"作"大后也"，今據宋浙本、古逸叢書本改。

❸ 覺按：宋浙本、古逸叢書本"妬"作"妒"。

❹ 元本"齊之管仲、晉之咎犯"作"晉之咎犯、齊之管仲"。

❺ 覺按：古逸叢書本"狐"作"孤"，非。久保愛於此無校語，若非其失校，則古逸叢書本已與宋本有異。宋浙本作"狐"不誤。

❻ 覺按：宋浙本、古逸叢書木"犯"作"咎犯"。

已見于《非相篇》。殷之伊尹、周之大公❶，可謂聖臣矣。是人臣之論也，吉凶賢不肖之極也，國之吉凶，人君賢不肖，極於論臣也。增吉凶，舊作"凶吉"，今據宋本、韓本改之。極，言極於此域也。○大，音泰。必謹志之而慎自爲擇取焉，足以稽矣。志，記也。言必謹記此四臣之安危而慎自擇取，則足以稽考用臣也。

13.2　從命而利君謂之順，從命而不利君謂之諂；逆命而利君謂之忠，逆命而不利君謂之篡。不恤君之榮辱❷，不恤國之臧否，偷合苟容，以持禄養交而已耳，謂之國賊。養交，謂養其與君交接之人❸，不忓犯使怒也。一曰❹：養其外交，若蘇秦、張儀、孟嘗君，所至爲相也。增《脩身篇》云："以不善先人者謂之諂，以不善和人者謂之諛。"○否，補美反。補遺養交，養私交也。君有過謀過事，將危國家、殞社稷之具也❺，增殞，墜也。大臣、父兄有能進言於君，用則可，不用則去，謂之諫；增父兄，舊作"父子兄弟"，今據元本、《羣書治要》改之。父兄，謂同姓大夫也。《曲禮》曰："爲人臣之禮，不顯諫。三諫而不聽，則逃之。"有能進言於君❻，用則可，不用則死，謂之爭；有能比知同力，比，合也。知，讀爲"智"。增爭，側迸反；下同。比，毗志反。率羣臣百吏而相與彊君

---

❶　覺按：宋浙本、古逸叢書本"大"作"太"。

❷　宋本"恤"作"邺"。覺按：古逸叢書本作"邺"，宋浙本作"卹"；下同。

❸　覺按：宋浙本、古逸叢書本無"人"字。

❹　覺按：原書"一"作"或"，今據宋浙本、古逸叢書本改。

❺　宋本"具"作"懼"。

❻　標注本"言"作"賢"。

撟君❶，彊，其丈反。撟，與"矯"同，屈也。君雖不安，不能不聽，遂以解國之大患，除國之大害，成於尊君安國，謂之輔；有能抗君之命，竊君之重，反君之事，以安國之危，除君之辱，功伐足以成國之大利，謂之拂。抗，拒也。戰功曰伐。《左傳》："郤至驟稱其伐。"拂，讀爲"弼"。弼，所以輔正弓弩者也。或讀爲"咈"，違君之意也。謂若信陵君違魏王之命，竊其兵符，殺晉鄙反軍不救趙之事❷，遂破秦而存趙。夫輔車相依，今趙存則魏安，故曰"安國之危，除君之辱"也。增《大戴禮》曰："絜廉而切直，匡過而諫邪者，謂之弼；弼者，拂天子之過者也。"本注"咈"字舊作"佛"，謝墉改之，今從之。反軍，當作"反君"。"之事"二字，當移"存趙"下。故諫、爭、輔、拂之人，社稷之臣也，國君之寶也，明君之所尊厚也❸，而闇主惑之❹，以爲己賊也。增己，音紀。故明君之所賞，闇君之所罰也；闇君之所賞，明君之所殺也。伊尹、箕子，可謂諫矣；伊尹諫太甲❺，箕子諫紂。比干、子胥，可謂爭矣；增比干爭紂，子胥爭吳王夫差。平原君之於趙也❻，可謂輔矣；事見《平原君傳》❼。信陵君之於魏也，可謂拂矣。傳曰："從道不從君。"

---

❶《說苑》無"彊君"之"君"。宋本"撟"作"橋"。

❷ 覺按：原書無"不"字，今據宋浙本、古逸叢書本補。宋刻遞修本也有"不"字，可見古本自有"不"字。"反軍不救趙"爲晉鄙之事，故不當刪"不"字。久保愛蓋未明楊注之意（見此下增注）而誤刪之。

❸ 宋本"厚"上有"所"字。

❹ 元本"惑之"作"惑君"。

❺ 覺按：原書"太"作"大"，今據古逸叢書本、宋刻遞修本改。

❻ 元本無"也"字，下"魏也"之"也"同。

❼ 本注"事見"以下六字舊在上文"之輔"下，今正。

此之謂也。

13.3 故正義之臣設，則朝廷不頗；設，謂置於列位。頗，邪也。增杜預《左氏傳》注曰："頗，不平。"○朝，直遙反。頗，普何反。諫、爭、輔、拂之人信，則君過不遠；信，謂見信於君。或曰：信，讀爲"伸"，謂道行也。增遠，猶"大"也。《左氏·昭公四年傳》曰："不十年侈，其惡不遠。" 爪牙之士施，則仇讎不作；爪牙之士，勇力之臣也。施，謂展其材也。增施，陳列之謂也。《成相篇》曰："六卿施。" 邊境之臣處，則疆垂不喪。垂，與"陲"同。增處，設置也。○處，昌呂反。喪，息浪反。故明主好同，而闇主好獨；獨，謂自任其智。增好，呼報反。明主尚賢使能而饗其盛，盛，謂大業。言饗其臣之功業也。增盛，讀爲"成"。饗，與"享"同。《彊國篇》曰："大功已立，則君享其成。" 闇主妬賢畏能而滅其功。滅，掩沒也。增妬，丹故反，"妒"俗字。罰其忠，賞其賊，夫是之謂至闇，桀、紂所以滅也。

13.4 事聖君者，有聽從，無諫爭；聖君無失。增爭，側迸反；下同。事中君者，有諫爭，無諂諛；中君，可上可下，若齊桓公者也，諂諛則遂成闇君也。事暴君者，有補削，無撟拂❶。補，謂彌縫其闕。削，謂除去其惡。言不敢顯諫，闇匡救之也。撟，謂屈其性也。拂，違也。撟拂則身見害，使君有殺賢之名，故不爲也。拂，音佛。迫脅於亂時，窮居於暴國，而無所避之，則崇其美，揚其善，違其惡，隱其敗，言其所長，不稱其所短，以爲成俗。謂危行言遜以避害也。以爲成俗，言如此而不變，若舊俗然也。增長，竹丈反。《詩》曰："國有大命，不可以告人，防其躬身。" 此之謂也。

---

❶ 宋本"撟"作"橋"。

逸詩。增防，舊作"妨"，今據宋本、韓本改之。言天降大命，將亡此國，以此告人，則罪將及其身，宜緘其口，以防身害也。《唐風·揚之水》詩曰："我聞有命，不敢以告人。"亦此意。

13.5 恭敬而遜，聽從而敏，不敢有以私決擇也❶，敏，謂承命而速行，不敢更私自決斷選擇也。不敢有以私取與也，以順上爲志，是事聖君之義也。但稟命而已。忠信而不諛，諫爭而不諂，撟然剛折❷，端志而無傾側之心，撟，彊貌。《禮記》曰："和而不流，彊哉矯❸。"剛折，剛直面折也❹。端志，不邪曲也。增"撟"字見于上。補遺撟，當作"矯"。志，當作"悫"。是案曰是，非案曰非，是事中君之義也。增案，語助。調而不流，柔而不屈，寬容而不亂，雖調和而不至流湎❺，雖柔從而不屈曲，雖寬容而不與爲亂也。曉然以至道而無不調和也，曉然，明喻之貌。至道，無爲不爭之道。以至道，則暴君不能加怒，無不調和，言皆不違拂也。增至道，猶言"入道"也。不與《君道篇》"至道"同也。補遺"以"上疑脫"喻"字。而能化易，時關內之，是事暴君之義也。關，當爲"開"，傳寫誤耳❻。內，與"納"同。言既以沖和事之，則能化易其暴戾之性，時以善道開納之也。或曰：以道關通於君之心中也。若馭樸馬❼，樸馬，未調

❶ 元本無"以私"之"以"，下同。
❷ 宋本"撟"作"橋"。
❸ 覺按：原書"彊哉矯"作"强哉撟"，今據宋浙本、古逸叢書本改。今傳《禮記·中庸》作"强哉矯"。
❹ 覺按：原書"面"作"靣"，今據宋浙本、古逸叢書本改。
❺ 覺按：原書"湎"作"溷"，今據宋浙本、古逸叢書本改；下同。
❻ 覺按：原書"耳"作"也"，今據宋浙本、古逸叢書本改。
❼ 宋本"樸"上有"其"字。

習之馬，不可遽牽制，必縱緩之。事暴君之難，故重明之也。增馭，與"御"同。
樸，舊作"撲"，今據宋本改之。**若養赤子**，赤子，嬰兒也，未有所知，
必在順適其性，不驚懼也。**若食餧人** ❶，使飢渴於至道，如餧人之欲食。
一曰 ❷：餧人，併與之食則必死。今以善道節量與之，不使狂惑也。《莊子》
曰："人惑則死。"增言徐而諫之，不敢急爲也。本注前説非。○食，祥吏
反。餧，與"餒"通，奴罪反。補遺言稍稍異言導之，不遽告以禮義之正
也。**故因其懼也而改其過**，懼則思德，故因使其改過。**因其憂也
而辨其故**，辨其致憂之端，則遷善也。**因其喜也而入其道**，欣喜
之時多所聽納 ❸，故因以道入之。增謂使君入其道也。**因其怒也而除其
怨** ❹，怨惡之人，因君怒除去之也。增怨，謂怨君者也。**曲得所謂焉**。
雖憂懼喜怒之殊，委曲皆得所謂。所謂，即化易君性也。增所謂，改其
過以下之四事也。**《書》曰："從命而不拂，微諫而不倦；爲上
則明，爲下則遜。"此之謂也**。《書》，《伊訓》也。增今《伊訓》
大有異同。○拂，音佛。補遺《書》，逸書。

13.6 **事人而不順者，不疾者也**；不順上意也。疾，速也。
不疾，言怠慢也。**疾而不順者，不敬者也；敬而不順者，不
忠者也；忠而不順者，無功者也；有功而不順者，無德者也。
故無德之爲道也** ❺，傷疾、墮功、滅苦，故君子不爲也。傷疾、
墮功、滅苦，未詳，或恐錯誤耳。爲，或爲"違"。增"故無德"疑當作"故
不順"。○墮，許規反。補遺祖徠曰："苦，當作'敬'。"白鹿曰："脱'亡

---

❶ 韓本"餧"作"餒"。
❷ 覺按：原書"一"作"或"，今據宋浙本、古逸叢書本改。
❸ 覺按：原書"欣"作"忻"，今據宋浙本、古逸叢書本改。
❹ 小字元本無"因其怒也而除其怨"八字。
❺ 元本下"無德"作"德"字。

忠’二字。”

13.7 有大忠者，有次忠者，有下忠者，有國賊者。以德復君而化之❶，大忠也；復，報也。以德行之事報白於君，使自化於善。《周禮》“宰夫掌諸臣之復、萬民之逆”也。補遺《韓詩外傳》“復”作“覆”，言以德覆翼之也。以德調君而補之❷，次忠也；謂匡救其惡。以是諫非而怒之❸，下忠也；使君有害賢之名，故爲下忠也。不恤君之榮辱❹，不恤國之臧否，偷合苟容，以之持禄養交而已耳，國賊也。增《羣書治要》無下“之”字，是也。○否，補美反。若周公之於成王也，可謂大忠矣；若管仲之於桓公，可謂次忠矣；若子胥之於夫差，可謂下忠矣；若曹觸龍之於紂者，可謂國賊矣。《説苑》曰：“桀貴爲天子，富有天下，其左師觸龍者，諂諛不正。”此云“紂”，未知孰是。增夫，音扶。差，初佳反。

13.8 仁者必敬人。凡人非賢，則案不肖也。增案，語助。人賢而不敬，則是禽獸也；禽獸不知敬賢。增敬，舊作“能”，今據宋本、韓本改之。人不肖而不敬，則是狎虎也。狎，輕侮也。言必見害。禽獸則亂，狎虎則危，災及其身❺。《詩》曰：“不敢暴虎，不敢馮河。人知其一，莫知其佗❻。戰戰兢兢，如

---

❶ 韓本“德”作“道”。《韓詩外傳》“德復”作“道覆”。《羣書治要》“復”作“覆”。

❷《韓詩外傳》“補”作“輔”。

❸《韓詩外傳》“怒”作“怨”。

❹ 宋本“恤”作“卹”。覺按：宋浙本、古逸叢書本作“卹”。

❺ 宋本“身”下有“矣”字。

❻ 宋本“佗”作“它”。

臨深淵，如履薄冰❶。”此之謂也。《詩》，《小雅·小旻》之篇。
暴虎，徒搏。馮河，徒涉。人知其一，莫知其佗，言人皆知暴虎、馮河立
至於害，而不知小人爲害有甚於此也。增毛萇曰：“戰戰，恐也。兢兢，戒也。
如臨深淵，恐墜也。如履薄冰，恐陷也。”愛曰：暴，或與“搏”古音通，
與《孟子》“馮婦”“搏虎”之“搏”同。○馮，皮冰反。故仁者必敬人。

13.9 敬人有道：賢者則貴而敬之，不肖者則畏而敬
之；賢者則親而敬之，不肖者則疎而敬之❷。其敬一也，其
情二也。若夫忠信端愨而不害傷❸，則無接而不然，是仁
人之質也。其敬雖異，至於忠信端愨不傷害，則凡所接物皆然。言嘉
善而矜不能，不以人之不肖逆詐待之而欲傷害之也。質，體也。增夫，音
扶。忠信以爲質，端愨以爲統，統，綱紀也。言以端愨自處而待
物也❹。禮義以爲文，用爲文飾。倫類以爲理，倫，人倫。類，物
之種類。言推近以知遠，以此爲條理也。喘而言，臑而動，而一可
以爲法則。臑，與《勸學篇》“蝡”同。喘，微言也。蝡❺，微動也。一，
皆也。言一動一息之間皆可以爲法則也❻。臑，人允反。增《勸學篇》無“而一”
之“而”，是也。《詩》曰：“不僭不賊，鮮不爲則。”此之謂也。《詩》，
《大雅·抑》之篇。言不僭差賊害，則少不爲人法則矣。增鮮，息淺反。

13.10 恭敬，禮也；調和，樂也；調和，不爭競也。謹慎，
利也；鬬怒，害也。故君子安禮、樂、利，謹慎而無鬬怒，

---

❶ 覺按：原書“冰”作“氷”，今據宋浙本、古逸叢書本改。
❷ 宋本“疎”作“疏”。
❸ 覺按：宋浙本、古逸叢書本“愨”作“愨”，注及下文同。
❹ 覺按：宋浙本、古逸叢書本“物”下有“者”字。
❺ 覺按：宋浙本、古逸叢書本“蝡”作“蠕”。
❻ 覺按：宋浙本、古逸叢書本“間”作“閒”。

是以百舉不過也。小人反是。增鬭，都豆反。

13.11　通忠之順，忠有所壅塞❶，故通之，然而終歸於順也。增忠，謂爭戾弼君也。其行似逆，而其實歸順也。通，達其義也。補遺忠，疑當作“逆”，蓋因下文“致忠”而誤。權險之平，權用危險之事，使至於平也。或曰：權，變也。既不可扶持，則變其危險，使治平也。增其行似險，而其實歸平也。權，稱量其輕重也。禍亂之從聲，君雖禍亂，應聲而從之也。三者非明主莫之能知也。闇君不知，所以殺害忠賢而身死國亡也。爭，然後善；戾，然後功；出死無私，致忠而公：夫是之謂通忠之順，信陵君似之矣。諫爭君，然後能善；違戾君，然後立功；出身死戰，不爲私事，而歸於至忠、至公。信陵君諫魏王請救趙，不從，遂矯君命破秦，而魏國以安，故似之。增致，盡也。○爭，側迸反。出，尺類反。夫，音扶；下同。奪，然後義；殺，然後仁；上下易位，然後貞；奪者，不義之名。殺者，不仁之稱。上下易位，則非貞也。而湯、武惡桀、紂之亂天下而奪之，是義也；不忍蒼生之涂炭而殺之❷，是仁也；雖上下易位，而使賢愚當分，歸於正道，是貞也。功參天地，澤被生民：夫是之謂權險之平，湯、武是也。增被，皮義反。過而同情❸，和而無經，經，常也。但和順上意而無常守。增過，君過也。不恤是非❹，不論曲直，偷合苟容，迷亂狂生：迷亂其君，使生狂也。增按《君道篇》：“危削、滅亡之情舉積此矣，而求安樂，是狂生者也。”如桀、紂其人也，而飛廉、惡來迷亂之。夫是之

─────────────

❶ 覺按：宋浙本、古逸叢書本“壅”作“雍”。

❷ 覺按：原書“涂”作“塗”，今據宋浙本、古逸叢書本改。

❸ 宋本“同”作“通”，韓本同。

❹ 宋本“恤”作“邺”，“論”作“治”；韓本同。覺按：古逸叢書本“恤”作“邺”，宋浙本作“卹”。

謂禍亂之從聲，飛廉、惡來是也。傳曰："斬而齊，枉而順，
不同而壹。"此言反經合道，如信陵、湯、武者也。所以斬之，取其齊
也；所以枉曲之❶，取其順也；所以不同，取其一也。初雖似乖戾，然終歸
於理者也。增傳，直戀反。《詩》曰："受小球大球，爲下國綴旒。"
此之謂也。《詩》，《商頌・長發》之篇。球，玉也。鄭玄云："綴，猶'結'
也。旒，旌旗之垂者。言湯既爲天所命，則受小玉，謂尺二寸圭也❷；受大
玉，謂珽也，長三尺。執圭搢珽，以與諸侯會同，結定其心，如旌旗之旒
綴著焉。"引此以明湯、武取天下，權險之平，爲救下國者也。增毛萇曰：
"綴，表。旒，章也。"愛曰：小球大球，小國大國諸侯所執以爲贄也。爲
下國表章，謂人皆瞻之也。

---

❶ 覺按：宋浙本、古逸叢書本無"所"字，非。

❷ 覺按：原書無"也"字，今據宋浙本、古逸叢書本補。

致士篇第十四 明致賢士之義。增士，舊作"仕"，今據宋本、韓本改之。案本注，楊倞時未誤必矣。

14.1 衡聽、顯幽、重明、退姦、進良之術：衡，平也，謂不偏聽也。顯幽，謂使幽人明顯，不擁蔽也❶。重明，謂既明，又使明也。《書》曰："德明惟明。"能顯幽則重明矣，能退姦則良進矣。增幽，謂幽隱之地。顯幽，《書》所謂"揚側陋"也。明，謂顯明之地。重明，《書》所謂"明明"也。"衡聽"以下蓋五條也，本注非。○重，直用反；下同。補遺顯幽，猶言"闡幽"也。重明，《易•離卦•象》曰："重明以麗乎正。"朋黨比周之譽，君子不聽；殘賊加累之譖，君子不用；殘賊，謂賊害人。加累，以罪惡加累誣人也。增《孟子》曰："賊仁者謂之賊，賊義者謂之殘。"○比，毗志反。累，力軌反。隱忌雍蔽之人，君子不近；隱，亦蔽也。忌，謂妬賢。雍，讀曰"擁"。增近，巨靳反。貨財禽犢之請，君子不許。行賂請謁者也。凡流言、流說、流事、流謀、流譽、流愬不官而衡至者，君子慎之，流者，無根源之謂。愬，譖也。不官，謂無主首也。衡，讀為"橫"。橫至，橫逆而至也。

---

❶ 覺按：宋浙本、古逸叢書本"擁"作"雍"。

增不官而衡至者，不由其官而自他來者也。譖，《説文》訓"愬"，故本注訓"愬，譖也"，不必讒言也。補遺愬，訴也。横至，"横"猶"猥"也。

聞聽而明譽之，君子聞聽流言、流説，則明白稱譽。謂顯露其事，不爲隱蔽。如此，則姦人不敢獻其謀也。增譽，疑當作"詧"，字之誤也。詧，古"察"字。補遺徂徠曰："聞，當作'開'。"**定其當而當，然後士其刑賞而還與之。**士，當爲"事"，行也。言定其當否，既當之後，乃行其刑賞反與之也。謂其言當於善，則事之以賞；當於惡，則事之以刑。當，丁浪反。增士，《字彙》曰："察也，理也。"補遺士，疑當作"正"。

如是，則姦言、姦説、姦事、姦謀、姦譽、姦愬莫之試也，補遺姦者必刑，故無試爲之者。**忠言、忠説、忠事、忠謀、忠譽、忠愬莫不明通方起以尚盡矣。**明通，謂明白通達其意。方起，並起。尚，與"上"同。上盡，謂盡忠於上也。增古屋鬲曰："尚，猶'不尚息焉'之'尚'。庶幾盡其忠也。"○方，與"並"通。盡，津忍反。**夫是之謂衡聽、顯幽、重明、退姦、進良之術。**增夫，音扶。

14.2　**川淵深而魚鼈歸之，山林茂而禽獸歸之，刑政平而百姓歸之，禮義備而君子歸之❶。故禮及身而行脩，義及國而政明，能以禮挾而貴名白❷，天下願，令行禁止，王者之事畢矣。**挾，讀爲"浹"。能以禮浹洽者，則貴名明白，天下皆願從之也❸。增行脩，下孟反。**《詩》曰："惠此中國，以綏四方。"此之謂也。**《詩》，《大雅·民勞》之篇。中國，京師也。四方，諸夏也。引此以明自近及遠也。**川淵者，魚龍之居也；山林者，鳥獸之**

---

❶ 元本"備"作"脩"。

❷ 標注本"名"作"明"。

❸ 覺按：原書無"也"字，今據宋浙本、古逸叢書本補。

居也；國家者，士民之居也。川淵枯，則魚龍去之 ❶；山林險，則鳥獸去之；國家失政，則士民去之。增枯，讀爲"涸"。險，險阻也。冢田虎曰："言棲宿之危也。"

14.3　無土則人不安居，無人則土不守，無道法則人不至，無君子則道不舉。增《禮記》曰："其人存則其政舉。"故土之與人也、道之與法也者，國家之本作也；本作，猶"本務"也。君子也者，道法之摠要也 ❷，不可少頃曠也。增摠要，猶言"綱紀"也。得之則治，失之則亂；得之則安，失之則危；得之則存，失之則亡。增"之"字皆指君子。〇治，直吏反；下同。故有良法而亂者，有之矣；有君子而亂者，自古及今，未嘗聞也，傳曰："治生乎君子，亂生乎小人。"此之謂也。增傳，直戀反。

14.4　得衆動天，得衆，則可以動天。言人之所欲，天必從之。增動，感動也。美意延年。美意，樂意也。無憂患，則延年也。誠信如神，誠信，則如神明，言物不能欺也。增《禮記》曰："禍福將至，善必先知之，不善必先知之，故至誠如神。"夸誕逐魂。逐魂，逐去其精魂，猶"喪精"也。矜夸妄誕，作僞心勞，故喪其精魂。此四者皆言善惡之應也。增夸誕，已見《不苟篇》。〇夸，苦華反。

14.5　人主之患，不在乎言用賢，而在乎誠必用賢。增患，如"患所以立"之"患"，謂人主之所爲患也。舊本"言"上有"不"字，今據宋本除之。補遺徐幹《中論》引此，"必"作"不"，意義甚明。

---

❶ 宋本"魚龍"皆作"龍魚"。

❷ 宋本"摠"作"總"。覺按：宋浙本、古逸叢書本"摠"作"摁"；注同。今古逸叢書本不作"總"，則若非久保愛誤校，則古逸叢書本已與宋本有異矣。

宋本除"不"言之。不，非也。**夫言用賢者，口也；却賢者，行也**。無善行，則賢不至也。增却，退也。○夫，音扶。行，下孟反；下同。**口行相反，而欲賢者之至、不肖者之退也，不亦難乎？**增反，舊作"返"，今據宋本、《羣書治要》改之。**夫燿蟬者❶，務在明其火、振其樹而已❷；火不明，雖振其樹，無益也。**南方人照蟬，取而食之。《禮記》有"蜩、范"是也。增夫，音扶。**今人主有能明其德，則天下歸之若蟬之歸明火也。**

14.6 臨事接民，而以義變應，寬裕而多容，恭敬以先之，政之始也；多容，廣納也。**然後中和察斷以輔之，政之隆也；**政之崇高，在輔以中和察斷。斷，丁亂反。補遺隆，謂中也。《玉篇》："隆，中央高也。"**然後進退誅賞之，政之終也。故一年與之始，三年與之終。**夫不教而殺謂之虐，故爲政之始，寬裕多容。三年政成，然後進退誅賞也。增"與""以"古通用。**用其終爲始，則政令不行而上下怨疾，亂所以自作也。**先賞罰，後德化，則亂。**《書》曰："義刑義殺，勿庸以即，汝惟曰：'未有順事。'"言先教也。**《書》，《康誥》。言雖義刑義殺，亦勿用即行之，當先教後刑也。雖先後不失，尚謙曰"我未有順事，故使民犯法"，躬自厚而薄責於人也。增今《康誥》大有異同。

14.7 程者，物之準也；程者，度量之揔名也❸。**禮者，節之準也；**節，謂君臣之差等也。**程以立數，禮以定倫；**言有程，則可以立一二之數；有禮，則可以定君臣父子之倫也。增古屋禹曰："數，

---

❶ 覺按：原書"燿"作"耀"，今據宋浙本、古逸叢書本改。
❷ 元本"明其"作"其明乎"。
❸ 覺按：原書"揔"作"揔"，今據宋浙本、古逸叢書本改。

度量數制之‘數’。"**德以叙位，能以授官**。度其德以序上下之位❶，考其能以授所任之官，若夔典樂、伯夷典禮之比也。**凡節奏欲陵，而生民欲寬**；節奏，謂禮節奏。陵，峻也。侵陵，亦嚴峻之義。生民，謂以德教生養民也。言人君自守禮之節奏，則欲嚴峻不弛慢；養民，則欲寬容，不迫切之也。增"陵""稜"通，言有廉隅也。**節奏陵而文，生民寬而安**。節奏雖峻，亦有文飾，不至於刻急。增謂節奏嚴厲，而文飾著也。**上文下安，功名之極也，不可以加矣**。

14.8　**君者，國之隆也；父者，家之隆也**。隆，猶"尊"也。**隆一而治，二而亂。自古及今，未有二隆爭重而能長久者**。增治，直吏反。重，直龍反。

14.9　**師術有四，而博習不與焉**。術，法也。言有四德，則可以爲人師，師法不在博習也。與，音豫。**尊嚴而憚，可以爲師**；增憚，見畏憚也。《禮記》曰："師嚴，然後道尊。"**耆艾而信，可以爲師**；五十曰艾，六十曰耆。**誦説而不陵不犯，可以爲師**；誦，謂誦經。説，謂解説。謂守其誦説，不自陵突觸犯。言行其所學。增古屋鬲曰："陵，《學記》'不陵節而施'之'陵'。"愛曰：犯，謂犯先師所傳之義。**知微而論，可以爲師**。知精微之理而能講論。論，盧困反❷。增論，如字。楊音非。**故師術有四，而博習不與焉。水深則回**❸，回，流旋也。水深不湍峻，則多旋流也。**樹落則糞本**，謂木葉落，糞其根也。增舊本"落"下無"則"字，今據宋本、韓本補之。**弟子通利則**

---

❶ 覺按：原書"序"作"叙"，今據宋浙本、古逸叢書本改。

❷ 覺按：宋浙本、古逸叢書本"反"作"切"。

❸ 宋本"則回"作"而回"，非。覺按：原書"回"作"囬"，今據宋浙本、古逸叢書本改；注同。

思師。思其厚於己也。增物茂卿曰："言及其通利益，知師之深也。"《詩》曰❶："無言不讎，無德不報。"此之謂也。此言爲善則物必報之也。增《詩》，《大雅·抑》篇。讎，亦報也。補遺此證弟子思師恩也。

14.10 賞不欲僭，刑不欲濫。賞僭，則利及小人；刑濫，則害及君子。若不幸而過，寧僭無濫；與其害善，不若利淫。增《左氏·襄二十六年傳》曰："'善爲國者，賞不僭而刑不濫。'賞僭，則懼及淫人；刑濫，則懼及善人。若不幸而過，寧僭無濫。與其失善，寧其利淫。"又《尚書》曰"與其殺不辜，寧失不經"是也。

荀子卷第九

---

❶ 元本"詩曰"以下十四字在"利淫"下。

荀子卷第十

議兵篇第十五

15.1 臨武君與孫卿子議兵於趙孝成王前 ❶。臨武君，蓋楚將，未知姓名。《戰國策》曰："天下合從，趙使魏加見楚春申君曰：'君有將乎？' 春申君曰：'有矣。僕欲將臨武君。' 魏加曰：'臣少之時好射，臣願以射譬，可乎？' 春申君曰：'可。' 魏加曰：'異日者 ❷，更羸與王處京臺之下，更羸曰："臣能爲王引弓虛發而下鳥。" 有間 ❸，鳴鴈從東方來，更羸以虛發而下之。王曰："射之精，乃至於此乎？" 更羸曰："此孽也。" 王曰："先生何以知之？" 對曰："其飛徐者，故創痛也 ❹。其鳴悲者，久失羣也。故創未息而驚心未去 ❺，聞弦音烈而高飛，故隕也。" 今臨武君嘗爲秦孽，不可以爲距秦之將。'" 趙孝成王，晉大夫趙夙之後，簡子十世孫 ❻。或曰：

---

❶ 元本無 "子" 字，下皆同。《羣書治要》同。

❷ 覺按：宋浙本、古逸叢書本 "日" 作 "曰"。

❸ 覺按：宋浙本、古逸叢書本 "間" 作 "閒"。

❹ 覺按：宋浙本、古逸叢書本 "故" 作 "其"。

❺ 覺按：宋浙本、古逸叢書本 "創" 作 "創痛"。

❻ 覺按：宋浙本、古逸叢書本 "簡" 作 "簡"。

劉向敘云❶“孫卿至趙，與孫臏議兵趙孝成王前”。臨武君即孫臏也。今按《史記·年表》，齊宣王二年，孫臏爲軍師❷，則敗魏於馬陵，至趙孝成王元年，已七十餘年，年代相遠，疑臨武君非此孫臏也。⟨補遺⟩注“劉向敘云：‘孫卿至趙，與孫臏議兵趙孝成王前。’”此即劉向《孫卿子後叙》文也。《新序》載此事，亦言“臨武君”，不言“孫臏”，《後叙》偶誤耳。《增注》本書未據宋本載《後叙》，而此注“叙”字改“新序”二字，豈向承他人之誤而今不及撿耶？

王曰：“請問兵要。”

臨武君對曰：“上得天時，若順太歲及孤虛之類也❸。下得地利，若右背山陵、前左水澤之比也。觀敵之變動，後之發，先之至，⟨增⟩敵發而後發，敵未至而先至。○後，胡豆反。先，悉薦反。此用兵之要術也。”

孫卿子曰：“不然。臣所聞古之道，凡用兵攻戰之本在乎一民❹。弓矢不調，則羿不能以中微；⟨增⟩中，陟仲反。六馬不和，則造父不能以致遠；⟨增⟩造，七到反。父，音甫。士民不親附，則湯、武不能以必勝也。故善附民者，是乃善用

---

❶ 覺按：原書“叙”作“新序”，今據宋浙本、古逸叢書本改。“劉向叙”指本書卷二十所載劉向《孫卿書録》，非指《新序》，世德堂本作“叙”不誤，此蓋久保愛失考而誤改耳。

❷ 覺按：原書“師”作“帥”，今據宋浙本、古逸叢書本改。

❸ 覺按：原書“及”作“反”，今據宋浙本、宋刻遞修本改。古逸叢書本作“反”，非。

❹ 《韓詩外傳》“在乎一民”作“在附親士民而已”。宋本“一”作“壹”。覺按：原書標注“在附親士民而已”作“附親士民而已”，今據《韓詩外傳》卷三第三十六章之文補“在”字。

兵者也。故兵要在乎善附民而已 **❶**。”

15.2 臨武君曰：“不然。兵之所貴者，勢利也 **❷**；乘勢爭利。所行者，變詐也。奇計。增詐，側嫁反；下同。善用兵者，感忽悠闇，莫知其所從出 **❸**。感忽、悠闇，皆謂倏忽之間也 **❹**。感忽，恍忽也。悠闇，遠視不分辨之貌。莫知所從出，謂若九天之上、九地之下，使敵人不測。魯連子曰：“弃感忽之耻，立累世之功 **❺**。”增本注“立”字舊脱，今從謝墉説補之。孫、吳用之，無敵於天下。豈必待附民哉？”孫，謂吳王闔閭將孫武。吳，謂魏武侯將吳起也。

孫卿子曰：“不然。臣之所道，仁人之兵，王者之志也 **❻**。帝王之志意如此也。增道，言也。君之所貴，權謀勢利也；所行，攻奪變詐者 **❼**：諸侯之事也。仁人之兵，不可詐也；彼可詐者，怠慢者也，路亶者也，路，暴露也。亶，讀爲“袒”。露袒，謂上下不相覆蓋。《新序》作“落單” **❽**。增路，讀爲“露”。君臣上下之間滑然有離德者也。滑，亂也，音骨。言彼可欺詐者，皆如此之國也。增《新序》“滑”作“渙”。下文亦有“渙焉離耳”“霍焉離耳”二語，本注云：“霍焉，猶‘渙焉’也。”仍案：“滑”“渙”“霍”蓋古音通。

---

❶ 元本無下“者”字、“善”字。

❷ 宋本“勢”作“執”，下同。

❸ 元本無“其”字。

❹ 覺按：宋浙本、古逸叢書本“間”作“閒”。下正文及注同。

❺ 覺按：宋浙本、古逸叢書本“弃”作“棄”，“立累世之功”作“累世之功也”。

❻《韓詩外傳》“志”作“事”。

❼ 宋本“者”作“也”。覺按：宋浙本、古逸叢書本皆作“者”，此若非久保愛誤校，則古逸叢書本已與宋本有異。

❽ 覺按：宋浙本、古逸叢書本“新序”作“新叙”，非。

舊本無"者"字，今據宋本補之，《新序》亦有。**故以桀詐桀，猶巧拙有幸焉；以桀詐堯，譬之，若以卵投石、以指撓沸**，撓，攪也。以指撓沸，言必爛也。《新序》作"以指繞沸"。⬚增《羣書治要》無"巧拙"二字，似是。○卵，盧管反。撓，與"攪"同。沸，方味反。⬚補⬚遺幸，冀望也。言詐之巧拙，可以冀其勝也。**若赴水火、入焉焦沒耳❶。故仁人上下**，説仁人上下相愛之意。**百將一心，三軍同力；**⬚增"故仁人"以下必有誤。《新序》作："仁人之兵，或將三軍同力，上下一心。"○將，子匠反。**臣之於君也，下之於上也，若子之事父、弟之事兄，若手臂之扞頭目而覆胷腹也；詐而襲之與先驚而後擊之，一也。**先驚頭目，使知之而後擊之，豈手臂有不救也？⬚增扞，衛也。黑瀧僚師曰："驚，讀爲'警'。言雖詐而襲，上下相和如是，則必有知而告之者，故曰'先警'。昔者秦孟明襲鄭，鄭賈人弦高知而告之之類是也。"○覆，扶又反。**且仁人之用十里之國，則將有百里之聽；**聽，猶"耳目"也。言遠人自爲其耳目。或曰：謂間諜者。⬚增《呂氏春秋》曰："王者之封建也，彌近彌大，彌遠彌小，海上有十里之諸侯。"百里之聽，下文"彼必將來告之"之意。**用百里之國，則將有千里之聽；用千里之國，則將有四海之聽；必將聰明警戒❷，和傳而一。**耳目明而警戒，相傳以和，無有二心也。一云：傳，或爲"博"。博，衆也。而一，如一也。言和衆如一也。⬚增傳，疑當作"傅"，與"附"同。冢田虎曰："注'明'上脫'聰'字與？"**故仁人之兵，聚則成卒，散則成列；**卒，卒伍。列，行列。言動皆有備也。**延則若莫耶之長刃，**

---

❶ 《韓詩外傳》曰："抱羽毛而赴烈火，入則燋也。"
❷ 覺按：宋浙本、古逸叢書本"聰"作"聰"。

嬰之者斷；兌則若莫耶之利鋒 ❶，當之者潰；兌，猶“聚”也，
與“隊”同，謂聚之使短。潰，壞散也。《新序》作“銳則若莫耶之利鋒”
也。增古屋鬲曰：“陣法有方、圓、曲、直、銳。延者，直陣是也。”物茂
卿曰：“‘兌’‘銳’通。”圜居而方正，則若盤石然，觸之者角摧，
圜居方正 ❷，謂不動時也，則如大石之不可移動也。增謝墉本從《新序》改
“正”作“止”。○盤，與“磐”同。案角鹿埵、隴種、東籠而退耳。
其義未詳，蓋皆摧敗披靡之貌。或曰：鹿埵，垂下之貌 ❸，如禾實垂下然。
埵，丁果反。隴種，遺失貌，如隴之種物然。或曰：即“龍鍾”也 ❹。東籠，
與“涷瀧”同 ❺，沾溼貌 ❻，如衣服之沾溼然。《新序》作“隴鍾而退”❼，無
“鹿埵”字。增物茂卿曰：“案，助辭。”冢田虎曰：“‘角’字衍。”楊慎曰：
“‘鹿’‘穊’同。埵，丁果反。鹿埵，如禾穊下垂也。”謝墉曰：“‘垂下之
貌’，舊脫‘垂’字，今補。案《說文》，禾實垂下謂之種，丁果切。楊意
‘埵’讀爲‘種’，故音義與之同也。又，‘即龍鍾也’，舊脫‘龍’字，‘龍鍾’
乃當時常語，今補。又案《方言》：‘瀧涿謂之霑漬。’《廣韻》：‘涷瀧，霑
漬也。’故楊云：‘涷瀧，沾溼貌。’舊誤作‘涷隴’❽，今改正。”《通雅》引
《北史》云：“宇文泰戰敗，敵兵追及。李穆以鞭擊泰曰：‘籠東軍士，爾主
安在？’”籠東，猶“隴種”。“圜居”以下二十六字，《韓詩外傳》作“圓

---

❶ 宋本“耶”作“邪”。

❷ 覺按：原書“圜”作“圓”，今據宋浙本、古逸叢書本改。

❸ 覺按：宋浙本、古逸叢書本無“垂”字。

❹ 覺按：宋浙本、古逸叢書本無“龍”字。

❺ 覺按：宋浙本、古逸叢書本“瀧”作“隴”字。

❻ 覺按：原書“溼”作“濕”，今據宋浙本、古逸叢書本改，下同。

❼ 覺按：宋浙本、古逸叢書本“新序”上有“於”字。

❽ 覺按：原書“隴”作“龍”，今據宋浙本、古逸叢書本注文改。

居則若丘山之不可移也,方居則若盤石之不可拔也,觸之摧角折節而退爾"。

且夫暴國之君,將誰與至哉? 增夫,音扶;下同。彼其所與至者,必其民也,而其民之親我歡若父母❶,其好我芬若椒蘭,彼反顧其上,則若灼黥, 如畏灼黥。增好,呼報反;下同。若仇讎;人之情,雖桀、跖,豈又肯爲其所惡賊其所好者哉? 增又,讀爲"有",《新序》作"有"。○惡,烏路反。是猶使人之子孫自賊其父母也,彼必將來告之,夫又何可詐也? 不可得詐襲也。增《孟子》曰:"率其子弟,攻其父母,自生民以來,未有能濟者也。"○告,古毒反。故仁人用,國日明,日益明察。諸侯先順者安,後順者危,慮敵之者削,反之者亡❷。謀慮與之爲敵者,土地必見侵削。反,謂不服從也。《詩》曰:'武王載發,有虔秉鉞;如火烈烈,則莫我敢遏❸。'此之謂也。"《詩》,《殷頌》。武王,湯也。發,讀爲"施"。虔,敬。遏,止也。湯建施興師,本由仁義,雖用武持鉞,而猶以敬爲先,故得如火之盛,無能止之也。增今《詩》"發"作"施",《新序》同,是也。有,讀爲"又"。

15.3 孝成王、臨武君曰:"善。請問王者之兵設何道、何行而可? " 設,謂制置。道,謂論説教令也。行,動用也。增行,下孟反。

孫卿子曰:

"凡在大王,將率末事也❹。臣請遂道王者諸侯彊弱存

---

❶ 元本無"而"字。

❷ 元本"反"上有"然"字。

❸ 今《詩》"遏"作"曷"。

❹ 元本"末"上有"皆"字。

亡之效、安危之勢 ❶。率，與"帥"同，所類反。道，説也。效，驗也。孝成王見荀卿論兵謂王者以兵爲急，故遂問用兵之術。荀卿欲陳王道，因不答其問 ❷，故言凡在大王之所務，將帥乃其末事耳，所急教化也，遂廣説湯、武、五霸及戰國諸侯之事也 ❸。[增]將，子匠反。[補遺]凡，總括也。君賢者其國治，君不能者其國亂；[增]治，直吏反；下同。隆禮、貴義者其國治，簡禮、賤義者其國亂 ❹。治者彊，亂者弱：是彊弱之本也。上足卬，則下可用也；上不足卬，則下不可用也。卬，古"仰"字。不仰，不足仰也。下託上曰仰，宜向反。能教且化，長養之，是足仰。[增]本注"不仰"以下二十四字標注本無。《韻會》"仰"字注所引無"不仰，不足仰也"六字。謝墉曰："以注觀之，正文當本是'上不卬'，衍'足'字。"下可用則彊，下不可用則弱：是彊弱之常也。隆禮、效功，上也；重禄、貴節，次也；上功、賤節，下也：是彊弱之凡也。效，驗也。功，戰功也。效功，謂不使賞僭也。重禄，重難其禄，不使素餐也。節，忠義也。君能隆禮驗功則彊，上戰功、輕忠義則弱，大凡如此也。[增]重禄，厚禄也。《禮記》曰："忠信重禄。"節，節義也。○重，如字；下同。[補遺]效，致也。好士者彊，不好士者弱；士，賢士也。[增]好，呼報反。愛民者彊，不愛民者弱；政令信者彊，政令不信者弱；信，謂使下可信。[增]《説苑》曰"布令信而不食言"是也。民齊者彊，不齊者弱 ❺；齊，謂同

---

❶ 宋本"彊"作"强"，下同。小字元本"效"作"効"，注同。宋本"勢"作"埶"。

❷ 覺按：宋浙本、古逸叢書本"答"作"荅"。

❸ 覺按：宋浙本、古逸叢書本無"也"字。

❹ 覺按：宋浙本、古逸叢書本"簡"作"簡"。

❺ 元本"不齊"上有"民"字。

力。**賞重者彊，賞輕者弱**；重難其賞，使必賞有功則彊，輕易其賞則弱也。增重，與"貴爵重賞"之"重"同，厚也。輕，反此。○輕，如字。**刑威者彊，刑侮者弱**；刑當罪，使人可畏，則彊；不當罪，則人侮慢❶，故弱也。**械用兵革攻完便利者彊**，攻，當爲"功"。功，精好加功者也。器械牢固，便利於用，則彊也。增攻，《考工記》"攻金""攻木"之"攻"；完，《左氏·隱公元年傳》"大叔完聚"之"完"：皆脩治之謂也。或曰：《魏都賦》云"物背窳而就攻"。劉良曰："攻，堅也。《詩》云：'我車既攻。'"**械用兵革窳楛不便利者弱**；窳，器病也，音庚。楛，濫惡，謂不堅固也。增楛，音"鹽"。**重用兵者彊，輕用兵者弱**；重難用兵者彊。增重，直用反。輕，牽政反。**權出一者彊，權出二者弱**：政多門，則弱也❷。**是彊弱之常也。"**

"**齊人隆技擊**。技，材力也。齊人以勇力擊斬敵者，號爲技擊。孟康曰："兵家之技巧。技巧者，習手足，便器械，積機關，以立攻守之勝。"**其技也，得一首者，賜贖錙金❸，無本賞矣**。八兩曰錙。本賞，謂有功同受賞也。其技擊之術，斬得一首則官賜錙金贖之。斬首，雖戰敗亦賞；不斬首，雖勝亦不賞：是無本賞也。增《漢·刑法志》作"得一首則得賜金"。愛案：賜贖錙金，言使無功者出錙金贖其罪，而以其金賜有功者也。不然，不得言"無本賞矣"。補遺無本賞，謂無復户利田宅之賞也。**是事小、敵毳❹，則偷可用也**；可偷竊用之也。毳，讀爲"脆"。《史記》聶政謂嚴仲子曰"屠可以旦夕得甘脆以養親"也。增偷，苟且也。補遺事，

---

❶ 覺按：原書"慢"作"偎"，今據宋浙本、古逸叢書本改。
❷ 覺按：原書無"也"字，今據宋浙本、古逸叢書本補。
❸ 宋本"賜"上有"則"字。
❹ 《漢書·刑法志》"毳"作"脆"。

謂師役。《戰國策》所謂"長平之事""斁下之事"是也❶。事大、敵堅，則渙焉離耳❷，《易·序卦》曰❸:"渙者，離也。"若飛鳥然，傾側反覆無日。若飛鳥，言無憑依也❹。無日，言傾側反覆之速，不得一日也。增古屋甭曰:"若飛鳥，所謂鳥合之兵也。"是亡國之兵也，兵莫弱是矣，是其去賃市傭而戰之幾矣。"此與賃市中傭作之人而使之戰相去幾何也？增去，舊作"出"，今據元本改之。

"魏氏之武卒，以度取之。武卒，選擇武勇之卒，號爲武卒。以度取之❺，謂取其長短材力中度者。衣三屬之甲，如淳曰:"上身一，髀褌一，脛繳一❻，凡三屬也。"衣，於氣反❼。屬，之欲反。補遺《考工記》曰:"函人爲甲，犀甲七屬，兕甲六屬，合甲五屬。"鄭注云:"屬，謂上旅、下旅札續之數。"操十二石之弩，負服矢五十箇❽，置戈其上，置戈於身之上，謂荷戈也。增服，與"箙"同，所以揷矢之器。○操，七刀反。冠軸帶劍❾，軸，與"冑"同。《漢書》作"冠冑帶劍"，顏師古曰:"著兜鍪而又帶劍也❿。"增冠，古亂反。贏三日之糧⓫，日中而趨百

---

❶ 覺按：原書"斁"作"郜"，今據《戰國策·趙一》之文改。又，"長平之事"見《戰國策·中山》。

❷ 宋本"焉"作"然"。

❸ 覺按：宋浙本、古逸叢書本"序卦"作"說卦"，非。

❹ 覺按：宋浙本、古逸叢書本"憑依"作"馮而易"。

❺ 覺按：宋浙本、古逸叢書本無"以"字。

❻ 覺按：宋浙本、古逸叢書本"脛"作"踁"。

❼ 覺按：原書"氣"作"既"，今據宋浙本、古逸叢書本改。

❽ 元本無"服"字。宋本"箇"作"个"。

❾ 元本無"冠"字。

❿ 覺按：宋浙本、古逸叢書本"著"作"箸"。

⓫ 覺按：原書"糧"作"粮"，今據宋浙本、古逸叢書本改。

里。贏，負擔也。日中，一日之中也。增贏，舊作"贏"❶，今據宋本及
《刑法志》改之。**中試則復其戶，利其田宅。**復其戶，不傜役也❷。
利其田宅，不征衆也。顏師古曰："利，謂給其便利之處。"中，丁仲反。
復，方目反。增謝墉曰："注'不征衆'，'衆'字誤，疑作'稅'。"**是數
年而衰而未可奪也，改造則不易周也。**此中試者筋力數年而衰，
亦未可遽奪其優。奪其優❸，復使皆怨也。改造，更選擇也，則又如前。增
數，所矩反；下"數國"同。易，以豉反。**是故地雖大，其稅必寡，
是危國之兵也。**優復既多，則稅寡。資用貧乏，故國危。

　　"秦人，其生民也狹隘❹，其使民也酷烈，生民，所生之
民❺。狹隘，謂秦地險固也。酷烈，嚴刑罰也。地險固，則寇不能害❻；嚴刑罰，
則人皆致死也。增此即與《王霸篇》"生民則致貧隘，使民則綦勞苦"同意，
言秦政其生養之道薄，而其使役之方急也。**劫之以勢❼，**謂以威勢劫迫之，
使出戰。**隱之以阸，**謂隱蔽以險阸，使敵不能害。鄭氏曰："秦地多阸，
藏隱其民於阸中也❽。"增《漢書·刑法志》注："臣瓚云：'秦政急峻，隱
括其民於阸狹之法。'"**忸之以慶賞，**忸，與"狃"同，串習也。戰勝
則與之賞慶，使習以爲常。忸，女九反。補遺"忸""狃"同，狎昵馴伏之意。

---

❶ 覺按：原書"贏"作"嬴"，今據宋刻遞修本改。
❷ 覺按：原書"傜"作"徑"，今據宋浙本、古逸叢書本改。
❸ 覺按：原書不重"奪其優"，今據宋浙本、古逸叢書本補。
❹ 宋本"狹隘"作"陿阸"。
❺ 覺按：宋浙本、古逸叢書本"民"作"地"，非。
❻ 覺按：原書"寇"作"冦"，今據宋浙本、古逸叢書本改。
❼ 宋本"勢"作"埶"，下同。
❽ 覺按：原書"藏隱"作"隱藏"，今據宋浙本、古逸叢書本改。又，
宋浙本、古逸叢書本無"也"字。

鰌之以刑罰，鰌，藉也。不勝則以刑罰陵藉之。《莊子》風謂蛇曰“鰌我亦勝我”，音秋。或作“蹴”，七六反。[增]鰌，與“蹴”同。《集韻》云:“迫也。”**使天下之民所以要利於上者，非鬬無由也；**[增]要，於遥反。鬬，都豆反。[補遺]天下之民，《漢書》作“其民”。**阸而用之，**[補遺]“而”下脱“後”字，平日生養狹隘，而後用於戰鬬也。**得而後功之，**守險阸而用之，既得勝，乃賞其功，所以人自爲戰而立功者衆也。[增]阸，狹隘也。**功賞相長也，五甲首而隸五家**[1]。有功而賞之，使相長，獲得五甲首，則役隸鄉里之五家也。[增]長，竹丈反；下同。**是最爲衆彊長久**[2]**，多地以正，故四世有勝，非幸也，數也。”**爲之有根本，不邀一時之利，故能衆彊長久也。不復其户，利其田宅，故多地也。以正，言比齊、魏之苟且爲正。言秦亦非天幸，有術數然也。四世，孝公、惠王、武王、昭王也。[增]《標注》云:“衆彊，異乎齊之烏合。長久，異乎魏之衰秏。多地以正，異乎魏之税寡。正，謂征税也。”〇正，音“征”。

“故齊之技擊不可以遇魏氏之武卒，魏氏之武卒不可以遇秦之鋭士，秦之鋭士不可以當桓、文之節制，桓、文之節制不可以敵湯、武之仁義；有遇之者，若以焦熬投石焉。以魏遇秦，猶以焦熬之物投石也[3]。熬，五刀反。**兼是數國者，皆干賞蹈利之兵也，傭徒鬻賣之道也，未有貴上、安制、綦節之理也。**干，求也。言秦、魏雖足以相勝，皆求賞蹈利之兵，與傭徒之人鬻賣其力作無異，未有愛貴其上爲之致死、安於制度自不踰越、極於忠義心不爲非之理者也。**諸侯有能微妙之以節，則作而**

[1] 覺按：原書“隸”作“隸”，今據宋浙本、古逸叢書本改；注同。

[2] 宋本“彊”作“强”，下同。

[3] 覺按：原書無“以魏遇秦猶”五字，今據宋浙本、古逸叢書本補。

兼殆之耳。"微妙，精盡也。節，仁義也。作，起也。殆，危也。諸侯有能精盡仁義，則能起而兼危也 **❶**。兼危此數國，謂禽滅之。增節，節制也。本注"兼危也"舊作"無危也"，"兼危此"舊作"兼此"，今從謝墉説據正文改正之。

"故招近募選，隆勢詐，尚功利，是漸之也；近，當爲"延"，傳寫誤耳。招延，謂引致之也。募選，謂以財召之而選擇可者。此論齊之技擊也。隆勢詐，謂以威勢變詐爲尚，此論秦也。尚功利，謂有功則利其田宅，論魏也。漸，進也。言漸進而近於法，未爲理也。或曰：漸，浸漬也，謂其賞罰纔可漸染於外，中心未悦服。漸，子廉反。增古屋鬲曰："募選，謂魏氏之武卒以度取之。尚功利，亦論秦人。漸，謂勸進。士，卒也。"○詐，側嫁反；下同。禮義教化，是齊之也。服其心，是齊壹人之術也 **❷**。故以詐遇詐，猶有巧拙焉；猶齊之技擊不可以當魏之武卒也。以詐遇齊，辟之，猶以錐刀墮太山也 **❸**，辟，音"譬"。墮，毀也，許唯反。非天下之愚人莫敢試。故王者之兵不試。一舉而定，不必試也。增王者之兵，人皆知其不可當，故無試之者。湯、武之誅桀、紂也，拱挹指麾，而彊暴之國莫不趨使，誅其元惡，其餘獷悍者皆化而來臣役也 **❹**。增宋本"挹"作"揖"，古字通用。誅桀、紂若誅獨夫。故《泰誓》曰：'獨夫紂。'增今《書》"紂"作"受"。此之謂也。"

"故兵大齊，則制天下；小齊，則治鄰敵 **❺**。以禮義教化

---

❶ 覺按：原書無"能"字，今據宋浙本、古逸叢書本補。

❷ 覺按：原書"壹"作"一"，今據宋浙本、古逸叢書本改。

❸ 宋本"太"作"大"。

❹ 覺按：原書無"者"字，今據宋浙本、古逸叢書本補。

❺ 覺按：原書"鄰"作"隣"，今據宋浙本、古逸叢書本改；注同。

大齊之，謂湯、武也。小齊❶，謂未能大備，若五霸者也。治鄰敵，言鄰敵受其治化耳。增治，當作“殆”，字之誤也。《王制篇》云：“威彊未足以殆鄰敵也。”《王霸篇》云：“彊殆中國。”上文亦云：“兼殆之耳。”**若夫招近募選、隆勢詐、尚功利之兵，則勝不勝無常，代翕代張，代存代亡，相爲雌雄耳矣**❷。翕，斂也。代翕代張，代存代亡，猶言“代彊代弱”也。增夫，音扶；下同。**夫是之謂盜兵，君子不由也。**由，用也。以詐力相勝，是盜賊之兵也。

　　“故齊之田單，楚之莊蹻，秦之衞鞅，燕之繆蟣❸**，是皆世俗之所謂善用兵者**❹。田單，齊襄王臣安平君也。《史記》：“莊蹻者，楚莊王苗裔。楚威王使爲將，將兵循江而上，略蜀、黔中以西。蹻至滇池，方三百里，地肥饒數千里，以兵威定屬楚❺，欲歸報，會秦擊奪楚巴、黔中郡，道塞不通，因還，以其衆至滇，變服，從其俗焉。”衞鞅，秦孝公臣，封爲商君者也。繆蟣，未聞焉。增蹻，其略反。燕，於賢反。繆，音“穆”。蟣，音“幾”。**是其巧拙彊弱則未有以相若也**❻**，若其道，一也**，相若，相似也。雖術不同，皆出於變詐，故曰“其道一也”。**未及和齊也**，數子之術，未能及於和齊人心也。**掎挈司詐，權謀傾覆，未免盜兵也。**挈，讀爲“挈”。挈❼，持也。掎挈，猶言“掎摭”也。司，讀爲“伺”。詐，

---

❶ 覺按：宋浙本、古逸叢書本無“齊”字。

❷ 元本無“矣”字。

❸ 元本“蟣”作“繼”。

❹ 宋本“者”下有“也”字。

❺ 覺按：宋浙本、古逸叢書本“威”作“滅”。

❻ 元本無“是其”之“其”。宋本“相若”之“若”作“君”，無注“相若，相似也”五字；韓本同。

❼ 覺按：宋浙本、古逸叢書本無此“挈”字。

欺詿也。皆謂因其危弱，即掩襲之也。⬚增《富國篇》"契"作"挈"，義詳于彼篇。**齊桓、晉文、楚莊、吳闔閭、越句踐，是皆和齊之兵也，可謂入其域矣**，入禮義教化之域。孟康曰："入王兵之域也。"⬚增闔，户臘反。句，古侯反。**然而未有本統也**，本統，謂前行素脩，若湯、武也。⬚增本統，謂仁義也。⬚補遺未有本統，《漢書》作"猶未本仁義之統"。**故可以霸而不可以王。是彊弱之效也。"**湯、武王而桓、文霸，齊、魏則代存代亡，是其效也。⬚增王，于況反。

15.4 孝成王、臨武君曰："善。請問爲將。"⬚增問爲將者之道也。○將，子匠反；下同。

孫卿子曰："**知莫大乎棄疑**，不用疑謀，是智之大。⬚增知，音"智"。**行莫大乎無過**，⬚增行，下孟反。**事莫大乎無悔。**⬚增《論語》曰："多見闕殆，慎行其餘，則寡悔。"**至無悔而止矣❶，成不可必也❷**。不可必，不得必❸，謂成功忘其警備。《莊子》曰："聖人以必不必，故無兵❹；衆人以不必必之，故多兵❺。"⬚增成不可必，謂其成功不可豫期也。⬚補遺言事之成否不可必期，若盡其道，則雖功不成，而無悔恨矣。無悔者，盡其道也，故曰"止"。**故制號政令，欲嚴以威；慶賞刑罰，欲必以信；處舍收藏❻，欲周以固；**處舍，營壘也。收藏，財物

---

❶ 韓本"至"上有"事"字，宋本同。

❷ 元本無"成"字。

❸ 覺按：宋浙本"不可必，不得必"作"不可必"，古逸叢書本作"不得必"。

❹ 覺按：原書"無兵"作"多功"，今據宋浙本、古逸叢書本改。

❺ 覺按：原書"多兵"作"無功"，今據宋浙本、古逸叢書本改。

❻ 宋本"藏"作"臧"。覺按：原書"收"作"牧"，今據宋浙本、古逸叢書本改；注同。

也。周密牢固，則敵不能陵奪矣。**徙舉進退，欲安以重，欲疾以速**；靜則安重而不爲輕舉，動則疾速而不失機權。**窺敵觀變，欲潛以深，欲伍以參**；謂使間諜觀敵❶，欲潛隱深入之也。伍參，猶"錯雜"也。使間諜或參之、或伍之於敵之間而盡知其事。《韓子》曰："省同異之言以知朋黨之分，偶參伍之驗以責陳言之實。"又曰"參之以比物，伍之以合虛"也❷。增伍參，謂再三窺之，以丁寧之也。**遇敵決戰，必道吾所明，無道吾所疑**；道，言也，行也。增道，由也。**夫是之謂六術**。自"制號政令"以下有六也❸。增夫，音扶；下同。**無欲將而惡廢**，增物茂卿曰："言勿貪將師之權而憂失之也❹。"○將，子匠反；下同。惡，烏路反。**無急勝而忘敗**，增忘，舊作"亡"，今據宋本、韓本改之。**無威內而輕外**，增威內，則士卒不懷。輕外，則贈敵禽之道也。○輕，牽政反。**無見其利而不顧其害**，彊使人出戰而輕敵❺。增如吳王夫差利與晉爭，而不知越之襲後是也。**凡慮事欲熟而用財欲泰**❻，熟，謂精審。泰，謂不吝賞也❼。**夫是之謂五權**。五者爲將之機權也。**所以不受命於主有三：可殺而不可使處不完**，增可以主權殺此將，而不可彊使之處不完。如白起知死，不擊趙是也。○處，昌呂反；下同。**可殺而不可使擊不勝，可殺而不可使欺百姓**，增欺百姓，言出令不信也。又案《呂氏春秋》云："殺之免之，殘其家，王能得此於臣。不可以戰而戰，

---

❶ 覺按：宋浙本、古逸叢書本"間"作"閒"。

❷ 覺按：宋浙本、古逸叢書本"虛"作"參"，非。

❸ 覺按：宋浙本、古逸叢書本"以"作"已"。

❹ 覺按：原書"師"作"帥"，今據宋浙本、古逸叢書本改。

❺ 覺按：宋浙本"彊"作"强"，古逸叢書本作"強"。

❻ 宋本"熟"作"孰"。

❼ 覺按：原書"吝"作"悋"，今據宋浙本、古逸叢書本改。

可以戰而不戰，王不能得此於臣。"夫是之謂三至。至，謂一守而不
變。凡受命於主而行三軍，三軍既定，百官得序，羣物皆正，
百官，軍之百吏。得序，各當其任。則主不能喜，敵不能怒，不苟
徇上意，故主不能喜。不爲變詐，故敵不能怒也。增謂以法律行之，不任
喜怒也。夫是之謂至臣。爲臣之至當也。增至臣，猶言"上臣"也。
慮必先事而申之以敬，謀慮必在事先，重之以敬，常戒懼而有備也。
增先，悉薦反。慎終如始，終始如一，夫是之謂大吉。言必無
覆敗之禍也。凡百事之成也必在敬之，其敗也必在慢之，故
敬勝怠則吉，怠勝敬則滅，計勝欲則從，欲勝計則凶 ❶。增計，
謀也。戰如守，不務越逐也。《書》曰："不愆于六步七步 ❷，乃止齊焉。"
行如戰，增行，謂行軍也。如戰，謂警戒嚴整也。有功如幸。不務
驕矜。敬謀無壙，無壙，言不敢須臾不敬也。壙，與"曠"同。敬事
無壙，敬吏無壙 ❸，敬衆無壙，敬敵無壙，夫是之謂五無壙。
慎行此六術、五權、三至，而處之以恭敬無壙，夫是之謂
天下之將，則通於神明矣。"天下莫及之將。

15.5 臨武君曰："善！請問王者之軍制。"

孫卿子曰："將死鼓，死，謂不棄之而奔亡也。《左傳》曰：
"師之耳目，在吾旗鼓。"增將，子匠反。馭死轡，增馭，與"御"同，
宋本作"御"。百吏死職，士大夫死行列。增行，戶郎反。聞
鼓聲而進，聞金聲而退；增《漢·李陵傳》："令曰：'聞鼓聲而縱，
聞金聲而止。'"順命爲上，有功次之；軍之所重在順命，故有功

---

❶《大戴禮》"則"皆作"者"，"計"作"義"。

❷ 覺按：宋浙本、古逸叢書本"六步七步"作"五步六步"。

❸ 宋本"吏"作"終"，韓本同。

次之。令不進而進,猶令不退而退也,其罪惟均。令,教令也。言使之不進而進,猶令不退而退,其罪同也。不殺老弱,不獵禾稼,獵,與"躐"同,踐也。服者不禽,格者不赦❶,犇命者不獲。服,謂不戰而退者,不追禽之。格,謂相拒捍者。奔命,謂奔走來歸其命者,不獲之爲囚俘也。犇,與"奔"同。增奔命,謂不交鋒刃、奔陣中而降者也。○禽,與"擒"同。凡誅,非誅其百姓也,誅其亂百姓者也;百姓有捍其賊❷,則是亦賊也。捍其賊,謂爲賊之捍蔽也。以故順刃者生,蘇刃者死,犇命者貢。順刃,謂不戰倩之而走者。蘇,讀爲"傃"。傃,向也,謂相向格鬭者。貢,謂取歸命者獻於上將也。微子開封於宋;紂之庶兄,名啓,歸周後封於宋。此云"開"者,蓋漢景帝諱,劉向改之也。增事詳見于《宋世家》。曹觸龍斷於軍;《說苑》曰:"桀貴爲天子,富有四海,其臣有左師觸龍者,諂諛不正。"此云紂臣,當是《說苑》誤。又《戰國策》趙有左師觸龍說大后,請長安君質秦。豈復與古人同官名乎?增斷,丁亂反。殷之服民所以養生之者也,無異周人;故近者謳謳而樂之❸,遠者竭蹷而趨之,竭蹷,顛仆,猶言"匍匐"也。《新序》作"竭走而趨之"。增"竭蹷"已解于《儒效篇》。○謳,與"歌"同。樂,音洛;下同。蹷,與"蹶"同,音厥。趨,七住反。無幽間辟陋之國❹,莫不趨使而安樂之,四海之內若一家,通達之屬莫不從服,夫是之謂人師。師,長。增辟,音"僻"。夫,音"扶"。《詩》

---

❶ 宋本"赦"作"舍"。

❷ 宋本"捍"作"扞",注同。

❸ 宋本"謳"作"歌"。

❹ 覺按:宋浙本、古逸叢書本"間辟陋"作"閒辟陋"。

曰：‘自西自東，自南自北，無思不服。’此之謂也。《詩》，《大雅·文王有聲》之篇。王者有誅而無戰，城守不攻，兵格不擊，德義未加，所以敵人不服，故不攻擊也，且恐傷我之士卒也。增誅其君，弔其民，民皆服從，所以無戰也。城守，謂未服其德者。不攻者，待其服德也，如有苗是也。**上下相喜則慶之**，敵人上下相愛悦，則慶賀之，豈尚侵伐乎❶？增則，猶“而”也。《書》曰“攸徂之民，室家相慶”是也。**不屠城**，屠，謂毀其城，殺其民，若屠者然也。**不潛軍，不留衆**❷，不久留暴露於外也。增潛，潛襲也。言王者之師，宜聲其罪以討之也。畱衆，謂已克之，畱衆守之也。言王者所伐其衆心服，不須守也。**師不越時**。古者行役不踰時也。增時，一時，謂三月也。**故亂者樂其政，不安其上，欲其至也**。”東征西怨之比。增亂者，亂國之民也。其政，王者之政也。

臨武君曰：“善！”

15.6 陳囂問孫卿子曰❸：“先生議兵，常以仁義爲本。陳囂，荀卿弟子。言先生之議，常言兵以仁義爲本也❹。仁者愛人，義者循理，然則又何以兵爲？愛人則懼其殺傷，循理則不欲爭奪，焉肯抗兵相加乎？凡所爲有兵者，爲爭奪也。”非爲愛人循理。增爲爭，于僞反。補遺有，當作“用”。

孫卿子曰：“非女所知也。增女，音“汝”。彼仁者愛人，愛人，故惡人之害之也；義者循理，循理，故惡人之亂

---

❶ 覺按：宋浙本、古逸叢書本“尚”作“況”。
❷ 覺按：原書“留”作“畱”，今據宋浙本、古逸叢書本改；注同。
❸ 覺按：原書“囂”作“嚻”，今據宋浙本、古逸叢書本改；注同。
❹ 覺按：原書無“也”字，今據宋浙本、古逸叢書本補。

之也。增惡，烏路反。彼兵者，所以禁暴除害也，非爭奪也。故仁人之兵，所存者神，補遺言仁人之兵，具有仁義，其德如神。所過者化，所存止之處，畏之如神；所過往之國，無不從化。若時雨之降，莫不說喜。是以堯伐驩兜❶，伐，亦誅也。《書》曰"放驩兜于崇山"也。增說，音"悅"。舜伐有苗，命禹伐之。《書》曰："帝曰：'咨禹！惟時有苗弗率，汝徂征之。'"禹伐共工，《書》曰："流共工于幽州。"皆堯之事，此云"禹伐共工"，未詳也。增共，音"恭"。補遺謬妄不足辨。湯伐有夏，文王伐崇，增《左氏•僖公十九年傳》曰："文王聞崇德亂而伐之，軍三旬而不降，退脩教而復伐之，因壘而降。"〇夏，戶雅反。武王伐紂，此四帝、兩王，夏、殷或稱王，或稱帝。《曲禮》曰："措之廟、立之主曰帝。"蓋亦論夏、殷也。至周自貶損，全稱王，故以文、武爲兩王也。增舊作"二帝四王"，今據宋本、韓本改之。蓋考本注，古作"四帝兩王"明也。注"蓋亦論"三字，亦從宋本。補遺荀卿不應如是謬稱，必是後人傳寫之誤，揚倞冏互爲說耳。今本作"二帝四王"爲是。皆以仁義之兵行於天下也。故近者親其善，遠方慕其德；兵不血刃，遠邇來服；德盛於此❷，施及四極。增四極，四方極遠之地。〇施，以豉反。《詩》曰：'淑人君子，其儀不忒。'此之謂也。"《詩》，《曹風•鳲鳩》之篇❸。增今《詩》"忒"下有"其儀不忒，正是四國"八字。以前文義考之，此章所引似脫八字。〇忒，他得反。

15.7 李斯問孫卿子曰：李斯，孫卿弟子，後爲秦相。"秦

---

❶ 覺按：原書"兜"作"兆"，今據宋浙本改；注同。

❷ 元本"盛"作"成"。

❸ 覺按：宋浙本、古逸叢書本"鳲"作"尸"。

四世有勝，兵彊海內 ❶，威行諸侯，非以仁義爲之也，以便從事而已。"便其所從之事而已。謂若劫之以勢 ❷、隱之以阸 ❸、狃之以慶賞、鰌之以刑罰之比也 ❹。增便，便宜也。

孫卿子曰："非女所知也。增女，音"汝"；下同。女所謂便者，不便之便也。汝以不便人爲便之也。補遺不便之便，似便非便也。吾所謂仁義者，大便之便也。吾以大便人爲便也。補遺大便之便，謂至極之便也。《大學》云："國不以利爲利，以義爲利。"正與此同。彼仁義者，所以脩政者也；政脩，則民親其上，樂其君，而輕爲之死。增樂，音洛。輕，牽政反。爲，于僞反。故曰：'凡在於軍，將率末事也。'荀卿前對趙孝成王有此言語 ❺，弟子所知，故引以答之也 ❻。增太宰純曰："'軍'當作'君'，以音誤。上文云'凡在大王，將率末事也'是也。"○將，子匠反。率，所類反。秦四世有勝，諰諰然常恐天下之一合而軋己也，《漢書》"諰"作"鰓"，蘇林曰："讀如'慎而無禮則葸'之'葸'。鰓，懼貌也。"先禮反 ❼。張晏曰："軋，踐轢也 ❽。"增諰，《彊國篇》本注云"思里反"。軋，烏黠反。己，音紀。此所謂末世之兵，未有本統也。本統，前行素脩。故湯

---

❶ 覺按：宋浙本"彊"作"强"，古逸叢書本作"強"。

❷ 覺按：宋浙本、古逸叢書本"勢"作"埶"。

❸ 覺按：原書"阸"作"阨"，今據宋浙本、古逸叢書本改。參見15.3正文。

❹ 覺按：宋浙本、古逸叢書本無"也"字。

❺ 覺按：原書無"言"字，今據宋浙本、古逸叢書本補。

❻ 覺按：宋浙本、古逸叢書本"答"作"荅"。

❼ 覺按：原書"禮"作"例"，今據宋浙本、古逸叢書本改。

❽ 覺按：原書"轢"下有"之"字，今據宋浙本、古逸叢書本刪。

之放桀也，非其逐之鳴條之時也；武王之誅紂也，非以甲子之朝而後勝之也；皆前行素脩也，此所謂仁義之兵也。前行素脩，謂前已行之，素已修之 **❶**。行，讀如字。增甲子，紂亡日。《書》曰：“甲子昧爽，受率其旅若林，會于牧野。”前行素脩，《易》所謂“其所由來者漸矣”是也 **❷**。補遺前行素脩，放、伐以前，平素脩行仁義之政也。今女不求之於本而索之於末，此世之所以亂也。”本，謂仁義；末，謂變詐。世所以亂，亦由不求於本而索於末，如李斯之説也。增索，色白反。

15.8 禮者，治辨之極也，強國之本也 **❸**，威行之道也，功名之揔也 **❹**。辨，別也。揔，要也。強國，謂強其國也。增《史記》“國”作“固”，是也。補遺辨，亦“治”也。王公由之，所以得天下也 **❺**；不由，所以隕社稷也。故堅甲利兵不足以爲勝，高城深池不足以爲固，嚴令繁刑不足以爲威，由其道則行，不由其道則廢。由，用也。道，即禮也。用禮即行；不用禮，雖堅甲嚴刑，皆不足恃也。增由，因也。

15.9 楚人鮫革、犀兕以爲甲，鞈如金石；鞈，堅貌。以鮫魚皮及犀兕爲甲，堅如金石之不可入。《史記》作“堅如金石”。鞈，

---

❶ 覺按：原書“修”作“脩”，今據宋浙本、古逸叢書本改。

❷ 覺按：原書“其所由來者漸矣”作“其所從來者漸也”，今據《周易·坤·文言》之文改。

❸ 覺按：原書“強”作“彊”，今據宋浙本、古逸叢書本改；注同。

❹ 宋本“揔”作“總”。《韓詩外傳》“揔”作“統”。覺按：宋浙本、古逸叢書本作“揔”，若非久保愛誤校，則古逸叢書本已與宋本有異矣。

❺ 元本“得”作“一”。

古洽反。《管子》曰："制重罪入以兵甲，犀脅二戟❶；輕罪入蘭盾，鞈革二戟。"犀兕堅如金石之狀也。**宛鉅鐵釶❷，慘如蠭蠆**；宛，地名，屬南陽。徐廣曰："大剛曰鉅。"釶，與"鏃"同，矛也。《方言》云："自關而西謂之矛，吳、揚之間謂之鏃❸。"言宛地出此剛鐵爲矛。慘如蜂蠆，言其中人之慘毒也。鏃，音竗。［增］此稱楚國金鐵美刀矛利也。○宛，於袁反。蠭，與"蜂"同。蠆，敕邁反。**輕利僄遬❹，卒如飄風**；言楚人之趫捷也。僄，亦輕也，匹妙反。或當爲"嫖姚"之"嫖"。嫖，驍勇也。遬，與"速"同。［增］毛萇《詩》傳曰："飄風，暴起之風。"○卒，蒼忽反。**然而兵殆於垂沙❺，唐蔑死**；殆，謂危亡也。垂沙，地名，未詳所在。《漢•地理志》沛郡有垂鄉❻，豈垂沙乎？《史記》：楚懷王"二十八年，秦與齊、韓、魏共攻楚，殺楚將唐昧，取我重丘而去"。"昧"與"蔑"同。**莊蹻起，楚分而爲三四**。司馬貞《史記索隱》曰："莊蹻，楚將。言其起爲亂後，楚遂分爲四。"《韓子》曰："楚王欲伐越，杜子曰❼：'臣患目能見百步而不見其睫。王之兵敗於齊、晉，莊蹻爲盜境內，吏不能禁，而欲伐越，此智之如目也。'"蹻初爲盜，後爲楚將。［增］蹻，其略反。**是豈無堅甲利兵**

❶ 覺按：原書"脅"作"脇"，今據宋浙本、古逸叢書本改。

❷《史記》"宛鉅鐵釶"作"宛之鉅鐵"。覺按：《史記•禮書》這兩句作"宛之鉅鐵施，鑽如蠭蠆"，其中"施"字當通"釶"而從上讀，故久保愛之校語應作："《史記》'宛鉅鐵釶'作'宛之鉅鐵施'。"

❸ 覺按：宋浙本、古逸叢書本"間"作"閒"，"鏃"作"釶"。

❹ 覺按：原書"遬"作"遫"，今據宋浙本、古逸叢書本改；注同。

❺《史記》"垂沙"作"垂涉"。

❻ 覺按：宋浙本、古逸叢書本無"理"字。原書"郡"作"國"，今據宋浙本、古逸叢書本改。

❼ 覺按：宋浙本、古逸叢書本"杜"作"莊"，非。

也哉？其所以統之者非其道故也。汝、潁以爲險，江、漢以爲池，限之以鄧林，緣之以方城，鄧林，北界鄧地之山林。緣，繞也。方城，楚北界山名也。增《左氏傳》曰："楚國方城以爲城，漢水以爲池。"杜預曰："方城山，在南陽葉縣南，以言竟土之遠。漢水出武都，至江夏南入江，言其險固以當城池。"然而秦師至而鄢、郢舉，若振槁然。舉，謂舉而取之。鄢、郢，楚都。振，擊也。槁，枯葉也。謂白起伐楚，一戰舉鄢、郢也。增"振"字解于《王霸篇》。是豈無固塞隘阻也哉？其所以統之者非其道故也。紂刳比干，囚箕子，爲炮烙刑，《列女傳》曰："炮烙，謂膏銅柱加之炭上，令有罪者行焉，輒墮火中❶，紂與妲己大笑。"烙，古責反。增刳，猶"剖"也。《尚書》曰："剖賢人之心。"《列女傳》曰："紂乃爲炮烙之法，膏桐柱加之炭，令有罪者行其上，輒墮炭中。妲己乃笑。"本注所引大誤❷，故詳之。殺戮無時，臣下凜然莫必其命❸，凜然，悚慄之貌❹。莫自謂必全其命也。增命，猶"生"也。然而周師至而令不行乎下，不能用其民。是豈令不嚴、刑不繁也哉？其所以統之者非其道故也。

15.10　古之兵，戈、矛、弓、矢而已矣，然而敵國不待試而詘；試，用也。詘，服也。增詘，與"屈"同。城郭不辨❺，辨，治也，或音"辦"❻。溝池不抇，抇，古"掘"字。《史記》作"城

---

❶ 覺按：原書"墮"作"墜"，今據宋浙本、古逸叢書本改。

❷ 覺按：本注所引之"銅"字當不誤。

❸ 宋本"凜"作"懍"。

❹ 覺按：宋浙本、古逸叢書本"慄"作"栗"。

❺ 宋本"辨"作"辦"，非。覺按：表"治"義者當作"辦"而非"辨"，故據楊注，宋本爲是。

❻ 覺按：宋浙本、古逸叢書本"辨，治也，或音'辦'"作"辦，

郭不集,溝池不掘"。《文子》曰:"無伐樹木,無鉗墳墓。""鉗"亦音"掘"。或曰:拑,當作"扣"。篆文"扣"字與"拑"字相近,遂誤耳。**固塞不樹,機變不張,**固塞,謂使邊境險固,若今之邊城也。樹,立也。塞,先代反。機變,謂器械變動攻敵也。增樹,如榆塞、松柏塞,謂塞上樹木以爲要害也。**然而國晏然不畏外而**明**内者,無它故焉**❶,内,當爲"固"。《史記》作"晏然不畏外而固"也。增外,謂敵國。太宰純曰:"'明'字衍。"愛曰:舊本無"它"字,今據宋本、韓本補之。**明道而分鈞之,**增《王制篇》曰:"制禮義以分之。"然則"道"謂禮義也。《史記》《韓詩外傳》俱"分鈞"作"均分"❷,是也。補遺道,音"導"。分鈞,《史記》作"均分",言導民明辨,而分利均平也。白鹿曰:"下云'明禮義以道之'。"**時使而誠愛之,下之和上也如影嚮。**和,胡臥反。增嚮,讀爲"響"。**有不由令者,然後誅之以刑**❸,增由,用也。**故刑一人而天下服,罪人不尤其上**❹,知罪之在己也。**是故刑罰省而威流**❺,尤,怨也。流,行也。言通流也。增尤,咎也。宋本作"郵",古字通用。○己,音紀。**無他故焉**❻,**由其道故也。古者帝堯之治天下也,蓋殺一人、刑二人而天下治。**殺一人,謂殛鯀于羽

治也,或音'辨'"。

❶ 元本無"者無它故焉"五字。

❷ 覺按:原書"均"作"鈞",今據《史記·禮書》、《韓詩外傳》卷四第十章之文改。

❸ 宋本"後"作"后"。

❹ 《韓詩外傳》"罪人"作"下","尤"作"非"。覺按:原標注"罪人"作"罪人人",今據文義改。

❺ 《史記》"威流"作"威行如流"。

❻ 宋本"他"作"它"。

山❶。刑二人，謂流共工于幽州，放驩兜于崇山。增治，直吏反。傳曰："威
厲而不試，刑措而不用❷。"此之謂也。厲，謂抗舉，使人畏之。
增措，備設也。

15.11　凡人之動也，爲賞慶爲之，則見害傷焉止矣。
故賞慶、刑罰、勢詐不足以盡人之力、致人之死❸。增爲賞，
于僞反。詐，側嫁反；下同。盡，津忍反。爲人主上者也，其所以
接下之百姓者，增據前文例，"百姓"上脫"人"字。無禮義忠信
焉，慮率用賞慶、刑罰、勢詐除阸其下獲其功用而已矣。
焉慮，無慮，猶言"大凡"也。除，謂驅逐。阸，謂迫蹙，若秦劫之以
勢、隱之以阸、狃之以慶賞之類。阸，或爲"險"也❹。增"焉"屬上句。
慮，思慮也。率用，猶謂"率由"也。阸，舊作"扼"，考本注，"扼"古
作"阸"明也，故據宋本、韓本、孫鑛本改之。因按"除阸"疑當"隱阸"
誤，上文可徵。補遺白鹿曰："焉，助語。慮率，大凡也。"除阸，疑當作
"險阸"。大寇至，則使之持危城，則必畔；增舊本"至則"作
"則至"，今據元本改之。則，猶"而"也。遇敵處戰，則必北；北，
敗走也。北者，乖背之名，故以敗走爲北也。增處戰，居鬬戰之地也。〇
處，昌呂反。北，與"背"同，音佩。勞苦煩辱，則必犇；犇，與
"奔"同。霍焉離耳，下反制其上❺。霍焉，猶"渙焉"也。離散之
後，則上下易位，若秦、項然。增"霍"字已辨于上。故賞慶、刑罰、
勢詐之爲道也，增也，舊作"者"，今據元本改之。傭徒鬻賣之道

---

❶ 覺按：宋浙本、古逸叢書本"鯀"作"鮌"。
❷ 宋本"措"作"錯"。
❸ 宋本"勢"作"埶"，下同。
❹ 覺按：原書無"也"字，今據宋浙本、古逸叢書本補。
❺ 元本無"其"字。

也❶，不足以合大衆、美國家，故古之人羞而不道也。增道，言也。故厚德音以先之，明禮義以道之，增先，悉薦反。道，音“導”。致忠信以愛之，尚賢使能以次之，增尚，舊作“賞”，今據宋本、韓本改之。《王霸篇》有此語，楊倞注：“賞，當爲‘尚’。”而此不注，則倞時未誤必矣。爵服慶賞以申之，時其事、輕其任事，作業。任，力役。增申，重也。以調齊之，長養之，增長，竹丈反。如保赤子。政令以定，風俗以一，有離俗不順其上，則百姓莫不敦惡，莫不毒孼❷，敦，厚也。毒，害也。孼，謂妖孼❸。增物茂卿曰：“‘敦’‘憝’通。”愛曰：“元惡大憝”之“憝”。○“以”“已”通用。離，力智反。惡，烏路反。敦，杜對反。若袚不祥，袚，除之也。然後刑於是起矣。是大刑之所加也，辱孰大焉？將以爲利耶？則大刑加焉。身苟不狂惑戇陋❹，誰睹是而不改也哉？增戇，陟降反❺。然後百姓曉然皆知脩上之法、像上之志而安樂之。增脩，疑當爲“循”，《君道篇》作“順”。○樂，音洛。於是有能化善、脩身、正行、積禮義、尊道德，於是像之中，更有能自脩德者也❻。增行，下孟反。補遺注“於是”下脱“循”字。百姓莫不貴敬，莫不親譽，增譽，音餘。然後賞於是起矣。是高爵豐禄之所加也，榮孰

---

❶ 宋本“鬻”作“粥”。

❷ 覺按：原書“孼”作“孽”，今據宋浙本、古逸叢書本改；注同。

❸ 本注“敦厚”以下十字舊在“不祥”下，今正。

❹ 覺按：宋浙本、古逸叢書本“陋”作“陋”；下文之注同。

❺ 覺按：原書“反”字壞缺，今據文義補。

❻ 覺按：原書無“也”字，今據宋浙本、古逸叢書本補。

大焉？將以爲害耶❶？則高爵豐禄以持養之。持此以養之也❷。⬜增持，扶持也。生民之屬，孰不願也？雕雕焉縣貴爵重賞於其前，雕雕，章明之貌。⬜增縣，胡涓反；下同。縣明刑大辱於其後，雖欲無化，能乎哉？故民歸之如流水，⬜增無舍時也。所存者神，所爲者化存，至也。言所至之處，畏之如神；凡所施爲，民皆從化也。⬜增“存”字，上文本註是也。爲，上文作“過”，是也。而順：⬜增謝墉曰：“此上有脱文。下云‘爲之化而愿’，‘爲之化而公’，知此句亦當是‘爲之化而順’，其上脱六字或若干字，不可知矣。”⬜補遺白鹿曰：“据下文推之，‘所存者神所’五字衍。‘者’字誤，亦當作‘爲之化而順’。其上脱六字。”暴悍勇力之屬爲之化而愿，順，從也。謂好從暴悍勇力之人皆化而愿愨也。⬜增爲，于僞反；下同。旁辟曲私之屬爲之化而公，旁，偏頗也。辟，讀爲“僻”。⬜增旁，讀爲“放”。《孟子》曰：“放僻邪侈無不爲已。”矜糺收繚之屬爲之化而調❸，矜，謂夸汏。糺，謂好發摘人過者也。收，謂掠美者也。繚，謂繚繞，言委曲也。四者皆鄙陋之人，今被化則調和也❹。⬜補遺矜糾收繚，蓋矜夸自賢、與人乖戾而不和愶者也，非四項人。夫是之謂大化至一。大化者❺，皆化也。至一，極一也。⬜增夫，音扶。《詩》曰：“王猷允塞❻，徐方既來。”此之謂也。⬜增《詩》，《大雅·常武》篇。毛萇曰：“猷，謀也。”愛曰：允，誠也。既，舊本作“其”，今據宋本改之。既，盡也。言王謀猷誠充塞於天下，則徐方、淮夷盡來服

---

❶ 覺按：宋浙本、古逸叢書本“耶”作“邪”。

❷ 覺按：原書無“也”字，今據宋浙本、古逸叢書本補。

❸ 覺按：原書“糺”作“糾”，今據宋浙本、古逸叢書本改；注同。

❹ 覺按：原書“和”作“化”，今據宋浙本、古逸叢書本改。

❺ 覺按：原書無“者”字，今據宋浙本、古逸叢書本補。

❻ 宋本“猷”作“猶”。

也。○塞，悉則反。

15.12　凡兼人者有三術：有以德兼人者，有以力兼人者，有以富兼人者。

彼貴我名聲，美我德行，欲爲我民，故辟門除塗以迎吾入❶。辟，與"闢"同，開也。除塗，治其道塗也。增行，下孟反；下同。因其民，襲其處，而百姓皆安，因其民之愛悅，襲取其處。皆安，言不驚擾也。增襲，猶"襲位""襲祿"之"襲"，謂不徙朝改制而因襲其處也。立法施令莫不順比。比，親附也。施令，則民親比之❷。增比，毗志反。是故得地而權彌重，兼人而兵俞彊❸。是以德兼人者也。俞，讀爲"愈"；下同。

非貴我名聲也，非美我德行也，彼畏我威，劫我勢❹，爲我勢所劫也。故民雖有離心，不敢有畔慮。若是，則戎甲俞衆，奉養必費。奉養戎甲，必煩費也。增戎甲，猶"兵甲"也。○養，羊上反。是故得地而權彌輕，兼人而兵俞弱。是以力兼人者也。

非貴我名聲也，非美我德行也，用貧求富，用飢求飽，虛腹張口來歸我食。若是，則必發夫掌窌之粟以食之，地藏曰窌❺。掌窌，主倉廩之官。窌，匹孝反❻。委之財貨以富之，立良有司以接之，立溫良之有司以慰接之，懼其畔去也。增委，猶"給"也。良有司，猶言"良吏"也。已碁三年，然後民可信也。已，過也。

---

❶　宋本"塗"作"涂"。

❷　覺按：原書無"之"字，今據宋浙本、古逸叢書本補。

❸　宋本"彊"作"强"。

❹　宋本"勢"作"埶"。

❺　覺按：宋浙本、古逸叢書本"藏"作"臧"。

❻　覺按：宋浙本、古逸叢書本"匹"上有"音"字。

過一朞之後，至於三年，然後新歸之民可信 ❶，本非慕化故也。增已，既也。〇朞，如字；楊音基。**是故得地而權彌輕，兼人而國俞貧。是以富兼人者也。**

故曰：以德兼人者王，增王，于況反。**以力兼人者弱，以富兼人者貧，古今一也。**

15.13 **兼并易能也，唯堅凝之難焉 ❷**。凝，定也。堅固定有地爲難。增并，讀爲"併"；下同。易，以豉反。**齊能并宋，而不能凝也，故魏奪之。**增《魏世家》："昭王十年，齊滅宋，宋王死我溫。十二年，與秦、趙、韓、燕共伐齊，敗之濟西，湣王出亡。"**燕能并齊，而不能凝也，故田單奪之。韓之上地，方數百里，完全富具而趨趙 ❸，趙不能凝也，故秦奪之。**上地，上黨之地。完全，言城邑也。富具，言府庫也。趨，歸也，七朱反。《史記》：秦攻上黨，韓不能救，其守馮亭以上黨降趙。趙使馬服子將兵拒秦，秦使白起大破馬服於長平，阬四十餘萬而奪其地 ❹，殺戮蕩盡 ❺。增燕，於賢反。數，所矩反。**故能并之，而不能凝，則必奪；不能并之，又不能凝其有 ❻，則必亡。能凝之，則必能并之矣。得之則凝，兼并無彊 ❼。**得其地則能定之，則無有彊而不可兼并者也。增末"則"字猶"而"也。冢田虎曰："彊，當作'彊'，言無限極也。"**古者湯以薄，**

---

❶ 覺按：原書"新"作"所"，今據宋浙本、古逸叢書本改。
❷ 元本無"唯"字。
❸ 宋本、韓本"具"作"足"。
❹ 覺按：原書"阬"作"坑"，今據宋浙本、古逸叢書本改。
❺ 覺按：原書"蕩盡"作"盡也"，今據宋浙本、古逸叢書本改。
❻ 元本"有"作"人"。
❼ 宋本"并"作"兵"，"彊"作"强"。

武王以滈，薄，與"亳"同。滈，與"鎬"同。增《王霸篇》及《正論篇》"薄"作"亳"，"滈"作"鄗"。皆百里之地也，增舊本無"也"字，今據宋本、韓本補之。天下爲一，諸侯爲臣，無他故焉 ❶，能凝之也。故凝士以禮，凝民以政。禮脩而士服，政平而民安。士服民安，夫是之謂大凝。以守則固，以征則彊，令行禁止，王者之事畢矣。增夫，音扶。

荀子卷第十 ❷

---

❶ 宋本"他"作"它"。

❷ 覺按：原書"十"下有小字注"終"，今據宋浙本、古逸叢書本刪。

荀子卷第十一

彊國篇第十六

16.1 刑范正 ❶，金錫美，工冶巧，火齊得，刑，與"形"同。范，法也。刑范，鑄劍規模之器也。火齊得，謂生熟齊和得宜 ❷。《考工記》云："金有六齊。"齊，才細反。<u>增</u>本注"刑與"以下十六字，舊誤在下文"莫耶已"下，今移之。○刑，與"型"同。范，與"範"同。錫，星歷反。剖刑而莫耶已 ❸。剖，開也。莫耶，古之良劍也 ❹。然而不剥脱，不砥礪 ❺，則不可以斷繩；剥脱，謂刮去其生澀 ❻。砥礪，謂磨淬也。<u>增</u>本注"淬"字疑誤。○剥，邦角反。斷，丁管反。剥脱之，砥礪之，則劙盤盂、刎牛馬忽然耳 ❼。劙，割也，音戾。劙盤盂、刎牛馬，

---

❶ 宋本"刑"作"形"。

❷ 覺按：宋浙本、古逸叢書本"熟"作"孰"。

❸ 宋本"耶"作"邪"。

❹ 覺按：宋浙本、古逸叢書本無"也"字。

❺ 宋本"礪"作"厲"，下同。覺按：原書"砥"作"砥"，今據宋浙本、古逸叢書本改；注及下文同。

❻ 覺按：原書"澀"作"澁"，今據宋浙本、古逸叢書本改。

❼ 宋本"盤"作"槃"。

蓋古用試劍者也。《戰國策》趙奢謂田單曰："吳干將之劍，肉試則斷牛馬，金試則截盤盂。"盤盂，皆銅器❶。猶剚鍾無聲及斬牛馬者也。忽然，言易也。**彼國者，亦彊國之"剖刑"已。**如彊國之初開此也❷。增"彊國"之"國"當作"固"，例在《王霸篇》。本注"如"字疑誤，或云"當移'此'上"，未穩。**然而不教誨，不調一**❸，**則入不可以守，出不可以戰；教誨之，調一之，則兵勁城固，敵國不敢攖也**❹。增攖，觸也。**彼國者亦有"砥礪"，禮義、節奏是也。**節奏，有法度也。增《國語》曰："摩厲之於義。"**故人之命在天，國之命在禮。人君者，**增《天論篇》作"君人者"，是也。**隆禮、尊賢而王，重法、愛民而霸，好利、多詐而危，權謀、傾覆、幽險而亡。**幽深傾險，使下難知，則亡也。增"險"字解于《王制篇》。舊本"亡"上有"盡"字，今據宋本、韓本除之。○王，于況反。重，直用反。好，呼報反。詐，側嫁反。

16.2　**威有三：有道德之威者，有暴察之威者，有狂妄之威者。**暴察，謂暴急嚴察也。增狂妄，謂狂亂妄行也。**此三威者，不可不熟察也**❺。

禮樂則脩，分義則明，分，謂上下有分。義，謂各得其宜。增分，扶問反；下同。**舉錯則時，愛利則形。**形，見也。愛利人之心見於外也。增錯，七路反；下同。補遺愛利之政著見於國也。**如是，百姓貴之如帝，高之如天，**帝，天神也。**親之如父母，畏之如神明，故賞不**

---

❶　覺按：宋浙本、古逸叢書本"盤盂"二字不重。

❷　覺按："此"當據宋浙本、宋刻遞修本改作"刑"。由於改正後與增注之文不協，故姑且保留之。古逸叢書本也作"此"，非。

❸　宋本"不教"及"不調"下並有"不"字。

❹　宋本"攖"作"嬰"。

❺　宋本"熟"作"孰"，下同。

用而民勸，罰不用而威行。夫是之謂道德之威。增夫，音扶；下同。

禮樂則不脩，分義則不明，舉錯則不時，愛利則不形，然而其禁暴也察❶，其誅不服也審，其刑罰重而信，其誅殺猛而必，申、商之比。黭然而雷擊之，如牆厭之。黭然，卒至之貌。《説文》云："黭，黑色。"猶"闇然"。黭，烏感反。厭，讀爲"壓"。增而，如也。《韓詩外傳》作"闇如雷擊之，如牆壓之"。補遺"黭""奄"通，忽也。如是，百姓劫則致畏，見劫脅之時則畏也。增舊本"畏"上無"致"字，今據宋本、韓本改之。嬴則敖上，稍嬴緩之則傲慢。嬴，音盈。增嬴，讀爲"贏"。《韓詩外傳》作"怠則傲上"。舊本"上"字屬下句，今據宋本改之。〇敖，五到反。執拘則最，得閒則散，最，聚也。閒❷，隙也。《公羊傳》曰："會，猶'最'也。"何休曰："最，聚也。"增《韓詩外傳》"最"作"聚"，是也。〇閒，古晏反。敵中則奪，敵人得中道則奪其國。一曰：中，擊也，丁仲反。增《韓詩外傳》無此一句，此蓋有誤。補遺敵擊之，則民見奪其氣也。非劫之以形勢❸，非振之以誅殺，則無以有其下。振，動。增古屋鬲曰："居上制下，是形也；以尊馭卑，是勢也。"愛曰：振，與"震"同，威也。夫是之謂暴察之威。

無愛人之心，無利人之事，而日爲亂人之道，百姓讙

---

❶ 宋本"而"下無"其"字。

❷ 覺按：宋浙本、古逸叢書本"閒"作"閒"。此正文用"閒"，注改用"閒"，不當。

❸ 宋本"勢"作"埶"。

敖，則從而執縛之，刑灼之，不和人心❶。讙，喧讙也❷。敖，喧噪也，亦讀爲"嗷"，謂叫呼之聲嗷嗷然也，五刀反。增刑，疑當作"黥"。《王制篇》及《議兵篇》曰："若灼黥，若仇讎。"如是，下比周賁潰以離上矣，賁，讀爲"憤"，憤然也。民逃其上曰潰。增比，毗志反。賁，與"奔"同。離，力智反。補遺"賁""潰"通，涌起也。傾覆滅亡可立而待也。夫是之謂狂妄之威。

此三威者，不可不熟察也❸。道德之威成乎安彊，暴察之威成乎危弱，狂妄之威成乎滅亡❹。

16.3　公孫子曰："子發將西伐蔡，克蔡，獲蔡侯，公孫子，齊相也，未知其名。《後語》孟嘗君客有公孫成，豈後爲齊相乎？或曰：公孫名忌。子發，楚令尹，未知其姓。《戰國策》莊辛諫楚襄王曰："蔡聖侯南遊乎高陂，北陵乎巫山，左枕幼妾，右擁嬖女，與之馳騁乎高、蔡之間而不以國家爲事❺，不知夫子發方受命於宣王，繫以朱絲而見之。"《史記》蔡侯齊爲楚惠王所滅，莊辛云"宣王"，與《史記》不同。增案《戰國策》，本注所引"巫山"下有"飲茹溪流，食湘波之魚"九字。○將，子匠反。補遺此章始舉公孫子語，而繼之以"讕之曰"發駁，與《韓非子·難勢篇》始舉慎子語，而繼之以"應慎子曰"發難，體裁正同，非與公孫子面對而論之也。公孫子，即其人所著書名。《漢書·藝文志》儒家有《公孫尼子》二十八篇，注云："七十子之弟子。"疑是此書。揚倞誤連下章"説齊相"者以爲一章，故以爲公孫子、齊相而與荀卿同時之人，因疑爲孟嘗

---

❶ 宋本"心"上有"之"字。

❷ 覺按：原書"讙"作"嘩"，今據宋浙本、古逸叢書本改。

❸ 宋本"熟"作"孰"。

❹ 宋本"亡"下有"也"字。

❺ 覺按：宋浙本、古逸叢書本"間"作"閒"。

君客公孫成，不知其人先荀卿遠矣。歸致命曰：'蔡侯奉其社稷而歸之楚，歸致命於君，言蔡侯自奉其社稷歸楚，非己之功也。增之，於也。舍屬二三子而理其地❶。' 舍，子發名。屬，請也，之欲反。二三子，楚之諸臣也。理其地，謂安輯其民也。子發不欲獨擅其功，故請諸臣理其地也。增屬，猶"會"也。○舍，音"捨"，下同。補遺屬，猶"從"也。言子發與其裨將俱受其土地也，謙曰"屬"也。既，楚發其賞，既，謂論功之後。發，行也。增《淮南子》曰："子發攻蔡，踰之。宣王郊迎，裂田百頃而封之執圭。"注云："踰，越勝之也。"子發辭曰：'發誠布令而敵退，是主威也；徙舉相攻而敵退，是將威也；合戰用力而敵退，是眾威也。誠，教也。凡發誠布令而敵退，則是畏其主；徙舉相攻而敵退，則是畏其將；合戰用力而敵退，則是畏其眾也❷。增物茂卿曰："徙舉者，徙軍舉兵也。"臣舍不宜以眾威受賞。'" 是時合戰用力而滅蔡，故曰"眾威"。此以上，公孫子美子發之辭也。以下，荀卿之辭也。

譏之曰："子發之致命也恭，其辭賞也固。固，陋也❸。其致命難，其辭賞則固陋，非坦明之道也。補遺固，謂執而不通也。注"其致命難"當作"其致命雖恭"。夫尚賢使能，賞有功，罰有罪，非獨一人爲之也，自古皆然。增言非楚王一人爲之也。○夫，音扶。彼先王之道也，一人之本也，善善、惡惡之應也，彼，彼賞罰也。言彼賞罰者，乃先王之道❹，齊一人之本，善善惡惡之報應也。增

---

❶ 宋本"理"作"治"，韓本同。

❷ 覺按：宋浙本、古逸叢書本無"是"字，非。

❸ 覺按：宋浙本、古逸叢書本"陋"作"陋"，下同。

❹ 覺按：原書無"乃"字，今據宋浙本、古逸叢書本補。

惡，皆如字。**治必由之，古今一也**。爲治必用賞罰。**古者明王之舉大事、立大功也，**〔增〕《左氏傳》曰："國之大事，在祀與戎。"**大事已博，大功已立，則君享其成，羣臣享其功，**享，獻也。謂受其獻也。〔增〕博，疑當作"舉"。成，"成功""成勞""成績"之"成"。冢田虎曰："享，猶'享國''享祀'之'享'，受也。"**士大夫益爵，官人益秩，庶人益禄**。爵，謂若秦庶長、不更之屬。官人，羣吏也。庶人，士卒也。秩、禄，皆謂廩食也。〔增〕益爵，晉悼公反役，以魏絳爲不犯，使佐新軍之類是也。**是以爲善者勸，爲不善者沮，**〔增〕沮，再吕反。**上下一心，三軍同力，是以百事成而功名大也。今子發獨不然，反先王之道，亂楚國之法，墮興功之臣，恥受賞之屬，**人皆受賞，子發獨辭，是使興功之臣墮廢其志，受賞之屬慙恥於心。〔增〕墮，許規反。**無僇乎族黨而抑卑其後世**❶，夫先祖有寵錫，則子孫揚其功；族黨遭刑戮，則後世蒙其恥。今子發自謂無功，則子孫無以稱揚，雖無刑戮之恥，而後世亦抑損卑下，無以光榮也。〔增〕僇，與"戮"同。〔補遺〕"僇""勠"通。《説文》："勠，并力也。"言福澤不及族黨也。**案獨以爲私廉，豈不過甚矣哉**？〔增〕案，語助。廉，舊作"靡"，今據宋本改之。**故曰：子發之致命也恭，其辭賞也固。"**

16.4　**荀卿子説齊相曰：**〔增〕舊無此七字。今案：對公孫子之言至"固"字終，而無此七字，則不應下文，故據宋本補之。○説，音税。相，息亮反。

　"處勝人之勢❷，〔補遺〕宋本此上有"荀卿子説齊相曰"七字。今按：全書皆言"孫卿"，此獨言"荀卿"，疑是宋人之所補也。揚倞時既有此文，

---

❶ 宋本"其"作"乎"，韓本同。

❷ 宋本"勢"作"埶"，下同。

必無以公孫子爲齊相之誤。**行勝人之道，天下莫忿，湯、武是也；處勝人之勢，不以勝人之道❶**，以，用。增處，昌呂反。**厚於有天下之勢，索爲匹夫不可得也，桀、紂是也。**增索，色白反。**然則得勝人之勢者，其不如勝人之道遠矣。**

"夫主相者，勝人以勢也。補遺以，當作"之"。**是爲是，非爲非，能爲能，不能爲不能，併己之私欲，必以道夫公道通義之可以相兼容者，是勝人之道也。**併❷，讀曰"屏"❸，棄也。屏棄私欲，遵達公義也。增"以道"之"道"訓"由"。本注"遵達"疑"道達"誤。○夫，音扶；下同。相，息亮反；下同。相兼，如字。己，音紀。**今相國，上則得專主，下則得專國，相國之於勝人之勢，宣有之矣。**宣，讀爲"擅"，本亦或作"擅"。或曰：宣，誠也。**然則胡不毆此勝人之勢、赴勝人之道、**毆，謂駕馭之也。或作"謳歌此勝人之勢"，誤也。增毆，與"驅"同。**求仁厚明通之君子而託王焉❹**？求賢而託之以王，使輔佐也。**與之參國政，正是非，如是，則國孰敢不爲義矣？**國內皆化之也。**君臣上下，貴賤長少，至于庶人，莫不爲義，則天下孰不欲合義矣？**天下皆來歸義也。增長，竹丈反。少，詩照反。**賢士願相國之朝，能士願相國之官，好利之民莫不願以齊爲歸❺，是一天下也。**增朝，直遙反；下同。好，呼報

---

❶ 宋本"以"下有"行"字，韓本同。

❷ 覺按：原書"併"作"侔"，今據宋浙本、古逸叢書本改。

❸ 覺按：原書"曰"作"爲"，今據宋本、古逸叢書本改。

❹ 覺按：原書"明通"作"通明"，今據宋浙本、古逸叢書本改。宋刻遞修本、世德堂本皆作"明通"。

❺ 宋本"以"下有"爲"字，非。覺按：宋浙本無"爲"字，古逸叢書本有"爲"字。

反；下同。**相國舍是而不爲，安直爲是世俗之所以爲** ❶，不爲勝人之道，但爲勝人之勢。增安，語助。○舍，音“捨”。**則女主亂之宫，**補遺謂君王后也。**詐臣亂之朝，貪吏亂之官，衆庶百姓皆以貪利爭奪爲俗，曷若是而可以持國乎？**增詐，側嫁反。**今巨楚縣吾前，**楚在齊南，故曰“前”。縣，聯繫之也。增縣，胡涓反。**大燕鰌吾後，**燕在齊北，故曰“後”。鰌，蹴也，藉也。如蹴踏於後 ❷。《莊子》風謂蛇曰：“鰌我必勝我。”本亦或作“蹲吾後”也。增“鰌”字解于《議兵篇》。○燕，於賢反。鰌，七六反。**勁魏鈎吾右** ❸，**西壤之不絶若繩，**魏在齊西，故曰“右”。鈎，謂鈎取物也 ❹。西壤，齊西界之地。若繩，言細也。增宋本“鈎”作“鉤”，注同，似是。**楚人則乃有襄賁、開陽以臨吾左，**襄賁、開陽，楚二邑，在齊之東者也。《漢書·地理志》二縣皆屬東海郡。賁，音肥。**是一國作謀，三國必起而乘我** ❺。一國謀齊，則三國乘其敝 ❻。**如是，則齊必斷而爲四**三國分齊，則斷爲四。謂楚取其二，魏、燕各取其一也。三，增劉辰翁曰：“斷而爲四三，句。案《議兵篇》：‘楚分而爲三四。’”補遺句。**國若假城耳** ❼，言齊如三國之寄城耳，不久當歸之也。補遺假，如“假山”之“假”。言壤地分裂，國城如非其真也。**必爲天下大笑。曷若？**天下必笑其無謀滅亡，問

---

❶ 宋本“安”作“案”。

❷ 覺按：原書“踏”作“蹈”，今據宋浙本、古逸叢書本改。

❸ 覺按：宋浙本、古逸叢書本“鈎”作“鉤”。

❹ 覺按：宋浙本、古逸叢書本“鈎，謂鈎取物也”作“鉤，謂如鉤取物也”。

❺ 宋本“謀”下有“則”字，韓本同。

❻ 覺按：原書“敝”作“弊”，今據宋浙本、古逸叢書本改。

❼ 宋本“城”下有“然”字。

以爲何如也。**兩者孰足爲之** ❶？ 兩者，勝人之道與勝人之勢。一則天下歸，一則天下笑，問何者可爲也。⸤補遺⸥曷若？兩者孰足爲之？問兩者孰可爲乎？何如也？

"**夫桀、紂，聖王之後子孫也，有天下者之世也，**世，謂繼世。**勢籍之所存，天下之宗室也**；勢位國籍之所在也。⸤增⸥《淮南子》云："履勢位，受傳籍。"**土地之大，封內千里；人之衆，數以億萬**；其數億萬。⸤增⸥"人"下疑脫"徒"字。○數，所矩反；下同。**俄而天下偶然舉去桀、紂而犇湯、武，**偶然，高舉之貌。舉，皆也。犇，與"奔"同。⸤增⸥偶，他激反。**反然舉惡桀、紂而貴湯、武** ❷。反，音"翻"。翻然，改變貌。惡，烏路反。**是何也？夫桀、紂何失而湯武何得也？**假設問答 ❸**曰：是無他故焉，桀、紂者，善爲人所惡也；而湯、武者，善爲人所好也** ❹。**人之所惡何也** ❺？**曰：汙漫、爭奪、貪利是也。**汙漫，謂穢汙不脩潔也。或曰：漫，謂欺誑也。汙，烏路反。漫，莫但反。**人之所好者何也？曰：禮義、辭讓、忠信是也。今君人者，辟稱比方，則欲自並乎湯、武；**辟，讀爲"譬"。稱，尺證反。**若其所以統之，則無以異於桀、紂；而求有湯、武之功名，可乎？**統，制治也。

"**故凡得勝者，必與人也；凡得人者，必與道也。道也者，何也？曰：禮讓、忠信是也** ❻。**故自四五萬而往**

---

❶ 宋本"之"作"也"，韓本同。

❷ 宋本"惡"上有"疾"字，"貴"下有"帝"字；韓本同。

❸ 覺按：宋浙本、古逸叢書本"答"作"荅"。

❹ 宋本二"人"下皆有"之"字，無上"也"字；韓本同。

❺ 宋本"何"上有"者"字，韓本同。今當補之。

❻ 宋本"禮"下有"義辭"二字，韓本同。今當補之。

者❶，彊勝，非衆之力也，隆在信矣；而往，猶“以上”也。言有兵四五萬以上者，若能崇信，則足以自致彊勝，不必更待與國之衆也。若不崇信，雖有與國之衆，猶無益，故曰“非衆之力也”。**自數百里而往者，安固，非大之力也，隆在脩政矣。**有數百里之地，脩政則安固，不必更待地廣也。荀卿常言湯、武以百里之地王天下，今言此者，若言常人之治，非論聖人也。**今已有數萬之衆者也，陶誕、比周以爭與；**陶，當爲“檮杌”之“檮”。或曰：當爲“逃”，謂逃匿其情。與，謂黨與之國也。增“陶”字解于《榮辱篇》。爭，舊作“相”，今據宋本、韓本、元本改之。○比，毗志反。**已有數百里之國者也，汙漫、突盜以爭地。**突，謂相陵犯也。**然則是弃己之所以安彊❷，而爭己之所以危弱也；損己之所以不足，以重己之所以有餘。**損，減也。重，多也。不足，謂信與政。有餘，謂衆與地也。增舊本“安”字、“不”字、“有”字上無“以”字，今據宋本補之。○己，音紀。重，直用反。**若是其悖繆也，而求有湯、武之功名，可乎？**增悖，步没反，又補對反。**辟之，是猶伏而咶天、救經而引其足也，**咶，與“舐”同。經，縊也，音徑。救縊而引其足，縊愈急也。增辟，音“譬”；下同。咶，音士。**説必不行矣，愈務而愈遠❸。**

　　“爲人臣者，不恤己行之不行，上“行”，下孟反；下“行”，如字。補遺己行❹，當作“己説”。**苟得利而已矣❺，是渠衝入穴而求利也，**渠，大也。渠衝，攻城之大車也。《詩》曰：“臨衝閑閑。”《韓

---

❶ 覺按：古逸叢書本“往”作“徃”，注及下文同。

❷ 宋本“弃”作“棄”，下同。

❸ 宋本“愈”作“俞”。

❹ 覺按：原書“己”作“巳”，今據文義改；下同。

❺ 宋本“得”作“富”。

子》曰："奏百。《貍首》射侯❶，不當彊弩趨發；干城距衝❷，不若堙内伏橐。"或作"距衝"，蓋言可以距矢石。增渠，渠答，守城之器。衝，蒙衝，攻城之器。事見《尉繚子》及《淮南子》❸。言雖有渠衝之利器，入穴而求之，則不能得焉。以譬知求利而不知其方者也。按本注所引《韓子》，今刻"奏百"上有"登降周旋，不逮日中"八字，"内"作"穴"，"橐"作"橐"。是仁人之所羞而不爲也。屈大就小，務於苟得，故羞而不爲也。增急求利而不恤身行，故羞之。故人莫貴乎生，莫樂乎安，增樂，音洛；下同。所以養生安樂者莫大乎禮義。增物茂卿曰："安樂，當作'樂安'。"人知貴生樂安而弃禮義❹，辟之，是猶欲壽而刎頸也，刎，當爲"刎"❺。增舊本無"也"字，今據宋本補之。愚莫大焉。

"故君人者，愛民而安，好士而榮，兩者無一焉而亡。《詩》曰：'介人維藩❻，大師維垣。'此之謂也。"《詩》❼，《大雅·板》之篇，義已解上。

16.5 "力術止，義術行，曷謂也？"

曰："秦之謂也。力術，彊兵之術。義術，仁義之術。止，謂不能進取霸王也。言用力術則止，用義術則行，發此論以謂秦也。《新序》："李斯問孫卿曰：'當今之時，爲秦奈何？'孫卿曰：'力術止，義術行，秦之

---

❶ 覺按：原書"侯"作"候"，今據宋浙本、古逸叢書本、宋刻遞修本改。

❷ 覺按：宋浙本、古逸叢書本"干"作"平"，非。

❸ 覺按：《淮南子·氾論訓》作"渠幨""隆衝"，與"渠答""蒙衝"一音之轉。

❹ 宋本"弃"作"棄"。

❺ 覺按：原書"爲"作"作"，今據宋浙本、古逸叢書本改。

❻ 宋本"介"作"价"。

❼ 覺按：宋浙本、古逸叢書本無"詩"字。

謂也。’”威彊乎湯、武，廣大乎舜、禹，然而憂患不可勝校也，校，計。增勝，音升；下同。諰諰然❶諰，思里反。增本注詳于《議兵篇》。常恐天下之一合而軋己也，增恐，丘隴反；下同。軋，烏黠反；下同。己，音紀；下同。此所謂力術止也。”

“曷謂乎威彊乎湯、武？”

“湯、武也者，乃能使說己者使耳。說，音“悅”。增上“乎”字衍。下“使”，役使也。補遺下“使”當作“役”。下云“使讎人役”。今楚父死焉，國舉焉，負三王之廟而辟於陳、蔡之間❷，此楚頃襄王之時也。父，謂懷王，爲秦所虜而死也。至二十一年，秦將白起遂拔我郢❸，燒先王墓夷陵❹。襄王兵散，遂不復戰，東北保陳城。廟，主也。辟，如字，謂自屏遠也。或曰：讀爲“避”。增事又見于《秦本紀》昭襄王十一年及《韓子·初見秦篇》，語多，故不載。本注“廟”下疑脫一“廟”字。視可、伺間，安欲剿其脛而以蹈秦之腹❺，視可，謂觀其可伐也❻。間，隙也❼。剿，亦斬也。增伺，舊作“司”，有音注，今據宋本改之。安，語助。物茂卿曰：“《賈誼傳》‘剿手以衝仇人之胸’，語勢正同。謂民人兒女無兵刃者，皆懷報仇心也。”剿，《說文》：“銳利也。”本注“亦”字衍。

---

❶ 宋本“諰”下無“然”字及注。

❷ 覺按：宋本、古逸叢書本“間”作“閒”，下同。

❸ 覺按：宋浙本、古逸叢書本“郢”上有“鄢”字，與《史記·楚世家》異。此蓋據《史記》改之。

❹ 覺按：宋浙本、古逸叢書本“夷”上有“於”字，與《史記·楚世家》異。此蓋據《史記》改之。

❺ 宋本“安”作“案”。

❻ 覺按：原書無“也”字，今據宋浙本、古逸叢書本補。

❼ 覺按：宋浙本、古逸叢書本無“間，隙也”三字。

〇間，古晏反。**然而秦使左案左，使右案右，是能使讎人役也❶。**秦能使讎人爲之徒役。謂楚襄王七年迎婦於秦❷，十五年與秦伐燕❸，二十七年復與秦平而入太子質之類也。增案，皆語助。**此所謂威彊乎湯、武也。"**

"曷謂廣大乎舜、禹也？" 增謂，舊作"爲"，今據宋本、韓本改之。

曰："古者百王之一天下、臣諸侯❹，未有過封内千里者也。封畿之内。**今秦，南乃有沙羨與俱❺，是乃江南❻；**《漢書•地理志》沙羨縣屬江夏郡。此地俱屬秦，是有江南也。增 "與俱" 以下疑有誤。〇羨，音夷。或作"羨"，同。**北與胡、貊爲隣❼；西有巴、戎；**巴在西南，戎在西，皆隷屬秦❽。**東，在楚者乃界於齊，**謂東侵楚地，所得者乃與齊爲界也。**在韓者踰常山乃有臨慮，**《漢書•地理志》臨慮，縣名，屬河内，今屬相州也。增有，舊作"在"，今據宋本、韓本改之。〇慮，音間。**在魏者乃據圉津❾，即去大梁百有二十里耳，**圉，當爲"圍"。《漢書》曹參"下脩武，度圍津"，顏師古曰："在東郡。"

---

❶ 覺按：原書"能"作"乃"，今據宋浙本、古逸叢書本改。宋刻遞修本、世德堂本作"乃"，非，據本注可知。

❷ 覺按：宋浙本、古逸叢書本"秦"作"秦城"。

❸ 覺按：《史記•楚世家》："十五年，楚王與秦、三晉、燕共伐齊，取淮北。"與楊倞注不同。

❹ 宋本"諸侯"下有"也"字。

❺ 覺按：宋浙本、古逸叢書本"羨"作"羨"，楊注同。

❻ 宋本"南"下有"也"字。

❼ 宋本"貊"作"貉"。

❽ 覺按：原書"隷"作"隷"，今據宋浙本、古逸叢書本改。

❾ 宋本"圉"作"圍"，韓本同。

豈古名圍津，傳寫爲"圍" ❶？或作"韋津"，今有韋城，豈是耶 ❷？《史記》無忌謂魏安釐王曰 ❸："秦固有懷、茅、邢丘，城垝津以臨河內，河內共、汲必危。""垝""圍"聲相近，疑同。垝，居委反。**其在趙者剡然有苓而據松柏之塞** ❹、剡然，侵削之貌。苓，地名，未詳所在。或曰："苓"與"靈"同。《漢書·地理志》常山郡有靈壽縣，今屬真定。或曰："苓"當爲"卷"。按卷縣屬河南 ❺，非趙地也。松柏之塞，蓋趙樹松柏 ❻，與秦爲界，今秦據有之。**負西海而固常山**：負，背也。常山本趙山，今秦有之 ❼。言秦背西海，東向以常山爲固也 ❽。**是地徧天下也。威動海內，彊殆中國**，秦之彊能危殆中國。殆，或爲"治"。**然而憂患不可勝校也，諰諰然** ❾ 諰，思里反。**常恐天下之一合而軋己也。此所謂廣大乎舜、禹也。"**增謝墉曰："此句或疑當在'彊殆中國'句下。"

"**然則奈何**？"

曰："**節威反文**，節減威彊，復用文理。增反，《孟子》"蓋亦反其本矣"之"反"。**案用夫端誠信全之君子治天下焉**，全，謂德全。增案，語助。**因與之參國政，正是非，治曲直，聽咸陽** ❿，使

---

❶ 覺按：宋浙本、古逸叢書本"傳"作"轉"，非。

❷ 覺按：原書"耶"作"邪"，今據宋浙本、古逸叢書本改。

❸ 覺按：宋浙本、古逸叢書本"無忌"作"朱忌"，非。

❹ 覺按：原書"柏"作"栢"，今據宋浙本、古逸叢書本改。

❺ 覺按：原書"按"作"案"，今據宋浙本、古逸叢書本改。

❻ 覺按：原書"蓋"作"謂"，今據宋浙本、古逸叢書本改。

❼ 覺按：宋浙本、古逸叢書本"今秦"作"秦今"。

❽ 覺按：原書無"也"字，今據宋浙本、古逸叢書本補。

❾ 宋本"諰"下無"然"字及註。

❿ 宋本"聽"上有"而"字，韓本同。

聽咸陽之政。增謂於咸陽聽政也。順者錯之，不順者而後誅之。錯，置也。謂捨而不伐。增錯，七路反。若是，則兵不復出於塞外而令行於天下矣。增復，扶又反。若是，則雖爲之築明堂於塞外而朝諸侯，殆可矣。明堂，天子布政之宮。"於塞外"三字衍也，以前有"兵不復出於塞外"，故誤重寫此三字耳。殆，庶幾也。秦若使賢人爲政，雖築明堂，朝諸侯，庶幾可矣。或曰：塞外，境外也。明堂，壇也。謂巡狩至方岳之下，會諸侯，爲宮方三百步，四門，壇十有二尋，深四尺，加方明於其上。《左氏傳》"爲王宮於踐土"，亦其類也。或曰：築明堂於塞外，謂使他國爲秦築帝宮也。《戰國策》韓王謂張儀曰"請比秦郡縣，築帝宮，祠春秋，稱東蕃"是也。增明堂者，王者朝諸侯之堂，義詳見于《禮記•明堂位篇》。舊本"殆"上有"使"字，今據宋本除之。〇爲，于僞反。朝，直遥反。假今之世，益地不如益信之務也。"增假今，解于《非十二子篇》。〇假，音格。

16.6 應侯問孫卿曰 ❶ ："入秦何見？" 應侯，秦相范雎，封於應也。杜元凱云"應國在襄陽城父縣西南"也 ❷ 。增應，於陵反。

孫卿曰："其固塞險 ❸ ，形勢便 ❹ ，山林川谷美，謂多良材及漑灌之利也。天材之利多，所出物產多也。是形勝也。形，地形，便而物產多，所以爲勝。故曰如高屋之上而建瓴水也。入境，觀其風俗，其百姓樸，其聲樂不流汙，流，邪淫也 ❺ 。汙，濁也。不流汙，言清雅也。其服不挑，挑，偷也。不爲奇異之服。《詩序》曰"長民者

❶ 宋本"卿"下有"子"字，下同；韓本同。

❷ 覺按：宋浙本、古逸叢書本"城父"作"父城"，非。

❸ 宋本"固"作"國"，韓本同。

❹ 宋本"勢"作"埶"。

❺ 覺按：原書"淫"作"滛"，今據宋浙本、古逸叢書本改。

衣服不貳，從容有常，以齊其民，則民德歸壹"也。增挑，讀爲"姚"。《非相篇》曰："美麗姚冶，奇衣婦飾。"甚畏有司而順，古之民也。及都邑官府，及，至也。至縣邑之廨署❶。其百吏肅然，莫不恭儉、敦敬、忠信而不楛，古之吏也。楛，音苦，濫惡也。一曰❷：讀爲"王事靡盬"之"盬"。盬，不堅固也。入其國，觀其士大夫，出於其門，入於公門，出於公門，歸於其家，無有私事也；增言不過權貴之門也。不比周，不朋黨，偶然莫不明通而公也，古之士大夫也。偶然，高遠貌。增比，毗志反。偶，他激反；下同。觀其朝廷，其朝間❸，聽決百事不留❹，恬然如無治者，古之朝也。朝間，朝退，音古莧反。恬然，安閑貌。如無治者，如都無聽治處也。增舊無"朝間"之"朝"，據宋木、韓本補之。朝間，謂朝廷閑暇也。本注"朝間"，舊作"其間"，"音"作"也"，今一從宋本改之。○朝，直遙反。間，音"閑"。補遺徂徠曰："其，當作'甚'。'間''閑'通。"是也。《家語》曰："至其庭，庭甚清閑。"亦可證也。宋本作"其朝間"，於義爲短。故四世有勝，非幸也，數也。是所見也。增數，猶"術"也。故曰：佚而治，約而詳，不煩而功，治之至也。秦類之矣。雖佚而治，雖約而詳，雖不煩而有功，古之至治有如此者，今秦似之。增佚，與"逸"同。治，直吏反。雖然，則甚有其諰也。諰，懼。兼數具者而盡有之❺，然而縣之以王者之功名，則偶偶然其不及遠矣。"縣，

---

❶ 覺按：宋浙本、古逸叢書本"廨"作"解"。

❷ 覺按：原書"一"作"或"，今據宋浙本、古逸叢書本改。

❸ 覺按：宋浙本、古逸叢書本"間"作"閒"，注同。

❹ 覺按：原書"留"作"畱"，今據宋浙本、古逸叢書本改。

❺ 宋本無"甚"字，"也"作"矣"，"數"上有"是"字；韓本同。

音"懸"，謂聯繫❶。增偁偁，衍一字。○數，所矩反。盡，津忍反。

"是何也？"

"則其殆無儒耶❷！故曰：'粹而王，粹，謂全用儒道。增王，于況反。駮而霸，無一焉而亡。'此亦秦之所短也。"增駮，伯各反。

16.7 積微，月不勝日，時不勝月，歲不勝時。積微細之事，月不如日。言常須日日留心於庶事❸，不可怠忽也。凡人好敖慢小事，大事至，然後興之務之，如是，則常不勝夫熟比於小事者矣❹。熟比，精審躬親之謂。增好，呼報反。敖，五到反。夫，音扶。比，毗志反。是何也？則小事之至也數，其縣日也博，其爲積也大；數，音朔。博，謂所縣繫時日多也。大，謂積小以成大，若蟻垤然也。增縣，胡涓反；下同。大事之至也希，其縣日也淺，其爲積也小。時日既淺，則所積亦少也。故善日者王，善時者霸，補漏者危，大荒者亡。善，謂愛惜，不怠棄也。補漏，謂不能積功累業，至於敝漏然後補之。大荒，謂都荒廢不治也。增王，于況反。故王者敬日，敬，謂不敢慢也。故曰："吉人爲善，惟日不足❺。"增敬日，謂日日敬事無曠也。《書》曰："兢兢業業，一日二日萬幾。"霸者敬時，動作皆不失時。或曰：時變則懼治之不立也。增時，謂四時也。以譬疎於王者也。

---

❶ 覺按：宋浙本、古逸叢書本"聯"作"遠"。

❷ 宋本"耶"作"邪"。

❸ 覺按：原書"常須"作"當"，"留"作"雷"，今據宋浙本、古逸叢書本改。

❹ 宋本"熟"作"孰"。元本"夫"作"大"。覺按：宋浙本、古逸叢書本"熟"作"敦"，當據改；注同。"敦比"又見《榮辱篇》（4.8）。

❺ 覺按：宋浙本、古逸叢書本"惟"作"唯"。

僅存之國危而後戚之，戚，憂。亡國至亡而後知亡，至死而後知死。國之禍敗❶，不可勝悔也；所悔之事不可勝舉，言甚多也❷。增勝，音升；下同。霸者之善著焉❸，可以時託也；霸者其善明著，以其所託不失時也。增託，當作"記"，字之誤也。謂霸者之善雖著明，猶可以時記也。王者之功名，不可勝日志也。日記識其政事，故能功名不可勝數。增言王者之功名多，雖日志之，猶有餘也。○志，音"誌"。財物貨寶以大爲重，政教功名反是，能積微者速成。增重，貴也。董仲舒曰："盡小者大，慎微者著。"《詩》曰："德輶如毛，民鮮克舉之。"此之謂也。《詩》，《大雅・烝民》之篇。輶，輕也。引之以明積微至著之功也❹。增舊本無"之"字，今據宋本及《詩》補之。○鮮，息淺反。

16.8 凡姦人之所以起者，以上之不貴義、不敬義也。上行下效。夫義者，所以限禁人之爲惡與姦者也。增夫，音扶；下同。今上不貴義，不敬義，如是，則下之人百姓皆有棄義之志❺，有趨姦之心矣❻，增無限禁故也。○趨，七住反。此姦人之所以起也。增舊本無"人"字，今據宋本、韓本補之。且上者，下之師也。夫下之和上，譬之❼，猶響之應聲、影之像形也。增和，胡臥反。故爲人上者，不可不順也。不可不順義。或曰：

---

❶ 宋本"國"上有"亡"字。

❷ 覺按：宋浙本、古逸叢書本"甚多"作"多甚"。

❸ 覺按：宋浙本、古逸叢書本"著"作"箸"，注同。

❹ 覺按：宋浙本、古逸叢書本無"也"字。

❺ 宋本"志"下有"而"字，韓本同。

❻ 小字元本無"矣"字。

❼ 宋本"譬"作"辟"。

當爲“慎”。增《五子之歌》曰:“爲人上者,奈何不敬？”舊本無“人”字,今據宋本、韓本補之。○順,與“慎”通。**夫義者，內節於人而外節於萬物者也，**節，即謂限禁也。**上安於主而下調於民者也。**得其節,則上安而下調也❶。**內外上下節❷，義之情也。**義之情皆在得其節。增情,猶“實”也。**然則凡爲天下之要，義爲本，而信次之。古者禹、湯本義務信而天下治，桀、紂棄義倍信而天下亂❸，**增治,直吏反。倍,蒲悔反。**故爲人上者，必將慎禮義，務忠信，然後可。此君人者之大本也。**慎,或爲“順”。

16.9 **堂上不糞，則郊草不瞻曠芸；**曠,空也,空謂無草也。芸,謂有草可芸鋤也。堂上猶未糞除,則不暇瞻視郊野之草有無也。言近者未理,不暇及遠。魯連子謂田巴曰:“堂上不糞者,郊草不芸也。”補遺曠,廢也。言不可撿視郊草之廢芸鋤也。**白刃捍乎胷❹，則目不見流矢；**捍,蔽也。捍蔽於胷,謂見斬刺也。懼白刃之甚,不暇憂流矢也。補遺“捍”“扞”通,抵冒也。**拔戟加乎首，則十指不辭斷。**言不惜十指而救首也。拔,或作“校”,或作“枝”。增拔戟,脫室戟也。《左氏・襄公十年傳》曰:“右拔戟。”○斷,如字。**非不以此爲務也，疾養緩急之有相先者也。**疾,痛也。養,與“癢”同。言非不以郊草、流矢、十指爲務,痛癢緩急有所先救者也。言此者,明人君當先務禮義,然後及他事也。

---

❶ 覺按:宋浙本、古逸叢書本“則”作“即”。

❷ 宋本“節”下有“者”字,韓本同。

❸ 宋本“倍”作“背”。

❹ 宋本“捍”作“扞”。覺按:原書“刃”作“刄”,今據宋浙本、古逸叢書本改。

天論篇第十七 增論，慮困反。

17.1 **天行有常**，天自有常行之道也。**不爲堯存，不爲桀亡。**
應之以治則吉❶，應之以亂則凶。 吉凶由人，天非愛堯而惡桀也。
增爲，于僞反。治，直吏反；下同。"其治""治者"如字。**彊本而節用，**
則天不能貧； 本，謂農桑。增太史公曰："彊本節用，則人給家足。"〇彊，
其兩反。**養備而動時，則天不能病；** 養備，謂使人衣食足。動時，
謂勤人勤力，不失時，亦不使勞苦也。養生既備，動作以時，則疾疹不作也。
增動時，謂動搖得時也。華佗曰："動搖則穀氣得銷，血脈流通，病不得生，
譬猶戶樞終不朽也。" **脩道而不貳，則天不能禍。** 貳，即倍也。補
遺不貳，專一也，即妄行之反。**故水旱不能使之飢渴❷，寒暑不能**
使之疾，祅怪不能使之凶❸。 畜積有素，故水旱不能使之飢渴。既
無飢寒之患，則癘疫所不能加之也。增祅，與"妖"同；下同。**本荒而**
用侈，則天不能使之富；養略而動罕，則天不能使之全；

❶ 宋本"治"作"理"。

❷《羣書治要》"貳"作"貣"，無"渴"字；下同。近古。

❸ 覺按：宋浙本、古逸叢書本"怪"作"恠"，下"怪"字同。

略，減少也。罕，希也。養略，謂使人衣食不足也。動希，言怠惰也。衣食減少而又怠惰，則天不能全也。增動罕，謂動搖罕少也。**倍道而妄行，則天不能使之吉。故水旱未至而飢渴❶，寒暑未薄而疾，**薄，迫也，音博。增倍，蒲悔反。**祅怪未至而凶。受時與治世同，而殃禍與治世異，不可以怨天，其道然也。**非天降災，人自使然。**故明於天人之分，則可謂至人矣。**知在人不在天，斯爲至人。增分，扶問反。

17.2 不爲而成，不求而得，夫是之謂天職。不爲而成，不求而得，四時行焉，百物生焉，天之職任如此，豈愛憎於堯、桀之間乎❷？增夫，音扶；下同。**如是者，雖深，其人不加慮焉；**補遺"其人"二字當移"雖深"上。言其人知慮雖深，唯修人事，而不加慮於天道也。徂徠曰："雖深，雖大，雖精，皆屬'其人'說。"是也。**雖大，不加能焉；雖精，不加察焉；夫是之謂不與天爭職。**其人，至人也。言天道雖深遠，至人曾不措意測度焉，以其無益於治。若措其在人者，慕其在天者，是爭職也。《莊子》曰"六合之外，聖人存而不論"也。增下文云"唯聖人爲不求知天"是也。**天有其時，地有其財，人有其治，夫是之謂能參。**人能治天時、地財而用之，則是參於天地。**舍其所以參，而願其所參，則惑矣。**舍人事而欲知天意，斯惑矣。增《禮記》曰："可以贊天地之化育，則可以與天地參矣。"與此同意。舍其所以參，謂不勤其治也。物茂卿曰："願其所參者，謂妄求參天地也。"○舍，音"捨"。

17.3 列星隨旋，日月遞炤，四時代御，陰陽大化，

---

❶ 宋本無"渴"字，元本同。後人補之者也。

❷ 覺按：宋浙本、古逸叢書本"間"作"閒"。

風雨博施。列星，有列位者，二十八宿也。隨旋，相隨回旋也❶。炤，與"照"同。陰陽大化，謂寒暑變化萬物也。博施，謂廣博施行，無不被也。增隨旋，謂衆星隨天而旋也。天一晝夜而一旋。御，治也。《易》曰："日往則月來，月往則日來。寒往則暑來，暑往則寒來。"○遞，音第。**萬物各得其和以生，各得其養以成。不見其事而見其功，夫是之謂神。**和，謂和氣。養，謂風雨。不見和養之事，但見成功，斯所以爲神，若有真宰然也。增《易》曰"陰陽不測之謂神"是也。**皆知其所以成，莫知其無形，夫是之謂天。**言天道之難知。或曰：當爲"夫是之謂天功"，脫"功"字耳。增"無"字衍。本注"或曰"以下非。**唯聖人爲不求知天。**既天道難測，故聖人但脩人事，不務役慮於知天也。

17.4 天職既立，天功既成，形具而神生，好惡、喜怒、哀樂藏焉❷，夫是之謂天情。言人之身亦天職、天功所成立也。形，謂百骸九竅。神，謂精魂❸。天情，所受於天之情也。增好，呼報反。惡，烏路反。樂，音洛。**耳、目、鼻、口、形，能各有接而不相能也，夫是之謂天官。**耳辨聲，目辨色，鼻辨臭，口辨味，形辨寒熱疾癢。其所能皆可以接物而不能互相爲用。官，猶"任"也。言天之所付任有如此者也❹。增官，《孟子》所謂"耳目之官"是也。**心居中虛，以治五官，夫是之謂天君。**心居於中空虛之地，以制治耳、目、鼻、口、形之五官，是天使爲形體之君也。**財非其類，以養其類，夫是之謂天養。**財，與"裁"同。飲食衣服與人異類，裁而用之，可使養口腹形體，故曰"裁非其類，以養其類"，是天使奉養之道如此也。增財，如字，

---

❶ 覺按：原書"回"作"廻"，今據宋浙本、古逸叢書本改。

❷ 宋本"藏"作"臧"。

❸ 覺按：宋浙本、古逸叢書本"謂精魂"作"精魂也"。

❹ 覺按：宋浙本、古逸叢書本無"者"字。

"地有其財"之"財"。其類，謂人也。補遺禽獸草木，與人異類，裁而用之，飲食、衣服、宮室、器械於是資焉，以養人類也。**順其類者謂之福，逆其類者謂之禍，夫是之謂天政**。順其類，謂能裁者也。逆其類，謂不能裁者也。天政，言如賞罰之政令。自"天職既立"以上，並論天所置立之事，以下論逆天、順天之事在人所爲也。增順其類者，謂奉養利于身者。逆其類者，謂奉養害于身者。補遺謂，當作"以"，聲之誤也。之，往也。言順養類之道者以自往就福，逆養類之道者以自往就禍也。《左傳》劉子曰："民受天地之中以生，所謂命也。能者養以之福，不能者敗以取禍。"語與此類。**暗其天君❶**，昏亂其心❷。**亂其天官**，聲色臭味過度。**棄其天養**，不能務本節用。補遺不務其養也。**逆其天政**，不能養其類也。**背其天情**，好惡、喜怒、哀樂無節。增背，音佩。**以喪天功**，喪其生成之天功❸，使不蕃滋也。增喪，息浪反。**夫是之謂大凶**。此皆言不脩，故違天之禍。補遺注"不脩故"，"故"當作"政"。**聖人清其天君，正其天官，備其天養，順其天政，養其天情，以全其天功**。補遺"其"字衍。**如是，則知其所爲，知其所不爲矣**，知務導達❹，不攻異端。增其所爲，人職也。其所不爲，天職也。**則天地官而萬物役矣**。言聖人自脩政，則可以任天地、役萬物也。補遺言天地爲之官，萬物爲之役也。**其行曲治，其養曲適，其生不傷，夫是之謂知天**。其所自脩行之政，曲盡其治；其所養人之術，曲盡其適；其生長萬物，無所傷害：是謂知天也。言明於人事則知天物，其要則

---

❶ 宋本"暗"作"闇"。

❷ 覺按：宋浙本、古逸叢書本"昏"作"昬"。

❸ 覺按：宋浙本、古逸叢書本"天"作"大"。

❹ 覺按：原書"導"作"道"，今據宋浙本、古逸叢書本改。

曲盡也 **❶**。增行，下孟反。楊讀如字。補遺行，謂躬行。此三句以身上言。

17.5 故大巧在所不爲，補遺不費巧於無用，是其所以爲大巧也。下文倣此。大智在所不慮 **❷**。此明不務知天，是乃知天也。亦猶大巧在所不爲，如天地之成萬物也 **❸**，若偏有所爲，則其巧小矣；大智在所不慮，如聖人無爲而治也 **❹**，若偏有所慮，則其智窄矣。增本注"亦猶"二字衍文。所志於天者，已其見象之可以期者矣；志，記識也。聖人雖不務知天，猶有記識以助治道。所記識於天者，其見垂象之文，可以知其節候者是也。謂若堯"命羲、和，欽若昊天，曆象日月星辰 **❺**，敬授人時"者也。增已，止也。見象，見明之象緯也。○志，音"誌"；下同。見，賢遍反；下同。所志於地者，已其見宜之可以息者矣；所以記識於地者 **❻**，其見土宜可以蕃息嘉穀者是也。增本注"所以"之"以"衍。所志於四時者，已其見數之可以事者矣；數，謂春作夏長秋斂冬藏必然之數 **❼**。事，謂順時理其事也。所記識於四時者，取順時之數而令生長收藏者也。所志於陰陽者，已其見知之可以治者矣。知，謂知其生殺也。所以記識陰陽者，爲知其生殺，效之爲賞罰以治之也。知，或爲"和"。增"知"或爲"和"，是也。上文文云："萬物各得其和以生。"本注"所以"之"以"衍。官人守天而自爲守道也。官人，任人。欲任人守天，在於自守道也。皆明不務知天之義也。增物茂卿曰："官人守天，

---

❶ 覺按：原書無"則"字，今據宋浙本、古逸叢書本補。

❷ 宋本"智"作"知"。

❸ 覺按：原書無"也"字，今據宋浙本、古逸叢書本補。

❹ 覺按：宋浙本、古逸叢書本"如"作"知"，非。

❺ 覺按：宋浙本、古逸叢書本無"曆象"二字。

❻ 覺按：宋浙本、古逸叢書本無"者"字。

❼ 覺按：宋浙本、古逸叢書本"藏"作"臧"；下一"藏"字同。

謂上文志於天地、四時、陰陽皆有官司也。自爲守道者，君唯守人道也。”

17.6　治亂，天耶❶？曰❷：日月、星辰、瑞曆❸，是禹、桀之所同也，或曰：當時星辰書之名也。⬜增“瑞”字未詳。物茂卿曰：“蓋尊曆詞。”○治，直吏反；下同。⬜補遺瑞，疑當作“環”。“曆”“歷”同。疑下脱“於天”二字。言日月星辰環繞經歷於天也。禹以治，桀以亂，治亂非天也。時耶？曰：繁啓蕃長於春夏❹，繁，多也。蕃，茂也。⬜增《吕氏春秋》曰：“天地和同，草木繁動。”○長，竹丈反。畜積收藏於秋冬❺，⬜增畜，勅六反。是又禹、桀之所同也，禹以治，桀以亂，治亂非時也。地耶？曰：得地則生，失地則死，是又禹、桀之所同也，禹以治，桀以亂，治亂非地也。言皆在人，不在天地與時也。《詩》曰：“天作高山，大王荒之。彼作矣，文王康之。”此之謂也。《詩》，《周頌·天作》之篇。引之以明吉凶由人，如太王之能尊大岐山也❻。⬜增“詩曰”以下，注詳于《王制篇》。岡白駒曰：“引之者，言聖人輔天地之化育也。主意在上二句。”○大，音泰。

17.7　天不爲人之惡寒也而輟冬❼，⬜增輟，止也。○爲，于僞反；下同。惡，烏路反；下同。地不爲人之惡遼遠也而輟廣，君子不爲小人之匈匈也而輟行。匈匈，喧譁之聲❽，與“訩”同，

---

❶ 宋本“耶”作“邪”，下同。

❷ 元本無“曰”字。

❸ 宋本“曆”作“歷”。

❹ 孫鑛本“啓”作“起”。

❺ 宋本“藏”作“臧”。

❻ 覺按：宋浙本、古逸叢書本“太”作“大”。

❼ 宋本無“而”字，下同。

❽ 覺按：原書“譁”作“嘩”，今據宋浙本、古逸叢書本改。

音凶,又許用反。行,下孟反。増"匈"上舊無"之"字,今據宋本、韓本、《羣書治要》《東方朔傳》及《字典》注所引補之。**天有常道矣,地有常數矣,君子有常體矣❶。君子道其常,小人計其功❷**。道,言也。君子言常❸,造次必守其道;小人則計一時之功利,因物而遷之也。増道,由也。**《詩》曰:"何恤人之言兮?"此之謂也**。逸詩也。以言苟守道不違,何畏人之言也?増《東方朔傳》"何"上有"禮義之不愆"五字。《左氏傳》作"禮義不愆,何恤於人言",比此爲詳。

17.8 **楚王後車千乘,非知也;君子啜菽飲水,非愚也;是節然也**。節,謂所遇之時命也❹。増乘,實證反。知,音"智";下同。啜,昌悦反。**若夫心意脩,德行厚,知慮明,生於今而志乎古,則是其在我者也**。増心意,疑當作"志意"。《正論篇》曰:"志意脩,德行厚,知慮明。"○夫,音扶。行,下孟反。**故君子敬其在己者❺,而不慕其在天者**;在天,謂富貴也。増己,音紀;下同。**小人錯其在己者,而慕其在天者**。錯,置。増錯,七路反;下同。**君子敬其在己者,而不慕其在天者,是以日進也**;求己而不苟,故日進。**小人錯其在己者,而慕其在天者,是以日退也**。望徼幸而不求己,故日退也。**故君子之所以日進與小人之所以日退,**

---

❶ 《東方朔傳》"道"作"度","數"作"形","體"作"行"。

❷ 宋本"小人"上有"而"字,韓本同。

❸ 覺按:宋浙本、古逸叢書本無"言"字,非。

❹ 覺按:原書"命"作"節",今據宋浙本、古逸叢書本改。

❺ 宋本"敬"作"慕"。覺按:"敬""慕"義同,宋浙本、古逸叢書本、宋刻遞修本皆作"慕",而下文楊倞注又云"皆有慕、有不慕",則古本或作"慕",而明人據下文私改之耳。

一也。皆有慕、有不慕。君子、小人之所以相懸者❶，在此耳。
增懸，懸隔也。

17.9　星墜、木鳴❷，國人皆恐。曰：是何也？曰：
無何也。假設問答❸。無何也，言不足憂也。增顏師古曰："無何，猶言
'無故'也。"○恐，丘隴反。是天地之變，陰陽之化，物之罕
至者也。星墜，天地之變。木鳴，陰陽之化。罕，希也。怪之，可
也；畏之❹，非也。以其罕至，謂之怪異則可，因遂畏懼則非。夫
日月之有蝕❺，風雨之不時，怪星之黨見❻，黨見，頻見也，言
如朋黨之多。見，賢遍反。增《羣書治要》"黨"作"儻"，古字通用。儻，
或然之辭。《莊子》曰："軒冕在身，非性命也，物之儻來寄者也❼。"○夫，
音扶；下同。是無世而不常有之。上明而政平，則是雖並世
起，無傷也；並世起，謂一世之中並起也。上闇而政險，則是
雖無一至者，無益也。增險者，不平之謂。夫星之墜，木之
鳴，是天地之變、陰陽之化、物之罕至者也。怪之，可也；
畏之，非也。

17.10　物之已至者，人祅則可畏也。物之既至可畏者，
在人之祅也。增物茂卿曰："物之已至，對上'物之罕至'。已，甚也。"○
祅，與"妖"同；下同。補遺物之已至者，謂既至不去。楛耕傷稼，

---

❶ 宋本"懸"作"縣"。

❷ 宋本"墜"作"隊"，下同。

❸ 覺按：宋浙本、古逸叢書本"答"作"荅"。

❹ 宋本"畏"上有"而"字，下同。

❺ 宋本"蝕"作"食"，《羣書治要》同。

❻ 《韓詩外傳》"黨"作"晝"。

❼ 覺按：原書無"者"字，今據《莊子·繕性》之文補。

耘耨失薉 ❶，政險失民，楛耕，謂麤惡不精也。失薉，謂耘耨失時使
穢也 ❷。政險，威虐也。薉，與"穢"同。增楛，音"鹽"。補遺耘，當作"楛"。
《韓詩外傳》作"枯"，即"楛"字誤。田薉稼惡，增舊作"田稼薉惡"，
今據宋本、《羣書治要》改之。《韓詩外傳》"薉"作"穢"，同。糴貴民
飢，道路有死人，夫是之謂人祅。增糴，音"狄"。政令不明，
舉錯不時，本事不理，夫是之謂人祅。舉，謂起兵動衆。錯，
謂懷安失於事機也。本事，農桑之事也。增舉錯，廣言作輟也，本注非也。
○錯，七路反；下同。禮義不脩 ❸，內外無別，男女淫亂，則父
子相疑，補遺白鹿曰："'則'字衍。"上下乖離，寇難並至 ❹，夫
是之謂人祅。增內外無別，謂男女雜居也。相疑，恐有姦淫也。○別，
彼列反；下同。離，力智反。難，乃旦反。祅是生於亂。補遺"於"
字衍。三者錯，無安國。三者，三人祅也。錯，置也。置此三祅於
國中，則無有安也。補遺白鹿曰："錯，猶'迭'也。下疑脫'至'字。"
其說甚邇 ❺，其菑甚慘。邇，近也。三人祅之說，比星墜、木鳴爲淺
近，然其災害人則甚慘毒也。增菑，音"裁"。勉力不時，則牛馬相
生，六畜作祅。勉力，力役也。不時，則人多怨曠，其氣所感，故

---

❶《韓詩外傳》"楛"作"枯"，"耘耨失薉"作"枯耘傷歲"。
❷ 覺按：原書"耘"作"芸"，今據宋浙本、古逸叢書本改。
❸ 宋本下文"勉力"以下十三字及注三十三字在"禮義不脩"上。覺按：
楊倞所注三十三字，宋浙本、古逸叢書本作"此三句宜承'其菑甚慘'之下。
勉力，力役也。不時，則人多怨曠，其氣所感，故生非其類也"。宋刻遞
修本等據楊注移正後刪去首句，久保愛從舊本而云"三十三字"，遂使人
難解矣。
❹ 覺按：原書"寇"作"冦"，今據宋浙本、古逸叢書本改。
❺ 宋本"邇"作"爾"。

生非其類也。增畜，許又反。可怪也，而不可畏也❶。傳曰❷："萬物之怪，書不説。"書，謂六經也。可爲勸戒則明之，不務廣説萬物之怪也。增傳，直戀反。補遺"書"下疑脱"而"字。如《春秋》書"隕石""鶂退"而不説其應是也。無用之辯，不急之察，棄而不治。若夫君臣之義，父子之親，夫婦之別，則日切瑳而不舍也。增《禮記》曰："如切如瑳者，道學也。"○瑳，與"磋"同。夫婦，如字。舍，音"捨"。

17.11　雩而雨，何也？曰：無何也❸，猶不雩而雨也。雩，求雨之禱也。或者問："歲旱，雩則得雨，此何祥也？"對以"與不雩而雨同"，明非求而得也。《周禮·司巫》："國大旱，則率巫而舞雩❹。"增雩，羊遇反；下同。日月食而救之，天旱而雩，卜筮而後決大事❺，非以爲得求也，以文之也。得求，得所求也。言爲此以示急於災害，順人之意，以文飾政事而已。增文公十五年《左氏傳》曰："日有食之，天子不舉，伐鼓于社；諸侯用幣于社，伐鼓于朝，以昭事神、訓民、事君，示有等威：古之道也。"○爲，于僞反。文，音問；下同。故君子以爲文，而百姓以爲神。以爲文則吉，以爲神則凶❻。

---

❶ 覺按：宋浙本、古逸叢書本此下有注曰："此二句承'六畜作祅'之下，蓋録之時錯亂迷誤，失其次也。"宋刻遞修本等據楊注將"勉力"以下十三字移正後遂刪此注，久保愛從舊本，故未能存宋本之舊。

❷《韓詩外傳》"傳曰"下有"天地之災，隱而廢也"八字。

❸ 宋本"何"作"它"，韓本同。覺按：久保愛此校恐誤。宋浙本、古逸叢書本皆作"佗"而不作"它"。

❹ 覺按：宋浙本、古逸叢書本"舞雩"下有"也"字。

❺ 宋本"筮"下"而"作"然"。

❻ 宋本"凶"下有"也"字。

順人之情，以爲文飾，則無害；淫祀求福，則凶也。

17.12　在天者莫明於日月，在地者莫明於水火，在物者莫明於珠玉，在人者莫明於禮義。故日月不高，則光輝不赫 ❶；增赫，明也。水火不積，則輝潤不博 ❷；增輝，光輝。珠玉不睹乎外，則王公不以爲寶；增物茂卿曰："珠玉不睹乎外，言在璞也。"○睹，丁故反。禮義不加於國家，則功名不白。故人之命在天，國之命在禮。君人者，隆禮、尊賢而王，重法、愛民而霸，好利、多詐而危，權謀、傾覆、幽險而亡矣。幽險，謂隱慝其情而凶虐難測也 ❸。權謀、多詐、幽險三者，盡亡之道也。增舊本"亡"上有"盡"字，今據《羣書治要》除之。本注"多詐"當作"傾覆"。○王，于況反。重，直用反。好，呼報反。詐，側嫁反。

17.13　大天而思之，孰與物畜而制之？尊大天而思慕之，欲其豐富，孰與使物畜積而我裁制之？增物畜，猶言"畜物"也。○畜，勑六反。補遺徂徠曰："言以物畜天，制而用之也。以天爲一物，乃荀子大見處。"博按：周之季世，文之弊極矣。附託天象，敷衍五行，荒唐迂闊之説紛然起焉。王公貴人爲之眩惑，措人而思天者衆矣。政之不脩，職此之由。荀子有見于此，故著此篇以辯夫思天之無益而有害，此亦救世之論也。然其言激切痛快，不知所裁。先王敬天之旨，幾乎熄矣。所謂矯枉過直者也。其末流之弊，有不可言者矣。韓非、李斯之出於其門，不亦宜乎？余爲荀卿深惜之云。從天而頌之，孰與制天命而用之？頌者，美盛德也。從天而美其盛德，豈如制裁天之所命而我用之？謂若曲者爲輪，

---

❶　覺按：宋浙本"輝"作"暉"，古逸叢書本作"輝"。

❷　覺按：宋浙本"輝"作"暉"，古逸叢書本作"輝"。

❸　覺按：原書"慝"作"匿"，今據宋浙本、古逸叢書本改。

直者爲桷，任材而用也。**望時而待之，孰與應時而使之**？望時而待，謂若農夫之望歲也。孰與應春生夏長之候，使不失時也？⬜增使之，謂役使四時也。**因物而多之，孰與騁能而化之**？因物之自多，不如騁其智能而化之使多也。若后稷之播種然也。**思物而物之，孰與理物而勿失之也**？思得萬物以爲己物，孰與理物皆得其宜，不使有所失喪？⬜增物之，徒以爲物而不治辨之也。此文說思物之無益、理物之有益，以示任天不如助天以人也。⬜補遺言徒思慕物之美，而視以爲他物，不如我理物而實有之也。**願於物之所以生，孰與有物之所以成？故錯人而思天，則失萬物之情**。物之生雖在天，成之則在人也。此皆言理平豐富，在人所爲，不在天也。若廢人而妄思天，雖勞心苦思，猶無益也❶。⬜增"大天"以下，斥老、莊之徒知任自然而不知自勉也。《解蔽篇》曰："莊子蔽於天而不知人。"〇錯，七路反。

17.14 百王之無變，足以爲道貫。無變，不易也。百王不易者，謂禮也。言禮可以爲道之條貫也。⬜補遺百王無變者，孔子所謂殷周所因、馬融以爲三綱五常者，人道之貫也。**一廢一起，應之以貫**。雖質文廢起時有不同，然其要歸以禮爲條貫。《論語》："孔子曰：'殷因於夏禮，所損益可知也；周因於殷禮，所損益可知也；其或繼周者，雖百世可知也❷。'"**理貫，不亂**。知禮，則其條貫不亂也❸。⬜增理貫，謂治禮也。不亂，國不亂也。⬜補遺或曰："理"當作"知"。**不知貫，不知應變**。不知以禮爲條貫，則不能應變。言必差錯而亂也。**貫之大體未嘗亡也**。⬜增以禮貫其大節，則國不亡。⬜補遺貫者，道之不易者，故其大體，雖衰亂

---

❶ 覺按：原書"猶"作"亦"，今據宋浙本、古逸叢書本改。

❷ 覺按：宋浙本、古逸叢書本"世"作"代"。此蓋唐人避李世民諱所改。

❸ 覺按：原書無"也"字，今據宋浙本、古逸叢書本補。

之世，未嘗亡也。**亂生其差，治盡其詳**。差，謬也。所以亂者，生於條貫差謬；所以治者，在於精詳也。⬚增治，直吏反。**故道之所善，中，則可從；畸，則不可爲；匿，則大惑**。畸者，不偶之名，謂偏也。道之所善，得中則從，偏側則不可爲。匿，謂隱匿其情。禮者，明示人者也。若隱匿，則大惑。畸，音羈。⬚增古屋禼曰："畸，讀爲'中立而不倚'之'倚'。"愛曰："畸""奇""倚"古音通。《脩身篇》云："倚魁之行。"《莊子•天下篇》云："南方有倚人。"《大宗師》云："畸人者，畸於人而侔於天。"皆通用故也。**水行者表深，表不明，則陷**；表，標準也。陷，溺也。⬚補遺深，當作"淺"，謂濟渡之處。**治民者表道，表不明，則亂**。禮者，表也。**非禮，昏世也**；⬚補遺不用禮，則使世昏迷也。**昏世，大亂也**。昏世，謂使世昏闇也。**故道無不明，外內異表，隱顯有常，民陷乃去**。道，禮也。外，謂朝聘；內，謂冠、昏。所表識章示各異也 ❶。隱顯，即內外也。有常，言有常法也。如此，民陷溺之患乃去也。⬚增外，謂朝廷。內，謂後宮。蓋宮、朝異表，則民人不迷。

17.15 萬物爲道一偏，一物爲萬物一偏。愚者爲一物一偏，愚者不能盡一物也 ❷。⬚增愚者，闇指下諸子。**而自以爲知道，無知也**。以偏爲知道，豈有知哉？**慎子有見於後，無見於先**；慎到本黃老之術，明不尚賢、不使能之道，故莊子論慎到曰："塊不失道。"以其無爭先之意，故曰"見後而不見先"也。《漢書•藝文志》：慎子著書四十二篇。班固曰"先申、韓，申、韓稱之"也。**老子有見於詘，無見於信**；老子，周之守藏史，姓李，字伯陽，號稱老聃，孔子之師

---

❶ 覺按：原書無"章示"二字，今據宋浙本、古逸叢書本補。

❷ 覺按：宋浙本、古逸叢書本"愚者"作"如有"。

也。著書五千言 ❶，其意多以屈爲伸，以柔勝剛，故曰"見詘而不見信"也。信，讀爲"伸"。增詘，與"屈"同。**墨子有見於齊，無見於畸**；畸，謂不齊也。墨子著書，有《上同》《兼愛》，是見齊而不見畸也。增畸，音羈。**宋子有見於少，無見於多**。宋子，名鈃，宋人也，與孟子同時。下篇云："宋子以人之情爲欲寡，而皆以己之情爲欲多，爲過也 ❷。"據此説，則是少而不見多也。鈃，音形，又胡泠反。《漢書•藝文志》有《宋子》十八篇，班固曰 ❸："荀卿道宋子，其言黄老意。"增本注"是少"當作"見少"。**有後而無先，則羣衆無門**；夫羣衆 ❹，在上之開導，皆處後而不處先，羣衆無門户也。補遺無進入之方也。**有詘而無信，則貴賤不分**；貴者伸而賤者詘，則分別矣。若皆貴柔弱卑下，則無貴賤之别也。**有齊而無畸，則政令不施**；夫施政令，所以治不齊者。若上同，則政令何施也？增此謂勢位齊，則政令不行也。**有少而無多，則羣衆不化**。夫欲多，則可以勸誘爲善。若皆欲少，則何能化之？《書》曰："**無有作好，遵王之道；無有作惡 ❺，遵王之路**。"此之謂也。《書》，《洪範》。以喻偏好則非遵王道也。增好，呼報反。惡，烏路反。

荀子卷第十一

❶ 覺按：宋浙本、古逸叢書本無"書"字。
❷ 覺按：原書"爲"作"是"，今據宋浙本、古逸叢書本改。
❸ 覺按：宋浙本、古逸叢書本"曰"作"云"。
❹ 覺按：宋浙本、古逸叢書本"羣衆"作"衆羣"。
❺ 覺按：原書"作"作"爲"，今據宋浙本、古逸叢書本改。

荀子卷第十二

18.1 世俗之爲説者曰："主道利周。"是不然。此一篇皆論世俗之乖謬，荀卿以正論辨之。周，密也，謂隱匿其情，不使下知也。世俗以爲主道利在如此也。⬚增當時法家隆行，其蔽失於密，故荀卿辨之。不然，《周易》云："君不密則失臣。"密豈不可哉？⬚補遺《管子》曰："先王貴周，不出于口，不見于色，一龍一蛇，一日五化之謂周。"申、韓之道，亦人君使人不知其意，荀子所辯論是也。《易》云："君不密則失臣。"言機事耳。讀者勿混！

主者，民之唱也；上者，下之儀也。謂下法上之表儀也。彼將聽唱而應，視儀而動。唱嘿，則民無應也；儀隱，則下無動也。⬚增嘿，與"默"同，宋本作"默"。不應不動，則上下無以相有也。上不導其下，則下無以效上 ❶，是不相須也。若是，則與無上同也，不祥莫大焉。故上者，下之本也。上宣明，則下治辨矣；宣，露。辨，別也。下知所從，則明別於事也。⬚增治，

---

❶ 覺按：原書"效"作"効"，今據宋浙本、古逸叢書本改。

直吏反；下同。**上端誠，則下愿愨矣❶；上公正，則下易直矣。**
上公正，則下不敢險曲也。增易，以豉反；下同。**治辨則易一，愿愨則易使，易直則易知。易一則彊，易使則功，易知則明，是治之所由生也。上周密，則下疑玄矣**；玄，謂幽深難知。或讀爲“眩”，惑也；下同。**上幽險，則下漸詐矣**；幽，隱也。險，難測也。漸，進也，如字。又曰：漸，浸也，謂浸成其詐也，子廉反。增“漸”字解于《脩身篇》。○漸，音“潛”；下同。詐，側嫁反；下同。**上偏曲，則下比周矣。**增比，毗志反。**疑玄則難一，**疑惑不知所從，故難一也。**漸詐則難使，比周則難知。**人人懷私相親比❷，則上不可知其情。《禮記》曰“下難知則君長勞”也❸。**難一則不彊，難使則不功，難知則不明，是亂之所由作也。故主道利明不利幽，利宣不利周。故主道明，則下安；主道幽，則下危。**下知所從則安，不知所從則自危也❹。**故下安，則貴上；下危，則賤上。**貴，猶“愛”也；賤，猶“惡”也。補遺“故”字衍。**故上易知，則下親上矣；上難知，則下畏上矣。下親上，則上安；下畏上，則上危。**畏則謀上。**故主道莫惡乎難知，莫危乎使下畏己。**增惡，如字。己，音紀。**傳曰：“惡之者衆則危。”《書》曰：“克明明德。”《尚書·多方》曰❺：**“成湯至于帝乙，罔不明德慎罰。”增荀卿所引，《康誥》也，本注非。且今《書》無一“明”字。補遺此蓋因下《詩》而誤衍一“明”字。**《詩》曰：“明明在下。”**《詩》，《大雅·大明》之篇。言文王之德明明在下，

---

❶ 覺按：宋浙本、古逸叢書本“愨”作“愨”，下同。

❷ 覺按：宋浙本、古逸叢書本“私相”作“和”。

❸ 覺按：原書無“也”字，今據宋浙本、古逸叢書本補。

❹ 覺按：原書“也”作“矣”，今據宋浙本、古逸叢書本改。

❺ 覺按：宋浙本、古逸叢書本無“尚”字。

故赫赫然著見於天也。增荀卿意，唯取"明明在下"一句，則本注"故赫赫"以下九字可删。補遺以注推之，舊有"赫赫在上"句，今脱之耳。此證上下明而易知之義也。**故先王明之，豈特玄之耳哉！** 特，猶"直"也。增耳，疑當作"耶"。《君道篇》云："可詘邪哉？"

18.2　**世俗之爲説者曰："桀、紂有天下，湯、武篡而奪之。"是不然。以桀、紂爲常有天下之籍，則然；** 以常主天下之圖籍則然。增常，讀爲"嘗"。蓋桀、紂祖先皆有天下之籍，故曰"嘗"。補遺"常""嘗"同。有，當依《儒效篇》作"履"，蓋因下文而誤也。**親有天下之籍，則不然；** 躬親能有天下則不然，以其不能治之也。增謂桀、紂當時親有天下之籍則不可也。何則？不才不中，人民既去。夫亦何籍之有？補遺"親"字不可曉，當依下文作"謂"。**天下謂在桀、紂，則不然。** 增"謂"字當在"天下"上。劉辰翁曰："'天下謂'上別本空八字，當是闕一句。"補遺劉辰翁云："別本此上空八字。"博按：宜言"謂桀、紂在天下則然，謂天下在桀、紂則不然"。

古者天子千官，諸侯百官。以是千官也，令行於諸夏之國，謂之王； 夏，大也。中原之大國。增夏，户雅反。**以是百官也，令行於境内，國雖不安，不至於廢易遂亡，謂之君。** 僅存之君。增遂，疑當作"逐"，字之誤也。**聖王之子也，** 子，子孫也。**有天下之後也，勢籍之所在也❶，** 增勢籍，已見。**天下之宗室也，然而不材不中，** 不中，謂處事不當也。中，丁仲反。增《孟子》曰："中也養不中，才也養不才。"中，蓋不偏頗也。○"材""才"同。中，如字。**内則百姓疾之，外則諸侯叛之，近者境内不一，遥者諸侯不聽，** 增遥，遠也。**令不行於境内，甚者諸侯侵削之，攻伐之。**

---

❶ 宋本"勢"作"埶"，下同。

若是，則雖未亡，吾謂之無天下矣。增自"古者"至此，釋謂桀、
紂今親有天下則不然之義。

聖王没，有勢籍者罷，不足以縣天下，聖王，禹、湯也。
有勢籍者，謂其子孫也。罷，謂弱不任事也。縣，繫也，音"懸"。增罷，
音"皮"；下同。天下無君。桀、紂不能治天下，是無君。諸侯有
能德明威積，海内之民莫不願得以爲君師；師，長。增據《周
禮》，"以賢得民"謂之"師"。補遺《書》曰："天降下民❶，作之君，作之師。"
然而暴國獨侈，安能誅之❷，暴國，即桀、紂也。侈，謂奢汰放縱。
增安，語助。必不傷害無罪之民❸，誅暴國之君若誅獨夫。天
下皆去，無助之者，若一夫然也。若是，則可謂能用天下矣。能
用天下之謂王。

湯、武非取天下也，非奪桀、紂之天下也。脩其道，行其義，
興天下之同利❹，除天下之同害，而天下歸之也。桀、紂非
去天下也，非天下自去也。增本注"非"字當作"言"。○去，起呂反。
反禹、湯之德，亂禮義之分，禽獸之行，積其凶，全其惡，
而天下去之也。增分，扶問反。行，下孟反。天下歸之之謂王，
天下去之之謂亡。故桀、紂無天下而湯、武不弑君，由此
効之也❺。天下皆去桀、紂，是無天下也。湯、武誅獨夫耳，豈爲弑君

---

❶ 覺按：此文轉引自《孟子·梁惠王下》所引之《書》，《尚書·泰
誓上》"降"作"佑"。

❷ 標注本"能"作"得"。

❸ 宋本無"不"字，非。

❹ 孫鑛本"興"作"與"。

❺ 宋本"効"作"效"。

乎❶？由，用也。効，明也。用此論明之。增由，因也。効，驗也，徵也。湯、武者，民之父母也；增《禮記》曰：“民之所好好之，民之所惡惡之，此之謂民之父母。”桀、紂者，民之怨賊也。今世俗之爲說者，以桀、紂爲君，而以湯、武爲弑，然則是誅民之父母而師民之怨賊也，師，長。不祥莫大焉。以天下合爲君，則天下未嘗合於桀、紂也，增宋本上“天下”下有“之”字，似是。然則以湯、武爲弑，則天下未嘗有說也，直墮之耳❷！自古論說，未嘗有此，世俗之墮損湯、武耳。

故天子唯其人。天下者，至重也，非至彊莫之能任；物之至彊者乃能勝重任。增任，音壬。至大也，非至辨莫之能分；至大則難詳，故非小智所能分別也。增能明禮義之謂至辨。至衆也，非至明莫之能和。天下之人至衆，非極知其情僞，不能和輯也。增舊本“和”作“知”，今據宋本、韓本改之。考本注，似古作“和”。此三至者，非聖人莫之能盡，故非聖人莫之能王。重大如此三者，非聖人安能王乎？王，于況反。增盡，津忍反。聖人，備道全美者也，是縣天下之權稱也。懸天下如權稱之懸❸，揔知輕重也。稱，尺證反。

桀、紂者，其知慮至險也，其志意至闇也❹，其行之爲至亂也。增“之”字衍。○知，音“智”；下“有知”同。行，下孟反。親者疏之，賢者賤之，生民怨之，禹、湯之後也而不得一

---

❶ 覺按：原書“弑”作“殺”，今據宋浙本、古逸叢書本改。

❷ 宋本“墮”作“墮”。

❸ 覺按：原書“懸天下”作“縣天下”，今據宋浙本、古逸叢書本改。

❹ 宋本“志”作“至”，“闇也”下注有“至意，當爲志意”六字。覺按：宋浙本、古逸叢書本與久保愛所校宋本同。宋刻遞修本則據楊注將“至”改爲“志”，又刪此注。

人之與。刳比干，囚箕子，身死國亡，爲天下之大戮❶，後世之言惡者必稽焉。言惡者必稽考桀、紂以爲龜鏡也。[增]與，黨與也。是不容妻子之數也。不能容有其妻子，是如此之人數也。猶言不能保妻子之徒也。《列子》梁王謂楊朱曰"先生有一妻一妾不能治"也。[增]數，猶"道"也。故至賢疇四海，湯、武是也；至罷不容妻子，桀、紂是也❷。疇四海，謂以四海爲疇域。或曰：疇，與"籌"同，謂計度也。[補遺]"疇""儔"通，以四海爲儔匹也。今世俗之爲説者，以桀、紂爲有天下而臣湯、武，豈不過甚矣哉？以桀、紂爲君，以湯、武爲臣而殺之，是過甚也。譬之，是猶傴巫、跛匡大自以爲有知也。匡，讀爲"尫"，廢疾之人。《王霸篇》曰"賤之如尪"，與此"匡"同。《禮記》曰："吾欲暴尫而奚若？"言世俗此説猶巫尫大自以爲神異也。[增]跛，舊作"跂"，今據宋本、韓本改之。匡，當作"覘"。《王制篇》曰："主襄擇五卜，知其吉凶妖祥，傴巫、跛擊之事也。"○傴，郁禹反。

故可以有奪人國，不可有以奪人天下❸；可以有竊國，不可有以竊天下也。一國之人易服，故可以有竊者；天下之心難歸，故不可也。竊國，田常、六卿之屬是也。[增]《孟子》曰："不仁而得國者，有之；不仁而得天下者，未之有也。"與此全同。可以奪之者可以有國，[補遺]下云"竊可以得國"，此似衍"可以""之者"四字。而不可以有天下；竊可以得國，而不可以得天下。是何也？曰：國，小具也，[增]據上下例，"曰國"下當有"者"字。可以小人有也，

---

❶ 宋本"戮"作"僇"。

❷ 宋本"紂是"作"紂者"。

❸ 宋本"有以"作"以有"，下同；韓本同。

可以小道得也，可以小力持也；天下者，大具也，不可以小人有也，不可以小道得也，不可以小力持也。國者，小人可以有之，然而未必不亡也；小人既可以有之，則易滅亡，明取國與取天下殊也。天下者，至大也，非聖人莫之能有也。

18.3　世俗之爲説者曰："治古無肉刑，而有象刑。治古，古之治世也。肉刑，墨、劓、刖、宮也。象刑，異章服，恥辱其形象，故謂之象刑也。《書》曰："皋陶方施，象刑惟明。"孔安國云："象，法也。"案《書》之象刑，亦非謂形象也。增《漢·刑法志》論之曰："所謂'象刑惟明'者，言象天道而作刑，安有菲屨赭衣者哉？"○治，直吏反；下同。

墨黥；世俗以爲古之重罪，以墨涅其面而已❶，更無劓、刖之刑也。或曰：墨黥，當爲"墨幪"❷，但以黑巾幪其頭而已。增古屋鬲曰："墨黥，楊注爲'墨幪'，是也。墨，墨刑也。幪，巾也。"愛曰：《白虎通》云"犯墨者蒙巾"，又《晉書·刑法志》云"犯黥者皂其巾"。慅嬰；當爲"澡嬰"，謂澡濯其布爲纓，鄭云："凶冠之飾，令罪人服之。"《禮記》曰"緦冠繰纓"❸，鄭云："有事其布以爲纓❹。"澡❺，或讀爲"草"，《慎子》作"草纓"也❻。增古屋鬲曰："'慅嬰'上當有'劓'字。楊注'澡嬰'當作'澡纓'。"愛曰：從古屋氏説，則與下文注所引《慎子》符矣。慅，本注爲"草"，是也。共，艾畢；共，未詳，或衍字耳。艾，蒼白色。畢，與"韠"同，韍也，所以蔽前，君以朱，大夫素，士爵韋。令罪人服之，故以蒼白色爲韠也。增

---

❶　覺按：原書"面"作"面"，今據宋浙本、古逸叢書本改。

❷　覺按：原書"幪"作"幪"，今據宋浙本、古逸叢書本改；下同。

❸　覺按：宋浙本"繰"作"澡"，古逸叢書本作"繰"。

❹　覺按：宋浙本、古逸叢書本"纓"下有"也"字。

❺　覺按：原書"澡"作"繰"，今據宋浙本、古逸叢書本改。

❻　覺按：原書無"也"字，今據宋浙本、古逸叢書本補。

物茂卿曰："共，即'宮'誤。"愛曰：是亦與《慎子》符矣。謝墉曰："注'紱'當作'韍'。"**菲，對屨**；菲，草屨也。對，當爲"紺"，傳寫誤耳。紺，枲也。《慎子》作"紺"。言罪人或菲或枲爲屨，故曰"菲紺屨"。紺，方孔反。對，或爲"蒯"。《禮》有"疏屨"，傳曰："藨蒯之菲也。"增物茂卿曰："菲，即'制'誤。"愛曰：是亦與《慎子》"以復紺當刖"符矣。**殺，赭衣而不純**。以赤土染衣，故曰"赭衣"。純，緣也。殺之，所以異於常人之服也。純，音準。殺，所介反。《慎子》曰："有虞氏之誅，以畫跪當黥❶，以草纓當劓，以復紺當刖，以艾韠當宮。此有虞之誅也。"又《尚書大傳》曰："唐、虞之象刑，上刑赭衣不純，中刑雜屨，下刑墨幪。"幪，巾也。增物茂卿曰："斬殺，則'赭衣而不純'也。"愛曰：是亦與《白虎通》"犯大辟者布衣無領"及《晉書・刑法志》"大辟之罪，誅刑之極，布其衣裾而無領緣"符矣。本注"復紺"當作"屨紺"。〇殺，如字。**治古如是。**世俗説以治古如是❷。是不然。

以爲治耶❸？則人固莫觸罪，非獨不用肉刑，亦不用象刑矣。以爲人或觸罪矣而直輕其刑？然則是殺人者不死，傷人者不刑也。罪至重而刑至輕，庸人不知惡也❹，亂莫大焉。惡，烏路反。**凡刑人之本，禁暴惡惡，且徵其未也。**徵，讀爲"懲"。未，謂將來。增惡惡，上烏路反，下如字；下"惡惡"同此。補遺禁暴惡惡，《漢書・刑法志》上有"將以"二字。**殺者不死，而傷人者不刑，是謂惠暴而寬賊也，非惡惡也。故象刑殆**

---

❶ 覺按：宋浙本、古逸叢書本"跪"作"詭"，非。

❷ 覺按：原書"是"作"此"，今據宋浙本、古逸叢書本改。

❸ 宋本"耶"作"邪"。

❹ 宋本"也"作"矣"。

非生於治古，並起於亂今也。今之亂世妄爲此説。增《漢書》"並"
作"方"，古字通用。治古不然。凡爵列、官職、賞慶、刑罰
皆報也，以類相從者也。報，謂報其善惡。各以類相從，謂善者得
其善，惡者得其惡也。一物失稱，亂之端也。失稱，謂失其所稱，
類不相從也。稱，尺證反。增《哀公篇》"失稱"作"不應"，義同。夫
德不稱位，能不稱官，賞不當功，罰不當罪，不祥莫大焉。
增夫，音扶；下同。當，丁浪反。昔者武王伐有商，誅紂，斷其首，
懸之赤斾❶。《史記》："武王斬紂頭，懸之大白旗。"此云"赤斾"，所傳
聞各異也。《禮記·明堂位》説旗曰："殷之大白，周之大赤。"即《史記》
之説，非也。增斷，丁管反。夫征暴誅悍，治之盛也。增悍，舊作
"捍"，今據宋本、韓本改之。殺人者死，傷人者刑，是百王之所同，
未有知其所由來者也。增宋本"同"下有"也"字，似是。刑稱罪，
則治；不稱罪，則亂。故治則刑重，亂則刑輕；治世，刑必行，
則不敢犯，故重；亂世，刑不行，則人易犯，故輕。李奇注《漢書》曰："世
所以治，乃刑重；所以亂，乃刑輕也。"增《周禮》曰："刑新國，用輕典；
刑平國，用中典；刑亂國，用重典。"與此不同。蓋荀卿欲折"象刑"妄説，
故立此論耳。且其重，非重也，言正當也。補遺言治世用重刑，亂世用輕
刑也。犯治之罪固重，犯亂之罪固輕❷。治世，家給人足，犯法者
少，有犯則衆惡之，罪固當重也。亂世，人迫於飢寒，犯法者多，不可盡
用重典，當輕也。補遺《漢·志》"輕"下有"也"字，宋本同。此二句
覆説上二句也。《書》曰："刑罰世輕世重。"此之謂也。《書》，《甫

---

❶ 宋本"斾"作"斿"，注同；韓本同。覺按：此校記恐誤。宋浙本、
古逸叢書本皆作"斾"而不作"斿"。

❷ 宋本"輕"下有"也"字。

刑》。以言世有治亂，故法有輕重也❶。增此亦與古文《尚書》意異。

18.4 世俗之爲説者曰：“湯、武不能禁令。”是何也？言不能施禁令，故有所不至者。曰：“楚、越不受制。”是不然。

湯、武者，至天下之善禁令者也。湯居亳，武王居鄗，皆百里之地也，天下爲一，諸侯爲臣，通達之屬，莫不振動從服以化順之，振，與“震”同，恐也。曷爲楚、越獨不受制也？彼王者之制也，視形勢而制械用❷，即《禮記》所謂“廣谷大川異制，民生其間者異俗❸”“器械異制，衣服異宜”也❹。稱遠近而等貢獻，豈必齊哉？稱，尺證反。等，差也。增近，舊作“邇”，今據宋本改之。“等貢獻”之法，世異也。故《禹貢》，及《大行人職》，及此所謂，皆不同。宜并攷也。故魯人以糖❺，衞人用柯，齊人用一革。未詳。或曰：《方言》云“盌，謂之糖；盂，謂之柯”。或曰：《方言》“糖，張也”。郭云：“謂穀張也。”增本注“糖”字，今《方言》及宋、元二本皆作“㰏”。盂，宋本作“或”。糖張之“糖”，《方言》從手，是也。“穀張”當作“㲉張”，《廣雅》云：“㲉，張也。”土地形制不同者❻，械用備飾不可不異也。故諸夏之國同服同儀，儀，謂風俗也。諸夏迫近京師，易一以教化，故同服同儀也。增服，事也，謂服事王者也。○夏，戶雅反。補遺儀，禮儀也。蠻、夷、戎、狄之國同服不同制。夷、狄邈遠，又各在一方，雖同爲要、荒之服，其制度不同

---

❶ 覺按：原書無“也”字，今據宋浙本、古逸叢書本補。

❷ 宋本“勢”作“埶”，下同。

❸ 覺按：宋浙本、古逸叢書本“間”作“閒”。

❹ 覺按：原書無“也”字，今據宋浙本、古逸叢書本補。

❺ 小字元本“糖”作“搪”，注同。

❻ 覺按：原書“制”作“勢”，今據宋浙木、古逸叢書本改。

也。增下文所説，即其不同制者也。**封内甸服，**王畿之内也。《禹貢》
"五百里甸服"，孔安國曰："爲天子服治田也。"增封，《國語》作"邦"，
下"封外"之"封"同。**封外侯服，**畿外也。《禹貢》"五百里侯服"，
孔云："甸服之外五百里也。侯，候也。斥候而服事王也。"韋昭云："侯服，
侯圻也❶。"**侯、衞賓服，**韋昭注《國語》曰："侯，侯圻。衞，衞圻。
自侯圻至衞圻，其間五圻❷。圻，五百里，五五二千五百里❸，中國之界也，
謂之賓服，常以服貢賓見於王❹。五圻者，侯圻之外曰甸圻，甸圻之外曰
男圻，男圻之外曰采圻，采圻之外曰衞圻❺。《康誥》曰'侯、甸、男、采、衞'
是也❻。"此據《周官·職方氏》，與《禹貢》異制也❼。**蠻、夷要服，**《職
方氏》云❽："衞服之外五百里曰蠻服，又其外五百里曰夷服。"孔安國云：
"要，謂要束以文教。"要，一昭反。**戎、狄荒服。**《職方氏》所謂"鎮服"
"蕃服"也❾。韋昭曰❿："各相去五百里。九州之外，荒裔之地，與戎、狄
同俗，故謂之荒，荒忽無常之言。"**甸服者祭，**增日有貢。**侯服者祀，**
增月有貢。**賓服者享，**增四時有貢。**要服者貢，**增歲有貢。**荒服**
者終**王。**增《大行人職》曰："九州之外謂之蕃國，世壹見，各以其所

---

❶ 覺按：宋浙本、古逸叢書本"侯圻"作"候斥"，宋刻遞修本作"候
圻"，世德堂本作"候圻"，皆非，見《國語·周語上》"邦外侯服"韋昭注。

❷ 覺按：宋浙本、古逸叢書本"間"作"閒"。

❸ 覺按：宋浙本、古逸叢書本無"五五二千五百里"七字。

❹ 覺按：宋浙本、古逸叢書本"服貢賓見"作"貢獻賓服"。

❺ 覺按：宋浙本、古逸叢書本此四句均無"曰"字。

❻ 覺按：宋浙本、古逸叢書本"男"下有"邦"字，非。

❼ 覺按：原書無"也"字，今據宋浙本、古逸叢書本補。

❽ 覺按：原書無"云"字，今據宋浙本、古逸叢書本補。

❾ 覺按：原書"蕃"作"藩"，今據宋浙本、古逸叢書本改。

❿ 覺按：原書"曰"作"云"，今據宋浙本、古逸叢書本改。

貴寶爲摯。"愛曰：上四服雖不來見，猶有貢獻。故要服六歲一見而歲有貢，獨荒服非來時則不貢，道遠故也。又案《國語》無"終"字，此衍。**日祭，月祀，時享，歲貢，終王**❶。韋昭曰："日祭於祖考，上食也。近漢亦然。月祀於曾、高也❷，時享於二祧也❸，歲貢於壇、墠也❹。終，謂世終，朝嗣王也❺。"增《漢書•韋玄成傳》曰："祖禰則日祭，曾、高則月祀，二祧則時享，壇、墠則歲貢，大禘則終王。"**夫是之謂視形勢而制械用，稱遠近而等貢獻，是王者之至也**。至，當爲"志"，所以志識遠近也。增至，當作"制"，字之誤也。**彼楚、越者，且時享、歲貢、終王之屬也，必齊之日祭、月祀之屬然後曰"受制"耶**❻**？是規磨之説也**。規磨之説，猶言"差錯之説"也。規者，正圓之器，磨久則偏盡而不圓，失於度程也。《文子》曰："水雖平，必有波；衡雖正，必有差。"《韓子》曰："規有磨而水有波，我欲更之，無奈之何。此通於權者言也❼。"補遺磨，當作"摩"。注"磨"，《韓子》作"摩"，注云："摩者，旋而轉圓也。"以是推之，轉規以畫圓，則必切摩。若以摩病規者，是徒求全而不知權也。蓋當時謂求全而不知權者曰"規摩之説"也。**溝中之瘠也**，謂行乞之人在溝壑中羸瘠者，以喻智慮淺也。**則未足與及王者之制也**。語曰："淺不足與測深，愚不足與

---

❶ 宋本無"終王"二字。"貢"下注有"此下當有'終王'二字，誤脱耳"十一字。

❷ 覺按：宋浙本、古逸叢書本"高"作"祖"，非。

❸ 覺按：宋浙本、古逸叢書本無"也"字。

❹ 覺按：宋浙本、古逸叢書本無"歲貢於壇墠也"六字。

❺ 覺按：注"韋昭曰"至此，宋浙本、古逸叢書本在正文"日祭"上。

❻ 宋本"耶"作"邪"。

❼ 覺按：原書無"者"字，今據宋浙本、古逸叢書本補。

謀知，坎井之鼃不可與語東海之樂 ❶。"此之謂也。言小不
知大也。司馬彪曰："坎井，壞井也。鼃，蝦蟇類也。"事出《莊子》。坎井，
或作"壇井"。鼃，户媧反 ❷。增與謀，舊作"以謀"，今據宋本、韓本改之。
○知，音"智"。樂，音"洛"。

18.5　世俗之爲説者曰："堯、舜擅讓。"擅，與"禪"同，
"墠"亦同義，謂除地爲墠，告天而傳位也，後因謂之禪位。世俗以爲堯、
舜德厚，故禪讓聖賢；後世德薄，故父子相繼。荀卿言堯、舜相承，但傳
位於賢而已，與傳子無異，非謂求名而禪讓也。案《書序》曰："將遜于位，
讓于虞舜。"是亦有讓之説。此云非擅讓 ❸，蓋《書序》美堯之德，雖是傳位，
與遜讓無異，非是先自有讓意也 ❹。《孟子》亦云："萬章曰：'堯以天下與舜，
有諸？'孟子曰：'天子不能以天下與人。'曰：'然則舜有天下也，孰與之？'曰：'天與之。'"
又曰："天與賢則與賢，天與子則與子 ❺。"增此篇荀子一家論，不可拘《書
序》。補遺擅，當作"禮"，與"禪"同。"禪"亦"讓"也。孔子曰："唐、
虞禪 ❻。"與"壇墠"之"墠"，字義並殊。是不然。

天子者，勢位至尊 ❼，無敵於天下，夫有誰與讓矣？讓
者，勢位敵之名，若上下相縣，則無與讓矣。有，讀爲"又" ❽。增夫，音

---

❶ 宋本"淺不足"作"淺不可"，末"與"作"以"。

❷ 覺按：原書"媧"作"蝸"，今據宋浙本、古逸叢書本改。

❸ 覺按：宋浙本、古逸叢書本"擅"作"禪"。

❹ 覺按：原書無"自"字，今據宋浙本、古逸叢書本補。

❺ 覺按：宋浙本、古逸叢書本"則與子"下有"也"字。

❻ 覺按：此孔子語引自《孟子·萬章上》。

❼ 宋本"勢"作"埶"，下同。

❽ 覺按：宋浙本、古逸叢書本"又"下有"也"字。

扶；下同。道德純備，智慧甚明❶，南面而聽天下❷，生民之屬，莫不振動從服以化順之，天下無隱士，無遺善，無隱藏不用之士也。同焉者是也，異焉者非也，夫有惡擅天下矣？夫自知不堪其事，則求賢而禪位。今以堯、舜之明聖，事無不理，又焉用禪位也哉❸？〔增〕惡，音烏；下"惡用"同。

曰："死而擅之。" 或者既以生無禪讓之事，因謂堯、舜預求聖賢，至死後而禪之也❹。是又不然。

聖王在上，圖德而定次，量能而授官，一本作"決德而定次"。皆使民載其事而各得其宜；〔增〕舊本無"使"字，今據宋本、韓本補之。載，猶"行"也。〔補〕遺載，任也。"民"字衍。宋本"民"上有"使"字，非也。不能以義制利，不能以偽飾性，則兼以為民。偽，謂矯其本性也。無能者則兼并之，令盡為民氓也❺。〔增〕偽，謂禮也，所謂以禮制心。聖王已沒，〔增〕已，舊作"以"，今據宋本改之。天下無聖，則固莫足以擅天下矣。固無禪讓❻。天下有聖而在後者，則天下不離，有聖繼其後者，則天下有所歸，不離叛也❼。〔增〕離，力智反。朝不易位，國不更制，天下厭然與鄉無以異也；厭然，順服貌，一涉反。鄉，音"向"。〔增〕然，舊作"焉"，今據宋本改之。鄉，往日也。○朝，直遥反；下同。更，音"庚"。以堯繼堯，夫又何變之有矣？

---

❶ 宋本"慧"作"惠"。

❷ 覺按：原書"面"作"面"，今據宋浙本、古逸叢書本改。

❸ 覺按：宋浙本、古逸叢書本"焉"作"烏"，"也哉"作"哉"。

❹ 覺按：宋浙本、古逸叢書本無"也"字。

❺ 覺按：原書無"氓"字，今據宋浙本、古逸叢書本補。

❻ 覺按：原書"禪"作"擅"，今據宋浙本、古逸叢書本改。

❼ 覺按：原書無"也"字，今據宋浙本、古逸叢書本補。

言繼位相承，與一堯無異，豈爲禪讓改變與他人乎？**聖不在後子而在三公，則天下如歸，猶復而振之矣**，後子，嗣子，謂丹朱、商均也。三公，宰相，謂舜、禹。天下如歸，言不歸後子而歸三公也。復而振之，謂猶如天下已去而衰息，今使之來，復而振起也。增物茂卿曰："天下如歸，謂如歸其家也，言安也。"矣，舊作"也"，今據宋本、韓本改之。補遺如，往也。振，如"振旅"之"振"，整也。言天下往帰舜、禹，如復歸其家而振整之也。**天下厭然與鄉無以異也；以堯易堯❶，夫又何變之有矣？**疑此三句重也。增此非重也。上謂父子相繼，此謂三公相易。**唯其徙朝改制爲難。**謂殊徽號、異制度也。舜、禹相繼，與父子無異，所難而不忍者，在徙朝改制也❷。後世見其改易，遂以爲擅讓也。補遺難，疑當作"異"。**故天子生，則天下一隆，致順而治，論德而定次；**天下一隆，謂天下之人皆得其崇厚也。致，極也。增一隆，謂天下無二尊也。《致士篇》曰："君者，國之隆也；父者，家之隆也。隆一而治，二而亂。""致順"以下九字，疑有誤。**死，則能任天下者必有之矣。夫禮義之分盡矣，擅讓惡用矣哉？**夫讓者，禮義之名。今聖王但求其能任天下者傳之，則是盡禮義之分矣，豈復更求禪讓之名哉？增任，音壬。分，扶問反。盡，如字；楊讀津忍反，非。

曰："老衰而擅。"是又不然。

血氣筋力則有衰，若夫智慮取舍則無衰❸。增《呂氏春秋》曰："人之老也，形益衰，而智益盛。"○舍，音"捨"。

曰："老者不堪其勞而休也。"是又畏事者之議也。或

---

❶ 宋本、韓本"易"作"繼"。

❷ 覺按：原書"制"作"政"，今據宋浙本、古逸叢書本改。

❸ 宋本"智"作"知"。

者自以畏憚勞苦❶，以爲聖王亦然也。⟦增⟧《書》曰："格，汝禹。朕宅帝位三十有三歲，耄期倦于勤。汝惟不怠，總朕師。"荀子蓋欲排禪讓之説，故反經以起此論。

天子者，勢至重而形至佚，心至愉而志無所詘❷，⟦增⟧佚，與"逸"同。詘，與"屈"同。形不爲勞，尊無上矣。衣被，則服五采，雜閒色，衣被，謂以衣被身。服五采，言備五色也。閒色，紅、碧之屬。《禮記》曰"衣正色，裳閒色"也。⟦增⟧被，寢衣也。○被，如字。⟦補遺⟧衣被，並去聲，猶言"飲食"也。重文繡，加飾之以珠玉。食飲，則重大牢而備珍怪，期臭味，重，多也。謂重多之以太牢也❸。珍怪，奇異之食也。期，當爲"綦"，極也。⟦增⟧重，直用反；下同。大，音泰；下"大路"同。曼而饋，曼，當爲"萬"。饋，進食也。列《萬》舞而進食。⟦增⟧《周禮·大司樂職》有"王大食，三侑，皆令奏鐘鼓"之文。唯列《萬》舞而進食之禮，古未之聞。按：曼，讀爲"縵"。《磬師職》有"縵樂"，謂雜聲之和樂者也。又《學記》有"操縵"之語。代睪而食❹，睪，未詳，蓋香草也。或曰：睪，讀爲"藁"❺，即所謂蘭茝本也。或曰：當爲"澤"，澤蘭也。《既夕禮》："茵著用荼，實綏澤焉。"俗書"澤"字作"水"傍"睪"，傳寫誤遺其"水"耳。代睪而食，謂焚香氣歇，即更以新者代之。⟦增⟧代，當作"伐"。睪，與"皋""鼛"同。《考工記》云："韗人爲皋鼓❻。"注："大鼓也。"《淮南子》曰："鼛鼓

---

❶ 覺按：宋浙本、古逸叢書本"者"作"曰"，非。

❷ 宋本"詘"下有"而"字。

❸ 覺按：原書"太"作"大"，今據宋浙本、古逸叢書本改。

❹ 覺按：宋浙本、古逸叢書本"睪"作"睪"，注同。

❺ 覺按：原書"藁"作"稾"，今據宋浙本、古逸叢書本改。

❻ 覺按：原書"韗"作"韗"，今據《周禮·冬官考工記》改。又，其注無"大鼓也"之文。

而食，奏《雍》而徹。"又《詩》云："鼓鐘伐鼛。"合而觀之，"代"字"伐"誤無疑。鼛，舊作"罿"，考本注意，古作"鼛"明也，故今改之。其實，則"罿""鼛"同字也。《雍》而徹。《雍》，《詩·周頌》樂章名。奏《雍》而徹饌。《論語》曰"三家者以《雍》徹"，言其僭也。增"徹"下舊有"乎"字，今據宋本除之。〇徹，音"撤"。**五祀，執薦者百人侍西房**。《周禮·宗伯》"以血祭祭社稷、五祀"，鄭云"五祀，四時迎五行之氣於四郊，而祭五德之帝"也。或曰：此五祀謂礿、祠、烝、嘗及大祫也。或曰：《國語》展禽曰"禘、郊、祖、宗、報，此五者，國之祀典也"。皆王者所親臨之祭，非謂戶、竈、中霤、門、行之五祀也。薦，謂所薦陳之物，籩豆之屬也。侍，侍立也。西房，西廂也。侍，或爲"待"❶。補遺此節言天子飲食之盛，不可雜以祭祀之事。"五祀"二字疑有誤。**居，則設張容，負依而坐，諸侯趨走乎堂下**。居，安居也，聽朝之時也。容，謂羽衛容也❷。居則設張其容儀，負依而坐也。戶牖之間謂之扆。"依"與"扆"同❸。或曰：《爾雅》云❹"容謂之防"。郭璞云"如今牀頭小曲屏風，唱射者所以自防隱"也❺。言施此容於戶牖間，負之而坐也。增張，與"帳"通，帷帳也。容，當從郭璞説。補遺"張""帳"通，幄帳也。《尚書·顧命》云："狄設黼扆、綴衣。"傳云"扆，屏風，畫爲斧文，置戶牖間。復設幄帳，象平生所爲"是也。**出戶而巫覡有事**，出戶，謂出内門也。女曰巫，男曰覡。有事，祓除不祥。增戶，室戶也。覡，胡歷反。**出門而宗祝有事**，出門，

---

❶ 覺按：宋浙本、古逸叢書本"待"下有"也"字。

❷ 覺按：宋浙本、古逸叢書本"衞"下無"容"字。

❸ 覺按：宋浙本、古逸叢書本"戶牖之間謂之扆。'依'與'扆'同"作"戶牖之間謂之依，作'扆'。'扆''依'音同"。

❹ 覺按：原書"云"作"曰"，今據宋浙本、古逸叢書本改。

❺ 覺按：宋浙本、古逸叢書本"自防隱"作"隱見"。

謂車駕出國門。宗者，主祭祀之官。祀，當爲"祝"。有事，謂祭行神也。《國語》曰："使名姓之後能知四時之生、犧牲之物、玉帛之類、采服之儀、彝器之量、次主之度、屛攝之位、壇場之所、上下之神祇、氏姓之所出而心帥舊典者爲之宗 ❶。"又曰："使先聖之後之有光烈而能知山川之號、高祖之主、宗廟之事、昭穆之世、齊敬之勤、禮節之宜、威儀之則、容貌之崇、忠信之質、禋絜之服而敬恭明神者以爲之祝 ❷。"韋昭曰："宗，宗伯，掌祭祀之禮。祝，太祝，掌祈福祥 ❸。"⸢增⸥門，謂廟門也。⸢補遺⸥注"門"謂"國門"，因"宗祝有事"而爲此解也。然此章極言王者奉養之盛耳，不必拘爲解也。

乘大路、越席以養安 ❹，大路，祭天車。《禮記》曰："大路，繁纓一就。"越席，結蒲爲席。養安，言恐其不安，以此和養之。按 ❺《禮》以大路、越席爲質素 ❻，此云"養安"，以爲盛飾，未詳其意。或曰：古人以質爲重也。⸢增⸥大路雖素，非天子不乘，故荀卿以爲盛飾。○越，音活。**側載睪芷以養鼻 ❼**，睪芷，香草也，已解上。於車上傍側載之，用以養鼻也。⸢增⸥睪，音"澤"。**前有錯衡以養目**，《詩》曰："約軧錯衡"，毛云 ❽"錯衡，文衡"。

和、鸞之聲步中《武》《象》、騶中《韶》《護》以養耳，和、鸞，

---

❶ 覺按：原書"彝"作"奠"，無"祇"字、"所"字，"心"作"必"，"帥"作"率"，今據宋浙本、古逸叢書本改。

❷ 覺按：宋浙本、古逸叢書本無"之有光烈而""高祖之主""以"十字。

❸ 覺按：原書"宗伯"作"大宗伯也"，"太祝"作"大祝也"，今據《國語·楚語下》"爲之宗""以爲之祝"韋昭注改。宋浙本、古逸叢書本此注作："宗，大宗伯也，掌祭祀之禮。《禮記》：'太祝，掌祈福祥也。'"

❹ 宋本"路"下有"趨"字，注有"趨，衍字耳"四字。

❺ 覺按：原書"按"作"案"，今據宋浙本、古逸叢書本改。

❻ 覺按：原書"素"下有"也"字，今據宋浙本、古逸叢書本刪。

❼ 覺按：宋浙本、古逸叢書本"睪"作"睾"，注同。

❽ 覺按：原書"云"作"曰"，今據宋浙本、古逸叢書本改。

皆車上鈴也。《韓詩外傳》云：“鸞在衡，和在軾前。”升車馬動❶，馬動則鸞鳴，鸞鳴則和應，皆所以爲行節也。許慎曰：“和取其敬，鸞以象鳥之聲。”《武》《象》《韶》《護》，皆樂名也❷。驥，當爲“趨”。步，謂車緩行。趨，謂車速行。《周禮·大馭》云：“凡馭路，行以《肆夏》，趨以《采薺》，以鸞、和爲節❸。”鄭云：“行，謂大寢至路門；趨，謂路門至應門也。”增中，陟仲反。護，與“濩”同。**三公奉軛持納**❹，軛，轅前也。納，與“軜”同。軜，謂驂馬内轡繫軾前者。《詩》曰：“鋈以觼軜。”增本注“内轡”舊作“内軜”，今據《説文》改之。○軛，音厄。**諸侯持輪、挾輿、先馬**，挾輿，在車之左右也。先馬，導馬也。或持輪者，或挾輿者，或先馬者。增持輪，《周禮·齊右職》所謂“王乘則持馬”是也。先馬，《道右職》“王式則下前馬”是也❺。**大侯編後，大夫次之**，大侯，國稍大，在五等之列者。增《禮記》曰：“天子之大夫視子、男。”**小侯、元士次之**，小侯，僻遠小國及附庸也。元士，上士也。《禮記》曰：“庶方小侯，入天子之國曰‘某人’。”又曰“天子之元士視附庸”也。**庶士介而坐道**❻，庶士，軍士也。介而坐道，被甲坐於道側，以禦非常也。增杜預注《左氏傳》曰：“坐，猶‘守’也。”**庶人隱竄莫敢望視**❼。**居如大神，動如天帝。**言畏敬之甚也。

---

❶ 覺按：原書“馬”上有“則”字，今據宋浙本、古逸叢書本刪。

❷ 覺按：原書無“也”字，今據宋浙本、古逸叢書本補。

❸ 覺按：原書“以”上有“皆”字，今據宋浙本、古逸叢書本刪。

❹ 覺按：宋浙本、古逸叢書本“軛”作“軶”，注同。

❺ 覺按：原書“前”作“先”，今據《周禮·夏官司馬·道右》之文改。

❻ 宋本“坐”作“夾”。覺按：宋浙本、古逸叢書本正文作“夾”，注作“坐”。

❼ 宋本“望視”作“視望”。

持老養衰，猶有善於是者與❶？ 增持，扶持也。○與，音餘。不老者，休也，休猶有安樂恬愉如是者乎？不老，老也，猶言"不顯"，顯也。或曰："不"字衍耳。夫老者，休息之名，言豈更有休息安樂過此❷？ 增"不"字，或說爲是。舊本無"是"下"者"字，今據宋本補之。○樂，音洛。故曰：諸侯有老，天子無老；諸侯供職貢朝聘，故有筋力衰竭求致仕者，與天子異也。補遺三代時未聞諸侯有老者。《孟子》曰："堯老而舜攝。"《竹書紀年》：夏帝不降"遜位于弟扃"。是天子有老也。且唐、虞之際，天子奉養，豈如是其盛乎？荀子之言過於騁辯矣。有擅國，無擅天下；古今一也。讓者，勢位敵之名。一國事輕，則有請於天子而讓賢，天下則不然也。

夫曰"堯、舜擅讓"，是虛言也，是淺者之傳，陋者之説也❸。 增傳，直戀反。不知逆順之理，小大、至不至之變者也，小，謂一國❹；大，謂天下。至不至，猶言"當不當"也。 增以尊讓卑者，逆也。匹敵相讓者，順也。至不至，謂天子至重、至佚、至愉，諸侯不至重、至佚、至愉也。變，猶"異"也。舊本無"者"字，今據宋本補之。未可與及天下之大理者也。

18.6 世俗之爲説者曰："堯、舜不能教化。"是何也？曰："朱、象不化。"是不然也。

堯、舜❺，至天下之善教化者也，南面而聽天下❻，生

---

❶ 元本"猶"作"獨"。

❷ 覺按：宋浙本、古逸叢書本"樂"作"樂樂"。

❸ 覺按：宋浙本、古逸叢書本"陋"作"陋"。

❹ 覺按：原書"一"作"小"，今據宋浙本、古逸叢書本改。

❺ 宋本、韓本"舜"下有"者"字。

❻ 覺按：原書"面"作"而"，今據宋浙本、古逸叢書本改。

民之屬莫不振動從服以化順之，言天下無不化。然而朱、象獨不化，是非堯、舜之過，朱、象之罪也。朱、象乃罪人之當誅戮者，豈堯、舜之過哉？《論語》曰"上智與下愚不移"是也。增也，舊作"矣"，今據宋本改之。補遺罪，如"非赤子之罪"之"罪"，謂咎也。堯、舜者，天下之英也；鄭康成注《禮記》云："英，謂俊選之尤者。"朱、象者，天下之嵬、一時之瑣也。言嵬瑣之人，雖被堯、舜之治❶，猶不可化。言教化所不及。嵬瑣，已解在《非十二子》之篇。增嵬，五每反；下同。今世俗之爲説者，不怪朱、象而非堯、舜❷，豈不過甚矣哉？夫是之謂嵬説。狂妄之説。增夫，音扶。羿、蠭門者，天下之善射者也，增蠭，音逢。"門""蒙"古音通用。不能以撥弓曲矢中；撥弓，不正之弓。中，丁仲反。增《戰國策》曰："弓撥矢鉤。"注云："撥，反弓也。"《增韻》云："撥，掞開也。"王梁、造父者❸，天下之善馭者也，不能以辟馬毀輿致遠；辟，與"躄"同，必亦反。增"梁""良"互通。王充《論衡》亦作"王梁"。○造，七報反。父，音甫。堯、舜者，天下之善教化者也，不能使嵬瑣化。何世而無嵬？何時而無瑣？自太皥、燧人莫不有也❹。太皥，伏羲也。燧人，太皥前帝王，始作火化者。故作者不祥，學者受其殃，非者有慶。作嵬瑣者不祥也。有慶，言必無刑戮。增非者，謂非嵬説者也。補遺言如作説者不善，則學之者受其害，知其非而不學之者則有免害之慶也。此言邪説之害，不與上文相接，蓋錯簡也。"故作者"以下

❶ 覺按：原書"雖"作"縱"，今據宋浙本、古逸叢書本改。

❷ 宋本"舜"下有"也"字。

❸ 孫鑛本"梁"作"良"。

❹ 覺按：宋浙本、古逸叢書本"皥"作"皞"，注同。

至"此之謂也"三十六字當移篇末"應""見侮不辱"章之下。《詩》曰：
"下民之孽 ❶，匪降自天；噂沓背憎，職競由人。"此之謂也。
《詩》，《小雅·十月之交》之篇。言下民相爲妖孽，災害非從天降，噂噂
沓沓然相對談語，背則相憎，爲此者，主由人耳。增背，音佩。

18.7 世俗之爲説者曰："大古薄葬 ❷，棺厚三寸，衣衾
三領，葬田不妨田，故不掘也。此蓋言古之人君也。三領，三稱也。《禮
記》"君陳衣于序東，西領北上 ❸"，故以"領"言。葬田不妨田，言所葬
之地不妨農耕也。殷以前平葬 ❹，無丘隴之識也 ❺。增此闇斥墨子。世俗之説，
詳見《吕子》"節喪""安死"二篇 ❻。"葬田"之"田"衍。葬不妨田，成
子高所謂"擇不食之地而葬"是也。○大，音泰。厚，胡豆反。亂今厚葬，
飾棺，故掘也。"是不及知治道而不察於抇不抇者之所言也。
抇，穿也，謂發冢也，胡骨反。增抇，亦與"掘"通；下同。

凡人之盜也，必以有爲，其意必有所云爲也。增爲，于僞反；
楊音如字。不以備不足，足則以重有餘也。增下"足"字衍。觀
謝墉説，亦同。○重，直用反；下同。而聖王之生民也，皆使當
厚優猶知足 ❼，而不得以有餘過度。當，謂得中也，丁浪反。優

❶ 覺按：宋浙本、古逸叢書本"孽"作"孼"，注同。
❷ 宋本"大"作"太"。
❸ 覺按：原書及宋浙本、古逸叢書本"北"皆作"南"，今據《禮記·喪
大記》改。
❹ 覺按：原書"以"作"已"，今據宋浙本、古逸叢書本改。
❺ 覺按：原書"隴"作"壠"，今據宋浙本、古逸叢書本改。
❻ 覺按：原書"喪"作"葬"，今據《吕氏春秋·孟冬紀》之標題改。
❼ 宋本"知"上有"不"字。注有"不知足，'不'字亦衍耳"八字。
覺按：原書標注無"亦"字，與"八字"不符，今據宋浙本、古逸叢書本補。

猶，寬泰也。言聖王之養民，輕賦薄斂 ❶，皆使寬泰而知足也 ❷，又有禁限，不得以有餘過度也。增當，當作"富"。猶，疑"裕"誤。**故盜不竊，賊不刺，** 盜、賊，通名。分而言之，則私竊謂之盜，劫殺謂之賊 ❸。增刺，七亦反。**狗豕吐菽粟，而農賈皆能以貨財讓；** 農賈庶人猶讓財 ❹，其餘無不讓也。增《淮南子》作"鄙旅之人相讓以財，狗彘吐菽粟於路"。○賈，音古。**風俗之美，男女自不取於塗 ❺，而百姓羞拾遺。故孔子曰："天下有道，盜其先變乎！"** 衣食足，知榮辱。**雖珠玉滿體，文繡充棺，黃金充槨，加之以丹矸，重之以曾青，** 丹矸，丹砂也。曾青，銅之精，形如珠者，其色極青，故謂之曾青。加以丹矸，重以曾青，言以丹青采畫也。增古葬用珠玉，事見《周禮·典瑞職》。**犀、象以爲樹，** 樹之於壙中也。增樹，音豎。**琅玕、龍茲、華覲以爲實，** 琅玕，似珠，崑崙山有琅玕樹。龍茲，未詳。覲，當爲"瑾"。華，謂有光華也 ❻。或曰：龍茲，即今之龍鬚席也 ❼。《公羊傳》曰："衛侯朔屬負茲。"《爾雅》曰："蓐謂之茲。"《史記》曰"衛康叔封布茲 ❽"，徐廣曰："茲者，藉席之名。"《列女傳》無鹽女謂齊宣王曰："漸臺五重，黃金、白玉、琅玕、龍疏、翡翠、珠璣，莫落連飾，萬民疲極，此二殆也。"疑"龍茲"

---

❶ 覺按：原書"斂"作"歛"，今據宋浙本、古逸叢書本改。

❷ 覺按：原書無"也"字，今據宋浙本、古逸叢書本補。

❸ 覺按：宋浙本、古逸叢書本"劫"作"刼"。

❹ 覺按：原書"財"作"則"，今據宋浙本、古逸叢書本改。

❺ 宋本"塗"作"涂"。

❻ 覺按：宋浙本、古逸叢書本"華"下有"者"字。

❼ 覺按：原書無"也"字，今據宋浙本、古逸叢書本補。

❽ 覺按：宋浙本、古逸叢書本無"康"字。

即“龍疏”，“疏”“鬚”音相近也。曹大家亦不解。實，謂實於棺槨中❶。或曰：“兹”與“髭”同。**人猶且莫之扣也。是何也？則求利之詭緩，而犯分之羞大也。**詭，詐也。求利詭詐之心緩也。⬚增分，扶問反。

夫亂今而後反是❷。⬚增夫，音扶；下同。**上以無法使，下以無度行，知者不得慮，能者不得治，賢者不得使。**不得在位使人。⬚增以無法使，以無法使下也。以無度行，以無度行事也。○知，音“智”。**若是，則上失天性，下失地利，中失人和，故百事廢，財物屈**❸，**而禍亂起。**⬚增屈，盡也。○屈，求勿反。**王公則病不足於上，庶人則凍餧羸瘠於下**❹，⬚增餧，與“餒”通，奴罪反。**於是桀、紂羣居**❺，**而盜賊擊奪以危上矣。**言在上位者盡如桀、紂也。**安禽獸行**❻，**虎狼貪，故脯巨人而炙嬰兒矣**❼。⬚增安，語助。○行，下孟反。炙，音蔗。**若是，則有何尤扣人之墓、抉人之口而求利矣哉？**抉，挑也。抉人口取其珠也。⬚增有，音“又”。**雖此倮而埋之，猶且必扣也，安得葬埋哉**❽？不可得葬埋而不

---

❶ 覺按：原書“槨”作“椁”，今據宋浙本、古逸叢書本改。

❷ 宋本“而”作“然”，韓本同。

❸ 宋本“屈”作“詘”。

❹ 評注本“餧”作“餒”，孫鑛本同。覺按：宋浙本、古逸叢書本作“餧”，久保愛之校記未及宋本，則宋本可能作“餧”。若非久保愛失校，則古逸叢書本已與宋本有異。

❺ 宋本“是”下有“焉”字，非。覺按：宋浙本、古逸叢書本“羣”作“群”。

❻ 宋本“安”作“必”。

❼ 覺按：原書“炙”作“灸”，今據宋浙本、古逸叢書本改。

❽ 宋本“埋”作“薶”，注同。覺按：宋浙本、古逸叢書本前一句作“埋”，

發。增倮，與"裸"同。彼乃將食其肉而齕其骨也。增齕，齧也。〇齕，下没反。夫曰"太古薄葬，故不抇也❶；亂今厚葬，故抇也"，增舊本無"曰"字，今據宋本補之。是特姦人之誤於亂説，以欺愚者而潮陷之以偷取利焉，夫是之謂大姦。言是乃特姦人自誤，惑於亂説，因以欺愚者，猶於泥潮之中陷之，謂使陷於不仁不孝也。以偷取利，謂背棄死者而苟取其利於生者也❷。是時墨子之徒説薄葬以惑當世，故以此譏之。增潮，當作"淖"，泥也；注同。蓋一誤爲"淖"，以"淖"與"潮"同，故再誤爲"潮"耳。傳曰："危人而自安，害人而自利。"此之謂也。危害死者以利生者，與此義同。增傳，直戀反。

18.8 子宋子曰："明見侮之不辱，使人不鬬。宋子，已解在《天論篇》。宋子言若能明侵侮而不以爲辱之義，則可使人不鬬也。《莊子》説宋子曰："見侮不辱，救民之鬬。"《尹文子》曰："見侮不辱，見推不矜，禁暴息兵，救世之鬬，此人君之德，可以爲主矣❸。"宋子蓋尹文弟子。何休注《公羊》曰："以子冠氏上者，著其爲師也❹。"言此者，蓋以難宋子之徒也。增鬬，都豆反；下同。人皆以見侮爲辱，故鬬也；知見侮之爲不辱，則不鬬矣。"

應之曰："然則亦以人之情爲不惡侮乎？"

曰："惡而不辱也。"雖惡其侮，而不以爲辱。惡，烏路反；下同。

此句及注作"薶"。《荀子增注》將此校語標注在前句"雖此倮而埋之"之上，當爲誤刊，今移正。

❶ 宋本"太"作"大"，無"也"字。

❷ 覺按：宋浙本、古逸叢書本"背"作"偝"。

❸ 覺按：宋浙本"主"作"王"，非；古逸叢書本作"主"。

❹ 覺按：宋浙本、古逸叢書本無"爲"字，非；《公羊傳·隱公十一年》"子沈子曰"何休注有"爲"字。

曰："若是，則必不得所求焉。求不鬬，必不得。凡人之鬬也，必以其惡之爲説，非以其辱之爲故也。凡鬬，在於惡，不在於辱也。今俳優、侏儒、狎徒詈侮而不鬬者❶，是豈鉅知見侮之爲不辱哉？狎，戲也。鉅，與"遽"同。言此倡優豈速遽知宋子有"見侮不辱"之論哉？增豈鉅，詳注于《王制篇》。○詈，力智反。鉅，與"詎"通。然而不鬬者，不惡故也。今人或入其央瀆，竊其猪彘❷，央瀆，中瀆也，如今人家出水溝也。增央，當作"缺"，字之誤也。"瀆""竇"古字通用。"句瀆"作"句竇"。又《左氏·襄三十年傳》伯有"自墓門之瀆入"❸，音豆，是其徵也。缺竇，蓋可潛踰之穴。《家語》曰："'彼有缺。'季羔曰：'君子不踰。''彼有竇。'季羔曰：'君子不隧。'"是也。補遺央，當作"決"。決瀆，決出水之溝也。則援劍戟而逐之，不避死傷，是豈以喪猪爲辱也哉？然而不憚鬬者，惡之故也。增喪，息浪反。雖以見侮爲辱也，不惡則不鬬；不知宋子之論者也。雖知見侮爲不辱，惡之則必鬬。知宋子之論也。然則鬬與不鬬耶❹，亡於辱之與不辱也，乃在於惡之與不惡也。增亡，音"無"。夫今子宋子不能解人之惡侮，而務説人以勿辱也，豈不過甚矣哉？解，達也。不知人情惡侮，而使見侮不辱，是過甚也。解，如字。説，讀爲税。增夫今，字恐倒。○夫，音扶；下同。金舌蔽口❺，猶將無益也。金舌，以金爲舌。金舌蔽口，以喻不言也❻。雖子

---

❶ 宋本"俳"作"倡"。

❷ 宋本"猪"作"豬"，下同。

❸ 覺按：原書"墓"作"暮"，今據《左傳·襄公三十年》之文改。

❹ 宋本"耶"作"邪"。

❺ 宋本"蔽"作"弊"，注同。

❻ 覺按：原書"喻"作"諭"，今據宋浙本、古逸叢書本改。

宋子見侵侮，金舌蔽口而不對，欲以率先，猶無益於不鬭也。揚子《法言》曰❶："金口而木舌。"金，或讀爲"噤"。　補遺　蔽，當作"敝"。言使宋子以金爲口舌，至其敝壞，説而不已，猶無益於世也。《通雅》引此作"金口蔽舌"，似是。**不知其無益，則不知；**不知此説無益，是不智也❷。　增　下"知"音"智"；下"不知""知慮"同。**知其無益也，直以欺人，則不仁。不仁不知，辱莫大焉。**發論而不仁不知，辱無過此也。**將以爲有益於人耶❸，則與無益於人也，**與，讀爲"預"。本謂有益於人，反預於無益人之論也。　增　"與""以"古通用。　補遺　"與"字衍。**則得大辱而退耳！説莫病是矣。"**本欲使人見侮不辱，反自得大辱耳。

18.9　子宋子曰："見侮不辱。"

應之曰："**凡議，必將立隆正，然後可也；**崇高正直，然後可也。　增　隆正，即下文"王制"是也。立王制以爲權衡，以合之者爲是，以不合者爲非。**無隆正，則是非不分，而辨訟不決。故所聞曰：'天下之大隆也❹，是非之封界，分職名象之所起，王制是也。'**名，謂指名。象，謂法象。王制，謂王者之舊制。　增　名，"名不正則言不順"之"名"。○分職，扶問反；下"之分""犯分""分也"同。　補遺　王制，聖王之制也。**故凡言議期命，是非以聖王爲師；**期，物之所會也；命，名物也；皆以聖王爲法也❺。　補遺　期命❻，名號也。義見《正

---

❶ 覺按：原書"揚"作"楊"，今據宋浙本、古逸叢書本改。

❷ 覺按：宋浙本、古逸叢書本"智"作"知"。

❸ 宋本無"耶"字。

❹ 宋本無"隆也"之"也"。

❺ 覺按：原書無"也"字，今據宋浙本、古逸叢書本補。

❻ 覺按：原書"命"作"名"，今據被釋字改。

名篇》。**而聖王之分，榮辱是也。**聖王以榮辱爲人之大分，豈如宋子以見侮爲不辱哉？**是有兩端矣：**榮辱各有二也。**有義榮者，有勢榮者 ❶；有義辱者，有勢辱者。志意脩，德行厚，知慮明，是榮之由中出者也，夫是之謂義榮；爵列尊，貢禄厚，形勢勝，**貢，謂所受貢賦，謂天子諸侯也。禄，謂受君之禄，卿相士夫夫也。形勢，謂勢位也。增行，下孟反。**上爲天子諸侯，下爲卿相士大夫，是榮之從外至者也，夫是之謂勢榮；**增舊本“榮”下無“之”字，今據宋本、韓本補之。○相，息亮反。**流淫、汙僈，**汙，穢行也。僈，當爲“漫”，已解在《榮辱篇》。**犯分、亂理，驕暴、貪利，是辱之由中出者也，夫是之謂義辱；詈侮、捽搏，**捽，持頭也。搏，手擊也。增詈，力智反。捽，才忽反。**捶笞、臏腳，**捶、笞，皆杖擊也。臏，膝骨也。腳，古“脚”字。臏腳，謂刖其膝骨也。鄒陽曰：“司馬喜臏腳於宋，卒相中山。”增笞，音痴。**斬斷、枯磔，**斷，如字。枯，棄市暴屍也。磔，車裂也。《周禮》“以疈辜祭四方百物 ❷”，注謂披磔牲體也 ❸。或者“枯”與“疈辜”義同歟？《韓子》曰：“楚南之地，麗水之中生金，民多竊采之。采金之禁，得而輒辜磔。所辜磔甚衆，而民竊金不止。”疑“辜”即“枯”也。又《莊子》有“辜人”，謂犯罪應死之人也。增枯，讀爲“辜”。“辜”亦磔也。《漢書·景帝紀》及注 ❹：“諸死刑皆磔於市。”景帝中二年，“改磔曰棄市，勿復磔”。師古曰：“謂張其尸也。”○斷，丁管反。**藉靡、舌繰，**藉，見陵藉也，才夜反。靡，繫縛也，與“縻”義同，即謂胥靡也，謂刑

---

❶ 宋本“勢”作“埶”，下同。

❷ 覺按：宋浙本、古逸叢書本“辜”作“辜”，下同。

❸ 覺按：宋浙本、古逸叢書本無“注”字。

❹ 覺按：原書“《漢書·景帝紀》及注”作“《漢書·刑法志》”，今據《漢書·景帝紀》及注文改。

徒之人以鐵鑕相連繫也。舌繘，未詳。或曰：《莊子》云"公孫龍口呿而不合❶，舌舉而不下"，謂辭窮，亦恥辱也。增"藉靡、舌繘"未詳❷，不可強說也。是辱之由外至者也，夫是之謂勢辱：是榮辱之兩端也。故君子可以有勢辱而不可以有義辱，小人可以有勢榮而不可以有義榮。有勢辱無害爲堯，有勢榮無害爲桀。義榮、勢榮，唯君子而後兼有之❸；義辱、勢辱，唯小人然後兼有之❹：是榮辱之分也。聖王以爲法，士大夫以爲道，官人以爲守，百姓以爲成俗❺，萬世不能易也。言上下皆以榮辱爲治也。士大夫，主教化者。官人，守職事之官也❻。

"今子宋子案不然，獨詘容爲己，慮一朝而改之，增十一字一句。說必不行矣。言宋子不知聖王以榮辱爲大分，獨欲屈容受辱爲己之道，其謀慮乃欲一朝而改聖王之法，說必不行也。增案，語助。○詘，與"屈"同。爲，于僞反；楊讀如字。己，音紀。譬之，是猶以塼塗而塞江海也❼，以僬僥而戴太山也，塼塗❽，以塗壘塼也。僬僥，短人長三尺者❾。增謝墉曰："塼，當本作'搏'。"○塞，悉則反。

---

❶ 覺按：宋浙本、古逸叢書本"不"作"不能"，下句同。

❷ 覺按：原書"繘"作"舉"，今據被釋字改。

❸ 宋本"而"作"然"。

❹ 小字元本"然"作"而"。

❺ 宋本"成"上無"爲"字，韓本同。

❻ 覺按：原書無"也"字，今據宋浙本、古逸叢書本補。

❼ 覺按：宋浙本、古逸叢書本無"而"字。久保愛於此無校語，若非其失校，則古逸叢書本已與宋本有異矣。

❽ 覺按：宋浙本、古逸叢書本"塗"作"涂"。

❾ 覺按：原書"者"下有"也"字，今據宋浙本、古逸叢書本刪。

蹎跌碎折不待頃矣。蹎，與“顛”同，躓也。頃，少頃也。增跌，躄也。
〇蹎，多年反。跌，音絰。二三子之善於子宋子者，殆不若止之，
將恐得傷其體也。”二三子，慕宋子道者也。止，謂息其說也。傷其體，
謂受大辱。

18.10　子宋子曰：“人之情，欲寡，而皆以己之情欲
爲多❶，是過也。”宋子以凡人之情所欲在少，不在多也。《莊子》說
宋子曰“以禁攻寢兵爲外，以情欲寡淺爲内”也❷。增己，音紀。故率其
羣徒，辨其談説，明其譬稱，將使人知情欲之寡也。稱，
謂所宜也。稱❸，尺證反。情欲之寡，或爲“情之欲寡”也。

應之曰：“然則亦以人之情爲欲目不欲綦色、耳不欲
綦聲、口不欲綦味、鼻不欲綦臭、形不欲綦佚？增“爲欲”
之“欲”衍。綦，極也。〇佚，與“逸”同。此五綦者，亦以人之
情爲不欲乎？”

曰：“人之情，欲是已。”

曰：“若是，則説必不行矣。以人之情爲欲此五綦者
而不欲多，譬之，是猶以人之情爲欲富貴而不欲貨也、好
美而惡西施也。”增“貴”字疑衍。〇好，呼報反。惡，烏路反。

“古之人爲之不然。以人之情爲欲多而不欲寡，故賞
以富厚，而罰以殺損也，謂以富厚賞之，以殺損罰之。殺，減也，
所介反。是百王之所同也。故上賢禄天下，次賢禄一國，下

❶ 宋本“欲爲”作“爲欲”。
❷ 覺按：原書“淺”作“少”，無“也”字，今據宋浙本、古逸叢書本改。
❸ 覺按：原書無“稱”字，今據宋浙本、古逸叢書本補。

賢禄田邑，愿愨之民完衣食❶。以人之情爲欲多，故使德重者受厚禄，下至愿愨之民，猶得完衣食，皆所以報其功。今子宋子以是之情爲欲寡而不欲多❷，增是，當作“人”。然則先王以人之所不欲者賞而以人之所欲者罰耶❸？亂莫大焉。如宋子之說，乃大亂之道。今子宋子嚴然而好說，嚴，讀爲“儼”。好說，自喜其說也。好，呼報反。聚人徒，立師學，成文曲，文曲，文章也。增曲，當作“典”。《非十二子篇》曰：“終日言成文典。”然而說不免於以至治爲至亂矣❹，豈不過甚矣哉？”增治，直吏反。

荀子卷第十二

---

❶ 覺按：宋浙本、古逸叢書本“愨”作“愨”。

❷ 宋本“多”下有“也”字。

❸ 覺按：宋浙本、古逸叢書本“耶”作“邪”。久保愛於此無校語，若非其失校，則古逸叢書本已與宋本有異矣。

❹ 宋本上“矣”字作“也”字。

荀子卷第十三

禮論篇第十九 舊目録第二十三，今升在論議之中，於文爲比。增論，盧困反。

19.1 禮起於何也？曰：人生而有欲，欲而不得，則不能無求；求而無度量分界❶，則不能不争；量，力嚮反❷。增分，扶問反；下“分也”同。争則亂，亂則窮。窮，謂計無所出也。增《史記》無“亂則窮”三字，義似優。先王惡其亂也，增惡，烏路反。故制禮義以分之，以養人之欲，給人之求，有分，然後欲可養，求可給。使欲必不窮乎物，物必不屈於欲，兩者相持而長，是禮之所起也❸。屈，竭也。先王爲之立中道，故欲不盡於物，物不竭於欲，欲與物相扶持，故能長久，是禮所起之本意也。增《史記》“持”作“待”，似是。○屈，求勿反。補遺長，謂長養也。下文承之云：“故禮者，

❶《史記》“求”作“忿”，無“分界”二字。

❷ 覺按：宋浙本“量，力嚮反”作“量，扶嚮反”，蓋據世德堂本抄補；古逸叢書本、宋刻遞修本作“分，扶問反”，古本或如此。此作“量，力嚮反”，蓋據舊本之“量，扶嚮反”而有所訂正耳，如果其所據宋本如此，則古逸叢書本與宋本大異矣。

❸ 宋本“所”下有“以”字。

養也。"

19.2 故禮者，養也。芻豢稻粱，五味調香，所以養口也；增《史記》無"調香"二字，似是。○豢，胡慣反。補遺香，當作"和"。椒蘭芬苾❶，所以養鼻也；增椒，子消反。彫琢刻鏤，黼黻文章，所以養目也；增注見《富國篇》。鍾鼓、管磬、琴瑟、竽笙❷，所以養耳也；疏房、檖貌、越席、牀笫、几筵，所以養體也。疏，通也。疏房，通明之房也。貌，古"貌"字。檖貌，未詳。或曰：檖，讀爲"邃"。貌，廟也。廟者，宮室尊嚴之名。或曰：貌，讀爲"邈"。言屋宇深邃緜邈也❸。笫，牀棧也。越席，剪蒲席也，古人所重。司馬貞曰："疏，窗也。"增疏房、檖貌，本注前說是也。○越，音活；下同。笫，側里反。補遺檖貌❹，讀爲"邃廟"爲是。《虞箴》曰："民有寢廟。"人之所居亦曰"廟"。故禮者，養也。

19.3 君子既得其養，又好其別。曷謂別？增好，呼報反。別，彼列反。曰：貴賤有等，長幼有差，貧富輕重皆有稱者也。稱，謂各當其宜，尺證反。增長，竹丈反。差，楚宜反。故天子大路越席，所以養體也；側載睪芷❺，所以養鼻也；增大，音泰；下同。睪，音"澤"。前有錯衡，所以養目也；和鸞之聲，步中《武》《象》，趨中《韶》《護》，所以養耳也；並解在《正論篇》。增中，陟仲反。護，與"濩"同。龍旗九斿，所以養信也；

---

❶ 宋本、韓本"苾"作"芳"。

❷ 覺按：原書"鍾"作"鐘"，今據宋浙本、古逸叢書本、宋刻遞修本改。

❸ 覺按：原書"緜"作"綿"，今據古逸叢書本改。

❹ 覺按：原書"貌"作"猊"，今據被釋字改。

❺ 《史記》"睪芷"作"臭茝"。覺按：宋浙本、古逸叢書本"睪"作"翠"。

龍旗，畫龍於旗。《爾雅》曰："素陞龍於縿，練斿九。"旗正幅爲縿❶。斿，所以屬之者也。信，謂使萬人見而信之，識至尊也。養，猶"奉"也。⬜增《史記》"旗"作"斿"，是也。《周禮·司常職》曰："交龍爲斿，熊虎爲旗。"《考工記》曰："龍斿九斿，以象大火也。"〇斿，音"旒"。寢兕、謂武士寢處於甲冑者也。⬜增兕，徐吏反。持虎、謂以虎皮爲弓衣，武士執持者也。《詩》曰："虎韔鏤膺。"劉氏云"畫虎於斿竿及楯等"也❷。⬜增《淮南子》"持虎"作"伏虎"。謝墉曰："持，當爲'特'，字之誤也。寢兕、特虎，謂畫輪爲飾也。劉昭注《輿服志》引《古今注》：'武帝天漢四年，令諸侯王朱輪，特虎居前，左兕右麋；小國朱輪，畫特熊居前，寢麋居左右。'《白虎通》亦曰：'朱輪，特熊居前，寢麋居左右。'"愛今按：謝墉所引，似畫輿前與左右，輪則特朱之。蛟韅❸、韅，馬腋之革，蓋象蛟形。徐廣曰："以蛟魚皮爲之❹。"⬜增據《史記》注，本注"馬腋"上脫"當"字。〇韅，呼典反。絲末❺、末，與"幭"同。《禮記》曰："君羔幭虎犆。"鄭云："覆笭也❻。"絲幭，蓋織絲爲之。幭，亡狄反。⬜增本注"笭"字，孔疏訓"軾"；《集韻》爲"車中笭"，訓"笭篁"。⬜補遺末，當作"帓"，與"幭""幦"同。彌龍，所以養威也；彌，如字，又讀爲"弭"。弭，末也。謂金飾衡軛之末爲龍首也。徐廣曰："乘輿車以金薄璆龍爲輿倚較❼，交虎伏軾，龍首

---

❶ 覺按：宋浙本、古逸叢書本"縿"作"絲"。

❷ 覺按：原書"斿"作"旌"，今據古逸叢書本改。宋刻遞修本、世德堂本作"鈴"。

❸《史記》"蛟"作"鮫"。

❹ 覺按：原書"蛟"作"鮫"，今據宋浙本、古逸叢書本改。

❺《史記》無"絲末"二字。

❻ 覺按：宋浙本、古逸叢書本"笭"作"苓"。

❼ 覺按：宋浙本、古逸叢書本"璆"作"繆"。

銜軛 ❶。" 補遺注 "龍首銜軛"，《史記》注 "銜" 作 "衡"，似訛。**故大路之馬，必倍至教順，然後乘之，所以養安也**。倍至，謂倍加精至也。或以 "必倍" 爲句。倍，謂反之車在馬前，令馬熟識車也。至極教順，然後乘之，備驚奔也。增《史記》"倍" 作 "信"，是也。**熟知夫出死要節之所以養生也 ❷？** 熟，甚也。出死，出身死寇難也。要節，自要約以節義，謂立節也。使熟便甚知其出死要節，盡忠於君，是乃所以受祿養生也。若不能然，則亂而不保其生也。要，一遙反。增《史記正義》曰："熟知，猶 '審知' 也。" ○夫，音扶；下同。出，尺類反；下同。補遺《史記》"熟" 作 "孰"。孫鑛曰："作 '誰' 字解爲長。"**熟知夫出費用之所以養財也？** 費用財以成禮，謂問遺之屬。是乃所以求奉養其財，不相侵奪也。**熟知夫恭敬辭讓之所以養安也？** 無恭敬辭讓，則亂而不安也。**熟知夫禮義文理之所以養情也？** 無禮義文理，則縱情性，不知所歸也。增言恭敬辭讓似勞，禮義文理似戾情，然務之則終身得安而情性得全也。**故人苟生之爲見，若者必死；** 言苟唯以生爲所見，不能出死要節，若此者必死也。**苟利之爲見，若者必害；** 苟唯以利爲所見，不能用財以成禮，若此者必遇害也 ❸。**苟怠惰偷儒之爲安 ❹，若者必危；** 儒，讀爲 "懦"。言苟以怠惰爲安居，不能恭敬辭

---

❶ 覺按：原書 "銜" 作 "衡"，今據宋浙本、古逸叢書本改。

❷ 宋本、《史記》"熟" 作 "孰"，下同。

❸ 覺按：原書無 "也" 字，今據宋浙本、古逸叢書本補。

❹ 宋本、韓本 "安" 下有 "居" 字。宋本 "儒" 作 "懦"，注 "儒" 作 "懦"，"懦" 作 "儒"，非。覺按：原書 "惰" 作 "隋"，今據宋浙本、古逸叢書本改。

讓，若此者必危也❶。增儒，汝朱反，又乃个反。苟情説之爲樂❷，若者必滅。説，讀爲"悦"。言苟以情悦爲樂，不知禮義文理，恣其所欲，若此者必滅亡也❸。故人一之於禮義，則兩得之矣；一之於情性，則兩喪之矣。專一於禮義，則禮義、情性兩得；專一於情性，則禮義、情性兩喪也❹。增"之於"二字，一"於"字意。○喪，息浪反；下同。補遺一之於禮義，"之"指上文四養。故儒者將使人兩得之者也，墨者將使人兩喪之者也，是儒、墨之分也。

19.4　禮有三本：天地者，生之本也；先祖者，類之本也；類，種。君師者，治之本也。增治，直吏反；下同。無天地，惡生❺？無先祖，惡出？無君師，惡治？增惡，音烏。三者偏亡，焉無安人❻。偏亡，謂闕一也。故禮，上事天，下事地，尊先祖而隆君師，是禮之三本也。所以奉其三本也❼。

19.5　故王者天太祖❽，謂以配天也。太祖，若周之后稷。諸侯不敢壞，謂不祧其廟，若魯周公。《史記》作"不敢懷"，司馬貞云"思也"，蓋誤耳。增壞，毀廟也。大夫、士有常宗，繼別子之後，爲族人所常宗，百世不遷之大宗也❾。別子，若魯三桓也。增《禮記‧大傳篇》

---

❶ 覺按：原書無"也"字，今據宋浙本、古逸叢書本補。

❷《史記》"説"作"勝"。

❸ 覺按：原書無"也"字，今據宋浙本、古逸叢書本補。

❹ 覺按：原書無"也"字，今據宋浙本、古逸叢書本補。

❺《大戴禮》"惡"作"焉"。

❻《史記》"焉"作"則"。

❼ 覺按：宋浙本、古逸叢書本無"也"字。

❽ 覺按：宋浙本"太"作"大"，古逸叢書本作"太"。

❾ 覺按：原書"大"作"太"，今據宋浙本、古逸叢書本改。

可并攷。**所以別貴始。貴始，得之本也**❶。得，當爲“德”。言德之本在貴始。《穀梁傳》有此語。囗增別，彼列反；下同。囗補遺“別”字恐衍。**郊止乎天子，而社至於諸侯**❷，**道及士、大夫**，道，通也。言社自諸侯通及士、大夫也。或曰：道，行神也。《祭法》，大夫、適士皆得祭門及行。《史記》“道”作“蹈”，亦作“啗”，司馬貞曰：“啗，音含，苞也。”言士、大夫皆得苞立社。倞謂當是“道”誤爲“蹈”，傳寫又誤以“蹈”爲“啗”耳。囗增道，訓“通”爲是。《禮記》曰：“大夫以下成羣立社，曰置社。”通及大夫、士明矣。本註所引《史記》，今作“函及士大夫”也。**所以別尊者事尊、卑者事卑、宜大者巨、宜小者小也**❸。囗增舊本無“也”字，今據宋本、韓本補之。**故有天下者事十世**，十，當爲“七”。《穀梁傳》作“天子七廟”。囗增《大戴禮》《史記》“十”作“七”，是也。**有一國者事五世**，囗增《禮記》曰：“諸侯立五廟。”**有五乘之地者事三世**，古者十里爲成，成出革車一乘。五乘之地，謂大夫有采地者❹，得立三廟也。囗增乘，實證反；下同。**有三乘之地者事二世**，《祭法》所謂“適士立二廟”也。**持手而食者不得立宗廟**，持其手而食，謂農工食力也。囗增持手，《大戴禮》作“待年”，《史記》作“有特牲”三字。今按：持，當作“恃”。《莊子》曰：“河上有家貧恃緯蕭而食者。”**所以表積厚，積厚者流澤廣、積薄者流澤狹也**❺。積，與“績”同，功業也。《穀梁傳·僖公十五年》：“震夷伯之廟。”夷伯，魯大夫，因此以

---

❶ 《大戴禮》“得”作“德”。

❷ 宋本、韓本、《史記》《大戴禮》“至”作“止”。

❸ 《大戴禮》《史記》“宜大者巨”作“宜鉅者鉅”。

❹ 覺按：宋浙本、古逸叢書本“采”作“菜”。

❺ 宋本、韓本“宗廟”作“祭廟”，“表”作“別”。《大戴禮》《史記》“積厚”二字不重。

見天子至于士皆有廟也。天子七廟，諸侯五，大夫三，士二。故德厚者流光，德薄者流卑。是以貴始，德之本也。增宋本“表”作“別”，《大戴禮》同，可從。補遺《大戴記》《史記》不重“積厚”二字❶，十六字一句。

19.6 大饗，尚玄尊、俎生魚❷、先大羹，貴食飲之本也。大饗，祫祭先王也❸。尚，上也。玄酒，水也。大羹，肉汁無鹽梅之味者也。本，謂造飲食之初。《禮記》曰“郊血，大饗腥”也。增大羹，音泰；下“大羹”“大廟”“大路”同。**饗，尚玄尊而用酒醴，先黍稷而飯稻粱❹；**饗，與“享”同，四時享廟也。用，謂酌獻也。以玄酒爲上而獻以酒醴，先陳黍稷而後飯以稻粱也。增飯，符晚反。**祭，齊大羹而飽庶羞：貴本而親用也。**祭，月祭也。齊，讀爲“嚌”，至齒也。謂尸舉大羹，但至齒而已矣❺，至庶羞而致飽也。用，謂可用食也。增《大戴禮》《史記》“齊”作“嚌”，是也。**貴本之謂文，親用之謂理，**文，謂脩飾。理，謂合宜。**兩者合而成文，以歸大一，夫是之謂大隆。**貴本、親用，兩者相合，然後備成文理。大，讀爲“太”。太一，謂太古時也。《禮記》曰：“夫禮，必本於太一。”言雖備成文理，然猶不忘本而歸於太一，是謂大隆於禮。司馬貞曰：“隆，盛也。得禮文理，歸於太一，是禮之盛也。”增夫，音扶。補遺大隆，猶言“至善”也。“貴本”“親用”

---

❶ 覺按：原書“厚”作“重”，今據被釋字及《大戴禮記·禮三本》《史記·禮書》改。

❷《史記》“俎”下有“上”字；“生”作“腥”，下同。覺按：原書“俎”作“爼”，今據宋浙本、古逸叢書本改；下同。

❸ 覺按：原書“王”作“生”，今據宋浙本、古逸叢書本改。

❹ 覺按：原書“粱”作“梁”，今據宋浙本、宋刻遞修本改。古逸叢書本作“梁”。

❺ 覺按：原書無“矣”字，今據宋浙本、古逸叢書本補。

兩者合而成禮之文，以歸禮之本。治國之極準莫隆於此，故名之曰"大隆"也。**故尊之尚玄酒也，俎之尚生魚也，豆之先大羹也，一也。**一，謂一於古也。此以象太古時，皆貴本之義，故云"一"也。**利爵之不醮也 ❶，成事之俎不嘗也，三臭之不食也，一也。**醮，盡也。謂祭祀畢，告利成，利成之時，其爵不卒，奠于筵前也。《史記》作"不啐"。成事，謂尸既飽，禮成，不嘗其俎。《儀禮》："尸又三飯，上佐食，受尸牢肺、正脊加于肵。"是"臭"，謂歆其氣，謂食畢也，許又反。皆謂禮畢無文飾，復歸于朴，亦象太古時也 ❷。《史記》作"三侑之不食"，司馬貞云："禮，祭必立侑以勸尸食，至三飯而止。每飯有侑一人，故曰三侑。既是勸尸，故不自食也。" ⬚增 利爵，謂佐食者所獻之爵也。《儀禮》謂佐食者爲"利"。成事之俎，禮成尸出，而後饌于室中西北隅之俎也，共見《有司徹篇》。臭，今《史記》作"宥"，是也。"宥"與"侑"同。三宥不食，即《特牲饋食禮》及三侑而尸不食，"反黍稷于其所"是也。其義皆取既飽不能食也，故曰"一"也。 ⬚補遺 利爵，謂佐食所獻之爵也。"醮""醋"通。盡爵曰"醋"。《有司徹》曰 ❸："利洗爵，獻于尸。尸酢，獻祝 ❹。祝受，祭酒，啐酒奠之。"司馬貞曰："成事，卒哭之祭也。始從吉祭，故受胙爵而不嘗俎也 ❺。"臭，《大戴記》作"侑"。侑，勸食也。《特牲饋食禮》曰："尸三飯，告飽，祝侑。

---

❶《大戴禮》"醮"作"啐"。覺按：原書標注"啐"作"卒"，今據《大戴禮記·禮三本》之文改。

❷ 覺按：原書無"也"字，今據宋浙本、古逸叢書本補。

❸ 覺按：原書"有司徹"作"少牢饋食禮"，今據《儀禮》卷四十九阮元挍勘記改。以下引文見《儀禮》卷五十。

❹ 覺按：原書"酢獻"作"醋"，今據《儀禮》卷五十之文改。

❺ 覺按：原書無"胙"字，今據《史記·禮書》"成事俎弗嘗也"《索隱》補。

尸又三飯,告飽,祝侑之如初。尸又三飯,告飽,祝侑之如初。"鄭注云:"不復飯者,三三者,士之禮大成也。"**大昏之未發齊也,大廟之未入尸也 ❶,始卒之未小斂也 ❷,一也。**皆謂未有威儀節文,象太古時也。《史記》作"大昏之未廢齊也 ❸",司馬貞曰:"廢齊,謂昏禮父親醮子而迎 ❹,故《曲禮》云:'齊戒以告鬼神。'"此三者,皆禮之初始 ❺,質而未備,故云"一"也。增以《士昏禮》及《昏義》考之,昏禮,先設對席、對黍稷、對爵、合卺,夫婦齊陳之,謂之未發齊。發,開始也。及其婚迎婦而入,對筵而坐,共牢而食,合卺而酳,而後夫婦親始成,謂之發齊。且如"妻者,齊也"之"齊",自有相對之義。《史記》作"廢齊"者非。補遺發齊,未詳。蓋謂親迎未出門也。**大路之素未集也,郊之麻絻也,喪服之先散麻也,一也。**大路,殷祭天車,王者所乘也。未集,不集丹漆也。《禮記》云:"大路素而越席。"又曰:"丹漆彫幾之美 ❻,素車之乘。"麻絻,績麻爲冕,所謂大裘而冕,不用袞龍之屬也。《士喪禮》:"始死,主人散帶,垂長三尺。"《史記》作"大路之素幬",司馬貞曰:"幬,音稠,謂車蓋素帷,亦質者也 ❼。"增按《士喪禮》:"散帶垂,牡麻絰。"故曰"散麻"。〇絻,音"冕"。補遺未,當作"末",即"絲末"之"末",與"幭"同。《大戴記》作"幦"。《史記》作"幬",即"幦"字之訛也。"集"字衍。喪服之

---

❶ 宋本、韓本無"大昏"之"大"字,"大廟"作"太廟"。

❷ 覺按:宋浙本、古逸叢書本"斂"作"殽"。

❸ 覺按:宋浙本"廢"作"發",古逸叢書本作"廢",下同。

❹ 覺按:宋浙本、古逸叢書本"昏"作"婚"。

❺ 覺按:原書"初"下有"也"字,今據宋浙本、古逸叢書本刪。

❻ 覺按:原書"彫"作"雕",今據宋浙本、古逸叢書本改。

❼ 覺按:宋浙本、古逸叢書本"亦"作"赤",非。原書"者"作"之",今據宋浙本、古逸叢書本改。

先散麻也，《大戴記》作"散帶"，謂不絞要絰之垂也。**三年之喪，哭之不文也❶；《清廟》之歌，一倡而三歎也；縣一鍾❷，尚拊之膈，朱絃而通越也；一也。** 不文，謂無曲折也。《禮記》曰："斬衰之哭，若往而不反。"《清廟》之歌，謂工以樂歌《清廟》之篇也。一人倡❸，三人歎，言和之者寡也。縣一鍾，比於編鍾爲簡略也。尚拊之膈，未詳。或曰：尚，謂上古也。拊，樂器名。膈，擊也。即所謂"戛擊鳴球，搏拊琴瑟"也。尚古樂，所以示質也。揚子雲《長楊賦》曰"拮膈鳴球❹"，韋昭曰："古文隔爲擊❺。"或曰："膈"當爲"拊"❻，《大戴禮》作"搏"。拊，一名相。《禮記》曰："治亂以相。"拊，所以輔樂；相，亦輔之義。《書》曰："搏拊琴瑟。"孔安國曰："搏拊❼，以韋爲之，實之以糠，所以節樂也。"《周禮》："大祭祀，登歌，令奏擊拊。"司馬貞曰❽："拊膈❾，謂懸鍾格也。不擊其鍾而拊其格，不取其聲，示質也。"朱絃通越❿，鄭玄云："朱絃，練朱絃也，練則聲濁。越，瑟底孔⓫，所以發越其聲，故謂之越。疏通之，使聲遲也。"

---

❶ 《大戴禮》"不文"作"不反"。

❷ 覺按：原書"鍾"作"鐘"，今據宋浙本、古逸叢書本改；注同。

❸ 覺按：原書"倡"作"唱"，今據宋浙本、古逸叢書本改。

❹ 覺按：原書"揚"作"楊"，今據宋浙本、古逸叢書本改。今《文選》卷九《長楊賦》之文作"拮隔鳴球"而不作"拮膈鳴球"，故韋昭曰"古文隔爲擊"。

❺ 覺按：原書"隔"作"膈"，今據宋浙本、古逸叢書本改。

❻ 覺按：宋浙本、古逸叢書本"拊"作"特"，非。

❼ 覺按：宋浙本、古逸叢書本無"搏"字，非。

❽ 覺按：宋浙本、古逸叢書本"曰"作"説"。

❾ 覺按：宋浙本、古逸叢書本"膈"作"鬲"。

❿ 覺按：宋浙本、古逸叢書本"通"作"疏"。

⓫ 覺按：宋浙本、古逸叢書本"孔"下有"也畫疏之"四字。

《史記》作“洞越”。或曰：鬲，讀爲“憂”也❶。增鄭玄曰：“倡，發歌句也。”
孔穎達曰：“三歎，謂擊瑟贊歎美者，但有三人歎之耳。言歎者少也。”愛曰：
尚，與“尚玄酒”之“尚”同。柎之鬲，《史記》作“柎鬲”，此蓋衍“之”
字。《白虎通》曰：“柎革，著以糠。”搏柎、柎搏、柎鬲、柎革，蓋一物也。
○縣，胡涓反。越，音活。

19.7 凡禮，始乎梲❷，成乎文，終乎悦校。《史記》作“始
乎脱，成乎文，終乎梲”，言禮始於脱略❸，成於文飾，終乎梲減❹。《禮記》曰：
“禮主其減。”校，未詳。《大戴禮》作“終於隆”，隆，盛也。增宋本“梲”
作“稅”。今案：此篇據《史記》，當讀爲“脱”。“校”字衍。悦，《索隱》
曰“和悦人情”。且考《禮記》“禮減而進，以進爲文”，然則《史記》作“終
乎稅”者亦非也。補遺《大戴記》作“凡禮，始於脱，成於文，終於隆”
爲是。隆，即“大隆”。故至備，情文俱盡；情文俱盡，乃爲禮之至備。情，
謂禮意，喪主哀、祭主敬之類。文，謂禮物、威儀也。其次，情文代
勝；不能至備，或文勝於情，情勝於文，是亦禮之次也。其下，復情
補遺句。以歸大一也。雖無文飾，但復情以歸質素❺，是亦禮也。若潢
汙行潦之水可薦於鬼神也。補遺“以”字承三者。言先王之禮，或隆或殺，
以歸大一也。亦是上文“兩者”“成文，以歸大一”之意也。若至備者不
歸大一，則不可謂“大隆”矣。天地以合，日月以明；四時以序，
星辰以行；江河以流，萬物以昌；好惡以節，喜怒以當；
言禮能上調天時，下節人情。若無禮以分別之，則天時人事皆亂也。昌，

---

❶ 覺按：原書無“也”字，今據宋浙本、古逸叢書本補。
❷ 覺按：宋浙本、古逸叢書本“梲”作“稅”。
❸ 覺按：原書“略”作“畧”，今據宋浙本、古逸叢書本改。
❹ 覺按：原書“乎”作“於”，今據宋浙本、古逸叢書本改。
❺ 覺按：原書“質”作“其”，今據宋浙本、古逸叢書本改。

謂各遂其生也。增好，呼報反。惡，烏路反。當，丁浪反。**以爲下則順，以爲上則明；萬物變而不亂，貳之則喪也 ❶。禮豈不至矣哉？** 禮在下位則使人順，在上位則治萬變而不亂。貳，謂不一在禮 ❷。喪，亡也。增《大戴禮》無"物"字。今按本注意，似此書古無"物"字。○喪，息浪反；下"而喪"同。**立隆以爲極，而天下莫之能損益也。** 立隆盛之禮以極盡人情，使天下不復更能損益也。增極，"皇極""有極"之"極"。**本末相順，** 司馬貞曰："禮之盛，文理合以歸太一；禮之殺，復情以歸太一：是本末相順也。" **終始相應；** 司馬貞曰："禮始於脱略 ❸，終於税。税 ❹，亦殺也。殺與脱略 ❺，是終始相應也。"增《史記》作"終乎税"，故司馬貞説是也。《荀子》作"終乎悦"，則貞説不可取也。"終始""本末"，互文也。**至文以有別 ❻，至察以有説，** 言禮之至文，以其有尊卑貴賤之別；至察，以其有是非分別之説。司馬貞曰："説，音悦。言禮之至察，有以明鴻殺委曲之情文，足以悦人心也。"增"以"字不可係"別"字、"説"字也。○別，彼列反。説，如字。**天下從之者治，不從者亂；** 增治，直吏反。**從之者安，不從者危；從之者存，不從者亡。小人不能測也。**

19.8 **禮之理誠深矣 ❼，"堅白""同異"之察入焉而溺；**

---

❶《大戴禮》"貳"作"貸"。

❷ 覺按：原書"在"作"於"，今據宋浙本、古逸叢書本改。

❸ 覺按：原書"略"作"畧"，今據宋浙本、古逸叢書本改；下同。

❹ 覺按：宋浙本、古逸叢書本無此"税"字，非。《史記·禮書》之《索隱》有此"税"字。

❺ 覺按：宋浙本、古逸叢書本"與"作"亦"。

❻《史記》"以有"皆作"有以"，"別"作"辨"。

❼ 覺按：原書"深"作"滦"，今據宋浙本、古逸叢書本改。

增斥惠施、鄧析。補遺溺，沈滅也。**其理誠大矣，擅作典制、辟陋之説入焉而喪❶**；增斥慎到、田駢。○辟，音僻。**其理誠高矣，暴慢、恣睢、輕俗之屬入焉而隊❷**。隊，古"墜"字，墮也。以其深，故能使"堅白"者溺；以其大，故能使擅作者喪；以其高，故能使暴慢者墜。司馬貞曰："恣睢，毁訾也。"增此斥它嚚、魏牟。恣睢，《非十二子篇》楊注曰"矜放之貌"是也。○睢，香萃反。**故繩墨誠陳矣，則不可欺以曲直；衡誠縣矣，則不可欺以輕重；規矩誠施矣❸，則不可欺以方圓；君子審於禮，則不可欺以詐僞**。增誠，猶"正"也。○縣，胡涓反。詐，側嫁反。**故繩者，直之至；衡者，平之至；規矩者，方圓之至；禮者，人道之極也。然而不法禮，不足禮，謂之無方之民；法禮，足禮，謂之有方之士**。足，謂無闕失。方，猶"道"也。**禮之中焉能思索，謂之能慮；禮之中焉能勿易，謂之能固**。勿易，不變也。若不在禮之中，雖能思索、勿易，猶無益。增索，色白反。**能慮、能固，加好者焉，斯聖人矣**。增好，呼報反。**故天者，高之極也；地者，下之極也；無窮者❹，廣之極也**；東西南北無窮。**聖人者，道之極也。故學者❺，固學爲聖人也，非特學爲無方之民也。**

19.9 **禮者，以財物爲用**，以貢獻、問遺之類爲行禮之用也。**以貴賤爲文**，以車服、旗章爲貴賤文飾也。**以多少爲異❻**，多少異

---

❶ 覺按：宋浙本、古逸叢書本"陋"作"陋"。

❷ 宋本、《史記》、韓本"俗"下有"以爲高"三字。

❸ 宋本、韓本"施"作"設"。

❹《史記》"無窮"上有"日月者，明之極也"一句。

❺《史記》無"故學"至"禮者"二十字。

❻ 宋本"異"作"用"。

制，所以別上下也。**以隆殺爲要**。隆，豐厚。殺，減降也❶。要，當也。禮或厚或薄，唯其所當爲貴也。⬜增要，"樞要""要領"之"要"，本注非。○殺，所戒反；下同。**文理繁，情用省❷，是禮之隆也**。文理，謂威儀。情用，謂忠誠。若享獻之禮，賓主百拜，情唯主敬，文過於情，是禮之隆盛也。**文理省，情用繁，是禮之殺也**。若尊之尚玄酒，本於質素❸，情過於文，雖減殺，是亦禮也。⬜增文理繁，如《禮記》所謂"酒清人渴而不敢飲"是也。情用繁，如"父黨無容"是也。**文理、情用相爲内外表裏，並行而雜，是禮之中流也**。或豐或殺，情文代勝，並行相雜，是禮之中流。中流，言如水之清濁相混也。⬜增下文本注曰："中流，禮之中道也。"**故君子上致其隆，下盡其殺，而中處其中**。君子，知禮者。致，極也。言君子於大禮則極其隆厚，小禮則盡其降殺，中用得其中，皆不失禮也。⬜增盡，津忍反。處，昌呂反。**步驟、馳騁、厲騖不外是矣，是君子之壇宇、宫庭也❹**。厲騖，疾騖也。《史記》作"廣騖"。言雖馳騁，不出於隆殺之間❺。壇宇、宫庭，已解於上。⬜增騖，舊作"鶩"，今據宋本、韓本改之；注同。**人有是，士君子也；外是，民也**；是，猶"此"也。民，民氓，無所知者。⬜增是，指禮義。**於是其中焉，方皇周挾，曲得其次序，是聖人也**。方皇，讀爲"彷徨"❻，猶"徘徊"也。挾，讀爲"浹"，匝也。言於是禮之中，徘徊、周匝、委曲皆得其次序而不亂，是聖人也。⬜增《史記》無"其中"之"其"。**故**

---

❶ 覺按：原書無"也"字，今據宋浙本、古逸叢書本補。

❷《史記》"理"作"貌"，"用"作"欲"。《大略篇》亦"理"作"貌"。

❸ 覺按：原書無"素"字，今據宋浙本、古逸叢書本補。

❹ 宋本"庭"作"廷"。

❺ 覺按：宋浙本、古逸叢書本"間"作"閒"。

❻ 覺按：宋浙本、古逸叢書本"彷徨"作"仿偟"。

厚者，禮之積也；大者，禮之廣也；高者，禮之隆也；明者，禮之盡也。聖人所以能厚重者，由積禮也；能弘大者，由廣禮也。崇高者，由隆禮也；明察者，由盡禮也。司馬貞曰：“言君子、聖人有厚大之德 **❶**，則爲禮之所歸 **❷**，積益弘廣也。”《詩》曰：“禮儀卒度，笑語卒獲。”此之謂也。引此明有禮，動皆合宜也。增《詩》，《小雅·楚茨》篇。○卒，遵聿反。

19.10 禮者，謹於治生死者也。謹，嚴。生，人之始也；死，人之終也。終始俱善，人道畢矣，故君子敬始而慎終。終始如一，是君子之道、禮義之文也。夫厚其生而薄其死，是敬其有知而慢其無知也，是姦人之道而倍叛之心也。增姦人，斥墨子。○夫，音扶；下“夫是”同。倍，蒲悔反；下同。君子以倍叛之心接臧、穀，猶且羞之，而況以事其所隆親乎！臧，已解在《王霸篇》。《莊子》曰：“臧與穀相與牧羊。”《音義》云：“孺子曰穀。”或曰：穀，讀爲“鬭穀於菟”之“穀”。穀，乳也，謂哺乳小兒也。所隆親，所厚之親也。增《王霸篇》“穀”作“獲”，賤役之名。其字雖異，其義全同，以音近，或作“穀”也。補遺隆，尊也，謂君也。親，謂父母也。故死之爲道也，一而不可得再復也，臣之所以致重其君，子之所以致重其親，於是盡矣。以其一死不可再復，臣、子於極重之道不可不盡也。增物茂卿曰：“一者，一次也。”○復，扶又反。故事生不忠厚、不敬文謂之野，忠厚，忠心篤厚。敬文，恭敬有

---

❶ 覺按：原書“厚”作“高”，今據宋浙本、古逸叢書本改。《史記·禮書》之《索隱》作“厚”。

❷ 覺按：宋浙本、古逸叢書本無“禮”字，《史記·禮書》之《索隱》作“理”。

文飾。野，野人，不知禮者也❶。送死不忠厚、不敬文謂之瘠。瘠，薄。增荀卿不足於禮謂之"瘠"。君子賤野而羞瘠，故天子棺椁十重❷，諸侯五重，大夫三重，士再重，《禮記》曰❸："天子之棺四重，水兕革棺被之，其厚三寸，杝棺一，梓棺二，四者皆周。棺束，縮二，衡三，衽每束一❹。栢椁以端，長六尺。"又《禮器》曰："天子七月而葬，五重八翣。"鄭云："五重，謂杭木與茵也。"今云"十重"，蓋以棺椁與杭木合爲十重也❺。諸侯已下，與《禮記》多少不同，未詳也。增十重，《莊子》作"七重"，是也；此誤。再，舊作"載"，今據宋本、韓本改之。○重，直龍反。然後皆有衣衾多少厚薄之數、皆有翣菨文章之等以敬飾之，衣，謂《禮記》"君陳衣于庭，百稱"之比者也❻。衾，謂君錦衾，大夫縞衾，士緇衾也❼。翣菨，當爲"蔞翣"❽，鄭康成云❾"蔞翣，棺之牆飾"也。翣，以木爲筐❿，衣以白布，畫爲雲氣，如今之攝也。《周禮·縫人》"衣

---

❶ 覺按：原書無"也"字，今據宋浙本、古逸叢書本補。

❷ 宋本"椁"作"槨"。

❸ 覺按：宋浙本、古逸叢書本"曰"作"云"。

❹ 覺按：原書"衽"作"袵"，今據宋浙本、古逸叢書本改。

❺ 覺按：宋浙本、古逸叢書本"椁"作"槨"。

❻ 覺按：宋浙本、古逸叢書本"謂《禮記》"作"謂衣衾。《禮記》所謂"。原書無"者"字，今據宋浙本、古逸叢書本補。

❼ 覺按：宋浙本、古逸叢書本"也"下有"食，謂遣車所苞。遣，奠也"九字。

❽ 覺按：原書"蔞翣"作"翣菨"，今據宋浙本、古逸叢書本改；下同。鄭注"蔞翣"之文見《禮記·檀弓下》。

❾ 覺按：原書"云"作"曰"，今據宋浙本、古逸叢書本改。

❿ 覺按：宋浙本、古逸叢書本無"筐"字，非。《禮記·喪服大記》鄭注作"以木爲筐"。

翣柳之材”，鄭云：“必先纏衣其木，乃以張飾也。柳之言聚也，諸飾所聚。”柳以象宮室也。劉熙《釋名》云：“輿棺之車，其蓋曰柳。”文章之等，謂“君龍帷，三池，振容，黼荒，火三列，黻三列，素錦褚，加帷荒❶，繡紐六，齊五采五貝，黼翣二，黻翣二，畫翣二，皆戴圭，魚躍拂池❷。君繡戴六，繡披六”，大夫以下各有差也。⬜增⬜翣，所甲反。**使生死終始若一❸，足以為人願，是先王之道、忠臣孝子之極也。**生死如一，則人願皆足，忠孝之極在此也。**天子之喪動四海，屬諸侯；諸侯之喪動通國，屬大夫；大夫之喪動一國，屬脩士❹；脩士之喪動一鄉，屬朋友；**屬，謂付託之，使主喪也。通國，謂通好之國也。一國，謂同在朝之人也。脩士，士之進脩者，謂上士也。一鄉，謂一鄉內之姻族也。《春秋傳》曰：“天子七月而葬，同軌畢至❺；諸侯五月而葬，同盟至；大夫三月，同位至；士踰月，外姻至。”⬜增⬜屬，猶“會”也。屬大夫，謂同盟之諸侯使大夫來會于葬也。脩士，見《君道篇》。《周禮》：“萬二千五百家為鄉。”○屬，之玉反；下同。**庶人之喪合族黨，動州里；**⬜增⬜族黨，謂宗族鄉黨也。《周禮》：“二十五家為里，二千五百家為州。”**刑餘罪人之喪不得合族黨，獨屬妻、子，棺椁三寸，衣衾**

---

❶ 覺按：原書“帷”作“幃”，今據宋浙本、古逸叢書本改。《禮記·喪服大記》作“幃”，鄭注：“幃，當為‘帷’，或作‘于’，聲之誤也。”宋本蓋據鄭注改正，可從。

❷ 覺按：原書“池”作“地”，今據宋浙本、古逸叢書本改。《禮記·喪服大記》作“池”。

❸ 宋本“一”下有“一”字，屬下句。

❹ 覺按：宋浙本、古逸叢書本“脩”作“修”，下句及注同。

❺ 覺按：原書“軌”作“軓”，今據宋浙本改。

三領，不得飾棺，不得畫行，以昏殣 ❶，凡緣而往埋之，刑餘，遭刑之餘死也。《墨子》曰：“桐棺三寸，葛以爲緘。”趙簡子亦云。然則厚三寸，刑人之棺也。《喪大記》：“士陳衣于序東，三十稱。”今云“三領”，亦貶損之甚也。殣，道路死人也 ❷。《詩》曰：“行有死人，尚或殣之。”今昏殣，如掩道路之死人 ❸，惡之甚也。凡，常也。緣，因也。言其妻、子如常日所服而埋之 ❹，不更加絰杖也。今猶謂無盛飾爲緣身也 ❺。增刑餘罪人不可有椁。“椁”當作“厚”，《正論篇》有“棺厚”之語。殣，猶“埋”也。凡緣，未詳。本注“餘死”之“死”疑衍。反，無哭泣之節，無衰麻之服，無親疏月數之等，各反其平，各復其始，已葬埋，若無喪者而止，夫是之謂至辱。此蓋論《墨子》薄葬，是以至辱之道奉君父也。增衰，七雷反。

19.11 禮者，謹於吉凶不相厭者也。厭，掩也，烏甲反。謂不使相侵掩也。或曰“不使相厭惡”，非也。紸纊聽息之時，則夫忠臣孝子亦知其閔已，紸，讀爲“注”。注纊，即屬纊也。言此時知其必至於憂閔也。或曰：“紸”當爲“絓”。絓，古化反。以爲“鞾”字，非也。增《禮記》曰：“屬纊以俟絕氣。”謂置新綿鼻下，以其動靜候息絕也。○夫，音扶。補遺聽，候也。《禮記》云：“屬纊以俟絕氣。”或疑“俟”即“候”字誤，此亦可以證也。然而殯歛之具未有求也 ❻；所謂“不相厭”也。垂涕恐懼，然而幸生之心未已，持生之事未輟也；

---

❶ 覺按：宋浙本、古逸叢書本“昏”作“昬”，注同。

❷ 覺按：宋浙本、古逸叢書本無“路”字。

❸ 覺按：原書“人”下有“也”字，今據宋浙本、古逸叢書本刪。

❹ 覺按：宋浙本、古逸叢書本“日”下有“其”字。

❺ 覺按：原書“也”上有“者”字，今據宋浙本、古逸叢書本刪。

❻ 覺按：宋浙本、古逸叢書本“歛”作“毉”。

增《禮記》曰"復，盡愛之道也，有禱祠之心"是也。○復，丘隴反。卒矣，然後作具之。作之、具之。增卒，遵聿反。故雖備家，必踰日然後能殯，三日而成服，備，豐足也。然後告遠者出矣，備物者作矣。故殯，久不過七十日，速不損五十日。此皆據《士喪禮》首尾三月者也❶。損，減也。是何也？曰：遠者可以至矣，百求可以得矣，百事可以成矣。其忠至矣，其節大矣，其文備矣，忠，誠也。節，人子之節也。文，器用儀制也。子思曰："喪三日而殯，凡附於身者，必誠必信，勿之有悔焉耳。三月而葬，凡附於棺者，必誠必信，勿之有悔焉耳。"增節，禮節也。文，文章也。然後月朝卜日，月夕卜宅，然後葬也。月朝，月初也。月夕，月末也。先卜日知其期，然後卜宅，此大夫之禮也。士則筮宅。《士喪禮》先筮宅，後卜日。此云"月朝卜日，月夕卜宅"，未詳也。增月朝，猶"月旦"也，謂月朔也。月夕，其夕也。後漢有月旦評❷，謂月朔也。當是時也，其義止，誰得行之？其義行，誰得止之？聖人爲之節制，使賢者抑情，不肖者企及。故三月之葬，其貌以生設飾死者也❸，殆非直留死者以安生也，貌，象也。言其象以生之所設器用飾死者，三月乃能備也❹。補遺三月殯於家者，蓋非但留死者以使安居於生者之間也。是致隆思慕之義也。

19.12　喪禮之凡❺，凡，謂常道。增凡，大凡也。變而飾，

---

❶ 覺按：原書無"者"字，今據宋浙本、古逸叢書本補。

❷ 覺按：原書"旦"作"且"，今據文義改。

❸ 宋本"葬"下有"殯"字，"貌"作"頴"；韓本同。

❹ 覺按：原書"也"上有"之"字，今據宋浙本、古逸叢書本刪。

❺ 宋本、韓本"喪"作"卒"。

謂殯斂每加飾❶。**動而遠**，《禮記》："子游云❷：'飯於牖下，小斂於戶內❸，大斂於阼，殯於客位，祖於庭，葬於墓，所以即遠也。'"**久而平。**久則哀殺，如平常也。**故死之爲道也，不飾則惡，惡則不哀；**增《禮記》曰："人死，斯惡之矣。無能也，斯倍之矣。是故制絞衾，設蔞翣，爲使人勿惡也。"〇惡，烏路反；下同。**尒則翫，**尒，與"邇"同。翫，戲狎也。**翫則厭，厭則忘，忘則不敬。**增忘，當作"怠"，字似而誤。**一朝而喪其嚴親，而所以送葬之者不哀不敬，則嫌於禽獸矣。**增喪，息浪反。**君子恥之，故變而飾，所以滅惡也；動而遠，所以遂敬也；**遂，成也。邇則懼敬不成也。**久而平，所以優生也。**優養生者❹，謂送死有已，復生有節也。

19.13 **禮者，斷長續短❺，損有餘，益不足，達愛敬之文❻，而滋成行義之美者也。**皆謂使賢、不肖得中也。賢者則達愛敬之文而已，不至於滅性；不肖者用此成行義之美，不至於禽獸也。增考本注意，"滋"字似古作"兹"。〇斷，丁管反；下同。**故文飾、麤惡，聲樂、哭泣，恬愉、憂戚，是反也，**是相反也。**然而禮兼而用之，時舉而代御。**御，進用也。時吉則吉，時凶則凶也。**故文飾、聲樂、恬愉，所以持平奉吉也；麤衰、哭泣、憂戚，所以持險奉凶也。**持，扶助也。險，謂不平之時。增哭，舊作"哀"，今據

---

❶ 覺按：宋浙本、古逸叢書本"斂"作"殮"。下注之"大斂"同。

❷ 覺按：原書"云"作"曰"，今據宋浙本、古逸叢書本改。

❸ 覺按：宋浙本、古逸叢書本"斂"作"殮"。

❹ 覺按：原書"優養生者"作"優生，養生也"，今據宋浙本、古逸叢書本改。

❺ 覺按：原書"斷"作"斷"，今據宋浙本、古逸叢書本改。

❻ 覺按：原書"愛"作"哀"，今據宋浙本、古逸叢書本改。

宋本、韓本改之。○衰，七雷反；下同。**故其立文飾也，不至於窕冶；**窕，讀爲"姚"。姚冶，妖美也。增冶，音也。**其立麤衰也，不至於瘠弃❶；**立麤衰以爲居喪之飾，亦不使羸瘠自弃。增瘠，薄也。**其立聲樂、恬愉也，不至於流淫惰慢；**增惰，舊作"憻"，今據宋本、韓本改之。**其立哭泣、哀戚也，不至於隘慴傷生：是禮之中流也。**隘，窮也。慴，猶"戚"也，之怯反。中流，禮之中道也。增隘，隘窘。慴，失氣也。《孝經》云："三日而食，教民無以死傷生也。"

19.14　**故情貌之變，足以別吉凶、明貴賤親疏之節❷，期止矣。**期，當爲"斯"。增別，彼列反。**外是，姦也；雖難，君子賤之。故量食而食之，量要而帶之。相高以毀瘠，是姦人之道也，非禮義之文也，非孝子之情也，將以有爲者也。**非禮義之節文、孝子之真情，將有作爲以邀名求利，若演門也。增舊本"文"下無"也"字，今據宋本、韓本補之。本注"演門"，地名。《莊子·外物篇》曰"演門有親死者，以善毀爵爲官師，其黨人毀而死者半"是也。○量食，音嗣。要，與"腰"同。**故說豫娩澤，憂戚萃惡，是吉凶憂愉之情發於顏色者也。**說，讀爲"悅"。豫，樂也。娩，媚也，音晚。澤，顏色潤澤也。萃，與"顇"同。惡，顏色惡也。發，見也。**歌謠謸笑，哭泣諦號，是吉凶憂愉之情發於聲音者也。**謸，與"傲"同，戲謔也。《說文》云："謸，悲聲。"與此義不同。諦，讀爲"啼"。《管子》曰："豕人立而啼❸。"古字通用。號，胡刀反。**芻豢、稻粱、酒醴，餰鬻、**

---

❶ 宋本"弃"作"棄"。

❷ 覺按：原書"疏"作"疎"，今據宋浙本改；古逸叢書本作"疏"。

❸ 覺按：原書"啼"作"諦"，今據宋浙本、古逸叢書本改。宋刻遞修本、世德堂本均作"啼"，此蓋久保愛私改之耳。

魚肉、菽藿、酒漿，是吉凶憂愉之情發於食飲者也。餰鬻、菽藿，喪者之食。增古屋鬲曰："'酒漿'之'酒'當作'水'。上已有'酒醴'，不可再言酒。"〇菽，胡慣反。餰，與"饘"同，之然反。鬻，讀爲"粥"，之六反。卑絻、黼黻、文織，資麤、衰絰、菲繐、菅屨，是吉凶憂愉之情發於衣服者也。卑絻，與"裨冕"同，衣裨衣而服冕也。裨之言卑也。天子六服，大裘爲上，其餘爲卑，以事尊，卑服之，諸侯以下皆服焉。文織，染絲織爲文章也。資，與"齋"同❶，即齊衰也。麤，麤布也。今麤布亦謂之資。菲，草衣，蓋如蓑然，或當時喪者有服此也。繐，繐衰也。鄭玄云"繐衰，小功之縷，四升半之衰"也❷。凡布細而疏者謂之繐，今南陽有鄧繐布。菅，茅也。《春秋傳》曰晏子"杖，菅屨"也❸。增菲，與"扉"通，草履也。蓋斬衰之扉，以菅作之，齊衰以藨蒯作之。繐衰，諸侯之大夫爲天子之服也，其制四升有半，其冠八升，既葬則除之。菅屨，即菅菲，斬衰者所履也。事皆見《儀禮》。然已言"菲"，則不可再言"菅屨"。古屋鬲曰："'菅屨'二字，疑是後人解'菲'字所加耳。"〇織，音志。衰，七雷反。繐，思惠反。補遺菲，如"菲飲食"之"菲"，謂疏惡之繐也。疏房、檖貌、越席、牀第、几筵，屬茨、倚廬、席薪、枕塊，是吉凶憂愉之情發於居處者也。茨，蓋屋草也。屬茨，令茨相連屬而已，至疏漏也。倚廬，鄭云"倚木爲廬"，謂一邊著地，如倚物者。既葬，柱楣塗廬也。增《禮記》曰："不敢入處室，居於倚廬，哀親之在外也。寢苫枕塊，哀親之在土也。"今此作"席薪"者，"薪"亦草也，與"苫"同耳。《左氏·僖公十五年傳》："秦穆姬聞晉侯將至，以

---

❶ 覺按：原書"齋"作"齊"，今據宋浙本、古逸叢書本改。"齋"即"齋"之俗字。

❷ 覺按：原書無"玄"字，今據宋浙本、古逸叢書本補。

❸ 覺按：原書"菅"作"管"，無"也"字，今據宋浙本、古逸叢書本改。

大子鼏、弘與女簡璧登臺而履薪焉❶。"亦與此"席薪"同。〇越,音活。第,側里反。屬,之玉反。枕,之鴆反。**兩情者,人生固有端焉**。兩情,謂吉與凶、憂與愉。言此兩情固自有端緒,非出於禮也。增生,讀爲"性"。**若夫斷之繼之❷,博之淺之,益之損之,類之盡之,盛之美之,使本末終始莫不順比,足以爲萬世則❸,是禮也**。人雖自有憂愉之情,必須禮以節制進退,然後終始合宜。類之,謂觸類而長。比,附會也,毗至反。增夫,音扶。盡,津忍反。**非順孰脩爲之君子❹,莫之能知也**。順,從也。孰,精也。脩,治也。爲,作也。增孰,古"熟"字,熟禮也。

19.15 **故曰:性者,本始材朴也;僞者,文理隆盛也。無性,則僞之無所加;無僞,則性不能自美**。之,往。增朴,與"樸"同。標注本無本注"之,往"二字,是也。**性、僞合,然後成聖人之名,一天下之功於是就也**。一,謂不分散。言性僞合,然後成聖人之名也。增"一"字屬下句。舊本"聖"上無"成"字,文義不明,今據宋本、韓本補之。**故曰:天地合而萬物生,陰陽接而變化起,性僞合而天下治**。增治,直吏反。**天能生物,不能辨物也;地能載人,不能治人也;宇中萬物、生人之屬,待聖人然後分也**。《詩》曰:"懷柔百神,及河喬嶽。"**此之謂也**。引此喻聖人能并治之❺。《詩》,《周頌•時邁》之篇。增毛萇曰:"懷,來。柔,安。喬,高也。高嶽,岱宗也。"鄭玄曰:"王行巡狩,其至方岳

---

❶ 覺按:原書"臺"作"樓",今據《左傳•僖公十五年》文改。

❷ 覺按:原書"斷"作"斷",今據宋浙本、古逸叢書本改。

❸ 宋本、韓本"比"下有"純備"二字,"則"下有"則"字。

❹ 覺按:宋浙本、古逸叢書本"脩"作"修",注同。

❺ 覺按:原書"喻"作"諭",今據宋本、古逸叢書本改。

之下，來安羣神，望于山川，皆以尊卑祭之❶。"

19.16 喪禮者❷，以生者飾死者也，大象其生以送其死也。故如死如生，如存如亡，終始一也。不以死異於生、亡異於存。⎡增⎤《禮記》曰："之死而致死之，不仁而不可爲也。之死而致生之，不知而不可爲也。是故竹不成用，瓦不成味，木不成斲，琴瑟張而不平，竽笙備而不和，有鐘磬而無簨虡❸。"是也。始卒，沐浴、鬠體、飯唅，象生執也。《儀禮》"鬠用組"，鄭云："用組，組，束髮也。古文'鬠'皆爲'括'。"體，謂爪揃之屬❹。《士喪禮》："主人左扱米實于右，三，實一貝。左、中亦如之。凡實米，唯盈。"鄭云："于右，尸口之右。唯盈，取滿而已。"是飯唅之禮也。象生執，謂象生時所執持之事❺。執，或爲"持"。⎡增⎤執，當作"術"，音之誤也。術，道也。○卒，遵聿反。鬠，古外反，又音"括"；下同。不沐，則濡櫛三律而止；不浴，則濡巾三式而止。律，理髮也。今秦俗猶以枇髮爲栗❻。濡，濕也。式，與"拭"同。《士喪禮》尸無有不沐浴者，此云"不"❼，蓋末世多不備禮也。充耳而設瑱，《士喪禮》"瑱用白纊"，鄭云："瑱，充耳。纊，新綿也。"⎡增⎤瑱，土見反。飯以生稻，唅以槀骨，反生術矣。生稻，米也❽。槀，

---

❶ 覺按：原書"于"作"秩干"，"祭"上有"禮"字，今據《詩經·周頌·時邁》鄭箋改。

❷ 宋本、韓本"喪"作"卒"。

❸ 覺按：原書"虡"作"簴"，今據《禮記·檀弓上》之文改。

❹ 覺按：原書"爪"作"爪"，今據宋浙本、古逸叢書本改。

❺ 覺按：原書無"執"字，今據宋浙本、古逸叢書本補。

❻ 覺按：宋浙本、古逸叢書本"枇"作"批"，非。

❼ 覺按：宋浙本、古逸叢書本無"不"字。

❽ 覺按：宋浙本、古逸叢書本"米"作"禾"。

枯也。槁骨，貝也。術，法也。前説“象其生”也，此已下説反於生之法也。增《禮記》曰：“飯用米、貝，弗忍虚也。不以食道，用美焉耳。”○飯，符晚反。**説褻衣❶，襲三稱，緇紳而無鉤帶矣❷**。緇，與“摺”同，扱也。紳，大帶也。摺紳，謂扱笏於帶。鉤，鉤帶，帶之鉤所用，弛張也，今不復解脱，故不設鉤也。褻衣，親身之衣也。《士喪禮》：飯唅後“乃襲，三稱，明衣不在筭❸。設鞃帶，摺笏”。《禮記》曰：“季康子之母死，陳褻衣。”鄭玄云：“褻衣非上服，陳之，將以斂❹。”增《士喪禮》曰：“疾病，外内皆掃。徹褻衣，加新衣。”是也。○説，與“脱”通。稱，尺證反。**設掩面儇目❺，髺而不冠笄矣**。《士喪禮》：“掩用練帛，廣終幅，長五尺。”儇，與“還”同，繞也。《士喪禮》：“幎目，用緇，方尺二寸，䞓裏，著組繫。”幎，讀如“縈”，“縈”與“還”義同。髺而不笄，謂但髺髮而已，不加冠及笄也。《士喪禮》：“笄用桑。”又云：“髺用組，乃笄。”此云“不笄”，或後世畧也。增《士喪禮》注曰：“掩，裏首也。先結頤下，既瑱幎目，乃還結項也。”然則裏首者至面，故曰“掩面”。又《士喪禮》曰：“其母之喪，則内御者浴，髺無笄。”鄭云：“無笄，猶丈夫之不冠也。”然則“不冠笄”者，謂男子不冠而婦人不笄也。○儇，音旋。冠，古亂反。**書其名，置于其重，則名不見而柩獨明矣**。書其名于旌也。《士喪禮》：“爲銘，各以其物，亡則以緇，長半幅。䞓末，長終幅，廣三寸。書銘于末曰：‘某氏某之柩。’”重，以木爲之，長三尺。夏祝取飯之餘爲粥，盛以二鬲，縣于重，冪用葦席。書其名，置于重，謂見所書置于重，則名已無，但知

---

❶ 宋本“説”作“設”，非。

❷ 覺按：古逸叢書本“鉤”作“鈎”，注同。

❸ 覺按：原書“筭”作“算”，今據宋浙本、古逸叢書本改。

❹ 覺按：原書“斂”下有“也”字，今據古逸叢書本刪。

❺ 覺按：原書“面”作“面”，今據宋浙本、古逸叢書本改。

其柩也。《士喪禮》："祝取銘，置于重。"案銘皆有名，此云無，蓋後世禮變，今猶然。增"書其名，置于其重"者，則名不見而柩獨明，以死者爲不可別故也。本注失義。○見，賢遍反。**薦器，則冠有鍪而毋縰❶**，薦器，謂陳明器也。鍪，冠捲如兜鍪也。縰，韜髮者也。《士冠禮》："緇纚，廣終幅，長六尺。"謂明器之冠也，有如兜鍪加首之形，而無韜髮之縰也。鍪之言蒙也，冒也，所以冒首，莫侯反，或音冒。增縰，舊作"縱"，注同，今改之。○毋，音"無"。縰，音徙。**甕、廡虛而不實**，《既夕禮》❷："甕三，醯、醢、屑。甒二，醴、酒。"皆有實❸。此云"虛而不實"，蓋喪禮陳鬼器、人器，鬼器虛，人器實也。《禮記》："宋襄公葬其夫人，醯、醢百甕。曾子曰：'既曰明器，而又實之。'"增廡，與"甒"通。**有簟席而無牀第**，此言棺中不施牀第，大斂、小斂則皆有也❹。增簟，徒點反。第，側里反。補遺《禮經》不見棺中有簟席❺。葬有枕席，既窆，加之棺上以承杭木。**木器不成斲❻，陶器不成物，薄器不成内**，木不成於雕斲，不加功也。瓦不成於器物，不可用也。薄器，竹葦之器。不成内，謂有其外形，内不可用也。内，或爲"用"。《禮記》曰："竹不成用，瓦不成味。"鄭云："成，

---

❶ 覺按：宋浙本、古逸叢書本"縰"作"縱"，注同。
❷ 覺按：原書"既夕禮"作"士喪禮"，今據古逸叢書本改。
❸ 覺按：宋刻遞修本、世德堂本"實"作"幂"，古逸叢書本作"實"。
❹ 覺按：古逸叢書本"斂"作"斂"。
❺ 覺按：原書"簟"作"葦"，今據被釋字改。
❻ 覺按：宋浙本、古逸叢書本"斲"作"斲"，注同。

猶‘善’也[1]。竹不可善用，謂邊無縢也[2]。味，當作‘沬’[3]。沬，靧也[4]。”增斲，丁角反。**笙、竽具而不和，琴、瑟張而不均**[5]，鄭云“無宫商之調”也。**輿藏而馬反，告不用也**。輿，謂輁軸也[6]，國君謂之輴。藏，謂埋之也。馬，謂駕輁軸之馬。告，示也，言也。《士喪禮》：“既啓，遷于祖，用軸。”《禮記》：“君葬用輴，四綍二碑；大夫葬用輴，二綍二碑；士葬用國車。”皆至葬時埋之。補遺《禮記》云：“君葬用輴。”謂載棺適墓，非埋之也。輁軸、輴、國車，皆不駕馬。三《禮》不見車埋而馬反之事，此甚可疑也。**具生器以適墓，象徙道也**[7]。生器，用器也，弓矢、盤盂之屬。徙，遷改也。徙道，其生時之道，器當在家，今以適墓，以象人行，不從常行之道，更徙他道也。增物茂卿曰：“象徙道，言象生時遷徙也。”〇徙，思爾反。**略而不盡，貌而不功，趨輿而藏之，金革轡靷而不入，明不用也**。略而不盡[8]，謂簡略而不盡備也。貌，形也。言但有形貌，不加功精好也。趨輿而藏之，謂以輿趨於墓而藏之。

---

[1] 覺按：宋浙本、古逸叢書本無“猶”字。《禮記·檀弓上》鄭注有“猶”字。

[2] 覺按：原書“邊”作“籩”，今據古逸叢書本改。《禮記·檀弓上》鄭注作“邊”。

[3] 覺按：原書“沬”作“沬”，今據古逸叢書本改。《禮記·檀弓上》鄭注作“沬”。又，古逸叢書本“沬”字不重，非。

[4] 覺按：原書“靧”作“頮”，今據古逸叢書本改。《禮記·檀弓上》鄭注作“靧”。

[5] 宋本、韓本“笙竽”作“竽笙”。《禮記》“具”作“備”，“均”作“平”。

[6] 覺按：宋浙本、古逸叢書本“輁”作“軼”，非；下同。

[7] 宋本、韓本“徙”下有“之”字。

[8] 覺按：原書“略”作“畧”，今據古逸叢書本改；下同。

趨者，速也，速藏之意也。金，謂和、鸞。革，車鞃也❶。《說文》云："鞃，所以引軸者也。"杜元凱云："鞃在馬胷。"或曰：貇，讀爲"邈"，像也。今謂畫物爲貇。下"貇"皆同義。增貇，古"貌"字；下同。趨，讀爲"蓻"，蓻靈也。輿，塗車也。《禮記》曰："塗車、蓻靈，自古有之，明器之道也。"古屋鬲曰："'而藏之''而不入'二'而'字訓'則'。金革，即《士喪禮》'役器：甲、胄、干、笮'是也。"本注"鞃"字舊作"軼"，宋本作"軼"❷，今據《爾雅》改。鞃，車前飾也。**象徙道，又明不用也**，以器適墓，象其改易生時之器，亦所以明不用也。增此二句承上文而言之。**是皆所以重哀也**。有異生時，皆所以重孝子之哀也。增重，直用反。**故生器文而不功，明器貇而不用**。生器，生時所用之器，《既夕禮》曰"用器，弓矢、耒耜、兩敦、兩杅、盤匜"之屬❸。明器，鬼器，"塗車、蓻靈""木不成斲、竹不成用、瓦不成沫"之屬❹。《禮記》曰"周人兼用之"，以言不知死者有知無知，故雜用生器與明器也。**凡禮，事生，飾歡也；送死，飾哀也；祭祀，飾敬也；師旅，飾威也。是百王之所同、古今之所一也，未有知其所由來者也。故壙壠，其貇象室屋也**；壙，墓中。壠，冢也。《禮記》曰："適墓不登壠。"貇，猶"意"也，言其意以象生時也，或音"邈"。增"貇"字本注非。**棺椁，其貇象版、蓋、斯象、拂也**❺；版，謂車上障蔽者。蓋，車蓋也。斯，未詳。象，衍字。拂，即"茀"也。《爾雅·釋器》云："輿革，前謂之鞃，後謂之茀。"

---

❶ 覺按：原書"鞃"作"鞃"，今據其下文之說明及《爾雅·釋器》之文改。

❷ 覺按：世德堂本作"軼"，古逸叢書本作"軼"。

❸ 覺按：原書"既夕禮"作"士喪禮"，今據古逸叢書本改。

❹ 覺按：原書"沫"作"沫"，今據世德堂本及《禮記·檀弓上》鄭注改。

❺ 覺按：原書"拂"作"梻"，今據古逸叢書本改。

郭云："以韋靷車軾及後戶也 ❶。" 補遺 斯，疑即"靷"字誤。**無幨、絲翣、縷翣，其貌以象菲、帷、幬、尉也**；無，讀爲"幠"。幠，覆也，所以覆尸者也。《士喪禮》"幠用斂、夷衾"是也。幨，與"褚"同。《禮記》曰"素錦褚"，又曰"褚幕丹質"，鄭云"所以覆棺"也。絲翣，未詳，蓋亦喪車之飾也。或曰：絲，讀爲"緌"。《禮記》曰："畫翣二，皆戴緌 ❷。" 鄭云："以五采羽注於翣首也。" 翣，讀爲"魚"，謂以銅魚懸於池下。《禮記》曰："魚躍拂池。" 縷，讀爲"柳"，"蔞"字誤爲"縷"字耳。菲，謂編草爲蔽，蓋古人所用障蔽門戶者，今貧者猶然。或曰：菲，當爲"厞"，隱也，謂隱奧之處也。或曰：菲，讀爲"扉"，戶扇也。幬，讀爲"帳"。尉，讀爲"罻"。罻，網也。帷帳如網也。 增 本注"幬讀爲帳"四字，宋本作"幬讀爲幬帳之幬" ❸。以此考之，似古"幬"作"幬"，故楊倞注之。作"幬"，則不須注也。○無，音呼。翣，所甲反。**抗折，其貌以象槾茨、番閼也**。《既夕禮》❹："陳明器於乘車之西。折，橫覆之。抗木 ❺，橫三縮二，加抗席三。" 鄭云："折，猶'庪'也。方鑿連木爲之。蓋如牀，而縮者三，橫者五，無簀。窆事畢，加之壙上，以承抗席。" 抗，禦也，所以禦止土者。槾，杇 ❻。茨，蓋屋也。槾茨，猶"墍茨"也。槾，莫干反。番，讀爲"藩"。藩，籬也。閼，謂門戶壅閼風塵者。抗所以禦土，折所以承抗，皆不使外物侵內，有象於槾茨、藩閼也。 增 宋本注"橫三縮"下脫二十六字，元本

---

❶ 覺按：原書"韋"作"葦"，今據古逸叢書本及《爾雅·釋器》之文改。

❷ 覺按：原書"戴"作"載"，今據《禮記·喪服大記》之文改。古逸叢書本也作"載"。

❸ 覺按：古逸叢書本作"幬讀爲幬帳之幬"。

❹ 覺按：原書"既夕禮"作"士喪禮"，今據古逸叢書本改。

❺ 覺按：原書"抗"作"杭"，今據宋浙本改。

❻ 覺按：古逸叢書本"杇"作"扞"，非。

注脱二十五字，世德堂本因之，其義不通。今慎據《儀禮》正文及注補之。物茂卿曰："'番閼'之'閼'，恐是'垣'音之轉，如'焉氏'之與'閼氏'。" 補遺 樠，梠也。《釋名》："梠，謂之樠。樠，綿也，綿連檐頭使齊平也。" 茨，疑當作"樧"，聲之誤也。番閼，未詳。**故喪禮者** ❶，**無他焉，明死生之義，送以哀敬而終周藏也。故葬埋，敬葬其形也**；葬也者，藏也。所以爲葬埋之禮，敬藏其形體也。增 周者，國子高所謂"棺周於衣，椁周於棺，土周於椁"是也。**祭祀，敬事其神也；其銘、誄、繫世，敬傳其名也。**銘，謂書其功於器物，若孔悝之鼎銘者 ❷；誄，謂誄其行狀以爲謚也 ❸；繫世，謂書其傳襲，若今之譜諜也：皆所以敬傳其名於後世也。增 誄，力軌反。**事生，飾始也；送死，飾終也。終始具，而孝子之事畢，聖人之道備矣。**

19.17 **刻死而附生謂之墨，刻生而附死謂之惑**，刻，損減。附，增益也。墨子之法。惑，謂惑亂過禮也。補遺 注"墨"上脱"墨謂"二字。**殺生而送死謂之賊。**殉葬殺人，與賊同也。**大象其生以送其死，使死生終始莫不稱宜而好善，是禮義之法式也，儒者是矣。**增 稱，尺證反。補遺 好，疑當作"盡"。

19.18 **三年之喪，何也**？

曰：稱情而立文，鄭康成曰："稱人之情輕重而制其禮也。" 增 稱，尺證反；下同。**因以飾羣** ❹，增 句。**別親疏、貴賤之節** ❺，**而不可**

---

❶ 宋本、韓本"喪"作"卒"。
❷ 覺按：原書"鼎"作"鼎"，今據古逸叢書本改。
❸ 覺按：原書"謚"作"謚"，今據古逸叢書本改。
❹ 覺按：原書"羣"作"群"，今據古逸叢書本改；注及下文同。
❺ 覺按：古逸叢書本"疎"作"疏"。

益損也。故曰：無適不易之術也❶。羣別，謂羣而有別也。適，往也。無往不易，言所至皆不可易此術。或曰：適，讀爲“敵”。增鄭玄曰：“羣，謂親之黨也。”愛曰：“無適”亦不易之意。○別，彼列反。創巨者，其日久；痛甚者，其愈遲❷。三年之喪❸，稱情而立文，所以爲至痛極也。創，傷也，楚良反。日久、愈遲，互言之也，皆言久乃能平，故重喪必待三年乃除，亦爲至痛之極，不可朞月而已。齊衰、苴杖、居廬、食粥、席薪、枕塊❹，所以爲至痛飾也。《禮記》：“斬衰苴杖。”苴，謂以苴惡死竹爲之杖。鄭云：“飾，情之章表也。”增《禮記》“齊”作“斬”，是也。謝墉本本注“禮記”上有“齊衰”二字，“斬衰”上有“作”字，似補。○齊，音咨。衰，七雷反。枕，之鴆反。三年之喪，二十五月而畢，哀痛未盡，思慕未忘，然而禮以是斷之者❺，豈不以送死有已、復生有節也哉？斷，決也，丁亂反。鄭云：“復生，謂除喪反生者之事也。”凡生乎天地之間者❻，有血氣之屬莫不有知，有知之屬莫不愛其類❼。今夫大鳥獸則失亡其羣匹，越月踰時，則必反鉛❽；過故鄉，則必徘徊焉❾，鳴號焉，

---

❶《禮記》“益損”作“損益”，無“適不”二字，“術”作“道”。

❷ 宋本“愈”作“瘉”。

❸《禮記》“之喪”作“者”字。

❹《禮記》“廬”上有“倚”字，“席薪”作“寢苫”。

❺ 覺按：原書“斷”作“斷”，今據古逸叢書本改；注同。

❻ 覺按：宋浙本、古逸叢書本“間”作“閒”。

❼ 宋本、韓本、《禮記》上“莫不”作“必”字。《禮記》“愛”上有“知”字。

❽ 覺按：原書“鉛”作“鈆”，古逸叢書本也作“鈆”，今據宋浙本改；注同。

❾《禮記》“徘徊”作“翔回”。

躑躅焉，踟躕焉 ❶，然後能去之也。鉛，與“沿”同 ❷，循也。《禮記》作“反巡過其故鄉”。徘徊，回旋飛翔之貌 ❸。躑躅，以足擊地也。踟躕，不能去之貌。增鄉，舊誤作“卿”，今正之。徘徊、鳴號，謂鳥。躑躅、踟躕，謂獸。○夫，音扶；下同。號，戶刀反。躑，直隻反。躅，直錄反。小者是燕爵，猶有啁噍之頃焉，然後能去之也 ❹。燕爵，與“鷰雀”同。增《禮記》作“小者至於燕雀”，是也。啁噍，哀鳴之貌。頃，猶“間”也。○啁，竹包反。噍，音焦。故有血氣之屬莫知於人，故人之於其親也，至死無窮。鳥獸猶知愛其羣匹，良久乃去，況人有生之最智 ❺，則於親喪，悲哀之情至死不窮已，故以三年節之也。增知，音“智”。將由夫愚陋淫邪之人與 ❻？則彼朝死而夕忘之，然而縱之 ❼，則是曾鳥獸之不若也，增與，音餘；下“子與”同。曾，則登反。彼安能相與羣居而無亂乎？將由夫脩飾之君子與？則三年之喪，二十五月而畢，若駟之過隙，然而遂之，則是無窮也。隙，壁孔也。鄭云：“喻疾也。遂之，謂不時除也。”增朱申曰：“遂其心之所欲，則無除喪之期也。”故先王聖人安爲之立中制節，一使足以成文理，則舍之矣 ❽。《禮記》作“焉爲之立中制節”，鄭云：

---

❶ 覺按：原書“躅”作“蹋”，古逸叢書本也作“蹋”，今據宋浙本改；注同。

❷ 覺按：原書“沿”作“汾”，古逸叢書本也作“汾”，今據宋浙本改。

❸ 覺按：宋浙本、古逸叢書本無“回”字。

❹ 宋本無“也”字。

❺ 覺按：原書“況”作“况”，今據宋浙本、古逸叢書本改。

❻ 覺按：宋浙本、古逸叢書本“陋”作“陋”。

❼ 《禮記》“愚陋”作“患”字，“縱”作“從”。

❽ 《禮記》“舍”作“釋”。

"焉，猶'然'。立中制節，謂服之年月也。舍，除也。"王肅云："一，皆也。"
增安，語助。○爲，于僞反。舍，音"捨"。

19.19　然則何以分之❶？ 分，半也，半於三年矣。

曰：至親以期斷❷。 斷，決也❸。鄭云："言服之正，雖至親，皆
期而除也❹。"增期，音基；下同。斷，丁亂反。補遺至親，謂大父母、伯
叔父母、兄弟妻子、兄弟之子也。

是何也？ 鄭云："問服斷於期之義也。"

曰：天地則已易矣，四時則已徧矣， 增已，舊作"以"，
今據宋本、韓本改之。《禮記》同，《禮記》"徧"作"變"，皆是也。**其
在宇中者莫不更始也❺，** 宇中者，謂萬物。增本注"字"上當有"在"
字。○更，音庚。**故先王案以此象之也❻。** 增案，語助；下同。

然則三年何也❼？ 鄭云："法此變易，可以期，何乃三年爲❽？"

曰：加隆焉，案使倍之，故再期也。 鄭云："言於父母加
厚其恩，使倍期也。"增再，舊作"載"，今據宋本、韓本改之。《禮記》
亦作"再"。補遺言父母親於至親，故加隆於期，以爲再期也。由三年而期，
故曰"分"、曰"斷"。由期而三年，故曰"加"、曰"倍"。上下相推，以

---

❶《禮記》"分之"作"至期也"。

❷ 覺按：原書"斷"作"斷"，今據宋浙本、古逸叢書本改；注及
下注文同。又，宋浙本、古逸叢書本"期"作"朞"。

❸ 覺按：原書"決"作"决"，今據宋浙本、古逸叢書本改。

❹ 覺按：原書無"也"字，今據宋浙本、古逸叢書本補。

❺ 宋本"也"作"矣"。

❻《禮記》無"故先王案"四字。

❼《禮記》"三年何也"作"何以三年也"。

❽ 覺按：原書"爲"下有"也"字，今據宋浙本、古逸叢書本刪。

明"三年"與"期"之義也。

由九月以下,何也? 由,從也,從大功以下也。增以,舊作"已",今據宋本、韓本改之。

曰:案使不及也。鄭云:"言使其恩不若父母❶。"補遺使其恩不及至親之期也。故三年以爲隆,緦麻、小功以爲殺❷,期、九月以爲間❸。隆,厚也。殺,減也,所介反。間,厠其間也,古莧反。情在隆殺之間也。增間,如字。上取象於天,下取象於地,中取則於人,人所以羣居和一之理盡矣❹。鄭云:"取象於天地,謂法其變易也。自三年以至緦,皆歲時之數也。言既象天地,又足以盡人聚居純厚之恩也❺。"增《禮記》下"象"作"法",是也。舊本無"理盡矣"三字,今據宋本、韓本、《禮記》補之。《禮記》"所以"上有"之"字,是也。故三年之喪,人道之至文者也,夫是之謂至隆。至文飾人道,使成忠孝。鄭云:"言三年之喪,喪禮之最盛也。"是百王之所同、古今之所一也。一,謂不變❻。

19.20 君之喪,所以取三年,何也? 問君之喪何取於三年之制。

曰:君者,治辨之主也,文理之原也,情貌之盡也,相率而致隆之,不亦可乎? 治辨,謂能治人,使有辨別也。文理,法理條貫也。原,本也。情,忠誠也。貌,恭敬也。致,至也。言人所施

❶ 覺按:原書"母"下有"也"字,今據宋浙本、古逸叢書本刪。

❷ 宋本無"麻"字。

❸ 覺按:宋浙本、古逸叢書本"間"作"閒",注同。

❹ 覺按:原書"羣"作"群",今據古逸叢書本改。

❺ 覺按:宋浙本、古逸叢書本"純"作"粹"。

❻ 覺按:原書"變"下有"也"字,今據宋浙本、古逸叢書本刪。

忠敬，無盡於君者，則臣下相率服喪而至於三年，不亦可乎？增舊本無“曰”字，今據謝本補之❶。《詩》云❷：“愷悌君子，民之父母。”增《詩》，《大雅・泂酌》篇。毛萇曰：“樂以强教之，易以説安之。民皆有父之尊，有母之親。”彼君子者，固有爲民父母之説焉。父能生之，不能養之；養，謂哺乳之也。養，或謂“食”❸。增本注“或謂”當作“或爲”。母能食之，不能教誨之；食，音嗣❹。君者，已能食之矣，又善教誨之者也，食，謂禄廩。教誨，謂制命也。三年畢矣哉？君者兼父母之恩，以三年報之，猶未畢也。乳母，飲食之者也，而三月；增《喪服傳》曰“乳母”，“傳曰：‘何以緦？以名服也’”。○飲，於鴆反。慈母，衣被之者也，而九月；增案《喪服傳》，“爲庶母慈己者”，“小功布衰裳，牡麻絰，即葛五月”。此云“九月”者，或誤字，或傳聞之異也。○衣，於既反。被，皮義反。君，曲備之者也，三年畢乎哉？曲備，謂兼飲食衣被。增備，舊作“被”，今據宋本、韓本改之；注同。得之則治，失之則亂，文之至也。文，謂法度也。治亂所繫，是有法度之至也。增岡白駒曰：“文，謂禮也。”○治，直吏反。得之則安，失之則危，情之至也。情，謂忠厚。謂使人去危就安❺，是忠厚之至也❻。兩至者

---

❶ 覺按：宋浙本、古逸叢書本皆有“曰”字。久保愛不據宋本而據謝本補之，若非失校，則其所見宋本與古逸叢書本有異。

❷ 宋本“云”作“曰”。

❸ 覺按：宋浙本、古逸叢書本“謂”作“爲”。據此下增注，若非久保愛失校，則其所見宋本與古逸叢書本有異。

❹ 覺按：宋浙本“音嗣”作“音嗣也”，古逸叢書本作“者，嗣也”。若非久保愛失校，則其所見宋本與古逸叢書本有異。

❺ 覺按：原書無“謂”字，今據宋浙本、古逸叢書本補。

❻ 覺按：原書“也”上有“者”字，今據宋浙本、古逸叢書本刪。

俱積焉，以三年事之猶未足也，直無由進之耳！直，但也。
故社，祭社也；稷，祭稷也；社，土神，以勾龍配之❶。稷，百穀
之神，以弃配之❷。但各止祭一神而已。增《左氏傳》曰："共工氏有子曰句龍，
爲后土，后土爲社。稷，田正也。有烈山氏之子曰柱，爲稷，自夏以上祀
之。周弃亦爲稷，自商以來祀之。"又曰："土正曰后土。"郊者，并百
王於上天而祭祀之也。百王，百神也，或"神"字誤爲"王"。言社、
稷唯祭一神，至郊天則兼祭百神，以喻君兼父母者也。增百，舉大數之言。
郊祀百王，即《禮記·祭法篇》"郊嚳""郊鯀""郊冥"之類是也。并於
上天者，言郊祭天而配之也。古屋峝曰："'故社'以下二十二字，疑當在
上文'郊止乎天子'之上❸。"〇并❹，讀爲"併"。

19.21　三月之殯，何也？此殯，謂葬也❺。增問在殯三月何
故也。

曰：大之也，重之也。所致隆也，所致親也，將舉錯之，
遷徙之，離宮室而歸丘陵也，先王恐其不文也，是以緜其期，
足之日也。所至厚至親，將徙而歸丘陵，不可急遽無文飾，故緜其期，
足之日，然後葬也。緜，讀爲"由"，從也。增緜，讀爲"遥"。遥，遠也。
"足之"二字疑衍。《王霸篇》云："佻其期日。"〇重，直用反。錯，七路反。
期，音基。補遺言遥其葬之期，而使足其容文備物之日也。下文所言即是。
故天子七月，諸侯五月，大夫、士三月❻，皆使其須足以容

---

❶ 覺按：原書"勾"作"句"，今據宋浙本、古逸叢書本改。

❷ 覺按：原書"弃"作"棄"，今據宋浙本、古逸叢書本改。

❸ 覺按：原書"乎"作"於"，今據19.5之正文改。

❹ 覺按：原書"并"作"屏"，今據被釋字改。

❺ 覺按：原書"葬"下有"之"字，今據宋浙本、古逸叢書本刪。

❻ 宋本無"士"字。

事，事足以容成，成足以容文，文足以容備，曲容備物之謂道矣。須，待也，謂所待之期也。事，喪具也。道者，委曲容物、備物者也。補遺須，當作"頃"，間也。

19.22 祭者，志意思慕之情也。惕詭、唈僾而不能無時至焉❶。惕，變也；詭，異也：皆謂變異感動之貌。唈僾，氣不舒、憤鬱之貌。《爾雅》云："僾，唈也。"郭云："嗚唈，短氣也。"言人感動或憤鬱不能無時而至，言有時而至也。惕，音革。唈，音邑。僾，音愛。增《祭義》曰："霜露既降，君子履之，必有悽愴之心，非其寒之謂也。春，雨露既濡，君子履之，必有怵惕之心，如將見之。"又曰："僾然必有見乎其位。"是也。故人之歡欣和合之時，則夫忠臣孝子亦惕詭而有所至矣。歡欣之時，忠臣、孝子則感動而思君、親之不得同樂也。增夫，音扶。彼其所至者，甚大動也；言所至之情甚大感動也。案屈然已，則其於志意之情者惆然不嗛，其於禮節者闕然不具。屈，竭也。屈然，空然也。惆然，悵然也。嗛，足。言若無祭祀之禮，空然而已，則忠臣、孝子之情悵然不足，禮節又闕然不具也。增案，語助；下同。○屈，求勿反。故先王案爲之立文，尊尊親親之義至矣。文，謂祭祀節文。增爲，于僞反。故曰：祭者，志意思慕之情也，忠信愛敬之至矣，禮節文貌之盛矣，苟非聖人，莫之能知也。聖人明知之，士君子安行之，官人以爲守，百姓以成俗。其在君子，以爲人道也；其在百姓，以爲鬼事也。以爲人道，則安而行之；以爲鬼事，則畏而奉之❷。故鐘鼓、管磬、琴瑟、竽笙，《韶》《夏》《護》《武》《酌》《桓》《簡》

---

❶ 宋本、韓本"唈"作"悒"，注同。

❷ 覺按：原書"之"下有"也"字，今據宋浙本、古逸叢書本刪。

《簡》《象》❶，是君子之所以爲憚詭其所喜樂之文也。因説祭，遂廣言喜樂、哀痛、敦惡之意本皆因於感動而爲之文飾也。喜樂不可無文飾，故制爲鐘鼓、《韶》《夏》之屬。簡，音朔，賈逵曰："舞曲名。"《武》《酌》《桓》，皆《周頌》篇名。《簡》，未詳。《象》，周武王伐紂之樂❷。增《韶》，舜樂。《夏》，禹樂。《濩》，湯樂。《左氏傳》曰季札"見舞《象簡》《南籥》者"，杜預曰"皆文王之樂"。〇夏，戶雅反。護，與"濩"同。樂，音洛。"是君子"以下十六字一句；下同。齊衰、苴杖、居廬、食粥、席薪、枕塊，是君子之所以爲憚詭其所哀痛之文也。感動其所哀痛而不可無文飾，故制爲齊衰、苴杖之屬。言本皆因於感動也。增齊，當作"斬"。〇齊，音咨。衰，七雷反。枕，之鴆反。師旅有制，刑法有等，莫不稱罪，是君子之所以爲憚詭其所敦惡之文也。師旅，所以討有罪。制，謂人數也。有等，輕重異也。敦，厚也。厚惡，深惡也。或曰：敦，讀爲"頓"。頓，困躓也。本因感動敦惡，故制師旅、刑法以爲文飾❸。增稱，尺證反。敦，與"憝"通，杜對反。惡，烏路反。卜筮、視日，齊戒、脩塗❹，几筵、饋薦，告祝，如或饗之。視日之吉凶。《史記》：周文"爲項燕視日"。脩塗，謂脩自宮至廟之道塗也。几筵，謂祝筵几于室中東面也。饋，獻牲體也。薦，進黍稷也。告祝，謂尸命祝以嘏于主人曰："皇尸命工祝，承致多福無疆于女孝孫❺，來女孝孫，使女受禄于天，宜稼于田，眉壽萬年，勿替引之。"如或歆饗其祀然也。

---

❶ 宋本、韓本"鐘"作"鍾"，"酌"作"汋"。覺按：宋浙本、古逸叢書本"簡"作"簡"，注同。

❷ 覺按：原書"樂"下有"也"字，今據宋浙本、古逸叢書本刪。

❸ 覺按：宋浙本、古逸叢書本"刑法"作"刑罰"。

❹ 覺按：宋浙本、古逸叢書本"脩"作"修"，注同。

❺ 覺按：宋浙本、古逸叢書本"女"作"汝"。

增郊之祭，"氾掃反道"，使新土在上，見《禮記》宗廟之祭。脩塗之禮，未聞。或疑當作"除"，一誤作"涂"，以"涂""塗"同，遂爲"塗"耳。《周禮·山虞職》曰："若祭山林，則爲主而脩除。"齊，舊作"齋"，今據宋本、韓本改之。〇齊，側皆反。補遺塗，當作"除"。脩治掃除宗廟也。**物取而皆祭之，如或嘗之。**物取，每物皆取也，謂"祝命挼祭，尸取菹擩于醢，祭于豆間❶；佐食取黍稷肺授尸，尸祭之"；又"取肝擩于鹽，振祭，嚌之"是也。如或嘗之，謂以尸啐嚌之，如神之親嘗然也。**毋利舉爵，**當云"無舉利爵"，即上文云"利爵之不醮也"。增毋，音"無"。**主人有尊，如或觴之。**謂主人設尊酌以獻尸，尸飲之，如神飲其觴然❷。補遺舊解不妥。竊疑"毋"字衍。利，謂佐食也。尊，當作"奠"。觴之，謂飲人以酒也。言尸與主人及佐食互相獻酢，如神賜之觴然也。**賓出，主人拜送，反，易服，即位而哭，如或去之❸。**此雜説喪祭也。易服，易祭服，反喪服也。賓出，祭事畢，即位而哭，如神之去然也。增《禮記》云"樂以迎來，哀以送往"是也。**哀夫！敬夫！事死如事生，事亡如事存，狀乎無形**補遺句。**影，然而成文。**狀，類也。言祭祀不見鬼神，有類乎無形影者，然而足以成人道之節文也。增狀，形象之也。〇夫，音扶。補遺徂徠曰："影然，即'狀乎無形'意是也。言其饗嘗觴去，象狀無形之神，宛如影然，以成禮文也。"

荀子卷第十三

---

❶ 覺按：宋浙本、古逸叢書本"間"作"閒"。

❷ 覺按：原書"然"下有"也"字，今據宋浙本、古逸叢書本刪。

❸ 覺按：原書"去"作"厺"，今據宋浙本、古逸叢書本改。

荀子卷第十四

樂論篇第二十 增此篇楊倞注亡，今全補之。○論，盧困反。

20.1　夫樂者，樂也，人情之所必不免也❶。增人之情不能不有歡樂之時，故曰"不免"。○夫，音扶；下同。樂，上如字；下音洛，下"無樂""樂則""不樂""以樂"皆同。補遺自篇首至"著誠去偽，禮之經也"，見《禮記·樂記》及《史記·樂書》，文互有異同。而中間插入駁墨子數語，蓋據古樂書以辨墨子之非樂也。故人不能無樂❷，樂則必發於聲音，形於動靜；而人之道❸，聲音、動靜、性術之變❹，盡是矣。增孔穎達曰："內心歡樂，發於聲音，則嗟嘆咏歌是也。形於動靜，則手舞足蹈是也。"輔廣曰："人生而靜，天之性也。感於物而動，性之術也。咨嗟咏歎，手舞足蹈，性術之變也。"補遺而人之道，《禮記》作"人之道也"。鄭注云："人之所爲也。"故人不能不樂❺，樂則不能無形，形而不爲道，則不能無亂。增不導之，則感於姦聲。

---

❶《禮記》《史記》"必不"作"不能"。

❷《史記》無"故人不能無樂"六字。

❸《禮記》無"而"字，"道"下有"也"字。

❹ 宋本、韓本"性"作"生"。

❺《禮記》"不樂"作"無樂"。

姦聲感人，而逆氣應之，故亂。○道，音"導"；下同。**先王惡其亂也，**
增惡，烏路反。**故制《雅》《頌》之聲以道之，**增是則所以使防
姦聲、近正聲之方也。**使其聲足以樂而不流，使其文足以辨而**
不諰，增流，猶"淫"也。文，下文"合奏以成文"是也。《禮記》《史
記》"諰"作"息"，是也。蓋"息"俗作"愳"，故誤爲"諰"耳。**使其**
曲直、繁省、廉肉、節奏 ❶，足以感動人之善心，增孔穎達
曰："曲，謂聲音迴曲。直，謂聲音放直。繁，謂繁多。廉，謂廉棱。肉，
謂肥滿。節奏，謂或作或止，作則奏之，止則節之。"愛曰：省，謂省約。
節奏，義見上。○肉，如又反。**使夫邪汙之氣無由得接焉 ❷。**增邪，
邪僻。汙，汙穢。**是先王立樂之方也。而墨子非之，奈何？**增
鄭玄曰："方，道也。"愛曰：墨子作《非樂篇》以非之，故荀卿説先王立
樂之本意以尤之。

　　20.2　故樂在宗廟之中，君臣上下同聽之，則莫不
和敬 ❸；閨門之内，父子兄弟同聽之，則莫不和親；鄉
里族長之中 ❹，補遺《禮記義疏》云："長，當作'黨'。"**長少同**
聽之，則莫不和順。增宮中之小門謂之閨，其内父子兄弟所居也。
○長，竹丈反。少，詩照反。**故樂者，審一以定和者也，**增一，
謂律也。《國語》曰："律以平聲 ❺。"補遺《禮記義疏》云："五聲所以

----

❶《禮記》"省"作"瘠"。

❷《禮記》《史記》作"不使放心邪氣得接焉"。

❸ 宋本三"則"字移在"君""父""長"上。韓本無三"則"字。覺按：
古逸叢書本與宋本同。

❹《禮記》《史記》"鄉里族長"作"族長鄉里"。"閨門"及"族長"
上有"在"字。

❺ 覺按：原書"律以"作"以律"，今據《國語・周語下》之文改。

爲一者，以宮爲之君也。十二律所以爲一者，以黃鐘爲之本也。故審宮聲，則五聲之和定；審黃鐘，則十二律之和定。”**比物以飾節者也，合奏以成文者也** ❶；增鄭玄曰：“比物，謂雜金、革、土、匏之屬也。以成文，五聲八音克諧相應和。”○比，毗志反。補遺合奏，《禮記》《史記》作“節奏合”，言聯合節奏以成一曲之文也。**足以率一道，足以治萬變**。增率，循也。一道，謂律也。言可以循一道也，事雖萬變，亦可以治也。補遺《禮記》《史記》作“所以合和父子君臣，附親萬民也”。因按：上“足以”二字衍，蓋因下文而誤加也。一道，謂樂也。治萬變，即“合和父子君臣，附親萬民”也。**是先王立樂之術也** ❷。**而墨子非之，奈何**？

20.3　**故聽其《雅》《頌》之聲，而志意得廣焉；執其干戚，習其俯仰屈伸，而容貌得莊焉；行其綴兆，要其節奏，而行列得正焉** ❸，**進退得齊焉**。增而，猶“則”也。干，盾。戚，斧，《武》舞所執也。鄭玄曰：“綴，謂酇舞者之位也。兆，其外營域也。”要，會也。○要，於遥反。行列，户郎反。**故樂者，出所以征誅也，入所以揖讓也。征誅揖讓，其義一也。出所以征誅，則莫不聽從；入所以揖讓，則莫不從服**。增二“所”字衍。**故樂者，天下之大齊也**，補遺《史記》作“天地之齊”爲是。齊，中正也；下“得其齊”同。**中和之紀也，人情之所必不免也** ❹。**是先王立樂之術也。而墨子非之，奈何**？增鄭玄曰：“紀，總

---

❶ 宋本、韓本、《禮記》《史記》“合奏”作“節奏合”，無“者也”二字。

❷ 《禮記》“術”作“方”。

❸ 《禮記》《史記》無三“而”字。宋本“伸”作“申”。

❹ 《禮記》“天下之大齊”作“天地之命”，《史記》作“天地之齊”；二書共“必不”作“不能”。

要之名也。"

20.4　且樂者，先王之所以飾喜也；軍旅鈇鉞者，先王之所以飾怒也。先王喜怒皆得其齊焉❶。增鈇，莝斫刀也。鉞。斧也。得齊，謂喜怒中節也。是故喜而天下和之，怒而暴亂畏之❷。先王之道，禮樂正其盛者也，補遺《禮記》《史記》作"禮樂可謂盛矣"❸。而墨子非之。故曰：墨子之於道也，猶瞽之於白黑也，猶聾之於清濁也，猶欲之楚而北求之也。增北求，北向而求也。楚則在南。舊本無"欲"字，今據宋本、韓本補之。

20.5　夫聲樂之入人也深，其化人也速，增化，言移風易俗也。故先王謹爲之文。增謂制《雅》《頌》。樂中平，則民和而不流；樂肅莊，則民齊而不亂。增《呂氏春秋》云："何謂衷？大不出鈞，重不過石，小大輕重之衷也。""衷""中"同。又《周語》云："細大不踰曰平。"肅，肅敬也。民和齊，則兵勁城固，敵國不敢嬰也。增《彊國篇》"嬰"作"攖"，同。如是，則百姓莫不安其處，樂其鄉，以至足其上矣。增樂，音洛；下"不樂""所樂"同。然後名聲於是白，光輝於是大❹，四海之民莫不願得以爲師，是王者之始也。增師，君師。補遺師，當作"君"❺。樂姚冶以險，則民流慢鄙賤矣。增姚冶，已見。險，不平之謂。《周禮・典同》曰："險聲斂。"慢，舊作"僈"，今據宋本、韓本改之。慢，《樂記》云："鄭、

---

❶《禮記》《史記》"喜怒"上有"之"字。《禮記》"齊"作"儕"。

❷《禮記》《史記》"而"作"則"，"亂"下有"者"字。

❸　覺按：原書"盛"下有"者"字，今據《禮記・樂記》《史記・樂書》之文刪。

❹　宋本"輝"作"暉"。

❺　覺按："師""君"類同，見18.2"海內之民莫不願得以爲君師"注。

衛之音，亂世之音也，比於慢矣。"是也。○冶，音也。**流慢則亂，鄙賤則爭。亂爭，則兵弱城犯，敵國危之。如是，則百姓不安其處，不樂其鄉，不足其上矣。故禮樂廢而邪音起者，危削侮辱之本也，故先王貴禮樂而賤邪音。其在序官也**，曰："**脩憲命，審誅賞，禁淫聲❶，以時順脩，使夷俗邪音不敢亂雅，太師之事也❷**。"增《王制篇》"誅賞"作"詩商"，是也。注詳見于彼篇。

20.6 墨子曰："**樂者，聖王之所非也，而儒者爲之，過也❸**。"**君子以爲不然。樂者，聖人之所樂也，而可以善民心，其感人深，其移風易俗**。增《孝經》曰："移風易俗，莫善於樂。"補遺下蓋脫"也速"二字。**故先王導之以禮樂而民和睦。**

20.7 **夫民有好惡之情而無喜怒之應，則亂。先王惡其亂也，故脩其行，正其樂，而天下順焉。**增應，應節也。○夫，音扶。好，呼報反。惡，烏路反。行，下孟反。**故齊衰之服，哭泣之聲，使人之心悲；**增聞之者悲。○齊，音咨。衰，七雷反。**帶甲嬰冑❹，歌於行伍，使人之心傷；**增甲，鎧也。嬰，繫於頸也。冑，兜鍪也。傷，疑當作"壯"，音之誤也。○行，戶郎反。**姚冶之容，鄭、衛之音❺，使人之心淫；**增《樂記》曰："鄭音好濫淫志，衛音趨數煩志。"○冶，音也。**紳、端、章甫，舞《韶》歌《武》，使人**

---

❶ 覺按：原書"淫"作"滛"，今據宋浙本、古逸叢書本改。

❷ 宋本、韓本"太"作"大"。

❸ 宋本、韓本"過也"作"過矣"。

❹ 宋本"冑"作"軸"。

❺ 覺按：原書"衞"作"衛"，今據宋浙本、古逸叢書本改。

之心莊。增紳，大帶也。端，玄端也。章甫，殷冠也。《韶》《武》已見。故君子耳不聽淫聲，目不視女色，口不出惡言。此三者，君子慎之。增物茂卿曰："女，當作'姦'。"○出，尺類反。

20.8　凡姦聲感人而逆氣應之，逆氣成象而亂生焉❶；正聲感人而順氣應之，順氣成象而治生焉。增姦聲，即鄭、衞之音也。《周禮》曰："正聲緩。"物茂卿曰："成象，謂形於歌舞也。"○治，直吏反。唱和有應，善惡相象，故君子慎其所去就也。增相象，象於樂也。○和，胡臥反。

20.9　君子以鐘鼓導志❷，以琴瑟樂心，動以干戚，飾以羽旄❸，從以磬管❹，增羽，翟羽。旄，旄牛尾，舞人之所執也。《周禮·樂師》有"羽舞""旄舞"。○樂，音洛。故其清明象天，其廣大象地，其俯仰周旋有似於四時❺。故樂行而志清，禮脩而行成。耳目聰明，血氣和平，移風易俗，天下皆寧，莫善於樂❻。增鄭玄曰："清明，謂人聲也。廣大，謂鐘鼓也。周旋，謂舞者。"○行成，下孟反。故曰：樂者，樂也。君子樂得其道，小人樂得其欲。以道制欲，則樂而不亂；以欲忘道，則惑而不樂。故樂者，所以導樂也。金石絲竹者❼，所以導樂也，樂行而

❶《禮記》"生"作"興"。

❷ 宋本"鐘"作"鍾"。

❸ 覺按：宋浙本、古逸叢書本"旄"作"毛"。

❹ 元本、《禮記》《史記》"磬"作"簫"。

❺ 元本"周旋"作"隨還"，《禮記》作"周還"。

❻ 宋本、韓本"莫善於樂"作"美善相樂"。

❼ 宋本"導"作"道"，無"竹者"之"者"，下"導樂"作"道德"，"嚮"作"鄉"。韓本"導"作"道"，"嚮"作"鄉"。

民嚮方矣。增金，鐘也。石，磬也。絲，琴也。竹，簫、管也。○樂，音洛。"樂者""樂行"及下"導樂"如字。故樂者，治人之盛者也，而墨子非之。增治人之道莫盛於樂。

20.10　且樂也者，和之不可變者也；禮也者，理之不可易者也。樂合同，禮別異，禮樂之統❶，管乎人心矣❷。增別，彼列反。窮本極變❸，樂之情也；著誠去僞，禮之經也。增去，起呂反。墨子非之，幾遇刑也。增幾，殆也。○幾，音祈。明王已没❹，莫之正也。愚者學之，危其身也。君子明樂，乃其德也。增禮樂皆得謂之有德。補遺大峰曰："'乃'下疑脱'成'字。下'不得成'，言不得成德，與此相應也。"亂世惡善，不此聽也。於乎哀哉！不得成也。弟子勉學，無所營也。增勉，舊作"免"，今據宋本、韓本改之。《賦篇》曰："弟子勉學，天不忘也。"營，與"熒"通，惑也。言毋爲墨子所惑。○惡，烏路反。於乎，音"嗚呼"。

20.11　聲樂之象：鼓大麗❺，鐘統實，磬廉制，竽、笙、簫、和、筦、籥發猛，塤、篪翁博❻，瑟易良，琴婦好，歌清盡，舞意天道兼。鼓，其樂之君耶❼？增物茂卿曰："麗

---

❶《禮記》"和"作"情"，"合"作"統"，"別"作"辨"，"統"作"說"。

❷《史記》"管"作"貫"。

❸《禮記》《史記》"極"作"知"。

❹ 宋本"已"作"以"，非。

❺ 宋本"大"作"天"，韓本同，非。覺按：宋浙本、古逸叢書本作"天"。

❻ 覺按：宋浙本、古逸叢書本"篪"作"箎"。久保愛於此無校語，若非其失校，則古逸叢書本與宋本已有異矣。

❼ 宋本"耶"作"邪"。

者，羣音之所附麗，如萬象之麗乎天。實者，《樂記》曰：'鐘聲鏗，鏗以立號，號以立横。'注：'横，充也，謂氣作充滿。'"愛曰：鼓似天，故曰"大"。鐘似地，故曰"統"。廉制，謂其聲硜硜如有隅角也。簫，當作"肅"，即"肅雍和鳴"之"肅"。笢，與"管"同。發，發强。猛，猛屬。塤，與"壎"同。毛萇曰："土曰壎，竹曰篪。"翁，未詳；或曰與"蓊"通。蓊博，盛大貌。婦好，謂柔婉也。天道兼，《左氏·隱公五年傳》曰："夫舞所以節八音而行八風。"然則以八音之器播八方之風，手之舞之，足之蹈之，故曰"天道兼"也。冢田虎曰："鼓無當五聲，五聲不得不和，故曰'樂之君'也。"〇麗，力知反。簫，音藥。塤，況袁反。篪，音池。易，以豉反。補遺統，當作"充"。《淮南子》曰："鐘音充。"婦，當作"静"。《詩》云："琴瑟在御，莫不静好。"**故鼓似天，鐘似地，磬似水，竽、笙、簫、笢、簫似星辰日月❶，**增似水，謂其聲淡也。舊本無"笙"字，今據宋本、韓本補之。"簫"字衍。**鞉、柷、拊、鞷、椌、楬似萬物。**增鞉、柷，當作"鞉鼓"。下有"椌、楬"，豈可上有"柷、敔"乎？字之誤也。毛萇曰："鞉鼓，樂之所成也。夏后氏足鼓，殷人置鼓，周人縣鼓。"鞷，字書不見；謝墉本作"鞷"，亦誤；當作"革"。拊革、拊搏、搏拊，一物也。孔安國曰："以韋爲之，實之以糠，所以節樂。"椌、楬，舊作"控揭"，非，今據宋本、元本、韓本改之。《禮記》曰："聖人作爲鞉、鼓、椌、楬、壎、篪。"鄭玄曰："椌、楬，謂柷、敔也。"孔安國曰："柷、敔，所以作止樂也。"〇鞉，音桃。**曷以知舞之意？曰：目不自見，耳不自聞也，然而治俯仰、詘信、進退、遲速莫不廉制，**增詘，與"屈"同。信，讀爲"伸"。**盡筋骨之力以要鐘鼓俯**

---

❶ 宋本、韓本"笢"作"和"。

會之節而靡有悖逆者 ❶，増要，邀也。謝墉本“俯”作“附”，是也。○盡，津忍反。筋，音斤。要，於遙反。悖，步没反，又蒲對反。衆積諄諄乎 ❷！増諄，《説文》曰：“語諄諄也 ❸。”音直尼反。愛案：此五字有誤，暫録字義以待知者。

20.12 吾觀於鄉而知王道之易易也 ❹。増鄉，言鄉飲酒禮也。其禮今存于《儀禮》。○易，以豉反；下同。主人親速賓及介，而衆賓皆從之；増鄭玄曰：“速，謂即家召之 ❺。”至于門外，主人拜賓及介，而衆賓皆入 ❻；貴賤之義別矣。増《鄉飲酒禮》曰：“主人一相迎于門外，再拜賓，賓答拜，拜介，介答拜。揖衆賓。”○別，彼列反。三揖至于階，三讓以賓升，拜至，獻酬，辭讓之節繁；増拜至，主人以賓升，“阼階上當楣北面再拜”是也。初，主人先酌而獻賓謂之獻；賓卒爵，酌而報主人謂之酢；次，主人酌而自飲，洗爵而又酌以進賓謂之酬。及介 ❼，省矣；増不拜洗、不自酌之

---

❶ 覺按：宋浙本、古逸叢書本“鐘”作“鍾”。

❷ 宋本、韓本“積”下有“意”字。覺按：宋浙本、古逸叢書本“諄諄”作“諄諄”。

❸ 覺按：原書“諄諄”作“諄諄”，今據《説文解字·言部》“諄”字條改。

❹ 《禮記》《家語》“吾”上有“孔子曰”三字。

❺ 覺按：原書“即”作“就”，今據《禮記·鄉飲酒義》“主人親速賓及介”鄭玄注改。

❻ 元本兩“皆”字作“自”，《禮記》同；《家語》下“皆”作“自”。《家語》“至于門外”作“至於正門之外”。

❼ 宋本、韓本“介”上有“其”字。《家語》“介”下有“升則”二字。

類。至于衆賓，升受 **❶**，坐祭，立飲，不酢而降 **❷**；隆殺之義辨矣。增《禮記》《家語》"受"下有"爵"字 **❸**，是也。舊本無"降"字，今據元本補之。《禮記》《家語》亦有之。○酢，才各反。殺，所介反；下同。工入，升，歌三終，主人獻之 **❹**；增工，瞽矇也。三終，歌《鹿鳴》《四牡》《皇皇者華》三終也。笙入，三終，主人獻之；增笙，吹笙者也。三終，吹《南陔》《白華》《華黍》三終也。間歌三終 **❺**，合樂三終 **❻**，增間，猶"代"也。歌《魚麗》，笙《由庚》；歌《南有嘉魚》，笙《崇丘》；歌《南山有臺》，笙《由儀》；各代相起，故曰"間歌"。合樂，謂歌樂與衆聲共作。其詩則《周南·關雎》《葛覃》《卷耳》三，《召南·鵲巢》《采蘩》《采蘋》三也。○間，古莧反。工告樂備，遂出。增工告樂正曰："正歌備。"樂正以告，賓乃降。○告，古毒反。二人揚觶 **❼**，增《鄉飲酒禮》曰："使二人舉觶于賓、介。"乃立司正焉：知其能和樂而不流也。增《儀禮》曰："作相爲司正。"鄭玄曰："作，使也。禮樂之正既成，將留賓，爲有解惰，立司正以監之。"○樂，音洛；下同。賓酬主人，主人酬介，介酬衆賓，少長以齒，終於沃洗者焉 **❽**：

---

❶《家語》"升"下有"而"字。

❷ 覺按：宋浙本、古逸叢書本無"降"字，非。

❸ 覺按：《禮記》"受"下無"爵"字，增注誤。

❹《家語》"獻"上有"又"字。

❺ 覺按：宋浙本、古逸叢書本"間"作"閒"。

❻《家語》"終"作"闋"。

❼《禮記》《家語》"二人"作"一人"。

❽ 覺按：宋浙本、古逸叢書本無"洗"字，非。久保愛於此無校語，若非其失校，則古逸叢書本已與宋本有異矣。

知其能弟長而無遺也❶。增舊本無"洗"字,今據元本補之。《禮記》《家語》亦有之。終於沃洗者,及無算爵,主人之贊者皆與,是也。遺,遺脫也。○少,詩照反。長,竹丈反;下同。弟,大計反;下同。**降,脫屨,升坐,脩爵無數。**增孔穎達曰:"脩爵無數,謂無算爵。"脫,舊作"說",今據宋本、韓本改之。**飲酒之節,朝不廢朝❷,暮不廢夕。**增朝、夕,朝廷聽治之時也。不廢之者,卒朝而飲,先夕而罷。暮,舊作"莫",今據宋本改之。○廢朝,直遙反。**賓出,主人拜送,節文終遂焉❸:**增主人送于門外,再拜,賓介不答拜。鄭玄曰:"終遂,猶'充備'也。"知其能安燕而不亂也。貴賤明,隆殺辨,和樂而不流,弟長而無遺,安燕而不亂,此五行者❹,足以正身安國矣❺。彼國安而天下安❻。故曰:吾觀於鄉,而知王道之易易也。增行,下孟反。

20.13 亂世之徵:其服組,增組,未詳。其容婦。增血氣態度擬於女子。其俗淫❼,增淫,亂也。其志利,增汲汲於貨財。其行雜,增雜,雜汙也。○行,下孟反。其聲樂險,增險者,不平之謂。《樂記》所謂"感條暢之氣而滅平和之德"是也❽。其文章匿而采,

---

❶《禮記》《家語》"也"作"矣"。

❷《家語》上"朝"作"旰"。

❸ 覺按:以上三"焉"字當屬下句,今依久保愛之句讀從上句。否則,此下之注文不安。

❹《家語》"明"上、"辨"上共有"既"字,無"行"字。

❺ 宋本、韓本"足"上有"是"字。

❻《家語》"安"下有"矣"字。

❼ 覺按:原書"淫"作"滛",今據宋浙本、古逸叢書本改。

❽ 覺按:原書"條"作"滌",今據《禮記·樂記》改。

增匿，當作"縟"，音之誤也。《説文》云："縟，繁采色也。"**其養生無度，其送死瘠墨，**增《禮論篇》："送死不忠厚、不敬文謂之瘠。"墨，墨子也。**賤禮義而貴勇力，貧則爲盜，富則爲賊。治世反是也。**增"亂世"以下，不似此篇之語，先儒疑之。○治，直吏反。

荀子卷第十四

荀子卷第十五

解蔽篇第二十一 蔽者，言不能通明，滯於一隅，如有物壅蔽之也 **❶**。
增此篇文辭奇古，誤脱許多，尤難解者也。

21.1 凡人之患，蔽於一曲而闇於大理。一曲，一端之曲説。
是時各蔽於異端曲説，故作此篇以解之。補遺一曲，猶“一偏”也。《莊子》曰：
“不該不徧，一曲之士也。”治則復經，兩疑則惑矣。言治世用禮
義 **❷**，則自復經常之正道。兩疑，謂不知一於正道，而疑蔽者爲是。一本作“兩
則疑惑矣”。增下文曰：“心枝則無知，傾則不精，貳則疑惑。”《吕氏春秋》曰：
“一則治，兩則亂。”仞案：“治”字恐當“一”字誤。兩疑則惑矣，一本作“兩
則疑惑矣”爲是。言人雖壅蔽闇理，一則復經，兩則疑惑矣。○治，直吏
反；下同。補遺治則復經，未詳。天下無二道，聖人無兩心。增《孟
子》曰：“道一而已矣。”無兩心，謂惟精惟一。此二句結上文，以益明執
一之美，而起下文是非治亂，以論兩而蔽者。今諸侯異政，百家異説，
則必或是或非，或理或亂 **❸**。增理，治也。亂國之君，亂家之人，

---

❶ 覺按：宋浙本、古逸叢書本“也”作“者”。

❷ 覺按：原書“義”作“儀”，今據宋浙本、古逸叢書本改。

❸ 宋本“或”皆作“惑”。謝本“理”作“治”。覺按：宋浙本、古

此其誠心莫不求正而以自爲也，妬繆於道而人誘其所迨也。迨，近也。近，謂所好也。言亂君、亂人本亦求理，以其嫉妬迷繆於道，故人因其所好而誘之，謂若好儉則墨氏誘之，好辯則惠氏誘之也[1]。增“迨”不可訓“近”，當是“殆”字誤。或疑楊倞時未誤，故訓“近”，其後并注文而誤。〇妬，丹故反，“妒”俗字。補遺白鹿曰：“妬，當作‘始’。”私其所積，唯恐聞其惡也。積，習。倚其所私以觀異術，唯恐聞其美也。倚，任也。或曰：偏倚也，猶“傍觀”也。言妬於異術也。增“倚”字或説爲是。是以與治雖走而是己不輟也。走，並馳。治，謂正道。既私其所習，妬繆於道[2]，雖與治並馳，而自是不輟。雖，或作“離”。增“雖”或作“離”爲是。“與治離走”同于“與義分背”句法[3]。輟，止也。〇己，音紀。豈不蔽於一曲而失正求也哉？心不使焉[4]，則白黑在前而目不見，雷鼓在側而耳不聞，況於使者乎！雷鼓，大鼓聲如雷者。使，役也。以論不役心於正道，則自無聞見矣，況乎役心於異術，豈復更聞正求哉？增不使焉，謂不役心於所見聞也。況，比也。況於使者乎，謂難比役心者也。本注“論”字當作“諭”，與“喻”同。補遺心不使焉，“使”字不通，恐當作“在”，即《大學》“心不在焉，視而不見，聽而不聞”也。德道之人，有賢德也。增德，當作“得”。《呂氏春秋》曰：“得道之人，不可驕也。”亂國之君非之上，亂家之人非之下，豈不哀哉？上下共非，故可哀也。

逸叢書本“理”作“治”。久保愛於此無校語，若非其失校，則古逸叢書本已與宋本有異矣。

[1] 覺按：原書“辯”作“辨”，今據宋浙本、古逸叢書本改。

[2] 覺按：原書“繆”作“謬”，今據宋浙本、古逸叢書本改。

[3] 覺按：“與義分背”見《大略篇》（27.70）。

[4] 元本“焉”作“爲”。

21.2 **數爲蔽❶**：數爲蔽之端也。增數，所矩反。**欲爲蔽，惡爲蔽；始爲蔽，終爲蔽；遠爲蔽，近爲蔽；博爲蔽，淺爲蔽；古爲蔽，今爲蔽**。此其所知、所好滯於一隅，故皆爲蔽也❷。增惡，烏路反。**凡萬物異，則莫不相爲蔽，此心術之公患也**。公，共也。所好異，則相爲蔽。

21.3 **昔人君之蔽者，夏桀、殷紂是也**。增夏，戶雅反；下同。**桀蔽於末喜、斯觀而不知關龍逢❸，以惑其心而亂其行**；末喜，桀妃。斯觀，未聞。韓侍郎云："斯，或當爲'斟'。斟觀，夏同姓國，蓋其君當時爲桀佞臣也。"《國語》史蘇曰："昔夏桀伐有施，有施人以末喜女焉。"賈侍中云："有施，喜姓國也。"增行，下孟反；下同。補遺末，《國語》作"妺"。**紂蔽於妲己、飛廉而不知微子啓，以惑其心而亂其行**。妲己，紂妃。飛廉，紂之佞臣，惡來之父，善走者，秦之祖也。微子，紂之庶兄。微國，子爵；啓，其名也。《國語》曰："殷紂伐有蘇，有蘇氏以妲己女焉。"賈侍中云："有蘇，己姓國也❹。"增妲，丁達反。己，音紀。**故羣臣去忠而事私，百姓怨非而不用**，事，任也。不用，不爲上用也。非，或爲"誹"。增"非"或爲"誹"爲是。○去，起呂反。**賢良退處而隱逃**，增如伯夷、大公者。○處，昌呂反。**此其所以喪九牧之地而虛宗廟之國也**。九牧，九州之牧。虛，讀爲"墟"。增喪，息浪反。**桀死於亭山**，亭山，南巢之山。或本作"鬲山"。案《漢書•地理志》廬江有灊縣，當是誤以"灊"爲"鬲"，傳寫又誤爲"亭"耳。灊，音潛。增《竹書紀年》："殷湯二十年，夏桀卒亭山，禁弦歌舞。"然則作"亭山"

---

❶ 宋本、韓本"數"作"故"，非。

❷ 覺按：原書無"也"字，今據宋浙本、古逸叢書本補。

❸ 覺按：原書"逢"作"逢"，今據宋浙本、古逸叢書本改。

❹ 覺按：原書"國"上有"之"字，今據宋浙本、古逸叢書本刪。

者非誤也。**紂縣於赤斾**,《史記》:"武王斬紂頭,縣於大白旗。"此云"赤斾",所傳聞異也。增縣,胡涓反。**身不先知，人又莫之諫，此蔽塞之禍也**。增舊本無"人"字,今據宋本、韓本補之。○塞,悉則反;篇內"蔽塞"皆同。

成湯鑒於夏桀❶，故主其心而慎治之，主其心,言不爲邪佞所惑也。增主,"無主乃亂"之"主"。補遺主,當作"正"。言正其心而慎治之,不蔽於姦邪也。**是以能長用伊尹而身不失道，此其所以代夏王而受九有也。文王鑒於殷紂❷,故主其心而慎治之，是以能長用呂望而身不失道，此其所以代殷王而受九牧也**。九有、九牧,皆九州也。撫有其地,則謂之九有;養其民,則謂之九牧。**遠方莫不致其珍,**增珍,謂其方賄也。"西旅獻獒",肅慎"貢楛矢"之類。**故目視備色，耳聽備聲，口食備味，形居備宮，名受備號，生則天下歌，死則四海哭，夫是之謂至盛。《詩》曰："鳳凰秋秋，其翼若干，其聲若簫。有鳳有凰，樂帝之心。"此不蔽之福也**。逸詩也。《爾雅》:"鶠,鳳;其雌❸,凰。"秋秋,猶"蹌蹌"。蹌蹌,謂舞也。干,楯也。此"帝",蓋謂堯也。堯時鳳凰巢於阿閣。言堯能用賢不蔽,天下和平,故有鳳凰來儀之福也。增此詩首疑當有一句。○夫,音扶。簫,與"秋"叶。樂,音洛。補遺干,當作"竿"。竿,笙類,三十六黃,用竹爲之,形參差,象鳥翼。《字典》❹:"心,叶桑鳩反。"

21.4 昔人臣之蔽者，唐鞅、奚齊是也。唐鞅,宋康王之臣。

---

❶ 宋本"鑒"作"監"。覺按:宋浙本、古逸叢書本作"鑒"不作"監",此蓋久保愛涉下文而誤校。

❷ 宋本"鑒"作"監"。

❸ 覺按:原書"雌"作"鶅",今據宋浙本、古逸叢書本改。

❹ 覺按:《字典》,指《康熙字典》。

《吕氏春秋》曰："宋康王染於唐鞅、田不禋。"奚齊，晉獻公驪姬之子。《論衡》曰❶："宋王問唐鞅曰：'吾殺戮甚衆，而羣臣愈不畏，何也？'對曰：'王罰不善者，善者胡爲畏？王少欲羣臣之畏也，不若無辨其善與不善❷，一時罪之，則羣臣畏矣。'宋王從之。"[增]鞅，於丈反。**唐鞅蔽於欲權而逐戴子**，載，讀爲"戴"。戴不勝，使薛居州傅王者，見《孟子》。或曰：戴子，戴驩也。《韓子》曰："戴驩爲宋太宰，夜使人曰：'吾聞有數夜乘輜車之李史門者，謹爲我司之。'使者報曰：'不見輜車，見有奉笥而與李史，史受笥。'"又戴驩謂齊王曰："王大仁於薛公，大不忍人。"據其時代，當是戴驩也。蓋爲唐鞅所逐，奔齊也。[補遺]注"與李史"下脫"語者，有間，李"五字❸。**奚齊蔽於欲國而罪申生**。申生，晉獻公之太子，奚齊之兄，爲驪姬所譖，獻公殺之。《春秋穀梁傳》曰："晉里克弑其君之子奚齊。'其君之子'云者，國人不子也，不正其殺太子申生而立也。"**唐鞅戮於宋，奚齊戮於晉。逐賢相而罪孝兄，身爲刑戮，然而不知，此蔽塞之禍也**。[增]相，息亮反。**故以貪鄙背叛爭權而不危辱滅亡者**❹，**自古及今，未嘗有之也**。[增]背，音佩。

　　鮑叔、甯戚、隰朋仁智且不蔽❺，**故能持管仲而名利福祿與管仲齊**。持，扶翼也。**召公、呂望仁智且不蔽，故能持周公而名利福祿與周公齊**。[增]召，音"邵"。傳曰："知賢

---

❶ 覺按：原書"曰"作"云"，今據宋浙本、古逸叢書本改。

❷ 覺按：宋浙本、古逸叢書本無"與不善"三字，非。

❸ 覺按：原書"史"作"吏"，今據注文改。

❹ 元本無"危辱"二字。

❺ 宋本"智"作"知"，下同。覺按：原書"甯"作"寗"，今據宋浙本改。古逸叢書本作"寗"。

之謂明，輔賢之謂彊❶。勉之彊之，其福必長。"此之謂也。
此不蔽之福也。勉之彊之，言必勉之。言知賢、輔賢，然後其福長也。
彊，其亮反。增傳，直戀反。彊之，其兩反，舊音非。

21.5 昔賓孟之蔽者，亂家是也。賓孟，周景王之佞臣，

欲立王子朝者。亂家，謂亂周之家事，使庶孽爭位也。增孟，賓起字也。
案《左氏·昭公二十二年傳》，賓孟終以黨子朝見殺，故曰"亂家"。蓋亂
己家也。墨子蔽於用而不知文，欲使上下勤力，腓無胈，
脛無毛，而不知貴賤等級之文飾也。宋子蔽於欲而不知得，宋子以人之情欲
寡，而不欲多❷，但任其所欲則自治也，蔽於此說而不知得欲之道也。補遺
得，當作"德"。慎子蔽於法而不知賢，慎子本黃老，歸刑名，多
明不尚賢、不使能之道，故其說曰："多賢不可以多君，無賢不可以無君。"
其意但明得其法，雖無賢亦可爲治，而不知法待賢而後舉也。申子蔽於
勢而不知知❸，申子，名不害，河南京縣人，韓昭侯相也。其說但賢得
權勢，以刑法馭下，而不知權勢待才智然後治，亦與慎子意同。下"知"，
音"智"。惠子蔽於辭而不知實，惠子蔽於虛辭而不知實理。虛辭，
謂若"山出口，丁子有尾"之類也。莊子蔽於天而不知人。天，謂
無爲自然之道。莊子但推治亂於天，而不知在人也。故由用謂之道，
盡利也❹；由，從也。若由於用，則天下之道無復於仁義❺，皆盡於求利
也。由俗謂之道，盡嗛矣；俗，當爲"欲"。嗛，與"慊"同，快也。
言若從人所欲，不爲節限，則天下之道盡於快意也。嗛，口簟反。由法

---

❶ 宋本、韓本"謂彊"之"彊"作"能"。

❷ 覺按：宋浙本、古逸叢書本無"而"字。

❸ 宋本"勢"作"埶"，下同。

❹ 宋本"也"作"矣"，下同。

❺ 覺按：宋浙本、古逸叢書本無"於"字。

謂之道，盡數矣；由法而不由賢，則天下之道盡於術數也❶。由勢
謂之道，盡便矣；便，便宜也。從勢而去智，則盡於逐便，無復脩
立也❷。由辭謂之道，盡論矣；論，辯說也❸。增論，盧困反。由天
謂之道，盡因矣。因，任其自然，無復治化也。此數具者，皆道
之一隅也。增舊本此下有"而"字，今據宋本除之。補遺具，猶"術"
也。夫道者，體常而盡變，一隅不足以舉之。言道者體常盡變，
猶天地常存，能盡萬物之變化也。增夫，音扶；下同。盡，津忍反。曲
知之人，觀於道之一隅，猶未之能識也❹，曲知，言不通於大道
也❺。一隅猶昧，況大道乎？補遺曲知，猶"偏知"也。故以爲足而飾之，
謂其持之有故，其言之成理也。內以自亂，外以惑人，上以蔽下，
下以蔽上，此蔽塞之禍也。

　　孔子仁智且不蔽❻，故學亂術足以爲先王者補遺句。也。
亂，雜也。言其多才藝，足以及先王也。增亂術，謂壞禮崩樂之類也，蓋"下
學而上達"之意。一家補遺句。得周道，舉而用之，不蔽於成積也。
一家得，謂作《春秋》也。周道舉，謂刪《詩》《書》，定《禮》《樂》。成
積，舊習也。言其所用不滯於衆人舊習，故能功業如此。增卿大夫稱"家"。
此蓋言孔子僅在一大夫之位，得周道而舉用之也。成積，見《儒效篇》，謂"積
文學""積禮義""積善"也❼。補遺亂，當作"乿"，古"治"字。也，疑

---

❶ 覺按：原書"也"作"矣"，今據宋浙本、古逸叢書本改。

❷ 覺按：宋浙本、古逸叢書本無"也"字。

❸ 覺按：宋浙本、古逸叢書本"辯"作"辨"。

❹ 宋本、韓本"猶"作"而"。

❺ 覺按：原書無"於"字，今據宋浙本、古逸叢書本補。

❻ 宋本"智"作"知"。

❼ 覺按："積文學"見《王制篇》，"積禮義""積善"見《儒效篇》。

當作"正"。一，蓋"百"字之缺也。言孔子仁知且不蔽，故不惑於異術，唯學治術可足以爲先王之道者，而正百家之學，得文、武之道，舉而用之也。故德與周公齊，名與三王並，此不蔽之福也。

21.6 聖人知心術之患❶，見蔽塞之禍，故無欲、無惡，無始、無終，無近、無遠，無博、無淺，無古、無今，兼陳萬物而中懸衡焉❷。不滯於一隅，但當其中而懸衡，揣其輕重也。增惡，烏路反。是故衆異不得相蔽以亂其倫也。倫，理。

21.7 何謂衡？

曰：道。道，謂禮義。故心不可以不知道❸。心不知道，則不可道而可非道。心不知道，則不以道爲可。可，謂合意也。增可，"制曰可"之"可"。人孰欲得恣而守其所不可以禁其所可？人心誰欲得縱恣，而肯守其不合意之事，以自禁其合意者？補遺十六字句。言人情不欲已得自恣之勢，而反守其所不好，以禁其所好也。謂人君也。以其不可道之心取人，則必合於不道人，而不知合於道人。各求其類。增疑衍"知"字。以其不可道之心與不可道之人論道人❹，亂之本也。必有妬賢害善。

夫何以知？問何道以知道人也。補遺白鹿曰："下脫'道人'二字。"

曰：心知道，然後可道。可道，然後能守道以禁非道。以其可道之心取人，則合於道人而不合於不道之人矣。以其可道之心與道人論非道，治之要也。必能懲姦去惡。增治，

---

❶ "心術"見《非相篇》。

❷ 宋本"懸"作"縣"。

❸ 元本無"可以"之"以"。

❹ 元木"不可道之人論道人"作"不道人"三字。

直吏反；下同。**何患不知？** 心苟知道，何患不知道人？ 補遺 知，疑當作"治"。**故治之要在於知道人❶。** 增 疑衍"人"字。

21.8 何以知道？ 既知道人在於知道，問知道之術如何也。

曰：心。 在心無邪。 補遺 白鹿曰："注，虵足。"

心何以知？

曰：虛一而靜❷。 能然，則可以知道也。**心未嘗不臧也，然而有所謂虛；** 臧，讀爲"藏"，古字通；下同。言心未嘗不包藏❸，然有所謂虛也。**心未嘗不滿也，然而有所謂一；** 滿，當爲"兩"。兩，謂同時兼知。**心未嘗不動也，然而有所謂靜。** 雖動，不使害靜也。**人生而有知，知而有志；志也者，臧也；** 在心爲志。 增 志，記也。○志，音"誌"。**然而有所謂虛，不以所已臧害所將受謂之虛❹。** 見善則遷，不滯於積習也。 增《家語》曰："學者損其自多，以虛受人。"《周易·咸卦》："《象》曰：'君子以虛受人。'" 補遺 大峰曰："人既多有記臆，而又更有見聞，則得亦記臆之，是不以所先藏妨害所後藏，所謂心之虛也。"**心生而有知，知而有異；** 增 有異，有好憎也。《淮南子》曰："知與物接，而好憎生焉。" 補遺 異，謂辨別物之不同也。**異也者，同時兼知之；同時兼知之，兩也；然而有所謂一，不以夫一害此一謂之一❺。** 既不滯於一隅，物雖輻湊而至❻，盡可以

---

❶ 元本"在"作"存"。

❷ 宋本"一"作"壹"。

❸ 覺按：宋浙本、古逸叢書本"包"作"苞"。

❹ 宋本"所已"倒。覺按：古逸叢書本作"已所"。宋浙本作"己所"，可從。

❺ 宋本"之一"作"之壹"。

❻ 覺按：原書"湊"作"輳"，今據宋浙本、古逸叢書本改。

一待之也。增夫一，所好也。此一，所憎也。言不以所好之非，害所憎之是，唯義所在。補遺譬之兼學文武者，兩專意而講習之，然不以講武之專害修文之專也。心，臥則夢，偷則自行，使之則謀，臥，寢也。自行，放縱也。使，役也。言人心有所思，寢則必夢，偷則必放縱，役用則必謀慮。故心未嘗不動也；然而有所謂靜，不以夢劇亂知謂之靜。夢，想象也❶。劇，囂煩也❷。言處心有常，不蔽於想象、囂煩而介於智中以亂其知，斯爲靜也。此皆明不蔽於一端，虛受之義也。增知，如字；或音"智"。未得道而求道者，謂之虛一而靜❸，有求道之心，不滯於偏見曲說，則是虛一而靜❹。增古屋鬲曰："'謂之'二字衍文。"作之則。增物茂卿曰："'作之則'當屬上文，言虛一而靜，以此爲法則也。"將須道者，之虛則人；將事道者，之一則盡❺；將思道者，靜則察。此義未詳，或恐脫誤耳。或曰：此皆論虛一而靜之功也。作，動也。須，待也。將，行也。當爲"須道者，虛則將；事道者，一則盡；思道者，靜則察"，其餘字皆衍也。作之則行，言人心有動作則自行也。以虛心須道，則萬事無不行；以一心事道，則萬物無不盡；以靜心思道❻，則萬變無不察。此皆言執其本而末隨也❼。增人，當作"入"，字似而誤。以文例考之，二"之"字衍文。不然，則"靜"上當有"之"字。三"者"字、"入"字、"盡"字句。補遺須，求也。餘《增注》與愚見合。知道

❶ 覺按：原書"象"作"像"，今據宋浙本、古逸叢書本改；下同。
❷ 覺按：原書"囂"作"囂"，今據宋浙本、古逸叢書本改；下同。
❸ 宋本"一"作"壹"。
❹ 覺按：原書"靜"下有"也"字，今據宋浙本、古逸叢書本刪。
❺ 宋本"一"作"壹"。宋本"盡"下有一"盡"字，非。
❻ 覺按：宋浙本、古逸叢書本"靜"作"飾"。
❼ 覺按：原書"也"作"之"，今據宋浙木、古逸叢書本改。

察，知道行，體道者也。知道察，謂思道者静則察也。知道行，謂須道者虛則將也。體，謂不離道也。增 "知道察，知道行"，謂知道而察之，知道而行之也。補遺知道察，知道行，兩 "道" 下似脱 "而" 字。**虛一而静❶，謂之大清明❷。**言無有壅蔽者。**萬物莫形而不見，莫見而不論，莫論而失位。**既虛一而静，則通於萬物，故有形者無不見，見則無不能論説，論説則無不得其宜❸。增見，賢遍反。**坐於室而見四海，處於今而論久遠❹，疏觀萬物而知其情，參稽治亂而通其度，**疏，通。參，驗。稽，考。度，制也。增處，昌呂反。治，直吏反。**經緯天地而材官萬物，制割大理而宇宙裏矣。**材，謂當其分。官，謂不失其任。裏，當爲 "理"。材，或爲 "裁"❺。增 "材" "裁" 通。《王制篇》曰："序四時，裁萬物。"裏，恐 "裏" 誤，字形頗似。《莊子》曰："充滿天地，包裏六極。"補遺而材官萬物，"而" 字衍。**恢恢廣廣，孰知其極？睪睪廣廣，孰知其德？涫涫紛紛，孰知其形？明參日月，大滿八極，是之謂大人。夫惡有蔽矣哉？**此皆明虛一而静，則通於神明，人莫能測也，又安能蔽哉？睪，讀爲 "皥"。皥皥，廣大貌。涫涫，沸貌。紛紛，雜亂貌。涫，音官，又音貫。增舊本 "是" 上有 "夫" 字，今據宋本、元本除之。○恢，枯回反。夫，音扶。惡，音烏。補遺睪睪廣廣，"廣" 當作 "曠"，與上句重。

21.9 **心者，形之君也，而神明之主也，出令而無所受令；**心出令以使百體，不爲百體所使也。增出，尺類反。**自禁也，**

---

❶ 宋本 "一" 作 "壹"。

❷ 元本無 "大" 字。

❸ 覺按：原書 "宜" 下有 "也" 字，今據宋浙本、古逸叢書本刪。

❹ 元本 "論" 作 "聞"。

❺ 覺按：宋浙本、古逸叢書本 "裁" 作 "裁也"，非。

自使也；自奪也，自取也；自行也，自止也。此六者，皆由
心使之然，所以爲形之君也。故口可劫而使墨云，形可劫而使詘
申，心不可劫而使易意，是之則受，非之則辭。劫，迫也。
云，言也。百體可劫，心不可劫，所以尤宜慎擇所好，懼蔽塞之患也。增
"墨""嘿""默"同。詘，與"屈"同。申，與"伸"同。故曰：心容，
補遺句。其擇也無禁，必自見；補遺言心之情狀，無爲物所蔽禁，
則其擇是非也必自見明矣。其物也雜博，容，受也。言心能容受萬物，
若其選擇無所禁止，則見雜博不精，所以貴夫虛一而靜也❶。增心容，
說心之形容也。《莊子》曰："宋鈃、尹文聞其風而悅之，作爲華山之冠以自
表，接萬物以別宥爲始；語心之容，命之曰心之行。"是也。擇，擇是非也。
無禁，無有禁之者也。楊倞帶"則"字者非也。雜博，不擇是非先見之也。
其精之至也不貳。其精之至極，在一而不貳，若雜博則惑也❷。增精，
舊作"情"，今據元本改之；注同。補遺言來接之物雖紛紜雜博多，而其情
之至，則一而不貳也。《詩》云："采采卷耳，不盈頃筐。嗟我
懷人，寘彼周行。"《詩》，《周南•卷耳》之篇。毛公云❸："采采，事
采之也。卷耳，苓耳也。頃筐，畚屬，易盈之器也。思君子置於周之列位
也。"增懷人，大姒所思念之人，謂文王也。"周行""周道"同，謂道路
也。此時文王受天子之命，征討而在道路，於是大姒作詩曰："雖采卷耳，
不盈頃筐。"非不易得、不易盈，天子以文王置道路，我心貳之故也。○頃，
音傾。寘，支義反。行，戶郎反。頃筐易滿也，卷耳易得也，然
而不可以貳周行。采易得之物，寘易滿之器，以懷人寘周行之心貳之，

---

❶ 覺按：宋浙本、古逸叢書本"一"作"壹"。

❷ 覺按：宋浙本、古逸叢書本無"也"字。

❸ 覺按：原書"云"作"曰"，今據宋浙本、古逸叢書本改。

則不能滿，況乎難得之正道，而可以他術貳之乎？增易，以豉反。故曰：心枝則無知，傾則不精，貳則疑惑。以贊稽之，萬物可兼知也。枝，旁引如樹枝也❶。贊，助也。稽，考也。以一端而不貳之道助考之❷，則可兼知萬物。若博雜，則愈不知也。增"贊"字以上文例，則當"參"誤；下同。義亦稍勝。身盡其故，則美。故，事也。盡不貳之事，則身美矣。增盡，津忍反。類不可兩也，補遺美，當作"義"。言身欲盡其事，則義類不可兩也。故知者擇一而一焉❸。凡事類皆不可兩，故知者精於一道而專一焉，故異端不能蔽也。增知，音"智"。

21.10 農精於田而不可以爲田師，賈精於市而不可以爲市師，工精於器而不可以爲器師。皆蔽於一技，故不可爲師長也。增市，舊作"賈"，今據宋本、韓本改之。古屋鬲曰："下文'精於物者也'五字，當移'師'字下。"○賈，音古。有人也，不能此三技而可使治三官。曰：精於道者也❹，精於一道，故可以理萬事。補遺"曰"字衍。精於物者也。精於物者以物物，謂能名物其一物，若農、賈之屬也。增物茂卿曰："'以物物'，'兼物物'，上'物'字皆謂治物也。"補遺"以"字衍。精於道者兼物物。謂能兼治名物其一物者也。故君子一於道而以贊稽物❺。一於道，所以助考物也。助考，謂兼治也。一於道則正，以贊稽物則察，以正志行察論，則萬物官矣。在心爲志，發言爲論。官，謂各當其任，無差錯也。增論，盧困反。補遺論，猶"撰"也。以正人之志，行所明論之事也。

---

❶ 覺按：原書"旁"作"宂"，今據宋浙本、古逸叢書本改。
❷ 覺按：原書無"端"字，今據宋浙本、古逸叢書本補。
❸ 宋本"而一"之"一"作"壹"。
❹ 宋本無"者"字。
❺ 宋本"一於"皆作"壹於"。

21.11 昔者舜之治天下也，不以事詔而萬物成。舜能一於道，但委任衆賢而已，未嘗躬親以事告人。處一危之❶，其榮滿側；養一之微，榮矣而未知。一，謂心一也。危之，當爲"之危"。危，謂不自安，戒懼之謂也。側，謂逼側❷，亦充滿之義。微，精妙也。處心之危，言能戒懼，兢兢業業，終使之安也。養心之微，謂養其未萌❸，不使異端亂之也。處心之危有形，故其榮滿側可知也❹。養心之微無形，故雖榮而未知。言舜之爲治❺，養其未萌也。增處一之危，謂善處人心之危使安也。養一之微，謂善養道心之微使明也。榮矣而未知，未詳，恐不知榮華之在身之謂也。○處，昌呂反。補遺此以下别爲一章，論治心之術，非論舜之事也。滿側，猶言"滿四邊"也。之微，當作"微之"。與下文《道經》文勢不同。微，謂養心於幾微也。"危""微"皆治心之工夫也。故《道經》曰："人心之危，道心之微。"今《虞書》有此語，而云"道經"，蓋有道之經也。孔安國曰："危則難安，微則難明，故戒以精一❻，信執其中。"引此以明舜之治在精一於道，不蔽於一隅也。增古人引《書》者，或曰"先王之令"，或曰"西方之書"，或曰"傳"，或曰"道經"。何也？先儒皆疑《古文尚書》後人集古語以補者多，且"人心""道心"亦頗似道家者流之語也。補遺《道經》，未詳何書。梅賾《古文尚書》有此語，蓋取乎此。此語本旨不可知也。荀子所引之意，言凡人之治心，以危懼之誠；道人之養心，以微眇之幾。引以證上文也。或疑《道經》，道家之書。此篇曰"道"、

---

❶ 宋本"危之"作"之危"。據注文，非也。

❷ 覺按：原書"逼"作"偪"，今據宋浙本、古逸叢書本改。

❸ 覺按：原書"萌"作"萠"，今據宋浙本、古逸叢書本改；下同。

❹ 覺按：宋浙本、古逸叢書本"側"作"則"，非。

❺ 覺按：宋浙本、古逸叢書本"舜"作"辭"，非。

❻ 覺按：宋浙本、古逸叢書本"戒"作"誠"。

曰"道人"，皆謂其道也。此獨稱道家之書哉！**危微之幾，惟明君子而後能知之。**幾，萌兆也，與"機"同。**故人心譬如槃水，正錯而勿動，則湛濁在下，而清明在上，**湛，讀爲"沈"，泥滓也；下同。增槃，與"盤"同。錯，七路反。**則足以見鬚眉而察理矣；**理，肌膚之文理。補遺"理"上疑脫"膚"字。**微風過之，湛濁動乎下，清明亂於上，則不可以得大形之正也。心亦如是矣。導之以理❶，養之以清，**物莫之傾，清，謂沖和之氣❷，增清，"清濁"之"清"。**則足以定是非、決嫌疑矣。小物引之，則其正外易，其心內傾，則不足以決麤理也❸。**言此者，以喻心不一於道，爲異端所蔽，則惑也。增麤理，對"大形之正"，元本作"庶理"，非也。○麤，七奴反。**故好書者衆矣，而倉頡獨傳者，一也❹；**倉頡，黃帝史官。言古亦有好書者，不如倉頡一於其道，異術不能亂之，故獨傳也❺。增好，呼報反；下同。頡，戶結反。**好稼者衆矣，而后稷獨傳者，一也；好樂者衆矣，而夔獨傳者，一也；**增后稷，名棄。夔，舜之典樂。○夔，巨眉反。**好義者衆矣，而舜獨傳者，一也。倕作弓，浮游作矢，而羿精於射；**倕，舜之共工。《世本》云"夷牟作矢"，宋衷注云❻"黃帝臣"。此云"浮游"，未詳。或者，浮游，夷牟之別名，或聲相近而誤耳。言倕、游雖作弓矢，未必能射，而羿精之也。弓矢，舜已

---

❶ 宋本"導"上有"故"字，韓本同。

❷ 覺按：原書"沖"作"冲"，今據宋浙本、古逸叢書本改。

❸ 宋本"也"作"矣"。

❹ 宋本"一"作"壹"，下同。

❺ 覺按：宋浙本、古逸叢書本此後還有注文云："情箸古者倉頡之有天下，守法授親，神農亦然也。"

❻ 覺按：原書"注"作"註"，今據宋浙本、古逸叢書本改。

前有之，此云"倕作弓"，當是改制精巧，故亦言"作"也。增倕，《書》作"垂"。**奚仲作車，乘杜作乘馬，而造父精於御。自古及今，未嘗有兩而能精者也。**奚仲，夏禹時車正。黃帝時已有車服，故謂之"軒轅"。此云"奚仲"者，亦改制耳。《世本》云："相土作乘馬。""杜"與"土"同。乘馬，四馬也。四馬駕車，起於相土❶，故曰"作乘馬"。以其作乘馬之法，故謂之"乘杜"。乘，並音剩。相土，契孫也。《呂氏春秋》曰："乘雅作駕。"增本注"乘雅"舊作"乘馬"，"駕"上有"一"字。今案本書作"乘雅作駕"，注云："雅，一作'特'。"故謹改之。蓋作"特"者當是。"特"則"杜"字以音誤耳❷。〇造，七到反。父，音甫。**曾子曰："是其庭可以搏鼠，惡能與我歌矣❸？"**是，蓋當爲"視"❹。曾子言：有人視庭中可以搏擊鼠，則安能與我成歌詠乎？言外物誘之，思不精，故不能成歌詠也。增是，與"諟"通，又與"題"通，視也。〇惡，音烏。

21.12 空石之中有人焉，其名曰觙。
空石，石穴也。蓋古有善射之人，處深山空石之中，名之曰觙。"觙"字及事並未詳所出，或假設喻之耳❺。**其爲人也，善射以好思。**好，喜也。清靜思其射之妙。**耳目之欲接，則敗其思；蚊虻之聲聞❻，則挫其精。是以闢**

---

❶ 覺按：宋浙本、古逸叢書本"起"作"處"，非。

❷ 覺按：古音"杜"屬定母、魚部、上聲，"特"屬定母、職部、入聲，"雅"屬疑母、魚部、上聲。"杜""特"爲雙聲，"杜""雅"爲疊韻，"杜"音特雅反，故作"杜"字爲是，作"雅"者失其聲，作"特"者失其韻也。

❸ 元本"矣"作"乎"。

❹ 覺按：原書無"蓋"字，今據宋浙本、古逸叢書本補。

❺ 覺按：原書無"之"字，今據宋浙本、古逸叢書本補。

❻ 宋本"虻"作"蝱"，下同。覺按：宋浙本、古逸叢書本此句作"虻"，下文作"蝱"。久保愛之校或誤。"虻"爲"蝱"之俗字。

耳目之欲，而遠蚊虻之聲，閑居靜思，則通。挫，損也。精，精誠也。闊，屏除也。言閑居靜思，不接外物，故能通射之妙。增"則通"之"則"猶"而"也。○敗，必邁反。其思，息吏反；下"之思"同。聞，音問；下同。遠，于願反；下同。**思仁若是，可謂微乎？**言靜思仁如空石之人思射，則可謂微乎？假設問之辭也。**孟子惡敗而出妻，可謂能自彊矣。**此已下，荅之之辭。孟子惡其敗德而出其妻，可謂能自彊於脩身也。增《韓詩外傳》曰："孟子妻獨居，踞。孟子入戶視之，白其母曰：'婦無禮，請去之。'"其母止之，於是孟子自責不去婦。與此不同。○惡，烏路反；下同。出，尺類反。彊，其兩反。補遺下衍文"未及思也"四字當在此下。**有子惡臥而焠掌，可謂能自忍矣，未及好也。**有子，蓋有若也。焠，灼也。惡其寢臥而焠其掌❶，若刺股然也。"未及好也"當爲"未及好思也"，誤分在下，更作一句耳。有子焠掌，可謂能自忍其身，則未及善射好思者也❷。若思道之至，則自無寢，爲用焠掌乎？增焠，音翠。**闊耳目之欲，**補遺上疑脱"空石之人"四字。**可謂能自彊矣，未及思也。**蚊虻之聲聞則挫其精，補遺此句有衍脱，當作"而遠蚊虻之聲"六字。**可謂危矣，未可謂微也。**"可謂能自彊矣，未及思也"十字，並衍耳。可謂危矣，言能闊耳目之欲，則可謂能自危而戒懼，未可謂微也。微者，精妙之謂也。**夫微者，至人也。**惟精惟一，如舜者。增夫，音扶；下同。**至人也，何彊？何忍？何危？**既造於精妙之域，則冥與理會❸，不在作爲。苟未臻極，雖在空石之中，猶未至也。**故濁明外景，清明內景。**景，光色也。濁，謂

❶ 覺按：原書無"其"字，今據宋浙本、古逸叢書本補。

❷ 覺按：宋浙本、古逸叢書本無"射"字，非。

❸ 覺按：宋浙本、古逸叢書本"冥"作"寅"。

混跡。清，謂虛白。圖《淮南子》曰："天道曰圓，地道曰方。方者主幽，圓者主明。明者，吐氣者也，是故火曰外景；幽者，含氣者也，是故水曰內景。"因考此二句，言至人者發天地水火氣於內外而已。○景，音"影"。補遺《淮南子》曰："火曰外景，水曰內景。"言明之濁者，其景照外；明之清者，其景含內。蓋以外景喻"危"、內景喻"微"也。**聖人縱其欲，兼其情，而制焉者理矣。夫何彊？何忍？何危？**兼，猶"盡"也。聖人雖縱欲盡情而不過制者，由於暗與理會故也，何必如空石之徒乎？圖兼，疑當作"慊"，快也，足也。言從心之所欲，快情之所至。**故仁者之行道也，無為也；聖人之行道也，無彊也。**無為，謂知違理則不作，所謂"造形而悟"也。無彊，謂全無違理彊制之萌也❶。圖無為，"不以事詔而萬物成"是也。無彊，"縱其欲，快其情而制"是也。**仁者之思也，恭；聖者之思也，樂。此治心之道也**❷。思，慮也。恭，謂"乾乾夕惕"也。樂，謂性與天道無所不適也❸。圖樂，音洛。

21.13 凡觀物有疑，中心不定，則外物不清；清，明審也。**吾慮不清，則未可定然否也。冥冥而行者**❹**，見寢石以為伏虎也**❺**，見植林以為後人也，冥冥蔽其明也。**冥冥，暮夜也。圖植林，疑當作"植木"。《淮南子》曰："怯者夜見立表，以為鬼也；見寢石，以為虎也。"補遺林，當作"木"。後，當作"候"。言見植木以為佇立而候己者也。**醉者越百步之溝，以為蹞步之澮也**❻；蹞，與"跬"

---

❶ 覺按：原書"萌"作"萌"，今據宋浙本、古逸叢書本改。

❷ 元本"治"作"理"。

❸ 覺按：宋浙本、古逸叢書本無"也"字。

❹ 覺按：宋浙本、古逸叢書本"冥冥"作"寅寅"，下文及注同。

❺ 宋本"石"作"木"。

❻《淮南子》曰："超江、淮，以為尋常之溝也。"覺按：原書引文"超"

同。半步曰跬。澮，小溝也。增《考工記》曰：“廣四尺，深四尺，謂之溝。廣二尋，深二仞，謂之澮。”○�，音頻。**俯而出城門，以爲小之閨也❶**：酒亂其神也。閨，小門也。**厭目而視者，視一以爲兩；掩耳而聽者，聽漠漠以爲洶洶：勢亂其官也❷。**厭，指按也❸，一涉反。漠漠，無聲也。洶洶，喧聲也。官，司主也。言勢亂耳目之所主守。洶，許用反。**故從山上望牛者若羊❹**，**而求羊者不下牽也**，增山上，舊作“山下”，今據宋本、韓本改之。○下，遐嫁反。**遠蔽其大也。從山下望木者，十仞之木若箸，而求箸者不上折也，高蔽其長也。**皆知爲高遠所蔽，故不往求。然則守道者亦宜知異術之蔽類此也。增舊本“望”上有“而”字，“箸”皆作“著”，今據宋本除之、改之。○上，時掌反。**水動而影搖，人不以定美惡，水勢玄也❺。**玄，幽深也，或讀爲“眩”。增“玄”字本注或說爲是，下文“疑玄”同此。**瞽者仰視而不見星，人不以定有無，用精惑也。**精，目之明也。增人，舊作“辰”，於義似是；然宋本、元本皆作“人”，則後人私改之者也，故正之。人，即其人，謂瞽者也。且上文例亦然。補遺人，謂他人。用，當作“目”。“精”“睛”通。**有人焉，以此時定物，**補遺定美惡有無。**則世之愚者也。彼愚者之定物❻，以疑決疑，決必不當。夫**

作“越”，今據《淮南鴻烈集解》之文改。

❶《淮南子》曰：“以爲七尺之閨也。”

❷ 宋本“漠”下有“而”字，“勢”作“埶”。

❸ 覺按：原書“按”作“案”，今據宋浙本、古逸叢書本改。

❹《淮南子》曰：“從城上視牛如羊，視羊如豕。”

❺ 宋本“影”作“景”；“勢”作“埶”，下同。

❻ 覺按：原書“彼”作“彷”，今據宋浙本、古逸叢書本改。

苟不當,安能無過乎❶？以疑決疑,猶慎、墨之屬也。增當,丁浪反。夫,音扶。

21.14 夏首之南有人焉,曰涓蜀梁。夏首,夏水之首。《楚詞》云:"過夏首而西浮,顧龍門而不見。"王逸曰:"夏首,夏水口也。"涓蜀梁,未詳何代人,姓涓,名蜀梁。《列仙傳》有涓子,齊人,隱於宕山,餌術❷,能致風雨者也。其爲人也,愚而善畏❸。善,猶"喜"也。好有所畏。增善,猶"女子善懷"之"善"也。明月而宵行,增而,與"之"通。俯見其影,以爲伏鬼也;卬視其髮,以爲立魅也;卬,與"仰"同。增鬼、魅,皆怪物也。○魅,莫覬反。背而走,比至其家,失氣而死。豈不哀哉?背,棄去也❹。失氣,謂困甚氣絕也。增背走,反走也。舊本"家"下有"者"字,今據元本除之。○背,音佩。補遺背而走,背影而走也。凡人之有鬼也,必以其感忽之間、疑玄之時正之❺。感,驚動也。感忽,猶"慌惚"也。玄,亦幽深難測也。必以此時定其有鬼也。增物茂卿曰:"正,訓定;下同。"此人之所以無有而有無之時也。無有,謂以有爲無也。有無,謂以無爲有也。此皆人所疑惑之時也。而己以正事。故傷於溼而擊鼓,鼓痺,則必有敝鼓喪豚之費矣,而未有俞疾之福也。己以正事,謂人以此定事也。痺,冷疾也。傷於溼則患痺,反擊鼓烹豚以禱神,何益於愈疾乎?若以此定事,則與俗不殊也。俞,讀爲"愈"。增《莊子》曰:"民溼寢則腰疾偏死。"案"鼓痺"當作"擊"一字。蓋以上有"傷溼"字,誤爲二字,又加"疒"耳。敝,

---

❶ 元本"安"作"定"。

❷ 覺按:古逸叢書本"术"作"木",非。宋浙本作"術"。

❸ 元本"愚而"作"愚以"。

❹ 覺按:原書"棄"作"弃",今據宋浙本、古逸叢書本改。

❺ 覺按:宋浙本、古逸叢書本"間"作"閒"。

舊作"弊"，今據宋本改之。○己，音紀。喪，息浪反。**故雖不在夏首**
之南，則無以異矣。慎、墨之蔽，亦猶是也。

21.15 凡以知，人之性也；可以知，物之理也。以
知人之性推之，則可知物理也。增《禮記》曰："唯天下至誠爲能盡其性。
能盡其性，則能盡人之性。能盡人之性，則能盡物之性。"**以可以知人**
之性❶，求可以知物之理，而無所疑止之，則没世窮年不能
徧也。疑止，謂有所不爲。窮年，盡其年壽。疑，或爲"凝"。**其所**
以貫理焉雖億萬已，不足以浹萬物之變，與愚者若一。貫，
習也。浹，周也，子叶反❷，或當爲"接"。增己，助辭❸。**學，老身長子，**
而與愚者若一，猶不知錯，夫是之謂妄人。錯，置也，謂廢捨也。
身已老矣，子已長矣，猶不知廢捨無益之學，夫是之謂愚妄之人也。增
長，竹丈反。錯，七路反。夫，音扶；下同。**故學也者，固學止之**
也。惡乎止之？曰：止諸至足。曷謂至足？曰：聖也。或
曰："聖"下更當有"王"字，誤脱耳。言人所學，當止於聖人之道及王道，
不學異術也。聖王之道，是爲至足也。增惡，音烏。**聖也者，盡倫者**
也；王也者，盡制者也；倫，物理也。制，法度也。增倫，倫類也。
《勸學篇》曰："倫類不通，仁義不一，不足謂善學。"○盡，津忍反；下同。
兩盡者，足以爲天下極矣。所以爲至足也。**故學者，以聖王**
爲師，案以聖王之制爲法，治其法以求其統類，以務象效

---

❶ 元本無"可以"之"以"，下同。覺按：原書此校語標注在上句"可
以知物之理也"之上，恐誤，今據宋刻遞修本之文移於此。

❷ 覺按：原書"叶"作"叫"，今據宋浙本、古逸叢書本改。

❸ 覺按："已"或訓"終"而從上讀。

其人❶。統類，法之大綱。增案，語助。治，舊作"法"；"類"字重❷，今據元本改之、除之。嚮是而務，士也；類是而幾，君子也；幾，近也。類聖人而近之，則爲君子。士者，脩飾之名。君子，有道德之稱也。增幾，音祈；下同。知之，聖人也。知聖王之道者。故有知非以慮是，則謂之懼；自知其非，以圖慮於是，則謂之能戒懼也。增知，音"智"；下同。補遺知，去聲。懼，疑當作"惡"。古文"惡"作"悪"，"懼"作"悡"，字似而誤。言有智於爲非，以謀慮傾正道者，謂之惡也。此以下五者皆言爲非之事。有勇非以持是，則謂之賊；勇於爲非，以持制是也。察孰非以分是，則謂之篡；孰，甚也。察甚其非，以分爲是之心，此篡奪之人也。增"察""孰"疑當易地。孰，讀爲"熟"。多能非以脩蕩是，則謂之知；脩，飾也。蕩，動也。多能知非，脩飾蕩動而爲是，則謂之知。言智者能變非爲是也。增"蕩"字恐衍。補遺《標注》云："知，當作'技'。"徂徠曰："'蕩'字衍。知，當作'蕩'。"博按："知"疑"矯"字之缺也。矯，詐僞也。辯利非以言是❸，則謂之詍。辯説利口而飾非，以言亂是，則謂之詍。詍，多言也。《詩》曰："無然詍詍。"補遺詍，當作"詍"，與"訑"同，欺也。言非如是，故曰"詍"也。傳曰："天下有二：非察是，是察非。"衆以爲是者而非之，以爲非者而察之。增本注"非之"當作"察之"。○傳，直戀反。補遺下"是"當作"即"。言天下有二道：不察是，則察非。察，謂學而明之也。謂合王制與不合王制也。所以非察是，是察非，觀其合王制與否也。補遺言傳所謂"是""非"者，合王制與不合王制之謂也。上文五者皆察

---

❶ 宋本"効"作"效"。

❷ 覺按：宋浙本、古逸叢書本"治"作"法"，"類"字重。

❸ 覺按：宋浙本、古逸叢書本"辯"作"辨"。久保愛於此無校語，若非其失校，則古逸叢書本已與宋本有異矣。

非而不合王制，如慎、墨、宋、惠之屬是也。**天下有不以是爲隆正也，然而猶有能分是非、治曲直者耶❶？** 有不以合王制與不合爲隆正，而能分是非、治曲直乎？言必不能也。補遺是，即合王制者，可以爲隆正也。**若夫非分是非、非治曲直、非辨治亂、非治人道，雖能之，無益於人，不能，無損於人；**增治亂，直吏反；下"治亂"同。**案直將治怪説，玩奇辭，以相撓滑也；案彊鉗而利口，厚顔而忍詬，無正而恣睢，妄辯而幾利❷，**滑，亂也，音骨。彊，彊服人。鉗，鉗人口也。詬，詈也。恣睢，矜夸也。幾，近也。妄辯幾利，謂妄爲辯説，所近者惟利也。增案，皆語助。撓，與"擾"同，亂也。詬，恥也。○彊，其兩反。睢，香萃反。幾，音祈。補遺《方言》："鉗，惡也。"**不好辭讓，不敬禮節，而好相推擠：此亂世姦人之説也。則天下之治説者，方多然矣。**慎、墨、季、惠之屬。增推，它雷反。好，呼報反。**傳曰："析辭而爲察，言物而爲辯❸，君子賤之。博聞彊志，不合王制，君子賤之。"此之謂也。**所謂"析言破律，亂名改作"者也。增"物而"之"而"舊作"以"，今據宋本、元本改之。志，與"識"同。《禮記》曰："博聞强識而讓。"○志，音"誌"。補遺析辭，分析言辭也。《論衡》曰："公孫龍著'堅白'之論，析言剖辭。"言物，當作"分物"，謂分"堅""白""石"爲三之類。

21.16　爲之無益於成也，求之無益於得也，憂戚之無益於幾也，言役心無益，復憂戚，亦不能近道。增憂戚之無益於

---

❶ 宋本"耶"作"邪"。

❷ 覺按：宋浙本、古逸叢書本"辯"作"辨"，注同。此若非久保愛失校，則古逸叢書本已與宋本有異矣。

❸ 覺按：宋浙本、古逸叢書本"辯"作"辨"。此若非久保愛失校，則古逸叢書本已與宋本有異矣。

吉凶禍福之幾。《易》曰："幾者，動之微，吉之先見者也❶。"○幾，音機。
則廣焉能弃之矣❷，不以自妨也，不少頃干之胷中。廣，讀
爲"曠"，遠也。不以自妨，謂不以無益害有益也。增干，犯也，謂以非
意犯心胷中也。○干，古寒反。補遺"廣""曠"通，謂空虛胷中。"于之"
二字倒❸，不須臾留之於胷中也。**不慕往，不閔來，無邑憐之心，**
不慕往，謂不悅慕無益之事而往從之也。不閔來，謂不憂閔無益之事而來
正之也。或曰：往，古昔也。來，將來也。不慕往古，不閔將來，言唯義
所在，無所繫滯也。邑憐，未詳。或曰：邑，與"悒"同。悒，怏也。憐，
讀爲"吝"，惜也。言棄無益之事，更無悒怏吝惜之心。此皆明不爲異端
所蔽也。補遺邑憐，當作"悒遴"。遴，古"吝"字。**當時則動，物**
至而應，事起而辨，治亂可否，昭然明矣。增則，猶"而"也。
○否，補美反。

21.17 周而成，泄而敗，明君無之有也。以周密爲成，
以漏泄爲敗，明君無此事也。明君，日月之照臨，安用周密？增《韓子》
曰："事以密成，語以泄敗。"蓋當時法家之言適足以害，故折之。**宣而成，**
隱而敗，闇君無之有也。以宣露爲成，以隱蔽爲敗，闇君亦無此事
也。闇君務在隱蔽而不知昭明之功也。**故君人者周，則讒言至矣，**
而直言反矣❹，小人邇而君子遠矣。《詩》曰❺："墨以爲明，

---

❶ 覺按：原書"吉"作"吉凶"，今據《周易·繫辭下》之文改。

❷ 宋本"弃"作"棄"。

❸ 覺按：宋浙本、古逸叢書本、宋刻遞修本、世德堂本皆作"干"
而不作"于"，此以誤文爲説，非。

❹ 覺按：宋浙本、古逸叢書本無"而"字。久保愛於此無校語，若
非其失校，則古逸叢書本已與宋本有異矣。

❺ 宋本"曰"作"云"。

狐狸其蒼❶。"此言上幽而下險也。逸詩。墨，謂蔽塞也。狐狸
其蒼，言狐狸之色，居然有異。若以蔽塞爲明，則臣下誑君，言其色蒼
然無別，猶指鹿爲馬者也。幽，暗也。險，傾側也。增"墨""嘿""默"
同。狐狸其蒼，謂臣下蒼然闇君，如狐狸化形以惑人也。本注"言其"之
"言"，宜移"若"字上。○遠，于願反；下同。補遺墨，即幽也。蒼，茂也。

君人者宣，則直言至矣，而讒言反矣，君子邇而小人遠矣。
反，還也。讒言復歸而不敢出矣。或曰：反，倍也。言與讒人相倍反也。《詩》
云❷："明明在下，赫赫在上。"此言上明而下化也。《詩》，《大
雅·大明》之篇。言文王之德明明在下，故赫赫然著見於天也。增引此詩
以喻人君赫赫在上，故臣民明明在下也。

荀子卷第十五

---

❶ 謝本"其"作"而"。
❷ 宋本"云"作"曰"。

荀子卷第十六

正名篇第二十二 是時公孫龍、惠施之徒亂名改作，以是爲非，故作《正名篇》。《尹文子》曰："形以定名，名以定事，事以驗名。察其所以然，則形名之與事物無所隱其理矣。名有三科：一曰命物之名，方圓白黑是也。二曰毀譽之名，善惡貴賤是也。三曰況謂之名，賢愚愛憎是也。"增正名，仲尼言之，荀卿本之而作此篇也。

22.1 **後王之成名：**後之王者，有素定成就之名。謂舊名可法效者也 ❶。**刑名從商，爵名從周，文名從《禮》，**商之刑法未聞。《康誥》曰"殷罰有倫"，是亦言殷刑之允當也。爵名從周，謂五等諸侯及三百六十官也。文，謂節文、威儀。《禮》，即周之《儀禮》也。增文名，謂"水曰清滌，酒曰清酌"之類也。禮，謂周室損益前代而定者。**散名之加於萬物者則從諸夏之成俗曲期。**成俗，舊俗方言也。期，會也。曲期，謂委曲期會物之名者也。增"曲期"二字屬下句。○夏，户雅反。補遺散，如"間散"之"散"。爵名、刑名、文名皆出於王制，而官之所專用也。萬物之名則不然，故曰"散名"也。期，約定也。言委曲相約以定物之名也。**遠方異俗之鄉，則因之而爲通。**遠方異俗，

---

❶ 覺按：宋浙本"効"作"效"，古逸叢書本作"効"。

名之乖異者，則因其所名，遂以爲通，而不改作也。增謂因諸夏之名，譯而通之也。

　　散名之在人者：舉名之分散在人者。增在人者，謂在人之形體者。生之所以然者謂之性。人生善惡，固有必然之理，是所受於天之性也。增《禮記》曰："天命之謂性。"與此同意。補遺董仲舒曰："性者，生之質也。"性之和所生、補遺言性之和氣感應自然，亦謂之性。後解承前解，前體後用。下文"僞""知""能"倣此。精合感應、不事而自然謂之性。和，陰陽沖和氣也❶。事，任使也。言人之性，和氣所生，精合感應，不使而自然。言其天性如此也。精合，謂若耳目之精靈與聞見之物合也❷。感應，謂外物感心而來應也。性之好、惡、喜、怒、哀、樂謂之情。人性感物之後，分爲此六者，謂之情。增好，呼報反。惡，烏路反。樂，音洛。補遺情，實心也。六者，性之自然，實而無僞，後世所謂"人情"也。後儒以動靜、體用説"性情"，非古之言也。情然而心爲之擇謂之慮。情雖無極，心擇可否而行，謂之慮也。增然，猶言"爲是"也。補遺白鹿曰："然，如是也。爲，去聲；下同。"心慮而能爲之動謂之僞。僞，矯也。心有選擇，能動而行之，則爲矯拂其本性也。補遺白鹿曰："能，才也；下同。"慮積焉、能習焉而後成謂之僞❸。心雖能動，亦在積久習學，然後能矯其本性也。正利而爲謂之事。爲正道之事利，則謂之事業。謂商、農、工、賈之事也❹。增正，謂正之；下同。董仲舒曰："正其義，不計其利❺。"語意全同。補遺徂徠曰："正利、正義，皆期待意。《公羊傳》

---

❶　覺按：原書"沖"作"冲"，今據宋浙本、古逸叢書本改。

❷　覺按：宋浙本、古逸叢書本"聞見"作"見聞"。

❸　元本"僞"作"爲"。

❹　覺按：宋浙本、古逸叢書本"之事"作"者"。

❺　覺按：《漢書·董仲舒傳》作"正其誼不謀其利"。

'戰不正勝'之'正'。"**正義而爲謂之行**。苟非正義，則謂之姦邪 ❶。行，下孟反。增謂正義乎？否乎？**所以知之在人者謂之知。知有所合謂之智**。知之在人者，謂在人之心有所知者。知有所合，謂所知能合於物也。增所以知之在人者，猶言"所以知辨是非之在人者"也。○知之，如字。知知，並音"智"；下"知者"同。補遺所以知之在人者謂之知，血氣心知之"知"。合，猶"應"也。"智"字衍。下"知"謂才知也 ❷。下文"能"倣此。知所以能之在人者謂之能 ❸。知有所能在人之心者，謂之能。能，才能也。增物茂卿曰："'知'字衍。"**能有所合謂之能**。能，當爲"耐"，古字通也。耐，謂堪任其事。耐，乃來、乃代二反。增能，如字。**性傷謂之病**。傷於天性，不得其所。**節遇謂之命**。節，時也。當時所遇謂之命。命者，如天所命然。增《孟子》曰："莫之致而至者，命也。"

是散名之在人者也，是後王之成名也。略舉此上事，是散名之在人者，而後王可因襲成就素定之名也。而或者乃爲"堅白"之説，以是爲非，斯亂名之尤者也 ❹。補遺祖徠曰："此結上文。"

22.2 故王者之制名，名定而實辨，道行而志通，則慎率民而一焉。道，謂制名之道。志通，言可曉也。《禮記》曰："黃帝正名百物以明民。"慎率民而一焉，言不敢以異端改作也。增道，王者之道也。**故析辭擅作名以亂正名，使民疑惑，民多辨訟 ❺，則謂之大姦，其罪猶爲符節、度量之罪也**。《新序》曰："子產

❶ 覺按：原書"姦"作"奸"，今據宋浙本、古逸叢書本改。

❷ 覺按：豬飼彥博將下句句首之"知"屬此句，故有此言。

❸ 宋本"知"作"智"。

❹ 覺按：宋浙本、古逸叢書本無"者"字。

❺ 宋本"多"上"民"作"人"。

決鄧析教民之難，約大獄袍衣、小獄襦袴。民之獻袍衣、襦袴者不可勝數，以非爲是，以是爲非，鄭國大亂，民口讙譁。子產患之，於是討鄧析而僇之，民乃服，是非乃定。"是其類也。增下"民"字衍。《禮記》曰："析言破律，亂名改作，執左道以亂政，殺。"今《新序》闕本注所引。○量，力讓反。**故其民莫敢爲奇辭以亂正名❶，故其民愨❷；愨則易使，易使則公。其民莫敢爲奇辭以亂正名❸，故一於道法而謹於循令矣❹。如是，則其迹長矣。**迹，王者所立之迹也。下不敢亂其名，畏服於上，故迹長也。長，丁丈反。增道，猶"由"也。○易，以豉反；下同。長，如字。**迹長功成，治之極也。**是謹於守名約之功也。謹，嚴也。約，要約。增治，直吏反。補遺名約，謂所約定之名也。

22.3　今聖王没，名守慢，奇辭起，名實亂，是非之形不明，則雖守法之吏、誦數之儒，亦皆亂。奇辭亂實❺，故法吏迷其所守，偏儒者疑其所習。增形，舊作"刑"，"亂"下有"也"字，今據宋本、韓本改之、除之。《勸學篇》曰："誦數以貫之。"謂誦經也。○慢，與"漫"同。補遺數，謂《詩》《書》《禮》《樂》之文。**若有王者起，必將有循於舊名，有作於新名。**名之善者循之，不善者作之。故孔子曰："必也，正名乎！"增本注"作"上似脱"改"字。**然則所爲有名，**

---

❶ 宋本"敢"下有"託"字，下同；韓本同。

❷ 覺按：宋浙本、古逸叢書本"愨"作"愨"，下同。

❸ 元本"民莫"之"民"作"一人"二字。

❹ 宋本"一"作"壹"。元本"循"作"脩"，下同。覺按：原書前句之標注作"元本'一'作'壹'"，今宋刻遞修本（其文字多與久保愛校出之元本文字相同）作"一"，而宋浙本、古逸叢書本均作"壹"，故其文當爲久保愛誤校，今改正。

❺ 覺按：原書"奇"作"竒"，今據宋浙本、古逸叢書本改。

與所緣有同異 **❶**，與制名之樞要，⎡補遺⎤凡制名之目不一，曰"同"，曰"異"，曰"單"，曰"兼"，曰"共"，曰"別"，其所以制之者有義焉，謂之"制名之樞要"。下文"然後隨而命之"，至此"制名之樞要"也，即詳說此義也。**不可不察也**。緣，因也。樞要，大要，揔名也 **❷**。物無名則不可分辨，故因而有名也。名不可一貫，故因耳目鼻口而制同異；又不可常別，雖萬物萬殊，有時欲⎡之⎤舉其大綱，故制爲名之樞要。謂若謂之禽，知其二足而羽；謂之獸，知其四足而毛。既爲治在正名，則此三者不可不察而知其意也。⎡增⎤本注"欲之"之"之"衍。

22.4　異形離心萬物之形各異，則分離人之心。言人心知其不同也。此已下覆明有名之意。⎡增⎤離，猶"別"也。異形離心，言物物異形，人人別心也。〇離，力智反。**交喻，異物名實玄紐**，玄，深隱也。紐，結也。若不爲分別立名，使物物而交相譬喻之 **❸**，則名實深隱，紛結難知也。⎡補遺⎤"玄""眩"通。紐，謂交結不分也 **❹**。**貴賤不明，同異不別。如是，則志必有不喻之患，而事必有困廢之禍。故知者爲之分別制名以指實 ❺**，無名，則物雜亂，故智者爲之分界制名 **❻**，所以指明實事也。⎡增⎤困，不通也。廢，不成也。《論語》曰："名不正，則言不順；言不順，則事不成。"〇分，扶問反，或如字。別，彼列反；下同。**上以明貴賤，下以辨同異。貴賤明，同異別，如是，則志無不喻之患，事無困廢之禍。此所爲有名也**。有名之意在此。

---

❶ 元本"同"上無"有"字。覺按:宋刻遞修本"有同"作"以同"。

❷ 覺按：原書"揔"作"總"，今據宋浙本改。古逸叢書本作"揔"。

❸ 覺按：原書"物物"作"異物"，今據宋浙本、古逸叢書本改。

❹ 覺按：原書"結"作"結"，今據文義改。

❺ 元本"爲"下有"人"字。

❻ 覺按：原書"界"作"辨"，今據宋浙本、古逸叢書本改。

22.5 然則何緣而以同異？ 設問，覆明同異之意也。**曰：緣天官。**天官，耳、目、鼻、口、心、體也。謂之官，言各有所司主也。緣天官，言天官謂之同則同，謂之異則異也。**凡同類、同情者，其天官之意物也同，故比方之疑似而通，是所以共其約名以相期也❶。**同類、同情，謂若天下之馬雖白黑大小不同❷，天官意想其同類，所以共其省約之名，以相期會而命之，各爲制名也。增比方之疑似，謂疑者、似者比方而喻之。是約名之所以起也。補遺同類、同情，謂天下之人皆同一類、同一情也。"意""億"同，料度也。"疑""擬"同，像也。言凡人同類、同情，則其耳、目、鼻、口、心、體之億料萬物亦同，故相與比方其所億料，而像似其物以制其名，然後民相通用，是所以共其所約之名，以相期定也。**形體、色、理，以目異；**形體，形狀也。色，五色也。理，文理也。言萬物形體、色理，以目別異之而制名也❸。補遺此以下言天官之意萬物也。**聲音、清濁、調竽、奇聲，以耳異；**清濁，宮、徵之屬。調竽，謂調和笙竽之聲也。竽，笙類，所以導衆樂者也。不言革、木之屬而言竽者，或曰：竽，八音之首，故黄帝使伶倫取竹作管❹，是竹爲聲音之始。《莊子》"天籟""地籟"，亦其義也。奇，奇異也。奇聲，萬物衆聲之異者也。增"竽"字恐誤。補遺奇聲，亦以歌樂言。**甘、苦、鹹、淡、辛、酸、奇味，以口異；**奇味，衆味之異者也。增鹹，户緘反。酸，先丸反。**香、臭、芬、鬱、腥、臊、洒、酸、奇臭，以鼻異；**芬，

---

❶ 元本無"所"字。

❷ 覺按：原書"大小"作"小大"，今據宋浙本、古逸叢書本改。

❸ 覺按：宋浙本、古逸叢書本無"也"字。

❹ 覺按：宋浙本、古逸叢書本"伶倫"作"泠綸"。

花草之香氣也。鬱，腐臭也。《禮記》曰❶："鳥罷色而沙鳴❷，鬱。"洒，未詳。酸，暑浥之酸氣也。奇臭，衆臭之異者。氣之應鼻者爲臭，故香亦謂之臭。《禮記》曰："皆佩容臭。"或曰：洒，當爲"漏"，篆文稍相似，因誤耳。《禮記》曰："馬黑脊而般臂❸，漏。"鄭音"螻"，"螻蛄臭"者也。增"洒"字或説似是。

疾、養、滄、熱、滑、鈹、輕、重，以形體異；疾，痛也；養，與"癢"同；滄，寒也；滑，與"汩"同❹；鈹，與"披"同❺：皆壞亂之名。或曰：滑，如字。鈹，當爲"鈒"，傳寫誤耳，與"澁"同。輕重，謂分銖與鈞石也。此皆在人形體別異之而立名也。滄，初亮反，又楚陵反。增滑，皮膚滑利也。鈹，當作"皸"。《漢書•趙充國傳》："軍士寒，手足皸瘃。"文穎曰："皸，坼裂也。"蓋肌膚枯燥而不滑者，常坼裂也，故對"滑"字。輕重，身之輕重也。○皸，居運反。補遺鈹，當作"皴"，不滑利也。

八者觸於形體而別異之，亦猶聲色之於耳目也。**説、故、喜、怒、哀、樂、愛、惡、欲，以心異**。説，讀爲"脱"，誤也。脱故，猶律文之"故誤"也。增古屋鬲曰："説、故，猶'死生之説''幽明之故'之'説''故'。"○樂，音洛。惡，烏路反。**心有徵知。**徵，召也。言心能召萬物而知之❻。**徵知，則緣耳而知聲可也，緣目而知形可也，**緣，因也。以心能召知

---

❶ 覺按：宋浙本、古逸叢書本"禮記"作"周禮"，非。《周禮•内饔》作"鳥罷色而沙鳴，狸"。

❷ 覺按：宋浙本、古逸叢書本"罷"作"膘"，非。

❸ 覺按：宋浙本、古逸叢書本"般"作"班"。"般"爲"班"之借字。

❹ 覺按：原書"汩"作"汨"，今據宋刻遞修本、古逸叢書本改。宋浙本作"汨"。

❺ 覺按：宋浙本、古逸叢書本"披"作"被"。

❻ 覺按：宋浙本、古逸叢書本"召"作"占"。

萬物 ❶，故可以因耳而知聲，因目而知形，爲之立名。心雖有知，不因耳目，亦不可也。**然而徵知必將待天官之當簿其類然後可也**。天官，耳目也。當，主也，丁浪反。簿，簿書也。當簿，謂如各主當其簿書，不雜亂也。類，謂可聞之物，耳之類；可見之物，目之類。言心雖能召所知 ❷，必將任使耳目，令各主掌其類，然後可也。言心亦不能自主之也。补遺當簿，猶言“主司”也。**五官簿之而不知，心徵之而無説，則人莫不然謂之不知**。此所緣而以同異也。五官，耳目鼻口心也。五官能主之而不能知，心能召而知之 ❸，若又無説，則人皆謂之不知也。以其如此，故聖人分別，因立同異之名，使人曉之也。增“然”字衍。本注“耳目鼻口心”，“心”字當“體”字誤。补遺此五句疑有衍文，當作“五官簿之而知，心徵之而説，人莫不然。此所緣而以同異也”。

22.6 然後隨而命之：既分同異之後，然後隨所名而命之。此已下覆明制名樞要之意也。增命之，謂制名也。**同則同之，異則異之**；同類則同名，異類則異名。**單足以喻則單，單不足以喻則兼**；單，物之單名也。兼，複名也。喻，曉也。謂若止喻其物，則謂之馬；喻其毛色，則謂之白馬、黃馬之比也。**單與兼無所相避則共，雖共，不爲害矣** ❹。謂單名、複名有不可相避者，則雖共同其名，謂若單名謂之馬，雖萬馬同名，複名謂之白馬亦然，雖共，不害於分別也。增本注“雖共”之“雖”衍。**知異實者之異名也，故使異實者莫不異名也，不可亂也**，知，謂人心知之。異實者異名，則不亂也。謂若牛與

---

❶ 覺按：宋浙本、古逸叢書本“召”作“占”。
❷ 覺按：宋浙本、古逸叢書本“召”作“占”。
❸ 覺按：宋浙本、古逸叢書本“召”作“占”。
❹ 元本“矣”作“之”。

馬爲異實也。增"不可亂也"一句當在"故"字上，於文爲順。**猶使異實者莫不同名也。**恐異實、異名卒不可徧舉，故猶使異實者有時而同一名也。或曰："異實"當爲"同實"，言使異實者異名，其不可相亂，猶如使同實者莫不同名也。增本注後説是也。**故萬物雖衆，有時而欲徧舉之，故謂之"物"。"物"也者，大共名也。推而共之，共則有共，至於無共然後止。**推此共名之理，則有共至於無共。言自同於異也。起於摠❶，謂之"物"，散爲萬名，是異名者本生於別同名者也。增有共至於無共，謂共之又共之，至於他無可共者也。補遺徂徠曰："'共之共'者，言共之又共之也。"博按：共名，總名也。譬如"禽""獸""草""木"，其類之共名。又共"禽""獸"曰"動"，共"草""木"曰"植"，又共"動""植"曰"物"，"物"者，大共名也。又欲推而共之，而無復異類之可以共者，則共名至是而止。是"至於無共然後止"也。下文"推而別之，別則有別，至於無別"，倣此。**有時而欲徧舉之，故謂之"鳥""獸"。"鳥""獸"也者，大別名也。推而別之，別則有別，至於無別然後止。**言自異至於同也。謂摠其萬名❷，復謂之物，是同名者生於欲都舉異名也。言此者，所以別異名、同名之意。增物茂卿曰："徧，當作'偏'。"愛曰：至於無別，謂別之而又別之，至於不可析別也。**名無固宜，約之以命，約定俗成謂之宜，異於約則謂之不宜。**名無固宜，言名本無定也。約之以命，謂立其約而命之。若約爲天，則人皆謂之天也。**名無固實，約之以命實，約定俗成謂之實名。**實名，謂以名實各使成言語文辭。謂若天地、日月之比也。增物茂卿曰："先王制名之始，以天名天，以地名地，

---

❶ 覺按：原書"摠"作"總"，今據宋浙本改。古逸叢書本作"摠"。
❷ 覺按：宋浙本"摠"作"摠"，古逸叢書本作"摠"。

與萬民相約。"**名有固善，徑易而不拂，謂之善名**。徑疾平易而
不違拂，謂易曉之名也。即謂呼其名遂曉其意，不待訓解者。拂，音佛。
增物子以"有"字爲"無"誤，以上文例見之，似有理。**物有同狀而
異所者**，謂若兩馬同狀，各在一處之類也。增謂若虎豹之鞹與犬羊之鞹，
雖同狀，其實異所也。**有異狀而同所者**，謂若老幼異狀❶，同是一身也。
蠶、蛾之類亦是也。**可別也。而爲異所者**❷，增八字一句。補遺"可"
上疑脫"狀同而不"四字。宋本"而"上有"狀同"二字，若然，"可別也"
三字似衍。**雖可合，謂之二實**。即謂兩馬之類，名雖可合，同謂之
馬，其實二也。增謂虎豹鞹、犬羊鞹之類也。**狀變而實無別而爲異
者**❸，**謂之化；有化而無別，謂之一實**。狀雖變而實不可別爲異
所❹，則謂之化。化者，改舊形之名，若田鼠化爲鴽之類。雖有化而無別異，
故謂之一實，言其實一也。補遺"異"下脫"狀"字。注"異所"當作"異狀"。
此事之所以稽實定數也。稽考其實而定一二之數也。**此制名之
樞要也**。此皆明制名之大意，是其樞要也。**後王之成名**❺，**不可不
察也**。此三者，制名之實，後王可因其成名而名之，故不可不察也。

22.7 **"見侮不辱"，"聖人不愛己"**，補遺聖，疑當作"惡"，
去聲。言嫉惡人則人亦嫉己，是嫉即不愛己也。此用惡人之名以混惡己
之名也。**"殺盜非殺人也"，此惑於用名以亂名者也**。"見侮不
辱"，宋子之言也。"聖人不愛己"，未聞其説，似莊子之意。"殺盜非殺人"，
亦見《莊子》。宋子言"見侮不辱，則使人不鬬"。或言"聖人不愛己而愛

---

❶ 覺按：原書"幼"作"㓜"，今據宋浙本改。古逸叢書本作"㓜"。
❷ 宋本"也"下有"狀同"二字。韓本"也"下有"同狀"二字。
❸ 元本無"無"字，無"而爲"之"而"。
❹ 覺按：原書"不可"作"無"，今據宋浙本、古逸叢書本改。
❺ 元本"名"下有"也"字。

人”。《莊子》又云“殺盜賊不爲殺人”之言。此三者，徒取其名，不究其實，是惑於用名以亂正名也。増標注本刪去本注“見侮”以下六十七字，蓋以其煩雜難解乎？所引《莊子》，今作“殺盜非殺”，與本注異。○己，音紀。**驗之所以爲有名而觀其孰行，則能禁之矣。**驗其所爲有名，本由不喻之患、困廢之禍，因觀“見侮不辱”之説精熟可行與否，則能禁也。言必不可行也。増孰，舊作“熟”，今據宋本改之；下同。觀其孰行，謂觀彼所名與古來所名孰行。禁之，謂驗其非而禁之也。本注非。

“山淵平”，“情欲寡”，“芻豢不加甘，大鐘不加樂”，此惑於用實以亂名者也。“山淵平”，即《莊子》云“山與澤平”也 ❶。“情欲寡”，即宋子云“人之情，欲寡”也。“芻豢不加甘，大鐘不加樂”，《墨子》之説也。古人以山爲高，以泉爲下，原其實，亦無定，但在當時所命耳，後世遂從而不改爾。亂名之人，既以高下是古人之一言，未必物之實也，則我以山泉爲平，奚爲不可哉？古人言情欲多，我以爲寡；芻豢甘，大鐘樂，我盡以爲不然，亦可也。此惑於用實本無定，以亂古人之舊名也。増鐘，舊作“鍾”，今據宋本改之。○豢，胡貫反。樂，音洛。補遺言以不平爲平，以不寡爲寡，以甘爲不甘，以樂爲不樂，此皆迷惑於用實以混亂其名者也。

驗之所緣無以同異而觀其孰調，則能禁之矣。驗其所緣同異，本由物一貫，則不可分別，故定其名而別之。今“山淵平”之説，以高爲下，以下爲高，若觀其精熟 ❷，得調理與否，則能禁惑於實而亂名也。増觀其孰調，謂觀彼所言與古來所稱孰調也。考本注意，似古無“無”字。補遺無，當作“而”。**“非而謁楹”，“有牛馬非馬也”，此惑於用名以亂實者也。**“非而謁，楹有牛”，未詳所出。“馬非馬”，是公孫龍

---

❶ 覺按：宋浙本、古逸叢書本無“云”字。

❷ 覺按：宋浙本、古逸叢書本“熟”作“孰”。

白馬之說也 **❶**。《白馬論》曰:"言白,所以命色也;馬,所以命形也。色非形,形非色,故曰'白馬非馬也'。"是惑於形色之名而亂白馬之實也。 増 "非而謁,楹有牛",恐是當時所辯而不他見者耳。 補遺 馬非馬也,上脱"白"字。

驗之名約,以其所受悖其所辭,則能禁之矣。 名約,即名之樞要也。以,用也。悖,違也。所受,心之所是。所辭,心之所非。驗其名之大要,本以稽實定數。今"馬非馬"之說則不然。若用其心之所受者違其所辭者,則能禁之也。 増 物茂卿曰:"其所受者,謂其所受名之實也。"愛曰:其所辭者,謂其人之所言也。○悖,步没反,又補對反。 補遺 名約,即約之以命實,謂制名之樞要也。蓋"獸"者,大別名也。於"獸"中分別之曰"馬",又於"馬"中分別之曰"白馬",是所以制名共定約也。如夫"白馬非馬"之說,驗之於制名定約之義,則其名實相悖可知矣。**凡邪說辟言之離正道而擅作者,無不類於三惑者矣。** 辟,讀爲"僻"。 増 離,力智反。**故明君知其分而不與辨也。** 明君守聖人之名分,不必亂名辨說是非也。 増 分,扶問反。 補遺 注 "不必亂名"當作 "不必與亂名者"。

22.8 夫民易一以道而不可與共故 ❷, 故,事也。言聖人謹守名器,以道一民,不與之共事,共則民以他事亂之。故《老子》曰"國之利器,不可以示人"也。 増 夫,音扶。易,以豉反。 補遺 民易一以道,言以道一民不難也。或曰:一,當作"化"。**故明君臨之以勢,道之以道,** 道達之以正道。 増 道之,音"導";下"象道"同。**申之以命,章之以論,禁之以刑。故其民之化道也如神,辨勢惡用矣**

---

❶ 覺按:宋浙本、古逸叢書本無"是"字。

❷ 元本無"故"字。

哉❶？申，重也。章，明也。論，謂先聖格言。但用此道馭之，不必更用辨勢也。辨勢，謂說其所以然也。增命，與"名"通，下同。論，與"倫"通。物茂卿曰："勢，當作'說'，乃音之訛。"○惡，音烏。**今聖王沒❷，天下亂，姦言起，君子無勢以臨之，無刑以禁之，故辨說也❸**。荀卿自述正名及辨說之意也❹。增說，音稅；下"辨說"及"後說"同。

實不喻然後命，命不喻然後期，期不喻然後說，說不喻然後辨❺。命，謂以名命之也。期，會也。言物之稍難明，命之不喻者，則以形狀大小會之，使人易曉也。謂若白馬，但言馬則未喻，故更以白會之。若是事多，會亦不喻者，則說其所以然。若說亦不喻者，則反覆辨明之也。補遺命不喻然後期，言既命實以名，然眾民猶不喻曉，於是相約以期定其名也。**故期、命、辨、說也者❻，用之大文也，而王業之始也**。無期、命、辨、說，則萬事不行，故爲用之大文飾。王業之始，在於正名，故曰"王業之始也"。**名聞而實喻，名之用也**。名之用，本在於易知也。**累而成文，名之麗也**。累名而成文辭，所以爲名之華麗，《詩》

---

❶ 宋本"勢"作"埶"，下同。覺按：原書"辨"作"辯"，今據宋浙本、古逸叢書本改；注同。久保愛於此無校語，若非其失校，則古逸叢書本已與宋本有異矣；下同。

❷ 宋本、韓本"王"作"人"。

❸ 覺按：原書"辨"作"辯"，今據宋浙本、古逸叢書本改。

❹ 覺按：原書此注用"辨"字，與宋浙本、古逸叢書本同，當據宋本，此可證正文古作"辨"。宋刻遞修本、世德堂本此注作"亦"，當爲"弁"字之訛，"弁"乃"辨"之俗寫。

❺ 覺按：原書"辨"作"辯"，今據宋浙本、古逸叢書本改。此本注作"辨"，可證正文古作"辨"。

❻ 覺按：原書"辨"作"辯"，今據宋浙本、古逸叢書本改；注同。

《書》之言皆是也。或曰："麗""儷"同❶，配偶也。⬚增累而成文，牛曰"一元大武"、豕曰"剛鬣"之類。本注"同"上舊脱"儷"字，今謹補之。"或曰"以下非也。〇累，力軌反。**用、麗俱得，謂之知名。**淺與深，俱不失其所，則爲知名。⬚增物茂卿曰："用，質也。麗，文也。"**名也者，所以期累實也。**名者，期於累數其實以成言語。或曰："累實"當爲"異實"，言名者所以期於使實各異也。⬚增本注或説爲是。**辭也者，兼異實之名以論一意也。**辭者，説事之言辭。兼異實之名，謂兼數異實之名以成言辭。猶若"元年春，王正月，公即位"，兼説亡實之名，以論"公即位"之一意也。⬚增論，當作"諭"，與"喻"同。本注"亡實"當作"異實"。

辨説也者❷，不異實名以喻動靜之道也。動靜，是非也。言辨説者不唯兼異常實之名，所以喻是非之理。辭者論一意，辨者明兩端也。⬚增喻動靜者，譬如禽獸，謂之"禽"、謂之"獸"者，名也；謂之"飛"、謂之"走"者，所以喻動靜，即辯説之所司也。本注"常"字似衍。⬚補遺注"不唯兼異常實之名"，"常"字衍。依注，疑正文有脱字。動靜，猶言"作用"。

期命也者，辨説之用也。期，謂委曲爲名以會物也。期與命，所以爲辨説之用。⬚補遺期命，謂所期約而命之名也。**辨説也者，心之象道也。**辨説所以爲心想象之道，故心有所明則辨説也。⬚增象，有象物形狀而通之之義，故通言之官謂之"象胥"。仍案：辯説者，心有所思慮則象而通之、導之者也，下文"志義之使也"之意。⬚補遺心之象道也，人心形象道理而説之也。**心也者，道之工宰也❸。**工能成物，宰能主物❹，

---

❶ 覺按：宋浙本、古逸叢書本無"儷"字。

❷ 覺按：原書"辨"作"辯"，今據宋浙本、古逸叢書本改；注同。下二"辨説"及注同。

❸ 標注本"工宰"作"王宰"。

❹ 覺按：宋浙本、古逸叢書本"主"作"生"，非。

心之於道亦然也。增工宰，恐"主宰"誤。道也者，治之經理也。經，常也。理，條貫也。言道爲理國之常法條貫也。心合於道，説合於心，辭合於説；言經爲説❶，成文爲辭。謂心能知道，説能合心，辭能成言也。正名而期，質請而喻；辨異而不過，推類而不悖；聽則合文，辨則盡故。正道而辨姦❷，猶引繩以持曲直，是故邪説不能亂，百家無所竄。正名而期，謂正其名以會物，使人不惑也。質，物之形質。質請而喻，謂若形質自請其名然，因而喻知其實也。辨異而不過❸，謂足以別異物，則已不過説也。推類而不悖，謂推同類之物，使共其名，不使乖悖也。聽則合文，辨則盡故，謂聽他人之説則取其合文理者❹，自辨説則盡其事實也。正道，謂正名之道。持，制也。竄，匿也。百家無所隱竄，言皆知其姦詐也。增質請而喻，正所請而喻也。或云："請""情"古音通。不過，不過差也。合文，其所言合文理也。正道，正其道也。○悖，步勃反，又補對反。盡，津忍反。補遺質請而喻：質，正也。請，當作"情"。言正其情實而喻之也。有兼聽之明，而無奮矜之容；有兼覆之厚，而無伐德之色。説行，則天下正；説不行，則白道而冥窮❺。是聖人之辨説也❻。是時百家曲説，皆競自矜伐，故述聖人辨説雖兼聽兼覆而無奮矜伐德之色也。白道，明道也。冥，幽隱也。冥窮，

---

❶ 覺按：宋浙本、古逸叢書本"經"作"説"，非。

❷ 宋本"正道"上有"以"字。

❸ 覺按：原書"辨"作"辯"，今據宋浙本、古逸叢書本改。

❹ 覺按：原書"他"作"它"，今據宋浙本、古逸叢書本改。

❺ 宋本"冥"上有"不"字，非。覺按：宋浙本、古逸叢書本"冥"作"冥"，注同。

❻ 覺按：宋浙本、古逸叢書本"是"下有"以"字。原書"辨"作"辯"，今據宋浙本、古逸叢書本改；注同。

謂退而窮處也。增舊本"是"下有"以"字，今據元本除之。○覆，扶又反。

《詩》曰："顒顒卬卬，如珪如璋，令聞令望。豈弟君子❶，四方爲綱。"此之謂也。《詩》，《大雅・卷阿》之篇。顒顒，體貌敬順也。卬卬，志氣高朗也。增毛萇曰："顒顒，溫貌。卬卬，盛貌。"豈弟，樂易也。○顒，魚恭反。卬，五綱反。聞，音問。豈，開在反。弟，大計反。

22.9 辭讓之節得矣，長少之理順矣；忌諱不稱，祅辭不出；以仁心説，以學心聽，以公心辨❷；以仁心説，謂務於開導，不騁辭辨也。以學心聽，謂悚敬而聽他人之説❸，不爭辨也。以公心辨，謂以至公辨他人之説是非也。增長，竹丈反。少，詩照反。祅，與"妖"同。出，尺類反。説，音税。不動衆人之非譽❹，不以衆人是非而爲之動，但自正其辭説也。增舊本"動"下有"乎"字，今據元本除之。○譽，音餘。不治觀者之耳目，其所辨説，不求夸眩於衆人也❺。不賂貴者之權勢❻，不爲貨賂而移貴者之權勢也。增不賂，言不賂遺權貴之人也。補遺賂，謂詔媚也❼。不利傳辟者之辭；利，謂悦愛之也❽。辟，讀爲"僻"。增"利"字疑當作"和"。"辟"字疑當移"辭"上。故能處道而不貳，

---

❶ 宋本"聞"作"問"，"豈弟"作"愷悌"。

❷ 覺按：原書"辨"作"辯"，今據宋浙本、古逸叢書本改；注同。

❸ 覺按：宋浙本、古逸叢書本無"謂"字。原書"他"作"它"，今據宋浙本、古逸叢書本改；下同。

❹ 覺按：宋浙本、古逸叢書本"動"下有"乎"字。

❺ 覺按：宋浙本、古逸叢書本無"也"字。又，原書此注用"辨"字，當據宋本、宋刻遞修本、世德堂本作"辯"。

❻ 宋本"貴"下無"者"字，"勢"作"執"。

❼ 覺按：原書"詔"作"謟"，今改用正字。

❽ 覺按：宋浙本、古逸叢書本"悦"作"説"。

吐而不奪，利而不流，貴公正而賤鄙爭。是士君子之辨説
也**❶**。吐而不奪，謂吐論人，人不能奪。利，或爲"和"。增"吐"字未詳，
或疑當作"予"。《淮南子》曰："其德生而不辱，予而不奪。""利"或爲"和"
爲是。《禮記》曰："和而不流。"○處，昌呂反。《詩》曰："長夜漫兮，
永思騫兮。大古之不慢兮，禮義之不愆兮，何恤人之言兮！"
此之謂也。逸詩也。漫，謂漫漫，長夜貌。騫，咎也。引此以明辨説
得其正**❷**，何憂人之言也？增騫，病貌。或曰：當作"蹇"。蹇，難也。補
遺騫，思貌。

22.10 君子之言，涉然而精，俛然而類，差差然而齊。
彼正其名，當其辭，以務白其志義者也。涉然，深入之貌**❸**。俛
然，俯就貌。俛然而類，謂俯近於人，皆有統類，不虛誕也。差差，不齊貌，
謂論列是非，似若不齊，然終歸於齊一也。當，丁浪反。增白，明也。俛，
與"俯"同。補遺涉，謂博涉**❹**。差差然，有次序也。彼名辭也者，志
義之使也，足以相通則舍之矣。通，謂得其理。使，所吏反。增通，
通志義也。孔子曰："辭達而已矣。"○舍，音"捨"；下同。故名足以
指實**❺**，辭足以見極，則舍之矣。極，中也，本也。見，賢遍反。
補遺極，中正也。外是者謂之訒，是君子之所棄，而愚者拾
以爲己寶**❻**。訒，難也。過於志義相通之外，則是務爲難説耳，君子不
用也。增訒，音刃。己，音紀。故愚者之言，芴然而粗，嘖然而

---

❶ 覺按：原書"辨"作"辯"，今據宋浙本、古逸叢書本改。
❷ 覺按：原書"辨"作"辯"，今據宋浙本、古逸叢書本改。
❸ 覺按：原書無"之"字，今據宋浙本、古逸叢書本補。
❹ 覺按：原書"渉"作"涉"，今改用正字。
❺ 宋本"矣"下有"苟之，姦也"四字，"名"下有"之"字。
❻ 宋本"寶"作"實"。

不類，諆諆然而沸。芴，與“忽”同。忽然，無根本貌。粗，疎略也 ❶。嘖，爭言也，助革反。或曰：與“賾”同，深也。諆諆，多言也。謂愚者言淺則疎略，深則無統類，又諆諆然沸騰也。補遺嘖然，煩言貌。諆諆，重言貌。彼誘其名，眩其辭，而無深於其志義者也。誘，誑也。但欺誑其名而不正，眩惑其辭而不實，又不深明於志義相通之理也。增彼，彼愚者。故窮藉而無極，甚勞而無功，貪而無名。藉，踐履也，才夜反。謂踐履於無極之地。貪而無名，謂貪於立名而實無名也。增窮藉而無極，謂雖窮履而不可極也。○藉，如字，舊音非。補遺藉，布陳也。言窮陳其辭而無中正之理也。故知者之言也，知，讀爲“智”。慮之易知也，行之易安也，持之易立也，成則必得其所好而不遇其所惡焉。愚者反是 ❷。增易，以豉反。好，呼報反。惡，烏路反。《詩》曰：“爲鬼爲蜮，則不可得；有靦面目，視人罔極？作此好歌，以極反側。”此之謂也。《詩》，《小雅·何人斯》之篇。毛云：“蜮，短狐也。靦，姡也。”鄭云：“使女爲鬼爲蜮也 ❸，則女誠不可得見也。姡然有面目，女乃人也，人相視無有極時，終必與女相見。作此歌，求女之情，女之情展轉極於是也。”增已見《儒效篇》。○蜮，音域。靦，土典反。

22.11 凡語治而待去欲者，無以道欲而困於有欲者也。凡言治，待使人盡去欲然後爲治，則是無道欲之術，而反爲有欲者

---

❶ 覺按：原書“疎略”作“疏畧”，下“疎略”作“疎畧”，今據宋浙本、古逸叢書本改。

❷ 宋本“愚”上有“而”字。

❸ 覺按：宋浙本、古逸叢書本“女”作“汝”，下同。原書無“也”字，今據宋浙本、古逸叢書本補；下句同。

所困也❶。增語，魚據反；下同。去，起呂反。道，音"導"。**凡語治而待寡欲者，無以節欲而困於多欲者也**❷。若待人之寡欲然後治之，則是無節欲之術，而反爲多欲者所困，故能導欲則欲自去矣❸，能節欲則欲自寡矣。**有欲無欲，異類也，**補遺生者有欲，死者無欲，異其類也。**生死也，非治亂也**。二者異類，如生死之殊，非治亂所繫。治亂所繫，在於導欲則治❹，不導欲則亂也。增治，直吏反；下同。**欲之多寡，異類也，情之數也，非治亂也**。情之數，言人情必然之數也。治亂所繫，在節欲則治，不節欲則亂，不在欲之多寡也。增數，舊作"所"，今據宋本、韓本改之；注同。**欲不待可得，而求者從所可**❺。凡人之情欲，雖未可得，以有欲之意及至求之時，則從其所可得也。增不待可得，無求之而至也。從所可，從所願而求也。**欲不待可得，所受乎天也；求者從所可，受乎心也**❻。增"受"上似脫"所"字。**所受乎天之一欲，制於所受乎心之多，固難類所受乎天**❼。此一節未詳，或恐脫誤耳。或曰：當爲"所受乎天之一欲，制於所受乎心之計"，其餘皆衍字也。一欲，大凡人之情欲也。言所受乎天之大欲，皆制節於所受心之計度，度心之計亦受於天，故曰"所受"。增元本"多"作"計"；無"固難類所受乎天"七字，據本注而除之者也，然非其舊也，故今以爲衍文而

---

❶ 覺按：宋浙本、古逸叢書本無"也"字。
❷ 宋本"多欲"作"欲多"。
❸ 覺按：原書"導"作"道"，今據宋浙本、古逸叢書本改。
❹ 覺按：原書"導"作"道"，今據宋浙本、古逸叢書本改；下句同。
❺ 標注本"從"作"於"。
❻ 宋本"心也"下有"天性有欲，心爲之節制"九字，韓本同。覺按：宋浙本、古逸叢書本有此九字，爲小字楊注，非正文。
❼ 宋本"天"下有"也"字。

不除之。補遺 "一"字衍。多，當作 "可"。言天生之欲，制於心慮之所可而不敢妄求，固不可得如天生之所欲也。**人之所欲，生甚矣；人之所惡，死甚矣；然而人有從生成死者，非不欲生而欲死也，不可以生而可以死也。**此明心制欲之義。增惡，烏路反；下同。補遺從，當作 "舍"。**故欲過之而動不及，心止之也。**動，謂作爲也。言欲過多，而所作爲不及其欲，由心制止之也。**心之所可中理，則欲雖多，奚傷於治？**所可，謂心以爲可也。言若心止之而中理，欲雖多，無害於治也。增中，陟仲反。**欲不及而動過之，心使之也。心之所可失理，則欲雖寡，奚止於亂？**心使之失理，則欲雖寡，亦不能止亂。**故治亂在於心之所可，亡於情之所欲。**明在心不在欲。增亡，音 "無"；下同。**不求之其所在而求之其所亡，雖曰 "我得之"，失之矣。**所在，心也。所亡，欲也。

22.12 性者，天之就也；情者，性之質也；欲者，情之應也。以欲爲可得而求之❶，情之所必不免也；性者，成於天之自然；情者，性之質體；欲，又情之所應；所以人必不免於有欲也。增舊本 "欲"上有 "所"字，"爲"上有 "以"字，今據元本除之。補遺以爲可得而求之：以爲，疑當作 "不待"。**以爲可而道之，知所必出也。**心以欲爲可而導達之，智慮必出於此也。增道，音 "導"。知，音 "智"。補遺道，由也。"知"下脫 "之"字。言以爲可得而從其所欲，知之所必出於此也。**故雖爲守門，欲不可去，**夫人各有心，故雖至賤，亦不能去欲也。增去，起呂反；下同。**性之具也。雖爲天子，欲不可盡。**具，全也。若全其性之所欲，雖爲天子，亦不能盡，秦皇、漢武之比也。增性之具，猶言 "生而備具者"也。○盡，津忍反；下同。**欲雖不可盡，**

---

❶ 覺按：宋浙本、古逸叢書本 "欲爲"作 "所欲以爲"。

可以近盡也；以，用也。近盡，近於盡欲也。言天子雖不可盡欲，若知道❶，則用可近盡而止之，不使放肆之也❷。欲雖不可去，求可節也。雖至賤，亦不可去欲。若知道，則求節欲之道而爲之也。所欲雖不可盡，求者猶近盡；欲雖不可去，所求不得❸，慮者欲節求也。爲貴賤之謀慮，皆在節其所求之欲也。增所求不得慮者，猶言“不得慮所求者”也。本注所説，不合正文意。謝墉“貴賤”改作“賤者”，亦非倞意。補遺所求不得，慮者欲節求也：此句疑有誤，宜言“所求不慮不得者節求也”。道者，進則近盡，退則節求，天下莫之若也。道，謂中和之道，儒者之所守也。進、退，亦謂貴賤也。道者，貴則可以知近盡，賤則可以知節求❹，天下莫及之也。

22.13　凡人莫不從其所可而去其所不可。知道之莫之若也而不從道者❺，無之有也。知節欲無過於道，則皆從道也。假之有人而欲南，無多；而惡北，無寡；豈爲夫南者之不可盡也、離南行而北走也哉❻？有人欲往南而惡往北也。欲南無多，謂南雖至多，猶欲之也。惡北無寡，謂北雖至寡，猶惡之也。言此人既欲南而惡北，豈爲夫南之不可得盡，因肯捨南而走北乎？增物茂卿曰：“欲南無多者，欲南之心未切也，以喻好道之淺也。惡北無寡者，惡北之心甚也，以喻惡禍之心切也。”愛曰：假，猶“譬”也。○爲，于僞反；下同。夫，音扶；下同。離，力智反；下同。補遺多、寡，謂路程之遠、近也。言欲

----

❶ 本注“若知道”三字可刪；下同。

❷ 覺按：原書“放”作“故”，今據宋浙本改。古逸叢書本作“故”，非。

❸ 元本下“求”下有“必”字。

❹ 覺按：宋浙本、古逸叢書本“節求”作“求節”，非。

❺ 元本“莫”上有“知”字，標注本同，非。

❻ 元木無“也哉”之“也”。

南之心甚深，故南方雖遠而不爲遠；惡北之心至切，故北方雖近而不爲近也。《書》曰：“宥過無大，刑故無小。”語意正同。**今人所欲，無多；所惡，無寡；豈爲夫所欲之不可盡也、離得欲之道而取所惡也哉❶**？今夫人情，欲雖至多，猶欲之；惡雖至寡，猶惡之；豈爲欲之不可得盡，因肯取所惡哉？言聖人以道節欲，則各安其分矣。而宋、墨之徒不喻斯理，而强令去欲、寡欲❷，此何異使之離南而北走，捨欲而取惡，必不可得也。增此亦與上文同句法，皆假借而喻無不從道者之意也。本注非。

故可道而從之，奚以損之而亂？可道，合道也。損，減也。言若合道則從之，奚以損亂而過此也？增可道，以道爲可也。損之，損去欲、寡欲之説也。言可道而從之，則雖損去欲、欲寡之説，豈亂矣哉？**不可道而離之，奚以益之而治**？不合道則離之，奚以益治而過此？此明若合道，雖爲有欲之説，亦可從之；不合道，雖爲去欲之説，亦可離之也。增言以道爲不可而不從之，雖益去欲、寡欲之説，豈治哉？〇治，直吏反。**故知者論道而已矣，小家珍説之所願皆衰矣**。知治亂者，論合道與不合道而已矣，不在於有欲無欲也。能知此者，則宋、墨之家自珍貴其説，願人之去欲、寡欲者，皆衰矣。增知，音“智”。

22.14　凡人之取也，所欲未嘗粹而來也；其去也，所惡未嘗粹而往也。故人無動而不與權俱❸。粹，全也。凡人意有所取，其欲未嘗全來；意有所去，其惡未嘗全去：皆所不適意也。權者，秤之權❹，所以知輕重者也，能權變適時，故以喻道也。言人之欲惡常難適意，故其所舉動而不可不與道俱。不與道俱，則惑於欲惡矣。故達道

❶ 元本無“夫所”之“所”。
❷ 覺按：原書“强”作“彊”，今據宋浙本改。古逸叢書本作“強”。
❸ 覺按：宋浙本、古逸叢書本“不”上有“不可以”三字。
❹ 覺按：宋浙本、古逸叢書本“秤”作“稱”，下同。

者不戚戚於貧賤，不汲汲於富貴，故能遣夫得喪，欲惡不以介懷而欲自節矣。增舊本"不"上有"不可以"三字，今據元本除之。粹，精也。未嘗粹而來也，禍託於欲也。未嘗粹而往也，福託於惡也。與權俱，則無禍託於欲、福託於惡之過也。〇去，起吕反。惡，烏路反。**衡不正，則重懸於仰❶，而人以爲輕；輕懸於俛，而人以爲重；此人所以惑於輕重也。**衡，秤之衡也。不正，謂偏舉也。衡若均舉之，則輕重等而平矣。若偏舉之，則重懸於俛而猶未平也❷，遂以此定輕重，是惑也。增俛，與"俯"同。補遺江田子錦曰："注'重懸'下脱'於仰輕懸'四字。"**權不正，則禍託於欲，而人以爲福；福託於惡，而人以爲禍；此亦人所以惑於禍福也。**權不正，謂不知道而偏見，如秤之權不正者也。禍託於欲，謂無德而禄，因以爲福，不知禍不旋踵也。福託於惡，謂若有才未偶，因以爲禍，不知"先號""後笑"也。言不知道，則惑於"倚""伏"之理也。**道者，古今之正權也❸，離道而内自擇，則不知禍福之所託。**道能知禍福之正，如權之知輕重之正。離權則不知輕重，離道則不知禍福也。增離，力智反；下同。

22.15 **易者，以一易一，人曰無得亦無喪也；**易，謂以物相易。增喪，息浪反；下同。**以一易兩，人曰無喪而有得也；以兩易一，人曰無得而有喪也。計者取所多，謀者從所可。以兩易一，人莫之爲，明其數也。從道而出，猶以一易兩也，奚喪？**從道則無所喪，儒術是也。增出，"出謀發慮"之"出"。〇出，尺類反。**離道而内自擇，是猶以兩易一也，奚得？**離道則無所得，

---

❶ 宋本"懸"作"縣"，下同。

❷ 謝氏注"俛"上補"仰輕縣於"四字。

❸ 宋本"權"下無"也"字。

宋、墨是也❶。其累百年之欲，易一時之嫌，然且爲之，不明其數也。累，積也。嫌，惡也。此謂不以道求富貴，終遇禍也。增嫌，讀爲"慊"，快也，足也。○累，力軌反。

22.16　有嘗試深觀其隱而難其察者。有，讀爲"又"。雖隱而難察，以下四事觀之，則可知也。增"其察"之"其"衍。補遺下"其"字衍。志輕理而不重物者，無之有也；理爲道之精微。增本注"爲"字當爲"謂"。○輕，牽政反。重，直用反；下同。外重物而不內憂者，無之有也。行離理而不外危者，無之有也；外危而不內恐者，無之有也。增行，下孟反；下"其行"同。恐，丘隴反；下同。心憂恐，則口銜芻豢而不知其味，耳聽鍾鼓而不知其聲，目視黼黻而不知其狀，輕煖平簟而體不知其安。故嚮萬物之美而不能嗛也。嚮，讀爲"享"，獻也，謂受其獻也。嗛，足也，快也。《史記》樂毅曰❷："先王以爲嗛於志。"嗛，口簟反。增輕煖，狐裘之屬。平簟，簟第之平者。○豢，胡慣反。黼，音甫。黻，音弗。簟，徒點反。補遺"嚮""饗"同，受也。假問而嗛之，則不能離也。假或有人問之，暫以爲足其意❸，終亦不能離於不足也。增"假"下舊有"而得"二字❹，今據元本除之。問，己問人也。補遺問，當作"間"。言假使得其間隙而暫足萬物之美，終亦不能離忘其憂也。故嚮萬物之美而盛憂，兼萬物之利而盛害。如此者，其求物也？養生也？粥壽也？也，皆當爲"耶"，問之辭。增"粥""育"古音通，養也。故欲養其欲而縱其情，

---

❶ 覺按：宋浙本、古逸叢書本無"是"字。

❷ 覺按：宋浙本、古逸叢書本"毅"作"毅毅"，非。

❸ 覺按：宋浙本、古逸叢書本"暫"作"蹔"。

❹ 覺按：宋浙本、古逸叢書本有"而得"二字。

縱其情，則欲終不可養也。**欲養其性而危其形，欲養其樂而攻其心，欲養其名而亂其行。**皆外重物之所致也。增樂，音洛；下同。**如此者，雖封侯稱君，其與盜無以異；雖乘軒戴絻，其與無足無以異。**絻，與"冕"同。增舊本"盜"上有"夫"字，今據元本除之。"乘"上無"雖"字，今據元本補之。下"其與"作"與其"，今據宋本、韓本改之。軒，大夫車也。無足，謂窮亡者也。○夫，音扶；下同。**夫是之謂以己爲物役矣。**己爲物之役使。增《脩身篇》曰："君子役物，小人役於物。"○己，音紀。

22.17 **心平愉，則色不及傭而可以養目，**所視之物不及傭保之人，亦可養目。增傭，當作"備"，下同，共字之誤也。《解蔽篇》曰："目視備色，耳聽備聲。"**聲不及傭而可以養耳，蔬食菜羹而可以養口，麤布之衣、麤紃之履而可以養體，**麤紃之履，麤麻屨也。增食，音嗣。麤，七奴反。紃，似倫反。**屋室、廬庾、葭藁蓐、尚机筵而可以養形[1]，**廬，草屋也。庾，屋如廩庾者。葭，蘆也[2]。以廬爲屋室[3]，葭藁爲席蓐者，貧賤人之居也。尚机筵，未詳。或曰：尚，言尚古，猶若稱《尚書》之"尚"也。尚机筵，質樸之机筵也。增物茂卿曰："以葭藁所織之蓐加諸几筵也。"**故無萬物之美而可以養樂，無勢列之位而可以養名[4]。**勢列，班列也。名，美名也。增古屋鬲曰："勢列，權勢爵列也。"**如是而加天下焉，其爲天下多，其和樂少矣，**以是無貪利之心，加以天下之權，則爲天下必多，爲己之私和樂少矣。增

---

❶ 宋本"藁"作"槀"。覺按：宋浙本、古逸叢書本作"槀"，其校恐誤。

❷ 覺按：原書"蘆"作"廬"，今據宋刻遞修本改。宋浙本、古逸叢書本也作"廬"。

❸ 覺按：原書"廬"作"蘆"，今據宋浙本、古逸叢書本改。

❹ 宋本"勢"作"埶"。

加天下，以此志行加天下也。〇爲，于僞反。☐補遺如是而加天下焉，加天下於此人也。觀“焉”字可見。**夫是之謂重己役物。**知道則心平愉，心平愉則欲惡有節，物不能動，故能重己而役物❶。自“有嘗試”以下❷，皆論知道不知道也。

22.18 無稽之言，不見之行，不聞之謀，君子慎之。

無稽之言，言無考驗者也。不見之行，不聞之謀，謂在幽隱，人所不聞見者，君子尤當戒慎，不可忽也。《中庸》曰：“戒慎乎其所不覩，恐懼乎其所不聞，莫見乎隱，莫顯乎微，故君子慎其獨也。”《説苑》作“無類之説，不戒之行，不贊之辭，君子慎之”。此三句不似此篇之意，恐誤在此耳。☐增不見、不聞，亦皆無稽之意，不師古而新作之者也。宋鈃輩所説是也，故著諸篇末。〇行，下孟反。

荀子卷第十六

---

❶ 覺按：原書無“能”字，今據宋浙本、古逸叢書本補。

❷ 覺按：原書“以”作“已”，今據宋浙本、古逸叢書本改。

荀子卷第十七

性惡篇第二十三 當戰國時，競爲貪亂，不脩仁義，而荀卿明於治道，知其可化，無勢位以臨之，故激憤而著此論。《書》曰："惟天生民有欲，無主乃亂，惟天生聰明時乂❶。"亦與此義同也。增此篇蓋爲折《孟子》而作。舊本闕本注"天生"二字，今據本書補之。

    23.1　人之性惡，其善者僞也。 僞，爲也，矯也，矯其本性也。凡非天性而人作爲之者，皆謂之"僞"。故爲字❷，"人"傍"爲"，亦會意字也。增僞，謂以禮義師法矯本性也。

    23.2　今人之性，生而有好利焉，順是， 增二字句。**故爭奪生而辭讓亡焉；** 天生性也。順是，謂順其性也。增好，呼報反；下同。**生而有疾惡焉，順是，故殘賊生而忠信亡焉；** 疾，與"嫉"同。惡，烏路反。**生而有耳目之欲，有好聲色焉，** 增"有好聲色"四字，似注文誤入正文。補遺下"有"當作"而"。**順是，故淫亂生而禮義文理亡焉。** 文理，謂節文條理也。**然則從人之性，順人**

---

    ❶ 覺按：宋浙本、古逸叢書本無"天生"二字。

    ❷ 覺按：原書"爲"作"僞"，今據宋浙本、古逸叢書本改。世德堂本也作"爲"，此蓋久保愛私改之耳。

之情，必出於爭奪，合於犯分亂理，而歸於暴。增分，扶問反。故必將有師法之化、禮義之道，道，與"導"同。然後出於辭讓，合於文理，而歸於治。增治，直吏反；下同。用此觀之，然則人之性惡明矣，其善者僞也。

23.3　故枸木必將待檃栝烝矯然後直❶，枸，讀爲"鉤"，曲也；下皆同❷。檃栝，正曲木之木也。烝，謂烝之使柔。矯，謂矯之使直也。增檃，音隱。烝，通作"蒸"。鈍金必將待礱厲然後利。礱、厲，皆磨也。厲，與"礪"同。增礱，慮紅反。今人之性惡，必將待師法然後正，得禮義然後治。今人無師法，則偏險而不正；無禮義，則悖亂而不治。增偏，偏頗也。險，不平也。○悖，步没反，又補對反；下同。古者聖王以人之性惡❸，以爲偏險而不正、悖亂而不治，是以爲之起禮義，制法度，以矯飾人之情性而正之，以擾化人之情性而導之也，使皆出於治、合於道者也❹。矯，彊抑也。擾，馴也。增導，舊作"道"，今據宋本改之。○爲之，于僞反。今之人❺，化師法、積文學、道禮義者爲君子，縱性情、安恣睢而違禮義者爲小人❻。增道，猶"由"也。《非十二子篇》"性情"作"情性"，是也。注詳見

---

❶　覺按：原書"檃"作"檃"，今據宋浙本、古逸叢書本改；注同。宋浙本、古逸叢書本"栝"作"括"，注同，非。久保愛於此無校語，若非其失校，則古逸叢書本已與宋本有異矣。

❷　覺按：原書無"皆"字，今據宋浙本、古逸叢書本補。

❸　元本"王"作"人"。

❹　元本"治"作"理"。

❺　元本無"今之"之"之"。

❻　元本"而違"作"慢"字。

于彼。○睢，香萃反。**用此觀之，然則人之性惡明矣，其善者僞也。**

23.4 孟子曰："今之學者，其性善也。"孟子言人之有學，適所以成其天性之善，非矯也。與告子所論者是也。增舊本無"也"字，今據元本補之。

曰：是不然。是不及知人之性，而不察乎人之性、僞之分者也❶。不及知，謂智慮淺近，不能及於知，猶言"不到"也。《書》曰"予沖人，不及知"是也❷。增分，扶問反；下同。**凡性者，天之就也，**增就，猶"成"也。《禮記》曰："天命之謂性。"**不可學，不可事。禮義者，聖人之所生也，人之所學而能、所事而成者也。**聖人之所生，明非天性也。事，爲也，任也。《周禮·大宰職》❸："六曰事典，以富邦國，以任百官。"鄭云："任，事也。"增事，猶"無事其繰、有事其布曰錫"之"事"，謂脩飾之也。**不可學、不可事而在人者，謂之性；可學而能、可事而成之在人者❹，謂之僞。是性、僞之分也。**不可學、不可事，謂不學而能、不事而成也。增"事而"之"而"與"之"通。**今人之性，目可以見，耳可以聽。夫可以見之明不離目，可以聽之聰不離耳，**可見之明常不離於目，可聽之聰常不離於耳也。增夫，音扶；下同。離，力智反；下同。**目明而耳聰，**

---

❶ 元本、標注本"人之性僞之分"作"僞之情"三字。宋本"乎人"作"乎人人"。覺按：宋浙本、古逸叢書本"乎人"作"人人"，不作"乎人人"，久保愛之宋本校語恐誤。

❷ 覺按：原書"沖"作"沖"，今據宋浙本、古逸叢書本改。宋浙本、古逸叢書本無"是"字。此蓋久保愛私加之也。

❸ 覺按：宋浙本、古逸叢書本"大"作"太"。

❹ 元本"成"下無"之"字。

不可學明矣。如目明耳聰之不假於學，是乃天性也。

23.5　孟子曰："今人之性善，將皆失喪其性故也。"
孟子言失喪本性，故惡也。⟨增⟩喪，息浪反；下同。

曰：若是則過矣。⟨增⟩荀卿尤孟子之言。

今人之性，生而離其朴、離其資，必失而喪之❶。朴，質也。
資，材也。言人若生而任其性，則離其質朴而偷薄，離其資材而愚惡，其
失喪必也。⟨增⟩此荀卿舉孟子之言也。失而喪之，失喪本性也。⟨補遺⟩言人之
性，任其自然而不用矯飾，則日離其朴、資之純，必失喪而至於殘賊淫亂，
是性惡明也。用此觀之，然則人之性惡明矣。⟨增⟩夫生而失喪本性者，
性惡之徵也。

所謂性善者，不離其朴而美之，不離其資而利之也。
不離質朴、資材，自得美、利，不假飾而善，此則爲天性也❷。使夫資
朴之於美、心意之於善若夫可以見之明不離目、可以聽之
聰不離耳，使質朴資材自善，如聞見之聰明常不離於耳目，此乃天性也。
故曰目明而耳聰也。故曰如目明耳聰，此乃是其性，不然，則是矯
僞使之也。⟨增⟩"曰"字衍。⟨補遺⟩"故曰"二字衍。"使夫"以下三十六字
一氣讀。

23.6　今人之性，飢而欲飽，寒而欲煖，勞而欲休，
此人之情性也。今人飢，見長而不敢先食者，將有所讓也；
勞而不敢求息者，將有所代也。所以代尊長也。⟨增⟩《論語》所謂"有
事弟子服其勞，有酒食先生饌"是也。○長，竹丈反。夫子之讓乎父，

---

❶ 元本"喪"下無"之"字。

❷ 覺按：宋浙本、古逸叢書本無"也"字。

弟之讓乎兄；子之代乎父 ❶，弟之代乎兄；此二行者，皆反於性而悖於情也，悖，違。增行，下孟反。悖，步没反，又補對反。然而孝子之道、禮義之文理也。故順情性則不辭讓矣，辭讓則悖於情性矣。用此觀之，然則人之性惡明矣，其善者偽也。

23.7　問者曰："人之性惡，則禮義惡生？"禮義何從而生？惡，音烏。

應之曰：凡禮義者，是生於聖人之偽，非故生於人之性也。故，猶"本"也。言禮義生於聖人矯偽抑制，非本生於人性也。故陶人埏埴而爲器，陶人，瓦工也。埏，擊也。埴，黏土也。擊黏土而成器。埏，音羶。然則器生於工人之偽，非故生於人之性也。言陶器自是生於工人學而爲之，非本生於人性自能爲之也。或曰："工人"當爲"陶人"。故，猶"本"也。故工人斲木而成器 ❷，然則器生於工人之偽，非故生於人之性也。增此工人，木工也。與上不同。聖人積思慮，習偽故，以生禮義而起法度，然則禮義法度者，是生於聖人之偽，非故生於人之性也。自是聖人矯人性而爲之，如陶人、工人然也。增舊本"聖"上無"於"字，今據宋本補之。若夫目好色，耳好聲，口好味，心好利，骨體膚理好愉佚，是皆生於人之情性者也 ❸，膚理，皮膚文理也。佚，與"逸"同。人勞苦則皮膚枯槁也。增體，四枝也。○夫，音扶。好，呼報反；下同。感而自然、不待事而後生之者也。受性自爾，不待學而知也。增"事"

***

❶ 元本"代"下無"乎"字，下同。

❷ 覺按：宋浙本、古逸叢書本"斲"作"斮"。

❸ 元本"性"下無"者"字。

字已見上文。夫感而不能然、必且待事而後然者❶，謂之生於偽。是性、偽之所生，其不同之徵也。徵，驗。増不同，性偽不同也。故聖人化性而起偽，言聖人能變化本性而興起矯偽也。偽起而生禮義，《老子》曰："智惠出，有大偽。"《莊子》亦云："仁相偽也，義相虧也。"皆言非其本性也。増舊本"起"下有"於性"二字，宋本有"於信"二字❷，今據元本除之。補遺"於性"二字衍，元本除之是也。荀子言偽，其立言之意固已明矣。楊倞引老、莊毀仁義爲詐偽之言以證之，憒憒甚矣。禮義生而制法度；然則禮義法度者，是聖人之所生也。故聖人之所以同於衆、其不異於衆者，性也；補遺其，當作"而"。異，當作"過"。所以異而過衆者❸，偽也。聖人過衆，在能起偽。増孔子曰："性相近也，習相遠也。"其意同。古屋鬲曰："'其不異於衆'五字恐衍。"夫好利而欲得者，此人之情性也。假之有弟兄資財而分者❹，且順情性，好利而欲得，若是，則兄弟相拂奪矣❺；拂，違戾也。或曰："拂"字從"木"旁"弗"，擊也❻。《方言》云："自關而西謂之桻。"今之農器連枷也。且，發辭也。増假，猶"譬"也。本注"或曰"以下非。○拂，音佛。且化禮義之文理，若是，則讓乎國人矣❼。故順情性，則弟兄爭矣；化禮義，則讓乎國人矣。

---

❶ 元本"然"下無"者"字。

❷ 覺按：宋浙本、古逸叢書本有"於信"二字。

❸ 元本"過"作"制"。

❹ 宋本"假之"下有"人"字。

❺ 宋本"拂"作"佛"，非。

❻ 覺按：原書脫"擊也"二字，今據宋浙本、古逸叢書本補。

❼ 元本"讓"下無"乎"字，下同。

23.8　凡人之欲爲善者，爲性惡也。爲其性惡，所以欲爲善也。增爲，于僞反；下"爲性"同。夫薄願厚，惡願美，狹願廣，貧願富，賤願貴，苟無之中者，必求於外；故富而不願財，貴而不願勢❶，苟有之中者，必不及於外❷。既有富貴於中，故不及財勢於外也。增物茂卿曰："苟無之中，苟有之中：'之'猶'於'也。"愛曰："及"當作"求"，音之誤也。○夫，音扶。用此觀之，人之欲爲善者，爲性惡也。無於中，故求於外，亦猶貧願富之比。今人之性，固無禮義，故彊學而求有之也；性不知禮義，故思慮而求知之也。增彊，其兩反。然則性而已❸，則人無禮義，不知禮義。性而已，謂不矯僞者。人無禮義則亂，不知禮義則悖。然則性而已，則悖亂在己。用此觀之，人之性惡明矣❹，其善者僞也。不矯而爲之，則悖亂在己，以此知其性惡也。增"在"字恐誤。或云：當作"不"。○悖，步没反，又補對反。

23.9　孟子曰："人之性善。"

曰：是不然。凡古今天下之所謂善者，正理平治也❺；所謂惡者，偏險悖亂也。是善惡之分也已。言善惡之分❻，在此二者。分，扶問反。增治，直吏反；下同。今誠以人之性固正理

❶ 宋本"勢"作"埶"。

❷ 元本無"必"字。

❸ 宋本"則性"之"性"作"生"，注同；下同。

❹ 覺按：宋浙本、古逸叢書本無"之"字。久保愛於此無校語，若非其失校，則古逸叢書本已與宋本有異矣。

❺ 覺按：原書"治"作"冶"，今據宋浙本、古逸叢書本改。

❻ 覺按：宋浙本、古逸叢書本無"之"字。久保愛於此無校語，若非其失校，則古逸叢書本已與宋本有異矣。

平治邪？則有惡用聖王、惡用禮義矣哉？有，讀爲"又"。惡，音烏。增"以"下似脱"爲"字。○邪，音"耶"。雖有聖王禮義，將曷加於正理平治也哉？今不然，人之性惡。今以性善爲不然者，爲人之性惡也。補遺不然者，不如是也。白鹿曰："'惡'下疑脱'明矣，其善者偽也'七字。"故古者聖人以人之性惡，以爲偏險而不正、悖亂而不治，故爲之立君上之勢以臨之❶，明禮義以化之，起法正以治之，增爲之，于偽反。治之，如字；下"之治"同。重刑罰以禁之，使天下皆出於治、合於善也。是聖王之治而禮義之化也。今當試去君上之勢，增當試，當作"嘗試"，字之誤也。○去，起呂反；下同。無禮義之化，去法正之治，無刑罰之禁，倚而觀天下民人之相與也❷，倚，任也。或曰：倚，偏倚，猶"傍觀"也。增本注後説是也。若是，則夫彊者害弱而奪之，衆者暴寡而譁之，衆者陵暴於寡而誼譁之，不使得發言也。增"譁"字恐有誤，或云"誣"誤。天下之悖亂而相亡不待頃矣。頃，少頃也。本或爲"須"，須臾也。用此觀之，然則人之性惡明矣，其善者偽也。

23.10　故善言古者，必有節於今；善言天者，必有徵於人。節，準。徵，驗。增物茂卿曰："節，即符節之'節'。"愛曰：《漢書‧董仲舒傳》曰"善言天者必有徵於人，善言古者必有驗於今"。凡論者，貴其有辨合、其符驗❸，辨，別也。《周禮‧小宰》"聽稱責以傅別"，鄭司農云："別之爲兩，兩家各執其一。"符，以竹爲之，亦相合之物。言

---

❶ 宋本"勢"作"埶"，下同。

❷ 元本無"人"字。

❸ 宋本"其符"之"其"作"有"，韓本同。

論議如別之合，如符之驗，然可施行也。⃞增案下文，“其符”之“其”似衍。

故坐而言之，起而可設，張而可施行。今孟子曰“人之性善”，無辨合符驗❶，坐而言之，起而不可設，張而不可施行，豈不過甚矣哉？故性善，則去聖王、息禮義矣；性善，則不假聖王、禮義也。性惡，則興聖王、貴禮義矣❷。故檃栝之生❸，爲枸木也；繩墨之起，爲不直也；立君上，明禮義，爲性惡也。用此觀之，然則人之性惡明矣，其善者僞也。⃞增檃，音隱。爲，于僞反。

23.11 直木不待檃栝而直者❹，其性直也；枸木必將待檃栝、烝矯然後直者，以其性不直也。今人之性惡，必將待聖王之治、禮義之化，然後皆出於治、合於善也。用此觀之，然則人之性惡明矣，其善者僞也。⃞增烝，通作“蒸”。治，上如字，下直吏反。

23.12 問者曰：“禮義積僞者，是人之性，故聖人能生之也。”言禮義雖是積僞所爲，亦皆人之天性自有，聖人能生之，衆人但不能生耳。

應之曰：是不然。夫陶人埏埴而生瓦，然則瓦埴豈陶人之性也哉？豈陶人亦性而能瓦埴哉？亦積僞然後成者也❺。⃞增夫，音

---

❶ 元本“合”上有“不”字。

❷ 宋本“興”作“與”。

❸ 覺按：原書“檃”作“檃”，今據宋浙本、古逸叢書本改。久保愛於此無校語，若非其失校，則古逸叢書本已與宋本有異矣。

❹ 覺按：原書“檃”作“檃”，今據宋浙本、古逸叢書本改；下同。久保愛於此無校語，若非其失校，則古逸叢書本已與宋本有異矣。

❺ 覺按：宋浙本、古逸叢書本無“者”字。

扶；下同。埏，音羶。**工人斲木而生器，然則器木豈工人之性也哉？夫聖人之於禮義也，辟亦陶埏而生之也，**辟，讀爲"譬"。**然則禮義積僞者，豈人之性也哉？**[增]舊本"性"上有"本"字❶，今據元本除之。**凡人之性者，堯、舜之與桀、跖，其性一也；君子之與小人，其性一也。**言皆惡也。[增]舊本"跖"下有"也"字，今據宋本除之。**今將以禮義積僞爲人之性邪？然則有曷貴堯、禹，曷貴君子矣哉**❷**？**所以貴堯、禹者，以其能化性，異於衆也。有，讀爲"又"。[增]邪，音"耶"。**凡所貴堯、禹、君子者，能化性，能起僞，僞起而生禮義；然則聖人之於禮義積僞也，亦猶陶埏而生之也。**聖人化性於禮義，猶陶人埏埴而生瓦。[增]舊本無"猶"字，今據宋本、韓本補之。**用此觀之，然則禮義積僞者**❸**，豈人之性也哉？**既類陶埏而生，明非本性也。**所賤於桀、跖、小人者，從其性，順其情，安恣睢，以出乎貪利爭奪。故人之性惡明矣，其善者僞也。**桀、跖、小人，是人之本性也。[增]從，放縱也。○從，子用反；下同。睢，香萃反。

23.13 **天非私曾、騫、孝己而外衆人也，**曾參、閔子騫也；孝己，殷高宗之太子：皆有至孝之行也。[增]本注"曾參"上脫"曾、騫"二字。○騫，起虔反。己，音紀。**然而曾、騫、孝己獨厚於孝之實而全於孝之名者**❹**，何也？以綦於禮義故也**❺**。**三人能矯其性，極爲禮義故也。**天非私齊、魯之民而外秦人也，然**

---

❶ 覺按：宋浙本、古逸叢書本有"本"字。

❷ 孫鑛本"矣"作"已"。

❸ 元本無"者"字。

❹ 元本"而"作"則"。覺按：此指"然而"之"而"。

❺ 元本無"綦於"之"於"。

而於父子之義、夫婦之別，不如齊、魯之孝具、敬父者，何也？孝具，能具孝道。敬父，當爲"敬文"，傳寫誤耳。敬而有文，謂夫婦有別也。增具，當作"且"，字之誤也。○別，彼列反。補遺孝具、敬父，當作"孝敬、具文"。以秦人之從情性、安恣睢、慢於禮義故也，豈其性異矣哉？綦禮義則爲曾、閔，慢禮義則爲秦人，明性同於惡，唯在所化耳。若以爲性善，則曾、閔不當與衆人殊，齊、魯不當與秦人異也。

23.14 "'塗之人可以爲禹。'曷謂也？"塗，道路也。舊有此語，今引以自難。言若性惡，何故途之人皆可以爲禹也[1]？補遺此以下至"其不可以相爲明矣"別爲一章，論人性皆有可以爲善之資，即《孟子》"人皆可以爲堯、舜"之意。自是正當議論，亦足以見"性惡"之偏僻，與本篇"性惡"之説相矛盾。蓋他篇之文錯簡在此也。

曰：凡禹之所以爲禹者，以其爲仁義法正也。然則仁義法正有可知可能之理，人皆有之。然而塗之人也，皆有可以知仁義法正之質，皆有可以能仁義法正之具，增質，性也。具，才能也。然則其可以爲禹明矣。今以仁義法正爲固無可知可能之理邪？然則唯禹不知仁義法正、不能仁義法正也。唯，讀爲"雖"。增邪，音"耶"；下同。將使塗之人固無可以知仁義法正之質，而固無可以能仁義法正之具邪？然則塗之人也，且內不可以知父子之義，外不可以知君臣之正。不然。以塗之人無可知、可能之論爲不然也。今塗之人者，皆內可以知父子之義，外可以知君臣之正，然則其可以知之質，可以能之具，其在塗之人明矣。今使塗之人者，以其可以知之

---

❶ 覺按：原書"途"作"塗"，今據宋浙本、古逸叢書本改。

質、可以能之具，本夫仁義之可知之理、可能之具 ❶，然則其可以爲禹明矣。今使塗之人伏術爲學，專心一志，思索熟察 ❷，加日縣久，積善而不息，則通於神明，參於天地矣。伏術，伏膺於術。熟察，精熟而察。加日，累日也。縣久，縣繫以久長也 ❸。增 "伏" "服" 古通用。服，習也。《淮南子・原道訓》曰："海外賓伏，四夷納職。"《漢書・息夫躬傳》："中國常以威信懷伏夷狄。" ○索，色白反。縣，胡涓反。故聖人者，人之所積而致也。雖性惡，若積習，則可爲聖人。《書》曰："惟狂克念作聖 ❹。"

23.15 曰："聖可積而致，然而皆不可積，何也？"

曰：可以而不可使也。可以爲而不可使爲，以其性惡。補遺言人自有可以積之質，而其不肯者，不可強使積，非因性惡也。故小人可以爲君子而不肯爲君子，君子可以爲小人而不肯爲小人。小人、君子者，未嘗不可以相爲也，然而不相爲者，可以而不可使也。故塗之人可以爲禹 ❺，則然 ❻；塗之人能爲禹，未必然也。雖不能爲禹，無害可以爲禹。增以其有可爲之理故也。足可以徧行天下 ❼，然而未嘗有能徧行天下者也。夫工匠、農、賈，未嘗不可以相爲事也，事，業。增相爲，謂工爲農事、賈爲匠事也。○賈，音古。然而未嘗能相爲事也。增而，舊作 "則"，

---

❶ 元本 "義" 下無 "之" 字。

❷ 宋本 "熟" 作 "孰"。

❸ 覺按：宋浙本、古逸叢書本無 "也" 字。

❹ 覺按：宋浙本、古逸叢書本 "惟" 作 "唯"。

❺ 元本 "故" 下有 "塗之人可以爲禹未必然也" 十一字。

❻ 宋本 "則然" 作 "然則"，韓本、孫鑛本同。

❼ 覺按：原書 "徧" 作 "偏"，今據宋浙本、古逸叢書本改。

今據元本改之。用此觀之，然則可以爲，未必能也；雖不能，無害可以爲。然則能不能之與可不可，其不同遠矣，其不可以相爲明矣。工、賈可以相爲而不能相爲，是可與能不同也。可與能既不同，則終不可以相爲也。此明禹亦性惡，以能積僞爲聖人，非禹性本善也。聖人異於衆者，在化性也。增 "遠矣其" 下似脱 "未嘗" 二字。

23.16 堯問於舜曰："人情何如？"

舜對曰："人情甚不美，又何問焉？妻子具而孝衰於親，嗜欲得而信衰於友，爵禄盈而忠衰於君。人之情乎！人之情乎！甚不美，又何問焉？唯賢者爲不然。"引此亦以明性之惡。韓侍郎作《性原》曰："性也者，與生俱生也；情也者，接於物而生也。性之品有三，而其所以爲性者五❶；情之品有三，而其所以爲情者七❷。曰：何也？曰：性之品有上、中、下三，上焉者，善焉而已矣❸；中焉者，可道而上下也；下焉者，惡焉而已矣。其所以爲性者五，曰仁，曰禮，曰信，曰義，曰智。上焉者之於五也❹，主於一而行於四；中焉者之於五也❺，一不少有焉❻，則少反焉，其於四也混；下焉者之於五也，反於一而悖於四。性之於情，視其品。情之品有上、中、下三，其所以爲情者七，曰喜，曰怒，曰哀，曰懼，曰愛，曰惡，曰欲。上焉者之於七也，動而處其中；中焉者之於七也，有所甚，有所亡，然而求合其中者也；下焉者之於七也，亡與甚，直情而行者也。情之於性，視其品。孟子之言性曰：

---

❶ 覺按：宋浙本、古逸叢書本無 "者" 字，非。

❷ 覺按：宋浙本、古逸叢書本無 "者" 字，非。

❸ 覺按：宋浙本、古逸叢書本無 "焉" 字，非。

❹ 覺按：宋浙本、古逸叢書本 "上" 作 "曰上"，非。

❺ 覺按：宋浙本、古逸叢書本 "也" 作 "一"，非。

❻ 覺按：宋浙本、古逸叢書本 "一" 作 "也"，非。

‘人之性善。’荀子之言性曰：‘人之性惡。’揚子之言性曰：‘人之性，善惡混。’夫始善而進惡歟❶？始惡而進善歟？始也混而今也善惡歟❷？皆舉其中而遺其上、下者也，得其一而失其二者也。叔魚之生也，其母視之，知其必以賄死。楊食我之生也❸，叔向之母聞其號也，知必滅其宗。越椒之生也，子文以爲大慼，知若敖氏之鬼不食也。人之性果善乎？后稷之生也，其母無災，其始匍匐也，則岐岐然❹，嶷嶷然。文王之在母也，母不憂；既生也，傅不勤；既學也，師不煩。人之性果惡乎？堯之朱，舜之均，文王之管、蔡，習非不善也，而卒爲姦。瞽叟之舜❺，鯀之禹，習非不惡也，而卒爲聖。人之性，善惡果混乎？故曰：三子之言性也，舉其中而遺其上、下者也，得其一而失其二者也。曰：然則性之上、下者，其終不可移乎？曰：上之性，就學而愈明；下之性，畏威而寡罪。是故上者可學而下者可制也❻。其品則孔子謂‘不移’也。曰：今之言性者異於此，何也？曰：今之言者雜老、佛而言也。雜老、佛而言之也者，奚言而不異？” 補遺 堯問於舜：此證性惡也，然堯、舜之時有此議論乎？亦齊東野人之言也。注《性原》當作《原性》。

23.17　有聖人之知者，有士君子之知者，有小人之知者，有役夫之知者。 增 知，音“智”；下同。多言則文而類，終日議其所以，言之千舉萬變，其統類一也，是聖人之

---

❶ 覺按：宋浙本、古逸叢書本“歟”作“與”，屬下讀；下句同。

❷ 覺按：宋浙本、古逸叢書本無此“歟”字。

❸ 覺按：宋浙本、古逸叢書本“楊”作“揚”，非。

❹ 覺按：宋浙本、古逸叢書本“岐岐”作“歧歧”。

❺ 覺按：原書“叟”作“瞍”，今據宋浙本、古逸叢書本改。

❻ 覺按：原書“學”作“教”，今據宋浙本、古逸叢書本改。

知也。文，謂言不鄙陋也❶。類，謂其統類不乖謬也。雖終日議其所以然，其言千舉萬變，終始條貫如一，是聖人之知也。增終日議，句。其所以言之，句❷。**少言則徑而省，論而法，若佚之以繩，是士君子之知也。**徑，易也。省，謂辭寡。論而法，謂論議皆有法，不放縱也。論，或爲"倫"。佚，猶"引"也。佚以繩，言其直也。聖人經營事廣，故曰"多言"；君子止恭其所守，故曰"少言"也。增"'論'或爲'倫'"爲是。《論語》曰："言中倫。"佚，與"佾"義同，列也。**其言也諂❸，其行也悖，其舉事多悔，是小人之知也。**言諂、行悖，謂言行相違也。增悔，舊作"侮"，今據宋本、元本改之。○行，下孟反。悖，步没反，又補對反。**齊給便敏而無類，雜能旁魄而毋用，**齊，疾也。給，謂應之速，如供給者也。便，謂輕巧。敏，速也。無類，首尾乖戾。雜能，多異術也。旁魄，廣博也。毋用，不應於用。便，匹延反。魄，音薄。增《淮南子》曰："斟酌萬殊，旁薄衆宜。"即與此"旁魄"同。毋用，舊作"無用"，似無害，然宋本、元本共作"毋用"，則後人私改之者也，故正之。**析速粹熟而不急❹，**析，謂析辭，若"堅白"之論者也。速，謂發辭捷速。粹熟❺，所著論甚精熟也。不急，言不急於用也❻。增析，舊作"折"，今據宋本、韓本改之。觀本注，古作"析"明也，其義則未詳。**不恤是非，不論曲直，以期勝人爲意，是役夫之知也。**期於必

---

❶ 覺按：宋浙本、古逸叢書本"陋"作"陋"。

❷ 覺按：此句讀可備一説，今標點從楊讀。

❸ 覺按：原書"諂"作"諂"，今據宋浙本改；注同。古逸叢書本作"諂"，"諂"爲"諂"之俗寫。

❹ 宋本"熟"作"孰"。

❺ 覺按：宋浙本、古逸叢書本"熟"作"孰"，下同。

❻ 覺按：宋浙本、古逸叢書本"言"作"亦"。

勝人，惠施之論也。徒自勞苦爭勝而不知禮義，故曰"役夫之知也"。補遺期，猶"必"也。

23.18 有上勇者，有中勇者，有下勇者。天下有中，敢直其身；中，謂中道。敢，果決也。直其身，謂中立而不倚，無回邪也❶。增中，謂禮也。《禮記》曰："夫禮，所以制中也。"先王有道，敢行其意；言不疑也。上不循於亂世之君❷，下不俗於亂世之民；循，順從也。俗，謂從其俗也。增物茂卿曰："俗，當作'沿'。"仁之所在無貧窮，仁之所亡無富貴；唯仁所在爲富貴。《禮記》曰："不祈多積，多文以爲富❸。"增亡，音"無"。天下知之，則欲與天下同苦樂之；得權位，則與天下之人同休戚。苦，或爲"共"也。增《孟子》曰"樂以天下，憂以天下"是也。○樂，音洛。天下不知之❹，則傀然獨立天地之間而不畏：是上勇也。傀，傀偉，大貌也，公回反❺。或曰：傀，與"塊"同，獨居之貌也。增傀然，後說爲是。此章大意似《孟子》"浩然之氣"。禮恭而意儉，大齊信焉而輕貨財；大，重也。齊信，謂整齊於信也。增禮，當作"體"。《脩身篇》曰："體恭敬而心忠信。""齊信"字見《康王之誥》。○輕，牽政反；下同。賢者敢推而尚之，不肖者敢援而廢之：是中勇也。尚，上也。援，牽引也。增推，它雷反。輕身而重貨，恬禍而廣解；恬，安也。謂安於禍難也。而廣自解說，言以辭勝人也。解，佳買反。增廣，讀爲"曠"。解，古賣反。

❶ 覺按：原書"回"作"囬"，今據宋浙本改。古逸叢書本作"囘"。

❷ 元本"循"作"脩"。

❸ 覺按：宋浙本、古逸叢書本"富"下有"也"字。

❹ 元本"知之"作"知也"。

❺ 覺按：原書"回"作"囬"，今據宋浙本、古逸叢書本改。

苟不恤是非、然不然之情，以期勝人爲意：是下勇也。

增舊本“苟”下有“免”字，今據元本除之。

23.19 繁弱、鉅黍，古之良弓也，繁弱，封父之弓。《左傳》曰：“封父之繁弱。”鉅，與“拒”同。黍，當爲“來”。《史記》蘇秦説韓王曰“谿子、少府時力、拒來❶”，司馬貞云：“言弓弩勢勁❷，足以拒於來敵也。”增杜預曰：“繁弱，大弓名。”愛曰：本注“司馬貞”當作“舊注”❸。然而不得排檠❹，則不能自正。排檠，輔正弓弩之器❺。檠，巨京反。桓公之葱，太公之闕❻，文王之録，莊君之曶❼，闔閭之干將、莫邪、鉅闕、辟閭，此皆古之良劍也❽，葱、闕、録、曶，齊桓公、齊太公、周文王、楚莊王之劍名，皆未詳所出。葱，青色也。録，與“緑”同。二劍以色爲名❾。曹植《七啓》説劍云“雕以翠緑”，亦其類也。曶，劍光采慌惚難視❿，以形爲名也。闕，未詳。或曰：闕，缺也。劍至利則喜缺，因以爲名，鉅闕亦是也。干將、莫邪、鉅闕⓫，皆吳王闔閭劍

---

❶ 覺按：宋浙本、古逸叢書本“拒”作“距”。

❷ 覺按：宋浙本、古逸叢書本“勢”作“埶”。

❸ 覺按：久保愛與楊倞所據《史記》版本不同，故有此異説。

❹ 宋本“檠”作“檄”。

❺ 覺按：宋浙本、古逸叢書本“輔”作“轉”。

❻ 覺按：宋浙本、古逸叢書本“太”作“大”。久保愛於此無校語，若非其失校，則古逸叢書本已與宋本有異矣。

❼ 覺按：原書“曶”作“智”，今據宋浙本、古逸叢書本改；注同。

❽ 覺按：原書“劍”作“劒”，今據宋浙本、古逸叢書本改；注同。

❾ 覺按：宋浙本、古逸叢書本“二”作“三”。

❿ 覺按：宋浙本、古逸叢書本“惚”作“忽”。

⓫ 覺按：原書“邪”作“耶”，今據宋浙本、古逸叢書本改。宋浙本、古逸叢書本“鉅”作“巨”，非。

名。辟閭，未詳。《新序》閭丘邛謂齊宣王曰 ❶："辟閭、巨闕，天下之良劍也 ❷。"或曰：辟閭，即湛盧也。"閭""盧"聲相近。盧，黑色也。湛盧，言湛然如水而黑也。又張景陽《七命》説劍曰"舒辟不常"❸，李善云："辟，卷也。言神劍柔，可卷而懷之，舒則可用。""辟閭"或此義歟？ 增劍之名義，今不可知，本注亦似傅會。○闔，户臘反。邪，音"耶"。鉅，音"巨"。**然而不加砥礪則不能利 ❹，不得人力則不能斷。** 增斷，丁管反。**驊騮、騏驥、纖離、綠耳 ❺，此皆古之良馬也，**皆周穆王八駿名。騏，讀爲"騏"，謂青驪，文如博棊。《列子》作"赤驥"，與此不同。纖離，即《列子》"盜驪"也。 增顏師古《漢書》注云："華騮，言其色如華之赤。"華騮，即驊騮也。驥，《説文》云："千里馬，孫陽所相者。"纖，當作"鐵"，字似而誤。離，讀爲"驪"。《月令》有"鐵驪"。綠耳，耳綠色，字亦作"騄駬"。○驊，音華。驪，音雷。**然而前必有銜轡之制，後有鞭策之威，加之以造父之馭，然後一日而致千里也。** 增造，七到反。父，音甫。**夫人雖有性質美而心辨知，必將求賢師而事之，擇賢友而友之。** 增《儒效篇》曰："無師無法而知，則必爲盜。"故心雖辨知，必求賢師友。○夫，音扶。知，音"智"。**得賢師而事之，則所聞者堯、舜、禹、湯之道也；得良友而友之，則所見者忠信敬讓之行也；** 增行，下孟反；下同。**身日進於仁義而不自知也者，靡使然也。** 靡，

---

❶ 覺按：宋浙本、古逸叢書本"邛"作"卬"，世德堂本作"卭"。

❷ 今《新序》"良劍"作"利器"。

❸ 覺按：原書"七命"作"七發"，今據《文選》卷三十五改。宋浙本、古逸叢書本也作"七發"。

❹ 宋本"礪"作"厲"。覺按：原書標注"礪"作"礪"，今據其正文改。

❺ 元本"騏"作"騏"，非。覺按：宋浙本、古逸叢書本"驪"作"騮"。

謂相順從也。或曰：靡，磨切也。補遺《漢書·枚乘傳》：“泰山之霤穿石，單極之統斷幹❶。水非石之鑽，索非木之鋸，漸靡使之然也❷。”**今與不善人處，則所聞者欺誣、詐僞也，所見者汙漫、淫邪、貪利之行也，**汙，穢行也。漫，誕漫欺誑也。《莊子》：北人無擇曰舜“以其辱行漫我”也。增處，昌呂反。詐，側嫁反。**身且加於刑戮而不自知者，靡使然也。**增《家語》曰：“與善人居，如入芝蘭之室，久而不聞其香，即與之化矣。與不善人居，如入鮑魚之肆，久而不聞其臭，亦與之化矣。”文異而義同。**傳曰：“不知其子視其友，不知其君視其左右。”靡而已矣！靡而已矣！**增傳，直戀反。

❶ 覺按：原書“統”作“統”，今據《漢書·賈鄒枚路傳》之文改。
❷ 覺按：原書無“之”字，今據《漢書·賈鄒枚路傳》之文改。

492

君子篇第二十四 凡篇名，多用初發之語名之，此篇皆論人君之事，即"君子"當爲"天子"，恐傳寫誤也。舊第三十一，今升在上❶。

24.1 "天子無妻"，告人無匹也。告，言也。妻者，齊也。天子尊，無與二，故無匹也。增《曲禮》曰："天子之妃曰'后'。"后，後也。後者，不齊等之言。補遺"告人"二字倒，當作"天子無妻人，告無匹也"。徂徠曰："妻，去聲。言天子不以其女妻人。蓋王女下嫁，必以同姓諸侯爲主。""四海之内無客禮"，告無適也。適，讀爲"敵"。《禮記》曰："天子無客禮，莫敢爲主焉❷。君適其臣，升自阼階，不敢有其室也。""足能行，待相者然後進；口能言，待官人然後詔；官人，掌喉舌之官也❸。增官人，不必喉舌之官，語待相者而詔也。《僖二十八年·左氏傳》曰："王亨醴，命晉侯宥。王命尹氏及王子虎、内史叔興父策命晉侯爲侯伯。"蓋王在其坐而不自詔者，待官人之義耳。〇相，息亮反。補遺徂徠曰："官人，當是'佾人'。《説文》：

---

❶ 宋本無本注"舊第"以下九字。

❷ 覺按：宋浙本、古逸叢書本無"爲"字，非。

❸ 覺按：原書"也"作"者"，今據宋浙本、古逸叢書本改。

'小臣也。'"博按:《周官》"小臣,掌王之小命"。**不視而見,不聽而聰, 不言而信, 不慮而知, 不動而功", 告至備也。**盡委於羣下, 故能至備也。增見, 疑當作"明"。○知, 音"智"。**天子也者, 勢至 重❶, 形至佚, 心至愈,**愈, 讀爲"愉"。增佚, 與"逸"同。**志無 所詘, 形無所勞, 尊無上矣。**增詘, 與"屈"同。**《詩》曰:"普 天之下, 莫非王土;率土之濱, 莫非王臣。" 此之謂也。**《詩》, 《小雅·北山》之篇。率, 循也。濱, 涯也。

24.2 **聖王在上, 分義行乎下, 則士大夫無流淫之行, 百吏官人無怠慢之事❷,**增分, 扶問反。行, 下孟反。**衆庶百姓 無姦怪之俗, 無盜賊之罪, 莫敢犯大上之禁。**大, 讀爲"太"。 太上❸, 至尊之號。增《羣書治要》無"大"字, 是也。**天下曉然皆知 夫盜竊之人不可以爲富也, 皆知夫賊害之人不可以爲壽也,** 增知罪之不免。○夫, 音扶;下同。**皆知夫犯上之禁不可以爲安 也;由其道, 則人得其所好焉; 不由其道, 則必遇其所惡 焉。**道, 謂政令。增道, 謂禮義法制。好, 謂安富壽長;惡, 反之。○好, 呼報反。惡, 烏路反。**是故刑罰綦省而威行如流❹, 世曉然皆知 夫爲姦則雖隱竄逃亡之由不足以免也, 故莫不服罪而請❺。** 自請刑戮。增舊本"世"上有"治"字❻, 今據元本除之。之, 與"而"同。 由, 與"猶"同。**《書》曰:"凡人自得罪。" 此之謂也。**言人人

---

❶ 宋本"勢"作"埶"。
❷ 標注本"吏官"倒。
❸ 覺按:宋浙本"太"作"大", 古逸叢書本不重"太"字。
❹ 覺按:宋浙本、古逸叢書本"罰"作"罪"。
❺ 宋本"莫"上無"故"字。
❻ 覺按:宋浙本、古逸叢書本"世"上有"治"字。

自得其罪，不敢隱也。與今《康誥》義不同，或斷章取義歟？

24.3 故刑當罪則威，不當罪則侮；爵當賢則貴，不當賢則賤。不當，則爲下所侮、賤。增當，丁浪反。古者刑不過罪，爵不踰德，故殺其父而臣其子，殺其兄而臣其弟。言當罪而用賢，歸於至公也❶。謂若殛鯀、興禹，殺管叔、封康叔之比者。刑罰不怒罪，爵賞不踰德，分然各以其誠通。善惡分然，其忠誠皆得通達，無屈滯。補遺大峰曰："怒，當依上文作'過'。"是以爲善者勸，爲不善者沮，刑罰綦省而威行如流，政令致明而化易如神。增沮，再呂反。致，讀爲"至"。傳曰："一人有慶，兆民賴之❷。"此之謂也。《尚書·甫刑》之辭。增《曲禮》曰："君天下曰'天子'，朝諸侯、分職、授政、任功，曰'予一人'。"《左傳》曰："天子曰兆民。"○傳，直戀反。

24.4 亂世則不然❸。刑罰怒罪，爵賞踰德，以族論罪，以世舉賢。《泰誓》所謂"罪人以族，官人以世"❹。《公羊》亦云："尹氏卒，曷爲貶？譏世卿也。"故一人有罪而三族皆夷，德雖如舜，不免刑均，是以族論罪也。三族，父、母、妻族也。夷，滅也。均，同也，謂同被其刑也。增鄭玄注《儀禮》曰："三族，謂父昆弟、己昆弟、子昆弟。"物茂卿曰："刑均，是連坐也。"先祖當賢，子孫必顯，行雖如桀、紂，列從必尊，此以世舉賢也。當賢，謂身當賢人之號也。列從，謂行列相從。當，或爲"嘗"也。增舊本"子"上有"後"

---

❶ 覺按：原書"於"作"于"，今據宋浙本、古逸叢書本改。

❷ 覺按：宋浙本、古逸叢書本"民"作"人"。原書"賴"作"頼"，今據宋浙本、古逸叢書本改。

❸ 元本無"則"字。

❹ 覺按：宋浙本、古逸叢書本"泰"作"太"。

字❶,今據元本除之。物茂卿曰:"列從,是蔭襲也。"愛曰:"當"字後説爲是。
〇行,下孟反。**以族論罪,以世舉賢,雖欲無亂,得乎哉?《詩》
曰:"百川沸騰,山冢崒崩;高岸爲谷,深谷爲陵。哀今之人,
胡憯莫懲?"此之謂也。**《詩》,《小雅·十月之交》之篇。毛云:"沸,
出也。騰,乘也。山頂曰冢。崒者,崔嵬。'高岸爲谷,深谷爲陵',言易
位也。"鄭云:"憯,曾也。懲,止也。變異如此,禍亂方至。哀哉!今在
位之人,何曾無以道德止之❷?"增崒,子恤反。

24.5 論法聖王,則知所貴矣;論議法效聖王。增論,盧困反;
下同。**以義制事,則知所利矣。**以義制事,則利博。增《晉語》曰:"義
以生利。"**論知所貴,則知所養矣**;補遺"則"下疑脱"靜"字。養,
謂養其德也。下云"無所往而不聽"是也。**事知所利,則動知所出矣。**
養,謂自奉養。所出,謂所從也。補遺動,謂舉國事也。下云"無所往而
不用"是也。**二者,是非之本,得失之源也❸。故成王之於周
公也,無所往而不聽❹**,補遺白鹿曰:"'無'上疑脱'公論'二字。"
知所貴也。桓公之於管仲也,國事無所往而不用,知所利也。
增《呂氏春秋》曰:"有司請事於齊桓公,桓公曰:'以告仲父。'有司又請,
公曰:'告仲父。'若是三,習者曰:'一則仲父,二則仲父,易哉爲君!'"
吴有伍子胥而不能用,國至于亡❺,倍道失賢也。增倍,蒲悔反。
故尊聖者王,貴賢者霸,敬賢者存,慢賢者亡,古今一也。

---

❶ 覺按:宋浙本、古逸叢書本有"後"字。
❷ 覺按:宋浙本、古逸叢書本無"之"字,非。
❸ 宋本"本"下有"而"字,"源"作"原"。
❹ 覺按:宋浙本、古逸叢書本"往"作"徃",下一"往"字同。
❺ 宋本"于"作"乎"。

增王，于況反。故尚賢使能，等貴賤，分親疏，序長幼❶，此先王之道也。故尚賢使能，則主尊下安❷；貴賤有等，則令行而不流；流，邪移也。各知其分，故無違令。增長，竹丈反；下同。親疏有分❸，則施行而不悖；施，謂恩惠。親疏有分，則恩惠各親其親，故不乖悖。施，式豉反。分，扶問反。增本注"各"上恐有脫文，不然"恩惠"二字衍。○悖，步没反，又補對反。補遺注"各"上脱"行而"二字。長幼有序，則事業捷成而有所休。捷，速也。長幼各任其力，故事業速成，而亦有所休息之時也。故仁者，仁此者也；仁，謂愛悦也❹。此，謂尚賢、使能、等貴賤、分親疏、序長幼五者也。愛悦此五者，則爲仁也❺。義者，分此者也；分別此五者，使合宜，則爲義也。節者，死生此者也；能爲此五者死生，則爲名節也。忠者，敦慎此者也❻；慎，讀如"順"❼。人臣能厚順此五者，則爲忠也。補遺慎，如字亦通。兼此而能之，備矣；兼此仁、義、忠、節而能之，則爲德備也。備而不矜，一自善也，謂之聖。一，皆也。德備而不矜伐於人，皆所以自善，則謂之聖人。夫衆人之心，有一善則揚揚如也。聖人

---

❶ 覺按：原書"幼"作"㓜"，今據宋浙本、古逸叢書本改。原書下文作"㓜"，也見其用字之不嚴謹。

❷ 元本"主"作"王"。

❸ 覺按：原書"疏"作"疎"，今據宋浙本改；注同。古逸叢書本作"疏"。原書上文及下文注皆作"疏"，也見其用字之不嚴謹。

❹ 覺按：宋浙本、古逸叢書本"悦"作"説"。

❺ 覺按：原書"爲仁也"作"可以爲仁"，今據宋浙本、古逸叢書本改。

❻ 宋本"敦"作"惇"。

❼ 覺按：原書"如"作"爲"，今據宋浙本、古逸叢書本改。

包容萬物,與天地同功,何所矜伐爲也? 增本注末"爲"字衍❶。不矜矣,夫故天下不與爭能而致善用其功。不矜而推眾力,故天下不敢爭能,而極善用於眾功。矜則有敵,故不尊也。增《大禹謨》曰:"汝惟不矜,天下莫與汝爭能。汝惟不伐,天下莫與汝爭功。"○夫,音扶;下同。

有而不有也,夫故爲天下貴矣。有能而不自有。《詩》曰:"淑人君子,其儀不忒;其儀不忒,正是四國。"此之謂也。《詩》,《曹風‧鳲鳩》之篇❷。言善人君子,其威儀不忒❸,故能正四方之國。以喻正身待物❹,則四國皆化;恃才矜能,則所得者小也。增忒,他得反。

荀子卷第十七

---

❶ 覺按:"爲"爲語助詞,非衍文。《論語‧季氏》:"何以伐爲?"本書《議兵篇》:"然則又何以兵爲?"

❷ 覺按:宋浙本、古逸叢書本"鳲"作"尸"。

❸ 覺按:宋浙本、古逸叢書本無"威"字。

❹ 覺按:原書"待"作"任",今據宋浙木改。古逸叢書本作"任"。

荀子卷第十八

成相篇第二十五 以初發語名篇，雜論君臣治亂之事以自見其意，故下云"託於成相以喻意"。《漢書·藝文志》謂之《成相雜辭》，蓋亦賦之流也。或曰：成功在相，故作"成相"三章也❶。舊第八❷，今以是荀卿雜語，故降在下。增此篇例，三字二句，七字一句，四字一句，又七字一句，以變韻，然間有不如例者，蓋古書之體也。○相，息亮反；篇内"成相"同。補遺此篇言"基"，不一而足。基者，堂址也。成相，蓋相杵築基之歌，即本邦俚俗所謂地築音頭也。當時有此辭，荀子擬而作之，故曰"託於成相以喻意"❸。白鹿已有此説，亦與愚見合。

25.1　**請成相**，請言成相之辭。增朱熹曰："相，助也。舉重勸力之歌，《史》所謂'五羖大夫死，而春者不相杵'是也。"《禮記》曰："鄰有喪，春不相。"鄭玄曰："相，謂以音聲相勸。"○相，叶平聲。補遺首句三字，押韻。**世之殃**，補遺第二句三字，押韻。**愚闇愚闇**補遺第三句四字。**墮賢良**。世之殃，由於愚。此愚闇以重墮賢良也。墮，許

---

❶ 覺按：原書無"也"字，今據宋浙本、古逸叢書本補。

❷ 宋本無本註"舊第"以下十四字。

❸ 覺按：原書"喻"作"致"，今據 25.44 正文改。

規反。增此謂愚以重愚、闇以重闇也。墮，壞也。本注“此”字恐“闇”
誤，十二字一句。補遺第四句三字，押韻。**人主無賢,** 補遺第五句四字。
如瞽無相, 補遺第六句四字。**何倀倀!** 倀倀，無所往貌。相，息亮反。
倀，丑羊反。增“倀倀”已見《脩身篇》。補遺第七句三字，押韻。一章，
七句，四韻，二十四字。下倣此。

25.2 請布基, 補遺勸役夫布土爲堂基也。俎徠曰:“‘布基’‘基
畢輸’‘牧基’‘基必施’，意者《成相》歌中本自有此語。”**慎聖人,** 慎，
讀爲“順”。請說陳布基業，在乎順聖人也。增人，叶音“兒”。**愚而自
專事不治。主忌苟勝, 羣臣莫諫, 必逢災。** 主既猜忌，又苟
欲勝人也。增《禮記》曰:“愚而好自用，賤而好自專，生乎今之世，反
古之道，如此者，烖及其身者也。”○治，直吏反，叶平聲。災，叶音滋。

25.3 論臣過, 反其施, 言論人臣之過，在乎不行施惠。施，
式豉反。增施，謂己所施行也。反，“反求諸其身”之“反”，言正己而不
責於人。○過，叶音規。施，如字。蓋六麻、四支古音同。四聲不叶，故
音之。他倣此。**尊主安國尚賢義。拒諫飾非,愚而上同,國必禍。**
所以尊主安國，在崇尚賢義。若拒諫飾非，以愚闇之性苟合於上，則必禍也。
增義，叶平聲。禍，叶許規反。補遺朱子曰:“上，與‘尚’同。己自愚暗，
又欲使人同己。”

25.4 曷謂罷? 國多私, 假設問答以明其意❶。罷，讀曰“疲”❷，
謂弱不任事者也。所以弱者，由於多私。《國語》“罷士無伍”❸，韋昭曰:“罷，
病也。無行曰病。”增舊本“多”上有“明”字，今據宋本、元本除之。《楚

---

❶ 覺按:宋浙本、古逸叢書本“答”作“荅”。

❷ 覺按:原書“曰”作“爲”字，今據宋浙本、古逸叢書本改。

❸ 覺按:原書“國語”下有“曰”字，今據宋浙本、古逸叢書本刪。

詞後語》引此亦無。**比周還主黨與施**。還，繞。⬚增比，阿黨也。周，密事也。與，亦黨也。施，施設也。○比，毗志反。還，音"旋"。⬚補遺周，亦"比"也。**遠賢近讒，忠臣蔽塞，主勢移**。⬚增蔽塞，不得通于君也。移，謂勢在權臣也。○遠，于願反。近，巨靳反。塞，悉則反。

25.5 **曷謂賢？明君臣**，明君臣之道則爲賢。⬚增謂上下有別也。○賢，叶胡鄰反。**上能尊主愛下民**。⬚增"愛""下"當易地。**主誠聽之，天下爲一，海內賓**。⬚增賓，賓服也。

25.6 **主之孽，讒人達，賢能遁逃國乃蹙**。孽，災也。蹙，顛覆也。**愚以重愚，闇以重闇，成爲桀**。久而愚闇愈甚，遂至於桀也。⬚增重，直用反。

25.7 **世之災，妬賢能，飛廉知政任惡來**。惡來，飛廉之子，秦之先也。《史記》曰："惡來有力，飛廉善走，父子俱以材力事紂❶。"⬚增妬，丹故反，"妒"俗字。能，叶妬來反。**卑其志意，大其園囿，高其臺**。卑其志意，言無遠慮，不慕往古。⬚增舊本"臺"下有"榭"字❷，今據元本除之。

25.8 **武王怒，師牧野**，⬚增《書》曰："武王戎車三百兩，虎賁三百人，與受戰于牧野。"○怒，叶去聲。野，叶音墅。**紂卒易鄉啓乃下**。易鄉，回也❸。謂前徒倒戈攻于後。啓，微子名。下，降也。鄉，讀爲"向"。⬚增下，遐嫁反，叶音户。**武王善之，封之於宋❹，立其祖**。立其祖，使祭祀不絕也。《左傳》曰："宋祖帝乙。"⬚增"立"字恐誤。

---

❶ 覺按：宋浙本、古逸叢書本"紂"下有"也"字。

❷ 覺按：宋浙本、古逸叢書本、宋刻遞修本"臺"下均有"榭"字。

❸ 覺按：原書"回"作"廻向"，今據古逸叢書本改。宋浙本作"囘"。

❹ 宋本"封"下無"之"字。

25.9 世之衰，讒人歸，比干見刳箕子累。累，讀爲"縲"。《書》曰："釋箕子之囚。"增紂淫虐，比干强諫。紂怒曰："吾聞聖人之心有七竅。"剖比干，觀其心。○刳，音枯。**武王誅之，吕尚招麾，殷民懷。**招麾，指揮也。增吕尚，謂太公也。姓姜，氏吕，名尚。○懷，叶胡威反。

25.10 世之禍，惡賢士，子胥見殺百里徙。子胥，吴大夫伍員字也，爲夫差所殺。百里奚，虞公之臣。徙，遷也。謀不見用，虞滅，係虜，遷徙於秦。增禍，叶許詭反。**穆公得之，彊配五伯❶，六卿施。**穆公，秦穆公任好也。伯，讀曰"霸"❷。六卿，天子之制。春秋時，大國亦僭置六卿。六卿施，言施六卿也。增得，舊作"任"，今據宋本改之，《後語》同。《左氏傳》曰："遂霸西戎，用孟明也。"孟明，百里孟明視也。施，施設也。○施，叶上聲。

25.11 世之愚，惡大儒，逆斥不通孔子拘。逆拒斥逐大儒，不使通也❸。拘，謂畏匡厄陳也❹。增孔子去衛適陳，過匡。初陽虎虐匡人，而孔子狀類陽虎，故拘之。○惡，烏路反。**展禽三絀，春申道綴，基畢輸。**展禽，魯大夫無駭之後，名獲，字子禽，謚曰惠❺，居於柳下。三絀，謂爲士師三見絀也。春申，楚相黄歇，封爲春申君。綴，止也，與"輟"同。畢，盡也。輸，傾委也。言春申爲李園所殺，其儒術、政治、道德、基業盡傾覆委地也。增三，息暫反。絀，《論語》作"黜"，同，敕律反。

---

❶ 覺按：古逸叢書本"彊"作"强"，宋浙本作"强"。

❷ 覺按：原書"霸"作"覇"，今據宋浙本、古逸叢書本改。

❸ 覺按：宋浙本、古逸叢書本無"也"字。

❹ 覺按：宋浙本、古逸叢書本"厄"作"戹"。

❺ 覺按：原書"謚"作"諡"，今據宋浙本、古逸叢書本改。

25.12 請牧基，賢者思，牧，治。增賢者宜思也。補遺牧，疑當作"技"。"技"與"撠"同，擊也。蓋勸役夫擊壤以築基也。堯在萬世如見之。增所謂"没世不忘"。讒人罔極，險陂傾側此之疑。陂，與"詖"同。言當疑此讒人傾險也。增鄭玄曰："極，猶'已'也。"愛曰：不平曰"險"，不正曰"詖"。朱熹曰："讒人必欲毀之，使人君疑於此人，然後己得行其姦詐也。"

25.13 基必施，辨賢罷，罷，讀爲"疲"。❶文、武之道同伏戲。文、武，周文王、武王。伏戲，古帝王太昊氏，始畫八卦，造書契者。戲，與"羲"同。增此謂古今道不異也。由之者治，不由者亂，何疑爲？增治，直吏反。

25.14 凡成相，辨法方，至治之極復後王。後王，當時之王。言欲爲至治，在歸復後王。謂隨時設教，不必拘於古法也❷。增治，直吏反。補遺復，即"復古"之"復"。言至治之極準在復文、武之道，百家之説不可用也。慎、墨、季、惠，百家之説，誠不詳。慎到、墨翟、惠施。或曰：季，即《莊子》曰"季真之莫爲"者也❸。又曰："季子聞而笑之。"據此，則是梁惠王、犀首、惠施同時人也。韓侍郎云："或曰：季梁也。《列子》曰：'季梁，楊朱之友。'"言四子及百家好爲異説❹，故不用心詳明之。詳，或爲"祥"。增《吕子·有度篇》又有季子，韓説非。詳，或爲"祥"，是也。補遺《韓非子》曰："李、惠、宋、墨，論有迂深閎大，非用也。"季，當作"李"，謂老子也。

---

❶ 覺按：宋浙本、古逸叢書本"爲疲"作"曰疲也"。

❷ 覺按：宋浙本、古逸叢書本無"也"字。

❸ 覺按：原書"曰"作"云"，今據宋浙本、古逸叢書本改。

❹ 覺按：宋浙本、古逸叢書本無"爲"字。

25.15 治復一，脩之吉，增復一，復於一也，所謂"一則治，兩則亂"是也。○治，直吏反。補遺治復一，即"復後王"也。**君子執之心如結。**言堅固不解也。增毛萇云："言執義一，則用心固。"○結，叶音吉。**眾人貳之，讒夫弃之❶，形是詰。**眾人則不能復一，讒夫則兼棄之，但詰問治之形狀。言侮慢也❷。或曰："形"當爲"刑"。無德化，唯刑戮是詰，言苟暴也。增"形"字或説是也。

25.16 水至平，端不傾，心術如此象聖人。聖人心平如水。**而有埶❸，直而用抴，必參天。**"而有勢"之上疑脱一字。言既得權勢，則度己以繩，接人用抴，功業必參天也。增"抴"字注在《非相篇》。○天，叶鐵因反。補遺"而"上疑脱"敬"字。埶，當作"執"，上文云"君子執之心如結"。

25.17 世無王，窮賢良，無王者興，賢良窮困。**暴人芻豢，仁人糟糠；**補遺"人"字衍。**禮樂滅息，聖人隱伏，墨術行。**增豢，胡慣反。行，叶户郎反。

25.18 治之經，禮與刑，君子以脩百姓寧❹。增安上治民，莫善於禮。○治，直吏反；下同。**明德慎罰，國家既治❺，四海平。**增《左傳》曰："'明德慎罰'。文王所以造周也。明德，務崇之之謂也。慎罰，務去之之謂也。"

25.19 治之志，後勢富❻，爲治之意，後權勢與富者，則公

---

❶ 宋本"弃"作"棄"。

❷ 覺按：宋浙本、古逸叢書本"慢"作"嫚"。

❸ 元本"埶"作"勢"。

❹ 覺按：宋浙本、古逸叢書本"脩"作"修"。

❺ 元本、孫鑛本"家"作"争"。

❻ 宋本"勢"作"埶"。

道行而貨賂息也。增治，直吏反。富，叶音費。**君子誠之好以待。**君子必誠此意，好以待用。增好，呼報反。待，叶音地。**處之敦固，有深藏之，能遠思。**敦，厚也。有，讀爲"又"。既處之厚固，又能深藏遠慮。增處，昌呂反。思，叶去聲。

25.20 **思乃精，**補遺乃，汝也。精，即"精神"之"精"。**志之榮，**補遺下篇云："志意之榮也。"**好而一之神以成❶。**好而不二，則通於神明也。增好，呼報反。補遺神，即"精神"之"神"。**精神相反，一而不貳❷，爲聖人。**相反，謂反覆不離散。增人，叶音情。

25.21 **治之道，美不老，**老，休息也。《莊子》曰："佚我以老。"爲治當日新，其美無休息。增治，直吏反。補遺聖王治天下之道，千載不易，猶神仙顏色之美，老而不變也。**君子由之佼以好。**佼，亦好也，音絞。**下以教誨子弟，上以事祖考。**接下以仁，事親以孝也。增祖考，謂祖及考也。

25.22 **成相竭，辭不蹶，**竭，盡也。論成相之事，雖終篇，無顛蹶之辭。蹶，音厥。**君子道之順以達。**道，言說也。辭既不蹶，君子言之必弘順而通達。補遺注"弘順"，《後語》注作"和順"。**宗其賢良，辨其殃孽。**君子尋成相之辭，必能宗其賢良致治，辨其殃孽之爲害也❸。增宗，讀爲"尊"。補遺徂徠曰："脫三字。"

25.23 **請成相，道聖王，**道，亦言說。前章意未盡，故再論之也。增相，叶平聲。**堯、舜尚賢身辭讓。許由、善卷，重義輕利，行顯明。**《莊子》曰："堯讓天下於許由，許由不受。又讓於子州支父，

---

❶ 宋本"一之"作"壹之"。

❷ 覺按：原書"貳"作"二"，今據宋浙本、古逸叢書本改。

❸ 覺按：宋浙本、古逸叢書本"之爲"作"爲之"。

子州支父曰❶：'我適有幽憂之病❷，方且治之，未暇治天下也。'遂不受。舜讓天下於善卷，善卷不受，遂入深山，不知其處也。"增讓，叶平聲。重，直用反。輕，牽政反。行，下孟反。明，叶音芒。

25.24 堯讓賢，以爲民，爲萬民求明君，所以不私其子。增賢，叶胡鄰反。爲，于僞反。氾利兼愛德施均❸。辨治上下，貴賤有等，明君臣。增施，始豉反。

25.25 堯授能，舜遇時，尚賢推德天下治。雖有賢聖，適不遇世，孰知之？蓋以自歎。增推德，舉舜也。○能，叶音尼。推，它雷反。治，直吏反，叶平聲。

25.26 堯不德，舜不辭，皆歸至公。增德，叶音帝。辭，叶去聲。妻以二女任以事。增《書》曰："釐降二女于媯汭，嬪于虞。"任以事，謂歷試諸難。○妻，七細反。大人哉舜，南面而立❹，萬物備。委任羣下，無爲而理。增大，音泰。

25.27 舜授禹，以天下，舜所以授禹，亦以天下之故也。增下，叶音户。尚得推賢不失序。得，當爲"德"。增推，它雷反。外不避仇，內不阿親，賢者予。謂殛鯀興禹❺，又不私其子。予，讀爲"與"。增仇，音求。

---

❶ 覺按：宋浙本、古逸叢書本無"不受。又讓於子州支父，子州支父"十三字，非。

❷ 今《莊子》"曰"下有"以我爲天子，猶之可也。雖然"十一字。覺按：宋浙本、古逸叢書本"我"作"予"，非。

❸ 覺按：原書"氾"作"汜"，今據文義改。宋浙本、古逸叢書本也作"汜"。

❹ 覺按：原書"面"作"靣"，今據宋浙本、古逸叢書本改。

❺ 覺按：原書"鯀"作"鮌"，今據宋浙本、古逸叢書本改。

25.28 禹勞心力，⟨補遺⟩俎徠曰："'心'字衍。"堯有德，干戈不用三苗服。⟨增⟩《書》曰："帝乃誕敷文德，舞干羽於兩階，七旬，有苗格。"蓋以爲舜之事。舉舜畎畆❶，任之天下，身休息。畎，與"畎"同。⟨增⟩畎，公犬反❷。

25.29 得后稷，五穀殖，⟨增⟩《書》曰："棄，黎民阻飢，汝后稷，播時百穀。"棄，后稷名。趙岐曰："五穀，謂稻、黍、稷、麥、菽也。"夔爲樂正鳥獸服。謂"擊石拊石，百獸率舞""笙鏞以間❸，鳥獸蹌蹌"也。⟨增⟩夔，巨眉反。契爲司徒，民知孝弟，尊有德。⟨增⟩契，息列反。弟，大計反。

25.30 禹有功，抑下鴻，抑，遏也。下，謂治水使歸下也。鴻，即洪水也。《書》曰"禹，降水警予"也。辟除民害逐共工。今《尚書》舜"流共工于幽州"❹。此云"禹"，未詳。⟨增⟩辟，婢亦反。共，音恭。北決九河，通十二渚，疏三江。案《禹貢》，導弱、黑、漾、沇、淮、渭、洛七水，又有"瀦、淄其道""伊、洛、瀍、澗既入于河"數則❺，不止於十二。此云"十二渚"，未詳其説也。⟨增⟩《禹貢》曰："北播爲九河。"孔安國云："北分爲九河，以殺其溢。"韋昭曰："三江，松江、錢塘、浦陽江也。"

25.31 禹溥土，平天下，溥，讀爲"敷"❻。孔安國云"洪水泛溢，禹分布治九州之土"也。⟨增⟩下，叶音户。躬親爲民行勞苦，行，

---

❶ 覺按：古逸叢書本"畆"作"畝"，宋浙本作"畞"。

❷ 覺按："公"當爲"松"字之誤刊。

❸ 覺按：宋浙本"間"作"聞"，古逸叢書本作"間"。

❹ 覺按：宋浙本、古逸叢書本無"州"字，非。

❺ 覺按：宋浙本、古逸叢書本"澗"作"澗"。

❻ 覺按：宋浙本、古逸叢書本"敷"作"敷"。

讀如字,謂所行之事也。增爲,于僞反。**得益、皋陶、横革、直成**
爲輔。横革、直成 ❶,未聞 ❷。韓侍郎云:"此論益、皋陶之功,横而不順
理者革之,直者成之也。"增横革、直成,人名也。《吕氏春秋》曰:"得陶、
化益、真窺、横革、之交五人佐禹。"陶,即皋陶。化益,即"伯益"誤字。
真窺,即"直成"轉訛。横革,即二人之名而已 ❸。《困學紀聞》亦有此説。
○陶,音遥。補遺"爲"上疑脱"以"字。

25.32 **契玄王,生昭明,**《詩》曰:"天命玄鳥,降而生商。"又曰:
"玄王桓撥。"皆謂契也。《史記》❹"契爲堯司徒,封於商,賜姓子氏。契卒,
子昭明立"也。增契,息列反。明,叶音芒。**居於砥石遷于商**。砥
石,地名,未詳所在。或曰:即砥柱也。《左氏傳》曰:"閼伯居商丘,相
土因之。"相土,昭明子也。言契初居砥石,至孫相土,乃遷商丘也。增砥,
之履反。**十有四世,乃有天乙,是成湯**。《史記》曰:"契卒,子
昭明立。昭明卒,子相土立。相土卒,子昌若立。昌若卒,子曹圉立。曹
圉卒,子冥立(爲夏司空,勤其官,死於水,殷人郊之) ❺。冥卒,子振立。
振卒,子微立。微卒,子報丁立。報丁卒,子報乙立。報乙卒,子報丙立。
報丙卒,子主壬立。主壬卒,子主癸立。主癸卒,子乙立。"是十四世也。

25.33 **天乙湯,論舉當,身讓卞隨舉牟光** ❻。《莊子》❼:

---

❶ 覺按:原書無"成"字,宋浙本、古逸叢書本同,今據被釋之文補。

❷ 覺按:古逸叢書本"未"作"木",非。宋浙本作"未"。

❸ 覺按:"二人"當作"一人"。

❹ 覺按:原書"史記"後有"曰"字,今據宋浙本、古逸叢書本刪。

❺ 覺按:宋浙本此句"冥"作"寞",下句"冥"字作"冥";古
逸叢書本皆作"冥"。

❻ 宋本"隋"作"隨"。

❼ 覺按:原書"莊子"後有"口"字,今據宋浙本、古逸叢書本刪。

湯讓天下於卞隋、務光，二人不受，皆投水死。牟，與"務"同也❶。增論，盧困反。當，丁浪反，叶平聲。卞，皮彥反。**道古賢聖，基必張**。道，說。古之賢聖，基業必張大也。增道，由也。補遺"道古聖賢"下蓋脱四字。

25.34 **願陳辭，世亂惡善不此治**。不知治此世亂惡善之弊。增據文例，"世"字上當有三字句而押韻。○惡，烏路反。**隱諱疾賢良，由姦詐，鮮無災**。隱諱過惡，疾害賢良❷，長用姦詐，少無災也。增詐，側嫁反。鮮，息淺反。災，叶音菑。補遺"隱"當移"由"上，言陰用姦詐也。

25.35 **患難哉！阪爲先**，阪，與"反"同。反先聖之所爲❸。增桃源藏曰："據倞注，'阪爲先'當作'阪先爲'。支、灰古音通，'爲'字於韻亦當。"愛曰：《後語》"聖"字屬下句，物氏亦云"當屬下看"。今詳觀本注，倞時亦似作"阪先爲"而"聖"字屬下句，故謹改句。○難，乃旦反。**聖知不用愚者謀。前車已覆，後未知更，何覺時！**前車已覆，猶不知戒，更何有覺悟之時也？增知，音"智"。謀，叶音糜。更，音庚。

25.36 **不覺悟，不知苦，迷惑失指易上下❹。忠不上達，蒙揜耳目，塞門户**。不能"闢四門"也。增忠，舊作"中"，今據宋本、元本改之。《後語》亦同。○悟，叶上聲。下，叶音户。塞，悉則反。

25.37 **門户塞，大迷惑，悖亂昏莫不終極**。莫，冥

---

❶ 覺按：原書無"也"字，今據宋浙本、古逸叢書本補。

❷ 覺按：宋浙本、古逸叢書本"疾"作"病"。

❸ 覺按：宋浙本、古逸叢書本此條楊注在下句"聖"字下，故此下增注云"改句"。

❹ 元本"易"上有"不"字。覺按：原書標注"不"作"木"，今據宋刻遞修本之文改。

莫❶，言闇也。不終極，無已時也。增悖，步没反，又補對反。是非反易，增以是爲非，以非爲是。比周欺上，惡正直。惡，烏路反；下同。增比，毗志反。

25.38

正直惡❷，心無度，邪枉辟回失道途。辟，讀爲"僻"。增途，叶去聲。己無尤人❸，我獨自美，豈獨無故？故，事也。不可尤責於人，自美其身，己豈無事？己亦有事而不知其過也。或曰：下無"獨"字。增無尤人，謂無尤之者也。"獨"字或説爲是。補遺"故""辜"通。言世之失道既已如此，己若無責人以救之，我獨善其身，則豈得無罪乎？

25.39

不知戒，後必有，恨恨，悔。增謝曰："'後必有'三字爲句。有，讀曰'又'，所謂貳過也。古音'戒''又''悔''態'爲韻。"後遂過不肯悔。不肯悔前之非。補遺有，疑當作"敗"。恨後，當作"狠愎"。遂過，猶"遂非"也。讒夫多進，反覆言語，生詐態。

25.40

人之態，不如備，如，當爲"知"。言人爲詐態，上不知爲備。增詐態，如張儀、州侯之所爲，事見于《臣道篇》。○詐，側嫁反。補遺如，依注爲"知"。備，當作"憊"，疲困也。言小人之詐態，爲之百方，不知其疲勞也。爭寵嫉賢利惡忌。利在惡忌賢者。增惡，烏路反。妬功毁賢，下斂黨與，❹上蔽匿。斂，聚也。下聚黨與，則上蔽匿也。增妬，丹故反，"妒"俗字。匿，叶女利反。

25.41

上壅蔽，失輔勢❺，失輔弼之臣，則勢不在上。任用

---

❶ 覺按：原書"莫"作"寞"，今據宋浙本、古逸叢書本改。

❷ 宋本"惡"上"直"作"是"。

❸ 宋本"尤"作"郵"。覺按：原書"己"作"已"，今據宋浙本改；古逸叢書本作"已"。

❹ 覺按：原書"斂"作"歛"，今據宋浙本、古逸叢書本改。

❺ 宋本"勢"作"執"。

讒夫不能制。**孰公長父之難**，孰公、長父，皆厲王之嬖臣，未詳其姓名。《墨子》曰：“厲王染於虢公長父、榮夷終❶。”虢公與孰公不同，未知孰是。或曰：孰公長父，即《詩》所云“皇父”也。孰，或爲“郭”。增“孰”或爲“郭”爲是，與“虢”通。古屋㝛曰：“《竹書》曰：‘厲王三年，淮夷侵洛。王命虢公長父伐之，不克。’又《呂氏春秋》曰：‘周厲王染於虢公長父、榮夷終。’”○長，竹丈反。父，音甫。難，乃旦反。**厲王流于彘**。彘，地名，在河東。《左傳》晉大夫有彘子。言孰公長父姦邪❷，遂使難作，厲王流竄於彘。增彘，直吏反。

25.42 周幽、厲，所以敗，不聽規諫忠是害。嗟我何人，獨不遇時，當亂世。言自古忠良多有遇害，何獨我哉！自慰勉之辭也。增歎己獨不遇時也。

25.43 欲衷對，言不從，衷，誠也。欲誠意以對時君，恐言不從而遇禍也。增朱熹曰：“衷對，當作‘對衷’，乃與韻叶。”愛按：古人有押韻於末字上者，下文“謹脩”及《雲賦》“託訊”類可見，不必顛倒者。恐爲子胥身離凶。進諫不聽，到以獨鹿，棄之江。獨鹿，與“屬鏤”同，本亦或作“屬鏤”，吳王夫差賜子胥之劍名。屬，之欲反。鏤，力朱反。《國語》里革曰：“鳥獸成，水蟲孕，水虞於是禁置罜䍉❸。”此當是自到之後，盛以罜䍉❹，棄之江也❺。賈逵云❻：“罜䍉，

---

❶ 覺按：宋浙本、古逸叢書本“虢”作“獹”，下同。

❷ 覺按：原書“姦”作“奸”，今據宋浙本、古逸叢書本改。

❸ 覺按：宋浙本、古逸叢書本“水虞於是禁置罜䍉”作“於是乎禁置罜䍉”。

❹ 覺按：宋浙本、古逸叢書本“罜”作“罜”，下同，非。

❺ 覺按：原書“棄”作“弃”，今據宋浙本、古逸叢書本改。

❻ 覺按：原書無“逵”字，今據宋浙本、古逸叢書本補。

小罟也。"增離，遇也。以，舊作"而"，今據元本改之。屬鏤、罜麗二説，雖未知孰是，屬鏤有據，則當從之。本注《國語》上疑脱"或曰"二字。○江，叶音工。

25.44 觀往事，以自戒，治亂是非亦可識。託於成相，以喻意。識，如字，亦讀爲"志"❶。增戒，叶音計。治，直吏反。補遺徂徠曰："脱四字。"

25.45 請成相，言治方，言爲治之方術。增相，叶平聲。君論有五約以明。君謹守之，下皆平正，國乃昌。論爲君之道有五，甚簡約明白。謂"臣下職"，一也；"君法明"，二也；"刑稱陳"，三也。"言有節"，四也；"上通利"至"莫敢恣"，五也。增論，盧困反；下"論有"同。明，叶音芒。補遺君論有五，徂徠曰："'臣下職'，一也。'守其職'，二也。'君法明'，三也。'君法儀'，四也。'刑稱陳'，五也。"

25.46 臣下職，莫游食，游食，謂不勤於事，素餐游手也❷。務本節用財無極。增本，農也。極，盡也。《禮記》所謂"財恒足"是也。事業聽上，莫得相使，一民力。所興事業皆聽於上，羣下不得擅相役使❸，則民力一也。《禮記》曰："用民之力，歲不過三日❹。"

25.47 守其職，足衣食，民不失職，則衣食足矣。增謂守職者厚之也。厚薄有等明爵服。貴賤有別。增服，叶蒲北反。利往卬上，莫得擅與，孰私得？利之所往，皆卬於上❺，莫得擅爲賜與，則誰敢

---

❶ 覺按：原書"爲"作"如"，今據宋浙本、古逸叢書本改。宋浙本、古逸叢書本"志"下有"也"字。

❷ 覺按：宋浙本、古逸叢書本"餐"作"飡"。

❸ 覺按：原書"擅"作"檀"，今據宋浙本、古逸叢書本改。

❹ 覺按：宋浙本、古逸叢書本"日"下有"也"字。

❺ 覺按：原書"卬"作"仰"，今據宋浙本、古逸叢書本改。

私得於人乎？擅相賜與，若齊田氏然。叩，與"仰"同，宜亮反。增叩，舊作"卬"，今據宋本、韓本改之。得，讀爲"德"。在禮，"家施不及國"，故曰"孰私德"。

25.48 君法明，論有常，君法所以明，在言論有常，不二三也。增明，叶音芒。補遺論，如"論定然後官人"之"論"，言君之法制顯明，而論議功過嚴正有常也。**表儀既設民知方。進退有律，莫得貴賤，孰私王？**進人退人皆以法律，貴賤各以其才，孰有私佞於王乎？補遺私王，謂私擅威權以自貴也。

25.49 君法儀，禁不爲，爲君之法儀，在自禁止，不爲惡。補遺不爲，猶"非爲"也。言禁止不可爲之事也。**莫不説教名不移。**既能正己，則民皆悦上之教，而名器不移也。説，讀爲"悦"。**脩之者榮❶，離之者辱，孰他師❷？**孰敢以他爲師？言皆歸王道，不敢離貳也。增人君之榮辱，在脩之與不脩，非他有師法也。之，指上所陳之法也。○離，力智反。補遺言上之法禁嚴明，而民莫不悦政教，故修之者榮，離之者辱，孰敢以他技異術爲師法乎？

25.50 刑稱陳，守其銀，稱，謂當罪。當罪之法施陳，則各守其分限。稱，尺證反。銀，與"垠"同。**下不得用輕私門。**下不得專用刑法，則私門自輕。增門，叶音民。**罪禍有律，莫得輕重，威不分。**禍，亦罪也。增禍，當作"過"。○分，叶孚巾反。

25.51 請牧祺，明有基，祺，吉也。請牧治吉祥之事，在明其所有之基業。補遺白鹿曰："當作'請牧基，明有祺'。"博按：明有祺，

---

❶ 覺按：宋浙本、古逸叢書本"脩"作"修"。
❷ 宋本"他"作"它"。

言主明察，必有吉祥也。**主好論議必善謀。五聽脩領❶，莫不理繢，主執持。**五聽，折獄之五聽也。脩領❷，謂脩之使得綱領❸。莫不有文理相繢，主自執持此道，不使權歸於下也❹。增《周禮•小司寇職》曰："以五聲聽獄訟，求民情。一曰辭聽，二曰色聽，三曰氣聽，四曰耳聽，五曰目聽。"○好，呼報反。謀，叶音糜。

25.52 **聽之經，明其請，**請，當爲"情"。聽獄之經，在明其情。增請，與"情"通。**參伍明謹施賞刑。**參伍，猶"錯雜"也。謂或往參之，或往伍之，皆使明。謹施其賞刑，言精研，不使僭濫也。**顯者必得，隱者復顯，民反誠。**幽隱皆通，則民不詐僞也。增復，扶又反。

25.53 **言有節，稽其實，**節，謂法度。欲使民言有法及不欺誑，在稽考行實也。增節，叶音型。補遺節，當作"飾"。言民有僞飾，當稽其實也。**信誕以分賞罰必。**下不欺上，皆以情言，明若日❺。增情，情實也。

25.54 **上通利，隱遠至，**上通利，不壅蔽，則幽隱遐遠者皆至也。補遺謂君聰也。**觀法不法見不視。**所觀之法非法❻，則雖見不視也。補遺謂君明也。俎棱曰："言其觀察法不法之事，乃著見其所不視也。"**耳目既顯，吏敬法令，莫敢恣。**此以上❼，"君論有五"之事

❶ 宋本"脩"作"循"，韓本同。

❷ 覺按：宋浙本、古逸叢書本"脩"作"循"。

❸ 覺按：宋浙本、古逸叢書本"脩"作"修"。

❹ 覺按：宋浙本、古逸叢書本無"也"字。

❺ 覺按：原書"若"作"如"，今據宋浙本、古逸叢書本改。

❻ 覺按：原書"觀"作"視"，今據宋浙本、古逸叢書本改。

❼ 覺按：宋浙本、古逸叢書本"以"作"已"。

也。補遺此承上四句，而言君之耳目既明，則吏敬奉法令也。

25.55 **君教出，行有律**，五論之教既出❶，則民所行有法。言知方也。增行，下孟反。補遺言君之教令出，而行之有法律也。**吏謹將之無鈹滑**。將，持也。《詩》曰："無將大車。"鈹，與"披"同。滑，與"汩"同。言不使紛披汩亂也❷。增將，行也。鈹滑，已解《正名篇》。補遺將，奉行也。無鈹滑，猶言"無敢伸縮"也。鈹，亦當作"皺"。**下不私請，各以宜，舍巧拙**。請，謁。舍，止也。羣下不私謁，各以所宜，不苟求也。如此，則以道事君，巧拙之事亦皆止。增朱熹曰："'以'下疑脱'所'字。"○舍，音"捨"。

25.56 **臣謹脩❸，君制變**，臣職在謹脩，君職在制變。增"謹脩"押韻於末字上。**公察善思論不亂。以治天下，後世法之，成律貫**。律貫，法之爲條貫也。增思，恐"惡"誤。○論，盧困反。

---

❶ 覺按：原書"論"作"倫"，今據宋浙本、古逸叢書本改。

❷ 覺按：宋浙本、古逸叢書本無"亂"字。

❸ 覺按：宋浙本、古逸叢書本"脩"作"修"，注同。

賦篇第二十六 所賦之事，皆生人所切，而時多不知，故特明之。或曰：荀卿所賦甚多，今存者唯此言也。舊第三十二❶。增本注"三十二"舊作"二十二，今亦降在下"，今據舊目録改之。補遺《漢書·藝文志》云："孫卿《賦》十篇。"此篇載五篇，蓋取其半也。

26.1 爰有大物，爰，於也。言於此有大物。夫人之大者莫過於禮，故謂之"大物"也。補遺注"夫人"下脱"事"字。

非絲非帛，文理成章；絲帛能成黼黻文章，禮亦然也。

非日非月，爲天下明；

生者以壽，死者以葬；增死，葬之以禮。○明，叶音芒。葬，叶平聲。

城郭以固，三軍以彊❷；增晉文公觀師曰："少長有禮，其可用也。"蓋有禮而後强故也。

粹而王，駁而伯，無一焉而亡。

臣愚不識，敢請之王。言禮之功用甚大，時人莫知，故荀卿

---

❶ 宋本無本注"舊第"以下五字。

❷ 宋本"彊"作"强"。

假爲隱語，問於先王云："臣但見其功，亦不識其名，唯先王能知，敢請辭之。"先王因重演其義而告之。⬚增粹，謂一於禮也。駁，駮駁，謂相雜也。○而王，于況反。駁，邦角反。伯，音霸。

王曰：此夫文而不采者與❶？先王爲解禮意曰："此乃有文飾而不至華采者歟？"⬚增夫，音扶。與，音餘；下同。

簡然易知而致有理者與？⬚增理，文理也。《禮記》曰："簡而文。"○易，以豉反。致，音至；下同。

君子所敬而小人所不者與？⬚增不，不敬也。○不，補美反。

性不得則若禽獸，性得之則甚雅似者與？雅，正也。似，謂似續古人。《詩》曰："維其有之，是以似之。"⬚增《曲禮》曰："人而無禮，雖能言，不亦禽獸之心乎？""似"字不穩，暫從舊說。

匹夫隆之則爲聖人，諸侯隆之則一四海者與？

致明而約，甚順而體，

請歸之禮。極明而簡約❷，言易知也。甚順而有體，言易行也。先王言唯歸於禮乃合此義也。

——禮。⬚增題上事。下"知""雲""蠶""箴"倣之。

26.2 皇天隆物，以示下民；隆，猶"備"也。物，萬物也。⬚增物，謂智也。⬚補遺隆，當作"降"。

或厚或薄，帝不齊均；言人雖同見方，所知或多厚，或寡薄，天帝亦不能齊均也。

---

❶ 宋本"與"作"歟"，下同。覺按：宋浙本、古逸叢書本此句作"與"而不作"歟"。若非久保愛誤校，則古逸叢書本已與宋本有異矣。下文宋浙本、古逸叢書本"所不者"之下作"與"，"有理者""雅似者""四海者"之下作"歟"，並非皆作"歟"。

❷ 覺按：宋浙本"簡"作"簡"，古逸叢書本作"簡"。

桀、紂以亂，湯、武以賢；

滑滑淑淑❶，皇皇穆穆；滑滑，思慮昏亂也❷。淑淑，未詳。或曰：
美也。皇皇穆穆，言緒之美也。言或愚或智也。增淑，《説文》訓"清湛"，
然則滑滑淑淑，如濁如清貌。○賢，叶胡鄰反。補遺滑滑淑淑，言其微妙
也。皇皇穆穆，言其盛大也。注"言緒"當作"言語"。

周流四海，曾不崇日；崇，充也。言智周流四海，曾不充滿
一日而遍也。增物茂卿曰："崇，終也。"○曾，則登反。

君子以脩，跖以穿室❸；跖，柳下惠之弟，太山之盜也。君子
用智以脩身，跖用智以穿室，皆"帝不齊均"之意也。

大參于天❹，精微而無形；言智慮大則參天，小則精微無形也。

行義以正，事業以成；皆在智也。行，下孟反。

可以禁暴足窮，百姓待之而後寧泰。足窮，謂使窮者足也。
百姓待君上之智而後安。寧泰，當爲"泰寧"也❺。

臣愚而不識❻，願問其名。

曰：此夫安寬平而危險隘者耶❼？言智常欲就利遠害。增
用智寬平則安，險隘則危。○夫，音扶；下同。隘，叶音益。補遺能知寬
平之爲安、險隘之爲危，所以爲君子之知也。

---

❶ 宋本"滑滑"作"愲愲"。

❷ 覺按：原書"昏"作"昏"，今據宋浙本、古逸叢書本改。

❸ 元本"穿"作"空"。

❹《藝文類聚》"參"作"齊"。覺按：原書"于"作"乎"，今據宋
浙本、古逸叢書本改。

❺ 覺按：原書無"也"字，今據宋浙本、古逸叢書本補。

❻ 元本"愚"下無"而"字。

❼ 宋本"耶"作"邪"，下同。

脩潔之爲親而雜汙之爲狄者耶❶？ 智脩潔，則可相親；若雜亂穢汙，則與夷、狄無異。言險詐難近也。增狄，讀爲"逖"，遠也。

甚深藏而外勝敵者耶？

法禹、舜而能揜迹者耶❷？ 揜，襲。增舊本"能"上有"不"字，今據宋本、韓本除之。

行爲動靜待之而後適者耶？ 增行，如字，或下孟反。

血氣之精也，

志意之榮也；精，靈。榮，華。

百姓待之而後寧也，

天下待之而後平也；

明達純粹而無疵也，

夫是之謂君子之知。此論君子之智，明小人之智不然也。增知，音"智"；下同。

——知。

26.3 有物於此，

居則周靜致下，

動則綦高以鉅；居，謂雲物發在地時。周，密也。鉅，大也。增居，謂密雲相低時也。綦，極也。鉅，與"巨"同。

圓者中規❸，方者中矩；言滿天地之圓方也。增中，陟仲反。補遺言其形狀也。

❶ 覺按：宋浙本"脩潔"作"修潔"，古逸叢書本作"修潔"；注同。

❷ 宋本"揜"作"弇"。

❸ 宋本"圓"作"員"。覺按：宋浙本作"圓"，古逸叢書本作"員"。原書"規"作"𤨒"，今據宋浙本、古逸叢書本改。

大参天地，德厚堯、禹；参，謂天地相似。雲所以致雨，生成萬物，其德厚於堯、禹者也。增本注"謂"下當有"與"字。

精微乎毫毛，而盈大乎寓宙；寓，與"宇"同。言細微之時則如毫毛，其廣大時則盈大於宇宙之内❶。宇，覆也，謂天所覆。《三蒼》云❷："四方上下爲宇。"上云"大参天地"❸，此又云"盈大宇宙"，言説雲之變化或大或小，故重言之也。增元本"盈大"作"充盈"，"宇宙"作"大寓"，是也。然非注意，故暫從宋本。

忽兮其極之遠也，

攙兮其相逐而反也，攙，與"劖"同。攙兮，分判貌。言雲或慌惚之極而遠舉❹，或分散相逐而還於山。攙，音戾。增極，猶"至"也。

卬卬兮天下之咸蹇也；卬卬，高貌。雲高而不雨，則天下皆蹇難也。增卬，舊作"卭"，今據宋本改之。○蹇，紀免反。

德厚而不捐，五采備而成文；捐，棄也❺。萬物或美或惡，覆被之，皆無捐棄矣❻。

往來惛憊❼，通于大神，惛憊，猶"晦暝"也。通于大神，言變化不測也。憊，困也。人困，目亦昏暗❽，故"惛憊"爲晦暝也。增物茂卿曰："'惛''昏'通。'憊''昧'通。"○憊，蒲拜反。

---

❶ 覺按：宋浙本、古逸叢書本無"時"字。

❷ 覺按：原書"蒼"作"倉"，今據宋浙本、古逸叢書本改。

❸ 覺按：宋浙本、古逸叢書本無"云"字。

❹ 覺按：宋浙本、古逸叢書本"惚"作"忽"。

❺ 覺按：原書"棄"作"弃"，今據宋浙本、古逸叢書本改；下一"棄"字同。

❻ 覺按：原書"矣"作"也"，今據宋浙本、古逸叢書本改。

❼ 覺按：宋浙本、古逸叢書本"惛"作"惛"，注及下文同。

❽ 覺按：宋浙本、古逸叢書本"昏"作"昬"。

出入其極，莫知其門；極，讀爲"亟"，急也。門，謂所出也。

天下失之則滅，得之則存。雲所以成雨也。

弟子不敏，此之願陳；

君子設辭，請測意之。弟子，荀卿自謂。言弟子不敏，願陳此事，不知何名，欲君子設辭，請測其意。亦言雲之功德，唯君子乃明知之也。增意，讀爲"億則屢中"之"億"。

曰：此夫大而不塞者與❶？雲氣無實，故曰"不塞"。增夫，音扶。塞，悉則反；下同。與，音餘；下同。

充盈太宇而不窕，入郄穴而不偪者與❷？窕，讀爲"窱"，深貌也。言充盈則滿大宇幽深，反則入郄穴而曾無偪側不容也。窱，他弔反❸。增杜預曰："窕，細不滿。"本注"宇"下宜有"不"字。

行遠疾速而不可託訊者與❹？訊，書問也。行遠疾速，宜於託訊，今雲者虛無，故不可。本或作"託訓"。或曰：與，似續同也。言雲行遠疾速，不可依託繼續也。增此亦押韻於末字上。

往來惛憊而不可爲固塞者與？雖往來晦暝❺，掩蔽萬物，若使牢固蔽塞，則不可也❻。

暴至殺傷而不億忌者與？億，謂以意度之。《論語》曰："億

---

❶ 覺按：宋浙本、古逸叢書本"與"作"歟"。

❷ 宋本"太"作"大"；"與"作"歟"，下同。覺按：宋浙本、古逸叢書本下句作"與"而不作"歟"，其餘作"歟"。若非久保愛失之粗疏，則古逸叢書本已與宋本有異矣。

❸ 覺按：宋浙本、古逸叢書本"他弔"作"土吊"。

❹ 覺按：宋浙本、古逸叢書本"訊"作"訉"，注同。

❺ 覺按：宋浙本、古逸叢書本"暝"作"冥"。

❻ 覺按：宋浙本、古逸叢書本無"也"字。

則屬中。"或曰：與"抑"同。謂雷霆震怒，殺傷萬物，曾不億度疑忌，而果決不測也。增億，恐"意"誤。《陳丞相世家》曰："項王爲人，意忌信讒，必內相誅。"本注"或曰：與'抑'同"五字宜在注末。補遺暴至殺傷，此句可疑。

功被天下而不私置者與？ 天下同被其功，曾無所私置。又言無偏頗。增被，皮義反。

託地而游宇，友風而子雨； 風與雲並行，故曰"友"。雨因雲而生，故曰"子"。

冬日作寒，夏日作暑； 在冬而凝寒，在夏而蒸暑也。

廣大精神，請歸之雲。 至精至神，通於變化，唯雲乃可當此説也。

——雲。 雲所以潤萬物，人莫之知，故於此則明也。

26.4 有物於此，

儵儵兮其狀，屢化如神； 儵，讀如"其蟲保"之"保"。儵儵，無毛羽之貌。變化，即謂"三俯三起"，成蛾蛹之類 ❶。補遺注"變化"當作"屢化"。

功被天下，爲萬世文； 文，飾。增被，皮義反。

禮樂以成，貴賤以分；

養老長幼 ❷，待之而後存； 增蠶以爲帛，帛以養老長幼。〇養，羊尚反。長，竹丈反。

名號不美，與暴爲鄰 ❸； 侵暴者亦取名於蠶食，故曰"與暴爲鄰"也。補遺蠶，與"殘"音近，故云。

---

❶ 覺按：宋浙本、古逸叢書本無"成"字，"類"後有"也"字。

❷ 覺按：古逸叢書本"幼"作"纫"，宋浙本作"幼"。

❸ 覺按：原書"鄰"作"隣"，今據宋浙本、古逸叢書本改；注同。

功立而身廢，事成而家敗；蠶成而見殺❶，是"身廢"。絲窮而繭盡，是"家敗"。

弃其耆老❷，收其後世；耆老，蛾也。後世，種也。

人屬所利，飛鳥所害。人屬則保而用之，飛鳥則害而食之。

臣愚而不識，請占之五帝❸。占，驗也。五帝，少昊、顓頊、高辛、唐、虞。理皆務本，深知蠶之功大，故請驗之也。增"五帝"之"五"疑衍。

帝占之曰❹：

此夫身女好而頭馬首者與？女好，柔婉也。其頭又類馬首。《周禮•馬質》"禁原蠶者"，鄭玄云："天文辰爲馬，故《蠶書》曰：'蠶爲龍精，月值大火，則浴其種。'是蠶與馬同氣也。"增夫，音扶；下同。與，音餘；下同。

屢化而不壽者與？不得終其壽命。

善壯而拙老者與？壯得其養，老而見殺。增老，叶音塿。

有父母而無牝牡者與？爲蠶之時，未有牝牡也。增牝，頻忍反，又扶志反。

冬伏而夏游？

食桑而吐絲，游，謂化而出也。前亂而後治；繭亂而絲治也。增治，直吏反，叶音平聲。

夏生而惡暑，生長於夏，先暑而化。增惡，烏路反；下同。喜淫而惡雨❺；淫，謂浴其種。既生之後，則惡雨也❻。增《祭義》曰："桑

---

❶ 覺按：宋浙本、古逸叢書本"繭"作"蠶"，下一"繭"字同，非。

❷ 宋本"弃"作"棄"。

❸ 元本"帝"作"泰"，注云"五泰，五帝也"。

❹ 元本"帝"作"五泰"。

❺ 元本"淫"作"溫"。

❻ 覺按：宋浙本、古逸叢書本無"也"字。

于公桑，風戾以食之。"是亦惡雨露，故使之燥也。○喜，許意反。

蛹以爲母，蛾以爲父；互言之也❶。增愛嘗觀其生卵時，自有牝牡相交而生之，楊倞解未盡之也。○蛹，音勇。蛾，音我。補遺蠶化爲蛹，蛹化爲蛾，兩有牝牡，互言之也。

三俯三起，事乃大已。俯，謂臥而不食。事乃大已，言三起之後，事乃畢也。謂化而成繭也❷。

夫是之謂蠶理。五帝言此乃蠶之義理也。

——蠶。蠶之功至大，時人鮮知其本。《詩》曰："婦無公事，休其蠶織。"戰國時此俗尤甚，故荀卿感而賦之。

26.5 有物於此，

生於山阜，處於室堂；山阜，鐵所生也❸。增處，昌呂反。

無知無巧，善治衣裳；知，讀爲"智"。

不盜不竊，穿窬而行；

日夜合離，以成文章；合離，謂使離者相合。文章亦待其連綴而成也。增孔安國曰："穿，穿壁。窬，窬牆也。"○窬，音瑜。離，力智反。行；叶户郎反。

以能合從，又善連衡；從，竪也，子容反。衡，橫也。言箴亦能如戰國合從、連衡之人。南北爲從，東西爲衡也。增"以""已"通用，既也。○衡，户庚反，叶音黄。

下覆百姓，上飾帝王；

功業甚博，不見賢良；見，猶"顯"也。不自顯其功伐。見，

---

❶ 覺按：宋浙本、古逸叢書本"互"作"乓"，"乓"爲"互"之俗字。

❷ 覺按：宋浙本、古逸叢書本"繭"作"蠶"，非。

❸ 覺按：原書"生"作"出"，今據宋浙本、古逸叢書本改。

賢遍反。增覆，扶又反。見，如字。補遺 徂徠曰："不見以爲賢良也。"

時用則存，不用則亡。順時行藏。

臣愚不識，敢請之王。

王曰：此夫始生鉅、其成功小者耶 **❶**？ 爲鐵則巨 **❷**，爲箴則小。增夫，音扶。鉅，與"巨"同。

長其尾而銳其剽者耶？ 長其尾，謂線也。剽，末也，謂箴之鋒也。《莊子》曰："有實而無乎處者，宇也；有長而無本剽者，宙也。"剽者 **❸**，眇末之意，匹小反。補遺 剽，與"標"通。

頭銛達而剽趙繚者耶 **❹**？ 重説長其尾而銳其剽。趙，讀爲"掉"。掉繚，長貌。言箴尾掉而繚也 **❺**。掉，徒弔反 **❻**。增《周頌》曰："其鎛斯趙，以薅荼蓼。"毛萇曰："趙，刺也。"補遺 頭，即"剽"也。此"剽"字宋本作"尾"爲是。趙，與"捎"通。繚，或作"繆"。疑"趙繚"與"綢繆"同，言纏綿布帛也。

一往一來，結尾以爲事；結其尾線，然後行箴。增事，叶音豺。

無羽無翼，反覆甚極；極，讀爲"亟"。亟 **❼**，急也。

尾生而事起，尾遭而事已；尾遭迴盤結 **❽**，則箴功畢也。增古屋鬲曰："尾生，謂施線於箴也。"

---

❶ 宋本"耶"作"邪"。

❷ 覺按：原書"巨"作"鉅"，今據宋浙本、古逸叢書本改。

❸ 覺按：原書無"者"字，今據宋浙本、古逸叢書本補。

❹ 宋本"剽"作"尾"，韓本同。

❺ 覺按：原書"尾掉"作"掉尾"，今據宋浙本、古逸叢書本改。

❻ 覺按：宋浙本、古逸叢書本"弔"作"吊"。

❼ 覺按：宋浙本、古逸叢書本無此"亟"字。

❽ 覺按：原書"迴"作"廻"，今據宋浙本、古逸叢書本改。

簪以爲父，管以爲母；簪形似箴而大，故曰"爲父"。言此者，欲狀其形也。管所以盛箴，故曰"爲母"。《禮記》曰"箴、管、線、纊"也。增謝墉曰："簪，當爲'鑽'，子貫反。謂所以琢箴之線孔也。箴賴以成形，故曰'爲父'。"録以備一考。〇母，叶音姥。補遺簪，當作"鐕"，《玉篇》"無蓋釘"也。或疑"簪""鐕"古通用，猶"箴"之與"鍼"耶？

既以縫表，又以連裏。

夫是之謂箴理。理，義理也。

——箴。古者貴賤皆有事，故王后親織玄紞，公侯夫人加之以紘綖 [1]，大夫妻成祭服，士妻衣其夫。末世皆不脩婦功 [2]，故託辭於箴，明其爲物微而用至重 [3]，以譏當世也。

26.6　天下不治，請陳佹詩：荀卿請陳佹異激切之詩，言天下不治之意也。增佹，讀爲"危"。詩中皆陳危殆之事。〇治，直吏反，叶平聲。

天地易位，四時易鄉；皆言賢愚易位也。鄉，猶"方"也。春夏秋冬皆不當其方，言錯亂也。鄉，如字。

列星殞墜 [4]，旦暮晦盲；列星，二十八宿有行列者 [5]。隕墜，以喻百官弛廢 [6]。旦暮晦盲，言無暫明時也。或曰：當時星辰隕墜，旦暮昏霧也。增殞，與"隕"同。補遺《後語》"殞"作"隕"。

---

❶ 覺按：宋浙本、古逸叢書本"紘"作"紞"，非，參見《國語·魯語下》。

❷ 覺按：宋浙本、古逸叢書本"脩"作"修"。

❸ 覺按：宋浙本、古逸叢書本"用"作"明"，非。

❹ 標注本無"墜"字。覺按：宋浙本、古逸叢書本"殞"作"隕"。久保愛於此無校語，若非其失校，則古逸叢書本已與宋本有異矣。

❺ 覺按：原書"宿"作"宿"，今據宋浙本、古逸叢書本改。

❻ 覺按：原書"弛"作"弛"，今據宋浙本、古逸叢書本改。

幽晦登昭，日月下藏。言幽闇之人登昭明之位，君子明如日月，反下藏也。昭，或爲“照”。[補遺]《後語》“晦”作“闇”。古本蓋如此，觀注可見。

公正無私，反見從橫；言公正無私之人❶，反見謂從橫反覆之志也。[增]謂爲小人所反覆也。○從，音蹤。橫，叶音黃。

志愛公利，重樓疏堂；欲在上位行至公以利百姓，非謂重樓疏堂之榮貴也。[增]“公”字未詳。朱熹曰：“愛，猶‘貪’也。竊取公家之利以爲己有，而反得華屋以居也。”○重，直龍反。

無私罪人，憨革貳兵❷；憨，與“儆”同，備也。貳，副也。[謂]無私罪人，言果於去惡也。言去邪嫉惡，乃以儆備增益兵革之道。言彊盛也❸。[增]朱熹曰：“革，甲也。言無私心而治有罪之人，乃反恐爲讎所害，而常爲兵革以備之也。”愛曰：本注“謂”字衍。○兵，叶補芒反。[補遺]無私，疑當作“爭利”，蓋因上文而誤。言小人爭利，而誣人以罪，乃警備兵革以謀之也。

道德純備，讒口將將。將，去也。言以讒言相退送。或曰：將將，讀爲“蹡蹡”，進貌。[增]將將，讙貌。○將，音鏘。

仁人絀約，敖暴擅彊❹；絀退窮約。[增]絀，讀爲“屈”；下同。敖，與“傲”同。

天下幽險，恐失世英。天下幽暗凶險如此，必恐時賢不見用也。[增]英，叶音央。

---

❶ 覺按：原書無“言”字，今據宋浙本、古逸叢書本補。

❷ 宋本“貳”作“二”。

❸ 覺按：原書“盛”作“成”，今據宋浙本、古逸叢書本改。

❹ 宋本“彊”作“強”。

螭龍爲螻蛭，鴟梟爲鳳皇。《説文》云："螭，如龍而黃，北方謂之虵螻❶。"螻蛭，守宮。言世俗不知善惡，螭龍之聖，反謂之螻蛭；鴟梟之惡，反以爲鳳皇也。增螭，抽知反。螻，於顯反。蛭，徒典反。皇，通作"凰"。

比干見刳，孔子拘匡。

昭昭乎其知之明也！

郁郁乎其遇時之不祥也❷！

拂乎其欲禮義之大行也！

闇乎天下之晦盲也！郁郁，有文章貌。拂，違也。此蓋誤耳，當爲"拂乎其遇時之不祥也❸，郁郁乎其欲禮義之大行"。晦盲，言人莫之識也。增知，音"智"。明，叶音芒。拂，音"佛"。行，叶户郎反。

皓天不復，憂無疆也。

千歲必反，古之常也。皓，與"昊"同。昊天，元氣昊大也。呼昊天而訴之云："世亂不復，憂不可竟也。"復自解釋云："亂久必反於治，亦古之常道。"千，或爲"卒"。增《孟子》亦云："五百年必有王者興。"疆，舊作"彊"，今據宋本改之。

弟子勉學，天不忘也。言天道福善，故曰"不忘"。恐弟子疑爲善無應而懈惰❹，故以此勉之也。增弟子似荀卿自稱。

聖人共手，時幾將矣。共，讀爲"拱"。聖人拱手，言不得用也。幾，辭也。將，送也，去也。言戰國之時，世事已去，不可復治也。增將，行也。言聖人雖拱手，天時變則幾行也，當待之耳。○幾，音祈。補遺"弟子勉學，

---

❶ 覺按：宋浙本、古逸叢書本"虵"作"蛇"。
❷ 元本"祥"作"詳"。
❸ 覺按：宋浙本、古逸叢書本"祥"作"詳"，與正文不合，非。
❹ 覺按：宋浙本、古逸叢書本"應而懈惰"作"益而解憧"。

天不忘也。聖人共手，時幾將矣"，疑是錯誤。當作"聖人共手，天不忘也。弟子勉學，時幾將矣"。言亂極反治，古今之常理也。故聖人雖不用乎世，然天豈終忘斯民乎？弟子當勉學，時運之反，其幾將不久矣。幾將，將然也。《孟子》曰："齊其庶幾乎！"正與此同。《通雅》云"歇後語"是也。

26.7 "**與愚以疑，願聞反辭。**"反辭，反覆叙説之辭，猶《楚詞》"亂曰"。弟子言當時政事既與愚及疑惑之人❶，故更願以亂辭叙之也。增與，讀爲"予"。反，"反命"之"反"，謂答辭也。補遺與，當作"予"。朱子曰："此爲弟子承勉學之訓而詰問之詞。"

　　其小歌也：此下一章，即其反辭，故謂之"小歌"，揔論前意也。

　　念彼遠方，何其塞矣❷。遠方，猶"大道"也。增塞，道壅塞也。○塞，悉則反。補遺塞，當作"騫"。《正名篇》云："永思騫兮。""騫"與"衍""般"叶韻。

　　仁人詘約，暴人衍矣。衍，饒也。增詘，舊作"絀"，今據宋本改之。○詘，與"屈"同。

　　忠臣危殆，讒人服矣。服，用也。本或作"讒人般矣"。般，樂也，音盤。增服，與"塞"叶，鼻墨反。

　　琁、玉、瑶、珠，不知佩也。《説文》云"琁，赤玉""瑶，美玉"也。孔安國曰："瑶，美石。"言不知以此四寶爲佩。《説文》："琁，音瓊。"

　　雜布與錦，不知異也。雜布，麤布。增雜，言雜二者。

　　閭娵、子奢，莫之媒也。閭娵，古之美女，《後語》作"明娵"。《楚詞・七諫》謂閭娵爲醜惡，蓋一名明陬❸。《漢書音義》韋昭曰："閭娵，

❶ 覺按：宋浙本、古逸叢書本"及"作"反"。

❷ 謝云："'衍'不與'塞''服'爲韻。'服'字本有作'般'者，則'塞'或'塞'字之誤。"

❸ 覺按：原書"陬"作"娵"，今據宋浙本、古逸叢書本改。

梁王魏瞿之美女 **❶**。"子奢 **❷**，當爲"子都"，鄭之美人。《詩》曰"不見子都"。蓋"都"字誤爲"奢"耳。《後語》作"子都"。莫之媒，言無人爲之謀也 **❸**。姳，子于反。⬜增子都，美男也。謝墉曰："'明'是'閭'字之誤，楊未省照耳。"⬜補遺子奢，《韓詩外傳》亦作"子都"。

嫫母、刁父 ❹，是之喜也。嫫母，醜女，黄帝時人 **❺**。刁父，未詳。喜，悦也。⬜增《呂氏春秋》曰："人之於色也，無不知悦美者，而美者未必遇也。故嫫母執乎黄帝 **❻**。"刁父，蓋醜男也。○嫫，音摸。刁，音貂。父，音甫。

以盲爲明，以聾爲聰；

以危爲安，以吉爲凶。

嗚呼上天！曷維其同？言惑亂如此，故歎而告上天。曷維其同，言何可與之同也。《後語》作"曷其與同"。此章即遺春申君之賦也。⬜增《戰國策》曰："寶珍隋珠，不知佩兮。襜布與絲 **❼**，不知異兮。閭姝子奢，莫知媒兮。嫫母求之，又甚喜之兮。以瞽爲明，以聾爲聰。以是爲非，以吉爲凶。嗚呼上天，曷惟其同。"與此異。⬜補遺曷維其同，俎徠曰："'滔滔皆是'意。"

荀子卷第十八

❶ 覺按："瞿"當作"嬰"，謂魏惠王也。魏惠王名罃，又作"嬰"（見《戰國策·魏二》）。

❷ 覺按：宋浙本、古逸叢書本"子"作"字"，非。

❸ 覺按：原書"謀"作"媒"，今據宋浙本、古逸叢書本改。

❹ 元本"刁"作"力"，《外傳》同。

❺ 覺按：宋浙本、古逸叢書本"人"作"也"，非。

❻ 覺按：原書"乎"作"手"，今據《呂氏春秋·遇合》之文改。

❼ 覺按："縣"當爲"絲"之譌，參見《戰國策·楚四》。

荀子卷第十九

大略篇第二十七 此篇蓋弟子雜錄荀卿之語，皆略舉其要，不可以一事名篇，故總謂之“大略”也。舊第二十九❶。增此篇間有似抄錄者，不特荀卿語也。本注“九”舊作“七”，今據舊目錄改之。

27.1 **大略**：舉爲標首，所以起下文也。

27.2 **君人者，隆禮尊賢而王，重法愛民而霸❷，好利多詐而危。** 增王，于況反。重，直用反。好，呼報反。詐，側嫁反。

27.3 **“欲近四旁，莫如中央。”故王者必居天下之中，禮也。** 此明都邑居土中之意，不近偏旁，居中央，取其朝貢道里均。禮也，言其禮制如此。增近，如字。

27.4 **天子外屏，諸侯内屏，禮也。外屏，不欲見外也；内屏，不欲見内也。** 屏，猶“蔽”也。屏謂之樹。鄭康成云：“若今浮思也。”何休注《公羊》云：“禮，天子、諸侯臺門。天子，外闕兩觀；諸侯，内闕一觀。”“禮，天子外屏，諸侯内屏，大夫以簾，士以帷。”倞

---

❶ 宋本無本注“舊第”以下五字。覺按：宋浙本、古逸叢書本“總”作“總”。

❷ 覺按：原書“霸”作“覇”，今據宋浙本、古逸叢書本改。

謂不欲見內，不察泉中魚之義也。⬚增本注"浮思"即"罘罳"。《博雅》曰："罘罳，屏也。"

27.5 諸侯召其臣，臣不俟駕，⬚增《論語》曰："君命召，不俟駕行矣。"顛倒衣裳而走❶，禮也。⬚增毛萇曰："上曰衣，下曰裳。"《詩》曰："顛之倒之，自公召之。"⬚增《詩》，《齊風·東方未明》篇。天子召諸侯，諸侯輦輿就馬❷，禮也。輦，謂人輓車。言不暇待馬至，故輦輿就馬也❸。⬚增輦，力展反。《詩》曰："我出我車❹，于彼牧矣。自天子所，謂我來矣。"《詩》，《小雅·出車》之篇。毛云："出車就馬於牧地。"鄭云："有人自天子所，謂我來矣。謂以王命召己也。"此明諸侯奉上之禮也❺。⬚增出，尺類反。

27.6 天子山冕，諸侯玄冠，大夫裨冕，士韋弁，禮也。山冕，謂畫山於衣而服冕，即袞冕也❻。蓋取其龍則謂之袞冕，取其山則謂之山冕。鄭注《周禮·司服》云："古冕服十二章。衣五章：初一曰龍，次二曰山，次三曰華蟲，次四曰火，次五曰宗彝❼，皆畫。裳四章：次六曰藻，次七曰粉米，次八曰黼，次九曰黻，皆繡。"鄭注《覲禮》云❽："裨之言卑也。天子六服，大裘爲上，其餘爲裨，以事尊卑服之，諸侯亦服焉。上公

---

❶ 覺按：宋浙本、古逸叢書本"顛"作"顚"。下一"顛"字同。

❷ 宋本"諸侯"不重。

❸ 覺按：宋浙本、古逸叢書本無"也"字。

❹ 宋本"車"作"輿"。

❺ 覺按：宋浙本、古逸叢書本無"之"字。

❻ 覺按：原書"袞"作"充"，今據宋浙本、古逸叢書本改。原書下文之"袞"字不誤，也可佐證此"充"字之誤。

❼ 覺按：原書"彝"作"彝"，今據宋浙本、古逸叢書本改。

❽ 覺按：宋浙本、古逸叢書本"覲"字在下"以事尊卑服之"之上，非。

衮無升龍，侯伯鷩，子男毳，孤絺，卿大夫玄。"鄭云"大夫裨冕"，蓋亦言裨冕止於大夫，士已下不得服也。韋弁，謂以爵韋爲韠而戴弁也。《玉藻》曰"韠，君朱，大夫素，士爵韋"也。增物茂卿曰："'諸侯玄冠，大夫裨冕'，當是'諸侯裨冕，大夫玄冕'，彼此互誤。"愛曰：《覲禮》曰"侯氏裨冕"，《司服職》曰"卿大夫之服，自玄冕而下如孤之服"，是物氏所據也。然荀卿《富國篇》曰"諸侯玄袞衣、冕，大夫裨、冕，士皮弁、服"，玄袞衣、冕，即《司服職》"衮冕"也。然則此"玄冠"，當據《富國篇》作"玄冕"。裨冕，本注是也。唯"鄭云"當作"倞云"❶，非鄭説也。韋弁，《富國篇》及《司服職》皆作"皮弁"。韋弁，則王者兵事所服也。或是皮弁、韋弁同物，而王者兵事服士服矣。補遺天子山冕，疑"衮冕"之誤❷。注"鄭云"當作"此云"。

27.7 天子御珽，諸侯御荼，大夫服笏，禮也。御、服，皆器用之名，尊者謂之御，卑者謂之服。御者，言臣下所進御也。珽，大珪，長三尺，杼上終葵首，謂剡上，至其首而方也。荼，古"舒"字，玉之上圓下方者也。鄭康成云："珽然無所屈也。""荼，讀如'舒遲'之'舒'。舒懦者❸，所畏在前也。"增《玉藻》曰："天子搢珽，方正於天下也。諸侯荼，前詘後直，讓於天子也。大夫前詘後詘，無所不讓也。"其形則詳於《考工記·玉人職》。又案，大夫笏，"以魚須文竹"，見《玉藻》。本注"器用"之"器"可疑。○珽，音挺。笏，音忽。補遺注"器"當作"服"，"然"上脱"挺"字。

---

❶ 覺按："鄭云"當作"此云"或"苟云"。

❷ 覺按：原書"衮"作"兗"，今依楊倞注文改。

❸ 覺按：宋浙本、古逸叢書本"舒懦"作"儒"，非。《禮記·玉藻》鄭注作"舒懦"。

27.8 天子彤弓，諸侯彤弓，大夫黑弓，禮也。彤，謂
彤畫爲文飾。彤弓，朱弓。此明貴賤服御之禮也。增《大雅·行葦》詩"敦
弓既堅"，毛云："敦弓，畫弓也。"《釋文》："敦，音雕。"又彤弓，天子
賜有功諸侯者，其義見《左氏·文公四年傳》。○彤，徒冬反。

27.9 諸侯相見，卿爲介，相見，謂於郊地爲會。介，副也。
《聘義》："卿爲上擯，大夫爲承擯，君親禮賓。"言主君見聘使，則以卿爲
上擯；出會，則以卿爲上介。增相見，謂朝會之時也。以其教出畢行，
教，謂戒令。畢行，謂羣臣盡行從君也。增教，教衛，謂所教武衛之士。《大
戴禮》"出"作"士"，是也。畢行，一師畢行也。《定公四年·左氏傳》曰："君
行師從。"杜預曰："二千五百人。"或曰："教"下脱"衛"字。使仁居守。
使仁厚者主後事。《春秋傳》："一子守，二子從。"此明諸侯出疆之禮。又
《穀梁傳》曰："智者慮，義者行，仁者守，然後可以會矣。"

27.10 聘人以珪，問士以璧，召人以瑗，絕人以玦，
反絕以環。聘人以珪❶，謂使人聘他國以珪璋也。問，謂訪其國事，因
遺之也。衛侯使工尹襄問子貢以弓，是其類也。《説文》云："瑗者，大孔
璧也。"《爾雅》："好倍肉謂之瑗，肉倍好謂之璧。"《禮記》曰："君召臣
以三節。"《周禮》"珍圭以徵守"❷，鄭云："以徵召守國之諸侯，若今徵郡
守以竹使符也。"然則天子以珍圭召諸侯❸，諸侯召臣以瑗歟？玦，如環而
缺。肉、好若一謂之環。古者臣有罪，待放於境，三年不敢去，與之環則還，
與之玦則絕，皆所以見意也。反絕，謂反其將絕者。此明諸侯以玉接人臣
之禮也。增聘人，徵辟人也。蓋古徵士之禮有如此者耳。絕人以玦，晉獻

---

❶ 覺按：宋浙本、古逸叢書本"珪"作"圭"，下一"珪"字同。

❷ 覺按：原書"圭"作"珪"，今據宋浙本、古逸叢書本改。《周禮·春
官·典瑞》作"圭"。

❸ 覺按：原書"圭"作"珪"，今據宋浙本、古逸叢書本改。

公賜申生以金玦之類；反絶以環，晉驪姬使奄楚以環釋言于夷吾之類；共見《晉語》。補遺問，即"問人於他邦"之"問"。士，疑當作"人"。江田子錦曰："注'衛侯''子貢'當作'楚子''郤克' ❶，此混二事。"

27.11 人主仁心設焉；知，其役也；禮，其盡也。故王者先仁而後禮，天施然也。人主根本施設在仁 ❷，其役用則在智 ❸，盡善則在禮。天施，天道之所施設也。此明爲國以仁爲先也。增知，音"智"。補遺言人主設立仁心焉，則知者可役矣，禮文可盡矣。亦"本立而道生"之意。

27.12 《聘禮》志曰："幣厚則傷德，財侈則殄禮。"禮云禮云，玉帛云乎哉？志，記也。言玉帛，禮之末也。《禮記》曰："不以美没禮 ❹。"增今《聘禮》記曰："多貨則傷于德，幣美則没禮。""禮云"以下見《論語》。古屋鬲曰："殄，當作'殬'，與'殬''没'通。"○志，音"誌"。《詩》曰："物其指矣，唯其偕矣。"不時宜，不敬交，不驩欣，雖指，非禮也。《詩》，《小雅·魚麗》之篇。指，與"旨"同，美也。偕，齊等也。時，謂得時。宜，謂合宜。此明聘好輕財重禮之義也。增今《詩》"指"作"旨"，"唯"作"維"。"驩""歡"同。

27.13 水行者表深，使人無陷；治民者表亂，使人無失。禮者，其表也，先王以禮表天下之亂。今廢禮者，是去表也，故民迷惑而陷禍患，此刑罰之所以繁也。表，

---

❶ 覺按：《左傳·成公十六年》"郤至三遇楚子之卒，見楚子，必下，免胄而趨風。楚子使工尹襄問之以弓"。

❷ 覺按：宋浙本、古逸叢書本"人主根本施設在仁"作"人之根本所施設在人"。

❸ 覺按：宋浙本、古逸叢書本"智"作"知"。

❹ 覺按：宋浙本、古逸叢書本"禮"作"之也"，非。

標志也。此明爲國當以禮示人也。增去，起呂反。

27.14　舜曰：“維予從欲而治。”《虞書》舜美皐陶之辭。言皐陶明五刑，故舜得從欲而治。引之以喻禮能成聖，亦猶舜賴皐陶也❶。增治，直吏反。補遺此引舜之言，以明聖人從心所欲，而其身自治，不待以禮制欲也。故禮之生，爲賢人以下至庶民也，非爲成聖也，補遺成聖，當作“聖人”，因下文而誤也。然而亦所以成聖也。補遺言賢人以下可由禮以成聖也。不學不成，禮本爲中人設，然聖人不學亦不成也。增爲，于僞反。補遺此句屬下章。堯學於君疇，舜學於務成昭，禹學於西王國❷。君疇，《漢書·古今人表》作“尹壽”。又《漢·藝文志》小説家有《務成子》十一篇，昭，其名也。《尸子》曰：“務成昭之教舜曰：‘避天下之逆，從天下之順，天下不足取也；避天下之順，從天下之逆，天下不足失也。’”西王國，未詳所説。或曰：大禹生於西羌❸，西王國，西羌之賢人也。《新序》子夏對哀公曰：“黄帝學于大塡，顓頊學于録圖，帝嚳學于赤松子，堯學于尹壽，舜學于務成跗，禹學于西王國，湯學于成子伯，文王學于時子思，武王學于郭叔。”此明聖人亦資於教也。增今《新序》“大塡”作“大真”，“録圖”作“緑圖”，“成子伯”作“威子伯”，“時子思”作“鉸時子斯”。

27.15　五十不成喪，七十唯衰存。不成喪，不備哭踊之節。衰存，但服繸麻而已❹，其禮皆可略也。《禮記》曰“七十唯衰麻在身”

---

❶ 覺按：原書“賴”作“頼”，今據宋浙本、古逸叢書本改。

❷《韓詩外傳》“君疇”作“尹壽”。《路史》作“尹中”，《世紀》“尹壽爲許由友”；“務成昭”作“務成䩺”，“西王國”作“西王惺”。覺按：原書之標注“世紀”作“世記”，“務成昭”作“務西昭”，今據文義改。

❸ 覺按：宋浙本“生”作“主”，非。古逸叢書本作“生”。

❹ 覺按：原書“繸”作“衰”，今據宋浙本、古逸叢書本改。

也●。增衰，七雷反。

27.16 親迎之禮：父南鄉而立，子北面而跪，醮而命之："往迎爾相❷，成我宗事，鄭云："相，助也。宗事，宗廟之事❸。"增《士昏禮》作"承我宗事"。○迎，魚敬反。鄉，音"向"。相，息亮反。隆率以敬先妣之嗣，若則有常。"《儀禮》作"勗率"，鄭云："勗，勉也。若，汝也。勉率婦道以敬其爲先妣之嗣也，汝之行則當有常。深戒之。《詩》云❹：'大姒嗣徽音。'"子曰："諾。唯恐不能，敢忘命矣？"子言唯恐不能勉率以嗣先妣❺，不敢忘父命也。增唯，舊作"惟"，今據宋本改之。《士昏禮》"能"作"堪"，"敢"上有"不"字，無"矣"字。○能，音耐。

27.17 夫行也者，行禮之謂也。所以稱行者，在禮也。增夫，音扶。行也，下孟反。禮也者，貴者敬焉，老者孝焉，長者弟焉，幼者慈焉，賤者惠焉。惠，亦賜也。言行禮如此五者，則可爲人之行也。增長，竹丈反。弟，大計反。

27.18 賜予其宮室，猶用慶賞於國家也；忿怒其臣妾，猶用刑罰於萬民也。宮室，妻子也。此明能治家則以治國也。增予，音"與"。

27.19 君子之於子，愛之而勿面，使之而勿貌，導之以道而勿彊。面、貌❻，謂以顏色慰悅之，不欲施小惠也，故《易·家

---

❶ 覺按：宋浙本、古逸叢書本無"記"字。

❷ 覺按：宋浙本、古逸叢書本"往"作"徃"。

❸ 覺按：原書"事"下有"也"字，今據宋浙本、古逸叢書本刪。

❹ 覺按：宋浙本、古逸叢書本"云"作"曰"。

❺ 覺按：原書"唯"作"惟"，今據宋浙本、古逸叢書本改。

❻ 覺按：原書"面"作"靣"，今據宋浙本、古逸叢書本改。

人》曰："有嚴君焉。"勿彊，不欲使其愧也。此語出曾子。增《孟子》曰："父子之間不責善。責善則離，離則不祥莫大焉。"古屋鬲曰："勿彊，《學記》所謂'道而弗牽'也。"○彊，其兩反。補遺囦，疑當作"洄"。"貌""藐"通，輕小也。

27.20 禮以順人心爲本，故亡於《禮經》而順人心者，背禮者也？《禮記》曰："禮也者，義之實也。協諸義而協，則禮雖先王未之有，可以義起也。"增"背"字舊作"皆"，後人私改者也，今據宋本、元本改之。背禮者也，猶言"背禮者耶"。《檀弓》曰："將軍文氏之子❶，其庶幾乎！亡於禮者之禮。其動也中。"○亡，音"無"。背，音"佩"。

27.21 禮之大凡：事生，飾驩也；送死，飾哀也；軍旅，飾威也。不可太質，故爲之飾。增"驩""歡"同。《禮論》作"歡"。

27.22 親親、故故、庸庸、勞勞，仁之殺也。庸，功也。庸庸、勞勞，謂稱其功勞，以報有功勞者❷。殺，差等也。皆仁恩之差也。殺，所介反。增《禮記》曰："仁者，人也，親親爲大。"《周禮》曰："民功曰庸，事功曰勞。"貴貴、尊尊、賢賢、老老、長長，義之倫也。倫，理也。此五者，非仁恩，皆出於義之理也。增《禮記》曰："義者，宜也，尊賢爲大。"○長，竹丈反。行之得其節，禮之序也。行仁義得其節，則是禮有次序也❸。增《禮記》曰："親親之殺，尊賢之等，禮所生也。"仁，愛也，故親；義，理也，故行；禮，節也，故成。非仁不親，非義不行。雖有仁義，無禮以節之，亦不成。仁有里，義有門。里與門，皆謂禮也。里，所以安居；門，所以出入也。仁，非其

---

❶ 覺按：原書"氏"作"子"，今據《禮記·檀弓上》之文改。

❷ 覺按：宋浙本、古逸叢書本"有"作"其"。

❸ 覺按：宋浙本、古逸叢書本無"也"字。

里而虛之，非禮也；義，非其門而由之，非義也。虛，讀爲
"居"，聲之誤也。仁非其里，義非其門，皆謂有仁義而無禮也。增桃源藏
曰："禮，當作'仁'。"或云：虛，當作"處"，下文云"處仁以義"。**推
恩而不理，不成仁**；仁雖在推恩，而不得其理，則不成仁。謂若有
父子之恩而無嚴敬之義也❶。**遂理而不敢，不成義**；雖得其理而不敢
行，則不成義。義在果斷，故曰："非知之艱❷，行之惟艱。"補遺以下文推
之，"敢"當作"節"。**審節而不知，不成禮**；雖能明審節制，而不
知其意也。知，或爲"和"。增"知"或爲"和"，是也。《論語》曰："禮
之用，和爲貴。"**和而不發，不成樂**。雖和順積中，而英華不發於外，
無以播八音，則不成樂也❸。**故曰：仁、義、禮、樂，其致一也。**
言四者雖殊，同歸於得中，故曰"其致一也"。增致，猶"極"也。**君子
處仁以義，**補遺推恩而不理之反。**然後仁也**；仁而能斷。增處，昌
吕反。**行義以禮，**補遺遂理而不節之反。**然後義也**；雖能斷而不違禮，
然後爲義也❹。**制禮反本成末，然後禮也。**反，復也。本，謂仁義；
末，謂禮節。謂以仁義爲本，終成於禮節也。增本，謂治國家之大經。末，
謂威儀節奏。詳見《左傳・昭公五年》女叔齊之言。**三者皆通，然後
道也。**通明三者，然後爲道。

27.23 **貨財曰賻，輿馬曰賵❺，衣服曰襚，玩好曰贈，**

---

❶ 覺按：宋浙本、古逸叢書本無"也"字。
❷ 覺按：宋浙本、古逸叢書本"艱"作"難"。
❸ 覺按：宋浙本、古逸叢書本無"也"字。
❹ 覺按：原書無"也"字，今據宋浙本、古逸叢書本補。
❺ 覺按：原書"賵"作"賵"，今據宋浙本、古逸叢書本改；下文
及注同。

玉貝曰含 ❶。此與《公羊》《穀梁》之説同。玩好，謂明器、琴瑟、笙竽之屬。何休曰："此皆春秋之制也。賵，猶'覆'也；賻，猶'助'也：皆助生送死之禮。襚，猶'遺'也，遺是助死者之禮也。知生則賻、賵，知死則襚、含 ❷。"增今《公羊》注作"知死者贈襚"。賵、賻，所以佐生也；贈、襚，所以送死也。增送，猶"贈"也。送死不及柩尸，弔生不及悲哀，非禮也。皆謂葬事 ❸。增在牀曰尸，在棺曰柩，蓋未葬之稱。不及悲哀，謂已卒哭也。周平王踰年而歸惠公、仲子之賵，《春秋》非之。故吉行五十，犇喪百里，賻、贈及事，禮之大也。既説弔贈及事，因明奔喪亦宜行遠也 ❹。《禮記•奔喪》曰："日行百里，不以夜行。"增犇，古"奔"字。

27.24 禮者，政之輓也。如輓車然。增輓，音晚。補遺"輓""綄"同，引車縴也。爲政不以禮，政不行矣。

27.25 天子即位，上卿進曰 ❺："如之何憂之長也？能除患則爲福，不能除患則爲賊。"授天子一策。上卿，於周若冢宰也。皆謂書於策，讀之而授天子，深戒之也。言天下安危所繫，其憂甚遠長，問何以治之。能爲天下除患，則百福歸之；不能，則反爲賊害。策，編竹爲之，後易之以玉爲也。中卿進曰 ❻："配天而有下土者，先事慮事，先患慮患。先事慮事謂之接，接，讀爲"捷"，速也。中卿，若宗伯也。增先，悉薦反；下同。補遺接，承也。如承待事

---

❶ 宋本"含"作"唅"。

❷ 覺按：宋浙本、古逸叢書本"含"作"唅之也"。

❸ 覺按：原書"事"作"時"，今據宋浙本、古逸叢書本改。

❹ 覺按：原書"奔"作"犇"，今據宋浙本、古逸叢書本改；下同。

❺《韓詩外傳》"上卿"作"大宗"。

❻《韓詩外傳》"中卿"作"大史"。

至然。接則事優成。先患慮患謂之豫，豫則禍不生。事至而後慮者謂之後，後則事不舉。增後，胡豆反。患至而後慮者謂之困，困則禍不可禦。"授天子二策。禦，禁❶。二策，第二策❷。下卿進曰❸:"敬戒無怠！補遺"敬""儆"通。慶者在堂，弔者在閭。下卿，若司寇也❹。慶者雖在堂，弔者已在門，言相襲之速。閭，門之外也❺。禍與福鄰，莫知其門。言同一門出入也。賈誼曰："憂喜聚門。"增《老子》曰："禍兮福之所倚，福兮禍之所伏，孰知其極？"亦此意。豫哉！豫哉！萬民望之。"授天子三策。豫哉，言可戒備也。三策，第三策。

27.26 禹見耕者耦，立而式；過十室之邑，必下。兩人共耕曰耦。《論語》曰："長沮、桀溺耦而耕。""十室之邑，必有忠信"，故下之也。增《家語》云："如在輿，遇三人則下之，遇二人則式之。調其盈虛，不令自滿，所以能久也。"〇耦，吾豆反。下，遐嫁反。

27.27 殺大蚤，朝大晚，非禮也。殺，謂田獵禽獸也。《禮記》曰："天子殺則下大綏，諸侯殺則下小綏，大夫殺則止佐車。"蚤，謂下先上也。又曰："朝，辨色始入。"殺太蚤，爲陵犯也。朝太晚，爲懈弛也❻。或曰:《禮記》曰"獺祭魚，然後虞人入澤梁❼。豺祭獸❽，然後田獵"，

---

❶ 覺按：原書"禁"下有"也"字，今據宋浙本、古逸叢書本刪。

❷ 覺按：宋浙本、古逸叢書本"策"下有"也"字。

❸ 《韓詩外傳》"下卿"作"大祝"。

❹ 覺按：原書"寇"作"冠"，今據宋浙本、古逸叢書本改。

❺ 覺按：原書無"之外"二字，今據宋浙本、古逸叢書本補。

❻ 覺按：原書"弛"作"弛"，今據宋浙本、古逸叢書本改。

❼ 覺按：宋浙本、古逸叢書本無"梁"字。

❽ 覺按：宋浙本、古逸叢書本"豺"作"犲"。

先於此爲早也❶。又曰"田不以禮,是暴天物"也。增殺,恐"祭"誤。《禮記》曰:
"祭祀不祈,不麾蚤。"鄭玄曰:"祭有時,不以先之爲快也。"〇大,音泰。
朝,直遥反。補遺殺,疑當作"祭",聲之誤也。大蚤,謂未及旦明也。《少
牢饋食禮》"請祭期"❷,宗人曰"旦明行事"。治民不以禮,動斯陷矣。

27.28 平衡曰拜,下衡曰稽首,至地曰稽顙。平衡,
謂磬折,頭與腰如衡之平❸。《禮記》"平衡"與此義殊。增下,遐嫁反。補
遺陳祥道曰:"稽首,首至手而稽留焉。稽顙,則首至地矣。"

27.29 大夫之臣拜不稽首,非尊家臣也,所以辟君也。
辟,讀爲"避"。增《禮記》無"所"字,是也。

27.30 一命齒於鄉;再命齒於族;三命,族人雖
七十,不敢先。一命,公侯之士;再命,大夫;三命,卿也。鄭注《禮
記》曰❹:"此皆鄉飲酒時。齒,謂以年次坐若立也。"《禮記》曰:"三命不
齒,族人雖七十者不敢先。"言不唯不與少者齒,老者亦不敢先也。增《周
禮·黨正職》作"一命齒于鄉里,再命齒于父族,三命而不齒"。據此考
之,齒於鄉,交于鄉人以齒列也,非特鄉飲酒之時也。補遺雖,當作"唯"。
言三命不齒於族,唯其七十者不敢先也。《禮·祭義》曰:"三命不齒,族
有七十者弗敢先。"注引此,而有改"雖"枉就其説,何也?

27.31 上大夫,中大夫,下大夫。此覆一命、再命、三命也。
一命雖公侯之士,子男之大夫也,故曰"下大夫"也。補遺此上下疑有缺文。

27.32 吉事尚尊,喪事尚親。吉事,朝廷列位也。喪事,

---

❶ 覺按:原書"早"作"蚤",今據宋浙本、古逸叢書本改。
❷ 覺按:原書無"祭"字,今據《儀禮·少牢饋食禮》補。
❸ 覺按:宋浙本、古逸叢書本"腰"作"胥"。
❹ 覺按:原書"注"作"註",今據宋浙本、古逸叢書本改。

以親者爲主。《禮記》曰："以服之精麤爲序❶。"增吉事，謂祭祀也。古者
五禮，以祭事爲吉禮。尚尊，《文王世子》所謂"宗人授事，以爵以官"是也。
尚尊，舊作"上尊"，今據宋本、元本改之。

27.33 君臣不得不尊，父子不得不親，兄弟不得不順，
夫婦不得不驩。少者以長，老者以養。不得，謂不得聖人之禮法。
驩，與"歡"同。增《富國篇》無"君臣不得不尊"六字，"夫婦"作"男女"，
"驩"作"歡"。○少，詩照反。長，竹丈反。故天地生之，聖人成之。

27.34 聘，問也。享，獻也。私覿，私見也。使大夫出，
以珪璋❷。聘，所以相問也。聘、享，奉束帛加璧。享，所以有獻也。享畢，
賓奉束錦以請覿❸，所以私見也。聘、享以賓禮見，私覿以臣禮見，故曰"私
見"。鄭注《儀禮》云："享❹，獻也。既聘又獻，所以厚恩惠也❺。"增覿，
徒歷反。見，賢遍反。補遺注"以珪璋"三字當移"享奉"上。

27.35 言語之美，穆穆皇皇。《爾雅》曰："穆穆，敬也。""皇
皇，正也。"郭璞云："皇皇，自脩正貌。""穆穆❻，容儀謹敬也。"皆由言
語之美，所以威儀脩飾。或曰：穆穆，美也。皇皇，有光儀也。《詩》曰："皇
皇者華。"增此與賓客言之狀也。朝廷之美，濟濟鎗鎗❼。鎗，與"蹌"同。

---

❶ 覺按：宋浙本、古逸叢書本"序"下有"也"字。

❷ 覺按：宋浙本、古逸叢書本"珪"作"圭"。

❸ 覺按：原書"錦"作"帛"，今據宋浙本、古逸叢書本改。《儀禮·聘
禮》："賓告事畢，賓奉束錦以請覿。"即楊注所出。

❹ 覺按：原書"享"作"亨"，今據《儀禮·聘禮》鄭玄注改。

❺ 覺按：原書"惠"作"意"，今據《儀禮·聘禮》"受享束帛加璧"
鄭玄注改。

❻ 覺按：宋浙本、古逸叢書本"穆穆"作"穆"，今據宋刻遞修本改。

❼ 《少儀》"鎗鎗"作"翔翔"，《曲禮》作"蹌蹌"。

543

濟濟，多士貌。蹌蹌，有行列貌。增濟濟蹌蹌，謂出入進退之儀也。○朝，直遥反。濟，子禮反。

27.36　爲人臣下者，有諫而無訕，有亡而無疾，有怨而無怒。謗上曰訕。亡，去也。疾，與“嫉”同，惡也。怨，謂若公弟叔肸、衛侯之弟鱄❶。怒，謂若慶鄭也。增訕，所諫反。

27.37　君於大夫，三問其疾，三臨其喪；於士，一問，一臨。增三，息斬反。諸侯非問疾、弔喪，不之臣之家❷。之，往也❸。《禮記》曰“諸侯非問疾、弔喪而入諸臣之家，是謂君臣爲謔”也。

27.38　既葬，君若父之友食之，則食矣❹，不辟粱肉，有酒醴則辭。鄭云“尊者之前可以食美，變於顔色亦不可”也。增食，上祥吏反，下如字。辟，音避。

27.39　寢不踰廟，設衣不踰祭服，禮也。謂制度精麤。設，宴也。增設，當作“燕”，字似而誤。《禮記》曰：“燕衣不踰祭服，寢不踰廟。”

27.40　《易》之《咸》，見夫婦。《易·咸卦》，《艮》下《兑》上。《艮》爲少男，《兑》爲少女，故曰“見夫婦❺”。增見，賢遍反。夫婦之道，不可不正也，君臣、父子之本也。《易·説卦》曰：“有天地然後有男女，有男女然後有夫婦，有夫婦然後有父子，有父子然後有君臣。”故以夫婦爲本。增本注“説卦”當作“序卦”，今見《周易·序卦傳》，文少異。咸，感也，以高下下，增《艮》爲山，《兑》爲澤。○高下，退嫁反；下“男下”同。以男下女，柔上而剛下。陽唱陰和，然後

---

❶ 覺按：宋浙本“侯”作“疾”，“鱄”作“鱄”，非。

❷ 《喪大記》載之，下一節同。

❸ 覺按：宋浙本、古逸叢書本“往”作“徃”。

❹ 《喪大記》曰：“若君食之則食之，大夫、父之友食之則食之矣。”

❺ 覺按：原書“婦”下有“也”字，今據宋浙本、古逸叢書本刪。

相成也❶。

27.41　聘士之義，親迎之道，重始也。聘士，謂若安車束帛，重其禮也。迎，魚敬反。增重，直用反。補遺聘士亦以高下下，其重始與親迎同。

27.42　禮者，人之所履也。增所履，行也。失所履，則顛蹶陷溺❷。所失微而其爲亂大者，禮也。增《禮記》曰："君子慎始，差若毫釐，謬以千里。"○蹶，音厥。

27.43　禮之於正國家也，如權衡之於輕重也，如繩墨之於曲直也。增權，稱錘也。故人無禮不生，增《詩》曰："人而無禮，胡不遄死？"事無禮不成，增事，謂祀與戎。國家無禮不寧。增安上治民，莫善於禮。

27.44　和樂之聲，此言珩珮之聲和樂人心也❸。增樂，當作"鸞"，字誤也。《禮論》作"鸞"。步中《武》《象》，趨中《韶》《護》。珮玉之聲，緩則中《武》《象》，速則中《韶》《護》。《禮記》曰："古之君子必珮玉，右徵、角，左宮、羽，趨以《采薺》，行以《肆夏》。"是其類也。或曰：此"和樂"，謂在車和鸞之聲、步驟之節也。增中，陟仲反。

27.45　君子聽律習容而後士❹。君子，在位者之通稱。《禮記》曰："既服，習容，觀玉聲。"聽律，謂聽珮聲，使中音律也。言威儀如此，乃可爲士。士者，脩立之名也❺。補遺士，當作"出"。《玉藻》曰："既服，習容，觀玉聲，乃出。"

---

❶ 覺按：原書無"也"字，今據宋浙本、古逸叢書本補。

❷ 宋本"則"作"必"。覺按：宋浙本、古逸叢書本"顛"作"巔"。

❸ 覺按：宋浙本、古逸叢書本無"也"字。

❹ 宋本"後"作"后"。

❺ 覺按：宋浙本、古逸叢書本"脩"作"修"。

27.46 霜降逆女，冰泮殺止 ❶。

27.47 内，十日一御。此蓋誤耳，當爲"冰泮逆女 ❷，霜降殺内"。故《詩》曰："士如歸妻，迨冰未泮。"殺，減也。内，謂妾御也。十日一御，即殺内之義。冰泮逆女，謂發生之時合男女也。霜降殺内，謂閉藏之時禁嗜欲也 ❸。《月令》在十一月，此云"霜降"，荀卿與吕氏所傳聞異也。鄭云："歸妻，謂請期也。冰未泮 ❹，正月中以前。二月可以成昏禮 ❺。"故云"水泮逆女"。殺，所介反 ❻。 增霜降逆女者，《家語・本命解》云"霜降而婦功成，嫁娶者行焉"是也。冰泮殺内者，《吕子・上農篇》云"當時之務，農不見于國"，"農不出御"，謂急農事，皆野處也。十日一御者，爲之也。本注所説，已失正文意，又失詩義。失詩義者，不關荀卿書，故不辨之。

27.48 坐，視膝；立，視足；應對言語，視面。《儀禮・士

---

❶ 覺按：原書"泮"作"泮"，今據宋浙本、古逸叢書本改；下節注文同。原書無"止"字（宋浙本、古逸叢書本同），今據《詩經・召南・摽有梅》孔穎達疏引孫卿之語補。

❷ 覺按：原書"冰"作"氷"，今據宋浙本、古逸叢書本改；下同。

❸ 覺按：宋浙本、古逸叢書本"閉"作"閈"。

❹ 覺按：原書"冰"作"水"，今據宋浙本、古逸叢書本改。

❺ 覺按：宋浙本、古逸叢書本"昏"作"婚"。

❻ 覺按：楊倞此章與上一章相連而釋，誤。《詩經・召南・摽有梅》孔穎達疏云："《東門之楊》傳云'不逮秋冬'，則毛意以秋冬皆得成昏。孫卿曰：'霜降逆女，冰泮殺止。'霜降，九月也。冰泮，正月也。孫卿，毛氏之師，明毛亦然，以九月至正月皆可爲昏也。又《家語》曰：'霜降而婦功成，而嫁娶者行焉。冰泮農業起，昏禮殺於此。'又云：'冬合男女，春班爵位。'《邶詩》曰：'士如歸妻，迨冰未泮。'是其事也。其《周禮》言仲春，《夏小正》言二月者，皆爲期盡蕃育之法。"

相見》云："子視父則遊目，無上於面，無下於帶。若不言，立則視足❶，坐則視膝。"鄭云："不言，則伺其行起而已。"**立視前六尺，而大之，六六三十六，三丈六尺**。蓋臣於君前視也。近視六尺，自此而廣之，雖遠視，不過三丈六尺。《曲禮》曰："立視五巂❷。"彼在車上，故與此不同也。增"而大"舊作"而六"，是據"三十六"字私改之者也，今據宋本、元本、孫鑛本、標注本改之。

27.49 文貌情用相爲内外表裏❸，文，謂禮物。貌，謂威儀。情，謂中誠。用，謂語言。質文相成，不可偏用也。增此當從《禮論篇》注。**禮之中焉**。

27.50 能思索謂之能慮❹。增索，色白反。

27.51 禮者，本末相順，終始相應。

27.52 禮者，以財物爲用，以貴賤爲文，以多少爲異。並解於《禮論篇》。

27.53 下臣事君以貨，中臣事君以身，上臣事君以人。貨，謂聚斂及珍異獻君❺。身，謂死衞社稷。人，謂舉賢也。補遺中臣事君以身，《論語》云："能致其身。"

27.54 《易》曰："復自道，何其咎？"《易·小畜卦》初九之辭。復，返也。自，從也。本雖有失，返而從道，何其咎過也？

27.55 《春秋》賢穆公，以爲能變也。《公羊傳》曰："秦伯使遂來聘。遂者何？秦大夫也。秦無大夫，此何以書？賢穆公也。何

---

❶ 覺按：宋浙本、古逸叢書本無"立"字，非。

❷ 覺按：原書"巂"作"巂"，今據宋浙本、古逸叢書本改。

❸ 《禮論篇》"貌"作"理"。

❹ 元本"思"作"累"。

❺ 覺按：原書"斂"作"歛"，今據宋浙本、古逸叢書本改。

賢乎穆公？以爲能變也。"謂前不用蹇叔、百里之言，敗於殽、函而自變悔❶，作《秦誓》，"詢茲黃髮"是也。

27.56　士有妒友，則賢交不親；君有妒臣，則賢人不至。蔽公者謂之昧，隱良者謂之妒，掩蔽公道❷，謂之暗昧。增公，猶"君"也。○妒，丹故反。奉妒昧者謂之交譖。交通於譖詐之人，相成爲惡也。增交，讀爲"狡"。交譖之人，妒昧之臣，國之蕆孽也。蕆，與"穢"同。孽，妖孽❸。言終爲國之災害也。

27.57　口能言之，身能行之，國寶也。口不能言，身能行之，國器也。如器物，雖不言，而有行也。口能言之，身不能行，國用也。國賴其言而用也❹。口言善，身行惡，國妖也❺。治國者敬其寶，愛其器，任其用，除其妖。

27.58　不富無以養民情，衣食足，知榮辱。不教無以理民性。人性惡，故須教。故家五畞宅❻，百畞田❼，務其業而勿奪其時，所以富之也。宅，居處也。百畞，一夫田也。務，謂勸勉之也❽。《孟子》曰："五畞之宅，樹之以桑，五十者可以衣帛矣。百畞之田，無失其時，八口之家可以無飢矣。"增家，猶言"每家"也。立大學❾，

---

❶　覺按：原書"殽"作"崤"，今據宋浙本、古逸叢書本改。

❷　覺按：原書"蔽"作"閉"，今據宋浙本、古逸叢書本改。

❸　覺按：宋浙本、古逸叢書本"妖"作"祅"。

❹　覺按：原書"賴"作"頼"，今據宋浙本、古逸叢書本改。

❺　宋本"妖"作"祅"，下同。

❻　覺按：古逸叢書本"畞"作"畝"，注及下文同。宋浙本作"畞"。

❼　標注本"田"上有"使"字。

❽　覺按：宋浙本、古逸叢書本無"也"字。

❾　宋本"大"作"太"。

設庠序，脩六禮，明十教，所以導之也❶。《詩》曰："飲之食之，教之誨之。"王事具矣。《禮記》曰："六禮，冠、昏、喪、祭、鄉、相見。"十教，即十義也。《禮記》曰："父慈，子孝，兄良，弟悌，夫義，婦聽，長惠，幼順，君仁，臣忠，十者謂之人義❷。"導，謂教導之也。十，或爲"七"❸。增在國中之謂大學，在鄉黨之謂庠，在郊遂之謂序。《禮樂志》曰"立大學目教於國，設庠序以化於邑"是也。"十"字或爲"七"爲是。《禮記》曰："七教：父子、兄弟、夫婦、君臣、長幼、朋友、賓客。"《詩》，《小雅·緜蠻》卒章。○飲，於鴆反。食，祥吏反。

27.59　武王始入殷，表商容之閭，釋箕子之囚❹，哭比干之墓，天下鄉善矣。表，築旌之❺。言武王好善，天下鄉之。孔安國曰："商容，殷之賢人，紂所貶退也。"增鄉，許亮反。補遺注"築"當作"樹"。

27.60　天下國有俊士❻，世有賢人。天下之國皆有俊士，每世皆有賢人也❼。迷者不問路，溺者不問遂，亡人好獨。以喻雖有賢俊，不能用也。所以迷，由於不問路；溺，由於不問遂；亡，由於好獨。遂，謂徑隧❽，水中可涉之徑也。獨，謂自用其計也❾。增好，呼報反。

---

❶ 宋本"導"作"道"。

❷ 覺按：宋浙本"人"作"仁"，非。古逸叢書本作"人"。

❸ 覺按：宋浙本、古逸叢書本"七"下有"也"字。

❹ 宋本"釋"作"式"。

❺ 覺按：原書"之"作"也"，今據宋浙本、古逸叢書本改。

❻ 宋本"俊"作"傻"。覺按：宋浙本作"俊"，古逸叢書本作"傻"。

❼ 覺按：宋浙本、古逸叢書本無"也"字。

❽ 覺按：宋浙本、古逸叢書本"徑"作"經"。

❾ 覺按：宋浙本、古逸叢書本無"也"字。

《詩》曰："我言維服，勿以爲笑❶。先民有言，詢于芻蕘。"言博問也。《詩》，《大雅·板》之篇。毛云："芻蕘，薪者也。"鄭云："服，事也。我之所言，乃今之急事，汝無笑也。"增芻，側愚反。蕘，如招反。

27.61　有法者以法行，無法者以類舉。皆類於法而舉之也。以其本知其末，以其左知其右。凡百事，異理而相守也。其理雖異，其守則一。謂若爲善不同，同歸於理之類也。慶賞刑罰，通類而後應；通明於類，然後百姓應之。謂賞必賞功，罰必罰罪，不失其類也❷。增應，猶"當"也。本注"百姓"二字似衍。補遺注"百姓"當作"百事"。政教習俗，相順而後行。順人心，然後可行也。增順，謂順類也。

27.62　八十者，一子不事；九十者，舉家不事；廢疾非人不養者，一人不事。父母之喪，三年不事；齊衰大功❸，三月不事。從諸侯不不，當爲"來"。謂從他國來，或君之人入菜地。增齊，音咨。衰，七雷反。與新有昏，朞不事。古者有喪、昏皆不事，所以重其哀戚與嗣續也。事，謂力役也❹。增不事，謂不從政也。《禮記》曰："八十者，一子不從政。九十者，其家不從政。廢疾非人不養者，一人不從政。父母之喪，三年不從政。齊衰大功之喪，三月不從政。將徙於諸侯，三月不從政。自諸侯來徙家，期不從政。"○朞，音基。

27.63　子謂子家駒，增句。續然大夫，不如晏子；子，孔子。

---

❶　宋本"以"作"用"。

❷　覺按：宋浙本、古逸叢書本無"也"字。

❸　宋本"齊"作"齋"。

❹　覺按：宋浙本、古逸叢書本無"也"字。

謂，言也。子家駒，魯公子慶之孫，公孫歸父之後❶，名羈❷。駒，其字也。續然，補續君之過。不能興功用，故不如晏子也。增續然，繾綣從公貌。補遺未詳。注"慶"當作"遂"。**晏子，功用之臣也，不如子產；**雖有功用，不如子產之恩惠也。增用者，主辨用而無文之謂。**子產，惠人也，**增子產聽鄭國之政，以其乘輿濟人於溱洧。孟子曰："惠而不知爲政。"**不如管仲；**雖有恩惠，不如管仲之才略也。**管仲之爲人，力功不力義，力知不力仁❸，**雖九合諸侯，一匡天下，而不全用仁義也。增知，音"智"。**野人也，**增《禮記》曰："敬而不中禮謂之野。"**不可**

---

❶ 覺按：注"魯公子慶之孫，公孫歸父之後"當作"魯公子遂之曾孫，公孫歸父之後"或"魯公子遂之子公孫歸父之後"。《左傳·僖公二十六年》"東門襄仲、臧文仲如楚乞師"杜預注："襄仲居東門，故以爲氏。"《春秋·文公八年》："公子遂會晉趙盾，盟于衡雍。"《左傳·文公八年》："襄仲會晉趙孟，盟于衡雍，報扈之盟也。遂會伊雒之戎。書曰'公子遂'，珍之也。"《春秋·宣公十年》"公孫歸父如齊"杜預注："歸父，襄仲之子。"《左傳·宣公十四年》"子家其亡乎"杜預注："子家，歸父字。"《左傳·昭公五年》"有子家羈"杜預注："羈，莊公玄孫懿伯也。"《漢書·五行志中之上》"子家駒諫曰"注："師古曰：'子家駒即子家懿伯，莊公之玄孫也，一名羈。'"《漢書·五行志中之下》"是時公子遂顓權"注："師古曰：'公子遂，莊公之子，即東門襄仲也，時爲卿，專執國政也。'"《通志·氏族略第三·以字爲氏·魯人字》："魯莊公之孫公孫歸父字子家，其後爲子家氏。"梁玉繩《人表考》卷五"子家羈"條："襄仲之子公孫歸父字子家，歸父之子爲子家文伯析，文伯子懿伯。"綜上所述，其世系爲：魯莊公→〔子〕東門襄仲（公子遂）→〔子〕公孫歸父（字子家）→〔子〕子家析（文伯）→〔子〕子家羈（字駒，懿伯）。

❷ 覺按：原書"羈"作"羈"，今據宋浙本、古逸叢書本改。

❸ 覺按：宋浙本、古逸叢書本"知"作"智"。久保愛於此無校語，若非其失校，則古逸叢書本已與宋本有異矣。

以爲天子大夫。言四子皆類郊野之人，未浸漬於仁義，故不可爲王者佐。增此獨論管仲耳，不及於四子。

27.64　孟子三見宣王不言事。門人曰："曷爲三遇齊王而不言事？"孟子曰："我先攻其邪心。"以正色攻去邪心，乃可與言也。增齊宣王，名辟彊，陳敬仲之後也。《孟子》曰："大人爲能格君心之非。君仁莫不仁，君義莫不義，君正莫不正。一正君而國定矣。"〇三，息暫反。

27.65　公行子之之燕，《孟子》曰："公行子有子之喪❶，右師往弔❷。"趙岐云："齊大夫也。"子之，蓋其先也。增之，上語助，下往也。〇行，户郎反。燕，於賢反；下同。遇曾元於塗，曰："燕君何如？"曾元曰："志卑。言不求遠大也。曾元，曾參之子。志卑者輕物，物，事。增輕，牽政反；下同。輕物者不求助。不求賢以自輔。苟不求助，何能擧？既無輔助，必不勝任矣。增擧，謂擧賢也。補遺言燕君不求助，必不擧用賢士。蓋子之之燕，其志在求仕，故曾元告之如此。氏、羌之虜也❸，謂見俘掠。不憂其係纍也，而憂其不焚也。纍，讀爲"纍"❹。氏、羌之俗，死則焚其屍。今不憂虜獲而憂不焚，是愚也。《吕氏春秋》曰："憂其死而不焚。"增《列子》曰："秦之西有儀渠之國者，其親戚死，聚柴積而焚之。燻則煙上，謂之登遐❺，然後成爲孝子。"利夫秋豪，害靡國家，然且爲之，幾爲知計哉？"靡，披靡也。利夫秋豪之細，其

---

❶ 覺按：宋浙本、古逸叢書本無"公"字，非。

❷ 覺按：原書"師"作"子"，今據宋浙本、古逸叢書本改。

❸ 覺按：宋浙本、古逸叢書本"羌"作"羌"，下文之注同。久保愛於此無校語，若非其失校，則古逸叢書本已與宋本有異矣。

❹ 覺按：原書"纍"作"累"，今據宋浙本、古逸叢書本改。

❺ 覺按：原書無"之"字，今據《列子·湯問》之文補。

害遂披靡而來，及於國家。言不恤其大而憂其小❶，與氐、羌之虜何異？幾，辭也。或曰：幾，讀爲「豈」。⟦增⟧靡，「靡弊」之「靡」。○夫，音扶；下同。

27.66 今夫亡箴者，終日求之而不得；其得之，非目益明也，眸而見之也。心之於慮亦然。眸，謂以眸審視之也。言心於思慮，亦當反覆盡其精妙，如眸子之求箴也。⟦增⟧箴，與「鍼」同。眸，亡侯反。

27.67 義與利者，人之所兩有也。雖堯、舜，不能去民之欲利，然而能使其欲利不克其好義也。克，亦勝也。⟦增⟧去，起呂反；下同。好，呼報反；下同。雖桀、紂，亦不能去民之好義❷，然而能使其好義不勝其欲利也。故義勝利者爲治世，利克義者爲亂世。上重義，則義克利；上重利，則利克義。⟦增⟧治，直吏反。重，直用反。故天子不言多少，諸侯不言利害，大夫不言得喪，皆謂言財貨也❸。⟦增⟧喪，息浪反。士不通財貨❹；士賤，雖得言之，亦不得貿遷如商賈也。⟦補遺⟧《韓詩外傳》「通」上有「言」字。下二句作「駟馬之家不恃雞豚之息❺，伐冰之家不圖牛羊之入」。有國之君不息牛羊，息，蕃育也❻。錯質之臣不息雞豚❼，

---

❶ 覺按：宋浙本、古逸叢書本「恤」作「卹」。

❷《漢・蕭望之傳》「堯舜」作「堯」一字，「桀紂」作「桀」一字，「民之欲利」作「民欲利之心」，「民之好義」作「民好義之心」。

❸ 覺按：宋浙本、古逸叢書本「財貨」作「貨財」。

❹ 宋本「財貨」作「貨財」，孫鑛本同。

❺ 覺按：原書「恃」作「時」，今據《韓詩外傳》卷四第十四章之文改。

❻ 覺按：原書「蕃」作「繁」，今據宋浙本、古逸叢書本改。

❼ 覺按：原書「雞」作「雛」，今據宋浙本、古逸叢書本改；注同。久保愛於此無校語，若非其失校，則古逸叢書本已與宋本有異矣。

錯，置也。質，讀爲"贄"❶。《孟子》曰："出疆必載質。"蓋古字通耳。置
贄，謂執贄而置於君。《士相見禮》曰："士大夫奠贄於君，再拜稽首。"《禮
記》曰："畜馬乘者❷，不察於鷄豚。"或曰：置質，猶言"委質"也。言凡
委質爲人臣，則不得與下爭利。增錯，七路反。質，音至。**冢卿不脩幣，
大夫不爲塲園** ❸。冢卿，上卿。不脩幣，謂不脩財幣販息也。治稼穡
曰塲，樹菜蔬曰園❹。謂若公儀子不奪園夫、工女之利也。增塲，亦樹菜蔬
地。當春夏生埴之時謂之圃，秋冬築此蓄其物謂之塲，蓋皆於園地爲之，
故曰塲園。《周禮》曰"以塲圃任園地"是也。**從士以上皆羞利而不
與民爭業，樂分施而恥積藏** ❺，**然故民不困財，貧窶者有所
竄其手**。竄，容也。謂容集其手而力作也。增樂，音洛。施，始豉反。竄，
其矩反。

27.68　**文王誅四，武王誅二，周公卒業，至成、康
則案無誅已** ❻。並解在《仲尼篇》。言周公終王業，猶不得無誅伐。至成、
康，然後刑措也。重引此者，以明不與民爭利❼，則刑罰省也。增"文王"
以下自一章，不與上文同，本注非。案，語助。○卒，遵聿反。

27.69　**多積財而羞無有**，羞貧。**重民任而誅不能**，使

---

❶ 覺按：原書"贄"作"贄"，今據宋浙本、古逸叢書本改；下同。
❷ 覺按：宋浙本、古逸叢書本"馬乘"作"乘馬"。
❸ 覺按：宋浙本、古逸叢書本"塲"作"場"，注同。久保愛於此無
校語，若非其失校，則古逸叢書本已與宋本有異矣。
❹ 覺按：原書"菜蔬"作"蔬菜"，今據宋浙本、古逸叢書本改。
❺ 覺按：宋浙本、古逸叢書本"藏"作"臧"。久保愛於此無校語，
若非其失校，則古逸叢書本已與宋本有異矣。
❻ 覺按：宋浙本"已"作"己"，非。
❼ 覺按：原書無"以"字，今據宋浙本、古逸叢書本補。

民不能勝任而復誅之。增鄭玄以"任"訓賦稅，見《禮記·檀弓》篇。補
遺"能""耐"通。此邪行之所以起，刑罰之所以多也。增行，
下孟反；下同。

27.70　上好羞，則民闇飾矣；好羞貧而事奢侈，則民闇自
脩飾也。增羞，當作"義"，字似而誤也。言上好義，則人人自脩其行。闇，
謂人之所不見也。○好，呼報反；下同。補遺好羞，當作"羞貧"。蓋因
下句誤加"好"字，後脫"貧"字也。闇，當作"闔"，與"掩"同。言
上羞貧，則民掩貧乏而務華飾也。上好富，則民死利矣。二者，
亂之衢也。衢，道。增衢，道之所枝分也。"亂"上疑脫"治"字。○
衢，其俱反。民語曰："欲富乎？忍恥矣，傾絕矣，絕故舊矣，
與義分背矣。"忍恥，不顧廉恥。傾絕，謂傾身絕命而求也。分背，
如人分背而行。增"傾絕矣"三字恐衍。○背，音佩。補遺傾絕，白鹿曰：
"疑當作'負施'。"上好富，則人民之行如此❶，安得不亂？

27.71　湯旱而禱曰："政不節與？使民疾與？何以不
雨至斯極也？疾，苦。增與，音餘；下同。雨，于符反；下同。宮
室榮與？婦謁盛與？何以不雨至斯極也？榮，盛。謁，請也。
婦謁盛，謂婦言是用也❷。增《說苑》"榮"作"營"，是也。苞苴行與？
讒夫興與？何以不雨至斯極也？"貨賄必以物苞裹❸，故總謂之
苞苴❹。興，起也。鄭注《禮記》云❺："苞苴，裹魚肉者，或以葦，或以

---

❶ 元本無"則"字。
❷ 覺按：原書無"也"字，今據宋浙本、古逸叢書本補。
❸ 覺按：宋浙本、古逸叢書本"裹"作"裹"。
❹ 覺按：宋浙本、古逸叢書本"總"作"緫"。
❺ 覺按：原書"云"作"曰"，今據宋浙本、古逸叢書本改。

茅❶。"增《説苑》"興"作"昌",義似優。

27.72　天之生民,非爲君也;天之立君,以爲民也。增無主乃亂,故立君。○爲,于僞反。故古者列地建國,非以貴諸侯而已;列官職,差爵禄❷,非以尊大夫而已。差,謂制等級也。增差,楚宜反。

27.73　主道,知人;臣道,知事。人,謂賢良。事,謂職守。故舜之治天下,不以事詔而萬物成。不以事詔告,但委任而已。謂若使禹治水,不告治水之方略。農精於田而不可以爲田師,工、賈亦然。增詳于《解蔽篇》。○賈,音古。

27.74　以賢易不肖,不待卜而後知吉。以治伐亂,不待戰而後知克。無人禦敵,故知必克。增謂先知也。○治,直吏反。

27.75　齊人欲伐魯,忌卞莊子,不敢過卞。卞,魯邑。莊子,卞邑大夫,有勇者。增卞,皮彦反。晉人欲伐衛,畏子路,不敢過蒲。蒲,衛邑。子路,蒲宰。杜元凱云:"蒲邑,在長垣縣西南。"

27.76　不知而問堯、舜,好問者則無不知❸,故可比聖人也。增有不知,則可問于堯、舜。蓋謂求于先王之道也。無有而求天府。知無而求之,是有天府之富。增無道藝,則可求于天府。蓋謂就賢者而學經也。先王之道❹,則堯、舜已;問先王之道,則可爲堯、舜。增堯、舜雖没,其道猶存,是與堯、舜存同。六貳之博,則天府已。求財於六貳之博,得之不窮,故曰"天府"。天府,天之府藏。言六貳之博可以得貨財,先王之道可以爲堯、舜,故以喻焉。六貳之博,即六博也。王

---

❶ 覺按:宋浙本、古逸叢書本"茅"下有"也"字。

❷ 宋本"爵禄"作"禄爵"。

❸ 覺按:宋浙本、古逸叢書本無"者"字。

❹ 宋本、韓本"先"上有"曰"字。

逸注《楚辭》云❶:"投六箸,行六棊,故曰六博。"今之博局,亦二六相對也。 增下文曰:"學問不厭,好士不倦,是天府也。"仍案:"六貳"當"六經"誤。 夫荀卿說王道者也,豈以六博求財哉?

27.77 君子之學如蛻,幡然遷之。如蟬蛻也。幡,與"翻"同。 增蛻,音稅,又音退。故其行效❷,其立效,其坐效,其置顏色、 出辭氣效。效,放也。置,措也。言造次皆學而不捨也。增出,尺類反。 無留善,有善即行,無留滯也❸。無宿問。當時即問,不俟經宿。

27.78 善學者盡其理,善行者究其難。非知之難,行之 惟艱,故善行之者,事究其難❹。增盡,津忍反。

27.79 君子立志如窮,似不能通變。雖天子、三公問正, 以是非對。至尊至貴,對之唯一,故曰"如窮"也。補遺窮,即隘窮也。 言君子之所守,如困約不奮,然其志不懾,雖以天子三公之威臨之❺,其所 問,正以是非對,無所諱避也。

27.80 君子隘窮而不失❻,不失道而隘穢❼。增隘,與"陒"同。 《孟子》曰:"陒窮而不憫。"勞倦而不苟,不苟免也。臨患難而不 忘細席之言。《尸子》:"子夏曰:'君子漸於飢寒而志不僻,鋅於五兵 而辭不懾,臨大事不忘昔席之言。'"昔席,蓋昔所踐履之言。此"細"亦 當讀爲"昔"。或曰:細席,講論之席。臨難不忘素所講習忠義之言。《漢

---

❶ 覺按:宋浙本、古逸叢書本"辭"作"詞"。

❷ 宋本"効"作"效",通。

❸ 覺按:宋浙本、古逸叢書本無"也"字。

❹ 覺按:宋浙本、古逸叢書本"事"作"是"。

❺ 覺按:原書"威"作"成",今據文義改。

❻ 標注本"隘"作"陜"。

❼ 覺按:原書"穢"作"獲",今據宋浙本、古逸叢書本改。

書》王吉諫昌邑王曰："廣廈之下，細旃之上❶。"［增］難，乃旦反。［補遺］細席，猶言"綺席"。謂不忘平生之言也。**歲不寒，無以知松栢；事不難，無以知君子無日不在是**。無有一日不懷道，所謂"造次必於是"也。

27.81 **雨小，漢故潛**。未詳。或曰：《爾雅》云"漢爲潛"，李巡曰"漢水溢流爲潛"。今云"雨小，漢故潛"，言漢者本因雨小，水濫觴而成，至其盛也，乃溢爲潛矣。言自小至大者也。［補遺］疑當作"雨集，漢有潛"。潛，水名，漢之別流也。**夫盡小者大❷，積微者著，德至者色澤洽❸，行盡而聲聞遠❹**。色澤洽，謂德潤身。行，下孟反。［增］夫，音扶。盡小，津忍反。聞，音"問"。**小人不誠於内而求之於外**。

27.82 **言而不稱師謂之畔**，畔者，倍之半也。［增］畔，與"叛"同。**教而不稱師謂之倍**。教人不稱師，其罪重，故謂之倍。倍者，反逆之名也。［增］倍，蒲晦反。**倍畔之人，明君不内，朝士大夫遇諸塗不與言**。［增］《呂氏春秋》曰："君子之學也，説義必稱師以論道，聽從必盡力以光明。聽從不盡力，命之曰背；説義不稱師，命之曰叛。背叛之人，賢主弗内之於朝，君子不與交友。"○内，音"納"。朝，直遥反。

27.83 **不足於行者，説過**；言説太過，故行不能副也。［增］行，下孟反。［補遺］"説過"二字倒。**不足於信者，誠言**。數欲誠實其言，故信不能副。君子所以貴行不貴言也。［補遺］大峰曰："誠，恐'誓'字誤。"

---

❶ 覺按：原書"旃"作"旆"，今據宋浙本、古逸叢書本改。

❷ 宋本"夫"作"人"。

❸ 元本"洽"作"治"。覺按：宋刻遞修本作"洽"。

❹ 標注本"而"作"者"。覺按：宋浙本、古逸叢書本"聞"作"問"。久保愛於此無校語，若非其失校，則古逸叢書本已與宋本有異矣。

故《春秋》善胥命，而《詩》非屢盟，其心一也。《春秋》魯桓公三年，"齊侯、衛侯胥命于蒲"。《公羊傳》曰："相命也。何言乎相命？近正也。古者不盟，結言而退。"又《詩》曰："君子屢盟，亂是用長。"言其一心而相信，則不在盟誓也。增《詩》，《小雅·巧言》之篇。補遺祖徠曰："心，猶'意'也。"

27.84　善爲《詩》者不說，善爲《易》者不占，善爲《禮》者不相，其心同也。皆言與理冥會者❶，至於無言説者也。相，謂爲人贊相也❷。增心同，舊作"同心"，今據宋本、元本、韓本、孫鑛本、標注本改之。○相，息亮反。

27.85　曾子曰："孝子言爲可聞，行爲可見。發言使人可聞，不詐妄也；立行使人可見，不苟爲：斯爲孝子也。增行，下孟反；下同。言爲可聞，所以說遠也；行爲可見，所以說近也。近者說則親，遠者說則附。親近而附遠，孝子之道也。"說，皆讀爲"悅"。近親遠附，則毀辱無由及親也。

27.86　曾子行，晏子從於郊，增從，《家語》《晏子》《説苑》共作"送"，此蓋誤。曰："嬰聞之：'君子贈人以言，庶人贈人以財。'增庶人，即小人。嬰貧無財，請假於君子，贈吾子以言：假於君子，謙辭也。晏子先於孔子，曾子之父猶爲孔子弟子❸，此云送曾子，豈好事者爲之歟？乘輿之輪，大山之木也❹，示諸檃栝❺，三月

---

❶　覺按：宋浙本、古逸叢書本"冥"作"宴"。

❷　覺按：宋浙本、古逸叢書本"贊"作"賛"。

❸　覺按：宋浙本、古逸叢書本無"爲"字，非。

❹　宋本"大"作"太"。

❺　覺按：原書"檃"作"檃"，今據宋浙本、古逸叢書本改；注同。久保愛於此無校語，若非其失校，則古逸叢書本已與宋本有異矣。

五月，爲幬菜敝，而不反其常。此皆言車之材也❶。示，讀爲"實"。隉栝，矯煣木之器也❷。言實諸隉栝，或三月，或五月也。幬菜，未詳。或曰：菜，讀爲"苖"，謂轂與輻也。言矯煣直木爲牙，至於轂輻皆敝，而規曲不反其初❸，所謂"三材不失職"也。《周禮·考工記》曰："望其轂，欲其眼也。進而眡之❹，欲其幬之廉也。"鄭云："幬，冒轂之革也❺。革急，則裹木廉隅見❻。"《考工記》又曰："察其苖，蚤不齵，則輪雖敝不匡❼。"鄭云："苖，謂輻入轂中者。蚤，讀爲'爪'❽，謂輻入牙中者也。匡，刺也。"《晏子春秋》曰："今夫車輪，山之直木，良匠煣之，其員中規❾，雖有槁暴，不復贏矣❿。"增五月，疑衍文。幬采，當作"幬革"，字似而誤。○乘，實證反。大，音"泰"。隉，音"隱"。君子之隉栝⓫，不可不謹也，慎之！爲移其性，故不可慢。蘭茞、槀本⓬，漸於蜜醴，一佩易

---

❶ 覺按：原書無"此"字，今據宋浙本、古逸叢書本補。宋浙本、古逸叢書本"材"作"才"。

❷ 覺按：原書"煣"作"揉"，今據宋浙本、古逸叢書本改；下同。

❸ 覺按：宋浙本、古逸叢書本"規"作"規"。

❹ 覺按：宋浙本、古逸叢書本"眡"作"視"。

❺ 覺按：原書"冒"作"胃"，今據宋浙本、古逸叢書本改。

❻ 覺按：宋浙本、古逸叢書本無"裹"字，非。

❼ 覺按：原書"敝"作"弊"，今據宋浙本、古逸叢書本改。

❽ 覺按：原書"爪"下重"爪"字，今據宋浙本、古逸叢書本刪。

❾ 覺按：原書"員"作"圓"，今據宋浙本、古逸叢書本改。

❿ 覺按：宋浙本、古逸叢書本"贏"作"贏"，非。

⓫ 覺按：原書"栝"作"括"，今據宋浙本、古逸叢書本改。

⓬ 覺按：原書"槀"作"槀"，今據宋浙本、古逸叢書本改。

之❶。雖皆香草，然以浸於甘醴，一玉佩方可易買之❷。言所漸者美而加貴也。佩，或爲"倍"，謂其一倍也。漸，浸也，子廉反。此語與《晏子春秋》不同也❸。 增茝，昌改反。**正君漸於香酒，可讒而得也**。雖正直之君，其所漸染如香之於酒，則讒邪可得而入。言甘醴變香草之性，甘言變正君之性，或爲美，或爲惡，皆在其所漸染也。 增香酒，美酒也，以比賢者。而，與"之"通。可讒而得也，猶言"可得讒耶"。 補遺此疑有誤。**君子之所漸，不可不慎也**。"

27.87 **人之於文學也，猶玉之於琢磨也**。 增玉不琢，不成器；人不學，不知道。《**詩》曰："如切如瑳，如琢如磨。"謂學問也**。 增《詩》，《衛風·淇奧》之篇❹。毛萇曰："治骨曰切，象曰瑳，玉曰琢，石曰磨。"〇瑳，七多反，字又作"磋"。**和之璧，井里之厥也，玉人琢之，爲天子寶**。和之璧，楚人卞和所得之璧也。井里，里名。厥也，未詳。或曰：厥，石也。《晏子春秋》作"井里之困"也。 增謝墉曰："案'厥'同'樕'。《説文》：'樕，門梱也。''梱，門樕也。'《荀子》以'厥'爲'樕'，《晏子》以'困'爲'梱'，皆謂門限。"愛曰："子"字恐"下"誤。**子贛、季路，故鄙人也，被文學，服禮義，爲天下列士**。 增《家語》曰："端木賜，字子貢，衛人。仲由，卞人，字子路，一字季路。"又曰："性鄙而不達於變通❺。"〇贛，與"貢"同。

---

❶《家語》"蘭茝槀本"作"蘭本三年"，"蜜醴"作"鹿醢"，"一佩"作"匹馬"；《晏子》《説苑》同。

❷ 覺按：原書"買"作"貿"，今據宋浙本、古逸叢書本改。宋浙本、古逸叢書本"佩"作"珮"。

❸ 覺按：原書無"也"字，今據宋浙本、古逸叢書本補。

❹ 覺按：原書"奧"作"澳"，今據《詩經》改。

❺ 覺按：此注引文與今本《孔子家語·七十二弟子解》大異。

被，皮義反。

27.88　學問不厭，好士不倦，是天府也。言所得多。[增]好，呼報反。[補遺]士，當作"之"。

27.89　君子疑則不言，未問則不立，道遠，日益矣。未曾學問，不敢立爲論議，所謂"不知爲不知"也。爲道久遠，自日有所益，不必道聽塗説也。此語出曾子。[增]《大戴禮·曾子制言》及《立事》載之❶，"不立"作"不言"，似是。

27.90　多知而無親、博學而無方、好多而無定者，君子不與。無親，不親師也。方，法也。此皆謂雖廣博而無師法也。[增]多知，謂多所知也。無親，無親友也。好多而無定，謂日變所好也。不與，謂不與爲友也。○好，呼報反。[補遺]親，疑當作"新"。言多知故事而無新得也。

27.91　少不諷，壯不論議，雖可，未成也。諷，謂就學諷《詩》《書》也。言不學，雖有善質，未爲成人也。[增]少，《内則》所謂"十有三年學樂誦《詩》"是也。壯，謂三十也。○少，詩照反。諷，方鳳反。

27.92　君子壹教，弟子壹學，亟成。壹，專壹也❷。亟，急也，己力反。

27.93　君子進，則能益上之譽而損下之憂。進，仕。損，減。不能而居之，誣也；無益而厚受之，竊也。誣君，竊位。[增]居之，居位也。受之，受禄也。○誣，音無。

---

❶ 覺按：語見《大戴禮記·曾子立事》，未見《曾子制言》。

❷ 覺按：原書"壹"作"一"，今據宋浙本、古逸叢書本改。

27.94 學者非必爲仕，而仕者必如學。如，往 **❶**。增如，
猶“於”也。《呂子》曰：“人之困窮，甚如饑寒。”《韓子》曰：“行者不止，
築者知倦。其謳不勝如癸美，何也？”○爲，于僞反。補遺言出仕者必當
如其所學也。

27.95 子貢問於孔子曰：“賜倦於學矣，願息事君。”息，
休息。孔子曰：“《詩》云：‘溫恭朝夕，執事有恪 **❷**。’事君難，
事君焉可息哉？”《詩》，《商頌·那》之篇。增毛萇曰：“恪，敬也。”○焉，
於虔反。下“焉”下並同。“然則賜願息事親。”孔子曰：“《詩》云：
‘孝子不匱，永錫爾類。’事親難，事親焉可息哉？”《詩》，《大
雅·既醉》之篇。毛云：“匱，竭也。類，善也。”言孝子之養，無有匱竭
之時，故天長賜以善也。“然則賜願息於妻子。”孔子曰：“《詩》云：
‘刑于寡妻，至于兄弟，以御于家邦 **❸**。’妻子難，妻子焉
可息哉？”《詩》，《大雅·思齊》之篇。刑，法也。寡有之妻，言賢也。御，
治也。言文王先立禮法於其妻，以至于兄弟，然後治于家邦。言自家刑國也。
“然則賜願息於朋友 **❹**。”孔子曰：“《詩》云：‘朋友攸攝 **❺**，
攝以威儀。’朋友難，朋友焉可息哉？”亦《既醉》之篇。毛云：
“言相攝佐者以威儀也。”“然則賜願息耕。”孔子曰：“《詩》云：‘晝
爾于茅，宵爾索綯，亟其乘屋，其始播百穀。’耕難，耕
焉可息哉？”《詩》，《豳風·七月》之篇。于茅，往取茅也。綯，絞也。亟，

---

❶ 覺按：宋浙本、古逸叢書本“往”作“徃”。

❷《韓詩外傳》作“夙夜匪懈，以事一人”。

❸《韓詩外傳》作“妻子好合，如鼓瑟琴。兄弟既翕，和樂且耽”。

❹《韓詩外傳》無此一條。

❺ 覺按：原書“攸”作“所”，今據宋浙本、古逸叢書本改。久保
愛於此無校語，若非其失校，則古逸叢書本已與宋本有異矣。

急也。乘屋，升屋，治其敝漏也❶。增毛萇曰："宵，夜。乘，升也。"鄭玄曰："爾，女也。"○綯，徒刀反。"然則賜無息者乎❷？"孔子曰："望其壙，皋如也❸，嵮如也，鬲如也，此則知所息矣。"壙，丘壠。皋，當爲"宰"。宰，冢也。宰如，高貌。嵮，與"填"同，謂土填塞也。鬲，謂隔絶於上。《列子》作"宰如""填如"❹，張湛注云"見其墳壤鬲異，則知息之有所"也❺。增《家語》曰："自望其廣，則皋如也；視其高，則填如也；察其從，則隔如也。"王肅曰："皋，高貌也，壤而高冢是也。"楊倞爲"宰"，非。○鬲，與"隔"同。補遺壙，墓穴也，不合言"望"。《家語》作"望其廣，則皋如也；視其高，則填如也；察其從，則隔如也"。廣，橫也。《檀弓》曰："廣輪揜坎。"東西爲"廣"，南北爲"輪"。從，即"輪"也。皋，王肅曰"高貌"。隔，當作"塥"。《管子》："沙土之次曰五塥。五塥之狀，纍然如僕累。"注："僕，附也。言其地附著而重累也。"塥如，亦"附累"意歟？子貢曰："大哉，死乎！君子息焉，小人休焉。"增"休""息"互文也。

27.96《國風》之好色也，傳曰："盈其欲而不愆其止。好色，謂《關雎》"樂得淑女"也。盈其欲，謂"好仇""寤寐思服"也。止，禮也。欲雖盈滿而不敢過禮求之。此言好色，人所不免，美其不過禮也。

---

❶ 覺按：原書"敝"作"幣"，今據宋浙本、古逸叢書本改。

❷《家語》作"然則賜將無所息者也"。

❸ 元本"皋"作"睪"。

❹ 覺按：《列子·天瑞篇》作"望其壙，睪如也，宰如也，墳如也，鬲如也，則知所息矣"。可知此文之"皋如"相當於《列子》之"睪如"而非"宰如"，楊説非。

❺ 覺按：宋浙本、古逸叢書本"所"下有"之"字。

故《詩序》曰❶:"《關雎》,樂得淑女以配君子,憂在進賢,不淫其色,哀窈窕,思賢才,而無傷善之心焉。是《關雎》之義也。"[增]好,呼報反。傳,直戀反。[補遺]"傳曰"當在"《國風》"上。**其誠可比於金石,其聲可內於宗廟。**"其誠,以禮自防之誠也。比於金石,言不變也。其聲可內於宗廟,謂以其樂章播八音❷,奏於宗廟。《鄉飲酒禮》:"合樂,《周南·關雎》《葛覃》。"《詩序》云❸:"《關雎》,后妃之德,《風》之始也,所以風化天下,故用之鄉人焉,用之邦國焉。"既云"用之邦國",是其聲可內於宗廟者也。[增]其聲不淫不傷,能得中正,故可內於宗廟。○內,音"納"。**《小雅》不以於汙上,自引而居下**,以,用也。汙上,驕君也。言作《小雅》之人,不爲驕君所用,自引而疏遠也。**疾今之政,以思往者**❹,**其言有文焉,其聲有哀焉**。《小雅》多刺幽、厲而思文、武。言有文,謂不鄙陋。聲有哀,謂哀以思也。

27.97 **國將興,必貴師而重傅;貴師而重傅,則法度存。**[補遺]此上疑脱"則人有憚;人有憚"七字。**國將衰,必賤師而輕傅;賤師而輕傅,則人有快;**人有肆意。[增]重,直用反。輕,牽政反。**人有快,則法度壞。**

27.98 **古者匹夫五十而士。**《禮》"四十而仕,五十而後爵",此云"五十而士",恐誤。或曰:爲卿士也❺。[增]五,當作"四"。士,當作"仕"。**天子、諸侯子十九而冠,冠而聽治,其教至也。**十九而冠,先於臣下一年也。雖人君之子,猶年長而冠,冠而後聽其政治,以

---

❶ 覺按:原書"曰"作"云",今據宋浙本、古逸叢書本改。

❷ 覺按:原書無"其"字,今據宋浙本、古逸叢書本補。

❸ 覺按:宋浙本、古逸叢書本無"序"字,非。

❹ 覺按:宋浙本、古逸叢書本"往"作"徃"。

❺ 覺按:宋浙本、古逸叢書本無"也"字。

明教至，然後治事，不敢輕易。增冠，古亂反。補遺九，當作"五"。《穀梁傳》注："譙周曰：'天子諸侯十五而冠。'"冠而聽治，其教至也，言匹夫年及四十，學熟材成而後仕。如人君之子，則早冠聽政者，保傅備，教養至也。

27.99 **君子也者而好之，**增絕句。**其人；**有君子之質，而所好得其人，謂得賢師也。增好之，謂好學也。其人，謂可教之人也。"也"字當移"人"下。○好，呼報反；下同。**其人也而不教，不祥。**祥，善。**非君子而好之，**增絕句。**非其人也；**既無君子之質，又所好非其人也❶。增非其人，謂非可教之人也。**非其人而教之，齎盜糧、借賊兵也。**若使不善人教非君子，是猶資借盜賊之兵糧，爲害滋甚，不如不教也。齎，與"資"同。兵，五兵也。增教不善人以道，則以道爲行惡之具，故云爾。○借，子夜反。

27.100 **不自嗛其行者，言濫過。**嗛，足也。謂行不足也。所以不足其行者，由於言辭汎濫過度也。增言不足于行者，過言以文之也。濫過，浮過也。○行，下孟反。補遺白鹿曰："內不自足而有所耻者，以言自掩，故其言濫過。"**古之賢人，賤爲布衣，貧爲匹夫，食則饘粥不足，衣則豎褐不完❷，然而非禮不進，非義不受，安取此？**豎褐，僮豎之褐，亦短褐也。言賢人雖貧窮，義不苟進，安取此言過而行不副之事乎？增安取此，猶言"安取此義"也。○饘，之然反。補遺言何取非禮不進、非義不受之義乎？自設問，而舉子夏之言以解之也。

---

❶ 覺按：原書無"也"字，今據宋浙本、古逸叢書本補。

❷ 元本"完"作"它"。覺按：宋刻遞修本"完"作"宅"。又，原書"豎"作"豎"，今據宋浙本、古逸叢書本改；注同。

27.101 子夏貧，衣若縣鶉❶。人曰："子何不仕？"曰："諸侯之驕我者，吾不爲臣；大夫之驕我者，吾不復見。<u>《正字通》</u>曰："鶉尾特禿，若衣之短結，故凡敝衣曰'衣若縣鶉'。"〇夏，戶雅反。縣，胡涓反。鶉，音純。復，扶又反。**柳下惠與後門者同衣而不見疑，非一日之聞也。**柳下惠，魯人，公子展之後，名獲，字禽，居於柳下，諡惠。季，其伯仲也。後門者，君子守後門至賤者。子夏言"昔柳下惠衣之弊惡與後門者同❷，時人尚無疑怪者"❸，言安於貧賤，渾跡而人不知也。非一日之聞，言聞之久矣。<u>增</u>《家語》曰："柳下惠，嫗不逮門之女，國人不稱其亂。"蓋言嫗日暮國門已閉不得入，而宿于門下之女也。仍案：後門，即不逮門也。〇後，胡豆反。<u>補遺</u>注"君子"二字衍，"而人"下脫"無"字。**爭利如蚤甲而喪其掌。"**蚤，與"爪"同。言仕亂世驕君，縱得小利，終喪其身也❹。<u>增</u>喪，息浪反。

27.102 君人者不可以不慎取臣，匹夫者不可以不慎取友❺。友者，所以相有也。"友"與"有"同義❻。相有，謂不使喪亡。<u>增</u>杜預曰："有，親有也。"《釋名》曰："友，有也，相保有也。"**道不同，何以相有也？**<u>增</u>有，舊作"友"，今據宋本改之。**均薪施火，火就燥；平地注水，水流溼。夫類之相從也如此之著也**❼，**以友**

---

❶ 覺按：原書"若"作"如"，今據宋浙本、古逸叢書本改。
❷ 覺按：宋浙本、古逸叢書本"弊"作"獘"。
❸ 覺按：原書"怪"作"恠"，今據宋浙本、古逸叢書本改。
❹ 覺按：宋浙本、古逸叢書本"也"作"矣"。
❺ 宋本"夫"下無"者"字。
❻ 覺按：原書"友與有"作"有與友"，今據宋浙本、古逸叢書本改。
❼ 宋本"著"作"箸"。

觀人，焉所疑？ 察其友，則可以知人之善惡，不疑也。 增《性惡篇》曰："不知其子視其友，不知其君視其左右。"○夫，音扶。焉，於虔反。 **取友善人，不可不慎，是德之基也**。取友求善人，不可不慎，是德之基本。言所以成德也。 增舊本"友"下有"求"字，今宋、元二本皆無，則後私加之者也，故刪之。《論語》曰："以友輔仁。"《詩》曰："無將大車，維塵冥冥。"言無與小人處也。《詩》，《小雅·無將大車》之篇。將，猶扶進也。將車，賤者之事。塵冥冥，蔽人目明，令無所見，與小人處亦然也。 增將，與"獎"同。處，昌呂反。

27.103 藍苴路作，似知而非。未詳其義。或曰：苴，讀爲"姐"，慢也。趙蕤《長短經·知人篇》曰❶："姐者，類智而非智。"或曰❷：讀爲"狙"❸，伺也。姐，子野反❹。 增知，音智。補遺藍苴路作，疑當作"監狙詒詐"，謂伺察欺詆也。 **懦弱易奪**❺，**似仁而非**。仁者不争而與物，故懦弱易奪者似之。易奪，無執守之謂也。 增易，以豉反。 **悍憨好鬬，似勇而非**。悍，兒庚反也。憨，愚也，丁絳反。 增好，呼報反。鬬，都豆反。

27.104 仁、義、禮、善之於人也，辟之，若貨財粟米之於家也，多有之者富，少有之者貧，至無有者窮。 增所謂"富潤屋，德潤身"也。○辟，音譬。 **故大者不能，小者不爲，是弃國捐身之道也**。 增捐，舊作"損"，今據宋本、元本改之。

---

❶ 覺按：原書"蕤"作"蘖注"，今據宋浙本、古逸叢書本改。

❷ 覺按：原書無"曰"字，今據宋浙本、古逸叢書本補。

❸ 覺按：原書"狙"作"姐"，形近而誤，今據其釋義改。宋浙本作"姐"，古逸叢書本作"狚"。

❹ 覺按：原書"姐，子野反"作"才野反"，今據宋浙本、古逸叢書本改。

❺ 宋本"懦"作"偄"。

27.105 凡物有乘而來。乘其出者，是其反者也。反，復也。出，去也。凡乘勢而來、乘勢而去者❶，皆是物之還反也。言善惡皆所自取也。增也，舊作"己"，今據宋本改之。補遺"而來"二字當在"其出"下。下"乘"字衍。言凡事乘我之出而來者，乃其出者反入也。即"出乎爾者反乎爾"之意。

27.106 流言，滅之；貨色，遠之。禍之所由生❷，生自纖纖也，是故君子蚤絕之。流言，謂流轉之言，不定者也。滅，亦絕也。凡禍之所由生，自纖纖微細，故君子早絕其萌❸。此語亦出曾子。增流言，不知其所由來之言也。蓋流言多譖讒，故絕之。舊本"由生"下有"也"字，今據元本除之。○遠，于願反。補遺禍之所由生也，生自纖纖也，《大戴記》無"也生"二字。

27.107 言之信者，在乎區蓋之間❹。區，藏物處。蓋，所以覆物者。凡言之可信者，如物在器皿之間。言有分限，不流溢也。器名"區"者，與"丘"同義。《漢書·儒林傳》："唐生、褚生應博士弟子選，試誦說，有法，疑者丘蓋不言。""丘"與"區"同也。疑則不言，未問則不立。重引此兩句以明之。

27.108 知者明於事，達於數，不可以不誠事也。誠，忠誠。言不可以虛妄事智者。增知，音"智"。故曰："君子難說，說之不以道，不說也。"說❺，並音"悅"。增"說，說"並音稅，"不

---

❶ 覺按：宋浙本、古逸叢書本"凡"作"几"。

❷ 宋本無"禍之"二字。覺按：宋浙本、古逸叢書本"禍之所由生"作"所由生也"。

❸ 覺按：原書"萌"作"萠"，今據宋浙本、古逸叢書本改。

❹ 覺按：宋浙本、古逸叢書本"間"作"閒"，注同。

❺ 覺按：宋浙本、古逸叢書本無"說"字。

説”音“悦”。

27.109 語曰：“流丸止於甌、臾，流言止於智者❶。”甌、臾，皆瓦器也。揚子雲《方言》云❷：“陳、魏、楚、宋之間謂罃爲臾❸。”甌、臾，謂地之坳坎如甌、臾者也。或曰：甌、臾，窊下之地。《史記》曰：“甌窶滿篝，汙邪滿車❹。”裴駰云：“甌窶，傾側之地。汙邪，下地也。”“邪”與“臾”聲相近，蓋同也。窶，力侯反。汙，烏瓜反❺。｜增｜《呂氏春秋》曰：“有以聰明聽説則妄説者止。”與此意同。○甌，音謳。**此家言邪學之所以惡儒者也。**家言，謂偏見自成一家之言，若宋、墨者。｜增｜惡，烏路反。**是非疑，則度之以遠事，驗之以近物，參之以平心，流言止焉，惡言死焉。**參驗之至，則流言息。死，猶“盡”也。鄭康成云“死之言澌”，“‘澌’猶‘消盡’”也。｜增｜《韓子》曰：“善之生如春，惡之死如秋。”與此“死”同。○度，待洛反。

27.110 曾子食魚有餘，曰：“泔之。”門人曰：“泔之傷人，不若奧之。”“泔”與“奧”皆烹和之名，未詳其説。｜增｜泔，謂以潘水漬之也。奧，讀爲“燠”，謂炙而畜也。○泔，音甘。奧，於六反。

曾子泣涕曰：“有異心乎哉！”傷其聞之晚也。曾子自傷不知以食餘之傷人，故泣涕，深自引過，謝門人曰：“吾豈有異心故欲傷人哉？乃所不知也。”言此者，以譏時人飾非自是、恥言不知，與曾子異也。｜增｜“傷其聞之晚也”六字，荀卿之言也。

---

❶ 宋本“智”作“知”。

❷ 覺按：原書“揚子雲”作“楊子”，今據宋浙本、古逸叢書本改。

❸ 覺按：宋浙本“間”作“閒”，古逸叢書本作“間”。

❹ 覺按：宋浙本、古逸叢書本“汙”作“污”，下同。原書“邪”作“耶”，今據宋浙本、古逸叢書本改；下同。

❺ 覺按：原書“瓜”作“孤”，今據宋浙本、古逸叢書本改。

27.111 無用吾之所短遇人之所長，遇，當也。言己才藝有所短，宜自審其分，不可彊欲當人所長而辨争也。[增]長，如字。**故塞而避所短，移而從所仕。疏知而不法，察辯而操僻❶，勇果而亡禮❷，君子之所憎惡也。**塞，掩也。移，就也。仕，與"事"同，事所能也。言掩其不善，務其所能也。疏，通也。察辯而操僻，謂聰察其辯，所操之事邪僻也。操，七刀反。[增]察辯，謂察察之辯。操，志操也。○塞，悉則反。操，如字。亡，音無。惡，烏路反。

27.112 多言而類，聖人也；應萬變，故多、類。謂皆當其類而無乖越❸，此聖人也。[增]類，謂類于法度。**少言而法，君子也；多少無法而流喆然❹，雖辯，小人也。**喆，當爲"涵"❺。《非十二子篇》有此語，此當同。或曰：當爲"梏"也。[增]多少，舊作"多言"，今據宋本、韓本改之。喆，與"哲"同。哲然，智慧貌。[補遺]"喆""詰"通，争辯貌。

27.113 國法禁拾遺，惡民之串以無分得也❻。串，習也，古患反❼。[增]惡，烏路反。分，扶問反；下同。**有分義，則容天下而治；無分義，則一妻一妾而亂。**[增]舊本"有"下有"夫"字，今

---

❶ 宋本"僻"作"辟"。覺按：宋浙本、古逸叢書本"辯"作"辨"，注同。久保愛於此無校語，若非其失校，則古逸叢書本已與宋本有異矣。

❷ 元本"亡禮"作"妄"字。

❸ 覺按：宋浙本、古逸叢書本"謂皆"作"皆謂"，非。

❹ 元本"少言"下有"言"字。覺按：宋刻遞修本"少言"下無"言"字，"多少"下有"言"字，故久保愛此校或誤。

❺ 覺按：原書"涵"作"洄"，今據宋浙本、古逸叢書本改。

❻ 元本"以無"作"無以"。

❼ 覺按：宋浙本、古逸叢書本"古"作"工"。

據元本除之。○治，直吏反。

27.114 天下之人，雖各特意哉❶，然而有所共予也。
特意，謂人人殊意。予，讀爲“與”。增雖，舊作“唯”，今據元本改之。予，猶“許”也。言味者予易牙，言音者予師曠，言治者予三王。易牙，齊桓公宰夫，知味者。師曠，晉平公樂師，知音者。增謂人共許其巧也。三王既已定法度、制禮樂而傳之，有不用而改自作，何以異於變易牙之和、更師曠之律❷？無三王之法，天下不待亡，國不待死。言不暇有所待而死亡，速之甚也。更，工衡反。增有，讀爲“又”。之法，舊作“之治”，今據宋本、韓本改之。

27.115 飲而不食者，蟬也；不飲不食者，蜉蝣也❸。
蜉蝣，渠略，朝生夕死蟲也。言此者，以喻人既飲且食，必須求先王法略爲治，不得苟且如蜉蝣輩也❹。增蜉，音浮。蝣，音游。補遺此二句以蟬與蜉蝣喻死亡之速也。

27.116 虞舜、孝己，孝而親不愛；比干、子胥，忠而君不用；仲尼、顏淵，知而窮於世。增孝己，殷孝宗武丁子，有賢才。其母蚤死，高宗惑後母之言，放之而死。○己，音紀。知，音“智”。劫迫於暴國而無所辟之，則崇其善，揚其美，言其所長，而不稱其所短也❺。辟，讀爲“避”。言賢者不遇時，危行言遜。增己見《臣道篇》，大有異同。本注舊在“則”字上，誤，今移之。○長，竹丈反。

---

❶ 覺按：宋浙本、古逸叢書本“雖”作“唯”。
❷ 宋本無“以”字。
❸ 宋本“蜉”作“浮”。
❹ 覺按：原書“輩”作“輩”，今據宋浙本、古逸叢書本改。
❺ 元本無“也”字。

27.117 惟惟而亡者，誹也；惟，讀爲"唯"，以癸反。唯唯，聽從貌。常聽從人而不免亡者，由於退後即誹謗也。補遺《榮辱篇》作"快快而亡者，怒也"。博而窮者，訾也；清之而俞濁者，口也。已解於《榮辱篇》。增俞，與"愈"同。

27.118 君子能爲可貴，不能使人必貴己；能爲可用，不能使人必用己。脩德在己，所遇在命。增己見《非十二子篇》。○己，音紀。補遺此四句當在"仲尼、顏淵，知而窮於世"之下。

27.119 誥誓不及五帝，誥誓，以言辭相誡約也❶。《禮記》曰："約信曰誓。"又曰："殷人作誓而民始畔。"盟詛不及三王，涖牲曰盟。謂殺牲歃血❷，告神以明約也。增杜預曰："詛以禍福之言相要。"○詛，莊據反。交質子不及五伯。此言後世德義不足，雖要約轉深，猶不能固也。伯，讀曰"霸"。《穀梁傳》亦有此語。增質，陟利反。補遺《穀梁傳》作"二伯"，注云："齊桓、晉文。"

荀子卷第十九❸

---

❶ 覺按：原書"誡"作"戒"，今據宋浙本、古逸叢書本改。

❷ 覺按：原書"歃"作"歃"，今據宋浙本、古逸叢書本改。

❸ 覺按：原書"十九"下有小字注"終"，今據宋浙本、古逸叢書本刪。

荀子卷第二十

宥坐篇第二十八 此以下皆荀卿及弟子所引記傳雜事❶，故總推之於末❷。增坐，才臥反；下同。

28.1 孔子觀於魯桓公之廟，有欹器焉。《春秋》：哀公三年，"桓宮、僖宮災"。《公羊傳》曰："此皆毀宗廟也❸。其言災何？復立也。"或曰：三桓之祖廟欹器傾。欹，易覆之器。增太宰純說《家語》曰："《韓詩外傳》《說苑》皆云：'觀於周廟，有欹器焉。'晉杜預傳云：'周廟欹器，至漢東京猶在御坐，當以周廟爲是。'王應麟云。"補遺欹，當作"敧"。孔子問於守廟者曰："此爲何器？"守廟者曰："此蓋爲宥坐之器❹。"宥，與"右"同。言人君可置於坐右以爲戒也。《說苑》作"坐右"。或曰：宥，與"侑"同，勸也。《文子》曰："三皇、五帝有勸戒之器，名侑巵。"注云："欹器也。"孔子曰："吾聞宥坐之器者❺，虛則欹，中則正，滿則覆。"孔子顧謂弟子曰："注水焉！"增《家語》"注"上有"試"

---

❶ 覺按：原書"以"作"已"，今據宋浙本、古逸叢書本改。

❷ 覺按：宋浙本、古逸叢書本"總"作"總"。

❸ 覺按："宗"字衍，《公羊傳·哀公三年》"廟"上無"宗"字。

❹ 今《說苑》作"右坐"。

❺ 《家語》無"者"字。

字,是也。**弟子挹水而注之**。挹,酌。**中而正,滿而覆,虛而欹。孔子喟然而歎曰❶:"吁！惡有滿而不覆者哉？"**增吁,歎辭也。○喟,苦位反。吁,音訏。惡,音烏。

子路曰❷:"敢問持滿有道乎？"補遺《家語》此下有"孔子曰:'持滿之道,挹而損之。'子路曰:'損之有道乎？'"十九字,此脫❸。**孔子曰:"聰明聖知,守之以愚；功被天下,守之以讓；勇力撫世❹,守之以怯**;撫,掩也,猶言"蓋世"矣。增知,音"智"。被,皮義反。撫,音"憮"。**富有四海,守之以謙。此所謂挹而損之道也。"**挹,亦退也。挹而損之,猶言"損之又損"。

28.2 孔子爲魯攝相,朝七日而誅少正卯。爲司寇而攝相也。朝,謂聽朝也。增《家語》曰:"孔子爲魯司寇,攝行相事。"又曰:"朝政七日而誅亂政大夫少正卯,戮之于兩觀之下,尸於朝三日。"比此加詳。○相,息亮反。朝,直遙反。少,詩照反;下同。**門人進問曰❺:"夫少正卯,魯之聞人也。夫子爲政而始誅之,得無失乎？"**聞人,謂有名,爲人所聞知者也。始誅,先誅之也。增夫少,音扶。

孔子曰:"居！吾語汝其故。增語,魚據反。**人有惡者五,**

---

❶ 覺按:原書"歎"作"嘆",今據宋浙本、古逸叢書本改。

❷ 《淮南子》"子路"作"子貢"。

❸ 覺按:今本《孔子家語·三恕》大多無此十九字,掃葉山房1919年石印本《百子全書》有此十九字,蓋據《韓詩外傳》卷三第三十章補入。

❹ 《家語》"聖知"作"睿智","撫"作"振"。覺按:原書標注無"智"字,今據《孔子家語·三恕》補。今中華書局版《孔子家語校注》"睿"作"睿",蓋校注者所改,非古本之舊。

❺ 《家語》"門人"作"子貢"。

而盜竊不與焉：增與，音“預”。一曰心達而險❶，二曰行辟而堅，三曰言僞而辯❷，四曰記醜而博❸，五曰順非而澤❹。心達而險，謂心通達於事而凶險也。辟，讀曰“僻”❺。醜，謂怪異之事。澤，有潤澤也。增險，不平也。〇行，下孟反。此五者，有一於人，則不得免於君子之誅，而少正卯兼有之。故居處足以聚徒成羣，言談足以飾邪營衆，彊足以反是獨立❻，此小人之桀雄也，不可不誅也。營，讀爲“熒”。熒衆，惑衆也。彊，剛愎也。反是，以非爲是也。獨立，人不能傾之也。增《家語》“彊”下有“禦”字，是也。是以湯誅尹諧❼，文王誅潘止❽，周公誅管叔，增管叔，《家語》作“管、蔡”。太宰純曰：“管、蔡，二國名。管叔，名鮮，文王子，武王弟，周公兄也。蔡叔，名度，周公弟也。”愛曰：《尚書》云“周公位冢宰，正百工，羣叔流言，乃致辟管叔于商；囚蔡叔于郭鄰❾，以車七乘”。太公誅華仕，管仲誅付里乙，子產誅鄧析、史付❿。《韓子》曰：

---

❶《家語》“達”作“逆”，《說苑》作“辯”。

❷ 覺按：宋浙本、古逸叢書本“辯”作“辨”。久保愛於此無校語，若非其失校，則古逸叢書本已與宋本有異矣。

❸《尹文子》“記醜”作“彊記”，《說苑》作“志愚”。

❹《管子》“僞”作“詭”，“記醜”作“術非”，“非”作“惡”。《禮記》“辟”作“僞”，“記醜”作“學非”。

❺ 覺按：原書“曰”作“爲”，今據宋浙本、古逸叢書本改。

❻ 宋本“彊”作“强”。

❼《說苑》“尹諧”作“蠋沐”。

❽ 元本“止”作“正”，《家語》同；《說苑》作“阯”。

❾ 覺按：原書“囚”作“閃”，“鄰”作“林”，今據《尚書·蔡仲之命》改。

❿《家語》“仕”作“士”，“付里乙”作“付乙”，“鄧析、史付”作

"太公封於齊，東海上有居士狂矞、華仕昆弟二人，立議曰：'吾不臣天子，不友諸侯，耕而食之，掘而飲之。吾無求於人，無上之名，無君之禄，不仕而事力。'太公使執而殺之，以爲首誅。周公從魯聞，急傳而問之曰：'二子，賢者也。今日饗國，殺之，何也？'太公曰：'是昆弟立議曰"不臣天子"，是望不得而臣也；"不友諸侯"，是望不得而使也；"耕而食之、掘而飲之、無求於人"者，是望不得以賞罰勸禁也。且先王之所以使其臣者，非爵禄則刑罰也。今四者不足以使之，則望誰爲君乎？是以誅之。'尹諧、潘止、付里乙、史付，事迹並未聞也 ❶。增太公，吕望。本注"先王"舊作"夫王"❷，今據本書正之。**此七子者，皆異世同心，不可不誅也。《詩》曰：'憂心悄悄，愠于羣小。'小人成羣，斯足憂矣。**"《詩》，《邶風·柏舟》之篇 ❸。悄悄，憂貌。愠，怒也。增悄，七小反。愠，紆問反。

28.3 孔子爲魯司寇 ❹，有父子訟者，孔子拘之，三月不別 ❺。別，猶"決"也。謂不辨其子之罪 ❻。增別，彼列反。補遺《家語》"孔子"下有"同狴"二字。不別，謂不別置父子也。**其父請止，孔子舍之。季孫聞之，不悦 ❼，曰："是老也欺予，**老，大夫之尊稱。《春秋傳》曰：

"史何"。《説苑》"付里乙"作"史附里"，無"史付"二字。覺按：原書標注"史附里"作"史附里子"，蓋涉下句"子產"之"子"而衍，今據《説苑·指武》改。

❶ 覺按：原書"迹"作"跡"，今據宋浙本、古逸叢書本改。

❷ 覺按：宋浙本、古逸叢書本"先"作"夫"，非。

❸ 覺按：宋浙本、古逸叢書本"邶"作"鄁"。

❹ 覺按：原書"寇"作"冦"，今據宋浙本、古逸叢書本改。

❺ 宋本"別"下有"也"。

❻ 覺按：原書"辨"作"辨別"，今據宋浙本、古逸叢書本改。

❼ 宋本"悦"作"説"。

“使圍將不得爲寡君老❶。”增老，猶“翁”也。《曲禮》曰：“自稱曰‘老夫’。”豈尊稱哉？○舍，音“捨”；下同。語予曰：‘爲國家必以孝。’增語，魚據反。今殺一人以戮不孝，又舍之。”冉子以告。增冉子，名求，字有，時爲季氏宰。

孔子慨然歎曰：增慨，歎貌。○慨，丘蓋反。“嗚呼！增歎辭。上失之，下殺之，其可乎？不教其民而聽其獄❷，殺不辜也。增《家語》作“上失其道而殺其下，非理也。不教以孝而聽其獄，是殺不辜”二十三字，是也。辜，罪也。三軍大敗，不可斬也；獄犴不治，不可刑也：罪不在民故也。獄犴不治，謂法令不當也。犴，亦獄也。《詩》曰：“宜犴宜獄❸。”“獄”字從二“犬”，象所以守者。犴，胡地野犬，亦善守獄，故獄謂之犴也。增犴，音岸，字又作“岸”。治，直吏反。嫚令謹誅，賊也；嫚，與“慢”同。謹，嚴也。賊，賊害人也。今有時❹，斂也無時❺，暴也；言生物有時，而賦斂無時，是陵暴也。增《家語》作“徵斂無時，暴也”六字。不教而責成功，虐也。已此三者，然後刑可即也。已，止。即，就。增已，當作“亡”，音“無”。《家語》作“政無”二字。《書》曰：‘義刑義殺，勿庸以即予，維曰：未有順事。’言先教也。《書》，《康誥》。言周公命康叔，使以義刑義殺，勿用以就汝之心，不使任其喜怒也。維刑殺皆以義，猶自謂未有使人可順守之事，故有抵犯者，自責其教之不至也。增《家語》“予”作“汝

---

❶ 覺按：宋浙本“圍”作“圉”，非。宋浙本、古逸叢書本“老”下有“也”字。

❷ 宋本“獄”作“訟”。

❸ 覺按：原書“犴”作“奸”，今據宋浙本、古逸叢書本改。

❹ 元本“今”作“令”。

❺ 覺按：原書“斂”作“歛”，今據宋浙本、古逸叢書本改；注同。

心"二字，似是。**故先王既陳之以道，上先服之**；服，行也。謂
先自行之，然後教之。**若不可，**☐言不化從也。**尚賢以綦之**；☐綦，
當作"綦"。《左傳》曰："楚人綦之脫扃。"杜預曰："綦，教也。"**若不可，
廢不能以單之**；綦，極也，謂優寵也。單，盡也。盡，謂黜削。單，
或爲"憚"❶。☐"單"或爲"憚"爲是。《家語》作"以威憚之"。**綦三
年而百姓往矣**❷。百姓從化，極不過三年也。☐往，猶"歸"也。☐補遺
綦，當作"綦"，與"期"同。《家語》作"若是三年而百姓正矣"。**邪民
不從，然後俟之以刑**❸，**則民知罪矣**。百姓既往❹，然後誅其姦邪
也❺。☐邪，似嗟反。**《詩》曰：'尹氏大師，維周之氐；秉國之
均，四方是維；天子是庳，卑民不迷。'**《詩》，《小雅·節南山》
之篇。氐，本也。庳，讀爲"毗"，輔也。卑，讀爲"俾"。☐補遺《韓詩外
傳》此下有"昔之君子，道其百姓不使迷"十一字。**是以威厲而不試，
刑錯而不用。此之謂也**。厲，抗也。試，亦用也。但抗其威而不用也。
錯，置也。如置物於地不動也。☐錯，七路反。**今之世則不然。亂
其教，繁其刑，其民迷惑而墮焉，則從而制之，**☐制，當作"刑"，
字似而誤。《家語》"墮"作"陷"是也❻。**是以刑彌繁而邪不勝**。☐
邪不勝，猶言"不勝邪"。○勝，音升。**三尺之岸而虛車不能登也，
百仞之山任負車登焉**❼，**何則**？陵遲故也。岸，崖也。負，重也。

---

❶ 覺按：宋浙本、古逸叢書本"憚"作"彈"。

❷ 《家語》"往"作"正"。覺按：宋浙本、古逸叢書本"往"作"往"。

❸ 《家語》"俟"作"待"。

❹ 覺按：宋浙本、古逸叢書本"往"作"往"。

❺ 覺按：原書"姦邪也"作"奸邪"，今據宋浙本、古逸叢書本改。

❻ 覺按：原書"陷"作"陷"，今據《孔子家語·始誅》之文改。

❼ 《家語》"岸"作"限"，"虛"作"空"，"也"作"者"，其下有"何

任負車，任重之車也。遲，慢也。陵遲，言丘陵之勢漸慢也❶。王肅云："陵遲，陂陁也。"數仞之牆而民不踰也，百仞之山而豎子馮而游焉❷，陵遲故也。增馮，音"憑"。今夫世之陵遲亦久矣，而能使民勿踰乎？增夫，音扶。《詩》曰：'周道如砥，其直如矢。君子所履，小人所視。眷焉顧之，潸焉出涕❸。'豈不哀哉？"《詩》，《小雅·大東》之篇。言失其砥矢之道，所以陵遲。哀其法度墮壞也❹。增今《詩》"眷焉"作"睠言"。舊本"潸焉"作"潸然"，今據宋本改之。毛萇曰："睠，反顧也。潸，涕下貌。"

28.4《詩》曰："瞻彼日月，補遺以下別是一章。悠悠我思。道之云遠，曷云能來？"《詩》，《邶風·雄雉》之篇❺。增毛萇曰："瞻，視也。"子曰："伊稽首不？其有來乎？"稽首，恭敬之至。有所不來者，爲其上失其道而人散也。若施德化，使下人稽首歸向，雖道遠，能無來乎？增伊，發語辭。補遺此孔子説《詩》之辭，疑有脱誤。

28.5　孔子觀於東流之水。子貢問於孔子曰："君子之所以見大水必觀焉者，是何？"孔子曰："夫水大，徧與諸生而無爲也，似德；徧與諸生，謂水能徧生萬物。爲其不有其功，似"上德不德"者。《説苑》作"遍予而無私者"❻。增夫，音扶。其流也埤下，裾拘必循其理，似義；埤，讀爲"卑"。裾，與"倨"同，

哉？峻故也"五字。"任負"作"重載"，"登"作"陟"。
❶ 覺按：原書"慢"作"漫"，今據宋浙本、古逸叢書本改。
❷ 覺按：原書"豎"作"豎"，今據宋浙本、古逸叢書本改。
❸ 覺按：原書"潸"作"潸"，今據宋浙本、古逸叢書本改；注文同。
❹ 覺按：宋浙本、古逸叢書本無"也"字。
❺ 覺按：宋浙本、古逸叢書本"邶"作"鄁"。
❻ 覺按：原書"予"作"與"，今據宋浙本、古逸叢書本改。

方也。拘，讀爲“鉤”，曲也。其流必就卑下，或方或曲，必循卑下之理，似義者無不循理也。《説苑》作“其流也卑下，句倨之也，情義分然者”也❶。增今《説苑》與本注異也。補遺“拘”“句”同。《樂記》曰：“倨中矩，句中鉤。”其洸洸乎不淈盡，似道；洸，讀爲“滉”。滉，水至之貌。淈，讀爲“屈”，竭也。似道之無窮也。《家語》作“浩浩無屈盡之期，似道”也。若有決行之，其應佚若聲響，其赴百仞之谷不懼❷，似勇；決行，決之使行也。佚，與“逸”同，奔逸也。若聲響，言若響之應聲也。似勇者，果於赴難也。增響，舊作“嚮”，今據宋本改之。主量必平，似法；主，讀爲“注”。量，謂阬受水之處也❸。言所經阬坎，注必平之，然後過，似有法度者均平也。增《家語》作“至量必平”，是也。○量，力讓反。盈不求槪❹，似正；槪，平斗斛之木也❺。《考工記》曰：“槪而不税。”言水盈滿，則不待槪而自平，如正者不假於刑法之禁也❻。淖約微達❼，似察；淖，當爲“綽”。約，弱也。綽約，柔弱也。雖至柔弱，而浸淫微通達於物，似察者之見細微也。《説苑》作“綽弱微達”。以出以入，以就鮮絜❽，似善化；言萬物出入於水，則必鮮絜，似善化者之使人去惡就美也。《説苑》作“不清以入，鮮絜以出”也。增絜，

---

❶ 覺按：原書無“者”字，今據宋浙本、古逸叢書本補。

❷ 元本“百”作“千”。

❸ 覺按：原書“阬”作“坑”，今據宋浙本、古逸叢書本改；下同。

❹ 覺按：原書“槪”作“概”，今據宋浙本、古逸叢書本改；注同。

❺ 覺按：原書“斛”作“解”，今據宋浙本、古逸叢書本改。

❻ 覺按：原書無“也”字，今據宋浙本、古逸叢書本補。

❼ 《家語》“淖”作“綽”，《説苑》作“綿弱”。覺按：《説苑·雜言》“淖約”作“綿弱”，非“淖”作“綿弱”。

❽ 《大戴禮》：“苞裹不清以入，鮮潔以出。”覺按：原書標注“裹”作“裏”，今據《大戴禮記·勸學》改。

與"潔"同。**其萬折也必東，似志** ❶。折，縈曲也。雖東西南北，千萬縈折不常，然而必歸於東，似有志不可奪者。《説苑》作"其折必東"也。**是故君子見大水必觀焉。"**

28.6　孔子曰："吾有恥也，吾有鄙也 ❷，吾有殆也。幼不能彊學 ❸，老無以教之，吾恥之；無才藝以教人也。去其故鄉，事君而達，卒遇故人，曾無舊言，吾鄙之；舊言，平生之言。卒，倉忽反。增曾，則登反。與小人處者，吾殆之也。"增處，昌呂反。

28.7　孔子曰："如垤而進，吾與之；如丘而止，吾已矣。增已，亦止也。○垤，音経。今學曾未如肬贅 ❹，則具然欲爲人師。"肬贅，結肉也。《莊子》曰："以生爲負贅懸肬。"肬，音尤。具然，自滿足之貌也。增曾，則登反。贅，之瑞反。

28.8　孔子南適楚，厄於陳、蔡之間 ❺，七日不火食，藜羹不糂，糂，與"糝"同，蘇覽反。增《家語》曰："楚昭王聘孔子，孔子往拜禮焉，路出于陳、蔡。陳、蔡大夫相與謀曰：'孔子聖賢，其所刺譏皆中諸侯之病，若用於楚，則陳蔡危矣。'遂使徒兵距孔子。孔子不得行，絶糧七日，外無所通，藜羹不充。"補遺糂，當作"煁"。言不炱於竈也。弟子皆有飢色。子路進問之曰："由聞之：'爲善者，天報之以福；爲不善者，天報之以禍。'今夫子累德、積義、懷美，行之日久矣，奚居之隱也？"隱，謂窮約。增《家語》"隱"作"窮"似是。○累，力軌反。行，下孟反；下同。

---

❶ 《説苑》"似志"作"似意"。

❷ 元本無"吾有鄙也"四字。

❸ 宋本"彊"作"强"。

❹ 孫鑛本"肬"作"脁"。

❺ 覺按：宋浙本、古逸叢書本"間"作"閒"。

孔子曰："由不識，吾語汝。增語，魚據反。汝以知者爲必用耶❶？王子比干不見剖心乎！增比干直言諫紂。怒曰❷："吾聞聖人之心有七竅，信有諸乎？"乃遂殺王子比干，剖視其心。汝以忠者爲必用耶？關龍逢不見刑乎❸！增關龍逢，夏桀時忠臣，諫桀而被殺。汝以諫者爲必用耶？伍子胥不磔姑蘇東門外乎❹！磔，車裂也。姑蘇，吳都名也❺。增舊本"諫"上有"爲"字，今據宋本除之。子胥死在春秋哀公十一年。○磔，陟格反。夫遇不遇者，時也；賢不肖者❻，材也。增夫，音扶；下同。君子博學深謀不遇時者多矣！由是觀之，不遇世者衆矣，何獨丘也哉❼？夫芷蘭生於深林❽，非以無人而不芳。增"芷"字解于《勸學篇》。補遺《家語》"非"作"不"。君子之學，非爲通也，不爲求通。增爲，于僞反；下"爲窮"同。爲窮而不困、憂而意不衰也，知禍福終始而心不惑也。皆爲樂天知命。增"衰也"之"也"恐衍。夫賢不肖者，材也；爲不爲者，人也；爲善、不爲善，在人也。遇不遇者，時也；死生者，命也。今有其人不遇其時，雖賢，其能行

❶ 宋本"汝"作"女"，"耶"作"邪"，下同。覺按：本節以上兩個"汝"及下文"吾語汝"之"汝"宋浙本、古逸叢書本作"汝"，此下兩個"汝"作"女"，久保愛於此標注"宋本'汝'作'女'"，恐誤。

❷ 覺按："怒"上當有"紂"字。

❸ 元本"關"作"干"。覺按：宋刻遞修本作"關"。又，宋浙本、古逸叢書本"逢"作"逢"，當據改。

❹ 宋本"伍"作"吳"，非。

❺ 覺按：原書無"也"字，今據宋浙本、古逸叢書本補。

❻ 元本"遇"下、"肖"下皆無"者"字。

❼ 元本"丘"下無"也"字。

❽ 宋本"夫"上有"且"字。《家語》"芷"作"芝"。

乎？苟遇其時，何難之有？故君子博學、深謀、脩身、端行以俟其時❶。"

孔子曰："由！居！吾語汝。增語，魚據反。昔晉公子重耳霸心生於曹❷，重耳，晉文公名。亡過曹，曹共公聞其駢脅❸，使其裸浴，薄而觀之。公因此激怒，而霸心生也。增重，直龍反。越王句踐霸心生於會稽❹，謂以甲盾五千棲於會稽也。增吳王夫差敗越於夫椒，遂入越。越王句踐以甲楯五千保于會稽，使大夫種行成。後越反伐吳而滅之，遂霸諸侯。詳見《春秋左氏傳》及《國語》。會稽，山名。○句，古侯反。會，古外反。齊桓公小白霸心生於莒。小白，齊桓公名。齊亂，奔莒，蓋亦為所不禮。增桓公無不見禮之事，為喪亡立志也。本注"所不"字倒。故居不隱者思不遠，身不佚者志不廣。佚，與"逸"同，謂奔竄也。《家語》作"常逸者"。增思，息吏反。補遺《說苑》"佚"作"約"。《吳越春秋》范蠡曰："居不幽，志不廣；形不愁，思不遠。"女庸安知吾不得之桑落之下乎哉？"桑落，九月時也。夫子當時蓋暴露居此樹之下❺。增舊本無"乎哉"二字，今據宋本補之。○女，音"汝"。補遺庸安，猶"胡寧"。

28.9　子貢觀於魯廟之北堂，出而問於孔子曰："鄉者

---

❶ 覺按：宋浙本、古逸叢書本"脩"作"修"。久保愛於此無校語，若非其失校，則古逸叢書本已與宋本有異矣。

❷ 元本無"昔"字。

❸ 覺按：宋浙本、古逸叢書本"共"作"恭"。

❹ 覺按：宋浙本、古逸叢書本"句"作"勾"。久保愛於此無校語，若非其失校，則古逸叢書本已與宋本有異矣。

❺ 覺按：原書"蓋"作"葢"，今據宋浙本、古逸叢書本改。

賜觀於太廟之北堂，未既輟，還復瞻九蓋，被皆繼❶，被有説耶❷？匠過絶耶？”北堂，神主所在也。輟，止也。九，當爲“北”，傳寫誤耳❸。被，皆當爲“彼”。蓋，音盍，户扇也。皆繼，謂其材木斷絶相接繼也。子貢問：“北盍皆繼續，彼有説耶？匠過誤而遂絶之也？”《家語》作“北蓋皆斷”，王肅云“觀北面之蓋，皆斷絶也”。┃增┃“未既”舊作“吾亦未”，“九蓋被”作“被九蓋”❹，今皆據元本改之。既，盡也。未盡觀而止也。被有，舊作“彼有”，不合本注，今據宋本改之。○鄉，許亮反。還，音“旋”。復，扶又反。蓋，户臘反，與“闔”同；下如字。孔子曰：“太廟之堂亦嘗有説❺，言舊曾説，今則無也。┃增┃本注“説”上當補“有”字。官致良工，因麗節文，致，極也。官致良工，謂初造太廟之時，官極其良工❻，工則因隨其木之美麗節文而裁制之，所以斷絶。《家語》作“官致良工之匠，匠致良材，盡其功巧，蓋貴文也”。非無良材也，蓋曰貴文也。”非無良材大木不斷絶者，蓋所以貴文飾也。此蓋明夫子之博識也。

---

❶ 標注本“被”皆作“彼”。元本、標注本“繼”下有“耶”字。

❷ 宋本“耶”作“邪”，下同。

❸ 覺按：原書“寫”作“寫”，今據宋浙本、古逸叢書本改。

❹ 覺按：宋浙本、古逸叢書本作“吾亦未”“被九蓋”。

❺ 元本、標注本“亦”下有“未”字。宋本“嘗”作“常”，《家語》作“尚”。

❻ 覺按：原書“極”作“致”，今據宋浙本、古逸叢書本改。

子道篇第二十九

29.1　入孝出弟，人之小行也；弟，與"悌"同，謂自卑如弟也。增夫子亦云："弟子入則孝，出則弟。"〇行，下孟反；下同。補遺人之小行也，言子弟之行也。上順下篤，人之中行也；上順從於君父，下篤愛於卑幼。從道不從君，從義不從父，人之大行也。若夫志以禮安，言以類接，則儒道畢矣，志安於禮，不妄動也；言發以類，不怪說也❶。如此，則儒者之道畢矣。增接，舊作"使"❷，今據元本改之。〇夫，音扶。雖舜，不能加毫末於是矣❸。

29.2　孝子所以不從命有三：從命則親危，不從命則親安，孝子不從命乃衷；衷，善也。謂善發於衷心矣。增衷，讀爲"忠"。從命則親辱，不從命則親榮，孝子不從命乃義；從命則禽獸，不從命則脩飾，孝子不從命乃敬。從命，則陷身於禽獸之行；不從命，則使親爲脩飾。君子不從命，是乃敬親。增本注"君子"當作"孝

----

❶　覺按：原書"怪"作"恠"，今據宋浙本、古逸叢書本改。
❷　覺按：宋浙本、古逸叢書本作"使"。
❸　宋本"矣"作"也"。

子”。補遺注“親爲脩飾君子”下疑脱“孝子”二字。故可以從而不從，是不子也；未可以從而從，是不衷也。明於從不從之義，而能致恭敬、忠信、端愨以慎行之❶，則可謂大孝矣。傳曰：“從道不從君，從義不從父。”此之謂也。增傳，直戀反。故勞苦彫萃而能無失其敬，彫，傷也。萃，與“顇”同。雖勞苦彫顇，而不敢懈惰失敬也❷。災禍患難而能無失其義，則不幸不順見惡而能無失其愛，不幸以不順於親而見惡也。增“則”字衍。○難，乃旦反。惡，烏路反。補遺愛，疑當作“衷”。非仁人莫能行。《詩》曰：“孝子不匱。”此之謂也。增《詩》，《大雅·既醉》篇。毛萇曰：“匱，竭也。”

29.3 魯哀公問於孔子曰：“子從父命，孝乎？臣從君命，貞乎？”三問，孔子不對。不敢違哀公之意，故不對。增哀公失其問，故不對。例見于《哀公篇》。○三，息暫反。

孔子趨出，以語子貢曰：“鄉者，君問丘曰❸：‘子從父命，孝乎？臣從君命，貞乎？’三問而丘不對，賜以爲何如？”增語，魚據反。鄉，許亮反。

子貢曰：“子從父命，孝矣。臣從君命，貞矣。夫子有奚對焉？”增猶言“何有於對言”。易對也。

孔子曰：“小人哉！賜不識也。昔萬乘之國有爭臣四人，則封疆不削；增《家語》作“昔者明王萬乘之國，有爭臣七人，則主無過舉”。王肅曰：“天子有三公四輔，主諫爭以救其過失也。四輔，前曰‘疑’，後曰‘丞’，左曰‘輔’，右曰‘弼’也。”○爭，側迸反。乘，

---

❶ 覺按：宋浙本、古逸叢書本“愨”作“慤”。

❷ 覺按：宋浙本、古逸叢書本“不”上無“而”字，“懈”作“解”。

❸ 宋本“丘”下有“也”字。

實證反。**千乘之國有爭臣三人，則社稷不危**；增《家語》"三人"作"五人"。孔安國《孝經》傳曰："五人，謂天子所命之孤卿，及國之三卿與大夫也❶。"**百乘之家有爭臣二人，則宗廟不毀❷**。增《家語》"二人"作"三人"。孔安國《孝經》傳曰："三人，謂家相、宗老、側室也❸。"**父有爭子，不行無禮；士有爭友，不爲不義。故子從父，奚子孝？臣從君，奚臣貞？審其所以從之之謂孝、之謂貞也。**"審其可從則從，不可從則不從也❹。

29.4　**子路問於孔子曰："有人於此，夙興夜寐，耕耘樹藝，手足胼胝，以養其親，然而無孝之名，何也？"**樹，栽植❺。藝，播種。胼❻，謂手足勞。駢，併也。胝，皮厚也。胝❼，丁私反❽。增胼，亦皮厚也。手曰"胼"，足曰"胝"。○胼，步田反。養，羊尚反；下同。補遺注"胼"下脫"胝"字，"駢"當作"胼"。

孔子曰："意者身不敬與！辭不遜與！色不順與！古之人有言曰：'衣與繆與，不女聊。'"繆，紕繆也。與，讀爲"歟"。

---

❶ 覺按：孔安國未傳《孝經》，增注"孔安國"以下誤。當改爲《孝經·諫諍章》"諸侯有爭臣五人"，邢昺疏"諸侯五者，孔傳指天子所命之孤，及三卿與上大夫"。

❷ 元本"家"作"國"，"毀"作"輟"。

❸ 覺按：孔安國未傳《孝經》，增注"孔安國"以下誤。當改爲《孝經·諫諍章》"大夫有爭臣三人"，邢昺疏"大夫三者，孔傳指家相、室老、側室以充三人之數"。

❹ 覺按：原書無"也"字，今據宋浙本、古逸叢書本補。

❺ 覺按：原書"栽"作"裁"，今據宋浙本、古逸叢書本改。

❻ 覺按：宋浙本、古逸叢書本"胼"作"駢"，非。

❼ 覺按：原書無此"胝"字，今據宋浙本、古逸叢書本補。

❽ 覺按：原書"私"作"思"，今據宋浙本、古逸叢書本改。

聊，賴也 ❶。言雖與之衣，而紕繆不精，則不聊賴於汝也。或曰：繆，綢也。言雖衣服我，綢繆我，而不敬不順，則不賴汝也。《韓詩外傳》作“衣予教予”。《家語》云：“人與己，不順欺也 ❷。”王肅曰 ❸：“人與己事實通，不相欺也。”皆與此不同也。⧉今《韓詩》作“衣歟食歟，曾不爾即” ❹，是也。○與，音餘。女，音“汝”。今夙興夜寐，耕耘樹藝，手足胼胝，以養其親，無此三者，則何以爲而無孝之名也？ ”⧉物茂卿曰：“‘以’字衍。”

孔子曰：“由，志之！吾語汝。⧉語，魚據反。雖有國士之力，不能自舉其身，非無力也，勢不可也。國士，一國勇力之士。故入而行不脩，身之罪也；⧉行，下孟反；下同。出而名不章，友之過也。故君子入則篤行 ❺，出則友賢 ❻，何爲而無孝之名也？ ”

29.5　子路問於孔子曰：“魯大夫練而牀，禮耶 ❼ ？”孔子曰：“吾不知也。”練，小祥也。《禮記》曰“期而小祥，居堊室，寢有席。又期而大祥，居復寢，中月而禫，禫而牀”也。

子路出，謂子貢曰：“吾以夫子爲無所不知，夫子徒

❶ 覺按：原書“賴”作“頼”，今據宋浙本、古逸叢書本改。
❷ 覺按：今《孔子家語·困誓》作“人與己與，不汝欺”。
❸ 覺按：原書“曰”作“云”，今據宋浙本、古逸叢書本改。
❹ 覺按：久保愛所引舊本以“食”“即”爲韻。今《韓詩外傳》卷九第四章又改作“衣歟醪歟，曾不爾聊”。《説文解字·酉部》：“醪，汁滓酒也。”然則此文以衣、食相對，以“醪”“聊”爲韻。
❺ 《韓詩外傳》“篤行”作“篤孝”。
❻ 《家語》“友”作“交”。
❼ 宋本“耶”作“邪”，下同。

有所不知。"子貢曰："汝何問哉❶？"子路曰："由問：'魯大夫練而牀，禮耶？'夫子曰：'吾不知也。'"子貢曰："吾將爲汝問之。"⟦增⟧爲，于僞反。

子貢問曰："練而牀，禮耶？"孔子曰："非禮也。"

子貢出，謂子路曰："汝謂夫子爲有所不知乎？⟦增⟧謂，當作"以"，上文作"以"。夫子徒無所不知，汝問非也。禮，居是邑，不非其大夫。"懼於訕上。⟦增⟧邑，《家語》作"國"❷。

29.6　子路盛服見孔子，⟦增⟧見，賢遍反。孔子曰："由，是裾裾❸，何也？裾裾，衣服盛貌。《説苑》作"襜襜"也。昔者江出於岷山❹，其始出也，其源可以濫觴，⟦增⟧李周韓曰："濫，謂汎濫，小流貌。觴，酒醆也。謂發源小如一醆。"愛曰："昔者"二字，《家語》作"夫"，是也。○岷，眉貧反。及其至江之津也，不放舟❺，不避風，則不可涉也，放，讀爲"方"。《國語》曰："方舟設柎❻。"韋昭曰："方，並也。編木爲柎。"《説苑》作"方舟"，方，柎也。《詩》曰❼："方之舟之。"非維下流水多耶❽？維，與"唯"同。言豈不以下流水多，故人畏之耶？

---

❶ 宋本"汝"作"女"，下同。覺按：下文"爲汝問之""汝問非也"宋浙本、古逸叢書本作"汝"而不作"女"，久保愛此校或失之籠統。

❷ 覺按：今《孔子家語・曲禮子夏問》作"邦"。

❸ 《家語》"裾裾"作"倨倨"，《韓詩外傳》作"疏疏"。

❹ 宋本"岷"作"崏"。

❺ 《家語》"放舟"作"舫舟"，《韓詩外傳》作"方舟"。

❻ 覺按：宋浙本、古逸叢書本"設"作"投"。原書"柎"作"附"，今據宋浙本、古逸叢書本改；下同。

❼ 覺按：原書"曰"作"云"，今據宋浙本、古逸叢書本改。

❽ 宋本"維"作"唯"，注"維""唯"易地，"耶"作"邪"。

言服盛色厲亦然也。《說苑》作"非下衆水之多乎"❶。增今《說苑》作"非唯下流衆川之多乎"。今汝服既盛❷，顏色充盈，天下且孰肯諫汝矣？充盈，猛厲也❸。由！"告之畢，又呼其名，丁寧之也。

子路趨而出，改服而入，蓋猶若也❹。猶若，舒和之貌。《禮記》曰"君子蓋猶猶爾"也。孔子曰："志之！吾語汝❺。增志，音"誌"。語，魚據反。奮於言者華，奮於行者伐。色知而有能者，小人也。奮，振矜也。色知，謂所知見於顏色；有能，自有其能：皆矜伐之意。增行，下孟反；下同。知，音"智"；下"則知""既知"同。故君子知之曰知之，不知曰不知，言之要也；能之曰能之，不能曰不能，行之至也。皆在不隱其情。言要則知，行至則仁。既知且仁，夫惡有不足矣哉？"增夫，音扶。惡，音烏。

29.7 子路入。子曰："由！知者若何？仁者若何？"子路對曰："知者使人知己，仁者使人愛己。"子曰："可謂士矣。"士者，脩立之稱。增己，音紀。

子貢入。子曰："賜！知者若何？仁者若何？"子貢對曰："知者知人，仁者愛人。"子曰："可謂士君子矣❻。"

顏淵入。子曰："回！知者若何？仁者若何？"知者，皆讀爲"智"。顏淵對曰："知者自知，仁者自愛。"子曰："可

---

❶ 覺按：宋浙本、古逸叢書本"水"作"非"，非。

❷ 宋本、韓本"服"上有"衣"字。

❸ 覺按：宋浙本、古逸叢書本無"也"字。

❹《家語》"猶若"作"自若"，《說苑》作"自如"，《韓詩外傳》作"攝如"。

❺ 覺按：宋浙本、古逸叢書本"汝"作"女"。

❻《家語》無"君子"二字。

謂明君子矣❶。”增《老子》曰：“知人者智，自知者明。”

29.8　子路問於孔子曰：“君子亦有憂乎？”孔子曰：“君子，其未得也，則樂其意；樂其爲治之意。增樂，音洛；下同。既已得之，又樂其治。是以有終身之樂，無一日之憂。小人者，其未得也，則憂不得；既已得之，又恐失之。是以有終身之憂，無一日之樂也。”

---

❶《家語》“明”作“士”。

法行篇第三十 禮義謂之法，所以行之謂之行。行，下孟反。

30.1　公輸不能加於繩，聖人莫能加於禮。公輸，魯巧人，名班。雖至巧，繩墨之外亦不能加也。增輸，式朱反。禮者，衆人法而不知，聖人法而知之。衆人皆知禮可以爲法，而不知其義者也。增孔子曰：“民可使由之，不可使知之。”

30.2　曾子曰：“無内人之疏而外人之親❶，無，禁辭也。内人之疏，外人之親，謂以疏爲内❷，以親爲外。《家語》曰：“不比於親而比於疎者❸，不亦遠乎？”《韓詩外傳》作“無内疎而無外親”也。補遺内人之疏，外人之親，言疏遠内人，親近外人也。無身不善而怨人，無刑已至而呼天。增呼，火故反。内人之疎而外人之親❹，不亦遠乎？謂失之遠矣。增遠，迂遠也。身不善而怨人，不亦反

----

❶ 元本“而”作“無”。

❷ 覺按：宋浙本“疏”作“疎”，古逸叢書本作“疎”。

❸ 覺按：原書“疎”作“疏”，今據宋浙本改；古逸叢書本作“疎”。下同。

❹ 覺按：原書“疎”作“疏”，今據宋浙本改；古逸叢書本作“疎”。久保愛於此無校語，若非其失校，則古逸叢書本已與宋本有異矣。

乎❶？反，謂乖悖。刑已至而呼天，不亦晚乎？《詩》曰：'涓涓源水，不雝不塞❷。轂已破碎，乃大其輻。事已敗矣，乃重大息。'其云益乎？"源水，水之泉源也。雝，讀爲"壅"。大其輻，謂壯大其輻也。重大息❸，嗟嘆之甚也。三者皆言不慎其初，追悔無及也。增逸詩也。《說文》曰："涓，小流也。"《家語》云："涓涓不壅，終成江河。"蓋謂至成江河，欲壅之無益也。轂，居輪之中央而承三十輻者也。以言所承既破，則雖大之無所施也。已敗，舊作"以敗"，今據宋本改之。大息，舊作"太息"，今據宋本、元本改之。○塞，悉則反。重，直用反。

30.3　曾子病，曾元持足。增病，疾困也。《禮記》曰："曾元、曾申坐於足。"曾子曰："元，志之！吾語汝。曾元，曾子之子也。增語，魚據反。志，音"誌"。夫魚鱉黿鼉猶以淵爲淺而堀其中❹，堀，與"窟"同。增夫，音扶。鱉，必列反。鼉，太多反。黿，音元。鷹鳶猶以山爲卑而巢其上❺，及其得也必以餌。增舊本"巢"上有"增"字❻，今據元本除之。故君子苟能無以利害義，則恥辱亦無由至矣。"

30.4　子貢問於孔子曰："君子之所以貴玉而賤珉者，何也？珉，石之似玉者。爲夫玉之少而珉之多耶❼？"增爲，于僞反。夫，音扶；下同。孔子曰："惡！賜，是何言也！惡，音烏。

---

❶　宋本"亦反"作"以反"。

❷　元本"雝"作"壅"。

❸　覺按：宋浙本、古逸叢書本"大"作"太"。

❹　宋本"鱉"作"鼈"。覺按：宋浙本作"鱉"，古逸叢書本作"鼈"。

❺　覺按：原書"鷹"作"鳶"，今據宋浙本、古逸叢書本改。

❻　覺按：宋浙本、古逸叢書本"巢"上有"增"字。

❼　宋木"耶"作"邪"。

猶言"烏謂此義"也。夫君子豈多而賤之、少而貴之哉？夫玉者，君子比德焉：溫潤而澤，仁也；鄭康成云："色柔溫潤，似仁。"縝栗而理❶，知也；鄭云"栗，堅貌"也。理，有文理也。似智者處事，堅固又有文理。增《禮記》《家語》作"縝密以栗，智也"。王肅云："縝密，緻塞貌。"○縝，之忍反。知，音"智"。堅剛而不屈，義也；似義者剛直不回也。廉而不劌，行也；劌，傷也。雖有廉稜而不傷物，似有德行者不傷害人。增劌，九衛反。行，下孟反。折而不撓❷，勇也；雖摧折而不撓屈，似勇者也❸。增撓，乃教反。瑕適並見，情也；瑕，玉之病也。適，玉之美澤調適之處也。瑕適並見，似不匿其情者也。《禮記》曰："瑕不掩瑜，瑜不掩瑕，忠也。"增適，讀爲"璃"。《呂氏春秋》曰："尺之木必有節目，寸之玉必有瑕璃。"璃，亦瑕也。○見，賢遍反。扣之，其聲清揚而遠聞❹，其止輒然，辭也。扣，與"叩"同。似有辭辯❺，言發言則人樂聽之，言畢更無繁辭也。《禮記》作"叩之，其聲清越以長，其終屈然，樂也"。故雖有珉之彫彫❻，不若玉之章章。彫彫，謂彫飾文采也。章章❼，素質明著也❽。《詩》曰：'言念君子，溫其如玉。'此之謂也。"《詩》，《秦風·小戎》之篇。引之喻君子比德。增鄭玄曰："言，我也。"

---

❶ 宋本無"縝"字。

❷ 宋本"撓"作"橈"。

❸ 覺按：宋浙本、古逸叢書本無"也"字。

❹ 元本"揚"作"越"。

❺ 覺按：宋浙本、古逸叢書本"辯"作"辨"。

❻ 宋本"彫彫"作"雕雕"。

❼ 覺按：宋浙本、古逸叢書本"章章"作"章"，非。

❽ 覺按：宋浙本、古逸叢書本"著"作"箸"。

30.5　曾子曰："同遊而不見愛者，吾必不仁也；仁者必能使人愛己。交而不見敬者，吾必不長也；不長厚，故爲人所輕。增長，竹丈反。臨財而不見信者，吾必不信也。廉潔不聞於人。三者在身，曷怨人❶？當反諸己。怨人者窮，怨天者無識。無識，不知天命也❷。失諸己而反諸人❸，豈不亦迂哉？"增反，反求也。迂，遠也。○己，音紀。

30.6　南郭惠子問於子貢曰❹："夫子之門，何其雜也？"南郭惠子，未詳其姓名，蓋居南郭，因以爲號。《莊子》有南郭子綦。夫子，弟子也。雜，謂賢不肖相雜而至。增本注"弟子"當作"孔子"。子貢曰："君子正身以俟，欲來者不距，欲去者不止。且夫良醫之門多病人，檃栝之側多枉木❺，是以雜也。"增檃栝，正枉之器。○夫，音扶。檃，音隱。

30.7　孔子曰：增舊本無此三字，今據宋本、韓本補之。"君子有三恕：有君不能事，有臣而求其使，非恕也；有親不能報，有子而求其孝，非恕也；報，孝養也。《詩》曰："欲報之德。"有兄不能敬，有弟而求其聽令，非恕也。士明於此三恕，則可以端身矣。"

30.8　孔子曰："君子有三思，而不可不思也。少而不學，長無能也；老而不教，死無思也；無門人思其德。增少，詩照反；下同。長，竹丈反；下同。有而不施，窮無與也。窮乏之時，

---

❶ 元本"曷"作"易"。

❷ 覺按：宋浙本、古逸叢書本"無識不"作"不識"。

❸ 宋本上"諸"作"之"。

❹ 《說苑》"南郭惠子"作"東郭子惠"。

❺ 宋本"檃"作"隱"。

無所往託 ❶。增施，始豉反；下同。補遺言窮時無施與者也。《家語》作“窮莫之救也”。是故君子少思長，則學；老思死，則教；有思窮，則施 ❷。”

---

❶ 覺按：原書“往”作“徃”，今據宋浙本、古逸叢書本改。

❷ 宋本末有“也”字。

哀公篇第三十一

31.1　魯哀公問於孔子曰："吾欲論吾國之士與之治國,敢問何如之耶❶？"　增《大戴禮》《家語》"之"上有"取"字,是也。補遺論,猶"撰"也。

孔子對曰："生今之世,志古之道；居今之俗,服古之服；志,記識也。服古之服,猶若夫子服逢掖之衣、章甫之冠也。增"志"訓"記識"非也。古之服,言先王之法服也。舍此而爲非者,不亦鮮乎！"舍,去。此,謂古也。增舍,音"捨"；下同。鮮,息淺反；下同。補遺舍,如"舍命不渝"之"舍",處也。言志古道、服古服而爲非理之行者,寡也。

哀公曰："然則夫章甫、絢屨、紳而搢笏者,此賢乎？"章甫,殷冠。王肅云："絢,謂屨頭有拘飾也。"鄭康成云："絢之言拘也。以爲行戒,狀如刀衣鼻,在屨頭。"紳,大帶也。搢笏於紳者也。增夫,音扶。笏,音忽。補遺《大戴記》"而"上有"帶"字,"此"作"皆"❷。

---

❶　宋本"耶"作"邪"。

❷　覺按:《大戴禮記·哀公問五義》"此"作"此皆"。

孔子對曰："不必然。夫端衣、玄裳、絻而乘路者，志不在於食葷❶；端衣、玄裳，即朝玄端也。絻，與"冕"同。鄭云："端者，取其正也。"士之衣袂，皆二尺二寸而廣幅，是廣袤等也。其袪，尺二寸，大夫已上侈之。侈之者，蓋半而益一焉，則袂三尺三寸，袪尺八寸。路，王者之車，亦車之通名。舍人注《爾雅》云："輅，車之大者。"葷，葱、薤之屬也。增王肅曰："端衣玄裳，齊服也。"愛曰：葷物，齊者所禁也。言服其服，則不思食其所禁。○夫，音扶。葷，許云反。**斬衰、菅屨、杖而啜粥者，志不在於酒肉**。《儀禮·喪服》曰："斬者何？不緝也。""衰，長六寸，博四寸"，三升布爲之。鄭注《喪服》云："上曰衰，下曰裳。""當心，前有衰，後有負板❷，左右有辟領，孝子哀戚，無所不在"也❸。菅，菲也。此言服被於外，亦所以制其心也。增衰，七雷反。啜，與"歠"同，川悦反。**生今之世，志古之道；居今之俗，服古之服；舍此而爲非者，雖有，不亦鮮乎！**"

哀公曰："善！"補遺《家語》此下有"盡此而已乎"五字。

31.2 孔子曰："人有五儀：言人之賢愚，觀其儀法有五也。有庸人，有士，補遺《家語》作"有士人"，謂其德可以爲士之人也。有君子，有賢人，有大聖❹。"

哀公曰："敢問何如斯可謂庸人矣？"

孔子對曰："所謂庸人者，口不能道善言，心不知色

---

❶《家語》"葷"作"焄"。

❷ 覺按：原書"板"作"版"，今據宋浙本、古逸叢書本改。

❸ 覺按：宋浙本、古逸叢書本無"所"字，非。

❹《家語》"大聖"作"聖人"，下同。

色❶；色色，謂以己之色觀彼之色❷，知其好惡也。《論語》曰❸："色斯舉矣。" ⬚增 "色色" 不可讀，《家語》作 "心不存慎終之規"，《韓詩外傳》作 "心不能知先王之法"。**不知選賢人善士託其身焉以爲己憂；** 不知託賢，但自憂而已。⬚增己，音紀。⬚補遺心不知色色不知選賢人善士託其身焉以爲己憂，二十字一句。《大戴記》"色色" 作 "邑邑"，下 "知" 作 "能"。邑邑，與 "悒悒" 同，憂也。言心無遠慮，故不知以不能託身於賢人爲己憂也。**勤行不知所務，**⬚補遺《大戴記》"勤" 作 "動"。**止交不知所定；** 交，謂接待於物。皆言不能辨是非，悢悢失據也。⬚增《大戴禮》《韓詩外傳》 "止交" 作 "止立"，是也。**日選擇於物，不知所貴；** 不知可貴重者。⬚增不能辨貴賤故也。**從物如流，不知所歸；** 爲外物所誘，蕩而不返也。**五鑿爲正，心從而壞。如此，則可謂庸人矣。"** 鑿，竅也。五鑿，謂耳、目、鼻、口及心之竅也。言五鑿雖似於正，而其心已從外物所誘而壞矣，是庸愚之人也。一曰：五鑿，五情也。《莊子》曰 "六鑿相攘"，司馬彪曰 "六情相攘奪"。《韓詩外傳》作 "五藏爲正" 也。⬚增今《韓詩外傳》 "爲正" 作 "無政"，《大戴禮》作 "爲政"，作 "爲政" 者是也。此當與 "政" 通❹。○鑿，在報反。⬚補遺五鑿爲正，"正" "政" 通，言五官役心也。

哀公曰："善！敢問何如斯可謂士矣？"

孔子對曰："所謂士者，雖不能盡道術，必有率也；

---

❶《大戴禮》"心" 作 "志"，無 "知" 字。覺按：久保愛之校語有失粗疏。《大戴禮記·哀公問五義》此句作 "而志不邑邑"，有 "知" 字則不辭，故無 "知" 字。

❷ 覺按：宋浙本、古逸叢書本 "己之" 作 "己"。

❸ 覺按：宋浙本、古逸叢書本 "曰" 作 "云"。

❹ 覺按：增注 "此" 字當作 "正"。

雖不能徧美善❶，必有處也。率，循也。雖不能盡徧，必循處其一隅。言有所執守也。增盡，津忍反。處，昌呂反。是故知不務多，務審其所知；《論語》曰："子路有聞，未之能行，唯恐有聞。"增故知，音"智"；下"故知""知通"之"知"並同。補遺言詳審其所已知也。下"所謂""所由"皆倣此。言不務多，務審其所謂；止於辨明事而已矣。行不務多，務審其所由。由，從也。謂不從不正之道。增行，下孟反；下"行既""行中"同。故知既已知之矣，言既已謂之矣，行既已由之矣，則若性命肌膚之不可易也。言固守所見，如愛其性命肌膚之不可以他物移易者也❷。增膚，方于反。故富貴不足以益也，卑賤不足以損也。皆謂志不可奪。增《家語》"卑賤"作"貧賤"，是也。如此，則可謂士矣。"士者❸，脩立之稱。一曰：士，事也。言其善於任事，可以入官也。

哀公曰："善！敢問何如斯可謂君子矣❹？"

孔子對曰："所謂君子者，言忠信而心不德❺，不自以爲有德。仁義在身而色不伐，思慮明通而辭不爭，故猶然如將可及者❻，君子也。"猶然，舒遲之貌。所謂"瞻之在前，忽然在後"。《家語》作"油然"，王肅云❼："不進貌也。"補遺如將可及，《家語》作"如

---

❶ 標註本"美"作"義"。

❷ 覺按：原書"愛"作"受"，今據宋浙本、古逸叢書本改。

❸ 覺按：宋浙本、古逸叢書本"者"作"有"，非（參見8.7、29.7楊倞注）。

❹ 宋本"謂"下有"之"字，非。

❺ 《家語》"不德"作"不怨"。

❻ 《家語》云："若將可越而終不可及。"

❼ 覺按：原書"云"作"曰"，今據宋浙本、古逸叢書本改。

將可越而終不可及"，此脱五字。

哀公曰："善！敢問何如斯可謂賢人矣？"

孔子對曰："所謂賢人者，行中規繩而不傷於本，言足法於天下而不傷於身，本，亦身也。言雖廣大而不傷其身也。所謂"言滿天下無口過，行滿天下無怨惡"。增中，陟仲反。富有天下而無怨財，富有天下，謂王者之佐也。怨，讀爲"蘊"。言雖富有天下，而無蘊蓄私財也。《家語》作"無宛"。《禮記》曰："事大積焉而不苑❶。"古"蘊""苑"通，此因誤爲"怨"字耳。增本注"之佐"二字衍。補遺注"無宛"下脱"財"字。布施天下而不病貧。言廣施德澤，慈惠困窮❷，使家給人足而上不憂貧乏。所謂"百姓足❸，君孰與不足"。增施，始豉反。如此，則可謂賢人矣❹。"賢者，亞聖之名。《説文》云："賢，多才。"

哀公曰："善！敢問何如斯可謂大聖矣？"

孔子對曰："所謂大聖者，知通乎大道、應變而不窮、辨乎萬物之情性者也。辨別萬物之情性也。大道者，所以變化遂成萬物也；情性者，所以理然不、取舍也。辨情性，乃能理是非之取舍而不惑。增不，方有反。舍，音"捨"。補遺然不，《大戴記》作"然不然"。是故其事大辨乎天地，其事，謂聖人所理化之事。言辨別萬事，如天地之別萬物，各使區分也❺。增辨，讀爲"徧"。補遺《大

---

❶ 覺按：原書"苑"作"宛"，今據《禮記·禮運》改。宋浙本、古逸叢書本也作"宛"。

❷ 覺按：宋浙本、古逸叢書本"慈"作"子"。

❸ 覺按：宋浙本、古逸叢書本"足"上有"與"字，非。

❹ 宋本無"可"字，非。

❺ 覺按：宋浙本、古逸叢書本無"也"字。

戴記》"辨"作"配"。**明察乎日月**，聖人之明察如日月。**揔要萬物於風雨**❶，揔要，猶"統領"也。風以動之，雨以潤之。言統領萬物，如風雨之生成也。增此一句恐有誤矣。補遺《大戴記》作"雜乎雲蜺，總要萬物"。《家語》作"化行如神"，蓋有脫誤。**繆繆肫肫。其事不可循**，繆，當爲"膠"，相加之貌。《莊子》云："膠膠擾擾。"肫，與"訰"同。訰❷，雜亂之貌。《爾雅》云："訰訰，亂也。"言聖人治萬物，錯雜膠膠訰訰然，而衆人不能循其事。訰，之閏反❸。增"繆"不必爲"膠"。補遺繆繆肫肫，《大戴記》作"穆穆純純"，古字通用，深遠純粹之貌。**若天之嗣；其事不可識**，嗣，繼也。言聖人如天之繼嗣，衆人不能識其意。**百姓淺然不識其鄰**❹。鄰，近也。百姓淺見，不能識其所近，況能識其深乎？所謂"日用而不知"者也。補遺《大戴記》"淺"作"淡"。言不知其澤之厚，即王者之民皞皞如也。《家語》作"下民不知其德，覩者不識其鄰。"王肅曰："鄰，以喻畔界也。"此有脫文。**若此，則可謂大聖矣。"**

哀公曰："善！"

31.3 魯哀公問舜冠於孔子，孔子不對。哀公不問舜德，徒問其冠，故不對也❺。**三問，不對。**增三，息暫反。**哀公曰："寡人問舜冠於子，何以不言也？"孔子對曰："古之王者有務而拘領者矣，其政好生而惡殺焉。**務，讀爲"冒"。拘，與"句"

---

❶ 宋本"揔"作"總"。

❷ 覺按：原書無此"訰"字，今據宋浙本、古逸叢書本補。

❸ 覺按：宋浙本、古逸叢書本"閏"作"句"。

❹《大戴禮》"淺然"作"淡然"。覺按：宋浙本、古逸叢書本"鄰"作"隣"，注同。

❺ 注文"哀公"以下十四字，宋本在"三問不對"下。

同，曲領也。言雖冠衣拙樸，而行仁政也。《尚書大傳》曰："古之人，衣上有冒而句領者。"鄭康成注云："言在德不在服。古之人，三皇時也。冒，覆項也。句領，繞頸也。"禮，正服方領也。增《淮南子》曰："古者有鍪而縫領，以王天下者矣。"注云："鍪，頭著兜鍪帽。""冒""鍪""務"古音通用。〇好，呼報反。惡，烏路反。是以鳳在列樹，麟在郊野，烏鵲之巢可俯而窺也。君不此問，而問舜冠，所以不對也。"

31.4 魯哀公問於孔子曰："寡人生於深宮之中，長於婦人之手，增長，竹丈反。未嘗知哀也，增舊本"未"上有"寡人"二字，今據元本除之。未嘗知憂也，未嘗知勞也，未嘗知懼也，未嘗知危也。"

孔子曰："君之所問，聖君之問也。丘，小人也，何足以知之？"美大其問，故謙不敢對也。

曰："非吾子❶，無所聞之也。"

孔子曰："君入廟門而右，登自阼階，仰視榱棟，俯見几筵，其器存，其人亡，君以此思哀，則哀將焉不至矣❷？謂祭祀時也。阼，與"阼"同。榱，亦椽也。哀將焉不至，言必至也。增俯，與"俯"同。焉，於虔反；下同。君昧爽而櫛冠，昧，闇也❸。爽，明也。謂初曉尚暗之時。增冠，古亂反。補遺昧爽，初曉暗昧爽涼之時也。平明而聽朝❹，增朝，直遙反；下同。一物不應，亂之端也，君以此思憂，則憂將焉不至矣？增不應，不當理也。《家語》作"失

---

❶《新序》"知"作"言"，"非"作"微"。

❷ 元本"焉"下有"而"字，下皆同。

❸ 覺按：宋浙本、古逸叢書本無"也"字。

❹《新序》"明"作"旦"。

理"。君平明而聽朝，日昃而退❶，諸侯之子孫必有在君之末庭者❷，君以此思勞，則勞將焉不至矣？諸侯之子孫，謂奔亡至魯而仕者。自平明至日昃，在末庭而脩臣禮❸，君若思其勞，則勞可知也。以喻哀公亦諸侯之子孫，不戒慎脩德❹，亦將有此奔亡之勞也。增日昃，日過中而傾側也。君出魯之四門以望魯四郊，亡國之虛則必有數蓋焉❺，虛，讀爲"墟"。有數蓋焉，猶言"蓋有數焉"，倒言之耳。《新序》作"亡國之墟❻，列必有數矣"。增《家語》無"蓋"字，此衍。君以此思懼，則懼將焉不至矣？且丘聞之：'君者，舟也；庶人者，水也。水則載舟，水則覆舟。'君以此思危，則危將焉不至矣？"

31.5　魯哀公問於孔子曰："紳、委、章甫，有益於仁乎？"紳，大帶也。委，委貌，周之冠也。章甫，殷冠也。鄭注《儀禮》云："委，安也，所以安正容貌。章，表明也。殷質，言所以表明丈夫也❼。"增仁，當作"人"，音之誤也。孔子蹴然曰："君號然也？《莊子音義》："崔譔云：'蹴然，變色貌。'"號，讀爲"胡"，聲相近，字遂誤耳。《家語》作"君胡然也"。資衰、苴杖者不聽樂，非耳不能聞也，服使然也。資，

---

❶　覽按：宋浙本、古逸叢書本"昃"作"吳"，注同。

❷　《新序》"末"作"門"。

❸　覽按：宋浙本、古逸叢書本"脩"作"修"，下同。

❹　覽按：原書"慎"作"懼"，今據宋浙本、古逸叢書本改。

❺　元本無"則"字。

❻　覽按：宋浙本、古逸叢書本"墟"作"虛"。

❼　覽按：宋浙本、古逸叢書本"丈"作"大"，非。

與"齊"同❶。苴,杖竹也。苴,謂蒼白色自死之竹也❷。增《家語》"資衰"作"衰麻",是也。案《喪服》,斬衰苴杖,齊衰削杖,不得言"齊衰苴杖"。○衰,七雷反。**黼衣黻裳者不茹葷,非口不能味也,服使然也。**黼衣、黻裳,祭服也。白與黑爲黼,黑與青爲黻。禮,祭致齊,不茹葷。非不能味,謂非不能知味也。鄭注《周禮·司服》云:"玄冕者,衣裳刺黻而已❸。"增黼,音甫。黻,音弗。茹,汝據反。葷,許云反。**且丘聞之:'好肆不守折,長者不爲市❹。'竊其有益與其無益❺,君其知之矣❻。"**好,喜也。言喜於市肆之人,不使所守貨財折耗,而長者亦不能爲此市井盜竊之事。長者不爲市,而販者不爲非也❼。《家語》王肅注云:"言市肆弗能爲廉,好肆則不折。人爲市估之行則不守折,人爲長者之行則亦不爲市買之事❽。竊,宜爲'察'。"察其有益與其無益,以"竊"字屬下句也❾。增折,"折閱"之"折",已見前。竊,與"察"通。《莊子·齊物論》"竊竊然",《音義》以爲"察察"可見。○好,呼報反。長,竹丈反。

31.6 魯哀公問於孔子曰:"請問取人。"問取人之術也。孔子對曰:"無取健,健羨之人❿。無取詌,未詳。《家語》作"無

---

❶ 覺按:宋浙本、古逸叢書本"齊"作"齎",非。

❷ 覺按:原書"也"字作"苴,音疽",今據宋浙本、古逸叢書本改。

❸ 覺按:原書"黻"作"繡",今據宋浙本、古逸叢書本改。

❹ 宋本無"者"字,非。

❺ 覺按:原書"竊"作"竊"(其注作"竊"或"竊"),今據宋浙本、古逸叢書本改。

❻ 元本"君其知之矣"作"君子所以知"。

❼ 覺按:宋浙本、古逸叢書本無"也"字。

❽ 覺按:宋浙本、古逸叢書本"之行"作"行",非。

❾ 覺按:原書無"也"字,今據宋浙本、古逸叢書本補。

❿ 覺按:原書"羨"作"羨",今據宋浙本、古逸叢書本改;下文注同。

取鉗”，王肅云：“謂妄對不謹誠者。”或曰：捷給鉗人之口者。增詀，古暗反。**無取口啍**。啍，與“諄”同。《方言》云：“齊、魯凡相疾惡謂之諄憎。”諄，之閏反。王肅云：“啍啍❶，多言。”或曰：《詩》云“誨爾諄諄”。口諄，謂口教誨，心無誠實者，諄諄倫也。**健，貪也；詀，亂也；口啍，誕也**。健羨之人多貪欲，鉗忌之人多悖亂❷，讒疾之人多妄誕❸。《説苑》曰：“哀公問於孔子曰：‘人何若爲可取也？’孔子曰：‘無取拑者，無取健者❹，無取口鋭者❺。拑者太給利，不可盡用也；健者必兼人，不可爲法也；口鋭者多誕而寡信，後恐不驗也。’”《韓詩外傳》曰❻：“無取健，無取佞，無取口讒。健，驕也；佞，諂也；口讒，誕也。”皆大同小異也。補遺貪，謂貪功也，即兼人之意。**故弓調而後求勁焉，馬服而後求良焉**，增服，言服乘以閑練之也。**士信慤而後求知能焉❼。士不信慤而有多知能，譬之，其犲狼也，不可以身尒也**。有，讀爲“又”。尒，與“邇”同。增犲，與“豺”同。《家語》作“譬之豺狼不可邇”。**語曰：‘桓公用其賊，文公用其盜。’**謂管仲、寺人勃鞮也。盜，亦賊也。以喻士信慤則仇讎可用，不信慤則親戚可疏❽。增管仲射桓公中鈎，故曰“賊”。文公之豎頭須竊藏以逃，已而又用之，故曰“盜”。

---

❶ 覺按：宋浙本、古逸叢書本“啍啍”作“啍閔”。

❷ 覺按：原書“鉗”作“詀”，今據宋浙本、古逸叢書本改。

❸ 覺按：宋浙本、古逸叢書本“疾”作“嫉”。

❹ 覺按：宋浙本、古逸叢書本“健”作“捷”，下同。

❺ 覺按：宋浙本、古逸叢書本“鋭”作“叡”，下同。

❻ 覺按：宋浙本、古逸叢書本“曰”作“云”。

❼ 覺按：宋浙本“慤”作“愨”，下文及注同。古逸叢書本作“愨”。

❽ 覺按：宋浙本、古逸叢書本“疏”作“踈”。

"語曰"以下別章。**故明主任計不信怒，闇主信怒不任計** ❶。信，亦任也。**計勝怒者彊** ❷，**怒勝計者亡** ❸。"

　　31.7　定公問於顏淵曰："東野子之善馭乎？" 東野，氏也。馭，與"御"同。⎡增⎦定公，魯君，名宋。《家語》"東"上有"子亦聞"三字，是也。此蓋脫文。⎡補遺⎦顏子簞瓢而樂，未嘗見魯君，且定公時年尚少。《莊子》"定"作"莊"，"淵"作"闔"。《音義》："莊公，衛君。"**顏淵對曰** ❹："**善則善矣。雖然，其馬將失。**"失，讀爲"逸"，奔也；下同。《家語》作"馬將佚"也。**定公不悅，入謂左右曰："君子固讒人乎** ❺**？"三日而校來謁** ❻，**曰："東野畢之馬失。**校人，掌養馬之官也。⎡增⎦舊本"謁"下有"之"字，今據宋本除之。**兩驂列，兩服入廐** ❼。"兩服，馬在中。兩驂，兩服之外馬。列，與"裂"同。謂外馬攣裂，中馬牽引而入廐 ❽。⎡補遺⎦《家語》"列"作"曳"。列，疑"引"字誤。**定公越席而起曰："趨駕召顏淵！"顏淵至，**趨，讀爲"促"，速也。**定公曰："前日寡人問吾子，吾子曰：'東野畢之馭，善則善矣。雖然，其馬將失。'** ⎡增⎦其，舊作"則"，今據宋本、韓

---

❶《新序》"信"皆作"任"。

❷ 宋本"彊"作"强"。

❸ 宋本二"者"皆作"則"，韓本同。

❹《家語》"東野子"作"東野畢"。《莊子》"定公"作"莊公"，"顏淵"作"顏闔"，"東野子"作"東野稷"。

❺《家語》"讒"作"誣"，《説苑》"譖"。

❻《家語》"校"作"牧"，《説苑》作"廐人"。

❼《家語》"列"作"曳"，"入"下有"于"字。覺按：宋浙本"廐"作"廏"，古逸叢書本作"廄"。

❽ 覺按：宋浙本、古逸叢書本"廐"作"廏"。

本、孫鑛本、《家語》《新序》改之。不識吾子何以知之？"顏淵對曰："臣以政知之。昔舜巧於使民，而造父巧於使馬。增造，七到反；下同。父，音甫；下同。舜不窮其民，造父不窮其馬❶，是舜無失民，造父無失馬也。增《新序》《家語》"是"下有"以"字，是也。今東野畢之馭，上車執轡，銜體正矣❷；增上，時掌反。步驟馳騁，朝禮畢矣；銜體，銜與馬體也。步驟馳騁，朝禮畢矣，謂調習其馬，或步驟馳騁，盡朝廷之禮也。增驟，仕救反。騁，勑景反。朝，直遥反。歷險致遠❸，馬力盡矣。然猶求馬不已，是以知之也。"增已，止也。定公曰："善！可得少進乎？"定公更請少進其說。顏淵對曰："臣聞之：'鳥窮則啄，獸窮則攫❹，人窮則詐。'自古及今，未有窮其下而能無危者也。"增啄，陟角反。攫，俱縛反。詐，側嫁反。

---

❶《新序》"窮"作"盡"。

❷《新序》"銜"作"御"。

❸ 覺按：原書"歷"作"歴"，今據宋浙本、古逸叢書本改。

❹《淮南子》"啄"作"噣"，"攫"作"觸"。

堯問篇第三十二 增舊本無"篇"字，今據宋本、韓本補之。

32.1 堯問於舜曰："我欲致天下，爲之奈何❶？"恐
天下不歸❷，故欲致而取之也。增致，來致也。對曰："執一無失，行
微無怠，忠信無倦❸，而天下自來。執一，專意也。行微，行細
微之事也。言精專不怠而天下自歸，不必致也。執一如天地，如天地
無變易時也。行微如日月，日月之行，人所不見，似於細微安徐，然
而無怠止之時也。忠誠盛於内、賁於外、形於四海，賁，飾也。形，
見也。《禮記》曰"富潤屋，德潤身，心廣體胖，故君子必誠其意"也。增賁，
彼僞反。天下其在一隅耶❹？夫有何足致也？"夫物在一隅者，
則可舉而致之。今有道，天下盡歸，不在於一隅，焉用致也？有，讀爲"又"。
增本注"不"字恐"如"誤。○夫，音扶。補遺形，當作"刑"。《孝經》：
"德教加於百姓，刑於四海。"四海，包四夷。天下，謂九州。或曰：耶，

---

❶ 覺按：原書"奈"作"奈"，今據宋浙本、古逸叢書本改。久保
愛於此無校語，若非其失校，則古逸叢書本已與宋本有異矣。

❷ 覺按：宋浙本、古逸叢書本"不"作"未"。

❸ 宋本"倦"作"勤"。

❹ 宋本"耶"作"邪"。

當作"耳"。

32.2　魏武侯謀事而當，羣臣莫能逮，退朝而有喜色。

武侯，晉大夫畢萬之後，文侯之子也。增當，丁浪反；下同。朝，直遙反；下同。吳起進曰❶："亦嘗有以楚莊王之語聞於左右者乎？"增嘗，舊作"常"，今據宋本、孫鑛本改之。楚莊王，名侶。武侯曰："楚莊王之語何如？"吳起對曰："楚莊王謀事而當，羣臣莫逮，退朝而有憂色。申公巫臣進問曰：'王朝而有憂色，何也？'巫臣，楚申邑大夫也。增申公，亦猶葉公、白公，僭稱也。莊王曰：'不穀謀事而當❷，羣臣莫能逮，是以憂也。其在中蘬之言也，中蘬，與"仲虺"同，湯左相也。增中，直衆反。蘬，許鬼反。曰："諸侯自爲得師者王❸，補遺自爲，猶"自謂"也。君意以爲得師也。下同。得友者霸❹，得疑者存，自爲謀而莫己若者亡。"疑，謂博聞達識可決疑惑者也❺。增上"爲"字衍。○王，于況反。己，音紀。補遺徂徠曰："'前疑後丞'之'疑'，謂輔佐也❻。"今以不穀之不肖，而羣臣莫吾逮，吾國幾於亡乎！是以憂也。'增幾，音祈。楚莊王以憂，而君以憙❼！"武侯逡巡❽，再拜曰："天使夫子

❶《呂氏春秋》"吳起"作"李悝"。

❷　覺按：原書"穀"作"穀"，今據宋浙本、古逸叢書本改；下文同。

❸《新序》"得"作"擇"，《韓詩外傳》"得"作"取"。

❹　覺按：原書"霸"作"覇"，今據宋浙本、古逸叢書本改。

❺　覺按：原書"決"作"决"，無"也"字，今據宋浙本、古逸叢書本改。

❻　覺按：原書"輔"作"補"，今據文義改。

❼　宋本"憙"作"喜"，韓本同。

❽　覺按：宋浙本、古逸叢書本"巡"作"廵"。

振寡人之過也。"振者，舉也❶。增振，振救也。

32.3　伯禽將歸於魯，伯禽，周公子，成王封爲魯侯。將歸，謂初之國也。周公謂伯禽之傅曰："汝將行❷，盍志而子美德乎？"將行，何不志記汝所傅之子美德以言我？增志，音"誌"。對曰："其爲人寬❸，好自用，以慎。寬，寬弘也。自用，好自務其用也。慎，謹密也。增好，呼報反；下同。此三者，其美德也已❹。"

周公曰："嗚呼！以人惡爲美德乎？君子好以道德，故其民歸道。君子好以道德教人，故其民歸道者衆，非謂寬弘也。彼其寬也，出無辨矣，補遺其所出之政，無辨別是非也。汝又美之❺！彼伯禽既無道德，但務寬容，此乃出於善惡無別，汝何以爲美也？孔子曰"寬則得衆"，亦謂人愛悦歸之也。彼其好自用也，是所以寠小也。寠，無禮也。彼伯禽好自用而不諮詢，是乃無禮驕人而器局小也。《書》曰："自用則小。"《尚書大傳》曰："是其好自用也❻，以斂益之也。"增寠，又小也。○寠，其矩反。補遺注"益"當作"隘"。君子力如牛，不與牛爭力；走如馬，不與馬爭走；知如士，不與士爭知。士，謂臣下掌事者。不爭，言委任。增知，音"智"。彼爭者，均者之氣也，汝又美之！好自用，則必不委任而與之爭事，爭事乃均敵

---

❶　覺按：原書"振者，舉也"作"振，舉"，今據宋浙本、古逸叢書本改。

❷　覺按：宋浙本、古逸叢書本"汝"作"女"。久保愛於此無校語，若非其失校，則古逸叢書本已與宋本有異矣。

❸　覺按：原書"寬"作"寬"，今據宋浙本改；注及下文同。古逸叢書本作"寬"。

❹　宋本無"也"字。

❺　宋本"汝"作"女"，下同。

❻　覺按：宋浙本、古逸叢書本無"用"字，非。

者尚氣之事，非人君之量也❶。彼其慎也，是其所以淺也❷。彼伯禽之慎密，不廣接士，適所以自使知識淺近也❸。聞之曰‘無越踰不見士’❹，周公聞之古也。越踰，謂過一日也。增越踰，謂越等位而見至賤。“不”字當在“無”字下。見士問曰：‘無乃不察乎？’懼其壅蔽，故問“無乃有不察之事乎”。不聞，即物少至；少至，則淺。物，事也。不見士，則無所聞；無所聞，則所知之事亦少；少，則意自淺矣❺。聞，或爲“問”也。增“聞”或爲“問”，是也。彼淺者，賤人之道也，汝又美之❻！”

“吾語汝：增語，魚據反。我，文王之爲子，爲文王之子也。武王之爲弟，成王之爲叔父，周公先成王薨❼，未宜知成王之謚，此云“成王”，乃後人所加之耳。吾於天下不賤矣，然而吾所執贄而見者十人，周公自執贄而見者十人。禮，見其所尊敬者，雖君亦執贄，故哀公執贄請見周豐。鄭注《尚書大傳》云：“十人，公卿之中也；三十人，羣士之中也❽；百人，羣夫之中也。”增《韓詩外傳》曰：“布衣之士所贄而師者十人。”還贄而相見者三十人，禮，臣見君則不還贄，敵者不敢當則還之，禮尚往來也❾。《士相見禮》曰：“主人復見之，以其贄，

---

❶ 覺按：宋浙本、古逸叢書本“也”上有“者”字。

❷ 宋本無“所”字。

❸ 覺按：原書“知”作“智”，今據宋浙本、古逸叢書本改。

❹ 宋本“曰”作“日”，韓本、孫鑛本同。

❺ 覺按：原書無“自”字，今據宋浙本、古逸叢書本補。

❻ 宋本“美之”下有“乎”字。

❼ 覺按：原書“薨”作“薨”，今據宋浙本、古逸叢書本改。

❽ 覺按：宋浙本、古逸叢書本無“也”字。

❾ 覺按：宋浙本“徃”作“往”，古逸叢書本作“徃”。

曰：'曩者吾子辱使某見，請還贄於將命者。'"鄭康成云："贄者，所執以至也。君子見於所尊敬，必執贄以將其厚意也。"**貌執之士者百有餘人，**執，猶"待"也。以禮貌接待之士百餘人也。**欲言而請畢事者千有餘人，**謂卑賤之士，恐其言之不盡，周公先請其畢辭也。《說苑》曰："周公踐天子之位七年，布衣之士所執贄而師見者十二人，窮巷白屋所先見者四十九人，時進善者百人，教士千人，朝者萬人❶。"⑱本注"十二人"上舊有"十人所見者"五字，今據本書除之❷。**於是吾僅得三士焉，以正吾身，以定天下。**於是千百人之中，僅乃得三士正身治國。**吾所以得三士者，亡於十人與三十人中，乃在百人與千人之中。**十人與三十人，雖尊敬，猶未得賢。至百人、千人，然後乃得三人。以明接士不廣，無由得賢也。⑱亡，音"無"。**故上士，吾薄爲之貌；下士，吾厚爲之貌。**上士，中誠重之，故可薄爲之貌。下士，既無執贄之禮，懼失賢士之心，故厚爲之貌，尤加謹敬也。⑱貌，禮貌也。⑮遺下士位卑，故加意禮貌之。**人皆以我爲越踰好士，**⑮遺人人以爲周公忘勢越位下士。**然故士至；**人不知，則以爲越踰，然士亦以禮貌之故而至也。⑱舊本"人"作"人人"，今據元本除之。**士至，而後見物；**物，事也。**見物，然後知其是非之所在。戒之哉！汝其以魯國驕人❸，幾矣！**幾，危也。周公言：我以天下之貴，猶不敢驕士。汝今以魯國之小而遂驕人，危矣！⑱幾，音機。**夫仰祿之士猶可驕也，**

---

❶ 覺按：宋浙本、古逸叢書本"人"下有"也"字。

❷ 覺按：宋浙本、古逸叢書本"十二"上有"十人所見者"五字。"布衣之士所執贄而師見者十二人"一句，《羣書治要》卷四十三引《說苑·尊賢》之文作"布衣之士執贄而所師見者十人，所友見者十二人"，可見今本《說苑》有脫誤，故不當刪"十人所見者"，而應補"友"字。

❸ 宋本"汝"下無"其"字。

仰，魚亮反。增如翟黄者是也。**正身之士不可驕也**。增如叚干木者是也❶。**彼正身之士，舍貴而爲賤，舍富而爲貧，舍佚而爲勞**，增舍，音"捨"。佚，與"逸"同。**顔色黎黑而不失其所**，黎，讀爲"梨"，謂面如凍梨之色者也❷。補遺黎，亦黑也。**是以天下之紀不息，文章不廢也。**"賴守道之士不苟徇人❸，故得綱紀文章常存也。

32.4 **語曰，繒丘之封人**❹繒，與"鄫"同。鄫丘❺，故國。封人，掌疆界者。《漢書·地理志》繒縣屬東海❻。**見楚相孫叔敖曰："吾聞之也：'處官久者士妬之，祿厚者民怨之，位尊者君恨之。'今相國有此三者而不得罪楚之士民，何也？"**增相，息亮反。處，昌吕反。妬，丹故反，"妒"俗字。**孫叔敖曰："吾三相楚而心愈卑**❼，**每益祿而施愈博，位滋尊而禮愈恭，是以不得罪於楚之士民也。"**增三，息暫反。施，始豉反。

32.5 **子貢問於孔子曰："賜爲人下而未知也。"**下，謙下也。子貢問欲爲人下❽，未知其益也。增《家語》作"賜既爲人下矣，而未知爲人下之道，敢問之"。《韓詩外傳》作"請問爲人下之道奈何"。蓋此似脫文。本注"其益"恐誤。**孔子曰："爲人下者**❾，**其猶土也。**

---

❶ 覺按："叚"當作"段"。

❷ 覺按：宋浙本、古逸叢書本無"者"字。

❸ 覺按：原書"賴"作"頼"，今據宋浙本、古逸叢書本改。

❹《淮南子》作"狐丘丈人"。

❺ 覺按：宋浙本、古逸叢書本"鄫丘"作"丘鄫"，非。

❻ 覺按：宋浙本、古逸叢書本"海"下有"也"字。

❼ 宋本"愈"作"瘉"，注同。覺按：此標注"注同"二字衍。

❽ 覺按：原書"欲"作"於"，今據宋浙本改。古逸叢書本作"於"。

❾ 宋本"者"下有"乎"字。

深扣之而得甘泉焉 **❶**，扣，掘也，故没反。樹之而五穀蕃焉 **❷**；草木殖焉，禽獸育焉；增樹，臣庾反。生則立焉，死則入焉 **❸**；多其功而不息 **❹**。爲人下者，其猶土也。”

32.6 昔虞不用宮之奇而晉并之 **❺**，萊不用子馬而齊并之，宮之奇，虞賢臣，諫不從，以其族行。子馬，未詳其姓名。《左氏傳》曰：襄二年，“齊侯伐萊，萊人使正輿子賂夙沙衛以索馬牛 **❻**，皆百匹”。又六年，齊侯伐萊，萊人使王湫帥師及正輿子軍齊師，齊師大敗之，遂滅萊。或曰：正輿子，字子馬，其不用未聞。《説苑》諸御己諫楚莊王曰：“曹不用僖負羈而宋并之，萊不用子猛而齊并之。”據年代，齊滅萊在楚莊王之後 **❼**，未詳諸御己之諫也。增本注“御”字舊皆作“卿”，今據本書改之。○并，音“併”。紂刳王子比干而武王得之。不親賢用知，故身死國亡也 **❽**。增知，音“智”。

32.7 爲説者曰：“孫卿不如孔子。”補遺荀卿不如孔子，固不待言矣。誰爲此説乎？是其弟子欲尊師而造此言也。《禮》曰：“儗人必於其倫 **❾**。”曰“孔子弗過”，曰“德若堯、禹”，曰“宜爲帝王”，不倫

---

❶ 元本“扣”作“相”；《説苑》作“掘”，《韓詩外傳》同。

❷ 宋本“蕃”作“播”。覺按：原書“穀”作“穀”，今據宋浙本、古逸叢書本改。

❸ 《家語》“立”作“出”。《説苑》“則”皆作“人”。

❹ 《韓詩外傳》“不息”作“不言”，《家語》作“無其意”。覺按：原書“功”作“刃”，今據宋浙本、古逸叢書本改。

❺ 覺按：原書“奇”作“竒”，今據宋浙本改；注同。古逸叢書本作“竒”。

❻ 覺按：原書“衞”作“衛”，今據宋浙本、古逸叢書本改。

❼ 覺按：宋浙本、古逸叢書本無“之”字。

❽ 宋本“故”作“而”。

❾ 覺按：原書無“必”字，今據《禮記·曲禮下》補。

之儗，取笑於大方而無益於尊師也。後之阿所好者，亦可以爲誡矣。是不然也 ❶。孫卿迫於亂世，鰌於嚴刑；增"鰌"字解于《議兵篇》。〇鰌，七六反。上無賢主，下遇暴秦；禮義不行，教化不成；仁者詘約，增詘，舊作"紬"，今據宋本、韓本改之。"詘"與"屈"同。天下冥冥；行全刺之，增行，下孟反；下同。諸侯大傾。當是時也，知者不得慮，能者不得治，增舊本"不"下有"不"字，今據宋本除之。〇知，音"智"；下"其知"同。賢者不得使，故君上蔽而無覩，賢人距而不受。增覩，丁故反。然則孫卿將懷聖之心，蒙佯狂之色，視天下以愚。增"將懷"當易地。視，與"示"通。〇佯，音羊。《詩》曰："既明且哲，以保其身。"此之謂也。增《詩》，《大雅·烝民》篇。是其所以名聲不白，徒與不衆，光輝不博也。增徒與，弟子也。今之學者，得孫卿之遺言餘教，足以爲天下法式表儀。所存者神，所遇者化。增遇，當作"過"，《議兵篇》作"過"。謝墉曰："'存''神'一韻，'過''化'一韻，此句中之韻也。"觀其善行，孔子弗過。世不詳察，云非聖人，奈何！天下不治，孫卿不遇時也。增治，直吏反，叶平聲。德若堯、禹，世少知之；方術不用，爲人所疑。其知至明，脩道正行 ❷，足以爲綱紀。增紀，叶平聲。嗚呼！賢哉！宜爲帝王。天地不知，善桀、紂，殺賢良；比干剖心，孔子拘匡；接輿避世 ❸，箕子佯狂；田常爲亂，闔閭擅彊 ❹。增接輿，楚賢人，佯狂者。箕子，紂庶父，佯狂爲紂奴。田常，陳敬仲之後，

---

❶ 宋本"如"作"及"，無"也"字。

❷ 宋本"脩"作"循"。

❸ 宋本"避"作"辟"。

❹ 宋本"彊"作"强"。

傾齊者。〇闔，户臘反。**爲惡得福，善者有殃。**增殃，於良反。**今爲説者又不察其實，乃信其名。時世不同，譽何由生？不得爲政，功安能成？志脩德厚❶，孰謂不賢乎？**自"爲説者"已下，或荀卿弟子之辭也。

---

❶ 鬐按：宋浙木、古逸叢書本"脩"作"修"。

荀卿新書十二卷三十二篇

勸學篇第一

脩身篇第二 ❶

不苟篇第三

榮辱篇第四

非相篇第五

非十二子篇第六

仲尼篇第七

成相篇第八

儒效篇第九

王制篇第十

富國篇第十一

王霸篇第十二

君道篇第十三

臣道篇第十四

致士篇第十五 ❷

議兵篇第十六

強國篇第十七

天論篇第十八

正論篇第十九

樂論篇第二十

解蔽篇第二十一

---

❶ 覺按：宋浙本、古逸叢書本"脩"作"修"。

❷ 覺按：宋浙本、古逸叢書本"士"作"仕"。

護左都水使者、光禄大夫臣向言：增使，所吏反；下"使者"同。向，許亮反；下同。所校讎中《孫卿書》凡三百二十二篇，以相校除復重二百九十篇，增重，直龍反。定箸三十二篇，增箸，與"著"通。皆以定殺青簡 ❷，書可繕寫。增殺，所戒反。

孫卿，趙人，名況 ❸。方齊宣王、威王之時，聚天下賢士於稷下，尊寵之。若鄒衍、田駢、淳于髡之屬甚衆，號曰列大夫，皆世所稱，咸作書刺世。是時，孫卿有秀才，年五十始來游學 ❹。諸子之事，皆以爲非先王之法也。孫

---

❶ 覺按：原書"略"作"畧"，今據宋浙本、古逸叢書本改。

❷ 覺按：宋浙本、古逸叢書本"簡"作"簡"。

❸ 覺按：原書"況"作"况"，今據宋浙本、古逸叢書本改。

❹《風俗通》"五十"作"十五"，《讀書志》同。

卿善爲《詩》《禮》《易》《春秋》。至齊襄王時，孫卿最爲老師，齊尚脩列大夫之缺，而孫卿三爲祭酒焉。增三，息暫反。齊人或讒孫卿，乃適楚，楚相春申君以爲蘭陵令。增相，息亮反；下"相秦""秦相""江都相"并同。人或謂春申曰："湯以七十里，文王以百里。孫卿，賢者也。今與之百里地，楚其危乎！"春申君謝之，孫卿去之趙。後客或謂春申君曰："伊尹去夏入殷，殷王而夏亡；增夏，户雅反。管仲去魯入齊，魯弱而齊彊。故賢者所在，君尊國安。今孫卿，天下賢人，所去之國，其不安乎？"春申君使人聘孫卿，孫卿遺春申君書，刺楚國，增遺，于季反；下同。因爲歌、賦以遺春申君。春申君恨，復固謝孫卿，增復，扶又反；下同。孫卿乃行，復爲蘭陵令。春申君死，而孫卿廢，因家蘭陵。李斯嘗爲弟子，而相秦。及韓非號韓子，又浮丘伯，皆受業，爲名儒。孫卿之應聘於諸侯，見秦昭王。增見，賢遍反；下同。昭王方喜戰伐，而孫卿以三王之法說之，增喜，許紀反；下同。説，音税；下同。及秦相應侯，皆不能用也。至趙，與孫臏議兵趙孝成王前。孫臏爲變詐之兵，孫卿以王兵難之，不能對也。卒不能用。增難，乃旦反。卒，遵聿反；下同。孫卿道守禮義，行應繩墨，增行，下孟反。安貧賤。孟子者，亦大儒，以人之性善❶孫卿後孟子百餘年。增後，胡豆反。孫卿以爲人性惡，故作《性惡》一篇以非孟子。蘇秦、張儀以邪道説諸侯，以大貴顯。孫卿退而笑之曰："夫不以其道進者，必不以其道亡。"增夫，音扶。至漢興，

---

❶ "以"下恐脱"爲"字。

江都相董仲舒亦大儒，作書美孫卿。孫卿卒不用於世，老於蘭陵，疾濁世之政，亡國亂君相屬，[增]屬，之六反。不遂大道而營乎巫祝，信禨祥，鄙儒小拘如莊周等又滑稽，於是推儒、墨、道德之行事興壞，序列著數萬言而卒❶，[增]推，它雷反。行，下孟反。數，所矩反。葬蘭陵。而趙亦有公孫龍爲“堅白”“同異”之辨、處子之言，魏有李悝盡地力之教，[增]處，昌呂反。盡，津忍反。楚有尸子、長盧子、芉子皆著書❷，然非先王之法也，皆不循孔氏之術。唯孟軻、孫卿爲能尊仲尼。蘭陵多善爲學，蓋以孫卿也。長老至今稱之曰：“蘭陵人喜字爲卿，蓋以法孫卿也。”孟子、孫卿、董先生皆小五伯，[增]伯，音霸；下同。以爲仲尼之門、五尺童子皆羞稱五伯❸。如人君能用孫卿，庶幾於王，[增]王，于況反。然世終莫能用，而六國之君殘滅❹，秦國大亂，卒以亡。觀孫卿之書，其陳王道甚易行，[增]易，以豉反。疾世莫能用。其言悽愴❺，甚可痛也。嗚呼！使斯人卒終於閭巷而功業不得見於世❻，哀哉！可爲實涕。其書比於記傳，可以爲法。謹第録。[增]爲，于僞反。傳，直戀反。臣向昧死上言。

---

❶ 覺按：原書無“著”字，今據宋浙本、古逸叢書本補。

❷ 覺按：原書“芉”作“芋”，宋浙本作“芉”，今據宋浙本而用正字。古逸叢書本作“芋”，非。

❸ 覺按：原書無“皆”字，今據宋浙本、古逸叢書本補。

❹ 覺按：原書“滅”作“㓕”，今據宋浙本、古逸叢書本改。

❺ 覺按：原書“愴”作“悷”，今據宋浙本、古逸叢書本改。

❻ 覺按：原書“終”下無“於”字，今據宋浙本、古逸叢書本補。

護左都水使者、光禄大夫臣向言所校讎中《孫卿書録》
增 "荀卿新書" 以下，舊本無之，蓋本于元本者也。今據狩谷望之所藏宋
本補之，以復劉光禄之舊，非特復楊評事之舊也。

荀子卷第二十
文政八年乙酉春　平安書肆　葛西市郎兵衛梓 ❶

❶ 覺按：宋浙本、古逸叢書本在 "荀子卷第二十" 後有 "將仕郎、
守祕書省著作佐郎、充御史臺主簿臣王子韶同校" "朝奉郎、尚書兵部員
外郎、知制誥、上騎都尉、賜紫金魚袋臣吕夏卿重校" 兩行字，《荀子增注》
以此十八字取代之。

荀子增注跋

　　傳曰："千金之裘，非一狐之腋；大厦之成，非一丘之木。"誠哉！是言也。山夫子正《荀子》编，筑水先生增注之，當時有東野黑川惟清、东海黑川成之者而訂之。及先生再閱之，橫須賀土屋型重訂之，未終業而殁。扵是熊本櫻山恭武、野塩野知哲共拾其遺以授先生嗣子久保謙。謙筆之以示掖齋翁鑒裁之，而後始復漢代之舊。傳曰："千金之裘，非一狐之腋；大厦之成，非一丘之木。"誠哉！是言也。剞劂既成，將公諸世，故列叙其與勞者姓名以附卷末。

洞津侍醫　山口重紀識　瀨尾昭敬書

荀子補遺序 ❶

　　蘭陵之書，漢儒未有治之者，故編簡錯脱、傳寫誤
訛尤多。至唐揚評事始為之注，博微群書，正其脱誤，然
其注義紕繆亦不少矣。近時物徂徠著《讀荀子》，正其紕
繆。吾敬所先生壯年治諸子，考此書，正文脱誤，注義紕
繆，二家釐正猶有未盡者，時録其所見，著《荀子考》二
卷。雲藩桃白鹿讀其稿本，大賞之。書肆葛西氏因請上梓。
先生聞先輩治此書者有數家，欲悉得其書集大成之，故不
允。後多病不果。今兹先生讀久保筑水《增注》，挍讎諸本，
採輯眾説，誤脱悉止，危疑始釋，往年所録，十之七八與
此暗合，其喜可知也。乃盡除其合者，更加他説可取者，

---

　　❶ 覺按：此序及《荀子補遺》正文載青木嵩山堂印製的《荀子增注》
第十一冊。該冊封面題"荀子增注　補遺"。序後正文題"荀子補遺　近
江　豬飼彦博著"。

并為一卷，名曰“補遺”，以授葛西氏，命弘挍字，因叙
其由云。

文政丁亥秋七月 ❶
岸和田儒負三宅弘謹識

---

❶ 覺按：文政丁亥爲公元 1827 年。